G. et arto. 1203.

COMMERCE
DE
l'Amérique
PAR
Marseille

Arnoult inv.   et Sculpsit

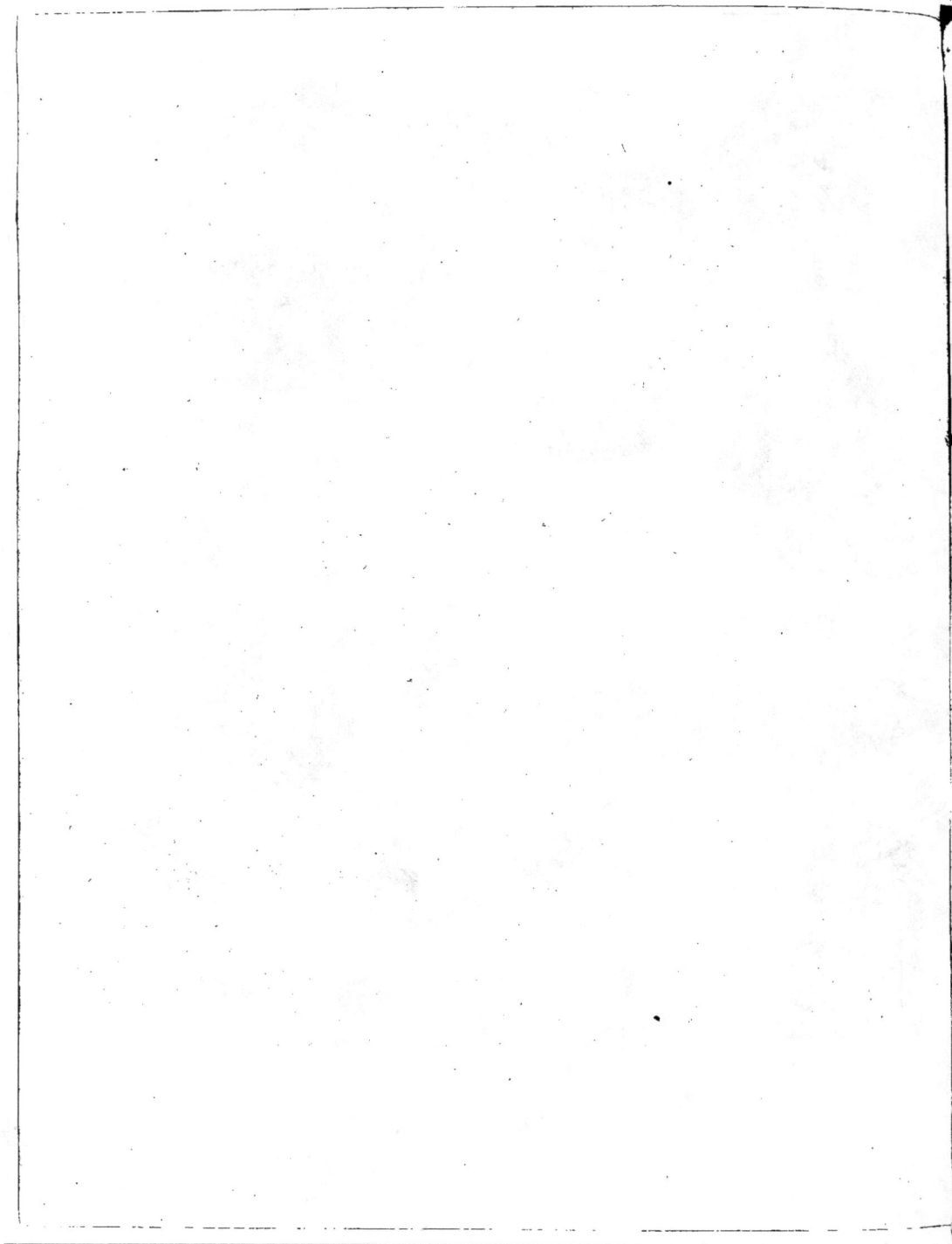

LE

COMMERCE

DE L'AMÉRIQUE

PAR MARSEILLE,

OU

EXPLICATION des Lettres - Patentes du Roi, portant
Reglement pour le Commerce qui fe fait de Marfeillle
aux Ifles Françoifes de l'Amérique, données au mois de
Février 1719.

ET

Des Lettres - Patentes du Roi, pour la liberté du Commerce
à la Côte de Guinée,

Données à Paris au mois de Janvier 1716.

AVEC

LES REGLEMENS QUE LEDIT COMMERCE A OCCASIONNÉS,

PAR UN CITADIN.

TOME SECOND.

A AVIGNON;

M. DCC. LXIV.

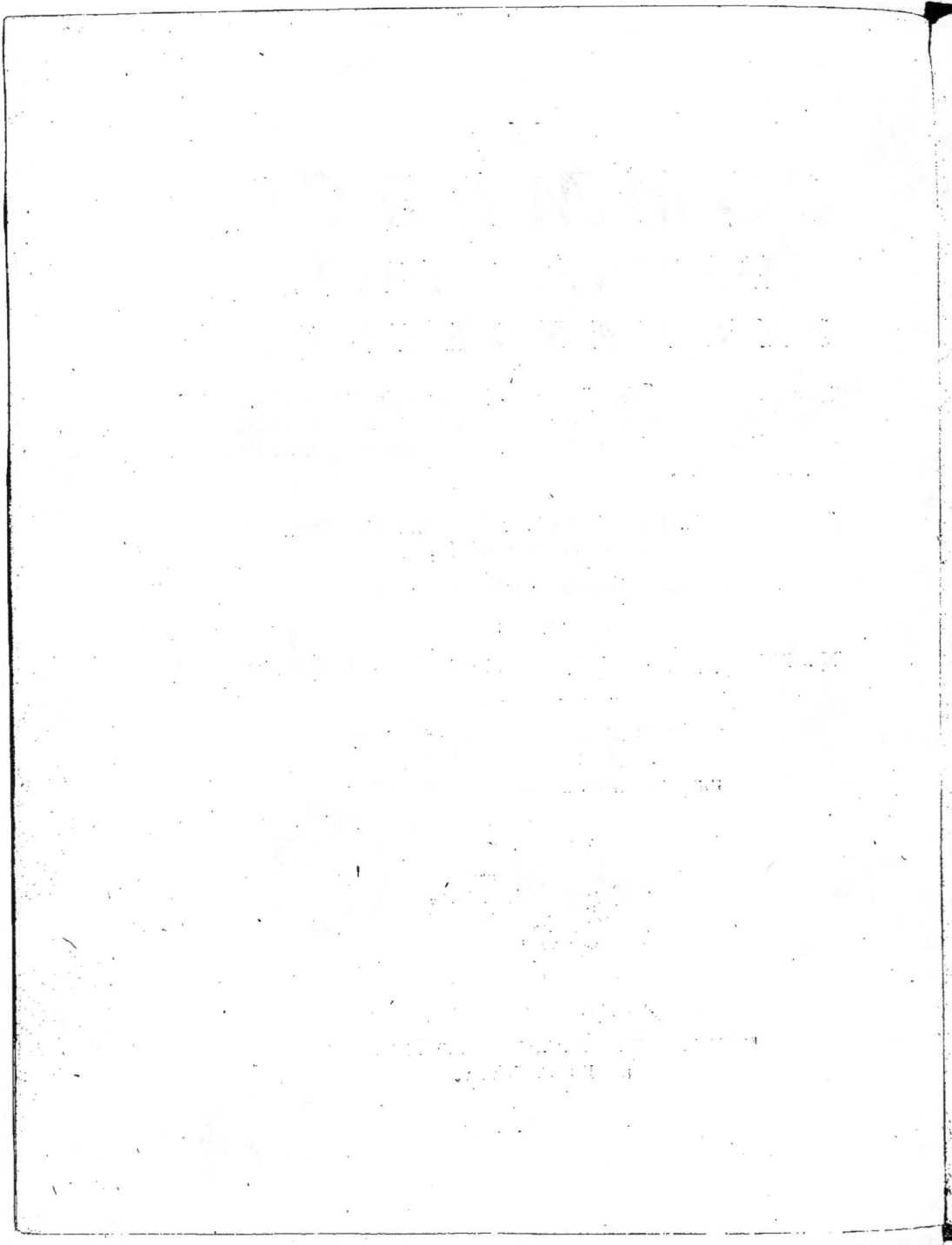

AVERTISSEMENT.

JE traite deux queſtions dans ce ſecond Tome, qui paroiſſent au prémier coup d'œil étrangeres au but que je me ſuis propoſé, d'expliquer ce qui peut contribuer à faire connoître le commerce de l'Amérique par Marſeille.

La prémiere queſtion, eſt ſur l'origine des hommes ; ſçavoir, ſi tous ceux qui habitent les différentes Contrées de la terre, viennent d'un ſeul homme, ou s'ils ont été créés dans les diverſes régions où ils ſe trouvent. J'avoue que cette queſtion eſt ſi puérile, qu'elle ne mérite pas d'être examinée ſérieuſement, & que le plus ſimple des Chrétiens eſt en état auſſi bien que moi de répondre aux futiles difficultés qu'une ridicule incrédulité ne ceſſe de repeter : quelles difficultés ! j'ai honte d'en parler. En effet, peut-on conſerver un reſte de raiſon, & demander, ſi les hommes ne ſe trouvent pas repandus dans l'univers de la même maniere que la mouſſe, les mouches, les limaçons, &c ? Pourroit-on s'empêcher de rire d'une ſi ſinguliere demande, ſi une pareille extravagance ne devoit affliger notre religion, & exciter notre compaſſion ſur les égaremens de nos freres ? je ſuis tout confus quand je vois l'oracle des nouveaux Philoſophes faire des ouvrages dignes de l'immortalité, & montrer en même-tems ſi peu de jugement. Quoi, me ſuis - je dit cent fois, c'eſt ce fameux Voltaire qui publie ces abſurdités ? Qu'eſt-ce que l'homme livré à lui-même ? Il oſe conteſter la prévarication du chef du genre humain, & il eſt la preuve des miſeres qui en font la ſuite.

Je n'ai pu parcourir les Côtes de Guinée, ſans faire quelques obſervations ſur l'étrange commerce d'hommes que les Chrétiens y vont faire ; je ſuis perſuadé cependant que c'eſt un grand bonheur pour tous ces peuples, que la néceſſité de cultiver nos terres en Amérique nous aye fait entreprendre ce commerce, ſans lequel la lumiere de l'Evangile ne luiroit point encore ſur eux. Leur couleur, ſi oppoſée à la nôtre, & ſi conſtamment la même a humilié juſqu'ici la curioſité de tous les Philoſophes ; que de ſyſtêmes inventés, ſans avoir fait un pas vers la vérité ! De tous ces ſyſtêmes, le plus Anti-Chrétien eſt ſans contredit celui de Mr. de Voltaire, & qui a ſeduit le plus de monde, non pas parce qu'il eſt plus raiſonnable que les autres ; non, il eſt inſoutenable de quelque côté qu'on veuille l'examiner ; il n'eſt fondé que ſur des contes à faire rire, & il n'eſt établi que par un tas de ſophiſmes. Si quelqu'autre que Mr. de Voltaire avoit oſé le publier, le mépris & l'oubli auroient prevenu la réfutation ; mais prôné par un ſi grand

Philofophe, il a fait impreffion, & l'eftime qu'on a pour le pere, fait recevoir l'enfant avec complaifance; c'eft auffi parce qu'il eft le benjamin de l'oracle des nouveaux Philofophes, que je l'ai refuté avec une certaine étendue: peut-être que la honte qu'il en aura, lui fera falutaire? Que je m'eftimerois heureux fi j'en étois la caufe, & fi je pouvois dire avec Terence, *Erubuit, falva res eft.*

La feconde queftion eft fur l'exportation à l'étranger des bleds originaires du Royaume: il eft certain que fi nos récoltes font affez abondantes pour fournir plus de grains que le Royaume n'en a befoin pour fa confommation, il y a néceffité d'exporter l'excédent à l'étranger: voilà le feul cas où l'exportation des grains doive être permife & favorifée: Ce principe pofé, j'ai dit en parlant du commerce de la Louifiane (page 88) que nous ne pouvions encourager la culture de nos terres, qu'autant que nous ferions payer à l'étranger la valeur de nos récoltes; rien n'eft plus vrai, pourvu que ce foit notre fuperflu; car fi nos grains nous font néceffaires, nous ferions plus qu'imprudens de nous en dépouiller: l'exportation donc de nos grains à l'étranger ne peut nous être utile, fi elle n'eft pas néceffaire, & fi elle n'eft pas néceffaire, elle eft ruineufe pour la Nation. J'ai cru devoir faire une addition à cet article pour expliquer mon fentiment, qui ne fera jamais pour l'exportation illimitée, & fans connoître la véritable fituation du Royaume relativement aux grains dont il a befoin. Je travaillois à cette addition, lorfque la nouvelle d'une famine dans le Royaume de Naples, a caufé à Marfeille une révolution extraordinaire dans le commerce des grains; il nous en venoit de tous côtés, & nous étions à la veille d'une difette, fi l'autorité n'avoit mis un frein à l'avidité des Marchands; le haut prix actuel du pain eft la preuve du danger qui nous menaçoit; ce font ces circonftances qui m'ont fait donner une certaine étendue à ladite addition dans la vue de prévenir un pareil malheur.

TABLE

DES CHAPITRES.

LE

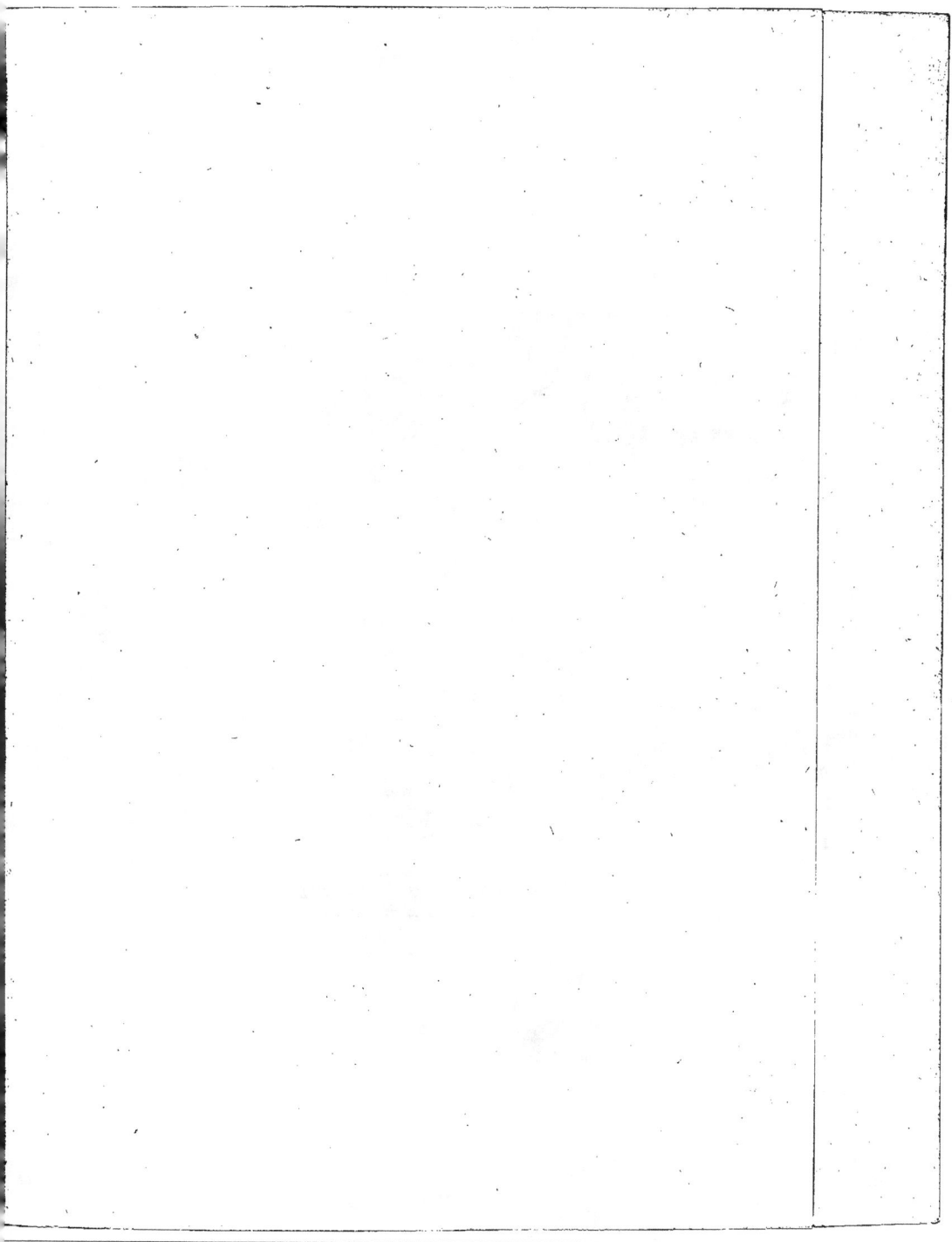

AMERIQUE SEPTENTRIONALE

BAYE DE BAFFINS

GROENLAND

ANCIEN GROENLAND

MER DU NORD

ISLANDE

OÙ

OCEAN SEPTENTRIONAL

DISTROIT DE DAVIS

Pole Arctique

BAYE DE HUDSON

Cap Churchel

Tout cet
est inconnu

LABRADOR
nommée par les Francois
NOUV.e BRETAGNE

ESKIMAUX

TERRE NEUVE
Grand Banc

M. de l'Ouest

MEXIQUE

LOUISIANE

FRANCE

ESPAGNE

Golfe de Gascogne

Lisbonne

BARBARIE

OCEAN OCCIDENTAL

I. AÇORES

MEXIQUE

G. DU MEXIQUE

Tropique du Cancer

St Augustin

I.e du CAP VERD

PARTIE D'AFRIQUE

Cap S.t Lucar

Acapulco

Jamaique

St Domingue
la Martinique

La Trinidad

Cap Blanc

Longitude Occidentale du Meridien de Paris

LE COMMERCE

DE

L'AMÉRIQUE

PAR MARSEILLE.

E n'ai pû comprendre dans le prémier Tome les Articles du coton & du canéfice, qu'il importe à nos Négocians de l'Amérique de connoître, puisqu'ils font des branches principales du Commerce de nos Colonies. Le coton intéreffe particulièrement la Ville de Marseille, à caufe de fon Commerce dans les échelles du Levant, & de la grande quantité qu'elle en fait venir en retrait des marchandifes qu'elle y envoye. Je fuivrai la même méthode dont je me fuis fervi pour expliquer les Articles du caffé, du fucre &c. Il m'a paru que le public en étoit fatisfait. Je ne puis que le remercier de fon indulgence pour un Auteur qui n'a confenti à prendre ce titre, qu'en vûe de l'utilité que fes concitoyens devoient en retirer. Ma joye fera entiere fi les effets me prouvent que j'ai rempli mon plan. Quelques amis m'ont fait obferver que j'aurois abregé confidérablement mon ouvrage, fi au lieu de rapporter les Edits, Déclarations, Arrêts, &c. je m'étois contenté de les citer, ou d'en faire l'extrait. Je les prie de confidérer que d'autres amis m'avoient prié de leur faire connoître tous ces Réglemens, & que des extraits ne fatisfent jamais comme les piéces originales. D'ailleurs ce n'eft point fur mon fentiment qu'ils doivent établir la régle de leur Commerce ? mais fur les loix qui le permettent ou le défendent, le limitent ou le favorifent. J'ai cru que je ne pouvois être véritablement utile, qu'en plaçant à propos tous ces Réglemens, comme la preuve de tout ce que j'ai avancé. Je les ai fait imprimer en petit caractère pour ne point multiplier les volumes, & afin que ceux qui ne voudront pas les lire ne foient point arrêtés dans la lecture qu'ils feront de cet ouvrage, quoique la chofe me paroiffe plus que difficile, parce que fouvent je ne parle que pour les mettre fous les yeux du Lecteur. J'eftime que la réunion de tous ces Réglemens fera plaifir au plus grand nombre, qui, quand même ils auroient deffein de fe les procurer, ne le pourroient que bien difficilement & en faifant une grande dépenfe. Mais je m'apperçois que je fais une Préface, & je n'en veux point.

COTON.

ORIGINE DU COTON.

L ES Ethymologistes ont fait de vaines recherches pour trouver dans les langues étrangeres quelque mot qui fut la racine de celui de *Xylon* sous lequel cette espéce de laine ou de duvet que nous appellons coton, est connue. Leur pénétration n'a pas été plus heureuse pour deviner pourquoi le nom françois a si peu de rapport avec celui de *Xylon*; car de s'imaginer que *Xylon* vient du mot grec *Xuo* qui signifie, *je rase*, parce qu'on sépare le coton de la plante, & que coton est à peu près comme si on disoit cilon, c'est faire descendre Equus, d'Alphana.

Le coton est cependant une plante fort commune, & qui doit avoir reçu un nom dans chaque pays où les habitans l'ont cultivée, soit que la fantaisie ou les propriétés qu'on lui reconnut, ayent été la cause de sa nomenclature. Quoiqu'il en soit les Grecs la nommerent *Xulinon* & le fruit *Xulon*, d'où les Latins l'ont appellé *Xylinum* & *Xylon*, quelques fois *Gossipion*, & ensuite d'un mot vulgaire *Cotonum*. Je ne sçais pas pourquoi, de *Cotonum*, les François en ont fait coton.

La Providence qui a pourvû si abondamment à tous les besoins de l'homme, a répandu une variété admirable dans toutes les productions de la terre qui servent à sa nourriture & à son vêtement. Une diversité infinie dans la forme, dans la couleur & dans le goût, soit des animaux, des fruits & des herbes, le forcent par des attraits séduisans, à en user pour sa conservation & la réparation de ses forces. Une pareille variété dans les laines & les poils des animaux, dans leurs peaux, dans l'écorce d'un grand nombre de plantes, dans la filature de certains vers & dans le duvet des coques de coton, fait éclater les progrès de son industrie par les préparations, les mélanges & la contexture de toutes ces différentes matières, d'où cette multitude innombrable de draps, de toiles, d'étoffes & de mousselines prend naissance, & qui servent à cacher sa nudité, à le faire paroître avec décence, à entretenir la propreté & à le garantir des incommodités du froid & du chaud suivant le climat qu'il habite.

La plus abondante de toutes ces matières, la plus facile à recueil-

A ij

COTON. lir, & d'un travail moins pénible, eft fans contredit le coton. L'arbre ou l'arbriffeau qui le produit, croît fans culture & fe trouve répandu dans prefque toutes les parties de l'Univers; car à l'exception des Zones glaciales & de prefque le quart des Zones temperées où la chaleur fe fait moins fentir, il vient par-tout ailleurs fans qu'on puiffe déterminer aucun tems, où la tranfplantation dudit coton ait été faite d'un pays dans un autre. Les cotoniers font communs dans les Indes orientales & occidentales, dans le Levant, dans les Ifles de la Méditerranée, dans la Pouille, dans la Sicile & dans les Ifles Antilles &c. D'où il faut conclurre que la main libérale du Créateur les a placés en vûe de leur grande utilité, par-tout où nous les trouvons, & que leur origine dans tous ces lieux, eft auffi ancienne que le monde, quoique peut-être les prémiers habitans de ces contrées en ayent ignoré les principales propriétés que des expériences pofterieures auront fait connoître & qui les auront fait employer fi utilement. Les defcriptions que les voyageurs nous ont données du cotonier, font fi différentes les unes des autres, qu'on eft embarraffé avec raifon pour décider laquelle mérite la préférence pour en avoir une véritable connoiffance. Toutes ces contradictions cefferont de paroître telles, & n'en feront plus, fi on fait réflexion qu'il y a plufieurs efpéces de cotoniers, & que chaque efpéce varie fuivant le climat & la qualité du terrein qui le produit. Il n'eft donc pas furprenant qu'un voyageur dans les Indes, nous faffe la defcription du cotonier qui croît dans cette partie du monde, bien différente de celle que nous fera un voyageur dans nos Ifles Antilles, & que cette derniere differe encore des Colonies, de Malthe & de la Sicile, ou de ceux que la curiofité nous fait élever dans nos jardins. Dès que les efpéces font différentes, il faut bien auffi que les defcriptions différent entr'elles. Je réduirai toutes ces efpéces à trois, que j'appellerai la grande, la moyenne & la petite.

Le cotonier de la grande efpéce, croît dans les Indes Orientales & Occidentales. Sa hauteur eft ordinairement de quinze à vingt pieds. Il s'en trouve quelque fois d'auffi gros que nos grands chênes. Les branches font entrelaffées, les feuilles découpées en trois parties, arrondies en fe terminant en pointes, à peu près comme celles du tilleul, fans cependant être velues ainfi que ces dernieres. Les gouffes plus groffes, & le coton en général plus groffier que celui des Antilles. Le coton du Levant approche de cette efpéce, & c'eft uniquement la qualité qu'il nous importe d'en connoître pour le progrès de notre Commerce. Il n'en eft pas de même de celui des Antilles; fa culture nous eft propre, & il nous importe par conféquent d'en avoir une connoiffance plus particulière.

L'efpéce moyenne croît dans les Ifles Antilles, & fait un des principaux revenus de nos établiffemens dans ces Ifles. Sa hauteur eft d'environ dix pieds, plutôt moins que plus quand on le laiffe vieillir; ce

qui arrive rarement à ceux qu'on cultive , parce qu'on est persuadé que ☙COTON
le bois donne d'autant plus de fruit qu'il est plus nouveau ; ce qui fait
qu'on coupe les arbrisseaux par le pied de deux en deux ans. Le bois
en est blanchâtre , tendre & spongieux , & l'écorce est mince & grisâtre. Les branches sont presque droites , chargées de feuilles , qui ont
quelque ressemblance avec celles de nos vignes , étant également divi-
sées en trois ; mais elles sont plus tendres & plus petites , d'un verd
gai quand l'arbrisseau est jeune. Les fleurs ont cinq feuilles renversées
de couleur jaune , rayées par dedans de filets purpurins , & le calice
est soutenu par cinq feuilles vertes , dures & pointues. Le pistil forme
un bouton qui se termine en pointe , & devient aussi gros qu'un œuf
de pigeon , & souvent qu'un petit œuf de poule. Ce bouton est verd
dans le commencement , il devient bazané en croissant , & noir en
murissant. Il renferme ce duvet que nous appellons coton.

La troisième ou petite espèce, croît dans l'Isle de Malthe , en Sicile
&c. C'est un petit arbuste de la hauteur de deux à trois pieds dont
le bois est couvert d'une écorce rougeâtre & velue ; les feuilles assez
ressemblantes à celles de la vigne; mais veloutées & attachées à des
longues queues garnies de poils. Les fleurs ne diffèrent du cotonier de
la moyenne espéce , qu'en ce que la couleur est mêlée de jaune & de
pourpre , ce qui les rend très-agréables. Le fruit se forme de la même
manière , & le duvet qui envelope les graines , lorsqu'il est parvenu à
sa maturité , est ce que nous appellons coton. Les semences ne sont
guères plus grosses que des pois, un peu oblongues & raboteuses, de
couleur blanc-sale , renfermant chacune une petite amande oléagineuse.

Toutes les autres espéces de coton , peuvent être raprochées de ces
trois , à l'exception de l'arbre connu sous le nom de coton fromager ,
qui est un des plus grands arbres des Antilles , dont le duvet est de
couleur brune , si court , que les plus habiles fileuses n'ont pû encore
l'employer à cet usage ; car pour le coton de Siam , ainsi nommé parce
que les graines ont été tirées de ce Royaume , quoique l'arbrisseau qui
le produit soit de moitié plus petit que ceux des Antilles , tant celui à
graine noire , qu'à graine verte , & dont le poil est si fin , si long & si
doux au toucher , on le cultive dans nos Isles , & il y vient de la même
manière que celui dont je viens de faire la description dans la moyenne
espéce. Il y en a de deux sortes, du roux & du blanc , & c'est la seule
qualité , avec le coton fromager , qui ne soit point blanc. C'est une
espéce particuliere , puisqu'en quelque pays que la graine soit semée ,
l'arbrisseau qui en provient produit des gousses dont le duvet est toujours de la même couleur.

CULTURE DU COTON.

Je ne parlerai que de l'espéce moyenne qui croît naturellement dans nos Colonies, & dont la culture intéresse par conséquent nos Négocians, qui ont ou peuvent acquerir des habitations en Amérique. Il est nécessaire, quand on veut planter une cotoniere, d'ensemencer une petite planche qu'on arrose & qu'on sarcle soigneusement, jusqu'à ce que les jeunes plants (plançons) ayent environ demi pied de hauteur.; car quoiqu'on trouvât facilement un assez grand nombre d'arbrisseaux épars dans la campagne pour en faire une plantation, elle seroit toujours défectueuse par l'irrégularité des sujets & par la difficulté que tous s'enracinassent également bien. Il vaut mieux choisir de plançons du même âge qui croîtront uniformement, & qui en satisfaisant le coup d'œil, donneront une recolte plus abondante. Les graines levent facilement. J'en ai semé ici à Marseille qui sont sorties de terre dans dix jours, & dont le progrès m'auroit encore mieux instruit, si j'avois eu une exposition assez heureuse pour les garantir du froid, leur ennemi mortel. J'ai semé aussi des graines de coton du Levant en pleine terre. Elles ont très-bien poussé jusqu'à la hauteur d'un pied & demi & les plantes ont seché à l'approche de la saison de l'automne. Je ne pensois plus à faire des essais dans mon jardin sur la culture du coton, lorsqu'un ami me fit présent en 1762 de quelques graines de coton de Siam. Ces graines étoient noires, luisantes, & assez ressemblantes à des pepins de poire. Ma curiosité me détermina à faire encore cette épreuve. Je les ai semées dans un vase, afin de pouvoir les soigner plus exactement. Toutes les graines ont levé, & lorsque les plantes ont eu trois quarts de pied de hauteur, j'en ai transplanté douze chacune dans un vase. Elles ont grossi à me faire espérer de recueillir du fruit. Dans moins de trois mois la tige plus grosse qu'un doigt s'est élevée à trois pieds de hauteur. Les fleurs étoient sur le point de paroître; mais le tems s'étant rafraichi, quoique j'eusse placé ces vases dans une serre exposée au midi, les plantes ont demeuré dans le même état, & commencerent à se faner (en Janvier 1763.) Les feuilles ressemblent à celles de nos haricots blancs, trois fois plus grandes, & plus épaisses.

Je me déterminai dans le mois d'Avril de placer six de ces cotoniers en pleine terre, afin qu'ils pussent prendre une nourriture plus abondante & porter du fruit à la fin de l'été. Ils ont grossi effectivement & ont poussé des branches de la grosseur du doigt, & se sont élevés à la hauteur de quatre pieds, sans cependant donner du fruit, ainsi que je l'avois esperé; ils sont encore vigoureux au mois de Novembre, & je vais les faire couvrir avec soin pour essayer s'ils resisteront à la rigueur de l'hiver

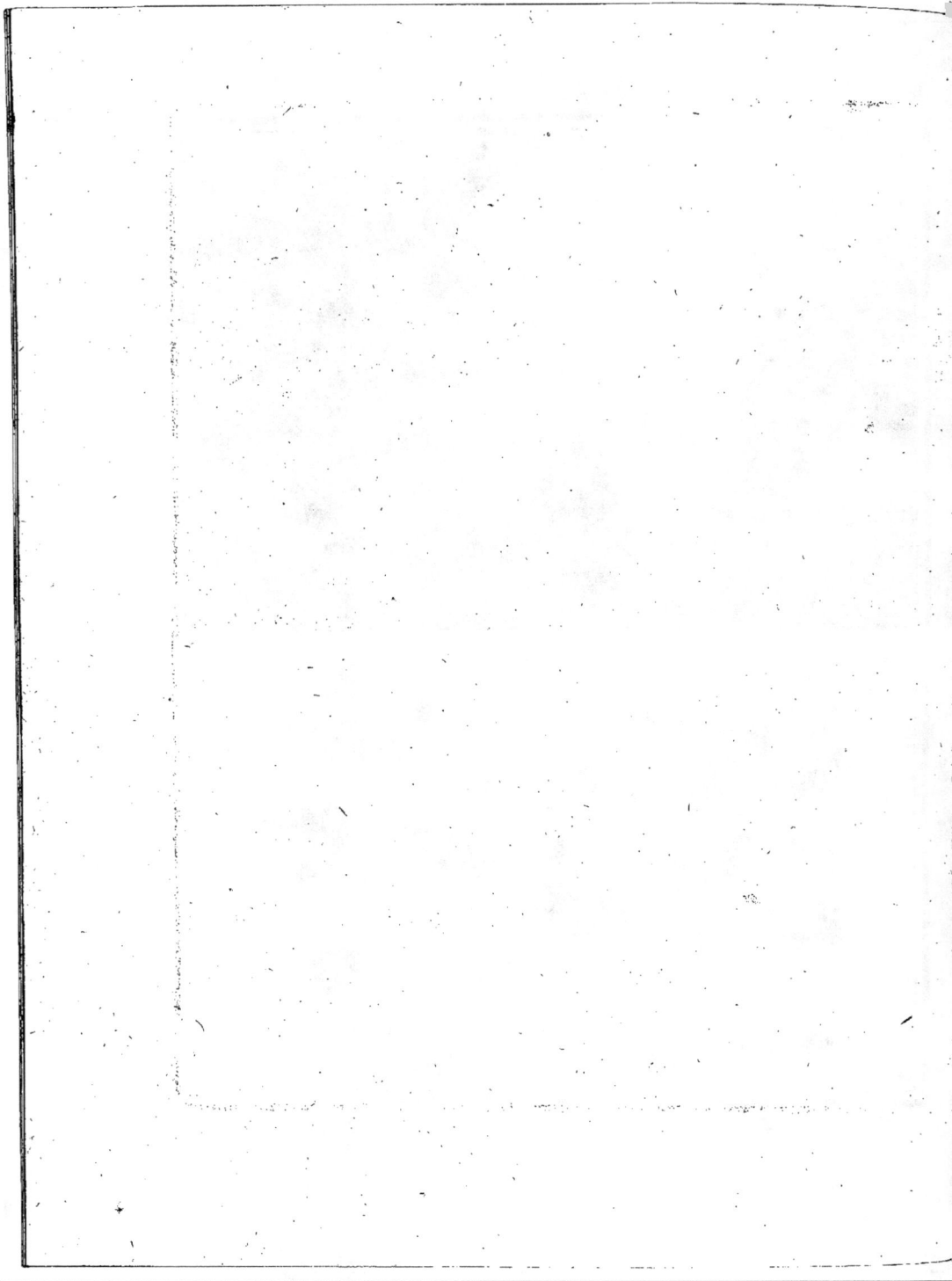

& fi en 1764 ils ne contenteront pas ma curiofité, en portant le fruit que j'attens depuis deux années.

COTON.

Dès que la planche eft femée, il faut faire préparer le champ dont on veut faire une cotoniere, le faire bécher profondement, brifer les motes, & bien applanir le terrein, marquer avec un cordeau, ainfi que je l'ai dit pour les cafféyers & pour les cacaoyers, & faire faire des trous à la diftance de huit pieds en tout fens, en obfervant de planter en quinconce. Les jeunes plans étant encore tendres & délicats, il faut que la terre ait été arrofée le jour précédent, ou qu'il aye plû & rendre la terre bien meuble, afin que les petites racines en foient tout-à-fait envelopées fans qu'il y refte aucun vuide. Une fois que la plante a pris racine, il n'eft befoin que d'enlever les mauvaifes herbes & de ne point fe laffer de farcler jufqu'à ce que l'arbriffeau ne rifque plus d'être étouffé. Cette culture eft d'autant plus avantageufe au propriétaire, que la plante ne demande point une terre graffe & humide, & qu'elle vient parfaitement bien dans un terrein fec, leger & fabloneux. Le coton en eft même plus beau & plus fin, quand l'arbriffeau n'eft point arrofé régulierement. Il n'a befoin de pluye, que quand on la plante ou quand on le coupe. Le tems fec & chaud lui eft autrement plus favorable, ce qui eft une reffource bien lucrative pour l'habitant, parce que par ce moyen il employe le bon terrein à cultiver les plantes qui en ont abfolument befoin, comme les cannes de fucre, &c. Le cotonier donne deux récoltes par an, qui manquent rarement, à moins que la continuité des pluyes, lorfque les gouffes approchent de leur mâturité, n'y foit un obftacle. La première récolte, lorfque la plantation eft nouvelle, n'eft faite ordinairement que le huitième mois, ce qui arrive auffi quand on a coupé les cotoniers. Car il faut fçavoir que les Infulaires, dans la perfuafion où ils font que le vieux bois ne donne que de mauvais coton & en petite quantité, ne manquent jamais de couper les arbriffeaux la feconde ou la troifième année pour le plus tard. Il y a lieu de croire que cette méthode eft fondée fur l'expérience, & jufqu'à ce que des expériences contraires faffent voir qu'ils fe trompent, on auroit tort de les blâmer. Quand on coupe les cotoniers, on doit choifir un tems de pluye, j'en ai donné les raifons ailleurs, & ne les couper qu'à demi pied de terre. Ils pouffent quantité de rejettons, dont on choifit cinq ou fix des mieux difpofés & des plus vigoureux, qu'on laiffe croître en retranchant tous les autres. Ces rejettons ne tardent pas à fe couvrir de fleurs, & à donner des fruits en abondance, qu'on recueille le feptième ou le huitième mois; & fix mois après la feconde récolte eft prête. Les boutons, les fruits ou les gouffes, comme on voudra les appeller, font verds dans le commencement, ils bruniffent à mefure qu'ils avancent vers leur mâturité, & deviennent tout-à-fait foncés, fecs & caffans, quand ils y font parvenus. Pour lors la chaleur faifant fermenter

COTON. le duvet renfermé dans la coque, le dilate & la fait créver avec éclat. C'eſt un amuſement aſſez divertiſſant, que de ſe promener dans une cotoniere au tems de la mâturité des gouſſes, c'eſt un petit bruit de tous côtés qui ſe renouvelle & redouble de tems en tems, ſuivant que la pellicule des coques eſt dure & que l'air eſt trop dilaté. Dès que les coques commencent à ſe fendre, il faut, ſans perdre un moment, en faire faire la cueillete. Pour cet effet, on parcourt toutes les rangées des cotoniers, un panier à la main, & on arrache toutes les gouſſes qui ont la marque de mâturité. Le même travail ſe renouvelle le lendemain & ne finit qu'avec toute la recolte qui dure une quinzaine de jours, plus ou moins, ſuivant que la chaleur a été forte & que les fruits ont été expoſés à l'ardeur du ſoleil. La négligence dans cette cueillete eſt ruineuſe pour le propriétaire, parce que les gouſſes ſe trouvant trop mures, s'ouvrent entièrement & le duvet ne tenant à rien par le retirement de la ſeve, ſe dilate par l'élaſticité qui lui eſt naturelle, & tombe par terre. Le moindre petit vent le pouſſe bien loin de tous côtés, & fruſtre le cultivateur de ſes eſpérances. Je veux bien ſuppoſer qu'un tems calme permette d'en ramaſſer une partie. La perte eſt toujours bien conſidérable, par le travail extraordinaire qu'exige cette opération & par la mauvaiſe qualité du coton, qui eſt ſale & mêlé avec des corps étrangers; ce qui le rend d'un prix inférieur, ne pouvant plus être employé à l'uſage ordinaire.

Nos Négocians obſervent que le coton qui vient de la Guadeloupe eſt d'une grande beauté; que celui de Cayenne eſt auſſi fort beau. Quelle augmentation dans cette branche de Commerce, ſi nous ſçavions tirer des vaſtes terres de la Guiane, un meilleur parti que nous ne faiſons, en multipliant les plantations des cotoniers qui y viennent ſi bien, & qui ne demandent preſque aucun ſoin, & ſont d'une culture ſi facile?

Avant de finir cet article, je dois dire un mot de l'herbe à la houate, autrement Appocin, dont Lemery dans ſon Traité univerſel des Drogues rapporte des propriétés merveilleuſes. Cette plante qui croit en Egypte & en Syrie & dans les lieux humides, varie ſuivant le ſol & le climat. Elle pouſſe pluſieurs tiges droites à la hauteur d'environ trois pieds; les feuilles ſont alternes, larges, longues, épaiſſes & blanches, remplies d'une eſpéce de lait âcre & amer comme la thitimale. Les fleurs naiſſent aux ſommites des branches en forme de cloches découpées & purpurines, ayant chacune une queue deliée; elles ſont aſſez nombreuſes pour faire un bouquet. Il ſuccéde à ces fleurs des fruits gros comme le poingt, oblongs comme de groſſes guenes qui pendent attachés deux à deux à une groſſe queue dure & courbée. Ils ſont couverts de deux écorces dont celle de deſſus eſt verte & membraneuſe, l'intérieur extrêmement poli, de couleur de ſaffran. Toute la capacité du fruit, eſt remplie d'une eſpéce de coton très-fin, très-molet, & très-blanc appellé houate, qui ſert à faire des matelats & à mettre entre

deux

COTON.

deux étoffes pour les rendre plus chaudes , d'où eſt venu le terme d'houater les habits. Cette plante ſe diviſe en pluſieurs eſpéces qui différent peu entr'elles , & qui toutes ont des ſemences faites comme celles des courges ; mais la moitié plus petites , rougeâtres , remplies d'une pulpe blanchâtre & d'un goût amer. Le ſuc de cette plante, eſt un dépilatoire infaillible & un reméde contre la galle & toutes les maladies cutanées. Pris intérieurement , c'eſt un violent poiſon qui cauſe des purgations & des diſſenteries mortelles. Les feuilles pilées & appliquées en cataplaſme , ſont eſtimées trés-réſolutives. Juſques ici je ne parle que par l'organe d'un célébre auteur. Qu'il me ſoit permis de rapporter la deſcription d'un arbriſſeau que je cultive depuis plus de quinze années , & qui paroit être un eſpéce d'Appocin, puiſqu'il produit de coton , mais dont le fruit n'eſt pas cependant le même que celui dont je viens de parler.

C'eſt un arbriſſeau qui s'élève juſqu'à dix pieds de hauteur , quand la terre eſt bonne. J'en ai vû un dont la tige avoit près de ſix pouces de circonférence , & dont les branches ne prenoient naiſſance qu'à cinq pieds de ſa hauteur. Les miens ne ſont pas venus ſi beaux, ni ſi réguliers. Les branches n'ont pas monté plus de ſept pieds & ſortent du bas de la tige, peut-être parce que voulant les garantir du froid, je les avois plantés à un abri dont le ſol étoit ſec & ſabloneux. J'avois ſemé les graines dans un vaſe , & elles avoient levé le dixième jour. J'avois enſuite tranſplanté les plançons quand ils furent parvenus à environ un pied de hauteur. Les fleurs viennent par bouquets à peu près comme celles de l'Appocin, mais blanches, ſillonées de pourpre. Les feuilles ſont longues , d'un verd naiſſant , épaiſſes, mais étroites , & les gouſſes pas plus groſſes que de belles noix, pointues par le bout , qui pendent deux à deux & quelques fois trois à trois , attachées à une queue aſſez ſemblable à celle des ceriſes , mais dures & recourbées par le poids des gouſſes qui ſont vertes juſqu'à ce qu'elles commencent à murir. Pour lors elles jauniſſent , & s'ouvrent en faiſant un petit bruit comme celles de coton. J'ai expérimenté ſouvent qu'en les preſſant avec deux doigts , quand elles approchent de leur maturité , elles s'ouvrent en faiſant le même bruit. Si on les laiſſe trop murir, l'écorce de la gouſſe s'ouvre en trois ou en quatre, & ſe recourbant ſur elle-même laiſſe envoler le duvet qu'elle renfermoit. Il eſt ſi fin , que la plus belle ſoye dont il a le luſtre, ne ſçauroit lui être comparée , & il eſt entierement perdu, ſi les gonſſes ne ſont pas cueillies quand elles commencent à s'ouvrir. Les graines ſont noires , un peu plus petites que les pepins de raiſins & entourées d'un duvet qui s'élève en égrettes. On peut avoir obſervé la même choſe dans les graines de laurier roſe & dans quantité d'autres graines qui peuvent par ce moyen être facilement emportées par le vent & ſe reproduire à une grandé diſtance du lieu où eſt la plante ſans que les hommes y con-

Tom. II.   B

COTON. tribuent en rien. Ce duvet eſt court, & n'eſt employé que pour houaſ-
ter ; cependant on en file quand on a de l'adreſſe & de la patience,
& la foie en eſt de toute beauté. Les branches & les feuilles font
remplies d'un fuc laiteux & fi abondant, qu'en coupant une feuille il
en fort tout de fuite une goute de laît. Nous appellons cet arbriſſeau
le foyer des Indes. Ne feroit-ce pas la plante que le fieur Rouviere
Marchand Bonnetier à Paris, a voulu nommer la foyeuſe, & qu'il employe fi utilement, que le Roi lui a accordé le privilége d'en faire des
étoffes ? Si c'eſt la même plante, comme il y a apparence, quoique
nous la connoiſſions avant lui, que nous en ayions fait de petites recoltes, & que nos Chapeliers en faſſent de très-beaux chapeaux en
mêlant ce duvet avec les poils de caſtor, il ne mérite pas moins notre reconnoiſſance, puiſqu'il a réuſſi à en faire un fi bon uſage : cette
plante devient commune, chacun s'amuſe aujourd'hui à la cultiver, &
la peine n'eſt certainement pas grande.

USAGE DU COTON.

Perſonne n'ignore de quelle utilité eſt le coton pour foulager les
beſoins de l'homme, & combien d'étoffes précieuſes font admirer l'in-
duſtrieuſe adreſſe des Indiens. Le coton en laine, quoique moins élaſ-
tique que la laine, fert à faire de bons matelats, & à doubler des habits,
& des couvertures pour garantir du froid & procurer au corps une
douce chaleur ; mais étant filé, quelle variété prodigieuſe dans les ouvrages qui en réfultent. Du fil de coton groſſier, on en fait toutes fortes de bas, de bonets, de cotonines, du baſin, d'eſcamites, de demi-
tes, &c. & du coton filé fin, des lifats, des guinées, des bourres d'an-
tioches, &c. & mêlé avec la foye, le fil ou la laine, autant d'étoffes que le goût & la fantaiſie de toutes les Nations en peuvent déſirer,
toutes utiles & d'une grande beauté, de forte qu'il feroit difficile de
décider lequel du beſoin de l'homme ou de fa vanité y trouve mieux
fon compte. De tant d'ouvrages différens, celui qui doit fans contredit
piquer le plus notre curioſité, eſt le travail des mouſſelines, dont quelqu'unes font fi fines & fi belles & quelquefois brodées fur le métier
avec tant de perfection, que nous avons crû pendant long tems que
l'induſtrie Européenne ne pourroit jamais en imiter le travail. Une heureuſe expérience vient nous guérir du préjugé où nous étions, qu'il n'y
avoit que des mains indiennes qui fuſſent capables de réuſſir dans des
ouvrages fi délicats ; mais que ne peut point le génie françois, fecondé
de l'application & de la patience ? Rien ne lui eſt impoſſible. Ce feroit
ici le lieu de faire l'éloge des illuſtres patriotes qui ont oſé tenter de
pareils établiſſemens, & qui en fecondant le goût de la Nation, peuvent empêcher la fortie de richeſſes immenſes, néceſſaires pour l'achat

Pl. ix.

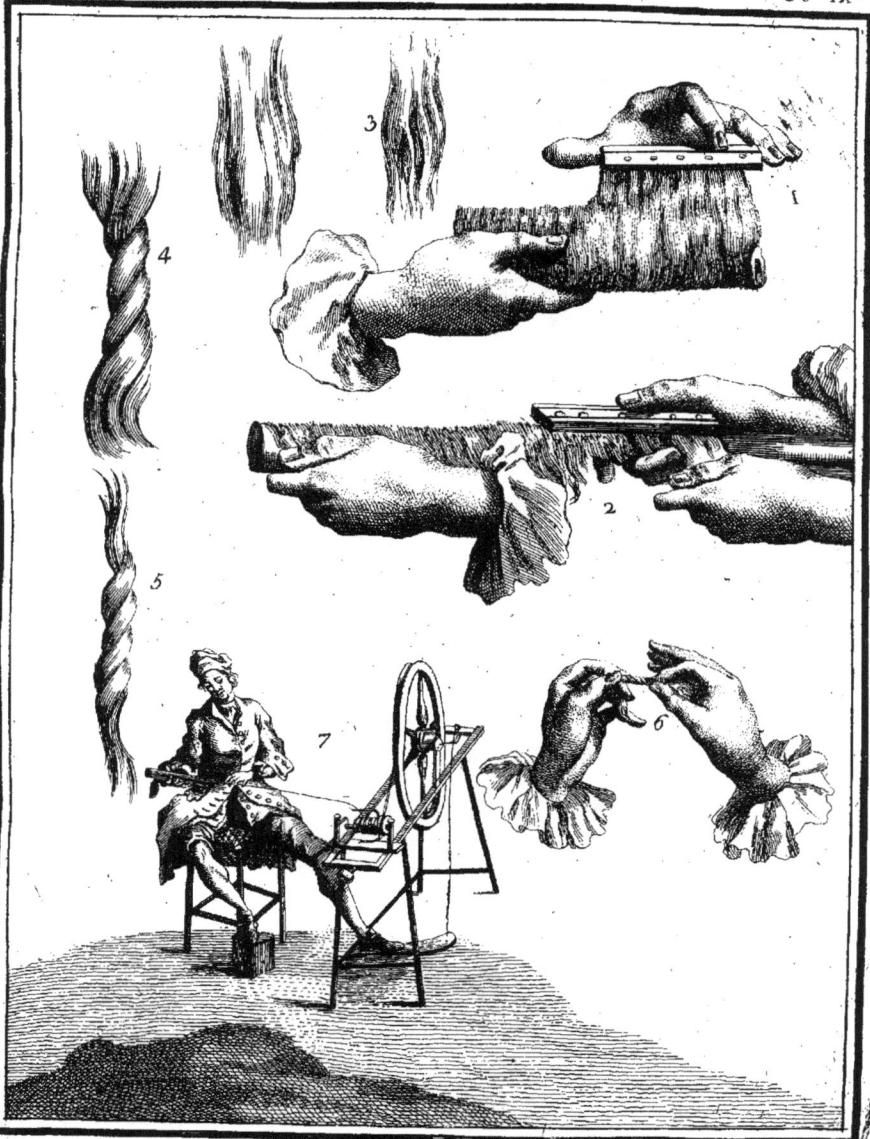

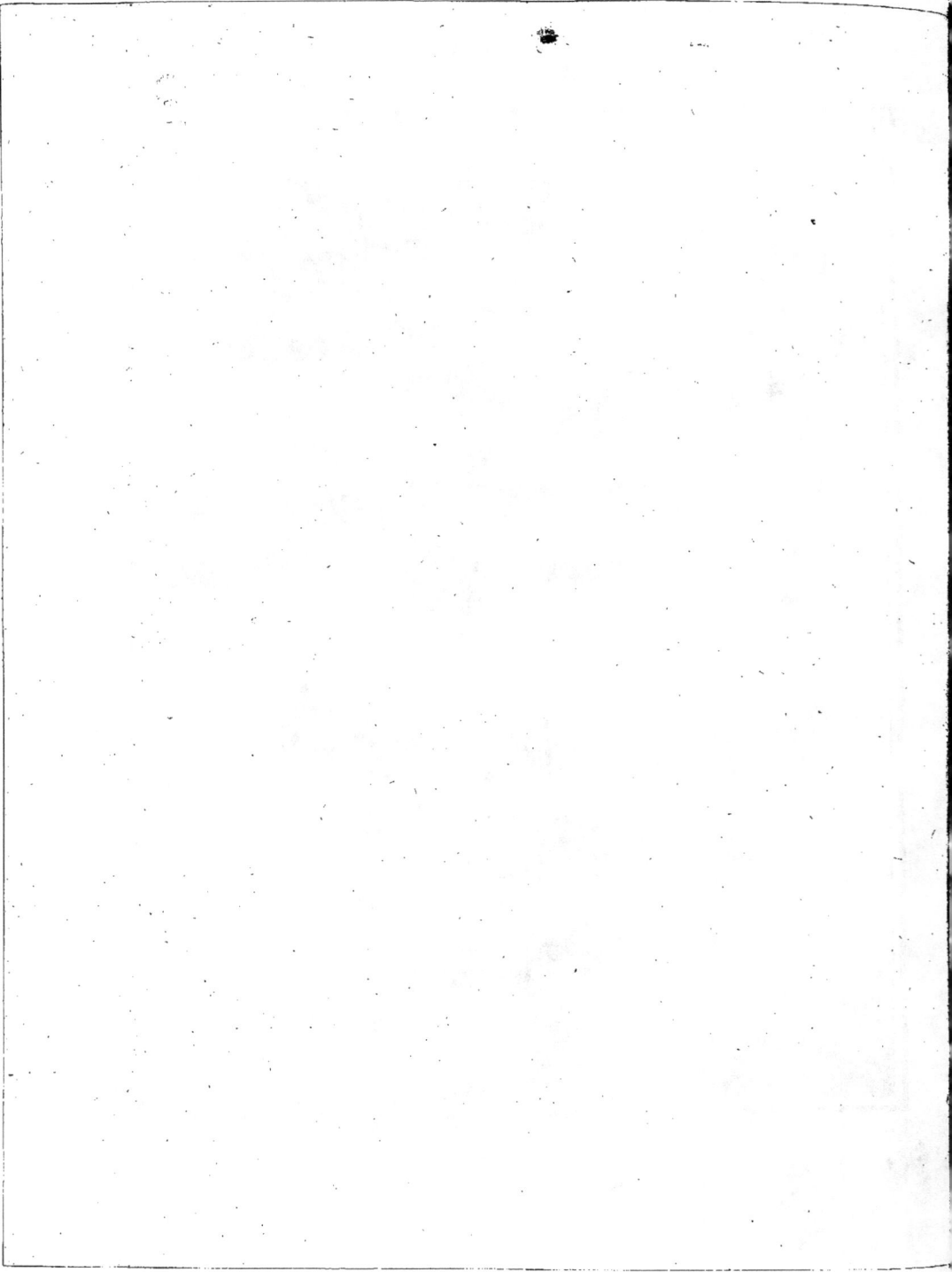

des mousselines étrangeres. Votre nom, illustre JORE, passera dans la postérité la plus reculée, & ne sera prononcé qu'avec joie & reconnoissance, parce que nos descendans jouiront, comme nous, du fruit de vos recherches. Vous avez consacré vos talens, votre tems & votre bien à perfectionner la filature du coton, & les mousselines les plus belles sont le fruit & la récompense de vos généreux travaux. Vos bienfaits s'étendent jusques dans le nouveau monde, par la valeur que vous avez donnée à la culture du coton de nos Colonies, dont vous avez prouvé la préférence à celui des Indes & du Levant. Que des mains sont occupées, qui languiroient dans l'oisiveté! & quel secours n'avez-vous pas procuré à une multitude de familles qui en faisant le bien de l'Etat trouvent une honnête subsistance. Vous êtes au-dessus des Conquérans; ceux-ci portent le ravage, & la désolation de toutes parts pour immortaliser leurs noms, & vous, en occupant vos compatriotes, vous les rendez joyeux & satisfaits. Vous n'êtes pas le seul qui méritez tout mon respect & ma reconnoissance. Je voudrois nommer ici tous ceux qui comme vous ont rendu de semblables services à la patrie, & quoique ma foible voix ne puisse rien ajouter à l'éclat de leurs noms, elle leur seroit un témoignage & à la postérité de mon sincere attachement pour tous ceux qui travaillent à soulager les pauvres, & de mon zele pour le bien public; mais les bornes que je me suis prescrites dans cet ouvrage ne m'empêchent pas de suivre les mouvemens de mon cœur. Je reviens à l'usage du coton dont l'emploi commence à être très-étendu dans le Royaume, par le grand nombre de manufactures de mousselines, de mouchoirs, & d'autres étoffes qui s'y établissent, & qui par les faveurs & la protection que le gouvernement leur accorde, mettront bientôt la France en état de se passer de l'étranger pour cette fourniture.

Nous avons à Marseille l'Hôpital de la charité, où environ huit cens personnes sont nourries & entretenues, dont plus de cinq cens sont de l'âge de dix à vingt ans. Le local est vaste & commode, & jamais fabrique de filature de coton ne pourroit être mieux placée que dans cette maison de charité. Il est même surprenant que tant de Recteurs éclairés, tous enfans du Commerce, n'ayent point encore entrepris un pareil établissement qui réussiroit infailliblement, s'il étoit conduit comme il faut. Ce seroit même suivre l'esprit de l'Œuvre & la rendre véritablement utile, en occupant cette misérable jeunesse, tirée de la classe des artisans, que le manque de travail a forcés de placer dans cet azile de charité. Les commencemens seront difficiles & produiront peu; mais l'établissement une fois bien reglé, l'Hôpital ne nourrira plus des gens oisifs; tous seroient occupés, depuis l'enfant de huit ans jusqu'au septuagenaire, & l'Œuvre seroit en état de recevoir & de secourir le double de ces infortunés citoyens, sans faire la moitié de la dépense actuelle. Je prie les personnes en place de protéger un si salutaire projet, fi quelque ame généreufe fe préfente pour l'exécuter. J'admire le zèle avec lequel on travaille dans cette maifon d'humanité à adoucir la mifère publique ; mais pour en faire une œuvre vraiment chrétienne, il faut que l'aumône qu'elle répand fi libéralement foit inféparable de l'obligation d'un honnête travail. Je fçais que depuis quelque tems on y a levé une fabrique de bonnets, & que cette fabrication occupe quelques jeunes gens, c'eft toujours un bien ; mais il eft infuffifant. La plupart des Ouvriers néceffaires à cette fabrique, font des étrangers mercenaires ; ce n'eft donc pas l'occupation qu'on s'eft propofée dans cet établiffement. Le feul appas du gain en a été le motif, comme fi un profit encore plus confidérable pouvoit être comparé à l'utilité d'un travail univerfel & reparti proportionnellement à l'âge d'un chacun. La filature du coton n'eft ni pénible, ni nuifible à la fanté. Je ne penfe pas cependant que celle de la laine foit auffi pernicieufe que quelques Recteurs l'ont crû, & que dans cette croyance, on puiffe difpenfer les filles de cette Œuvre pieufe, de ce dernier travail, puifque par la même raifon il faudroit le défendre à tous les habitans du Royaume, ce qui affurement n'arrivera pas, quand même une pareille idée prévaudroit autre part que dans cette maifon de charité. Je combats un ufage vicieux, fondé fur une fauffe compaffion, dont l'expofition publique fera peut-être plus d'impreffion fur les adminiftrateurs de cet Hôpital, que n'ont fait les raifons que j'ai données en particulier à quelques-uns pour corriger cet abus. Ils m'ont déclaré franchement qu'ils préféreroient toujours de faire filer les laines par des femmes étrangeres, plutôt que de rifquer de ruiner la fanté des filles de la maifon, en les occupant à un travail qui attaque la poitrine. Il eft vrai qu'ils ont ajouté que la filature faite hors de ladite Maifon faifoit partie des obligations de l'Œuvre par l'entretien qu'elle fournilloit par ce moyen à des pauvres familles. Je conviens que le travail diftribué à ceux qui font dans l'indigence, mérite des éloges & fait honneur à l'humanité. La principale obligation de cette Maifon de charité confifte à entretenir pour la Religion & pour l'Etat, prémierement ceux qui compofent fa famille dont elle eft chargée fpécialement, & enfuite de fecourir les étrangers. Or je penfe que la Religion & l'Etat s'accordent à bannir l'oifiveté, & à faire du travail manuel la bafe de l'éducation qu'on doit donner dans cette maifon. Toute autre occupation eft contraire au but des Fondateurs.

J'obferverai encore que l'Hôpital de la Charité n'a été établi que pour les pauvres Artifans & leurs enfans, qui par état font deftinés au travail. Car quoique tout homme foit né pour travailler, ceux-ci y font obligés, & par leur naiffance & par un ordre exprès de la Providence ; d'où je conclus que quand la filature de laine (ce que je n'avoue point) causeroit quelques légères incommodités, il feroit jufte que ceux que la Charité nourrit, les fupportaffent plutôt que d'autres citoyens qui ne vivent point aux dépens de l'Œuvre. Je me fuis un peu étendu fur un mal que je défire changer en bien. Mon zéle pour la patrie & mon amour pour mes concitoyens & pour tout ce qui peut leur être avantageux doivent m'excufer.

Nous avons devant les yeux un exemple bien fatisfaifant pour encourager l'établiffement que je propofe, & qui réfout toutes les difficultés qu'on pourroit faire à ce fujet. Ceux qui font inftruits de ce qui fe paffe à Brue (hé qui dans Marfeille n'en a pas entendu parler ?) me préviennent pour nommer Mr. le Marquis de Roux. Oui, c'eft de ce refpectable citoyen, & de ce véritable patriote dont je veux parler. Les merveilles qu'il opére dans une Ville qu'il crée, qu'il peuple, qu'il embelit & qu'il enrichit par les manufactures qu'il y établit & qu'il y entretient par fa protection, fes foins & fes récompenfes, immortalifent fon nom; & fa mémoire qui nous eft chere, la fera auffi à nos defcendans. On pourra oublier dans la fuite qu'il a habité un Palais, & que le Roi l'a honoré de plufieurs marques diftinctives; mais le pays ftérile qu'il a changé en des lieux d'abondance, & les arrières petits enfans de ceux qu'il a retirés de la mifere, publieront à jamais fes louanges, & le nom de Marquis de Roux deviendra un éloge. Ce n'eft point par flatterie que je parle ainfi; je penfe qu'il marche dans le véritable chemin de la gloire, & n'ayant point eu encore l'occafion de lui en marquer ma reconnoiffance, je me crois obligé de le faire ici. Je dis donc que fi Brue qui étoit un lieu défert & abandonné, eft devenu un féjour agréable & commode par l'induftrie de fes Habitans qu'il a fallu y attirer de tous côtés par l'efpoir des récompenfes, à combien plus forte raifon fera-t-il facile de réuffir dans la Maifon de la Charité, remplie d'Artifans ou de leurs enfans, fur-tout Mrs. les Directeurs étant tous Négocians, & zélés pour le bien public.

Avant d'employer le coton en mouffelines ou en autres étoffes, il y a plufieurs travaux préliminaires dont il eft indifpenfable de dire un mot des principaux.

Toutes les gouffes cueillies & la récolte finie, la prémière opération à faire, confifte à féparer le coton de fes enveloppes, en obfervant de mettre à part toutes les coques ou fruits qui ne feront point entr'ouverts ou qui fe trouveront gâtés, pour les trier en particulier, & ne point mêler ce coton défectueux avec le beau qui perdroit par là beaucoup de fon prix. Le travail achevé, il faut commencer par nétoyer le coton, ou fuivant le langage des Ifles par l'éplucher, en le débarraffant des graines que le duvet envelope, & auxquelles il eft adhérant par fa racine; car il ne femble être formé que pour leur confervation, & les aider à croître en leur communiquant une douce chaleur, ou peut-être à les faire voltiger de tous côtés, jufqu'à ce que tombant fur quelque terrein qui leur foit propre, elles puiffent fe reproduire plus facilement. Ce feroit perdre fon tems & fa peine que

COTON.

de vouloir par un travail le plus affidu, enlever les graines avec les doigts & les débarraffer de leur duvet. Ce travail feroit trop long & trop difpendieux, & fi l'invention des moulins à coton n'avoit abrégé cette opération, les moufelines & les autres toiles & étoffes qui font devenues fi communes, deviendroient trop cheres, & par une conféquence néceffaire peu profitables au petit peuple qui en fait le plus d'ufage.

Je n'entends point parler de ces mouffelines admirables, dont la fineffe paroît au deffus de l'induftrie humaine. Il eft d'ufage dans l'Inde de nétoyer les graines avec les doigts & de ranger les filamens du coton pour pouvoir les filer dans la proportion & l'égalité néceffaires à de tels ouvrages.

Rien de plus fimple que le méchanifme de ces moulins. Ce font deux rouleaux cannelés, pofés horifontalement, qui tournent en fens contraires par le moyen de deux roues mifes en mouvement par des cordes qui les entourent de la même manière que le pratiquent les Tourneurs & les Fileufes au rouet, de forte que l'ouvrier étant affis, peut avec le pied communiquer ce mouvement, tandis qu'avec les mains il préfente le coton aux rouleaux qui le pincent, le faififfent, l'entraînent & le laiffent tomber dans des facs attachés aux côtés oppofés fous le chaffis après que les graines en ont été débarraffées, ce qui ne peut être autrement, parce que l'efpace qui eft entre les rouleaux eft moindre que la groffeur defdites graines, qui tombent par terre en laiffant paffer le duvet dont elles étoient enveloppées. Ces moulins font d'une petite dépenfe, & n'occupent pas grand efpace. Toutes les piéces qui les compofent, font de bois de l'Amérique dont perfonne n'ignore la dureté. Il eft préférable au fer, qui par la rouille qu'il contracte, imprimeroit des tâches inéfaçables au coton & en diminueroit la valeur. Chaque ouvrier doit nétoyer ou mouliner une foixantaine de livres de coton par jour. Les graines qui font tombées par terre devant les travailleurs, font amoncelées dans un coin pour s'en fervir comme je le dirai en parlant des propriétés du coton.

Cette opération finie, on travaille à emballer le coton, & voici les précautions qu'on prend pour y parvenir, à caufe de la fineffe, de la légéreté & de l'élafticité de la matière qu'il eft difficile de comprimer pour la réduire à un petit volume. Je ne parle que de ce qu'on pratique dans nos Ifles où les balles de coton font d'environ 300 livres plus ou moins fuivant que l'ouvrier a réuffi à le fouler; car dans dans le Levant & à Malthe, les balles font prefque du double, ce qui facilite l'emballage, & épargne bien de la toile. On commence par mouiller l'intérieur du fac dont la longueur eft de trois aunes, d'une largeur proportionnée; cette humidité arrête & colle à la toile le duvet qui fans cela remonteroit à mefure qu'on le prefferoit; on remplit le fac qu'on attache avec de fortes cordes fufpendues à des poulies attachées au plancher pour le hauffer ou le baiffer felon le befoin ; un ouvrier en-tre dedans , ayant avec lui une maffe & des pinces, il foule avec les pieds le coton , le bat avec la maffe & le range avec lefdites pin-ces , & continuant ainfi jufqu'au plus haut du fac , en foulant le coton qui lui eft fourni par d'autres ouvriers , & en fe tenant avec les mains aux cordes qui tiennent le fac fufpendu. Pour faciliter ce travail, on mouille extérieurement le fac par intervalle , & quand il eft tout-à-fait rempli , on l'abaiffe au moyen des poulies , & on en cout la gueule avec de forte ficelle. (Si le mot de gueule choque quelqu'un , qu'il y fubftitue celui de bouche ou d'ouverture.) Le mouillage de la toile qui a été jugé néceffaire pour cette opération , étant devenu abufif par la fraude dont il a été la caufe , a occafionné un Artêt du Confeil que je rap-porterai en parlant du Commerce du coton. Les balles ainfi faites font chargées pour le Royaume , & c'eft ce que nous appellons coton en laine , pour le diftinguer du coton en pierre & du coton filé. Nous ne recevons même aujourd'hui de nos Ifles que de cette qualité de coton , la filature revenant trop chere dans nos Colonies par le défaut de po-pulation , & celui en pierre qui n'eft autre chofe que le coton mêlé avec les graines , tel qu'il eft tiré des gouffes , n'ayant pu prendre faveur en France , fans doute à caufe du déchet qu'il fupporteroit pour être nétoyé , comme fi le plus bas prix n'en étoit pas la compenfation. L'Etat a intérêt de tirer de nos Colonies le coton plutôt en pierre qu'en laine , pour trois raifons toutes trois effentielles : 1°. Les habi-tans des Ifles ne feront point diftraits de la culture des terres par une occupation qui n'y a aucun rapport , & qui peut-être empêche que de nouvelles terres ne foient defrichées. 2°. Le coton en pierre étant nétoyé en France , fourniroit un travail honnête à quantité de pauvres familles , & peut-être que ce prémier travail feroit un encouragement pour faire paffer plufieurs ouvriers à des opérations plus difficiles. Le bénéfice demeureroit dans le Royaume & contribueroit à l'acquit des charges de l'Etat. 3°. Le coton en pierre étant plus volumineux que le coton en laine occuperoit plus de navires pour le tranfport , objet qu'on ne doit jamais perdre de vue , fi on veut relever notre navigation. L'Angleterre nous en a donné l'exemple , & quoique notre ennemie (qu'on me paffe cette expreffion , quoique la paix nous ait reconci-liés , il y aura toujours une jaloufie de Commerce qui doit lui faire trouver grace) elle mérite d'être imitée en ce point.

Il conviendroit peut être encore mieux de faire venir le coton de nos Colonies dans les gouffes , non-feulement par les raifons que je viens de rapporter qui font de fortifier notre navigation , d'augmenter le nombre de nos navires , & de favorifer notre induftrie , mais encore afin de pouvoir réuffir à faire des mouffelines auffi fines que celles qui nous viennent des Indes. Car les Indiens qui travaillent aux mouffeli-nes , dont la fineffe nous paroît inimitable , ne pratiquent point notre

COTON.

COTON. méthode de nétoyer le coton de fes graines par le moyen d'un mou-lin ou de quelque machine qui abrege le travail. Ils ont la patience d'ouvrir les gouffes pour en tirer les graines avec les doigts en obfer-vant de ne pas déranger les filamens du duvet qu'ils laiffent dans leurs directions naturelles. Par cette précaution, le fil qui en eft formé a de la confiftance, eft uni également, & eft d'une fineffe extrême; ce qui ne feroit plus poffible, fi les poils du duvet avoient été brouillés & mêlés enfemble par l'action du moulinage. La chofe fe conçoit faci-lement, & l'exemple du tirage de nos foyes & de la filature de nos lins, en font des exemples convainquans. Quand on tire la foye, on prend le nombre de fils qu'on juge à propos pour donner plus ou moins de force à la foye qu'on fe propofe de faire; de même quand on file le lin, on joint deux ou trois poils dans leur longueur. Car fi les cocons & le lin étoient réduits en étoupe, tout le monde fçait combien le fil en feroit groffier. Il eft vrai qu'à l'égard du coton, pour remédier au mal que le moulinage a caufé, on employe utilement le peigne pour redreffer les poils, & les rétablir dans leur prémier état; mais comme il faut néceffairement fe fervir de cardes, quelque adreffe & quelque habileté qu'ayent les ouvriers pour éviter de rompre les filamens, de les plier & de les tourmenter par des faux mouvemens, le mal n'eft jamais guéri qu'à demi, & le fil qui provient du coton peigné eft néceffairement mouffeux & peu propre à des mouffelines fur-fines; & quoique le mot de mouffeline n'aye d'autre origine que cette mouffe ou duvet qui paroît fur les toiles de coton, les belles mouf-felines doivent être exemptes de ce défaut. Auffi prend-t on la pré-caution, pour pouvoir réuffir, de choifir le coton peigné qui paroît le moins mêlé, d'en faire de petits flocons, gros comme une allumette, d'étendre les filamens dans toute leur longueur, & afin de leur faire perdre la courbure qu'ils ont prifes par la preffion de l'embalage, & que la carde n'a pu réparer entièrement, on tord ces petits flocons dans toute leur longueur avec les doigts, comme fi on en vouloit faire une méche de chandelle. En les détordant, on trouvera que les fila-mens fe font alongés, & qu'ils auront pris le luftre de la foye. En répétant la même opération, après avoir un peu écharpi les flocons, on les rendra encore plus beaux. Les flocons ainfi préparés, font mis légèrement fur les quenouilles, qui ne doivent point être furchargées. Tout le refte dépend de l'adreffe des fileufes pour avoir du fil d'une fineffe furprenante, également uni & fort. Je n'entre point dans le dé-tail de l'emploi que les fileufes font du rouet. La pratique fous un bon conducteur en enfeignera plus que les Mémoires les mieux rai-fonnés. Qu'il me foit permis cependant de faire connoitre au public les avantages que la filature furfine procurera à je ne fçais combien de perfonnes qu'un pareil travail occuperoit, & qui font fouvent d'une naiffance à ne pouvoir (par une honte fauffe, fi l'on veut, mais gé-

néralement

COTON.

néralement établie) se soumettre à tout autre travail. Il est vrai que toutes ces occupations font longues , couteuses , & ne contentent guéres l'œil, puisque dans une femaine une fileuse pourra à peine perfectionner une demi livre de beau fil, ce qui paroit d'abord un tems perdu ou payé trop cherement. Je ne trouve ni l'un ni l'autre, & je pense que c'est le travail le plus utile à l'Etat, parce qu'il occupe un plus grand nombre de sujets , & que proportionnellement à la filature du coton pour les toiles communes ou grossieres , il donne un bénéfice bien plus considérable. C'est une affaire de calcul qui n'est pas difficile. Je suppose donc qu'une habile fileuse ne puisse perfectionner dans une femaine que demi livre de ce beau fil ; ce fera 26 livres dans une année. Je le reduis à 25 livres ; ce n'est donc que 25 livres de matiere premiere , dont l'achat coutera à 30 f. la liv. 37 liv. 10 f. Je suppose aussi que la fileuse gagne par jour 20 f. les 25 liv. couteront 300 liv. Voilà déja . . . . . . 337 liv. 10 f.

Je veux passer pour perte fur le déchet du coton . 4 liv. 10
                                                                  _____
                                                                  342 liv.

Somme totale 342 liv. Ce qui fait revenir le coton à 13 liv. 13 f. 7 d. la livre pesant poids de marc. Bien loin que ce prix m'épouvante , j'accorde le double, & j'admets que le coton filé au point de perfection que je requiers, coutera 27 liv. 7 f. 2 d. la livre pesant. Je m'imagine que ma proposition contentera les plus difficiles , qui peut-être font déja en peine comment je pourrai prouver l'utilité d'une filature si dispendieuse. Il ne faut pas de grands raisonnemens pour cela. Une livre de ce fil surfin, suffit pour faire une piéce de moufseline de 16 aunes ou dix paires de bas. L'Ouvrier en moufseline en gagnant 120 liv. pour chaque piéce ou 7 liv. 10 f. par aune, a une fortune afsurée , & le Fabriquant de bas en gagnant dix livres pour chaque paire, fera au comble de fes fouhaits, c'est donc 100 liv. pour les dix paires. Je récapitule.

Achat du coton ou filature pour 25 liv. 684
Fraix de la fabrication de la moufseline à 120 liv. la livre
pefant, ci. 3000
                                                                  _____
                                                                  3684

On conviendra avec moi que j'ai plutôt recompenfé que payé les Ouvriers. Cependant le bénéfice est encore immenfe. L'aune d'une femblable moufseline vaudra au moins 20 livres, il y aura 25 piéces de 16 aunes ; partant 400 aunes, qui à 20 liv. font ci. . . 8000
Surquoi deduit tous les frais de dépenfe. . . 3684
                                                                  _____
Refte net pour les entrepreneurs. 4316

Tom. II.   C

COTON. Voilà pour la fabrication des mousselines. Peut-être que le même fil employé en bas ne sera pas si profitable.

Même dépense pour l'achat & la filature du coton ci.   684.

La livre pesant doit faire dix paires de bas qui à dix livres la paire fait la somme de 100 liv. pour chaque livre pesant de coton & pour les 25 livres, ci.   .   .   2500

Somme totale.   3184

Chaque paire de bas sera vendue au moins 40 livres ; par conséquent la livre pesant de coton 400 liv. & les 25 liv. ci.   .   10000 liv. Surquoi déduit la dépense, ci.   3184

Partant reste net pour les Entrepreneurs.   .   .   .   6816.

Ce bénéfice paroit incroyable ; il est cependant réel, & il n'y a rien d'imaginaire dans tout ce calcul. Bien loin d'avoir excedé dans les produits je les ai beaucoup diminués, & j'ai doublé la dépense ; j'ai supposé que la mousseline de cette première qualité ne seroit vendue que 20 liv. l'aune, & c'est un fait qu'elle vaut 30 liv. & que la paire de bas ne valoit que 40 liv., tandis qu'on en vend à 80 livres. Je fais plus : je suppose que la mousseline ne se vendra qu'aux trois quarts de sa valeur, 15 liv. l'aune & la paire de bas à moitié prix à 20 liv., malgré cette prodigieuse diminution dans le produit & cette augmentation dans la dépense, il en resultera encore un gros bénéfice. Les 25 livres de coton employées en mousselines donneront un gain de.   .   .   .   .   2316 liv. Et employées en bas.   1816

Partant pour 50 liv. de coton, ci.   .   .   .   4132 liv.

Je ne pousse pas plus loin ce raisonnement ; il me paroît démonstratif, & par conséquent plus que suffisant pour donner lieu à divers établissemens d'une filature surfine, d'où il resultera les plus grands biens pour l'Etat, soit par l'occupation de quantité d'honnêtes familles qui languissent dans une misérable oisiveté, soit par l'encouragement de notre industrie & l'activité dans la circulation des richesses nationales, soit par le bénéfice réel que feront les sujets du royaume sur eux-mêmes, s'ils font seuls la consommation de ces mousselines & de ces bas. Mais s'ils réussissent à fournir l'étranger, ce qui doit en être une suite infaillible, quelle augmentation dans la masse de nos richesses !

furtout par la ceffation de la fortie de notre argent pour les Indes d'où il ne revient plus. Cette dernière raifon demande quelques explications qui ne feront pas étrangeres à mon fujet, puifque je n'écris que pour des Négocians, & ce feroit même ici le lieu de traiter la queftion, fi le Commerce des Indes ne caufe pas plus de dommages que d'utilité à l'Etat. Je n'entrerai point dans l'examen de cette importante quef- tion, qui a été difcutée dans plufieurs ouvrages excellens. Je me con- tenterai de faire une obfervation générale.

Tout Commerce avec l'étranger par lequel nous envoyons moins de marchandifes que nous n'en recevons, principalement fi celles qui nous font importées font ouvrées à l'étranger & font confommées dans le Royaume, & fi celles que nous exportons n'égalent point leur valeur, eft ruineux pour la Nation qui donne moins en marchandifes, & bien loin qu'un femblable Commerce mérite la protection du Gouvernement, il devroit être rigoureufement défendu, à moins qu'il n'aye pour objet des denrées ou des marchandifes d'une abfolue néceffité; car le béné- fice que peuvent faire ceux qui l'entreprennent, fera toujours inférieur à la perte que fera l'Etat. Ce principe pofé, il eft facile de décider la queftion. Je reviens encore à notre Hôpital de la Charité, & je prie mes Lecteurs d'entrer dans mes vûes. Quelle reffource pour cette maifon, fi une manufacture de mouffelines furfines y étoit établie? Plus d'oifiveté; car l'abondance ne feroit point le fruit le plus précieux d'un fi falutaire établiffement. Un travail diftribué à tous, mérite la préférence. Eh qui empêcheroit de fabriquer en même tems des toiles de coton communes, afin de fournir aux jeunes & aux vieux une occupation aifée & à la portée du génie & de l'adreffe d'un chacun? Nous avons à bon marché les cotons en laine & filés du Levant, & nous pouvons facilement faire venir de nos Colonies du coton dans les gouffes pour l'avoir plus beau, & le faire filer comme le pratiquent les Indiens pour leurs belles mouffelines. Que nous manque-t-il, puifque nous avons au- tant de mains, & même plus qu'il ne nous en faut, pour réuffir dans une fi louable entreprife?

Je paffe aux propriétés du coton, pour abreger cet article qui de- viendroit trop long, fi j'entrois dans le détail des métiers néceffaires pour les principaux ouvrages auxquels le coton eft employé.

PROPRIETÉS DU COTON.

En parlant de l'ufage du coton, j'en ai rapporté les principales pro- priétés, qui font de fervir à l'habillement de l'homme pour le garantir du froid & pour orner fon habitation, on peut ajouter à l'éclairer; foit qu'on employe plufieurs fils de coton commun, entortillés légèrement, qu'on trempe dans l'huile ou dont on fait des chandelles ou de la bougie.

COTON. On dit que les fleurs du coton font vulnéraires , & que l'huile des graines est un bon cosmetique ; que les feuilles & les fleurs cuites ensemble fous la braise rendent une huile roufse & vifqueufe très-falutaire pour la guérifon des ulcères. Les graines bouillies font une ptifane bonne pour la toux & pour foulager l'afthme & toutes les maladies de poitrine. Quelques Médecins l'emploient dans la diffenterie & le crachement de fang. Si ce n'eft pas une preuve qu'on en foit toujours guéri, c'en eft du moins une qu'ils ont crû qu'elle avoit une vertu pour opérer cet effet. On convient généralement que le coton échauffe & deffèche. L'expérience confirme l'un & l'autre, & quoique dans les pays chauds on en employe la toile pour faire des chemifes, les Européens préférent la toile de chanvre comme la plus faine & moins incommode, en ce qu'elle ne caufe point ces légères démangeaifons & ces chatouillemens que le duvet du coton occafionne fur une peau délicate ; & on la juge plus faine, parce que la fueur du corps n'y féjourne pas fi long-tems & eft plutôt diffipée dans les toiles de chanvre que dans les toiles de coton. On a encore reconnu que la toile de coton appliquée fur une playe, l'enflame & l'envenime, foit que le duvet s'infinuant dans les pores de la chair empêche la végétation des humeurs & irrite par cet obftacle la partie nerveufe, foit que fuivant les recherches de Leuvenoeck, les fibres du coton ayent deux côtés plats, tranchans par leur extrêmité, qui divifent les molécules de chair & occafionnent l'inflammation.

COMMERCE DU COTON.

L'utilité du coton & même fa nécefsité dans plufieurs vaftes contrées ayant été reconue, il devint bientôt l'objet d'un grand commerce. L'induftrie Européenne a fçu, heureufement pour nous, le mettre à profit. On jugera mieux de l'importance de cette branche de Commerce à Marfeille, par les quantités qui y font importées & qui en font enfuite exportées à l'étranger. Je conviens que des états généraux pour toute la France feroient d'une grande utilité pour connoître combien cette branche de Commerce intéreffe tout le Royaume ; mais ils feroient étrangers au Commerce de cette place. J'ai obfervé dans un autre endroit que le coton de nos Colonies, ne venoit point à Marfeille, non pas qu'il ne fut très permis d'en faire venir, mais parce qu'on a cru que celui du Levant s'y trouvant très-abondant & à un moindre prix, il n'étoit point de l'intérêt de nos Négocians d'y en faire venir ; cependant depuis la paix avec l'Angleterre, il en eft arrivé quelques balles fur les Navires expédiés dans l'Ifle St. Domingue. C'eft fans doute un effai que nos Commerçans ont trop tardé de faire. Il faut efperer qu'ils n'en demeureront pas là, & qu'ils en feront venir des quantités

plus confidérables , fi ce n'eſt pas pour nous , qui gagnerions beaucoup COTON.
à l'employer , ce fera du moins pour l'Allemagne & la Suiſſe qui
commencent à nous en demander avec empreſſement.

COTON EN LAINE.

Il eſt arrivé du Levant à Marſeille pendant le cours d'une année
ſuivant le dépouillement des manifeſtes.

Coton en laine , ci. . . . . . 3831620 livres

Il eſt ſorti de Marſeille pour l'étranger ſuivant les
manifeſtes remis à la ſortie. . . . 863376

SÇAVOIR.

En Italie. : . .	381210 liv.
En Eſpagne. . . .	28881
En Portugal. . . .	5257
En Hollande. . . .	81324
En Angleterre. . . .	142
Dans le Nord. : . .	366562
	863376 liv.

Il a été expédié en tranſit à Geneve en
vertu de l'Arrêt du 15 Octobre 1704, ci. . 650000   650000

Reſte d'employé dans le Royaume   2328244 livres

COTON FILÉ.

Il eſt arrivé à Marſeille de coton filé pendant ladite année ſuivant
leſdits manifeſtes.

SÇAVOIR.

Du Levant. : . .	2013694	
D'Italie.	1284	2014978 liv.

COTON.   Il est sorti de Marseille pour l'Etranger suivant lesdits manifestes,

SÇAVOIR.

Pour l'Italie.	. . .	264502
L'Espagne.	. , .	162429
Le Portugal.	. . .	. 357
La Hollande.	. . .	94999
L'Angleterre.	. . .	. 270
Le Nord.	. . .	. 800

Il a été expédié en transit à Geneve suivant   liv. 522457 } 682457 liv.
ledit Arrêt du 15 Octobre 1704 ci. . . . . 160000 }

Reste d'employé dans le Royaume.   1332521 liv.

Un simple regard sur cet état, fait connoître combien le Commerce de coton interesse Marseille. Le grand nombre de Navires qu'il employe, & les bénéfices qu'il doit procurer à la Nation par les nouvelles valeurs qu'il acquiert par la filature ou la fabrication de tant de toiles ou étoffes, dont l'énumération auroit de quoi surprendre. Si cependant cette grande quantité de coton étoit toute consommée dans le Royaume, ses Habitans y trouveroient véritablement un soulagement aux besoins de la vie, & quelques-uns même une occasion de s'enrichir : mais l'Etat s'apauvriroit par l'achat d'une si grande quantité de marchandises, si elle n'étoit le payement de nos draps du Languedoc. Heureusement que notre fabrication des étoffes de coton regarde autant les besoins de l'étranger que les notres, & que nous ne pouvons que gagner en l'exportant hors du Royaume.

L'importance du Commerce du coton relativement à nos manufactures & à la plus grande valeur qu'il peut recevoir par notre industrie, a occasionné divers Réglemens pour le payement des droits imposés à l'entrée du Royaume jusqu'en 1749, que par Arrêt du Conseil du 12 Novembre, les cotons en laine, tant de nos Colonies qu'étrangers, ont été déclarés exempts & francs de tous droits en entrant dans le Royaume ou en passant d'une Province à une autre. Avant d'entrer dans le détail de ces Réglemens, il est à propos d'en rapporter deux que les fraudes reconnues dans ceux qui nous sont importés en laine de nos Colonies ou filés en Levant, ont fait rendre pour la sûreté du Commerce.

On a vu que pour avoir plus de facilité à emballer le coton de nos Colonies, on mouilloit l'intérieur de la toile des emballages, & qu'on

COTON.

aſperſoit même légerement l'extérieur de la balle, afin qu'au moyen de cette humidité, le duvet du coton s'attacha à la toile, & ne remonta pas le long de ſes parois à meſure qu'il étoit foulé & battu avec la maſſe. Cette précaution utile dans ſon principe, ayant dégénéré en abus par la friponnerie de quelques inſulaires, qui ſous ce prétexte, mouilloient tout le coton pour le rendre plus peſant, & lui procuroient par-là une fermentation qui énervoit les filamens du duvet, & les faiſoit quelquefois pourrir dans la traverſée. Pour remédier à un abus ſi contraire à la bonne foi du Commerce, & ſi pernicieux par ſes ſuites à la réputation de nos manufactures, le Roi toujours attentif à tout ce qui intéreſſe le Commerce de ſon peuple, rendit un Arrêt le 20 Décembre 1729, portant Réglement pour le Commerce des cotons qui s'envoyent des Iſles Françoiſes de l'Amérique dans les Ports de France. Je le joins ici, parce que les diſpoſitions doivent être connues de tous les Armateurs & de tous les Marchands qui commercent aux Iſles de l'Amérique.

ARREST

DU CONSEIL D'ETAT DU ROI,

Portant Réglement pour le Commerce des cotons qui s'envoyent des Iſles Françoiſes de l'Amérique dans les Ports de France.

Du 20 Décembre 1729.

Extrait des Régiſtres du Conſeil d'Etat.

LE Roi étant informé qu'il ſe commet aux Iſles Françoiſes de l'Amérique un abus très-préjudiciable au Commerce des cotons, en ce que les Négocians de ces Iſles ſont dans l'uſage de les mouiller lorſqu'ils les emballent, à l'effet de s'en procurer un plus grand poids, que les cotons ainſi mouillés s'échauffent dans la traverſée, & ſouvent ſe pourriſſent, ce qui donne lieu à différens procès entre les acheteurs & les vendeurs, & à des recours de garantie contre les habitans des Iſles qui ont fait l'envoi deſdits cotons : & Sa Majeſté voulant arrêter le cours de cet abus capable de faire abandonner le Commerce des cotons aux Négocians du Royaume, au préjudice deſdites Colonies & de ſes Manufactures. Vû les repréſentations faites à ce ſujet par le Syndic de la Chambre du Commerce établie à Rouen, enſemble l'avis des Députés du Commerce. Oui le Rapport du Sieur le Pelletier Conſeiller d'Etat ordinaire & au Conſeil Royal, Contrôleur Général des Finances. Le Roi étant en ſon Conſeil, a ordonné & ordonne ce qui ſuit.

ARTICLE PRÉMIER.

Les habitans des Isles Françoises de l'Amérique seront tenus, à commencer un mois après le jour de la publication du préfent Arrêt aufdites Isles, d'emballer ou faire emballer à fec & fans les mouiller, les cotons deftinés pour être envoyés en France, à peine de cent livres d'amende pour chaque balle de coton qui fe trouvera en contravention.

I I.

Lefdits habitans feront tenus de mettre leur marque aux deux bouts de chaque balle de coton, & à un pied de diftance de chacun defdits bouts, laquelle marque fera empreinte à huile, contiendra leur nom & celui de leur quartier ou demeure, & ce fous pareille peine de cent livres d'amende pour chaque balle qui fe trouvera non marquée.

III.

Fait Sa Majefté très-expreffes inhibitions & défenfes à tous commiffionnaires & autres habitans defdites Isles, de recevoir aucuns cotons de la Guadeloupe ou autres Colonies, fi les balles qui les contiendront ne fe trouvent marquées conformément à la difpofition du précédent Article, & ce, fous peine de confifcation de la balle non marquée.

I V.

Défend pareillement Sa Majefté aux Capitaines & Commandans des Bâtimens qu'ils conduiront aufdites Isles, de recevoir avant leur départ pour revenir en France aucunes balles de coton dans leurs Navires, fi elles ne font marquées conformément à ce qui eft prefcrit par l'Article II du préfent Réglement, à peine auffi de cent livres d'amende, & de répondre en leur propre & privé nom, à leur arrivée dans les Ports du Royaume, de toutes pertes & dommages qui auront été caufés par le mouillage des cotons aufdites Isles lors de leur emballage.

V.

Si dans les balles marquées conformément à l'Article II du préfent Réglement, il fe trouve lors de leur arrivée en France que les cotons qu'elles contiendront foient endommagés & pourris pour avoir été mouillés contre la difpofition portée par l'Article prémier, il fera dreffé procès verbal du vice & de la pourriture defdits cotons, par experts dont on conviendra, ou qui feront nommés d'office par les Juges & Confuls du lieu de l'arrivée, ou s'il n'y a point de Jurifdiction Confulaire, par les Officiers de celle qui fera la plus prochaine, & le dernier vendeur en fera garant envers l'acheteur, fauf fon recours fur celui de qui il les aura achetés, & ainfi fucceffivement jufqu'au prémier vendeur, lequel fera condamné aux dommages & intérêts, frais & dépens des Parties, & en outre en l'amende de cent livres pour chaque balle.

V I.

Si les cotons dont les balles n'auront point été marquées dans le délai porté par
l'Article

l'Article prémier du préfent Réglement, foit qu'ils foient encore aufdites Ifles ou en route, ou qu'ils foient arrivés en France, fe trouvent endommagés pour avoir été mouillés lors de leur embalage aufdites Ifles, celui qui les aura vendus fera fujet envers l'acheteur aux condamnations portées par le précédent Article, fauf le recours y expliqué.

VII.

Ordonne Sa Majefté aux Juges & Confuls du Royaume, & au Sieur Intendant des Ifles & Colonies Françoifes de l'Amérique, de prononcer fans aucun retardement les peines encourues par les contrevenans, enfemble fur les demandes en dédommagement qui feront portées devant eux pour raifon des cotons que les acheteurs juftifieront par procès verbal d'experts, en la forme preferite, être viciés & pourris par le fait du prémier vendeur; à l'effet de quoi Sa Majefté a attribué & attribue toute Cour & Jurifdiction audit Sieur Intendant & aufdits Juges-Confuls, & icelle interdit à toutes fes autres Cours & Juges. Enjoint Sa Majefté audit Sieur Intendant de tenir la main à l'exécution du préfent Arrêt, qui fera lû, publié & affiché par tout où befoin fera, & exécuté nonobftant tous empêchemens ou oppofitions quelconques. Fait au Confeil d'Etat du Roi, Sa Majefté y étant, tenu à Marly le vingtième jour de Décembre mil fept cens vingt-neuf.

Signé, PHELYPEAUX.

L OUIS par la grace de Dieu Roi de France & de Navarre: A notre amé & féal Confeiller en nos Confeils, le Sieur Intendant & Commiffaire départi pour l'exécution de nos Ordres des Ifles & Colonies Françoifes de l'Amérique, SALUT. Nous vous mandons & enjoignons par ces préfentes fignées de Nous, de tenir la main à l'exécution de l'Arrêt ci-attaché fous le contre-fcel de notre Chancellerie, ce jourd'hui donné en notre Confeil d'Etat, Nous y étant, pour les caufes y contenues. Commandons au prémier notre Huiffier ou Sergent fur ce requis, de fignifier ledit Arrêt à tous qu'il appartiendra, à ce que perfonne n'en ignore, & de faire pour fon entiere exécution, tous actes & exploits néceffaires, fans autre permiffion. Car tel eft notre plaifir. Donné à Marly le vingtième jour de Décembre l'an de grace mil fept cens vingt-neuf, & de notre régne le quinzième. *Signé*, LOUIS; *Et plus bas*, par le Roi, *Signé*, PHELYPEAUX.

L'inexécution des difpofitions contenues dans l'Arrêt ci-deffus, occafionna de nouvelles plaintes. Les cotons des Ifles, en arrivant en France paffent fouvent par plufieurs mains avant d'être vendus aux Fabricans, ce qui étoit caufe qu'il étoit difficile d'établir fi la fraude provenoit des Infulaires ou des Marchands François. Il pouvoit d'ailleurs arriver qu'un trop long féjour dans un magafin humide, en eut alteré la qualité. Pour prévenir toute conteftation fur le recours qu'il auroit fallu avoir des derniers vendeurs aux prémiers, le Roi rendit un fecond Arrêt le 16 Décembre 1738, par lequel en confirmant tout ce qui eft réglé par celui du 20 Décembre 1729, il eft ordonné en outre que les balles de coton venant des Ifles de l'Amérique dans les Ports de France feront vues & vifitées à leur arrivée par les Commis des Fermes, pour vérifier fi elles font marquées aux deux bouts, & en cas de contravention de les faifir, pour la confifcation en être par

COTON.

eux pourfuivie pardevant les Sieurs Intendans & Commiſſaires départis dans les Provinces & Généralités du Royaume, avec la condamnation des amendes portées par ledit Arrêt, &c. Il vaut mieux lire toutes ces difpoſitions dans ledit Arrêt que d'en faire un plus long extrait.

ARREST

DU CONSEIL D'ETAT DU ROI,

Qui renouvelle les difpoſitions de l'Arrêt du Conſeil du 20 Décembre 1729 ; portant Réglement pour les cotons qui s'envoyent des Iſles Françoiſes de l'Amérique dans les Ports de France : & qui ordonne que les balles deſdits cotons feront viſitées à leur arrivée dans leſdits Ports par les Commis des Fermes.

Du 16 Décembre 1738.

Extrait des Régiſtres du Conſeil d'Etat.

LE Roi étant informé que les habitans des Iſles Françoiſes de l'Amérique continuoient de mouiller les cotons qu'ils envoyent dans les Ports de France, & négligeoient fur-tout de mettre leur marque aux deux bouts des balles ; comme auſſi, que les Capitaines commandant les bâtimens pour les Iſles continuoient pareillement de recevoir dans leurs navires leſdites balles de coton, fans être marquées ; & ce, nonobſtant les difpoſitions portées par les Articles I, II, III & IV de l'Arrêt du Conſeil d'Etat du 20 Décembre 1729, portant Réglement pour les cotons qui s'envoyent des Iſles Françoiſes de l'Amérique dans les Ports de France : & Sa Majeſté voulant aſſurer par des précautions qu'Elle a jugé néceſſaires, l'exécution de ce Réglement, & contenir ceux qui y contreviendront, par des peines plus févères que celles qui y font prononcées : Vû ledit Arrêt du Conſeil, enſemble l'avis des Députés au Conſeil du Commerce : Oui le rapport du Sieur Orry, Conſeiller d'Etat & ordinaire au Conſeil Royal, Contrôleur Général des Finances ; le Roi étant en fon Conſeil, a ordonné & ordonné que ledit Arrêt du Conſeil du 20 Décembre 1729, fera exécuté fuivant fa forme & teneur ; & en conféquence, a réitéré les défenfes faites par l'Article prémier dudit Arrêt aux habitans des Iſles Françoiſes de l'Amérique, d'emballer ou faire emballer autrement qu'à fec, & fans mouiller les cotons deſtinés pour être envoyés en France : leur ordonne conformément à la difpoſition de l'Article II du même Arrêt, de mettre leur marque aux deux bouts de chaque balle de coton, & à un pied de diftance de chacun deſdits bouts ; laquelle marque fera empreinte en huile, & contiendra leur nom & celui de leur quartier ou demeure : réitéré pareillement les défenfes faites par l'Article III du même Arrêt, à tous Commiſſionnaires & autres habitans deſdites Iſles, de recevoir aucuns cotons de la Guadeloupe, ou autres Colonies, ſi les balles qui les contiendront ne ſe trouvent marquées conformément à la difpoſition ci-deſſus : comme auſſi fait itératives défenfes aux Capitaines & Commandans des bâtimens qu'ils conduiront auxdites Iſles de recevoir avant leur départ pour revenir en France, aucunes balles de coton dans

leurs navires, fi elles ne font marquées conformément à ce qui eft prefcrit par la difpofition dudit Article II dudit Arrêt du Confeil ; & ce , fous les peines portées par ledit Arrêt : ordonne en outre Sa Majefté , que les balles de coton venant defdites
Ifles de l'Amérique dans les Ports de France , feront vues & vifitées à leur arrivée
par les Commis des Fermes , pour vérifier fi lefdites balles de coton font marquées
aux deux bouts d'icelles , & en cas de contravention , ordonne Sa Majefté qu'elles
feront par eux faifies & arrêtées , & que la confifcation en fera par eux pourfuivie
pardevant les Sieurs Intendans & Commiffaires départis dans les Provinces & Généralités du Royaume , dans les Ports defquelles lefdites balles de coton arriveront
avec la condamnation aux amendes portées par ledit Arrêt , tant contre les habitans defdites Ifles que contre les Capitaines & Commandans des bâtimens fur lefquels fe trouveront chargées lefd. balles de coton : enjoint auxdits Sieurs Intendans
& Commiffaires départis pour l'exécution des ordres de Sa Majefté , dans lefd. Provinces & Généralités du Royaume de tenir la main chacun en droit foi , à l'exécution
du préfent Arrêt , qui fera lu , publié & affiché par-tout où befoin fera , & exécuté
nonobftant oppofitions ou autres empêchemens quelconques , pour lefquels ne fera
différé , & dont fi aucuns interviennent , Sa Majefté s'en eft réfervé , à Elle & à fon
Confeil , la connoiffance , icelle interdifant à toutes fes autres Cours & Juges. Fait
au Confeil d'Etat du Roi , Sa Majefté y étant , tenu à Verfailles le feizième jour de
Décembre mil fept cens trente-huit.

Signé , PHELYPEAUX.

En conféquence dudit Arrêt , les Employés des Fermes firent des faifies de toutes les balles de coton en laine qu'ils trouverent en contravention , & en pourfuivirent la confifcation avec amende , tant contre
les Propriétaires defdits cotons , que contre les Capitaines & ceux qui
les avoient vendus à l'Amérique. Il fuffifoit que les balles ne fuffent
pas marquées , conformément à l'Article II dudit Arrêt du 20 Décembre 1729 , pour qu'elles fuffent arrêtées , quand même par la vérification , le coton n'auroit eû aucun vice intérieur. Ces vifites fufpendirent
l'activité de cette branche de Commerce , & donnerent lieu à plufieurs
procès de la part des François contre les Infulaires , & à de nouvelles repréfentations des Armateurs , pour demander que les balles de
coton en laine ne fuffent plus faifies par les Employés des Fermes ,
& que la vérification en fut refervée aux Fabricans , pour pourfuivre
la confifcation defdites balles , avec amende contre les contrevenans ,
dans les cas feulement que le coton fe trouveroit gâté ou pourri ; ce
qui leur fut accordé par décifion du Confeil du 13 Mars 1739 , par
laquelle l'exécution de l'Arrêt du 16 Décembre 1738 fut fufpendue ,
& celui du 20 Décembre 1729 fut confirmé pour être exécuté felon fa
forme & teneur.

L'autre Réglement regarde le coton filé venant des Echelles du Levant à Marfeille , & il n'eft pas moins effentiel au foutien de nos manufactures. On a vu la quantité confidérable de coton filé qui arrive
du Levant pour être employé dans le Royaume à différens ouvrages
que l'induftrie Françoife perfectionne tous les jours. La fraude qui
cherche à s'infinuer dans toutes les branches de Commerce , & qui
les détruiroit immanquablement , fi elle n'étoit réprimée dans fa naif-

COTON.

fance, étoit fi manifefte dans l'affortiment des balles de coton filé venant dudit Levant, que très-fouvent une balle ne renfermoit pas le quart de coton de la qualité déclarée, & pour laquelle elle avoit été vendue, les trois autres quarts fe trouvoient, en vérifiant les balles, d'une qualité fi inférieure & d'un fi bas prix, que les Fabricans, outre la perte qu'ils faifoient, n'en pouvoient plus faire l'ufage pour lequel ils avoient fait acheter cette qualité de coton. Pour rémedier à cette fourberie, le Roi par Arrêt du 26 Septembre 1733, ordonne ce qu'il veut être pratiqué dans les envois que les Négocians réfidans dans les Echelles du Levant feront à Marfeille. On connoîtra mieux les fages difpofitions de ce Réglement en le lifant.

ARREST

DU CONSEIL D'ETAT DU ROI,

Portant Réglement pour les cotons filés qui viennent des Echelles du Levant à Marfeille.

Du 26 Septembre 1733.

Extrait des Régiftres du Confeil d'Etat.

SUR ce qui a été repréfenté au Roi, étant en fon Confeil, par les Marchands en toiles de fil & coton de la Généralité de Lyon, que pour l'entretien de leurs manufactures, ils font obligés de tirer de Marfeille, des cotons qui viennent tout filés des Echelles du Levant; mais que ces cotons qui étoient anciennement de bonne qualité & bien affortis, fe trouvent depuis quelque tems défectueux & mélangés, en forte que dans une même balle il s'en trouve de différentes qualités inférieures les unes aux autres, quoique toute la balle foit vendue au même prix, ce qui leur caufe un préjudice confidérable : & Sa Majefté voulant y pourvoir. Vû la Délibération prife à ce fujet par les Echevins & Députés de la Chambre du Commerce de Marfeille le 18 Juin dernier, enfemble l'avis du Sieur Lebret, Confeiller d'Etat, Intendant & Commiffaire départi en Provence, & celui des Députés au Bureau de Commerce, Oui le rapport du Sieur Orry, Confeiller d'Etat, & ordinaire au Confeil Royal, Contrôleur Général des Finances. Le Roi étant en fon Confeil, a ordonné & ordonne ce fuit :

ARTICLE PRÉMIER.

Les Négocians réfidans dans les Echelles de Syrie, continueront, comme ils ont fait jufqu'ici, de marquer fur chaque balle des cotons filés qu'ils expédieront pour Marfeille, la qualité du coton qu'elle contiendra, le nom du Marchand à qui elle fera adreffée ; & au lieu de la marque qu'ils font dans l'ufage d'y mettre, pour désigner celui qui en fait l'envoi, que l'on appelle contre-marque, lesdits Négocians feront tenus d'y mettre à l'avenir, & à commencer du premier Janvier prochain, outre leur numero, leur nom en toutes lettres & fans abréviation, le tout à peine de cent livres d'amende pour chaque balle, qui ne fe trouvera pas marquée en conformité du préfent Article.

II.

Lors des ventes qui feront faites des cotons à Marseille, les acheteurs feront tenus de les faire vifiter en préfence du vendeur, par un Courtier juré, qui, lorfque les cotons des balles qu'il aura vifitées, fe trouveront de la qualité marquée fur chacune defdites balles, en donnera fon Certificat qui fera pareillement figné par le vendeur, entre les mains duquel il fera remis.

III.

Les balles où il y aura des cotons d'une qualité inférieure à celle qui fe trouvera marquée fur chaque balle, feront faifies & arrêtées par le Courtier juré qui en aura fait la vifite ; & il en fera par lui dreffé procès verbal qu'il remettra aux Echevins & Députés de la Chambre du Commerce de Marfeille, pour être par eux nommé des Experts, à l'effet de procéder à une nouvelle vérification des balles qui auront été faifies.

IV.

Veut Sa Majefté que fi le procès verbal fe trouve confirmé par le rapport des Experts, les balles faifies foient confifquées, & le vendeur condamné en cent livres d'amende pour chaque balle, applicable au profit de Sa Majefté ; fauf néanmoins fon recours, tant pour la confifcation, que pour l'amende, contre le Négociant qui aura fait l'envoi defdites balles, lequel, en cas de récidive, fera en outre condamné à repaffer en France.

V.

Le tiers des cotons qui feront confifqués à Marfeille, appartiendra au Courtier juré qui en aura fait la faifie, & les deux autres tiers aux Hôpitaux de l'Hôtel-Dieu & de la Charité de ladite Ville.

VI.

Veut Sa Majefté qu'au cas que les Commiffionnaires, ou autres qui acheteront des cotons à Marfeille pour les faire paffer en d'autres villes de l'intérieur du Royaume, négligent lors de l'achat d'en faire faire la vifite en la forme prefcrite par l'Article II du préfent Arrêt, & que par la vifite qui pourra en être faite enfuite dans le lieu de la deftination, il s'en trouve quelques balles où il y ait des cotons de différentes qualités, lefdits Commiffionnaires foient tenus de faire raifon du dommage refultant du mélange, à ceux à qui ils les auront envoyées, fans néanmoins qu'ils puiffent exercer aucun recours contre les vendeurs de Marfeille, ni contre les Négocians qui en auront fait l'envoi des Echelles du Levant.

VII.

Les Marchands & Fabricans des Villes de l'intérieur du Royaume, qui recevront de Marseille des balles mêlangées de cotons de différentes qualités, seront tenus dans les trois jours de l'arrivée desdites balles, de préfenter requête au Juge du lieu, à l'effet de faire par lui nommer deux Experts pour conftater le mêlange, & eftimer le dommage qui pourra en réfulter. Veut Sa Majefté, que fur le rapport defdits deux Experts par eux affirmé véritable, la déclaration faite fous ferment par le Négociant ou Fabriquant auquel lefdites balles auront été adreffées, portant qu'il les a reçues dans le même état où elles auront été trouvées lors de la vifite defdits Experts, enfemble fur l'attache du Juge jointe audit rapport & à la déclaration, le Négociant de Marfeille qui aura fait l'envoi defdites balles mêlangées, foit tenu de dédommager celui à qui il les aura envoyées, fuivant l'eftimation faite par le rapport defdits deux Experts; fauf néanmoins fon recours contre le Courtier juré de Marfeille, qui auroit précédemment fait la vifite des mêmes balles, & qui en auroit donné fon Certificat. Enjoint Sa Majefté aux Sieurs Intendans & Commiffaires départis dans les Provinces & Généralités du Royaume, & aux Echevins & Députés de la Chambre du Commerce à Marfeille, de tenir chacun en droit foi, la main à l'exécution du préfent Arrêt, qui fera lû, publié & affiché par tout où befoin fera. Fait au Confeil d'Etat du Roi, Sa Majefté y étant, tenu à Verfailles, le vingt-fixième jour de Septembre mil fept cens trente-trois.

Signé, PHELYPEAUX.

L O U I S par la grace de Dieu, Roi de France & de Navarre, Dauphin de Viennois, Comte de Valentinois, Dyois, Provence, Forcalquier & Terres adjacentes : A nos amés & feaux Confeillers en nos Confeils, les Sieurs Intendans & Commiffaires départis pour l'exécution de nos Ordres dans les Provinces & Généralités de notre Royaume, & aux Echevins & Députés de la Chambre du Commerce à Marfeille; SALUT. Nous vous mandons & enjoignons par ces préfentes fignées de Nous, de tenir chacun en droit foi, la main à l'exécution de l'Arrêt ci-attaché fous le contre-fcel de notre Chancelerie, cejourd'hui donné en notre Confeil d'Etat, Nous y étant, pour les caufes y contenues; commandons au prémier notre Huiffier ou Sergent fur ce requis, de fignifier ledit Arrêt à tous qu'il appartiendra, à ce que perfonne n'en ignore, & de faire en forte par fon entiere exécution, tous Actes & Exploits requis & néceffaires, fans autre permiffion, nonobftant clameur de Haro, Chartre Normande & Lettres à ce contraires. Voulons qu'aux copies dudit Arrêt & des Préfentes, collationnées par l'un de nos amés & feaux Confeillers-Sécretaires, foi foit ajoutée comme aux originaux; Car tel eft notre plaifir. Donné à Verfailles le vingt-fixième jour de Septembre, l'an de grace mil fept cens trente-trois, & de notre regne le dix-neuvième. *Signé*, LOUIS : *Et plus bas*, Par le Roi Dauphin, Comte de Provence. *Signé*, PHELYPEAUX. Et fcellé.

Il femble que les cotons en laine ayant été affranchis de tous droits aux entrées du Royaume par Arrêt du 12 Novembre 1749, il eft fuperflu de parler des droits qu'ils payoient avant ledit Arrêt. Cette connoiffance eft véritablement inutile & n'influe en rien dans les expéditions que les Marchands peuvent en faire aujourd'hui; mais cette franchife pouvant avoir un terme & les droits être rétablis, il eft toujours bon de fçavoir comment en ufoient nos peres, & dans quelle vûe le Gouvernement a diminué ou augmenté les droits fur cette marchandife.

Par le tarif de 1664, les cotons en laine ou en graine, furent impofés à l'entrée des cinq groffes Fermes à 3 livres le cent pefant.

On ne diftinguoit pas encore le coton netoyé de fes graines, de celui qui ne l'étoit pas ; ce dernier n'eft connu aujourd'hui que par coton en pierre.

Par le tarif de la douane de Lyon, ledit coton ne doit que ci. . . . . 9 f. 9 d.

Et pour la repréciation. . . . . 10 3 }   1 liv.

Ces droits furent changés par Arrêt du 11 Décembre 1691, & furent fixés fur les cotons en laine des Colonies françoifes, à 1 livre 10 fols du cent pefant ; ce qui a été confirmé par les Lettres-Patentes de 1717 & 1719, en obfervant que par celles de 1719 l'entrepôt en a été ordonné à fon arrivée à Marfeille, afin qu'il ne put pas être confondu avec celui du Levant fi abondant dans cette Ville.

Le droit fur le même coton provenant de la traite des Noirs, eft réduit à la moitié, c'eft-à-dire à 15 f. du cent pefant par les Lettres-Patentes du mois de Janvier 1716.

Cette modération des droits fur le coton en laine de nos Ifles, fit connoître par les progrès de la filature du coton en France, & par l'augmentation & la perfection de nos manufactures, qu'une exemption totale des droits, tant à l'entrée du Royaume, qu'au paffage d'une Province dans une autre, feroit encore plus avantageufe ; ce qui détermina le Roi à rendre l'Arrêt du 12 Novembre 1749, par lequel à commencer du prémier Octobre 1750, les cotons en laine &c. font exemptés de tous droits d'entrée & locaux, dépendans des cinq groffes Fermes, foit qu'ils viennent de l'Etranger dans le Royaume, ou qu'ils paffent d'une Province dans une autre. Le fuccès que le Commerce devoit attendre d'un Réglement fi favorable, n'a point été douteux. Il a répandu une nouvelle activité fur l'induftrie françoife, & l'époque de cette exemption totale fur les cotons en laine & autres matieres prémieres, eft celle du nouveau luftre qui fait rechercher aujourd'hui par l'étranger les ouvrages de nos manufactures. Voici cet Arrêt qu'aucun Commerçant ne doit ignorer. La générofité & le zèle patriotique de Mrs. les Fermiers Généraux, méritent de trouver ici une place à la reconnoiffance que leur doit le Commerce, pour avoir demandé qu'une exemption fi favorable fut anticipée de neuf mois, & qu'elle commença le prémier de Janvier au lieu du prémier Octobre, fans prétendre aucune indemnité pour raifon de la diminution des droits ; ce qui fut accordé par Arrêt du 9 Décembre 1749.

ARREST
DU CONSEIL D'ETAT DU ROI,

Portant exemption de tous droits d'entrées & locaux, dépendans des cinq grosses Fermes, sur les laines non filées, les cotons en laine, les chanvres, & lins en masse & non apprêtés, les poils de chameau & chevreau, & les poils de chévre, filés & non filés, venant de l'étranger dans le Royaume, ou qui passeront d'une Province dans une autre, à commencer du prémier Janvier 1750.

Du 12 Novembre & 9 Décembre 1749.

Extrait des Régistres du Conseil d'Etat.

LE Roi s'étant fait représenter les Arrêts de son Conseil des 13 & 15 Octobre & 19 Novembre 1743, par lesquels les marchandises des fabriques & manufactures qui y sont spécifiées, ont été exemptées des droits de sortie du Royaume, & autres droits des cinq grosses Fermes, lesquelles seront envoyées directement à l'étranger ; & Sa Majesté étant informée que cette exemption a eu tout le succès que l'on devoit en attendre, mais qu'il seroit encore un moyen sûr de porter cette branche de Commerce à un plus haut point, en favorisant la main d'œuvre par l'exemption de tous droits sur certaines matières prémières, absolument nécessaires pour alimenter les manufactures, & dont les Sujets du Roi sont obligés de tirer une partie de l'étranger : Que cette nouvelle grace seroit un avantage d'autant plus grand, qu'elle mettroit à portée d'avoir abondamment celles desdites matières prémières, dont le Royaume ne produit pas une quantité proportionnée à l'industrie des Sujets de Sa Majesté, jusqu'à ce que leur émulation les mette en état de s'en procurer par eux-mêmes la plus grande abondance. Sa Majesté, toujours disposée à favoriser le Commerce & l'industrie de ses Sujets, même aux dépens d'une portion de ses revenus, s'est déterminée à leur donner cette nouvelle preuve de protection, en prenant en même tems les précautions nécessaires, pour ôter les moyens d'en abuser ; à quoi voulant pourvoir. Oui le raport du sieur de Machault, Conseiller ordinaire au Conseil royal, Conrôleur Général des Finances, LE ROI étant en son Conseil, a ordonné & ordonne ce qui suit.

ARTICLE PRÉMIER.

Les laines non filées, cotons en laine, chanvres & lins en masse, & non aprêtés ; poils de chaméau & chevreau, & poils de chevre, filés & non filés, qui viendront à l'avenir, à compter du prémier Octobre 1750, des pays étrangers, soit par mer, soit par terre, seront exempts à toutes les entrées du Royaume, de tous droits généralement quelconques, tant des cinq grosses Fermes, qu'autres dépendans de la Ferme générale.

II.

II.

Lefdites marchandifes, enfemble celles de même efpéce du crû du Royaume, qui feront tranfportées des Provinces réputées étrangeres, dans celles des cinq groffes Fermes, ou de celles des cinq groffes Fermes, dans les Provinces réputées étrangeres, jouiront pareillement de l'exemption de tous droits, tant d'entrée & de fortie defdites Provinces, qu'autres locaux, fous quelque dénomination que ce puiffe être, dépendans de la Ferme générale.

III.

Pour éviter les abus qui pourroient naître des exemptions ci-deffus accordées, & les embarras dans les vifites & la régie des Fermes, fait Sa Majefté, très-expreffes inhibitions & défenfes que lefdites marchandifes exemptes foient mêlées avec celles fujettes aux droits, fous peine d'être déchues de ladite exemption, & d'acquitter les droits auxquels elles font impofées, quand même les marchandifes fujettes aux droits ne feroient qu'en très-petite quantité, & que les unes & les autres auroient été déclarées en détail, par quantités & qualités.

IV.

La déclaration defdites marchandifes fera faite, ainfi que la vifite, de même que pour celles fujettes aux droits; & fi lors de cette vifite il fe trouve dans les ballots, caiffes ou tonneaux, des marchandifes fujettes aux droits, non déclarées, mêlées parmi celles auxquelles l'exemption eft accordée par le préfent Arrêt, en quelque petite quantité que ce puiffe être, les unes & les autres, tant celles fujettes aux droits, que celles qui auroient dû en être exemptes fans cette contravention, feront faifies & confifquées, enfemble toutes celles comprifes dans la même déclaration, lettres de voiture ou connoiffemens, avec amende de trois mille livres & interdiction de Commerce.

V.

Celles defdites marchandifes qui feront envoyées du Royaume à l'étranger, foit qu'elles foient du crû du Royaume, foit qu'elles foient venues de l'étranger, payeront à toutes les forties du Royaume, même à celle de Bayonne, fçavoir; les laines non filées, vingt-cinq livres du cent pefant, fuivant l'Arrêt du Confeil du 7 Septembre 1728; les cotons en laine, vingt-quatre livres du cent pefant, & les poils de chevre non filés, quatre-vingt-dix livres, auffi du cent pefant.

VI.

Pour ce qui eft defdites efpéces de marchandifes défignées dans le préfent Arrêt qui feront tirées du Royaume pour les manufactures qui font actuellement établies ou qui pourroient l'être dans la fuite à Marfeille, veut & entend Sa Majefté, qu'il foit dreffé tous les ans par la Chambre du Commerce de ladite Ville, un état vifé par le fieur Commiffaire départi, des quantités qui feront jugées néceffaires & fuffifantes pour l'aliment defdites manufactures, & que lefdites marchandifes ne puiffent y être tranfportées que fur les certificats de ladite Chambre repréfentés aux Commis de l'Adjudicataire des Fermes générales; à défaut defquels certificats lefdites marchandifes feront traitées comme fi elles étoient deftinées pour l'étranger.

Tom. II.   E

Ordonne au furplus, Sa Majefté, que les Tarifs, Arrêts & Réglemens feront exécutés felon leur forme & teneur, en ce qui n'y eft point dérogé par le préfent Arrêt. Fait au Confeil d'Etat du Roi, Sa Majefté y étant, tenu à Fontainebleau, le douze Novembre mil fept cens quarante - neuf. Signé, M. P. DE VOYER D'ARGENSON.

Extrait des Regiftres du Confeil d'Etat.

SUR la Requête préfentée au Roi en fon Confeil, par les Fermiers généraux, cautions de Thibault Larue, Adjudicataire des Fermes générales, contenant que fur l'Arrêt du Confeil du 13 Octobre 1743, portant exemption de tous droits de fortie, en faveur des fabriques & manufactures qui y font fpécifiées, à commencer du prémier Octobre 1744, les Fermiers généraux, cautions de Jacques Forceville, repréfenterent qu'il étoit à craindre que jufqu'à cette époque, l'exemption ne fît un effet contraire aux vûes & aux fages difpofitions de Sa Majefté, par une fufpenfion de Commerce qui, quoique momentanée, pourroit y apporter quelque dérangement : Que pour l'éviter, ils penfoient que les Fabriquans & Négocians du Royaume ne pouvoient jouir trop tôt d'une grace auffi intéreffante pour le Commerce : Que dans cette vûe, & pour continuer à donner des marques de leur zèle pour le fervice de Sa Majefté & pour le bien public, ils confentoient que cette exemption eut lieu dès le prémier Novembre 1745, fans en demander aucune indemnité, lefquelles offres furent agréées par Sa Majefté, par Arrêt du 15 Octobre 1743 : Qu'aujourd'hui, que Sa Majefté, défirant donner au Commerce & à l'induftrie de fes Sujets, de nouveaux témoignages de faveur & de protection, vient par fon Arrêt du 12 du mois de Novembre dernier, d'accorder aux matieres prémières y énoncées, l'exemption de tous droits d'entrée, à commencer du prémier Octobre 1750, terme de l'expiration du bail actuel, il eft pareillement à craindre que jufqu'à cette époque, l'exemption n'occafionne dans le Commerce une interruption qui lui feroit très-préjudiciable ; Que dans ces circonftances, & pour éviter cet inconvénient, lefdites cautions de Thibault Larue, animées du même zèle que les cautions de Jacques Forceville, confentent que l'exemption de tous droits d'entrée, accordée par l'Arrêt du 12 du mois de Novembre dernier, aux matieres prémières y énoncées, ait lieu dès le prémier Janvier prochain, fans en demander aucune indemnité ; à quoi Sa Majefté voulant pourvoir. Oui le rapport du fieur de Machault, Confeiller ordinaire au Confeil Royal, Contrôleur général des Finances, LE ROI en fon Confeil, en agréant les offres & confentement des Fermiers-Généraux cautions du bail de Thibault Larue, a ordonné & ordonne que l'exemption de tous droits portée par l'Arrêt du Confeil du 12 du mois de Novembre dernier, fur les laines non filées, cotons en laine, chanvres & lins en maffe & non aprêtez, poils de chameau & chevreau, & poils de chevre filés & non filés, qui viendront à l'avenir de l'étranger, aura lieu à commencer du prémier Janvier prochain, au lieu du prémier Octobre 1750, Sa Majefté dérogeant, à cet égard feulement, à la difpofition dudit Arrêt, lequel fera au furplus exécuté felon fa forme & teneur. Fait au Confeil d'Etat du Roi, tenu à Verfailles le 9 Décembre mil fept cens quarante-neuf.

Collationné. Signé, EYNARD.

Collationné aux Originaux par Nous Ecuyer Confeiller-Secretaire du Roi, Maifon, Couronne de France. & de fes Finances.

OBSERVATIONS.

Plus l'exemption totale des droits fur les cotons en laine eft favorable au Commerce , & plus les Marchands doivent être vigilans à remplir les conditions aufquelles elle a été accordée. Par l'Article III il eft abfolument défendu de mêler avec ledit coton d'autres marchandifes fujettes aux droits , fous quelque prétexte que ce puiffe être. La Déclaration qui pourroit en être faite ne difculperoit point le Marchand, qui par-là perdroit le droit d'exemption des droits fur lefdits cotons , & fi par la vérification (fuivant l'Article IV) qui fera faite defdites balles &c. il fe trouvoit d'autres marchandifes fujettes aux droits qui n'euffent pas été déclarées, les unes & les autres feront faifies & confifquées , & toutes celles comprifes dans la même facture , lettres de voitures ou connoiffemens , avec amende de 3000 liv. & interdiction de Commerce. Quelque rigoureufe que paroiffe cette peine , elle eft proportionnée au tort qu'une pareille fraude cauferoit au Commerce de coton en laine, par les vifites fréquentes qu'elle occafionneroit , & par une fuite néceffaire , un retard & des dommages qui en refulteroient pour les bons Négocians.

Cette exemption de tous droits à l'entrée du Royaume , a été jugée fi néceffaire pour les progrès de nos manufactures , que fur la queftion agitée comment il falloit traiter les cotons en laine des Ifles Françoifes de l'Amérique , qui , par la prife qu'en auroient fait les Anglois , deviennent marchandifes d'Angleterre , il fut décidé par le Confeil le 18 Mai 1762 , que tous les cotons en laine venant des pays étrangers , continueroient à jouir de l'exemption entiere des droits d'entrée dans le Royaume , fans diftinction de coton de l'Amérique , du Levant ou des Indes, pourvu qu'il foit importé en France fur quelques Navires que ce foient , autres que d'Angleterre ; car venant fur des Navires Anglois , l'entrée en eft prohibée.

Par l'Article V , les cotons en laine une fois entrés dans le Royaume en franchife de tous droits , ne pourront plus être envoyés à l'étranger qu'en payant 24 livres du cent pefant. Cette difpofition a été changée, ainfi que je vais le rapporter , après avoir dit un mot de l'Article VI , par lequel les Fabriques de Marfeille foit actuelles , foit à venir font diftinguées des étrangeres , & peuvent tirer lefdits cotons en laine & autres matières qui font néceffaires pour les alimenter , quand mêmes elles feroient entrées dans le Royaume en franchife des droits. Effectivement les Marfeillois feroient bien à plaindre , fi à caufe de la franchife de leur port, ils ne pouvoient point faire valoir leur induftrie, reconnue fi utile à toute la Provence, & aux autres Provinces du Royaume , tandis qu'ils font foumis à tous les Réglemens rendus pour les manufactures nationales, & qu'ils contribuent aux im-

E ij

COTON. positions reparties sur l'industrie Françoise. Mais pour prévenir les abus que les fraudeurs pourroient commettre en se prévalant du besoin des Fabriques de Marseille , il est sagement reglé que la Chambre de Commerce de ladite Ville dressera toutes les années un état des quantités des matières prémières nécessaires pour l'aliment des Manufactures de ladite Ville, qu'elle fera viser par le Sieur Commissaire départi , & qu'elle délivrera des Certificats pour les quantités que les Fabricans voudront tirer du Royaume , & que ces Certificats seront représentés aux Commis de l'Adjudicataire des Fermes Générales , sans quoi les cotons en laine & autres matières prémières envoyées du Royaume à Marseille , payeront les droits portés par l'Article V , comme si elles passoient à l'étranger.

J'ai dit que la disposition de l'Article V qui fixe les droits de sortie pour l'étranger sur les cotons en laine à 24 livres du cent pesant , avoit été changée , & que je rapporterois les Réglemens rendus à ce sujet.

Par Arrêt du 22 Décembre 1750 , le Roi voulant accorder une entière liberté au Commerce des cotons soit du Levant , soit de nos Colonies, dont la sortie à l'étranger est quelquefois nécessaire par la trop grande quantité dont les Manufacturiers se trouvent surchargés , a dérogé à l'Article V de l'Arrêt du 12 Novembre 1749 , & rétabli les droits de sortie qui se percevoient sur le coton avant ledit Arrêt de 1749. Il est essentiel de connoître toutes les dispositions de cet Arrêt.

ARREST

DU CONSEIL D'ETAT DU ROI,

Qui continue la perception du droit de vingt pour cent, à toutes les entrées du Royaume, sur les marchandises du Levant, même sur celles dénommées dans l'Article prémier de l'Arrêt du 12 Novembre 1749 ; & ce, sur le pied de l'évaluation portée par les états joints au présent Arrêt.

Exempte du droit de trois pour cent du Domaine d'Occident, les cotons venant des Colonies Françoises de l'Amérique, pour la consommation du Royaume, & les assujettit aux mêmes droits de sortie qu'ils payoient avant l'Arrêt du 12 Novembre 1749.

Ordonne que le droit de trois pour cent du Domaine d'Occident, continuera d'être perçu sur le coton des Colonies Françoises qui passera à l'étranger, & que le droit de demi pour cent, établi par la Déclaration du 10 Novembre 1727, continuera aussi d'être perçu sur le coton desdites Colonies, de la même manière qu'il se perçoit sur les autres marchandises qui en viennent.

Du 22 Décembre 1750.

Extrait des Régistres du Conseil d'Etat.

SUR ce qui a été représenté au Roi, étant en son Conseil, que les Arrêts des 11 Novembre & 9 Décembre 1749, portant exemption de tous droits, tant des cinq grosses Fermes, qu'autres dépendant de la Ferme générale, sur les laines, cotons, chanvres, lins & poils de chèvre, chameau & chevreau, pourroient occasionner des difficultés en ce que d'une part, ceux qui apporteroient en France de pareilles marchandises des pays de la domination du Grand Seigneur, du Roi de Perse & des Côtes de Barbarie, prétendroient peut-être qu'elles devroient être exemptes du droit de vingt pour cent, établi par d'anciens Réglemens sur celles qui viennent desdits pays, sous prétexte que ce droit est dépendant de la Ferme-générale ; quoiqu'en l'établissant on ait eu principalement pour objet, de fixer par Marseille, l'entrée desdites marchandises, afin d'éviter, par les précautions que l'on y prend, les malheurs de la contagion : Que d'autre part on pourroit aussi mettre en doute si le droit de trois pour cent, du Domaine d'Occident, qui se perçoit sur les marchandises venant des Colonies Françoises de l'Amérique, doit cesser d'être perçu sur les cotons desdites Colonies, vû que ce droit, quoique réuni actuellement à la Ferme générale, tire son origine desdites Colonies où il se percevoit autrefois, & n'a point changé de nature, malgré la perception qui s'en

COTON.

fait dans le Royaume pour la facilité du Commerce & de la régie des Fermes: Que l'on pourroit aussi former le même doute sur le demi pour cent ajouté au droit du Domaine d'Occident, par la Déclaration du 10 Novembre 1727 & prorogé par différens Arrêts du Conseil, attendu qu'il se perçoit en même tems & de la même maniere que celui de trois pour cent du Domaine d'Occident, quoique ledit demi pour cent n'ait jamais été réuni à la Ferme générale : Qu'enfin le droit de vingt-quatre livres du cent pesant, établi à la sortie du Royaume sur les cotons, par l'Article V. dudit Arrêt du 12 Novembre 1749, gêneroit la liberté du Commerce des cotons du Levant, & de ceux des Colonies Françoises de l'Amérique, & Sa Majesté, voulant d'un côté prévenir les contestations qui pourroient naître sur l'exemption ou la perception de ces différens droits, & de l'autre, rectifier, par une nouvelle évaluation des marchandises du Levant, les changemens survenus à leur valeur depuis celles qui furent faites en 1703, & en 1706 & conserver au Commerce des cotons la liberté dont il a toujours joui : Ouï le rapport, LE ROI étant en son Conseil, en interpretant, en tant que de besoin est ou seroit les Arrêts de son Conseil des 12 Novembre & neuf Décembre 1749, a ordonné & ordonne ce qui suit.

ARTICLE PRÉMIER.

Le droit de vingt pour cent continuera d'être perçu de la même maniere qu'il l'a été jusqu'à présent, sur toutes les marchandises qui viennent des Etats du Grand Seigneur, de ceux du Roi de Perse, & des Côtes de Barbarie, en conséquence de l'Edit du mois de Mars 1669 & autres Réglemens postérieurs, même sur celles dénommées dans l'Article prémier de l'Arrêt du 12 Novembre 1749. Voulant Sa Majesté que la perception s'en fasse à l'avenir, tant à Marseille & au Pont-de Beauvoisin, que dans les autres Bureaux d'entrée du Royaume, sur le pied de la nouvelle évaluation portée par les deux Etats annexés au présent Arrêt.

II.

Les cotons qui viendront des Colonies Françoises de l'Amérique, pour la consommation du Royaume seulement, seront exempts du droit de trois pour cent du Domaine d'Occident, sans toutefois qu'à raison de cette exemption, on puisse prétendre que ledit droit ait changé de nature pour les autres marchandises qui y sont sujettes.

III.

Les cotons, soit du Levant, soit des Colonies Françoises de l'Amérique, pourront sortir du Royaume sans payer d'autres droits que ceux qui se percevoient avant l'Arrêt du 12 Novembre 1749, Sa Majesté dérogeant, à cet égard seulement, à l'Article V dudit Arrêt.

IV.

Entend, Sa Majesté, que le droit de trois pour cent du Domaine d'Occident, continue d'être perçu à l'ordinaire sur les cotons des Colonies Françoises de l'Amérique, qui seront envoyés dans les pays étrangers.

V.

Veut pareillement Sa Majesté, que le droit de demi pour cent, établi par la Déclaration du 10 Novembre 1727 & prorogé par des Arrêts postérieurs, notamment par celui du 13 Novembre 1748, continue d'être perçu sur les cotons des Colonies, ainsi & de la même maniere que sur toutes les autres marchandises qui en viennent. Fait au Conseil d'Etat du Roi, Sa Majesté y étant, tenu pour les Finances, à Versailles le vingt-deux Décembre mil sept cens cinquante.

Signé, M. P. DE VOYER D'ARGENSON.

REMARQUES.

Trois dispositions différentes, & toutes trois ayant un rapport direct à la matiere que je me suis proposé d'éclaircir, sont renfermés dans l'Arrêt ci-dessus.

PREMIEREMENT.

Par l'Article prémier de l'Arrêt du 12 Novembre 1749, les cotons en laine, les laines non filées, chanvres & lins en masse, poil de chameau & chevreau, & poil de chevre filés & non filés, venant de l'étranger, soit par mer, soit par terre, sont déclarés exempts à toutes les entrées du Royaume, tant des droits des cinq grosses Fermes, que de tous autres droits dépendans de la Ferme générale. Cette exemption illimitée, sembloit comprendre aussi le droit de vingt pour cent, imposé sur les marchandises du Levant qui n'en viennent pas en droiture sur des Vaisseaux françois, d'autant mieux que ledit droit appartient à la Ferme générale, (Marseille & le Pont de Beauvoisin exceptés) où il est payé au profit de la Chambre du Commerce de ladite Ville de Marseille.

Notre Commerce en Levant auroit souffert un dommage trop préjudiciable, si la faveur accordée au Commerce du coton en laine venu de l'étranger avoit été applicable audit droit de 20 pour cent, & les étrangers qui ne contribuent point aux charges imposées sur les marchandises provenant dudit Commerce du Levant, le feroient avec plus d'avantage que les François. Pour prévenir un abus si contraire aux intentions de Sa Majesté, elle déclare par l'Article prémier que le droit de 20 pour cent continuera d'être perçu de la même manière qu'il l'a été sur toutes les marchandises qui viennent des Etats du Grand Seigneur, de ceux du Roi de Perse & des Côtes de Barbarie, conformement à l'Edit du mois de Mars 1669 & aux autres Réglemens postérieurs; & afin que l'exemption accordée sur les marchandises dénommées dans l'Arrêt du 12 Novembre 1749, ne puisse plus être une occasion de préjudicier à notre Commerce du Levant en droiture, elle déclare que ledit droit de 20 pour cent sera payé sur lesdites mar-

COTON. chandifes, tant à Marfeille & au Pont de Beauvoifin, que dans les autres Bureaux du Royaume, fur le pied de la nouvelle évaluation portée dans les deux états annexés au préfent Arrêt. J'ai fupprimé ces
deux Etats qui font étrangers à mon fujet, avec d'autant plus de raifon, que je rapporte dans un autre ouvrage tout ce qui appartient au
droit de 20 pour cent. (a)

SECONDEMENT.

Les cotons en laine provenant de nos Colonies & deftinés pour la
confommation du Royaume, font déclarés par l'Article II exempts du
droit de 3 pour cent du Domaine d'Occident, impofé, comme il a
déja été dit, fur toutes les marchandifes du crû de nos Ifles, fans que
cette exemption puiffe être prétendue fur aucune autre marchandife
ou denrées defdites Ifles, ni qu'elle puiffe être applicable au droit de
$\frac{5}{6}$ pour cent qui continuera d'être levé, fuivant l'Article V fur lefdits
cotons en laine, ainfi que fur toutes les autres marchandifes de l'Amérique, conformément à la Déclaration du 10 Novembre 1727 & Arrêts
poftérieurs. Cette exemption du droit de 3 pour cent du Domaine d'Occident, ne regarde que les cotons en laine de l'Amérique, deftinés
pour la confommation du Royaume, & non ceux qui feroient envoyés
à l'étranger, fur lefquels ledit droit de 3 pour cent continuera d'être
perçu à l'ordinaire, fuivant l'Article IV. Ceci a befoin de quelques éclairciffemens, qu'on trouvera dans la remarque qui fuit,

TROISIEMEMENT.

Par l'Article III, les cotons en laine, foit du Levant, foit des Colonies Françoifes de l'Amérique, font déchargés du payement du droit
de 24 liv. du cent pefant impofé par l'Article V de l'Arrêt du 12 Novembre 1749, & font affujettis de nouveau aux droits de fortie qu'ils
payoient avant ledit Arrêt. Le payement de ces anciens droits n'auroit
fait aucune difficulté, étant énoncés clairement dans le tarif de 1664,
& dans les autres tarifs d'ufage pour les provinces réputées étrangeres
aux cinq groffes Fermes; mais la perception du droit de 3 pour cent
du Domaine d'Occident fur les cotons de nos Colonies, devint le fujet
de grandes conteftations, par l'embarras de diftinguer lefdits cotons
de nos Colonies de ceux du Levant, l'entrepôt du premier ayant été
fupprimé tacitement, au moyen de la libre entrée dans le Royaume des
cotons étrangers en exemption de tous droits, fuivant l'Arrêt du 12
Novembre 1749. Les Commis du Fermier prétendoient que les cotons
en laine qui fortoient du Royaume, étoient de l'Amérique, & devoient

(a) Cet ouvrage n'eft pas encore imprimé.

en

en cette qualité le droit de 3 pour cent du Domaine d'Occident. Les Marchands au contraire foutenoient que lefdits cotons provenoient du Commerce du Levant, fur lefquels le droit de 3 pour cent ne devoit pas être perçu. Il étoit difficile de concilier deux intérêts fi oppofés. C'eft cependant ce que les Juges des Traites du Havre fe hazarderent de faire par une interprétation affez finguliere. Ils jugerent que les cotons des Ifles Françoifes devoient payer le droit de 3 pour cent du Domaine d'Occident, & les autres cotons étrangers, le droit de fortie du Royaume; mais que lefdits cotons, foit des Ifles, foit étrangers, ne devoient point payer les deux droits en même tems, & ils confirmerent ce jugement par Sentence du 27 Mars 1751. L'Adjudicataire général des Fermes fe pourvût contre une Sentence fi extraordinaire & fi contraire à ce qui avoit été ordonné par Sa Majefté, par fes Arrêts des 12 Novembre 1749 & 22 Décembre 1750. En conféquence intervint Arrêt du 17 Août 1751, qui caffe la Sentence des Juges du Havre, ordonne le payement des droits de fortie fur le coton en laine de l'Amérique allant à l'étranger, & par nouveau Réglement, ordonne que le droit de demi pour cent continuera d'être perçu fur les cotons en laine des Colonies Françoifes, à leur arrivée en France, & qu'il fera payé, à la fortie du Royaume, un droit uniforme par quelques Bureaux que les cotons fortent, foit qu'ils proviennent de l'Amérique ou de l'Etranger, tant pour le droit de 3 pour cent du Domaine d'Occident, que pour ceux de fortie.

S ç A V O I R :

Les cotons en laine. . . . . . 8 liv. ⎱
⎰ le cent pefant.
Les cotons filés. 10

Ainfi qu'il eft porté par l'Arrêt ci-après, qui fert de régle aujourd'hui.

ARREST
DU CONSEIL D'ETAT DU ROI,

Qui fixe à huit livres du cent pesant les droits de sortie du Royaume,
sur les cotons en laine venant des Isles, & à dix livres aussi du cent
pesant sur le coton filé, tant pour les droits des cinq grosses Fermes,
que pour ceux du Domaine d'Occident : & ordonne que le droit de
demi pour cent d'augmentation du Domaine d'Occident, continuera d'être
perçu aux entrées du Royaume, sur les cotons venant des Isles.

Du 17 Août 1751.

Extrait des Registres du Conseil d'Etat.

SUR la Requête présentée au Roi en son Conseil, par Jean-Baptiste Bocquillon, subrogé à Jean Girardin, Adjudicataire des Fermes de Sa Majesté, contenant: que sur le refus du sieur Begouin de Meaux, négociant au Havre, de payer les droits de sortie des cinq grosses Fermes, d'une balle de coton, pesant trois cent six livres, venue le 8 Mars dernier, de Saint Domingue par le Navire le *Dejars*, & qu'il a déclaré envoyer à Amsterdam ; il lui fut donné le 10 dudit mois, assignation devant les Juges des Traites du Havre : Que contre toute attente, ces Juges par leur Sentence du 27 du même mois, ont déclaré suffisantes les offres faites par ce Négociant de payer seulement les droits du Domaine d'Occident ; ordonné que les expéditions nécessaires pour la sortie de ladite balle de coton seroient délivrées, & condamné le Fermier aux dépens : Que quoique cette Sentence soit contraire aux Réglemens rendus sur les cotons, il a cependant été délivré au sieur de Meaux des expéditions pour le transport de sa balle de coton à l'étranger, sous les réserves & protestations convenables ; & qu'il en a été usé de la même maniere pour d'autres parties de cotons des Isles, que d'autres Négocians du Havre ont depuis fait passer à l'étranger : Que la question cependant n'est susceptible d'aucune difficulté, & que pour en juger, il ne faut que se présenter le troisième Article de l'Arrêt du Conseil du 22 Décembre 1750, porte que les cotons, soit du Levant, soit des Colonies Françoises de l'Amérique, pourront sortir du Royaume sans payer d'autres droits que ceux qui se percevoient avant l'Arrêt du 12 Novembre 1749 : Qu'avant l'Arrêt du 12 Novembre 1749, les cotons en laine, tels que sont ceux dont il s'agit, devoient à la sortie du Havre, quatre livres du cent pesant, suivant le Tarif du 18 Septembre 1664 ; qu'ainsi ce droit est incontestablement dû sur les cotons qui passent à l'étranger, indépendamment de ceux du Domaine d'Occident : Que la prétention du sieur Begouin de Meaux pourroit être fondée, si l'entrepôt des cotons des Isles eût continué sur le même pied qu'il avoit été établi par les Lettres-Patentes du mois d'Avril 1717 ; mais que le droit de vingt-quatre livres, imposé par l'Arrêt du 12 Novembre 1749, sur les cotons de toutes espèces sortant du Royaume pour l'étranger, a abrogé de droit l'entrepôt des cotons des Isles ; & que l'Arrêt du 22 Décembre 1750, sans rétablir l'entrepôt, a seulement réduit ledit droit de vingt-quatre livres, aux droits de fortie ordinaires, lesquels font maintenant repréfentatifs dudit droit de vingt-quatre livres : Que c'eft en conféquence de cet Arrêt, que le droit de quatre livres du cent pefant a été demandé au fieur Begouin de Meaux, fur la balle de coton par lui envoyée à Amfterdam, & qu'il ne fçauroit être difpenfé d'acquitter ce droit, indépendamment de ceux du Domaine d'Occident; qu'ainfi la Sentence des Juges des Traites du Havre du 27 Mars dernier, eft évidemment contraire à tous les Réglemens rendus fur les cotons, & que fi elle n'étoit au plutôt reformée, il s'enfuivroit des conteftations dont il eft important d'arrêter le cours. A CES CAUSES, requeroit ledit Bocquillon, qu'il plût à Sa Majefté caffer & annuller la Sentence des Juges des Traites du Havre, du 27 Mars dernier ; & faifant droit fur les demandes du Suppliant, ordonner que l'Arrêt du 22 Décembre 1750, fera exécuté felon fa forme & teneur ; en conféquence, condamner le fieur Begouin de Meaux à payer, outre le droit du Domaine d'Occident, celui de quatre livres du cent pefant fur la balle de coton par lui envoyée à Amfterdam, & aux dépens, & ordonner que lefdits droits feront payés par tous les Négocians qui fe trouveront dans le même cas. Vû ladite Requête, l'Arrêt du Confeil du 12 Novembre 1749, celui du 22 Décembre 1750, la Sentence des Juges des Traites du Havre, du 27 Mars dernier, & autres piéces énoncées en ladite Requête, & juftificatives du contenu en icelle : Et Sa Majefté étant d'ailleurs informée des difficultés aufquelles eft fujette la perception du droit du Domaine d'Occident dans plufieurs Bureaux des Fermes, à quoi il lui a paru néceffaire de pourvoir, en établiffant à toutes les forties du Royaume des droits uniformes, tant fur les cotons en laine, que fur les cotons filés, pour tenir lieu des droits de fortie ordinaires, & de celui du Domaine d'Occident ; Oui le rapport, LE ROI en fon Confeil, ayant égard à la Requête de Jean-Baptifte Bocquillon, a ordonné & ordonne que l'Arrêt du 22 Décembre 1750, fera exécuté felon fa forme & teneur ; en conféquence, faifant droit fur les demandes dudit Bocquillon, & fans avoir égard à la Sentence des Juges des Traites du Havre, du 27 Mars dernier, que Sa Majefté a caffée & annullée, a condamné & condamne ledit Begouin de Meaux à payer, outre le droit du Domaine d'Occident, celui de fortie de quatre livres du cent pefant, fur la balle de coton en laine des Ifles, qu'il a fait paffer à Amfterdam, & en tous les dépens. Et pour établir à l'avenir à toutes les forties du Royaume des droits uniformes fur les cotons, tant en laine que filés, qui pafferont à l'étranger, ordonne, Sa Majefté, que du jour de la publication du préfent Arrêt il foit perçu dans tous les Bureaux des Fermes, pour tenir lieu du droit du Domaine d'Occident & des droits de fortie ordinaires, fçavoir, huit livres par quintal de coton en laine, & dix livres par quintal de coton filé : Entend, Sa Majefté, qu'indépendamment defdits droits, celui de demi pour cent continuera d'être perçu à l'arrivée des cotons qui viennent des Ifles, conformément au cinquième Article de l'Arrêt du 22 Décembre 1750, qui fera au furplus exécuté felon fa forme & teneur. Fait au Confeil d'Etat du Roi, tenu pour les Finances, à Verfailles le dix-fept Août mil fept cens cinquante-un.

Collationné. *Signé* DEVOUGNY.

Collationné à l'Original par Nous Ecuyer Confeiller Sécretaire du Roi, Maifon, Couronne de France & de fes Finances.

Le droit de demi pour cent impofé fur toutes les marchandifes venant des Ifles & Colonies Françoifes de l'Amérique, regarde le coton, quoiqu'il ait été exempté du droit de 3 pour cent ; & ledit droit de demi pour cent qui ne fe percevoit qu'en vertu d'Arrêts rendus pour

COTON. en continuer la perception de trois en trois ans , fe perçoit depuis le 16 Août 1757, jufqu'à ce qu'il en foit autrement ordonné , ainfi que je l'ai rapporté dans l'explication des Lettres-Patentes du mois de Février 1719.

COTON FILE'.

Par le tarif de 1664 le coton filé eft impofé pour droit d'entrée dans le Royaume à　.　.　.　.　10 liv. du cent pefant.

Et par le Tarif de la douane de Lyon , le coton filé ordinaire.　.　.　.　.　1 liv. 1 f.

Pour la repréciation.　.　.　1　11.　 } 2 liv. 12 f.

Le coton filé de Limoges à . . 1 liv. 15 f. 6 d.

Pour la repréciation. . . . . . . 5 } 2 liv. 6 d.

Dans tous les Réglemens poftérieurs, il n'eft plus fait mention de ce coton filé de Limoges, qui n'eft autre chofe que de coton en laine étranger, filé dans ladite Ville.

Le coton filé fin à. . . . . 1 liv. 10 f.

Pour la repréciation. . . . . 3 10 } 5 liv.

Tels font les droits qui ont été perçus aux entrées du Royaume fur le coton filé jufqu'en 1691, que dans la vûe de favorifer en France la filature dudit coton, les droits furent changés & fixés par Arrêt du 11 Décembre 1691, à 20 liv. du cent pefant fur toutes fortes de coton filés, foit étrangers, foit de nos Colonies ; mais cette augmentation de droit ayant nui à nos manufactures, parce que le coton filé ordinaire du Levant ne pouvoit pas fupporter une fi forte impofition, & que la filature de la même qualité revenoit trop chere en France; fur les repréfentations des Fabriquans de Lyon, par Arrêt du 21 Septembre 1700, les anciens droits mentionnés ci-deffus par les Tarifs de 1664 & de la douane de Lyon, furent retablis fur le coton filé à toutes les entrées du Royaume.

Ce qui avoit déterminé à revoquer l'Arrêt du 11 Décembre 1691, fut la fauffe croyance où on étoit pour lors que l'induftrie françoife ne pourroit jamais réuffir à filer le coton néceffaire à nos manufactures, tel qu'il nous eft apporté du Levant. Nos peres trouvoient ce

coton filé fi beau & fi fin, qu'ils ne prévoyoient pas que nous puf-
fions, je ne dis pas furpaffer la filature turque, mais l'égaler. Les tems
font bien changés.

A R R E S T

DU CONSEIL D'ETAT DU ROI,

*Qui ordonne que les droits d'entrée des cotons filés, venant tant du Levant
que des Ifles Françoifes de l'Amérique & autres, feront levés à l'entrée des cinq groffes Fermes, & aux entrées de la douane de Lyon,
comme avant l'Arrêt du Confeil du 11 Décembre 1691.*

Du 21 Septembre 1700.

Extrait des Regiftres du Confeil d'Etat.

VU au Confeil d'Etat du Roi, la Requête préfentée en icelui par les Echevins
de la Ville de Lyon, contenant que Sa Majefté, dans la vue de procurer à
fes Sujets quelqu'avantage par le filage du coton, auroit par Arrêt de fon Confeil
du 11 Décembre 1691 augmenté, jufqu'à vingt livres, les droits d'entrées fur le
coton filé, qui n'étoient qu'à dix livres, fuivant le Tarif de 1664 par cent pefant, & auroit diminué de la moitié les droits d'entrées du coton en laine & non
filé, qui étoient à trois livres; mais l'expérience a fait connoître que le coton
du Levant, qui eft le feul qui foit propre aux Manufactures du Lyonnois, ne fe
peut pas filer en France, auffi beau & auffi fin qu'il fe file fur les lieux où l'on
le trouve, & avant que d'être tranfporté, &c. Le Roi en fon Confeil, faifant
droit fur lefdites Requêtes, a ordonné & ordonne que les droits d'entrée des
cotons filés, venant tant du Levant que des Ifles Françoifes de l'Amérique &
autres, feront à l'avenir comme avant ledit Arrêt du Confeil du 11 Décembre
1691, fçavoir; à l'entrée des cinq groffes Fermes, dix livres par cent pefant, &
aux entrées de la douane de Lyon, cinq livres par cent pefant de coton filé fin,
deux livres douze fols par cent pefant de coton filé commun; & que ledit Arrêt
du Confeil du 11 Décembre 1691, fera au furplus exécuté felon fa forme & teneur. Fait Sa Majefté défenfes audit Thomas Templier, fes Procureurs & Commis
de percevoir autres & plus grands droits fur lefdits cotons filés, que ceux ci-deffus
marqués, à peine de reftitution & de trois mille livres d'amende. Enjoint Sa Majefté aux Sieurs Intendans & Commiffaires départis dans les Provinces pour l'exécution de fes Ordres, de tenir la main à l'exécution du préfent Arrêt, qui fera
lû & publié par-tout où befoin fera, à ce que perfonne n'en ignore. Fait au Confeil d'Etat du Roi, tenu à Verfailles le vingt-unième jour de Septembre mil fept
cens.

Signé, RANCHIN.

Les divers encouragemens que le Gouvernement n'a ceffé de donner depuis ce tems-là pour nous approprier la filature dudit coton, &

COTON.   les progrès que les habitans du Royaume, qui n'avoient point des terres à cultiver y ont fait, ont déterminé le Conseil à retablir le droit de 20 liv. du cent pesant fur tout coton filé entrant dans le Royaume. Je rapporterai plus bas l'Arrêt du 12 Mai 1761, qui n'est que le renouvellement de celui du 11 Décembre 1691.

L'imposition de 20 liv. par cent pesant fur le coton filé, foit du Levant, foit de l'Amérique, en entrant dans le Royaume n'a rien changé dans l'exécution des difpositions de l'Arrêt du Conseil du 17 Mai 1757, par lefquelles les cotons filés une fois entrés en France, peuvent circuler dans toutes les Provinces du Royaume en exemption de tous droits. L'intention de Sa Majefté, en impofant le droit de 20 liv., a été de favorifer notre filature de coton, fans nuire à nos manufactures, & on leur nuiroit certainement, fi la circulation dans le Royaume dudit coton filé n'étoit pas libre.

ARREST

DU CONSEIL D'ETAT DU ROI,

Qui exempte de tous droits les cotons filés qui circuleront dans le Royaume.

Du 17 Mai 1757.

Extrait des Régiſtres du Conſeil d'État.

SUR ce qui a été repréfenté au Roi, étant en fon Conseil, &c. Sa Majefté étant en fon Conseil, a ordonné & ordonne qu'à l'avenir, & à compter du jour de la publication du préfent Arrêt, les cotons filés, tant blancs que teints, qui feront tranfportés dans les différentes Provinces du Royaume, foit des cinq groffes Fermes, foit reputées étrangères, feront & demeureront exempts de tous Droits des Traites, tant d'entrée & de fortie, qu'autres locaux, établis dans lefdites Provinces, ainfi que le font les cotons en laine par l'Arrêt du 9 Décembre 1749. N'entend Sa Majefté comprendre, dans cette exemption, les cotons filés venant de l'étranger, ni ceux qui pourroient y être envoyés, lefquels demeureront fujets aux droits d'entrée & de fortie auxquels ils font impofés par les Tarifs & Réglemens. Fait au Conseil d'Etat du Roi, Sa Majefté y étant, tenu à Versailles le dix-fept Mai mil fept cens cinquante-fept.   *Signé*, PHELYPÉAUX.

Le coton filé teint en rouge, dont nos manufactures ne peuvent fe paffer, nous étoit apporté du Levant, & nous étions néceffités de l'employer par préférence à tout autre, étant le feul qui fut véritablement

COTON.

teint en beau rouge, & qui ne changeat pas de couleur, foit que les Turcs euffent quelque fecret ou que les eaux en fuffent la caufe. Quoiqu'il en foit, on a multiplié les expériences en Europe pour imiter la teinture faite en Levant.

Les Hollandois ont été les prémiers qui ont réuffi à teindre ledit coton filé en rouge, dans le même point de beauté qu'il nous venoit du Levant. Nos manufactures mirent à profit cette découverte en choififfant ou en Hollande, ou en Levant le coton filé teint en rouge qui leur convenoit le mieux, ou qui étoit à un moindre prix. La concurrence des vendeurs fera toujours avantageufe à l'acheteur. Nous efpérâmes dès-lors de n'être pas moins heureux que nos voifins, & que puifque les Hollandois avoient réuffi, l'induftrie françoife ne tarderoit pas à avoir le même fuccès. Ce fut pour favorifer l'entrée en France du coton filé teint en rouge en Hollande, que par décifion du Confeil du 27 Janvier 1744, les droits en furent fixés à 5 pour cent de la valeur en juftifiant par des certificats en forme qu'il avoit été teint en Hollande ; mais comme il nous importoit de continuer à en tirer du Levant, pour maintenir l'abondance & avoir de quoi choifir, par ladite décifion celui teint en Hollande, fut impofé au droit de 20 pour cent, ainfi que toutes les autres marchandifes du Levant qui n'en viennent point en droiture à Marfeille. La perception dudit droit de 20 pour cent fe faifoit fur l'évaluation qui varioit de tems en tems & qui fut enfin fixée par Arrêt du 22 Décembre 1750, fuivant l'état annexé audit Arrêt pour toutes les marchandifes du Levant. La réuffite des Hollandois nous fit redoubler nos efforts, & après bien des épreuves, le fieur Goudar qui depuis dix ans s'occupoit à cette découverte, crut enfin n'avoir point travaillé en vain. Il expofa fa méthode à l'Académie des fciences, qui nomma le fieur Hellot pour en faire l'examen. Le rapport de l'Académicien fut fi favorable à l'invention dudit fieur Goudar, & fon coton filé teint en rouge fut trouvé fi bien imiter celui du Levant, que le Roi pour en recompenfer l'Auteur, lui accorda, en 1746, le privilége d'établir une teinturerie royale pour le coton filé rouge.

C'eft fans doute dans la vûe de favorifer ce nouvel établiffement, que par Arrêt du Confeil du 13 Mars 1751, l'évaluation du coton filé rouge a été fixée à 600 liv. le cent pefant poids de marc, pour le payement du droit de 20 pour cent, dans le cas où il feroit dû ; car fi ledit coton arrivoit en droiture à Marfeille, il n'y eft pas fujet. Par ce moyen notre Commerce du Levant eft favorifé, ou plutôt nos fabriques du Languedoc le font, puifque le coton filé rouge eft un des retraits pour nos draps londrins. Nos manufactures du Royaume ne feront point privées de l'abondance d'une matiere néceffaire, & la nouvelle teinturerie vendra toujours avec avantage fon coton filé rouge, par préférence à celui de Hollande ou de toute autre fabrique & Commerce étrangers.

ARREST

DU CONSEIL D'ETAT DU ROI,

Qui ordonne que, dans les cas où les cotons du Levant teints en rouge, feront fujets au droit de vingt pour cent, ce droit fera perçu à toutes les entrées du Royaume, autres que par le Pont-de-Beauvoifin, fur l'é-valuation de fix francs la livre, poids de marc brut ; & fur l'évalua-tion de cent fols la livre, poids de table net, lorfqu'ils entreront par Marfeille ou par le Pont-de-Beauvoifin.

Du 13 Mars 1751.

Extrait des Regiftres du Confeil d'État.

SUR ce qui a été repréfenté au Roi, étant en fon Confeil, que dans les Etats d'évaluation des Marchandifes du Levant, arrêtés le 22 Décembre dernier, de même que dans ceux arrêtés en 1703 & en 1706, on a omis d'évaluer en par-ticulier les cotons filés, teints en rouge, d'où il réfulte un inconvénient fenfible, en ce que ces cotons, quoique d'une valeur bien plus confidérable que les cotons qui viennent du Levant, fans être teints, n'acquittent cependant que fur la même évaluation le droit de vingt pour cent, établi fur les marchandifes du Levant, dans les cas où ils y font fujets ; à quoi Sa Majefté voulant pourvoir. Oui le rap-port ; le Roi étant en fon Confeil, a ordonné & ordonne que, dans les cas où les cotons du Levant, teints en rouge, feront fujets au droit de vingt pour cent, ce droit fera perçu fur lefdits cotons, à toutes les entrées du Royaume, autres que le Pont-de-Beauvoifin, fur l'évalution de fix francs la livre, poids de marc brut ; & fur l'évaluation de cent fols la livre, poids de table net, lorfqu'ils en-treront par Marfeille ou par le Pont-de-Beauvoifin. Fait au Confeil d'Etat du Roi, Sa Majefté y étant, tenu pour les Finances, à Verfailles le treizième Mars mil fept cent cinquante-un.

Signé, M. P. DE VOYER D'ARGENSON.

J'ai obfervé que les cotons dont le Commerce eft devenu fi confi-dérable à Marfeille, ne venoit que du Levant, & que ceux de nos Colonies dont le prix eft plus haut, étoient envoyés dans les autres Ports du Royaume ; j'en ai donné la raifon.

Heureufement pour nous, nous commençons (un peu tard à la vé-rité) à connoître combien il nous importe d'employer les cotons de nos Colonies par préférence à ceux du Levant ; l'expérience achevera de nous convaincre que nous étions dans l'erreur fur la différence des prix, & que le coton de nos Ifles, quoiqu'acheté à un tiers plus cher

que

Que celui du Levant eft beaucoup meilleur marché, parce qu'il donne proportionnellement à fa valeur un plus grand bénéfice.

Mais je n'ai point fait connoitre affez particulièrement le progrès de cette branche de Commerce & les différences des prix des diverfes qualités de coton, fuivant l'eftimation faite il y a environ foixante & dix ans, avec les prix courans. (Quand je dis prix courans, je n'entends pas parler de cette année; j'ai choifi un tems de paix où le Commerce jouiffoit d'une entière liberté.)

Je penfe que la comparaifon que je vais expofer fous les yeux des Négocians curieux, leur fera plaifir. Je me fervirai pour cet effet d'un état qui fut dreffé en 1688, de tous les cotons qui étoient arrivés pendant cette année dans la ville de Marfeille, & du prix qu'ils valoient alors; & pour les prix courans, j'ai choifi l'année 1750.

On a vû qu'il étoit venu à Marfeille dans une année.

Coton en laine.	. . . . . .	3831620 liv.
Coton filé.	. . . . .	2014978
		5846598 liv.

Et fuivant l'état de 1688, il n'en étoit arrivé que,

SÇAVOIR.

Coton en laine.	. . . 450000	⎫ 1900000 liv.
Coton filé.	 1450000	⎭

Le Commerce de coton a donc augmenté de 3946598 liv.

Surquoi il n'eft pas inutile de remarquer que l'augmentation eft beaucoup plus confidérable fur le coton en laine, que fur le coton filé, puifqu'elle n'eft fur ce dernier que de 564978
Et qu'elle eft fur le coton en laine de 3381620

3946598 liv.

Ce qui prouve que l'induftrie françoife a fçu mettre à profit la filature du coton, & qu'elle eft en raifon de 7 à 1 de ce qu'elle étoit en 1688. Ce prémier bénéfice eft d'autant plus profitable pour l'Etat, qu'il eft comme l'apanage de certaines familles, qui ne peuvent fubfifter que du travail de leurs mains, & à qui tout autre travail feroit impraticable. Toute déduction faite, il confte par ce qui a été dit

Tom. II. G

COTON.   ci-devant, qu'il s'employe de coton dans le Royaume année commune

ci. . . . . . . 2328244 liv.

Or en fuppofant que chaque livre de coton coute de filature 1 liv. 5 f., en ne faifant qu'un prix pour le gros & pour le fin, cela fait la fomme de 2,910,255 liv. 10 f. Il n'y a fûrement point d'exageration dans cette fixation , qui eft beaucoup au-deffous de fa véritable valeur.

C'eft dans la vûe de ne point priver les Sujets de l'Etat de la récompenfe dûe à leur induftrie, que la filature du coton ne peut manquer de leur procurer, que l'Arrêt du 12 Mai 1761 a été rendu & qui n'eft que le renouvellement de celui du 11 Décembre 1691, par lequel tout coton filé venant de l'étranger, même de l'Amérique, payera 20 liv. du cent pefant à l'entrée du Royaume.

ARREST

DU CONSEIL D'ETAT DU ROI,

Qui ordonne que les cotons filés venant de l'étranger , même des Ifles & Colonies Françoifes de l'Amérique , payeront vingt livres par quintal de droits d'entrée dans le Royaume.

Du 12 Mai 1761.

Extrait des Régiftres du Confeil d'Etat.

LE Roi s'étant fait repréfenter les Arrêts rendus en fon Confeil, les 11 Décembre 1691 & 21 Septembre 1700 ; le premier, par lequel Sa Majefté, pour favorifer la filature du coton dans le Royaume, auroit impofé un droit de vingt livres par quintal à toutes les entrées du Royaume, fur le coton filé venant de l'étranger ; le fecond par lequel , fur les repréfentations des Villes de Lyon & de Paris, Elle auroit fupprimé ledit droit de vingt livres aux entrées des cinq groffes Fermes & de la douane de Lyon feulement , & rétabli par rapport aufdites entrées des cinq groffes Fermes & douane de Lyon , les droits qui y avoient précédemment lieu, fuivant les Tarifs de 1664 & de la douane de Lyon : & Sa Majefté étant informée que les filatures qui s'augmentent de jour en jour , feroient un progrès plus rapide fans la concurrence des cotons filés qui viennent de l'étranger ; à quoi Sa Majefté voulant pourvoir : Oui le rapport du fieur Bertin, Confeiller ordinaire au Confeil Royal , Contrôleur Général des Finances ; le Roi étant en fon Confeil, a ordonné & ordonne qu'à l'avenir , & à compter du jour de la publication du préfent Arrêt , les cotons filés qui viendront de tous les pays étrangers , même des Ifles & Colonies Françoifes de l'Amérique , payeront à toutes les entrées du Royaume, vingt livres par quintal. Enjoint Sa Majefté aux fieurs Intendans & Commiſſaires départis dans les Provinces & Généralités du Royaume, de tenir la main à l'exécution du préſent Arrêt, qui ſera lû, publié & affiché par-tout où beſoin ſera. Fait au Conſeil d'Etat du Roi, Sa Majeſté y étant, tenu à Verſailles le douze Mai mil ſept ſoixante-un.

Signé, PHELYPEAUX.

A l'égard de la différence du prix du coton en 1688, avec le prix actuel, elle eſt ſurprenante. Qu'on n'oublie pas que je ne parle que du coton du Levant, Marſeille n'ayant fait juſqu'aujourd'hui preſque aucun Commerce de celui de nos Colonies.

Pour prévenir toute chicane qu'on pourroit me faire ſur le prix cou-rant des cotons ſuivant leur crû & leur qualité, je copierai l'eſtime qui a été faite en 1750, pour le payement du droit de 20 pour cent, enſuite de l'Arrêt du 22 Décembre de ladite année. Quoique cette eſ-time ne comprenne pas toutes les eſpéces de coton qui arrivent à Marſeille, on peut rapprocher tous les autres de ces qualités. Je ne doute pas que l'eſtime n'en paroiſſe baſſe, puiſque celle du fin d'once n'eſt portée qu'à ci. . . . . . . 170 liv.

S Ç A V O I R.

Coton en laine de Smirne le cent peſant. . .	85	liv.
Idem. . . . de Salonique. . .	70	
idem. . . . de Seide & Acre. . .	75	
idem. . . . de Adenos. . .	90	
idem. . . . de Chipres. . .	70	
idem. . . . de Riſſi. . .	90	
idem. . . . d'Amanouzi. . .	80	
Coton Caragach.	100	
Idem. Montaſſen. . . .	100	
idem. Fin d'once de Seide. . .	270	
idem. Bazat prémiere ſorte. . .	150	
idem. Fin Jeruſalem. . . .	120	
idem. Eſcar Jeruſalem. . . .	110	

Il eſt d'uſage dans le Commerce à Marſeille de ne point vendre le coton à livre, ſols & deniers, comme les autres marchandiſes, mais à écus dont chacun eſt compoſé de 64 ſols Tournois ; ainſi ſi une balle de coton eſt vendue 40 écus le quintal, au lieu de valoir 120 liv. il vaudra 128. Cet uſage n'a lieu aujourd'hui, que pour le coton filé.

Voici les prix du coton fixés dans l'état de 1688.

Coton en laine de toute ſorte 9 écus de 64 ſols le cent ci. 28 liv. 16 ſ.

G ij

COTON FILÉ.

SMIRNE.	Once de Smirne.	25	Ecus de 64 f. le cent		80
	Caragach.	23	idem.		73 12
	Montaffen.	21	idem.		67 4
	Gioze lazard.	18	idem.		57 12
	Echelle neuve.	16	idem.		51 4
	Genegine.	14	idem.		44 16
	Baquiers.	13	idem.		41 12
SATALIE.	Once de Satalie.	27	idem.		86 8
	Fin dudit.	22	idem.		70 8
	Moyen dudit.	16	idem.		51 4
SEIDE.	Once de Seide.	29	idem.		92 16
	Efcar d'once dudit.	24	idem.		76 16
	Jerufalem.	20	idem.		64
	Efcar dudit.	18	idem.		57 12
	Fin de Rame.	17	idem.		54 8
	Moyen dudit.	12	idem.		38 8
	Napoulouse.	11	idem.		35 4
	Bafats.	20	idem.		64
	Moyen de bafats.	16	idem.		51 4
ALEP.	Once d'Alep.	26	idem.		83 4
	Efcar d'once.	23	idem.		73 12
	Beledin.	20	idem.		64
	Moyen dudit.	18	idem.		57 12
	Gonzadelet.	17	idem.		54 8
	Payas.	16	idem.		51 4
	Marine.	15	idem.		48
	Turqui mani.	16	idem.		51 4
ALEXANDRIE d'Egypte.	Alexandrie. Coffaire. Vilant. Sochs.	15	idem.		48
ARCHIPEL.	Archipel.	16	idem.		51 4
MALTHE.	Malthe.	14	idem.		44 16

COTON

On voit par cet état que le coton filé n'a point augmenté à proportion du coton en laine. L'estimation de ce dernier, l'un dans l'autre, a été portée à 70 liv. le cent, & il ne valoit en 1688 que 28 liv. 16 sols, tandis que le coton filé Caragach, se vendoit la même année 73 liv. 12 sols & qu'il n'est estimé présentement que 100 liv., & ainsi des autres cotons filés. La raison de cette différence vient de ce que notre paresse laissoit dormir notre industrie pour la filature du coton, & plus l'activité françoise s'occupera de ce travail, plus le prix des cotons en laine augmentera, parce qu'il deviendra plus nécessaire, & que la demande & la consommation en seront plus grandes. Le rehaussement du prix dudit coton en laine, est d'un si petit objet rélativement aux avantages de la filature, qu'il ne doit point décourager dans une entreprise dont le commencement est si salutaire, & dont le progrès peut faire le bonheur de la France.

Le coton du Levant, soit en laine, soit filé, jouit du transit à travers le Royaume, accordé par l'Arrêt du 15 Octobre 1704, à un certain nombre de marchandises du Levant. Je parle au long de ce transit dans un autre ouvrage. J'observerai seulement ici que ce transit n'opére qu'une modération de droits & non l'exemption totale, & que les seuls Bureaux de Seissel & Colonges étoient désignés dans ledit Arrêt pour la sortie desdites marchandises; mais que par décision du 20 Juin 1761, il a été permis de sortir du Royaume par d'autres Bureaux compris dans l'avis suivant.

TRANSIT

DES MARCHANDISES DU LEVANT.

AVIS.

MESSIEURS les Négocians sont avertis que le Conseil par sa Décision du 20 Juin dernier a permis aux marchandises du Levant mentionnées dans l'Arrêt du Conseil du 15 Octobre 1704, d'aller de cette ville si transit en Piémont, Savoye, Suisse, Lorraine, Allemagne & autres Pays étrangers. Elles pourront en vertu de cette Décision sortir du Royaume par les Bureaux du Pont-de-Beauvoisin, de Chapparillan, de Jouques, d'Héricourt, de St. Dizier, de Ste. Menchould, de Strasbourg, de St. Louis & de Bourgfelden.

COTON.   Le tout en obfervant les mêmes formalités , & en payant les mêmes droits qu'[i] ont eû lieu jufqu'à préfent , conformément audit Arrêt , pour la deftination de Geneve.

Les laines feules jouiront de cette faculté fans payer aucuns droits , fuivant l'Arrêt du Confeil du 15 Août 1758.

Toutes lefdites marchandifes du Levant pourront être tranfportées de cette Ville en Alface en tranfit , comme fi elles alloient auxdits Pays étrangers , & elles ne payeront de plus que les droits dûs dans ladite Province qui ne font pas confidérables , à l'exception néanmoins du cuir tanné & du caffé ; ces deux efpéces de marchandifes auront feulement la liberté de traverfer l'Alface pour aller de-là hors du Royaume & en fortir par tel Bureau qui fera défigné fur l'acquit à caution par le Directeur des Fermes de Strasbourg.

A Marfeille le 27 Août 1761.

CASSE *OU* CANEFICE.

ORIGINE DU CANEFICE.

L'ARBRE qui produit la casse, vient naturellement dans les pays chauds sans soins & sans culture. On en trouve dans diverses contrées des Indes, dans la Terre-Ferme de l'Amérique, dans les Isles Antilles, dans le Levant & particulierement en Egypte. On le nomme cassier, & plus communément caneficier, à cause de la ressemblance de son fruit avec les cannes. Anciennement le mot de canefice, ne signifioit que la casse confite; & les siliques que produit l'arbre n'étoient connus que par bâtons de casse, ou casse en bâtons. Aujourd'hui on ne fait plus cette différence, & par le mot de canefice, on entend le fruit du cassier. On croit que l'arbre a été ainsi nommé, parce qu'il a été regardé comme une espéce d'Acacia, & effectivement le cassier de Provence, dont les fleurs, couleur de safran, en forme de houpe parfaitement arondie, composée de filamens aussi fins que le duvet du coton, de la grosseur d'une petite balle de fusil, rendent une odeur si agréable & si utile aux parfumeurs pour leurs essences & leurs pomades à la casse, est rangé dans la classe des Acacias, d'où l'on peut conclurre, que le cassier ou caneficier dont il est ici question, n'a été ainsi nommé, que parce qu'il a été regardé comme une espéce d'Acacia. Quoiqu'il en soit de la cause qui lui a fait donner ce nom, & pourquoi celui de canefice qui ne signifioit que le fruit confit, a prévalu sur celui de casse, d'où le nom de caneficier a été conservé à l'arbre préférablement à celui de cassier, je ne m'amuserai pas plus long-tems à cette recherche.

J'ai désigné le cassier que nous cultivons avec complaisance dans nos bastides, par le mot de Provence, pour le distinguer d'un cassier ou espéce de grossellier noir très commun dans la Province d'Anjou, dont les feuilles ressemblent à celles de la vigne, larges, velues en dessous, d'une odeur fetide ainsi que ses fleurs, qui naissent en forme de grapes comme celles du grosellier blanc épineux. Ses bayes sont oblongues, noires, acides & d'une saveur désagréable, soit qu'elles soient vertes,

CANEFICE. ou mûres. C'eſt de l'infuſion des feuilles & de leur ſuc , dont on a compoſé tant de remédes ſi vantés par quelques Médecins , & dont on a publié de tems en tems des propriétés admirables ſous le nom de caſſier ou caſſis & qu'on renouvelle aujourd'hui avec trop d'enthouſiaſme.

Le caneficier (c'eſt le ſeul nom que je lui donnerai) n'a point été tranſplanté en Amérique. La main libérale du Créateur l'y a placé dès le commencement , & ſa Providence l'a conſervé & fait multiplier ſans que les hommes y ayent contribué par leurs ſoins. Il ſeroit inutile de faire des recherches , pour découvrir ſi les prémiers hommes qui ont paſſé dans le nouveau monde , n'auroient point porté avec eux la ſemence d'un arbre dont les propriétés leur auroient été connues. Notre ignorance ſur la maniere dont l'Amérique a pû être habitée & les conjectures que nous ſommes forcés d'en faire pour ſatisfaire notre curioſité ſur ce point , démontrent combien ces recherches ſeroient infructueuſes.

Le caneficier croît dans les Indes , à l'Amérique & dans le Levant ; mais dans tous les pays où il croît , le climat eſt chaud , ſans que la plus légère gêlée s'y ſoit jamais faite ſentir ; preuve certaine que le froid eſt oppoſé & même mortel au caneficier , & qu'on ne doit lui donner d'autre origine que les mêmes pays où il vient préſentement , & où il eſt toujours venu. Avant la découverte de l'Amérique , les caneficiers étoient communs dans les Indes & dans le Levant. Ce n'eſt point une raiſon ſuffiſante pour ſuppoſer que les Eſpagnols les ont tranſplantés dans les pays du Nouveau Monde qu'ils ont découvert , puiſque les autres Nations ont trouvé des caneficiers dans des contrées inconnues auxdits Eſpagnols. C'eſt donc une prétention qui n'a aucun fondement même vraiſemblable , que de vouloir faire honneur à l'Eſpagne d'une tranſplantation qu'elle n'a point faite réellement , & qu'il étoit très-inutile qu'elle fît.

CULTURE DU CANEFICIER.

Le caneficier eſt ordinairement un grand arbre à peu près comme nos noyers , à moins que le terrein trop maigre ne lui fourniſſe pas aſſez de ſucs pour ſa nourriture. On conçoit facilement qu'il faut des champs bien vaſtes pour en faire une plantation. Il faut au moins ſix toiſes en tout ſens de diſtance d'un arbre à l'autre ; ce qui ne tourne pas à compte à nos Inſulaires , qui préférent d'autres récoltes plus profitables. Auſſi ne ſont-ils en uſage d'en planter que le long des rives & à l'extrêmité des champs cultivés , ou dans les lieux trop éloignés des habitations pour pouvoir en tirer quelqu'autre utilité. On a une attention particuliere de choiſir les lieux les moins expoſés au vent , qui eſt très-nuiſible à

cette

Cette espéce de récolte. Le bois de l'arbre est blanchâtre, molasse & coriasse. Je ne sçais pas pourquoi le Pere Plumier, dans la description qu'il en fait, dit qu'il est noirâtre & dur. Il faut que ce Sçavant ait été trompé par ceux qu'il aura chargé, de lui apporter quelque branche de ce bois ; car il est exact dans ses descriptions. L'écorce est grisâtre & raboteuse, comme celle de nos chênes quand ils sont un peu vieux; les feuilles sont longues, étroites, & d'un verd pâle, plus unies en dessus qu'en dessous, ayant la base arrondie, avec plusieurs conjugaisons de feuilles, ce qui n'empêche pas qu'elles ne soient terminées en pointes, à peu près comme le fer d'un lance. De l'endroit où lesdites feuilles prennent naissance, il en sort trois ou quatre pédicules chargés de fleurs. Ces pédicules sont plus longs que les feuilles, qui ordinairement n'ont qu'un tiers de pied de longueur sur deux pouces de large. Les fleurs sont jaunes, assez odoriférentes, & viennent par bouquets. Chaque fleur à son calice concave, composé de cinq feuilles ovales d'un verd jaunâtre, pas plus grandes que l'ongle du petit doigt. Cinq petales placés en rond, sortent de chaque calice, arrondis, d'un beau jaune & creusés en cuillier, dont deux débordent les trois autres. Il s'éleve dudit calice dix étamines d'un jaune pâle, inégales, dont sept droites & trois recourbées ; c'est au milieu que paroît le pistil, verdâtre & recourbé en crochet qui se change en gousse cilindrique de la forme d'une canne, dont la moelle est ce que nous appellons pulpe de casse. Cette moelle est adhérente à des cloisons minces, qui forment des cellules dans tout le long du fruit, noire & d'une douceur approchante de celle du sucre, mais fade. Chaque cellule renferme une graine lise, jaunâtre, & non pas noire, comme le disent quelques Voyageurs, applatie, de la grosseur d'un pois, attachée par un fil délié à la cloison qui la renferme. Ces fruits ou siliques parviennent dans leur mâturité jusqu'à deux pieds de longueur, & ne grossissent guères plus que le pouce. L'écorce des siliques, se durcit comme du bois, & les deux côtés qui les composent, s'attachent si fortement ensemble, qu'on ne peut plus les séparer qu'en les brisant ; le goût en est âpre. Ces siliques qui pendent par bouquets quelquefois au nombre de vingt, sont vertes dans leur naissance, brunissent en croissant & noircissent en mûrissant. Ce n'est qu'à leur noirceur qu'on connoît que les siliques sont dans leur parfaite mâturité. Ceux qui craignent le bruit doivent éviter de planter des caneficiers auprès de leurs habitations ; car au moindre vent les siliques, lorsque l'écorce est durcie, se heurtant par cette agitation les unes contre les autres, font un carrillon insupportable pour les cervaux trop délicats.

On peut semer les graines renfermées dans les cellules dès siliques, elles levent fort bien. J'en ai semé ici dans une terre préparée, & j'ai eu le plaisir de les voir sortir dans quinze jours. Ces tendres plantes vinrent à la hauteur de demi pied, & se fletrirent ensuite. Sans

CANEFICE. doute que le degré de chaleur ne fut pas affez fort pour leur tempérament, ou peut-être que le trop de foins que j'en prenois leur nui-
fit. Je conçois cependant qu'on pourroit en cultiver du côté d'Hieres,
qui eft l'expofition la plus heureufe de toute la France pour toutes les plantes étrangeres qui craignent le froid. Le caroubier qui eft une efpéce de
canéficier y vient à merveilles ; d'où j'infere que ce dernier pourroit
y être cultivé, du moins par curiofité. Quoique cet arbre vienne par
la femence des graines, comme il vient auffi par bouture, on préfére
cette derniere méthode comme plus facile, moins couteufe & d'un plus
prompt rapport. Effectivement, il faut plufieurs années avant que les
graines ayent fait une tige d'une certaine groffeur ; c'eft à peu près
comme nos vignes qui viennent de femence, mais que perfonne ne
fait venir par ce moyen, parce qu'il eft plus avantageux de planter
des cepts de vigne, qui donnent du fruit quelquefois à la prémiere
année. Le canéficier croît fort vîte, & on eft furpris du progrès qu'il
fait chaque année. A la quatrième, il commence à porter du fruit, &
à mefure qu'il vieillit, les filiques en font plus belles, furtout fi le terrein fe trouve bon. On fait deux recoltes chaque année, ce qui n'eft
point particulier au canéficier ; prefque tous les arbres de l'Amérique
ont la même propriété, ainfi que je l'ai déja fait obferver. Quand l'é-
corce des filiques paroît entierement noire, fi le tems eft au fec, on
en fait la cueillette ; on les laiffe expofées pendant 24 heures au grand
air, & avant que la rofée les humecte, on les fait enfermer. Voilà toutes les précautions qu'il eft néceffaire de prendre pour conferver ce
fruit. La peine, comme on voit, n'eft pas grande, ce qui feroit un
puiffant encouragement pour les cultivateurs, fi le canéficier n'occupoit
un trop grand efpace de terre qu'il appauvrit extraordinairement par la
grande quantité de fucs qui font néceffaires à fon entretien, & fi la
vente du produit de cette recolte s'en faifoit facilement. Mais il arrive
fouvent que des parties confiderables de canéfice, demeurent inven-
dues, par le manque d'acheteurs ou par la difficulté qu'il y a de l'embarquer à caufe de fon peu de poids, relativement à fon volume, ce
qui rend le fret plus cher ; de forte que les propriétaires de canéfice,
s'ils ne le vendent quand il eft encore nouveau, perdent non-feulement
en le laiffant vieillir une partie de fon prix, mais ils rifquent encore
de ne pouvoir plus s'en défaire, & d'ajouter à cette perte les fraix
de magafin ; car les filiques qu'on a gardé trop long-tems fe défféchent
tellement, que la moelle ou pulpe qui eft adhérente aux cloifons, fe
réduit en une efpéce de parchemin dont on ne peut plus faire ufage.
Les filiques encore jeunes & tendres, font employées en confitures ;
mais ce n'eft pas ici le lieu d'en parler.

USAGE ET PROPRIETÉS DU CANEFICE.

Je joins ici ces deux articles qui m'ont paru inféparables, l'ufage du canéfice n'ayant prévalu dans la Médecine qu'à caufe de fa qualité purgative. L'expérience fit connoître que les perfonnes qui en avoient mangé, avoient bien-tôt après le ventre libre ; auffi les Naturels des Ifles l'employoient-ils par préférence à toute autre drogue pour fe purger. Son action eft douce, & ne fatigue point le corps par des tranchées, ni par aucune irritation dangereufe. La moelle eft fouveraine contre les humeurs bilieufes ; mais fa fubftance vifqueufe remplie d'huile & de fel effentiel, a de la peine quelquefois à couler dans les vifcères, & par fon féjour excite des vapeurs & des vents très-incommodes. Pour remédier à cet inconvénient, il faut la faire bouillir pendant deux minutes, dans la quantité d'eau qu'on fe propofe de prendre, & la paffer à travers un linge. Par cette préparation les parties en font divifées, atténuées, raréfiées & par conféquent la vifcofité n'eft plus à craindre. J'ai vu des Apoticaires qui concaffoient les filiques de canéfice, faifoient bouillir le tout, & l'exprimoient enfuite dans un linge. Ils prétendoient que la vertu purgative réfide autant dans l'écorce que dans la pulpe ; ce qui eft abfolument faux, puifque le canéfice qui eft defféché ne conferve plus rien de fa propriété laxative, & eft rejetté avec raifon comme inutile. Le canéfice ne doit être employé qu'après avoir été nétoyé, c'eft-à-dire, après avoir extrait la moelle ou pulpe de l'écorce qui la renferme, & c'eft ce qu'on appelle fleur de caffe, moelle de caffe ou pulpe de caffe. On l'appelle également caffe mondée, non pas qu'on la paffe dans un tamis, ce qui ne feroit point praticable, à moins que les filiques ouvertes dans toute leur longueur ne laiffaffent tomber les cloifons à demi féches ; mais parce qu'on les fépare des brins d'écorce, que la vifcofité tient comme colés. (Mondée ou nétoyée fignifie la même chofe.) La dofe qu'on employe de fleur de caffe pour une médecine, doit être proportionnée au tempérament des perfonnes. L'expérience a fait connoître qu'il en falloit depuis demi once jufqu'à une once & demi, fuivant la volonté & la décifion de Mrs. les Médecins pour le plus ou le moins ; mais la régle qu'ils fuivent qu'un quarteron de canéfice en bâton donne une once de pulpe, n'eft pas exacte, y ayant des filiques, qui quoique de la qualité requife, au lieu de donner de quatre un, n'en rendent pas la moitié. Le plus affuré eft de nétoyer la moelle, d'en féparer l'écorce, & de la pefer, on ne court plus par-là le rifque de fe tromper. La caffe purge fort bien toute feule, furtout fi on l'atténue avec le fel végétal ; mais on a heureufement découvert que mêlée avec la manne, elle produifoit infailliblement fon effet. On fait bouillir une once de pulpe de caffe dans un grand verre d'eau dans laquelle on fait fondre trois onces de manne, cette efpéce de

CANEFICE. médecine dont on a fait pendant long-tems un grand myſtere dans nos Colonies, y a guéri le plus grand nombre de maladies ſurtout parmi les Négres, & a fait la fortune de ſes auteurs. Le reméde depuis qu'il eſt connu, ne doit point avoir perdu par-là de ſon efficacité. Le public en eſt informé; c'eſt à lui à en faire uſage, s'il le croit ſalutaire. Il me reſte à dire un mot du choix qu'on doit faire du canéfice & de ſon Commerce.

COMMERCE DU CANEFICE.

Avant la découverte du Nouveau Monde, la Ville de Marſeille faiſoit ſeule le Commerce de la caſſe par la voye du Levant, celle des Indes Orientales n'étant point apportée en France, ſoit parce qu'elle auroit été trop chere, ſoit peut-être auſſi parce qu'elle n'auroit pû ſe conſerver pendant une ſi longue navigation. On ne la connoiſſoit que par caſſe en canon, fiſtule de caſſe ou caſſe d'Alexandrie, parce que celle de toute l'Egypte étoit tranſportée dans cette Ville. On a crû pendant long-tems, & peut-être le croit-on encore, que la caſſe d'Alexandrie eſt bien ſupérieure à la caſſe d'Egypte, quoiqu'elle ſoit la même, & que la ville d'Alexandrie ſoit placée en Egypte & en faſſe un des plus beaux ornemens. De tous les pays où croît le canéfice, le Levant eſt renommé encore chez le plus grand nombre de nos Médecins pour produire le meilleur, & celui d'Alexandrie tient le prémier rang. On commence cependant aujourd'hui à ſecouer l'ancien préjugé, & à reconnoître que le canéfice de nos Iſles a les mêmes propriétés, qu'il eſt ſouvent plus beau & même plus efficace que celui du Levant; auſſi la différence du prix n'eſt plus la même qu'elle étoit en 1688. Je trouve que le canéfice de l'Amérique ne ſe vendit cette même année que 8 liv. le cent peſant, tandis que celui du Levant valoit 30 liv., c'eſt-à-dire, quatre fois plus; ſur 500 quintaux qu'il en arriva pendant cette année à Marſeille, il y en avoit 380 quintaux du Levant, & ſeulement 120 quintaux de nos Colonies, encore ce dernier ne pouvoit-il ſe vendre qu'en trompant le public, & en le faiſant paſſer pour du Levant dans les ventes en détail. Les choſes ont bien changé: la caſſe d'Alexandrie n'eſt preſque plus connue que dans les livres, celle de l'Amérique a pris le deſſus, & je ne voudrois pas aſſurer que dans la ſuite nous n'en fiſſions pas des envois conſidérables dans le Levant même, non-ſeulement à cauſe qu'elle eſt moins chere, mais encore parce que ſa qualité en ſera jugée meilleure. Voici l'état du canéfice arrivé à Marſeille dans une année, & qui en eſt ſorti pour l'étranger.

E N T R É E.

De l'Amérique. . . . . ː   163211 liv.
Du Levant. . . *néant*.

S O R T I E.

Pour l'Italie. . . . . 99723 liv. ⎫
L'Espagne. 110   ⎬ 112898 liv.
La Hollande. 11780   ⎪
Le Nord. 1285   ⎭

Reste pour la consommation de Marseille ou
des Provinces voisines. . . . . . 50313 liv.

Cette quantité devroit paroître modique, si elle étoit destinée pour fournir tout le Royaume ; mais il en arrive dans tous les Ports désignés pour faire le Commerce des Isles françoises plus qu'il n'en est nécessaire pour la consommation des autres Provinces.

Le canefice du Levant, s'il n'est apporté en droiture à Marseille sur des Navires françois, appartenans & commandés par des François, doit 20 pour cent de sa valeur à la Chambre de Commerce de ladite Ville, sur l'estimation de 57 liv. le cent, & la casse confite doit le même droit sur celle de 370 liv. Il en vient rarement du Levant, c'est de l'Amérique d'où nous tirons cette confiture purgative. On cueille les siliques de canefice encore tendres & verds, de la longueur de demi-pied, on les fait bouillir dans l'eau de sirop, ou dans un sirop clair, on les retire pour les faire égoutter, & pendant cet intervalle, on prépare & clarifie le sirop qu'on veut employer. Quand il est aux trois quarts de sa cuisson, on remet les siliques dans le poelon, jusqu'à ce que le tout soit réduit au tiers. On remplit ensuite les pots ou les barils qu'on laisse entierement refroidir, avant de les couvrir. Cette confiture se conserve belle, & produit un effet admirable pour tenir le ventre libre. Je crois même qu'elle suffiroit pour purger dans toutes les régles de la faculté de médecine, en en mangeant jusqu'à demi livre. On confit aussi les fleurs du canefice & elles font à peu près le même effet. Rien de plus facile que de réussir ; il ne faut les mettre dans le poelon que lorsque le sirop est presque parfait, les laisser bouillir légérement pendant sept à huit minutes, & suivre la même méthode pour le verser dans les pots, que pour la confiture de canefice.

Les vertus du canefice résident dans cette espéce de manne noire

CANEFICE. adhérente aux cloisons renfermées dans les siliques. Il est donc essentiel de les cueillir dans leur véritable maturité. Trop verds ou trop murs, cette manne n'est plus ni si abondante ni si bonne. Si nous avions les caneficiers sous nos yeux ; & que la recolte dépendit de notre volonté, nous pourrions choisir le tems le plus convenable ; mais le canefice nous est apporté tel qu'il a été recueilli, bon ou mauvais, & souvent il n'est embarqué qu'après qu'il a séjourné dans le pays. Il faut donc le vérifier avec soin pour n'être pas trompé, & examiner si les bâtons sont entiers, pesans & unis ; si en les secouant, les graines & les cloisons ne sonnent point ; si l'écorce est bien obscure & luisante, & si en les cassant, ce qui est absolument nécessaire, au moins de quelquesuns, la moelle ou pulpe, est d'un beau noir, de la consistance d'un sirop épaissi ; car si elle est liquide ou seche, ce seroit la marque dans le prémier cas, que les siliques n'ont point été cueillis dans le véritable point de maturité, & qu'il leur manquoit quelques dégrés de perfection ; & dans le second cas, que les siliques ont été cueillies trop tard ou qu'elles ont été gardées trop long-tems. Il faut enfin sentir & goûter la moelle pour reconnoître si elle n'auroit point contracté une odeur de moisi ou quelque aigreur. La bonne pulpe doit avoir l'odeur douce & le goût agréable & sucré. Elle entre dans plusieurs compositions. On en fait aussi un extrait, en dissolvant la pulpe dans la quantité d'eau nécessaire pour que le suc puisse passer à travers un tamis ; on l'aromatise avec la fleur d'orange, ou telle autre odeur qu'on veut lui donner, on le sucre, & on le fait évaporer, jusqu'à ce qu'il ait acquis la consistance de bol. La prise de cet extrait est ordinairement de dix gros.

Les droits d'entrée dans le Royaume sont aujourd'hui uniformes & ont été fixés par les Lettres-Patentes de 1717 & de 1719, à 1 liv. du cent pesant, & provenant de la Traite des noirs à la moitié, c'est-à-dire, 10 sols.

Avant lesdites Lettres-Patentes, le canefice payoit suivant le Tarif de 1664 ci. . . 3 liv. du cent pesant. Il auroit dû payer sur l'estimation, en entrant par les Provinces méridionales, n'étant point compris dans le Tarif de la douane de Lyon ; mais par un Tarif d'usage dont on ignore le commencement, le canefice payoit ci. . . . . 1 liv. 10 sols du cent pesant ; & la casse confite. . . . . . . 2 liv. 10 sols en observant que la casse du Levant devoit aussi, comme elle doit encore, l'imposition de la droguerie.

Il y a une autre espéce de casse, qui ne vient que dans le Brésil, & qui en porte le nom. L'arbre est d'une grande beauté, le tronc est droit, & les branches s'étendent au loin ; les feuilles sont d'un verd clair, les fleurs semblables à celles de nos capriers, & les fruits à peu près comme les siliques du caneficier, mais plus gros, plus courts, aplatis & si durs, qu'il est difficile de les rompre sans marteau. L'écorce de cette caſſe du Bréſil, eſt brune en dehors, mal unie, & blanche **CANEFICE.** en dedans, l'intérieur eſt diviſé par des cloiſons qui renferment les graines bien différentes de celles du caneſice. Elles ſont de la groſſeur & de la figure d'une amande, luiſantes, dures & d'un blanc jaunâtre. Chaque cloiſon eſt envelopée d'une pulpe gluante & brune, qui eſt d'une amertume dégoutante, mais très-purgative. On n'en fait point uſage en France. Il y a auſſi la caſſe en bois, qui n'eſt autre choſe qu'une écorce roulée en tuyau, comme la canelle dont elle a la couleur, l'odeur & le goût, mais beaucoup plus foible, & la caſſe giroflée qui eſt également roulée comme la canelle, d'une odeur & d'un goût ſi fort de girofle, qu'en la mâchant on croit avoir du girofle dans la bouche. Toutes ces eſpéces de caſſe ne croiſſant point dans nos Colonies françoiſes de l'Amérique, ſont étrangeres à mon ſujet.

Pour remplir l'objet que je me ſuis propoſé, qui eſt de faire connoître en quoi conſiſte le Commerce qui ſe fait de Marſeille aux Colonies Françoiſes de l'Amérique, il me reſte à parler de nos établiſſemens dans la Louiſiane. Le Canada faiſoit auſſi partie de mon plan; mais la France l'ayant cedé pour le bien de la paix, il nous importe peu aujourd'hui de ſçavoir s'il nous feroit profitable. Je n'en parlerai même qu'autant que les Réglemens qui ſont communs pour la Louiſiane & le Canada, ne me permettront pas de faire autrement.

Il y a une autre branche de Commerce que je ne puis paſſer ſous ſilence : c'eſt le Commerce de Guinée. Il eſt tellement lié avec celui de nos établiſſemens en Amérique, à cauſe de la Traite des Noirs qui nous fournit les Eſclaves néceſſaires pour la culture de nos terres & l'exploitation de nos raffineries dans nos Colonies, qu'il me paroît indiſpenſable à nos Négocians de ſçavoir à quoi s'en tenir dans cette eſpéce de négoce, & de pouvoir même l'entreprendre ſi leurs intérêts l'exigent. Le Gouvernement a regardé la Traite des Noirs ſi importante pour toute la Nation, qu'il l'a encouragée par les faveurs les plus diſtiſtinguées & qui ſont même plus conſidérables que celles dont jouit notre Commerce de l'Amérique. Mais avant de parler de notre Commerce dans la Louiſiane, & de celui de la côte de Guinée, je ferai quelques réflexions ſur les productions de l'Amérique, ſur la maniere dont elle a été habitée, & comment les animaux que nous y avons trouvé ont pû y paſſer, &c.

REFLEXIONS.

PREMIEREMENT.

La Providence qui a étalé avec une magnificence admirable les dons de fa libéralité dans les productions de la terre qu'il a variées à l'infini, les a difposées de maniere que chaque pays, fuivant fon climat & la qualité de fon fol, eut des arbres & des plantes qui lui fuffent particuliers & fi naturels, qu'ils ne puffent ni croître, ni fe reproduire dans d'autres contrées à moins qu'à force de foins & de précautions on ne furmonte les obftacles qui proviennent du fol & du climat. Qui ne reconnoîtra les vûes du Créateur dans un arrangement fi merveilleux pour faire du monde entier une fociété dont les membres repandus d'un pole à l'autre, devoient fe communiquer leurs richeffes ? Il n'a formé la terre, il ne l'a ornée & il ne l'a embelie fi majeftueufement, que parce qu'il l'a deftinée à être le féjour de celui qui a été le véritable objet de fa complaifance, & le terme de tout ce qu'il a créé pendant fix jours. Il a tout fait pour l'homme qu'il a formé de fa main, afin que par reconnoiffance, l'homme rapporta tout à fon Créateur, & fe confacrât tout entier à l'Auteur de fon exiftance, qui l'avoit diftingué fi glorieufement de fes autres ouvrages, & l'avoit comblé de tant de bienfaits. Mais en établiffant l'homme le maître & le dominateur de tout ce qui embelit & vivifie notre globe, il n'a pas voulu que ce fuffent quelques defcendans du prémier homme, à l'exclufion de leurs autres Freres, qui fuffent les feuls poffeffeurs de ces richeffes innombrables. C'eft à l'homme & à fa poftérité qu'il en a fait le don, & qu'il a conftitué le cultivateur & l'ufufruitier de tout ce que renferme l'Univers, dont il s'eft refervé le fouverain domaine, comme étant la feule caufe & le feul vrai principe de toutes chofes, à qui la gloire en appartient toute entiere, & qui doit remonter continuellement vers lui par les facrifices, les hommages & les actions de graces de l'homme.

L'Etre fuprème n'a créé qu'un homme pour peupler la terre, afin que fes enfans, en fe multipliant & en fe difperfant de tous côtés, s'aidaffent & fe fécouruffent mutuellement comme freres, iffus du même fang, & devant participer également à l'héritage de leur pere commun. (Je n'ignore pas combien l'imagination déréglée de quelques prétendus beaux génies, a inventé de fyftêmes pour contredire cette vérité. Mr. de Voltaire s'eft montré un des plus zélés défenfeurs de l'exiftance de plufieurs efpéces d'hommes. Ce n'eft pas ici le lieu de le refuter ; je me propofe de le faire d'une manière à le convaincre lui, & ceux qu'il a féduits par fes fophifmes, qu'il y a autant d'abfurdité que d'impiété dans ce nouveau fyftême.) Quelque nombreufe que foit
la

la race de ce prémier homme , & quoiqu'elle doive égaler le nombre de grains de fable de la mer , fuivant la bénédiction de celui qui eft vrai dans fes promeffes , ce n'eft cependant que la même famille que la charité , l'union & la paix doivent lier & entretenir dans une amitié parfaite. Cette amitié parfaite , n'eft point incompatible avec la poffeffion & la propriété particuliere de quelques portions de terre , elle la fuppofe. La communauté des biens ne ferviroit qu'à anéantir toute induftrie , à favorifer la pareffe & l'indolence , & à fomenter les jaloufies & les haines. Elle ne peut être admife que pour de petites fociétés célibataires & féparées par état du Commerce & de la fociété générale des hommes. C'eft une exception à la régle.

Que les hommes feroient heureux , fi le fouvenir de leur origine avoit affez de force pour les rappeller aux devoirs d'humanité qui font inféparables de leur naiffance. Le flambeau de la guerre feroit éteint ; les haines & les violences difparoîtroient ; & fi les hommes fe difputoient, ce ne feroit que pour fe prévenir dans l'hofpitalité & dans les fecours que l'état foible de l'enfance , les infirmités de la vieilleffe , & les maladies (fruits amers de la défobéiffance du chef) qu'ils ont droit d'attendre de leurs femblables. Les paffions déréglées qui ont pris la place des vertus effentielles à la fociété , pour laquelle les hommes ont été faits , prouvent qu'il y a un grand changement depuis le jour de la création du prémier homme ; mais ne fçauroient les légitimer. Le plan de la Divine Providence n'a point varié ; l'homme a été fait pour la fociété , & la fociété n'eft autre chofe que les hommes repandus fur toute la face de la terre. Ils fe doivent mutuellement des fecours réciproques , pour s'encourager à la pratique de la vertu, & fe foulager dans leurs befoins & dans leurs infirmités.

C'eft dans cette vue & pour cet effet, que les productions de la terre ont été fi diverfifiées , & que ce qui croît dans un pays , ne fçauroit venir dans une autre , afin que les hommes , ne pouvant fe paffer les uns des autres , fe communiquaffent les fruits & les richeffes qui leur font particulieres , fuivant les portions de terre qu'ils habitent.

SECONDEMENT.

S'il y avoit une contrée où tous les tréfors de la terre fuffent raffemblés , où tous les arbres , toutes les plantes & toutes les herbes vinffent également bien , & où tous les animaux puffent fe nourrir & multiplier , le peuple qui habiteroit ce fortuné pays , fe croiroit difpenfé de communiquer avec les autres peuples qui ne pourroient lui être d'aucune utilité. Tous fes foins n'auroient pour objet que de fe féparer par des barrieres affurées de tout le refte du genre humain. Les autres hommes lui feroient entièrement étrangers , & peut être qu'une folle imagination , lui feroit croire qu'ils ne font pas de la même race , & qu'ils

Tom. II. I

ont une autre origine. Quand nous lifons certaines relations de nos
freres fauvages ou de ceux que la nature , pour humilier notre orgueilleufe curiofité , fait naître d'une autre couleur , quelle eft la premiere réflexion que nous faifons ? Ne penfons-nous pas qu'ils font d'une
efpéce différente , & qu'ils nous font inférieurs à tous égards ? Que feroit-ce donc de ce peuple ifolé de tous les autres, qui fe fuffiroit à
lui-même , fans avoir befoin d'emprunter aucun fecours étranger ? La
Sageffe Divine qui a voulu que tous les hommes s'aidaffent mutuellement , & fe regardaffent comme membres d'une même famille repandue dans toutes les parties de l'univers , n'a pas permis l'exiftence
d'une telle contrée. Les Chinois ont conftruit envain une muraille de
500 lieues de longueur , les Japonois ont auffi placé envain des fenti-
nelles autour de leur Ifle , pour empêcher toute communication avec
les étrangers. De pareilles précautions ne font que l'effet de la peur
ou de la tyrannie , & font de foibles barrieres pour arrêter des peuples nombreux & puiffans. Il y a même une efpéce d'injuftice de priver d'autres hommes , nos femblables , de ce qui nous eft fuperflu ,
& qui peut fervir par des échanges utiles à nous procurer les richeffes dont nous manquons , à moins que des raifons de prudence & de
fageffe , ne faffent interdire toute communication avec un peuple dont
les mœurs corrompues pourroient pervertir ceux qui n'en feroient point
féparés. C'eft par ce motif qu'il fut défendu aux Ifraëlites , de s'allier
avec les Nations idolâtres qui les environnoient , & même de les fréquenter. Que la vie de l'homme feroit miférable , s'il ne pouvoit faire
ufage que de ce que fournit fon village. Il ne pourroit manger que
quelques fruits groffiers , encore en manqueroit-il le plus fouvent. Il ne
pourroit point labourer la terre , ni faire aucune des opérations néceffaires à l'agriculture. Combien de piéces pour faire une charrue. Le
bois fe trouve peut-être dans le pays ; mais les cordes & le fer ne
viennent pas par-tout. La Suede nous fournit le fer ; la Ruffie le chanvre , (je dis la Suede & la Ruffie comme tout autre lieu.) Je travaille actuellement avec une lampe ; le fer vient d'Allemagne , le coton
du Levant , & l'huile de Provence. De quoi me ferviroit l'huile fans
mêche ? Et ma lampe qui eft très-commode me fait profiter avec agrément de l'huile & du coton , qui fans fon fecours ne m'auroient rendu
qu'un fervice médiocre. Qu'on parcoure tout ce qui entre dans l'ufage
de la vie , on fera furpris de trouver des productions des quatre parties du monde , pour une fomme fi modique , qu'on ne pourroit point
envoyer chercher dans la ville la plus voifine la denrée la plus commune pour le même prix.

T R O I S I E M E M E N T.

L'Amérique nous a été inconnue jufqu'à Chriftophle Colomb. Tous les tréfors & les fruits précieux de ce nouveau monde, nous ont été par conféquent inutiles pendant une longue fuite de fiécles, & réciproquement nous n'avons été d'aucun fecours aux habitans de nos Antipodes. Pourquoi, dira-t-on, fi tous les pays de la terre doivent fe communiquer le fuperflu de leur récolte, & fe fournir les uns les autres de ce qui croît particulièrement à chaque contrée, la Providence qui veut que les habitans du monde entier ne faffent qu'une feule fociété, a-t-elle laiffé ignorer pendant fi long-tems la route de cette quatrième partie du monde? La reponfe n'eft pas difficile. Dieu en créant l'homme & en le mettant en poffeffion de toutes les productions de la terre, ne lui a point donné la fcience infufe actuelle de toutes les propriétés des plantes, des fruits, des animaux, des minéraux, & même de la portion de terre qu'il cultive; il ne lui a point non plus tracé les routes les plus courtes pour faire le tour du globe, ni fourni des inftrumens pour mefurer & calculer la grandeur & la courfe des aftres qu'il a placés dans le firmament. Mais il la rendu capable de faire toutes ces chofes, en le rendant raifonnable; & c'eft en quoi la puiffance de fa grandeur éclate avec magnificence. Il a uni intimement au corps de l'homme une fubftance fpirituelle, immortelle, reffemblante en quelque manière à l'image de la Divinité, capable de concevoir, de raifonner, &c. de connoître & de choifir, d'extraire & de joindre les propriétés de plufieurs êtres pour en faire un tout utile & falutaire à la confervation de l'efpéce humaine. Que d'expériences faites depuis la naiffance du monde, pour parvenir aux merveilleufes découvertes dont nos peres n'ont fait que nous frayer le chemin! La raifon de l'homme eft le premier don de fon Créateur, & le bon ufage qu'il en fait eft un nouveau don qu'il n'accorde qu'à la reflexion & au travail, parce l'ame étant une puiffance active, doit continuellement être exercée & fe nourrir, pour ainfi dire, du raifonnement. Combien de plantes que nous méprifons & que nous foulons journellement fous nous pieds, qu'une étude plus conftante & plus ferieufe nous feroit eftimer & cultiver avec jaloufie, fi les propriétés nous en étoient connues? Cette reflexion fi fenfible aux plus petits génies me meneroit trop loin. Je reviens à l'Amérique, & je fuis plus que furpris que les fruits & les richeffes de cette quatrième partie du monde, ayent été pendant tant de fiécles, relativement à nos befoins, comme s'ils n'avoient jamais exifté, fur-tout depuis que les hommes s'étant multipliés, avoient inventé & perfectionné les Arts, & que la découverte de la Bouffole avoit donné de la hardieffe à notre navigation. Par cette invention notre marine étoit fortie de l'enfance, & rien ne l'empêchoit de faire le tour du globe. Elle ne rifquoit plus de s'égarer dans les voyages les plus lointains. La Bouffole fut un flambeau lumineux qui éclairoit tous fes pas, & la raffuroit contre tous les dangers. Comment donc a-t-il pu fe faire qu'aucun navire n'ait déterminé fa courfe vers cette partie du nouveau monde, dont les côtes sont si étendues ? Il paroit incroyable qu'un préjugé que le raisonnement auroit dû démontrer ridicule, si une idée fausse de religion ne l'avoit fait respecter, ait pu durer si long-tems, & que des personnes qui ont le bon sens en partage, se soient accordées à penser que la terre qu'ils voyoient ronde & qui ne pouvoit même avoir d'autre figure fut plate, & que passé un certain espace de mer, ce n'étoit qu'abîmes autant impénétrables qu'inconcevables ; d'ailleurs ce préjugé si absurde & qui a été pendant la suite de plusieurs siécles un obstacle invincible à la communication qu'il doit y avoir entre l'ancien & le nouveau continent, ne pouvoit faire impression que sur les Chrétiens, pourquoi donc les autres Nations qui ignoroient le motif de notre inaction, n'ont-elles pas poussé leur navigation jusques sur les côtes de l'Amérique ? Je ne puis en donner aucune raison. Des réflexions plus religieuses pourroient trouver ici leur place, sur les desseins incompréhensibles de l'Etre suprême, qui a laissé subsister un préjugé si funeste à tant de peuples qui ont peri sans la connoissance du Sauveur des hommes. Je laisse à la piété & à la religion, a suppléer à mon silence.

QUATRIEMEMENT.

Je prévois qu'on ne manquera pas de m'objecter qu'avant la découverte de l'Amérique nous ne manquions de rien de ce qui étoit absolument nécessaire à la vie ; par conséquent qu'il n'y avoit point de nécessité de pénétrer dans ces régions éloignées pour en rapporter les productions qui n'ont servi qu'à augmenter notre luxe & notre vanité. Ce raisonnement est faux. L'homme est fait pour jouir des biens de la terre, & sa raison doit l'empêcher d'en abuser. Oui, l'homme vivoit & pouvoit mener une vie heureuse & tranquille sans la possession du Mexique, du Perou, des Antilles, &c. mais il trouvera dans cette possession de nouveaux adoucissemens à ses miseres & de nouveaux motifs d'actions de graces envers le Souverain Dispensateur de tous biens. Je sçais que pour vivre, un homme n'a pas besoin de mettre à contribution tout l'Univers ; mais la société ne sçauroit s'en passer ; les goûts & les besoins varient à l'infini, & ce qui fait bien à l'un, seroit très-nuisible à l'autre ; il n'y a que l'excès & le désir immoderé dans l'usage des alimens & des vêtemens, qui soient vicieux, & à moins qu'une défense légitime ne suspende le droit que l'homme a de s'en servir, le titre d'usufruitier de tous les biens de la terre, lui assure la liberté du choix de tout ce qui lui paroit le plus utile & le plus convenable. L'homme peut non-seulement user des productions dont la terre recompense ses travaux ; mais il peut encore, par son industrie, les améliorer & les perfectionner. La raison, qui le distingue des animaux qui lui sont si inférieurs, lui a été donnée pour cet effet. Il cultive la

terre, & pour y réuffir il a inventé les outils néceffaires à cette opération. Il feme, & après avoir recueilli le bled, il le fait convertir en
farine, le paîtrit, & fait cuire la pâte pour avoir le pain dont il fe
nourrit. Si on confidére toutes les opérations qu'il a fallu faire pour
parvenir à avoir cette prémière nourriture, fi fimple & fi effentielle à
la vie de l'homme, combien d'inftrumens & d'outils n'a-t-il pas fallu
imaginer & effectuer, pour ne point travailler envain? Les étoffes les
plus communes, font la fuite d'un grand nombre d'autres opérations,
& plus ces étoffes font commodes & précieufes, plus la fageffe de l'Ouvrier excite notre admiration & nos louanges, & doit ranimer notre
reconnoiffance envers notre Créateur, qui nous a rendus capables d'employer fi utilement les talens qu'il nous a donnés. Il eft évident que
l'intention & le but de l'Etre Souverain, n'ont. pas été, en nous foumet-
tant la terre, que nous nous contentaffions d'en recueillir les fruits pour
nous en nourrir, & que nous nous couvriffions de peaux des animaux
fans aucune préparation; il a voulu que notre raifon nous fit difcerner
ce qui devoit être plus utile pour la nourriture & les vêtemens, &
que notre induftrie fçut en difpofer pour le plus grand avantage de la
fociété; il a voulu que les habitans d'un pays qui ne produiroit que
du bled, puffent en fournir à ceux d'un autre pays qui ne feroit bon
qu'à faire croître le chanvre, & que par des échanges ils s'aidaffent &
fe fecouruffent mutuellement. Par le bled & le chanvre, il faut entendre toutes les productions de la terre dont quelques-unes font naturelles à une contrée plutôt qu'à une autre. Ces échanges ne font autre chofe que le Commerce, dont l'origine eft auffi ancienne que les
prémiers établiffemens qu'ont fait les enfans d'Adam, qu'il eft dans
l'ordre de la providence, qu'il eft auffi jufte qu'il eft néceffaire, & que
fans lui les fociétés ne peuvent ni fe former, ni fe conferver. Le Commerce eft donc d'inftitution divine, puifqu'il entre dans le plan de la
Providence, qu'il doit fervir de lien entre tous les membres de la focieté, & que ce n'eft que par fon moyen que les hommes trouvent
les fecours dont ils ne peuvent fe paffer pour mener une vie plus douce
& plus exempte des miferes dont ils feroient accablés, s'ils devoient
fe fuffire à eux-mêmes, & n'ufer que de ce que chacun auroit recueilli
dans fon propre territoire fans aucune préparation de leur part pour
l'améliorer.

Je n'ignore pas qu'on pourra objecter que l'homme innocent avoit
le droit inconteftable de jouir de toutes les productions de la terre;
mais que par fa prévarication, il s'eft rendu indigne de cette jouiffance,
lui & toute fa poftérité. Cette objection n'eft pas exacte: la repoufe
eft facile. Dans l'état d'innocence, la terre auroit produit d'elle-même
fans culture & fans travail de la part des hommes, tout ce qui auroit
été néceffaire à leur fubfiftance & à leur entretien; c'étoit l'apanage
de fon exiftence. Depuis la chûte du chef, la terre ne produit plus

qu'à force de foins & de labours. Le pain que l'homme auroit trouvé fous fa main ne lui eft plus accordé qu'à la fueur de fon vifage ; mais il lui eft accordé, il a donc droit d'en ufer. Ce n'eft plus, j'en conviens, par juftice, c'eft par miféricorde, ce qui doit exciter en lui de continuelles actions de graces, & le tenir en crainte pour ne jamais en abufer.

CINQUIEMEMENT.

Les prémiers hommes ont été commerçans fans faire du commerce une profeffion particuliere. Les befoins attachés à la confervation de la vie, les ont réunis par troupes dans les campagnes les plus fertiles. Là logés prémièrement dans des cabanes, chacun a fait valoir fon induftrie. Le Laboureur a emprunté le fecours du Forgeron & du Charron, & a compenfé par une portion de fa recolte, le prix de ce qu'il avoit reçu ; le Berger a échangé la laine de fes troupeaux avec les denrées dont il ne pouvoit fe paffer, & mutuellement tous les habitans fe font aidés & fecourus chacun en faifant ufage de fes talens, & en fuivant l'inclination qui le portoit plutôt pour un travail, que pour un autre. J'eftime que cette maniere de vivre, étoit un commerce continuel qui a changé dans la fuite des tems dans la forme, mais qui fera toujours infeparable de la condition des hommes réunis dans un lieu quelconque pour y vivre enfemble ; car aujourd'hui ceux qui par des préjugés auffi funeftes que ridicules, fe font imaginés qu'il y avoit de la honte à commercer, font malgré la condamnation qu'ils en font, commerçans de la derniere claffe. Le commerce réfide effentiellement dans la vente & dans l'achat des denrées & autres marchandifes devenues néceffaires par ufage aux mœurs de chaque fiécle. Or depuis le Prince jufqu'au foldat, tous vendent & achetent. Ils vendent les fruits de leurs terres, s'ils les font valoir par eux-mêmes ou s'ils afferment leurs Domaines, & du produit ils en achetent ou font acheter ce qui leur eft néceffaire pour fe procurer les commodités de la vie. Ils ont beau protefter qu'ils n'entteprendront jamais aucune efpéce de commerce, leurs actions démentent leurs prétentions ; ils font commerçans dès qu'ils vendent & qu'ils achetent, & le commerce qu'ils méprifent fi publiquement avec un dedain affecté, eft infeparable de la condition de tout homme dans quelque état de dignité qu'il foit élevé. Bien plus : le Gentilhomme chaffeur & qui ne vit que de fon adreffe dans cet exercice, n'eft qu'un marchand de gibier. Je ne fuis entré dans ce détail, que pour relever le Commerce de l'aviliffement dans lequel l'ignorance & la vanité de quelques Nations barbares ont voulu l'enfevelir, en faire connoître l'importance & la protection qu'il mérite fi juftement, puifqu'il eft exercé même par ceux qui le condamnent, & qu'il peut feul conferver les fociétés, rendre la vie douce & agréable, & vivifier les actions de tous les hommes.

SIXIEMEMENT.

A mesure que les hommes se multiplierent, & que le nombre des sociétés augmenta, les arts & les métiers se perfectionnerent, & par conséquent le Commerce devint plus étendu. Plusieurs sociétés réunies formerent les Villes, plusieurs villes les Provinces, & plusieurs Provinces les Royaumes. Si l'esprit de domination & de conquête n'avoit point fait oublier les sentimens d'union & d'amitié qui doivent lier tous les hommes, plus les sociétés auroient été nombreuses, plus elles auroient trouvé dans leur réunion les secours que chacun doit attendre de son semblable; & au lieu de porter le ravage & la désolation dans les campagnes, répandre inhumainement le sang de leurs propres freres, les hommes ne se seroient occupés qu'à perfectionner les moyens de soulager leurs miseres, & à vivre heureux dans une paix parfaite. Mais la cupidité & l'injustice ayant pris la place des vertus de nos prémiers parens, la nécessité de veiller à sa propre conservation & de défendre ses héritages, a armé les citoyens de l'Univers les uns contre les autres. La fureur inventa l'art funeste de la guerre, & les sociétés les plus belliqueuses & les plus cruelles subjuguerent ou détruisirent les plus foibles. L'esclavage fut le partage des vaincus, & cet état si humiliant pour l'humanité, devint si commun, qu'il ne parut plus extraordinaire. Les plus vastes Empires ne doivent leurs établissemens qu'à des brigandages, & se sont ensuite détruits les uns par les autres. C'est ainsi que l'Arbitre Souverain de toutes choses, a jugé juste de les punir de leurs injustes passions, pour avoir abandonné les voyes de la justice & de la charité, dans lesquelles il avoit créé le prémier homme. On conçoit que dans les horreurs de ces guerres cruelles, le Commerce perdit beaucoup de sa liberté, & que les échanges pouvoient à peine se faire dans les lieux voisins. Ce ne fut que dans le calme de la paix que le transport des denrées & des marchandises ne trouvant plus d'obstacles, facilita les échanges des deux extrêmités d'un Empire.

SEPTIEMEMENT.

Les échanges étoient sujets à trop d'inconveniens, pour que le Commerce pût jamais devenir florissant, tant que les entraves qui l'enchaînoient ne seroient point brisées. On imagina d'établir une mesure commune de toutes sortes de richesses. On choisit à cet effet les métaux, en fixant une valeur intrinséque à chacun, suivant son dégré de bonté & sa rareté. L'or, l'argent, le cuivre, le fer, &c. furent les équivalens de toutes sortes de denrées & de marchandises. Dès-lors on ne fut plus nécessité de se charger que des quantités de chaque espéce de denrées dont on avoit besoin, au lieu qu'auparavant il falloit nécessairement en recevoir proportionnellement à la valeur de l'échange proposé. Le cultivateur vendit le fruit de ses recoltes, & l'artisan les ouvrages de son industrie argent comptant, & ces métaux métamorphosés par le Commerce, devinrent tout ce qu'on voulut. Cette invention trouvée, le Commerce sortit de son enfance, & les besoins de l'homme furent soulagés sans obstacles. La police des Nations changea de forme, & la facilité de faire des achats considérables avec de l'or ou de l'argent, fit faire des entreprises dans les Provinces les plus éloignées pour faire passer les denrées qui y étoient trop abondantes dans d'autres pays où la disette les rendoit précieuses & d'un prix bien supérieur à celui du prémier achat. Les particuliers s'estimerent heureux de trouver à leur volonté les marchandises qu'ils ne pouvoient avoir auparavant qu'à force de soins & de dépenses exhorbitantes. Chacun y trouva son avantage ; l'Entrepreneur, par le bénéfice que ce Commerce lui procuroit, & l'Acheteur par la satisfaction de se pourvoir à bon marché de ce qui lui paroissoit nécessaire à l'usage de sa famille. C'est ainsi que l'état de Commerçant, de commun & général qu'il étoit primitivement, fut reduit à un certain nombre de personnes qui en firent leur unique occupation.

HUITIEMEMENT.

Ces Commerçans par état, animés par l'appas du gain, porterent leurs vûes intéressées dans toutes les branches d'industrie qui pourroient leur rapporter du benéfice. Rien ne fut négligé ; toutes les productions de la terre, furent recherchées, & les arts & les manufactures encouragés par une consommation assurée, se multiplierent & se perfectionnerent. L'industrie, fille du Commerce, parut avec majesté d'un pole à l'autre, & le Commerçant sçut par ses soins & son application, faire venir des extrêmités de la terre, des denrées & des richesses faites pour l'usage de l'homme dont la connoissance ne seroit point parvenue jusqu'à nous, sans le secours du Commerce. Bien loin donc que l'état du Commerçant fut un objet de mépris & de honte dans ces siécles reculés où l'innocence des mœurs n'étoit pas encore entierement corrompue, nous apprenons par la plus ancienne des Histoires, dont la vérité sera à jamais incontestable, que les Rois étoient Commerçans eux-mêmes, pour avoir le moyen de soulager la misere de leurs peuples. Personne n'ignore que dans l'achat & la distribution des bleds de l'Egypte, la Sagesse de JOSEPH brilla avec cet éclat qui méritera l'admiration & les louanges des races futures. Le Commerce devint en peu de tems si considérable dans toutes les parties du monde, que les Souverains le regarderent comme la base du gouvernement, & une des causes principales de la félicité des peuples. Dans ce point de vûe, & pour donner la préférence à l'industrie & aux denrées nationales, chaque Royaume fit

des

des Réglemens de Commerce, principalement pour celui qu'on peut faire avec l'étranger, & de là font venues l'impofition fur les denrées & marchandifes venant des pays étrangers ou y allant, la prohibition de quelques-unes, & la franchife accordée à quelques autres, fuivant l'intérêt particulier qui en refultoit pour la Nation qui faifoit ces Réglemens.

NEUVIEMEMENT.

Les frais de tranfport par terre dans des tems où les routes n'étoient point encore bien établies & où les conducteurs des marchandifes ne trouvoient que rarement des aziles pour fe remifer pendant la nuit, rendoient les denrées des régions trop éloignées extrêmement cheres ; & quoique ce fut un bien d'en avoir la jouiffance même à un haut prix, & que les drogues fur-tout fi néceffaires pour la guérifon des malades ne puiffent être achetées trop cher, quand elles font véritables & propres à l'ufage auquel le Créateur les a deftinées, la multitude étoit dans l'impoffibilité de partager tous ces avantages qui ne fembloient être refervés que pour les riches. L'humanité toujours ingénieufe, quand il s'agit d'adoucir les miferes, trouva dans la navigation le reméde à tous les obftacles inféparables de la voiture. Chemin abregé, les marchandifes confervées fans altération, & la dépenfe fi diminuée, que le tranfport d'un cent pefant coutoit moins pour 500 lieues de trajet par mer, que pour 20 lieues par terre. De fi grands avantages déterminerent un grand nombre de fociétés à fe raffembler le long des rivieres & fur le bord de la mer, & d'y bâtir des Villes. L'émulation concourut avec l'induftrie pour inventer des Navires pour toutes fortes de voyages. La marine prit une nouvelle forme, & à force d'expériences, elle a acquis la perfection qui nous ravit d'étonnement, quand nous examinons attentivement la conftruction, la folidité, les mats & les cordages du plus petit Navire ; c'eft encore un fruit du Commerce ; c'eft lui qui a enfanté la marine, & par reconnoiffance la marine doit protéger & défendre le Commerce. Les prémiers voyages fur une mer courroucée, firent fremir les plus intrépides. L'invention de la Bouffole a raffuré les plus timides, & la navigation eft devenue une occupation & un amufement pour prefque tous les habitans des côtes maritimes.

DIXIEMEMENT.

L'utilité de la navigation fut reconnue fi intéreffante pour tout Etat dont les terres font baignées des eaux de la mer, foit par la pêche qui en eft une fuite, foit par les autres richeffes dont elle dépouille les peuples qu'elle met à contribution pour les frais de tranfport des denrées & des marchandifes qu'ils reçoivent, foit enfin par le courage

qu'elle infpire à ceux qui s'en occupent & par la vigueur qu'ils acquiè-
rent dans cet exercice, que la feule navigation a formé des puiffances
redoutables. C'eft par elle que Tyr & Sydon fe font emparées de la
domination de la mer, que Carthage a difputé à Rome l'Empire du
monde &c. que Venife, les Provinces-Unies & les Ifles Britanniques,
ont étalé avec tant de fafte leurs projets d'ambition & de conquêtes.
Les Empires les plus puiffans, dont les armées formidables tenoient
dans la crainte les Nations les plus aguerries, furent obligées de tourner leurs vûes du côté de la navigation, non-feulement par l'utilité
qui en étoit toujours le fruit, mais encore par la néceffité de leur
propre défenfe, pour empêcher ou repouffer les hoftilités & les ravages de l'ennemi dans leurs Provinces maritimes. Ainfi la navigation qui
dans fon origine, n'avoit été inventée que pour procurer plus facilement
aux hommes les fecours qu'ils doivent attendre les uns des autres, eft
devenue une caufe de deftruction. Il y a même aujourd'hui une néceffité indifpenfable à tout gouvernement bien policé, d'avoir une marine
proportionnée à celle des Royaumes avec lefquels il peut avoir des dif-
cuffions & contre lefquels il doit fe tenir en garde. Cette marine doit
être uniquement deftinée pour la défenfe & pour la protection du Commerce qui a fa marine marchande, qui feule dans la pofition actuelle &
de la maniere dont toutes les fociétés de l'Univers font adminiftrées,
peut faire fleurir l'induftrie, procurer l'abondance & caufer la félicité
des peuples.

ONZIEMEMENT.

La hardieffe de quelques Navigateurs, & peut-être l'effet d'une tempête, déterminerent la courfe de quelques Navires vers des terres inconnues. Les relations merveilleufes qui en furent publiées, parurent des
hiftoires faites à plaifir pour amufer & divertir. On a vû au commencement de cet Ouvrage, l'ufage que Chriftophle Colomb & Vefpuce-
Americ en fçurent faire, & les fuites heureufes de leurs prémieres découvertes. Ce fut l'époque de la naiffance de cet immenfe Commerce
que la communication réciproque de l'ancien & du nouveau Monde a
répandu dans tout l'Univers. Chaque Gouvernement fit des efforts pour
fe mettre en poffeffion de ces nouvelles terres, comme d'un terrein
vaquant qu'il fuffifoit d'avoir vû pour en avoir le titre de propriété.
J'en ai affez dit ailleurs: je ne me repeterai point. On a vû les conquêtes de l'Efpagne, du Portugal, de la France, de l'Angleterre, de
la Hollande, &c. & les prétentions refpectives des uns contre les autres. Tout eft reglé aujourd'hui, & le droit de poffeffion a été confirmé
& cimenté par des traités autentiques. Il ne refte qu'à examiner fi ces
nouvelles poffeffions nous font véritablement utiles, & fi les avantages
que nous nous fommes propofés d'en retirer font réels & ne pourroient

point être augmentés. J'écris pour ma patrie & particulièrement pour mes concitoyens. Dans cette vûe, je ne parlerai que des productions de nos Colonies.

D O U Z I E M E M E N T.

Une Colonie pour être véritablement utile à la Métropole qui l'a fondée, doit en être entierement dépendante, & n'agir que par ses ordres, relativement à ses besoins. Il faut que les denrées, ou les marchandises qui seront envoyées à la Colonie, ne soient que le superflu de celles que la Métropole ne pourra point consommer, & que les denrées ou les marchandises que ladite Colonie pourra fournir à la Métropole, ne puissent en aucune maniere nuire à la culture de ses terres & à l'industrie de ses habitans. Heureusement les établissemens que la France a faits dans les Antilles, n'ont aucun des vices qui les rendroient dangereux, & les denrées ou les marchandises qui en proviennent, ne peuvent point croître en France. La dépendance fait la gloire des Colons, & les loix du Royaume y sont respectées à un point que tout soupçon de revolte seroit l'injure la plus atroce qu'on pourroit faire contre ces Insulaires. Le sol des Isles Antilles, d'une fécondité admirable, semble créé pour produire tout avec abondance, à l'exception de ce qui croît dans les terres de France; de sorte que si nous avions eu le pouvoir de créer des Isles pour y envoyer des Colonies, nous n'aurions pas pû les faire d'une nature différente, si nous avions eu en vûe un Commerce reciproque, & que l'avantage des échanges fut pour nous. Nos Colonies consomment le superflu de nos denrées & des ouvrages de notre industrie dans tous les genres. Nos Laboureurs, nos Vignerons & nos Artisans ne travaillent plus en vain depuis que le Commerce des Isles fleurit dans toutes les Provinces du Royaume; ils sont assurés de les employer eux-mêmes, si elles ne sont pas abondantes & s'ils sont assez heureux pour avoir de bonnes recoltes, le restant est embarqué pour nos Colonies. De l'autre côté, ce qui nous vient des Isles Françoises de l'Amérique, ou sert à nos manufactures, comme l'indigo, le rocou, le coton, le carret & les bois de teinture, ou à la médecine, comme le canefice & les autres drogueries, ou à la nourriture comme le sucre, le cacao, le caffé, le gingembre, &c. Nous recevons en abondance & à un prix médiocre toutes ces denrées & ces marchandises, en échange du produit de nos recoltes ou de nos manufactures, tandis qu'avant nos établissemens dans lesdites Isles, il falloit faire sortir du Royaume des sommes considérables pour en faire venir quelques unes des Indes Orientales; mais ce qui est encore bien plus avantageux pour la France, c'est l'emploi que nous en faisons dans les pays étrangers.

K ij

TREIZIEMEMENT.

Ce que nous confommons en France nous eft utile par le nouveau luftre qu'en reçoivent nos manufactures , & par les commodités & les agrémens que notre maniere de vivre y trouve. Cette utilité cependant feroit bien bornée , fi fes effets ne s'étendoient pas plus loin. Combien d'avantages plus effentiels pour toute la Nation découlent d'une fource fi feconde ? Je n'ai rien négligé pour en faire fentir l'importance dans le cours de cet ouvrage ; mais les principaux avantages font , felon moi, l'entretien d'une marine confidérable , l'activité dans toutes les profeffions du Royaume & un bénéfice affuré avec l'étranger.

QUATORZIEMEMENT.

Les Ifles Antilles font fi éloignées du Royaume de France , que ce grand éloignement exige néceffairement un grand nombre de Navires pour le tranfport des denrées qui font indifpenfables pour la fubfiftance des habitans. Ces Navires doivent être affez gros pour réfifter à une navigation fi longue & contenir une plus grande quantité de marchandifes ; & quoique cinq mois puiffent fuffire abfolument pour un voyage , il eft rare qu'un Navire foit de retour avant le dixième mois , à caufe du féjour qu'il faut faire dans le pays , pour la vente de la cargaifon ; de forte qu'en ajoutant le tems néceffaire pour préparer en France lefdits Navires ou pour les charger , une année fuffit à peine pour chaque voyage ; d'où il eft naturel de conclurre , pour peu que nos Colonies foient peuplées , à caufe de leur entiere dépendance de la France pour la fubfiftance , que le nombre de Navires eft très-confidérable. Tant de Navires conftruits dans le Royaume font la caufe d'une première richeffe repartie parmi les Sujets de l'Etat. Emploi du bois , du fer , du chanvre ; induftrie récompenfée pour la fabrication de toutes ces matieres prémières ; le Forgeron , le Conftructeur , le Poulieur , le Calfat , le Tifferan , le Peintre , &c. y trouvent une occupation louable & le falaire de leur travail. Nouvel avantage : Emploi des hommes néceffaires pour la manœuvre defdits Navires , gens domiciliés le long des côtes & peu propres à un autre genre d'induftrie. Cette occupation eft d'autant plus profitable à toute la fociété , que les Matelots , outre qu'ils font l'ame de la Navigation , deviennent pêcheurs par état , & perfonne n'ignore que le poiffon eft néceffaire pour la vie de l'homme , principalement dans la Religion Catholique. Cette nourriture , outre qu'elle fupplée à la chair des animaux , eft plus falutaire & plus agréable à un grand nombre. La population , fource ineftimable de la véritable puiffance de toute fociété , eft une fuite infaillible de l'occupation , les hommes fe multipliant en proportion de leurs moyens de fubfiftance.

QUINZIEMEMENT.

Les befoins que nos Colonies ont de la Métropole pour mener une vie aifée, varient à l'infini & font un encouragement pour la culture des terres & pour l'induftrie de tous les arts & métiers. On a vu par les états des cargaifons, la quantité étonnante de toutes fortes de marchandifes & de denrées qui font chargées pour la confommation des habitans de nos Colonies. Cette nouvelle valeur que l'induftrie ajoute aux matières qui fortent de fes mains, fera à jamais la plus folide des richeffes. C'eft une efpéce de création qui honnore & recompenfe fon auteur. Nos Ifles, fertiles d'une maniere prodigieufe, ne fçauroient produire les chofes les plus communes à l'ufage de la vie, telle que nous la menons en France. Les habitans defdites Ifles font des François; d'où il fuit qu'ils fe pafferont difficilement de nos denrées. Ainfi tant que les fages Réglemens qui prohibent le Commerce des étrangers dans nos Colonies fubfifteront, nous fommes affurés de la confommation de notre fuperflu; d'où il réfulte encore que ladite confommation croîtra à proportion de la population dans lefdites Ifles. Il eft donc effentiel au bonheur de la France de favorifer les établiffemens dans lefdites Colonies, d'encourager par toutes fortes de moyens l'exportation de notre fuperflu, & de ne permettre jamais qu'il s'y établiffe des manufactures, pour entretenir leur dépendance à la Métropole.

SEIZIEMEMENT.

Si la France confommoit toutes les denrées & les marchandifes qui nous font apportées des Colonies Françoifes, l'avantage feroit bien petit. Nous aurions échangé des denrées avec d'autres denrées. La circulation auroit été plus active & plus générale, & par cette circulation, un plus grand nombre d'hommes auroit trouvé des moyens pour fubfifter; mais voilà tout. Le Gouvernement a des vues plus importantes. Il fçait que toute fociété qui commerce avec l'étranger, doit augmenter la maffe de fes richeffes, & que ce n'eft qu'en vendant plus de marchandifes à l'étranger qu'on n'y en achete, qu'on peut parvenir à le conftituer débiteur & à le rendre tributaire. Si donc nous confommions tout le produit de nos Colonies, ce Commerce nous feroit inutile, relativement aux pays étrangers. On a déja vu par les états d'entrée & de fortie les quantités de marchandifes de l'Amérique qui étoient confommées dans le Royaume ou qui paffoient à l'étranger telles qu'elles étoient apportées en France, & combien l'objet en étoit confidérable. Mais fi on examine avec des yeux patriotiques la quantité de celles demeurées en France, & qui n'y ont, pour ainfi dire, féjourné que pour recevoir une nouvelle valeur & être enfuite exportées à l'étranger, on ne fçauroit trop apprécier la poffeffion de nos Colonies. Il eft certain que l'Italie, l'Efpagne, le Levant, &c. qui confomment nos fucres, nos caffés, nos indigos, &c. font par-là même nos tributaires, & payent les frais de nos armemens pour les Ifles. Dans le vrai, ces différentes Nations confomment le fuperflu de nos vins, de notre huile & de toutes les productions de notre induftrie. Ils entretiennent nos Matelots, & foudoyent notre Marine marchande, puifqu'elles payent la valeur du produit de tous ces effets. C'eft donc pour le Levant, l'Italie, l'Efpagne, &c. que nous compofons les cargaifons deftinées pour nos Ifles de l'Amérique, & ce qui eft encore bien plus avantageux, c'eft que le bénéfice fe multiplie dans la route. Le Laboureur, l'Artifan, l'Infulaire, l'Armateur, le Naviguant, &c. tous y gagnent & y trouvent un moyen de fubfiftance, & par-là peuvent contribuer, chacun fuivant fon travail, aux impofitions du Royaume; d'où je conclus que le Commerce de nos Colonies Françoifes, vaut plus à France, que les mines du Pérou qui s'épuifent, tandis que notre activité feule fuffit pour multiplier nos richeffes.

DIX-SEPTIEMEMENT.

On conçoit le gain que nous faifons avec l'étranger, en lui faifant confommer les retraits de nos Ifles, & combien la maffe de nos richeffes groffira chaque année, fi nous fçavons nous paffer des productions étrangeres, ou du moins fi l'importation que nous en ferons eft inferieure à notre exportation, afin que nous reftions toujours créanciers. Ce gain dépend du progrès de notre Commerce aux Ifles de l'Amérique, & de la faveur qui fera accordée à l'exportation de nos marchandifes. Il peut même devenir plus confidérable, & s'accroître en raifon de notre induftrie. Nous gagnons dans la vente que nous faifons de nos cotons en laine & de nos fucres terrés dans les pays étrangers; mais quelle augmentation dans notre bénéfice, fi au lieu de faire confommer par l'étranger nos cotons en laine & nos fucres terrés, nous pouvions parvenir à exporter les mêmes quantités de toiles & d'étoffes de coton & de fucre rafiné? La main d'œuvre Françoife, ajouteroit bénéfice fur bénéfice, & le calcul des profits n'auroit plus de terme. Les fages Réglemens qui ont été faits pour l'entrée des cotons en laine & pour la fortie des toiles de cotons, concourent pour la réuffite d'une entreprife fi falutaire à toute la Nation. Nos raffineries de fucre ont auffi reçu des encouragemens & des faveurs particulières. J'ai démontré par le détail dans lequel je fuis entré, que le Gouvernement ne néglige aucun moyen de les augmenter, & j'efpere que par de nouvelles faveurs, cette branche de notre induftrie, recevra l'accroiffement qu'on cherche à lui procurer depuis long-tems. Il eft certain que fi nous recevions une plus grande quantité de fucre brut, la diminution du travail qu'il faut faire dans les Isles pour le terrer, contribueroit au défrichement & à la culture de nouvelles terres, qu'il faudroit un plus grand nombre de Navires pour l'importer en France, & que nos raffineries se multipliant, à cause de l'abondance de la matiere prémière, les Ouvriers augmenteroient en proportion. On sent la conséquence de ce raisonnement que l'Angleterre a sçu mettre à profit. Serions-nous moins sages que nos anciens ennemis, & rougirions-nous de les imiter, lorsque leur exemple nous paroîtra avantageux pour le progrès de notre Commerce & de notre industrie ?

DIX-HUITIEMEMENT.

On vient de voir qu'une société ne peut augmenter la masse de ses richesses, qu'autant que dans son Commerce avec l'étranger, elle fera consommer par ce même étranger plus de ses denrées & de ses marchandises, qu'elle n'en consommera de celles dudit étranger, & que toute la science dans les opérations du Commerce, consiste à être créancier & jamais débiteur. Il est donc essentiel d'examiner sérieusement qu'elles sont les denrées & les marchandises que nous tirons de l'étranger, & que nos usages nous ont rendues nécessaires; car de prohiber une denrée que l'habitude nous fait cherir & que nous ne pouvons point remplacer par notre culture, ce seroit faire des coupables ou leur rendre la vie dure. Or les épiceries & les drogueries des Indes Orientales sont dans cette classe. Elles nous sont devenues indispensablement nécessaires, & tous les plus beaux raisonnemens ne seront jamais un reméde à ce mal, qui ne peut être guéri que par d'autres épiceries & d'autres drogueries. On peut en moderer l'usage par de fortes impositions, encore est-il à craindre que la fraude ne s'oppose au bien qu'on aura voulu établir, & ne le détruise même par les malheurs qui en sont la suite inséparable. L'exemple de nos plantations du caffé dans nos établissemens des Isles Antilles, le progrès de cette culture, les richesses provenues d'une si hardie & si heureuse entreprise, ne devroit-il pas nous encourager à faire de nouvelles tentatives ?

DIX-NEUVIEMEMENT.

Les Isles Françoises de l'Amérique, sont situées dans un climat égal à la presqu'Isle de l'Inde vers le Cap de Comorin, & notre Isle de la Guadeloupe n'est pas plus éloignée de l'Equateur, que l'Isle de Ceilan dans l'autre hémisphere du globe. Nous sçavons par expérience que la fertilité de nos terres est merveilleuse, & que sans beaucoup de soins chaque année fournit deux récoltes abondantes. Que risque-t-on donc d'essayer si la canelle, le girofle & les autres épiceries des

Indes Orientales, ne pourroient pas y réuffir auffi bien que le caffé La Hollande ne fçauroit nous empêcher de fatisfaire notre curiofité, & quand elle mettroit une fentinelle à chaque plante, une recompenfe proportionnée à l'envie d'avoir de graines & même de plantes, nous en procurera autant que nous en aurons befoin. Je connois des curieux en jardinage qui ont fait venir de la terre de l'Amérique pour éprouver fi par ce moyen les plantes du Nouveau Monde ne réuffiroient point en France ; pourquoi ne fe trouvera-t-il pas quelque zélé patriote, aujourd'hui que tant de François fe font gloire de l'être, qui confacre fes foins & le fuperflu de fes richeffes, pour tenter une culture dont la réuffite, en faifant jouir fa Nation d'un tréfor intariffable, le combleroit d'honneur & de gloire ? Je ne puis qu'exhorter pour une entreprife fi importante. Je le fais du meilleur de mon cœur, & je défirerois d'être en état d'exécuter ce que je recommande. Quelques relations des productions de la Martinique, font mention d'un arbre de cannelle. Je ne fçaurois affez faire connoître combien je fouhaite que ce fait fe trouve véritable. Quand il feroit faux, on ne l'a pas crû impoffible, puifqu'on l'a rapporté, & cette poffibilité me fait plaifir.

VINGTIEMEMENT.

Je m'apperçois que ces Reflexions me menent plus loin que je ne me propofois. Je m'arrête, afin de laiffer à mes Lecteurs le plaifir de faire eux-mêmes des obfervations qui n'échaperont pas à leurs connoiffances, à leur amour de la patrie & à leur fentimens de Religion. Je me tais : je cherche à être utile, & je ferois faché d'ennuyer.

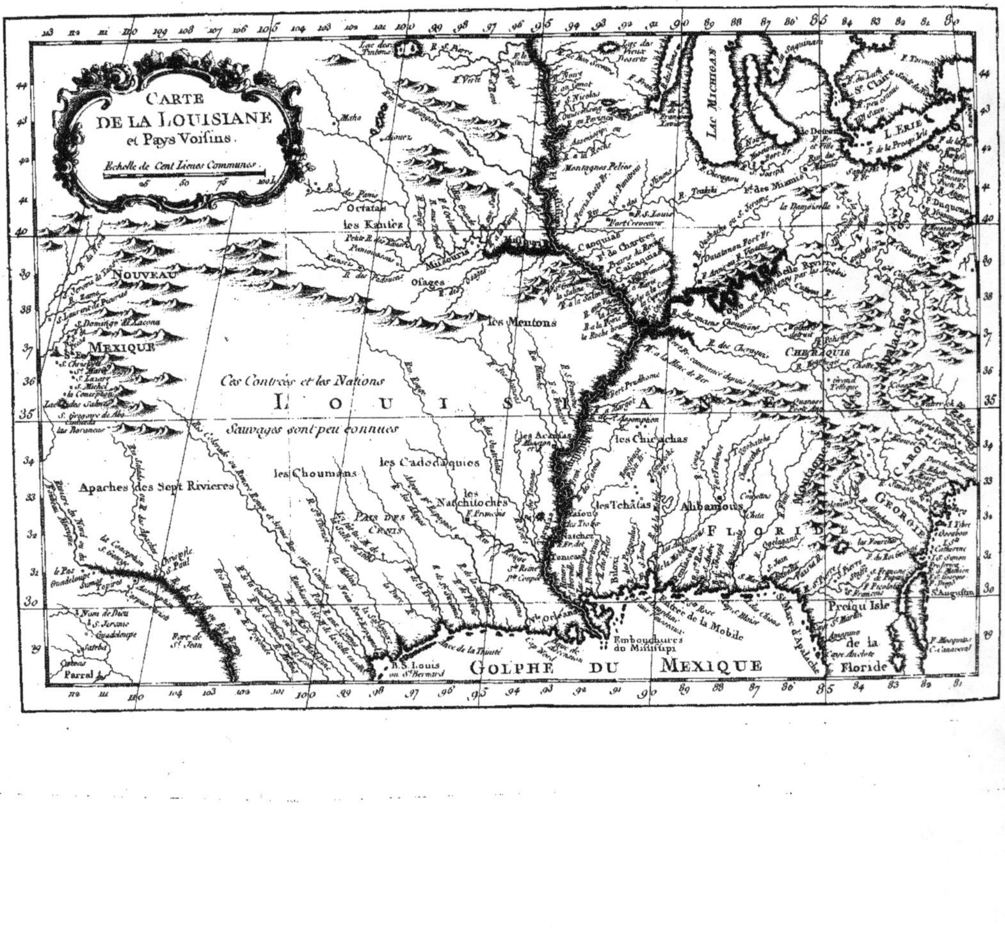

NOUVEAU

MEXIQUE

Ces Contrées et les Nations

L O U I S I A N E

Sauvages sont peu connues

Apaches des Sept Rivieres

les Choumans

les Cadodaquios

les Natchitoches

Pays des Cenis

les Kanfez

Ofages

les Mentons

Lac des Puans

Lac Michigan

L. ERIE

les Tchatas

Alibamous

FLORIDE

GEORGIE

les Akanfas

les Cherachas

CAROLINE

Embouchures
de la Mobile

Embouchures
du Mississipi

Presqu'Isle
de la
Floride

B. S. Louis
ou S. Bernard

GOLPHE   DU   MEXIQUE

Parral

COMMERCE

DE LA

LOUISIANE.

LES priviléges & les encouragemens accordés au Commerce de la Louifiane, font pour la plupart renfermés dans les Réglemens que le Commerce du Canada a occafionnés ; de forte qu'il eft difficile de les rappeller ici, fans renouveller le fouvenir de la ceffion que la France en a fait à l'Angleterre dans les Articles préliminaires fignés à Fontainebleau le 3 Novembre 1762, ratifiés le 22 & confirmés par le Traité de Paix entre la France, l'Angleterre & le Portugal, du 10 Février 1763. Cette ceffion me fait fupprimer les obfervations que j'avois fait fur l'accroiffement du Commerce de Canada, dans la vûe d'encourager mes concitoyens pour former des établiffemens qui ne pouvoient que leur être avantageux. Ces obfervations nous feroient aujourd'hui inutiles, & ne ferviroient qu'à augmenter nos regrets ; il fembleroit même que je veux donner un nouveau prix à ce que l'amour de la paix nous a fait ceder : mais confidérant que je ne fçaurois expliquer le Commerce de la Louifiane, fans rapporter les Reglemens faits pour le Canada, j'ai crû qu'il étoit convenable dans cette néceffité de prévenir mes Lecteurs, qu'ils ne devoient en faire l'application qu'au Commerce de la Louifiane & non pas à celui du Canada qui ne nous appartient plus. Confidérant encore que quelques-uns de ces Réglemens, fuppofent la connoiffance des Colonies pour lefquelles ils ont été rendus, & que la Louifiane nous eft devenue d'autant plus précieufe, que c'eft le feul refte de nos amples poffeffions dans ces vaftes contrées, j'ai cru auffi qu'il nous importoit de ne point ignorer comment nous avions réuffi dans nos prémiers établiffemens. Il m'eft cependant impoffible de parler de la Louifiane, fans faire une hiftoire abregée de nos découvertes dans le Canada, le Commerce dans ces deux pays ayant été regardé le même, & ayant joui des mêmes faveurs. Les réglemens concer-

Tom. II. L

LOUISIANE. nant le Canada, malgré la ceſſion qui en a été faite, ont conſervé toute leur force pour la Louiſiane; il y a donc néceſſité d'en faire ici mention. Je ne rapporterai que les Réglemens qui m'ont paru intéreſſer notre Commerce de la Louiſiane; car pour tous ceux qui n'auront pas une liaiſon eſſentielle avec ce dernier commerce, ils ne ſeront pas même cités. Si donc je parle du Canada, je n'en dirai que ce qu'il faut pour introduire mes Lecteurs dans la Louiſiane. C'eſt le but que je me propoſe.

Le Canada, autrement la nouvelle France, a plus de 900 lieues d'étendue, du Sud Oueſt au Nord Eſt. Il eſt ſitué entre les 267 & 330 dégrès de longitude, & entre les 25 & 53 de latitude ſeptentrionale. Le nom de Canada qui appartenoit à un petit pays le long du Fleuve St. Laurens, a été donné à toute cette vaſte contrée de l'Amérique ſeptentrionale, & les habitans, quoique diſtingués parmi eux par des noms très oppoſés, ne ſont connus en France que par celui de Canadiens. J'ai rapporté, en parlant de la découverte du Nouveau Monde, comment des Pêcheurs François, ayant été aſſaillis d'une affreuſe tempête, furent déroutés & jettés ſur ces terres inconnues juſqu'alors. Les progrès des nouvelles découvertes qu'y fit en 1508 le Capitaine Thomas Aubert de Dieppe, & la poſſeſſion que Jean Verrazzau Florentin, prit de tout ce pays en 1525, au nom du Roi de France FRANÇOIS I. qui l'avoit envoyé chercher un paſſage par le Nord dans la mer du Sud, ſont des faits inconteſtables, & que peu de perſonnes ignorent. Les vivres lui ayant manqué, il aborda les prémières terres qu'il put reconnoître, & la Providence que le vulgaire ignorant appelle hazard, le conduiſit au Canada. Il en prit de nouveau poſſeſſion, & lui donna le nom de Nouvelle France, nom qui lui a toujours été conſervé, & dont la ſeule prononciation manifeſte à qui la véritable poſſeſſion appartenoit. La férocité des habitans nous enleva ce grand homme, qui devint la nourriture de ces Antropophages. Jacques Cartier de St. Malo, fut nommé pour le remplacer, & fit divers établiſſemens dans le pays en 1539. Tous ces établiſſemens renouvellés de tems en tems, n'acquirent une véritable conſidération qu'en 1604. Cette année doit ſervir d'époque à notre Commerce du Canada, les années qui l'ont précédée ayant été employées à la découverte d'un pays ſi étendu & à s'y fortifier. Ce n'a été que dans la ſuite qu'on parvint à apprivoiſer ces Nations Barbares, & à échanger leurs marchandiſes avec les notres. Vers l'année 1660, quelques Voyageurs curieux avancerent vers la partie occidentale, pour s'illuſtrer par quelque nouvelle découverte. Les difficultés qu'ils rencontrerent, furent plus fortes que leur zèle. Ce ne fut qu'en 1673, que Jolliet, plus hardi que ſes devanciers, pénétra dans la rivière de Miſſiſſipi, en deſcendant par celle des Ouiſcoeſing, & découvrit une partie du pays qui fut nommé enſuite Louiſiane. Trois ans après, Robert Cavalier de la Salle, gouverneur du Fort de Frontenac, encouragé par la relation que Jolliet avoit donnée de son voyage, voulut s'illustrer en faisant quelque établissement utile à sa patrie dans un pays inconnu. Pour cet effet, il prit la résolution de voyager; il pouvoit le faire plus facilement qu'un autre, & se procurer les secours nécessaires pour réussir dans son entreprise. En qualité de Gouverneur, il disposoit de tout ce qui étoit dans son Fort. Il fit armer un Navire de 40 tonneaux, le chargea de toutes sortes de provisions, emmena avec lui des Ouvriers de toute espéce & un bon nombre de Soldats, & mit à la voile le 18 Novembre 1678. Le voyage fut heureux. Il découvrit plusieurs pays & arriva après 45 jours de navigation, à Niagara sur le lac Erié, habité par la Nation des Iroquois. Il y passa près d'une année, fit alliance avec les Nations du pays, & pour plus grande sûreté y batit un fort. Il ne discontinua point pendant huit années consécutives ses voyages & ses découvertes, en revenant par intervalles à Frontenac, pour remplacer les hommes qu'il avoit laissés dans les divers établissemens qu'il formoit. Le Fort de Creve-Cœur à 400 lieues de son Gouvernement, fut une des marques de ses travaux. Il s'avança jusqu'à près de 500 lieues dans le Nord, chez la Nation des Issatis & parcourut le Fleuve de Mississipi. Il laissa dans tous les lieux par où il avoit passé, des signes de la possession qu'il en avoit prise au nom du Roi de France, en plantant des poteaux avec des inscriptions. Ce titre de possession ne lui paroissant pas assez assuré pour le rendre incontestable, il le cimenta par les alliances qu'il fit avec un nombre prodigieux de différentes Nations dont le pays est peuplé, & dont le détail est étranger à mon projet. En conséquence des cessions qu'on lui fit, il fit bâtir de petits Forts qu'il approvisionna & qu'il laissa à la garde de quelques hommes. Un des plus remarquables, est le Fort Prud-homme, bien avant dans la riviere de Mississipi. Après tant de courses & de travaux entrepris pour sa patrie, il revint en France en 1684 recevoir les éloges que son zèle méritoit. La Cour le gracieusa beaucoup, & pour seconder ses vûes & protéger les établissemens qu'il avoit fait chez les Sauvages, elle fit armer une Flotte de 4 Vaisseaux pour transporter des Ouvriers & tout ce qui étoit nécessaire pour l'entretien des nouvelles Colonies. L'Escadre partit le 24 Juillet 1684. De 4 Vaisseaux dont elle étoit composée, trois perirent dans une tempête qu'elle essuya à la côte de St. Domingue; heureusement que les hommes furent sauvés, & partie des provisions. Avec ce secours, le Gouverneur de Frontenac fortifia ses établissemens, & il en auroit fait de nouveaux, si deux misérables François, ses Compagnons de voyage, dans la recherche qu'il faisoit de l'embouchure du Fleuve de Mississipi, ne s'étoient révoltés contre lui, & ne l'avoient tué d'un coup de fusil dans la tête. La découverte de cette embouchure ne fut faite qu'en 1699 par un Gentilhomme Canadien nommé d'Yberville. Elle se trouve au 29 degré.

L ij

LOUISIANE.   La France ne négligea point les heureux commencemens d'un Commerce si utile par l'abondance des pelleteries & des castors, si nécessaires à ses fabriques ; elle envoya successivement nombre de gens choisis, pour perfectionner ces Colonies naissantes & pour les protéger contre l'inconstance de leurs voisins. Une foule de pieux Missionnaires consacrerent leurs talens à adoucir les mœurs de quelques Nations féroces, & à les instruire des saintes vérités de la Religion. Bientôt le nom François fut un titre de respect, d'amour & de reconnoissance. En quelque endroit qu'ils voulussent faire des établissemens, ils furent les maîtres de disposer du terrein & du travail des naturels du pays. C'est ainsi que la puissance françoise s'accrut dans ces régions de sauvages, qui le font cependant bien moins que tant de relations ne nous les représentent. Leurs mœurs different des notres ; mais malgré notre extérieur de politesse & d'humanité, peut-être qu'un parallelle approfondi ne seroit pas tout à notre avantage. Les Canadiens vivent de la chasse & de la pêche, & c'est cette maniere de vivre qui seule peut soutenir nos établissemens, parce que la branche de Commerce particuliere à ce pays consiste dans les peaux des animaux sauvages. Si le peuple n'étoit occupé que de la culture des terres, de quel secours nous seroit-il ? au lieu que chassant continuellement dans les bois les plus déserts, nous profitons des peaux des bêtes qu'ils ont tuées ; ils mangent la chair & viennent nous vendre les pelleteries. Ils avoient autrefois beaucoup d'adresse, en se servant de l'arc & des flèches ; mais aujourd'hui qu'ils font usage des armes à feu, ils ne tirent jamais un coup en vain. Ils sont patiens, sobres, endurcis à la fatigue & ardens à prodiguer leur vie pour venger la cause commune de la Nation, dont l'intérêt les touche vivement & l'emporte toujours sur les motifs particuliers de haine & de vengeance. Ils aiment la gloire, & cherchent à l'acquerir par des actions de valeur & de prudence, plutôt que par le faste & la parure. Bons amis & ennemis cruels ; leurs guerres font meurtrieres, & un assemblage des plus affreuses inhumanités. Ils croyent légitimes les plus affreux supplices, s'ils font exercés contre l'ennemi. Leur coutume d'enlever les chevelures, fait frémir l'humanité. Ils ne connoissent point la compassion dans leurs victoires ; les vaincus souffrent avec une patience héroïque, fans murmurer & dans un profond silence. Notre méthode de faire la guerre leur paroit ridicule. Ils ne conçoivent pas qu'après avoir vaincu l'ennemi, on puisse lui pardonner & même faire panser des blessés. Nos histoires des duels, souvent pour le plaisir de se battre, nous fait passer pour des gens sans prudence & sans probité. Les bonnes qualités dont je viens de parler font mêlées pour l'ordinaire avec les vices les plus grossiers. Ils font volages, faineans à l'excès, ingrats, soupçonneux, traitres, vindicatifs & brutaux dans leur domestique. Ils croient l'existence d'un Etre suprême ; mais leur raison ne sçait pas tirer les conséquences, qui font les suites nécessaires de cette première vérité, & quoiqu'en dife le Baron de la Hontan, ils n'ont LOUISIANE. pas à beaucoup près le génie & le raifonnement qu'il leur prête fi gratuitement. Il nous a donné la relation des difputes qu'il avoit eues avec les Canadiens fur la Religion & fur nos mœurs. Il eft vifible qu'il a fait les demandes & les reponfes, & qu'il a voulu, par cette tournure, repandre en plaifantant, quelques nuages fur les vérités les plus inconteftables. Notre Siécle fourmille de femblables Philofophes, qui s'imaginent qu'il eft du bel efprit de jetter des doutes fur la croyance publique, & que la fcience confifte à étaler des difficultés toujours repetées & mille fois confondues. Le Citoyen de Geneve eft un bien trifte exemple d'une pareille folie. Que ne puis-je enlever de cette lifte le nom du trop fameux Mr. de Voltaire.

Les Canadiens ne font connus en France, que par le terme de fauvages, ce qui fait penfer au vulgaire, qu'ils vivent dans les bois comme les bêtes, qu'ils font couverts de poils, & qu'ils n'ont repris la forme humaine, que depuis que les Européens fe font établis parmi eux; idée fauffe & injufte. Les Sauvages ou Canadiens, naiffent blancs, comme les François. Ils font plus grands & mieux taillés que nous. Leur corps n'a pas plus de poil que le notre, & leur couleur bazanée ne provient que de l'huile colorée dont ils fe graiffent continuellement, & que l'ardeur du foleil imprime dans la peau. Ils ont leurs fociétés, leurs loix & une police qu'ils eftiment bien plus fage que la notre. Tant de livres & de relations font répandus dans le public pour nous inftruire de l'étendue de la Nouvelle France & de la Louifiane, c'eft-à-dire, terre de Louis, en l'honneur de LOUIS le Grand, des mœurs des habitans, des propriétés de ces vaftes contrées, des productions naturelles, & des plantes qu'on pourroit y cultiver, des Villes, des Forts & des principaux établiffemens que la France y a, que je me borne à ne parler que de ce qui appartient effentiellement au Commerce.

Le Canada ou Nouvelle France & la Louifiane, font contigus & doivent n'être confiderés que comme le même pays. Cependant l'ufage a prévalu dans le Commerce de diftinguer le Canada, de la Louifiane. Dans les expéditions des Navires, on dit tel armement eft pour le Canada, & tel autre pour la Louifiane. Pour me conformer à cet ufage reçu, je diftinguerai ces deux pays, & je rapporterai les Réglemens concernant l'un & l'autre, en commençant par le Canada autant qu'il me fera poffible, car il arrivera quelquefois que je ferai obligé de parler de tous les deux en même tems.

Il y a trois Villes dans le Canada, Quebec, les Trois Rivieres, & Mont-real ou Ville-Marie.

Quebec eft la Capitale, ainfi appellée d'un mot Canadien, qui fignifie *retreciffement*, parce que le fleuve St. Laurens fur le bord duquel la Ville eft bâtie à 20 lieues de la mer, & qui depuis fon embouchure conferve plufieurs lieues de largeur, n'a pas demi lieue en

LOUISIANE. cet endroit là. Elle eſt ſituée au 46 dégré 57 minutes de latitude nord, au confluent de la riviere de St. Charles, & du Fleuve St. Laurens, à l'abri du vent du Sud-Oueſt par le Cap aux Diamans, ainſi nommé parce qu'effectivement on y en trouve, mais d'une qualité très inférieure. Sa Rade eſt belle & ſpacieuſe, & peut contenir un grand nombre de Vaiſſeaux qui y viennent facilement en remontant le fleuve. L'Iſle d'Orleans la garantit des vents d'Eſt & de Nord-Eſt. Du reſte, la Ville n'a rien de remarquable ; elle eſt diviſée en haute & baſſe, médiocrement grande & aſſez mal bâtie ; ſes fortifications ſont aſſez bonnes, mais elles n'ont pas empêché que les Anglois ne s'en ſoient rendus maîtres en (1760). J'aime mieux garder le ſilence que de dévoiler la honte de quelques François qui ont préféré l'or d'Angleterre, à l'honneur qui devoit les animer. Ils l'avoient priſe une autre fois en 1629 & la reſtituerent en 1632.

La Ville de Quebec a un Evêque dépendant de la Cour de Rome, & dont la Juriſdiction s'étend dans tout le Canada & la Louiſiane ; ce qui fait un territoire preſque auſſi vaſte que la moitié de l'Europe. Le pays eſt extrêmement froid & beaucoup plus qu'il ne devroit l'être relativement à ſon climat. Je laiſſe aux Phyſiciens à en expliquer la cauſe. Le bled y vient fort bien, & les arbres fruitiers qu'on y a plantés ont réuſſi à merveille, & ont donné des fruits excellens. Le gibier eſt abondant, & la pêche ſi facile dans les mers voiſines, qu'il ſemble que la fecondité des poiſſons y ſoit au centuple des autres parties du monde. La vigne y vient naturellement, & ſi les habitans ſçavoient la cultiver & vouloient s'en donner la peine, ils n'auroient plus beſoin de nos vins & de nos eaux-de-vie. Pour abreger ce détail, à l'exception de nos toiles, de nos étoffes, de nos liqueurs & de nos merceries dont un François ne peut gueres ſe paſſer, tout ce qui eſt néceſſaire à la vie s'y trouve en abondance & à ſi bon marché, qu'il eſt rare qu'un riche poſſedant bien, faſſe fortune du produit de ſes récoltes. Il ſemble d'abord que ces Colonies, pouvant vivre ſans le ſecours de la Métropole, puiſque les terres produiſent le bled, la vigne & toutes ſortes de fruits, ne peuvent que lui devenir onereuſes, par les fraix néceſſaires au tranſport des familles dont on veut les peupler, & par l'enlevement même deſdites familles dont on dépeuple la France. La choſe ſeroit véritable, ſi les mêmes denrées qui croiſſent en France, croiſſoient également dans le Canada & la Louiſiane, & que nous ne puſſions en faire venir ſans nuire à la conſommation des nationnales ; mais outre ce qui nous eſt commun avec le Canada & la Louiſiane, nous trouvons dans ce vaſte pays une quantité prodigieuſe de toutes ſortes de belles pelleteries, principalement des caſtors. Nous y faiſons la pêche des Baleines, des Loups marins, des Morues & l'huile des poiſſons qu'on en retire. Mais ce qui mérite toute l'attention du Commerce, & qui me paroit d'un prix bien plus important que les denrées

& les marchandifes que nous retirons de nos autres Colonies, eft l'encouragement qu'y trouvera notre marine & les matieres néceffaires à la conftruction des Navires. Le pays eft couvert de bois, & ces bois font de toute beauté & bonté. Qui nous empêche de les importer en France ? Pour folder l'achat de toutes ces pelleteries & de ces bois, nous envoyons dans le Canada de l'argent, du vin, des liqueurs, des eaux-de-vie, des huiles d'olive, des étoffes, des toiles, des merceries, des quincailleries, des armes, de la poudre, &c. il n'y a que l'argent qui nous apauvriroit infenfiblement, fi notre Commerce avec l'Efpagne ne nous donnoit pas les moyens de fournir aux envois que nous en faifons. Tout le refte provient de notre crû ou de notre induftrie ; & dès que les marchandifes que nous en tirons nous viennent de l'étranger, il vaut encore mieux en payer la valeur à nos Colonies qu'à nos antagoniftes ou à leurs alliés. Les mêmes avantages & même de plus confidérables, peuvent nous être procurés avec bien plus de facilité par notre Commerce de la Louifiane. Ce dernier pays eft encore plus fertile que le Canada ; les bois y font plus beaux & il eft plus coupé de rivieres pour la facilité de la communication d'un pays à l'autre, & le tranfport des marchandifes.

La Louifiane eft contigue au Mexique du côté de l'Oueft du Canada par le Nord. Ce vafte pays ne nous eft connu qu'en partie. Nous fçavons qu'il a plus de 200 lieues du Nord au Sud, & plus de 400 de l'Eft à l'Oueft ; mais fes bornes au Nord Oueft, nous font encore inconnues. Outre les productions du Canada qui lui font communes, la quantité de fleuves, de rivières & de ruiffeaux qui le traverfent de tous côtés, la douceur du climat & la fertilité de la terre, le rendent le plus beau pays du monde. Tout y croît avec vigueur prefque fans foins, & les recoltes y font fi abondantes, que faute de confommation, les meilleures terres reftent fans culture. On voulut remédier à ce mal & peupler un fi bon pays, en ramaffant les vagabonds, les criminels & les femmes de mauvaife vie pour les tranfporter dans ce pays fortuné & en faire les chefs de nouvelles familles ; mais quelle reffource pour peupler & policer des Colonies ! C'étoit réunir les vices de l'ame & du corps, & choifir les fujets les plus incapables de l'effet qu'on fe propofoit. D'ailleurs quelle poftérité en pouvoit-on attendre ? Auffi cette tranfmigration fut interrompue fur les repréfentations de la Compagnie des Indes Occidentales, & par Arrêt du Confeil du 9 Mai 1720, il fut défendu de continuer de pareils embarquemens. Le bled & toutes fortes de légumes y viennent en abondance. La foye, le coton, l'indigo, le tabac, &c. y font de toute bonté & beauté. Les mines de plomb dont nous manquons en France, font copieufes, & je ne doute pas que le pays n'en renferme d'or & d'argent très-abondantes. Ce ne font pas les richeffes que j'eftime le plus ; je préfere les productions de la terre & les marchandifes propres à nourrir notre

LOUISIANE. induſtrie. Pour aſſurer nos établiſſemens dans la Louiſiane, le Roi en accorda le privilége excluſif à Mr. Crozat pour ſeize années, par Lettres Patentes du 14 Septembre 1712, il ne la garda que cinq ans, & la remit entre les mains de Sa Majeſté, qui en gratifia la Compagnie d'Occident par Lettres Patentes en forme d'Edit du mois d'Août 1717. Nous envoyons de France à la Louiſiane les mêmes denrées & les mêmes marchandiſes que j'ai ſpécifiées pour le Canada. Il eſt queſtion maintenant d'examiner ſi ce Commerce eſt profitable à la France, & ſi la Nation entiere y gagne. Oui certainement, ce Commerce eſt profitable, & peut devenir la ſource d'immenſes richeſſes, puiſqu'il eſt plus avantageux que celui du Canada, qui dans ſa médiocrité étoit foncierement d'une grande importance. La ſoye, l'indigo & le coton ſont néceſſaires à nos fabriques. Plus donc ces matières ſeront abondantes, plus l'induſtrie Françoiſe ſera exercée, & plus nous pourrons exporter de nos ouvrages à l'étranger. La plus grande partie de ſoyes, nous viennent du Levant, d'Italie & d'Eſpagne. Plus donc nous en acheterons de nous-mêmes, plus nous épargnerons, & plus notre fabrication aura des avantages ſur l'étrangere. On a déja vu les quantités d'indigo & de coton que nous tirons de nos Colonies dans les Iſles Antilles, le coton que nous recevons du Levant & l'indigo de Guatimale qui arrive à Marſeille; ſi donc nous pouvons parvenir à diminuer nos achats à l'étranger de ces marchandiſes, notre bénéfice en augmentera proportionellement. Le plomb eſt devenu matière néceſſaire; nous en avons trop peu dans le Royaume, & nous ſommes forcés d'être les tributaires de l'Angleterre pour cette marchandiſe. Envain nous nous imaginons gener cette branche de Commerce par une forte impoſition; elle ne retombe que ſur le François qui eſt le conſommateur, car le plomb d'Angleterre eſt néceſſaire à la France, ou non. S'il n'eſt pas néceſſaire, il faut en prohiber rigoureuſement l'entrée; mais ſi la France ne peut s'en paſſer, il ne faut le charger d'impoſitions, qu'autant que par ce moyen nous favoriſerons l'exploitation de nos mines; autrement la gene & l'impoſition retombent ſur le ſeul François. Nos mines de plomb de la Louiſiane ſont abondantes; il faut donc les faire valoir, & quand nous acheterions notre plomb un quart plus cher que celui d'Angleterre, il nous convient de n'employer que le nôtre, parce que nous nous le payons à nous-mêmes, & que nous gagnons ſur les marchandiſes que nous envoyons pour en faire le payement. Le bled y vient en dépit de la négligence du laboureur; autre reſſource pour la France en cas de manque de récolte; car autrement je ne ſerai jamais du ſentiment d'en faire venir, ſi ce n'eſt pour l'exporter à l'étranger, nos terres étant plus que ſuffiſantes pour fournir une ample ſubſiſtance à tous les habitans du Royaume. Je penſe bien différemment du grand nombre ſur la police des grains, & je penſe vrai. Je crois donc que l'agriculture n'a beſoin que d'être ſoulagée & encouragée. Elle

Elle ne peut être foulagée, que par la proportion de l'impôt à la fertilité des terres, & elle ne peut être encouragée, que par la préférence qu'on donnera à la vente de nos denrées fur les étrangeres pour la confommation qui s'en fait dans le Royaume. Or fi nos récoltes font abondantes, les cultivateurs feront ruinés par l'arrivée des mêmes denrées de l'étranger en franchife des droits d'entrée. Il n'y a pour lors qu'une libre exportation qui puiffe maintenir leur valeur à un prix proportionné aux fraix de culture. Bien loin donc d'en permettre l'importation fous prétexte d'une plus grande abondance, la protection que mérite notre agriculture, femble exiger que les denrées étrangeres, fi elles ne font pas prohibées à l'entrée du Royaume, foient du moins impofées à un droit qui faffe donner la préférence aux nationales ; que fi au contraire les récoltes font mauvaifes, le cultivateur ne peut foutenir les fraix de culture, qu'autant que les denrées augmenteront en raifon de leur moindre quantité. On ne peut donc en faire venir de l'étranger, fans diminuer la valeur des nationales ; il eft donc pernicieux d'en faire venir dans le tems d'abondance, puifque nous en avons plus qu'il nous en faut, & il eft ruineux pour les propriétaires des terres & pour les cultivateurs qui feront dans l'impoffibilité de payer le prix de leurs Fermes, fi on en introduit dans un tems de difette, à moins que par une impofition aux entrées du Royaume, on ne conferve la valeur que la rareté donne naturellement auxdites denrées. L'agriculture, eft la grande fabrique du Royaume ; les fruits de la terre font les ouvrages qui en proviennent. Pourquoi donc dans les autres efpéces de fabrique, empêche-t-on l'entrée des ouvrages étrangers crainte de nuire à leur activité & à la confommation, & que dans la culture des terres on fuit une méthode oppofée, fondée uniquement fur un vieux préjugé & une fauffe compaffion ? On veut que les denrées de prémiere néceffité, foient à un bas prix ; rien de plus jufte, pourvu que ce qui eft néceffaire à la vie, fuive proportionnellement la valeur du bled ; car de vouloir que le cultivateur vende bon marché la recompenfe de fon intelligence, de fes foins & de fa fueur, & qu'il achete cherement tout le refte, la juftice eft violée, il ne pourra plus ni travailler, ni vivre, il abandonnera une profeffion fi ingrate, & nos terres demeureront en friche ; malheur à apréhender, & qu'une trifte expérience rend trop commun dans quelques Provinces. Je prie mes Lecteurs de me pardonner cette longue digreffion. Mon zéle pour ma patrie mérite indulgence ; ce n'eft pas ici le lieu de m'étendre d'avantage ; j'en tire la conféquence, que l'abondance du bled de la Louifiane, ne doit point contribuer au découragement de la culture de nos terres, mais qu'elle doit être un fupplement à nos mauvaifes récoltes, & remplacer la grande quantité de grains que la mauvaife adminiftration de nos terres nous force de tirer du Levant, du Nord, de l'Italie & très-fouvent de l'Angleterre qui

LOUISIANE. autrefois nourrie du superflu de nos recoltes , a trouvé le moyen de nous rendre tributaires de son zéle pour le labourage. Le bled donc de la Louisiane , nous seroit d'un puissant secours , jusqu'au retablissement de notre agriculture , & cet heureux tems arrivé , il seroit pour la Nation une importante branche de Commerce , qui embrasse presque tous les pays du monde. Nos Colonies des Isles Antilles ,. si fertiles en sucre , coton, caffé , &c. ne sçauroient produire de bled. C'est un nouveau motif pour la France de favoriser la culture des terres par la sureté qu'elle a de cette nouvelle consommation. C'est la Métropole ,. comme je l'ai dit ailleurs , qui doit fournir à ses Colonies les moyens de subsistance dont elles ont besoin , & elle doit soigneusement empêcher qu'elles se les procurent d'autre part sans sa permission , sous. quelque prétexte que ce soit. Car la raison qu'on allégue de la diminution des fraix de transport, en faisant passer de farines du Canada aux Antilles Françoises , ne doit point prévaloir sur la dépendance de toute Colonie envers sa Métropole , sans laquelle elle lui deviendroit bien-tôt inutile. Il est vrai que la farine reviendra un peu plus. chere; mais peu importe , puisque le bénéfice ne passe point à l'étranger , & que cette augmentation de valeur sera toujours en proportion avec le prix courant en France , sans quoi l'importation seroit onereuse, & c'est ce prix qui doit être la base & la régle du Commerce de nos Isles. Le Gouvernement protége le Commerce ; celui de la Louisiane est. favorisé plus qu'aucun autre ; si donc par quelque prétention arbitraire les Capitaines de Navires étoient obligés de payer à la Louisiane une. imposition exhorbitante pour la sortie du bled , des justes représentations seront toujours écoutées , & justice sera bientôt rendue. Je dis ceci. sur le rapport qui m'a été fait d'une pareille prétention à ce sujet, que. j'ai cependant de la peine à croire.

Il y a plus de six ans que cet écrit est fait, & avant qu'il aye paru j'ai le bonheur de voir que quantité de bons patriotes pensent comme. moi. Ils ont démontré par d'excellens Mémoires combien il importoit à la France de protéger , encourager & recompenser l'agriculture. En conséquence le Roi , toujours occupé du soulagement de ses Sujets & de tout ce qui peut les rendre heureux·, a établi dans les principales Provinces de son Royaume des sociétés d'agriculture , afin que la culture des terres reprit son ancienne vigueur, & qu'elle devint honorable & profitable à ceux qui s'y employeront. L'exportation des bleds du Languedoc par le Port d'Agde , ranima l'espérance des Laboureurs & la circulation des grains que Sa Majesté vient de permettre dans toute l'étendue de son Royaume par sa Déclaration du 25 Mai 1763 , fait assez connoître de quelle utilité sont pour la Nation ces sociétés d'agriculture. La circulation des grains dans le Royaume est certainement un très-grand bien pour toute la Nation. La libre exportation desdits grains à l'étranger sera encore bien plus avantageuse , & une.

impofition proportionnée à l'importation des grains étrangers, fera le comble des faveurs que recevra la culture de nos terres. Puiffe bien-tôt une heureufe expérience convaincre de cette importante vérité.

DECLARATION DU ROI,

Du 25 Mai 1763.

LOUIS par la grace de Dieu, Roi de France & de Navarre; A tous ceux qui ces préfentes Lettres verront. SALUT.

La culture & le Commerce des denrées néceffaires à la vie, ayant toujours été regardés comme l'objet le plus important pour le bien des peuples, les Rois nos prédéceffeurs ont donné une attention particulière aux moyens d'en procurer l'abon-dance, en ménageant également les intérêts des Cultivateurs & ceux des Confom-mateurs. Ils ont regardé la liberté de la circulation dans l'intérieur, comme né-ceffaire à maintenir; mais les précautions qu'ils ont crû devoir prendre pour em-pêcher les abus ont fouvent donné quelque atteinte à cette liberté. Animés du même efprit & perfuadés que rien n'eft plus propre à arrêter les inconvéniens du mono-pole, qu'une concurrence libre & entiere dans le Commerce des denrées, nous avons crû devoir reftreindre la rigueur des Réglemens précédemment rendus, pour encourager les Cultivateurs dans leurs travaux, & donner à cette portion précieufe de nos Sujets, des marques particulières du foin que nous prenons de fes intérêts.

A CES CAUSES, & autres à ce nous mouvans, de l'avis de notre Confeil & de notre certaine fcience, pleine puiffance & autorité Royale, nous avons, par ces préfen-tes fignées de notre main, dit, déclaré & ordonné, difons, déclarons & ordonnons, voulons & nous plaît ce qui fuit.

ARTICLE PRÉMIER.

Permettons à tous nos Sujets, de quelque qualité & condition qu'ils foient, même les Nobles & privilégiés, de faire ainfi que bon leur femblera, dans l'in-térieur du Royaume, le Commerce des grains, d'en vendre & d'en acheter, même d'en faire des magafins, fans que pour raifon de ce Commerce ils puiffent être in-quiétés, ni aftreints à aucunes formalités.

II.

Permettons pareillement à tous nos Sujets de tranfporter librement d'une Pro-vince du Royaume dans une autre, toutes efpéces de grains & denrées, fans être obligés de faire aucune déclaration, ni prendre aucun congé ou permiffion. Fai-fons très-expreffes inhibitions & défenfes à tous nos Officiers & à ceux des Sei-gneurs, d'exiger aucunes formalités, fous quel prétexte que ce puiffe être.

III.

Défendons pareillement à tous nos Sujets qui jouiffent des droits de peage, paffage

M ij

LOUISIANE. pontenage ou travers, à titre de propriété, engagement ou à quelqu'autre titre que ce soit, d'exiger aucuns desdits droits sur les grains, farines ou legumes qui circuleront dans le Royaume, sans préjudice néanmoins des droits de hallage, mulage & autres droits de marchés, qui continueront à être perçus en la maniere accoutumée.

I V.

Dérogeons pas ces présentes à tous les précédens Edits & Reglemens, en ce qui pourroit y être contraire.

Si donnons en mandement à nos amés & feaux les gens tenans notre Cour de Parlement & Aydes Unies de Bretagne à Rennes, que ces présentes ils ayent à faire lire, publier & enregistrer, & le contenu en icelles garder & exécuter selon leur forme & teneur : Car tel est notre plaisir. En témoin de quoi nous avons fait mettre notre scel à cesdites présentes.

Données à Versailles le 25 jour de Mai l'an de grace 1763, & de notre régne le quarante-huitième. *Signé*, LOUIS ; *Et plus bas*, par le Roi, PHELYPEAUX. Vû au Conseil, BERTIN.

Cette Déclaration a été enregistrée avec joye dans plusieurs Parlemens du Royaume. Celui de Paris n'a point donné l'exemple, dans la crainte que cette grande Ville ne risquat d'être privée de l'abondance qui lui est nécessaire pour la subsistance de la multitude presque innombrable de ses habitans. Son zèle pour le bien public a suspendu la décision de ce Corps respectable, & ce même zèle le déterminera à faire exécuter ladite Déclaration ; voyez l'éloge de Mr. de Sully par Mr. Thomas, & le discours de Mr. Caradeuc de la Chalotais Procureur Général au Parlement de Bretagne. On ne peut rien ajouter à ce que ces deux grands hommes disent sur l'utilité & la nécessité du libre Commerce des grains. J'apprends dans le moment que le Parlement de Paris a enregistré ladite Déclaration le 22 Décembre 1763.

Pour abreger les réflexions que je pourrois faire sur l'utilité du Commerce de la Louisiane, je ne ferai que rappeller ce que j'ai dit dans l'article du tabac, sur la culture que nous pourrions en faire dans la Louisiane. Nos essais, dans les prémières plantations, ont été si heureux, pourquoi donc les avoir abandonnées ? Le tabac étoit de si bonne qualité, & notre navigation y trouvoit une occupation & un accroissement si utiles, qu'il est surprenant que pour quelques légers défauts que l'expérience auroit corrigés, on se soit déterminé à donner à l'Angleterre le profit de cette fourniture. Je le repete, la Louisiane & nos Isles Antilles (si on ne veut point faire des plantations en France) sont plus que suffisantes pour nous fournir la quantité qui est nécessaire à notre consommation; & quand ce tabac reviendroit plus cher que celui que nous achetons de l'Angleterre, il est de l'intérêt de la France de l'employer, parce que nous le payons à nous-mêmes, & que cette plus value est toujours relative au prix de nos denrées & de nos marchandises. Nous avons une histoire de la Louisiane par Mr. le Page de Pratz,

imprimée à Paris en 1758, en 3 vol. in-12, d'une exactitude & d'une LOUISIANE,
étendue à contenter les curieux. J'en conseille la lecture à nos Commerçans qui auront quelque rélation dans la Louisiane. Je n'en exclus
point les autres qui voudront s'instruire & s'amuser en même tems.

REGLEMENS

POUR LE CANADA

ET LA LOUISIANE.

Quoique le Canada & la Louisiane fassent partie de l'Amérique,
& que par conséquent les priviléges accordés au Commerce que
nous faisons dans cette nouvelle partie du monde semblent devoir naturellement être appliqués à toutes les Colonies Françoises dans le
Nouveau Monde; cependant par un usage dont on ignore la cause, on
n'en faisoit jouir que la partie méridionale, ce qui a donné lieu à plusieurs nouveaux Réglemens. En expliquant les Lettres-Patentes du mois
de Février de 1719, j'ai eu occasion de rappeller l'Arrêt du Conseil
du 25 Novembre 1671, pour faire connoître les prérogatives accordées
au Commerce des Isles avant lesdites Lettres-Patentes. Il fut nécessaire
à cause du préjugé pour la partie occidentale de l'Amérique dont je
viens de parler, que le Roi manifesta de nouveau ses intentions, ce
qu'il fit par Arrêt du 10 Mai 1677.

ARREST

DU CONSEIL D'ETAT DU ROI,

Qui exempte de tous droits, les marchandifes deſtinées pour le Canada.

Du 10 Mai 1677.

Extrait des Régiſtres du Confeil d'Etat.

LE ROI s'étant fait repréſenter l'Arrêt rendu en ſon Confeil, le 25 Novembre 1671, par lequel Sa Majeſté auroit ordonné que toutes les marchandiſes qui feroient chargées en France, pour être portées dans les Iſles de l'Amérique, occupées par les Sujets de Sa Majeſté, feroient exemptes de tous droits de fortie & autres généralement quelconques, à la charge que les Marchands donneroient leurs foumiſſions de rapporter, dans ſix mois, à compter de la date d'icelles, un certificat de leur décharge dans lefdites Iſles; & Sa Majeſté étant informée, qu'au préjudice dudit Arrêt, Me. Nicolas Saunier, Fermier Général des cinq groſſes Fermes, convoi & comptablie de Bordeaux & ſes Commis, refuſent de laiſſer fortir les vins & autres marchandiſes, qui font déclarées pour le pays de Canada, qu'en payant les droits, à quoi Sa Majeſté voulant pourvoir. Oui le rapport du Sieur Colbert, Conſeiller au Confeil Royal, Contrôleur Général des Finances; Sa Majeſté, en fon Confeil, a ordonné & ordonne que ledit Arrêt du 25 Novembre 1671, fera exécuté felon fa forme & teneur; & en conféquence que les vins & autres marchandiſes, qui feront chargés dans le Royaume, pour être portés audit pays de Canada, feront exempts de tous droits de fortie & autres généralement quelconques; à la charge par les Marchands & autres qui les feront fortir, de faire leur foumiſſion de rapporter dans ſix mois, à compter de la date d'icelle, un certificat de leur décharge audit pays de Canada, du Sieur du Chefneau, Intendant de Juſtice, Police & Finances audit pays, ou de celui qui fera par lui commis. Fait défenfes audit Saunier, de prendre, ni percevoir aucuns droits fur lefdits vins & marchandiſes, à peine d'être contraint à la reſtitution. Fait au Confeil d'Etat du Roi, tenu à Saint Germain-en-Laye, le dixième jour de Mai mil ſix cens foixante-dix-fept.　　　*Signé* COQUILLE.

Le Commerce de l'Amérique devenant de jour en jour plus important pour toute la Nation, reçut une nouvelle forme par les Lettres-Patentes du mois d'Avril de 1717, dont celles de 1719 ne font qu'une copie, à quelques changemens près que la franchife du Port de Marfeille a exigés. La même année le Roi donna des Lettres-Patentes en forme d'Edit du mois d'Août 1717, portant établiſſement d'une Compagnie de Commerce, fous le nom de Compagnie d'Occident. Cet Edit eſt trop intéreſſant pour le Commerce de la Louiſiane, pour ne pas le joindre ici, & quoique tous les articles n'ayent pas un rapport direct au Commerce que nous pouvons y faire aujourd'hui, nos bons Négocians ne feront pas fachés de le lire en entier.

LETTRES PATENTES

EN FORME D'ÉDIT,

Portant établissement d'une Compagnie de Commerce, sous le nom de Compagnie d'Occident.

Données à Paris au mois d'Août 1717.

Régistrées en Parlement.

LOUIS par la grace de Dieu Roi de France & de Navarre : A tous préfens & à venir, SALUT. Nous avons depuis notre avenement à la Couronne travaillé utilement à rétablir le bon ordre dans nos Finances, & à reformer les abus que les longues guerres avoient donné occafion d'y introduire; & nous n'avons pas eû moins d'attention au rétabliffement du Commerce de nos Sujets, qui contribue autant à leur bonheur, que la bonne adminiftration de nos Finances. Mais par la connoiffance que Nous avons pris de l'état de nos Colonies fituées dans la partie feptentrionale de l'Amérique, Nous avons reconnu qu'elles avoient d'autant plus befoin de notre protection que le Sieur Antoine Crozat auquel le feu Roi notre très-honoré Seigneur & Bifayeul avoit accordé par fes Lettres Patentes du mois de Septembre de l'année 1712, le privilége du Commerce exclufif dans notre Gouvernement de la Louifiane, Nous a très-humblement fait fupplier de trouver bon qu'il Nous le remit, ce que Nous lui avons accordé par l'Arrêt de notre Confeil du 23 du préfent mois d'Août, & que le Traité fait avec les Sieurs Aubert, Neret & Cayot le 10 Mai 1706 pour la Traite du Caftor de Canada, doit expirer à la fin de la préfente année. Nous avons jugé qu'il étoit néceffaire pour le bien de notre fervice & l'avantage de ces deux Colonies, d'établir une Compagnie en état d'en foutenir le Commerce, & de faire travailler aux différentes cultures & plantations qui s'y peuvent faire. A CES CAUSES & autres à ce Nous mouvans, de l'avis de notre très-cher & très-amé Oncle le Duc d'Orléans Régent, Petit-fils de France, de notre très-cher & très-amé Coufin le Duc de Bourbon, de notre très-cher & très-amé Coufin le Prince de Conty, Princes de notre Sang, de notre très-cher & très-amé Oncle le Duc du Maine, de notre très-cher & très-amé Oncle le Comte de Touloufe, Princes légitimés, & autres Pairs de France, Grands & Notables Perfonnages de notre Royaume, & de notre certaine fcience, pleine puiffance & autorité Royale, Nous avons dit, ftatué & ordonné, difons, ftatuons & ordonnons, Voulons & Nous plaît.

ARTICLE PRÉMIER.

Qu'il foit formé, en vertu des préfentes, une Compagnie de Commerce, fous le nom de Compagnie d'Occident, dans laquelle il fera permis à tous nos Sujets, de quelque rang & qualité qu'ils puiffent être, même aux autres Compagnies fo.mées ou à former, & aux Corps & Communautés de prendre intérêt pour telle fomme

LOUISIANE. qu'ils jugeront à propos, sans que pour raison desdits engagemens ils puissent être reputés avoir dérogé à leurs Titres, Qualités & Noblesse ; notre intention étant qu'ils jouissent du bénéfice porté aux Édits des mois de Mai & Août 1664, Août 1669 & Décembre 1701 que Nous voulons être exécutés suivant leur forme & teneur.

II.

Accordons à ladite Compagnie le droit de faire seule pendant l'espace de vingt-cinq années, à commencer du jour de l'enrégistrement des Présentes, le Commerce dans notre Province & Gouvernement de la Louisiane, & le Privilége de recevoir, à l'exclusion de tous autres, dans notre Colonie de Canada, à commencer du prémier Janvier 1718, jusques & compris le dernier Décembre 1742, tous les Castors gras & secs que les Habitans de ladite Colonie auront traité, Nous réservant de régler, sur les Mémoires qui Nous seront envoyés dudit pays, les quantités des différentes espéces de Castors que la Compagnie sera tenue de recevoir chaque année desdits Habitans de Canada, & les prix ausquels elle sera tenue de les leur payer.

III.

Faisons défenses à tous nos autres Sujets, de faire aucun Commerce dans l'éténdue du Gouvernement de la Louisiane, pendant le tems du privilége de la Compagnie d'Occident, à peine de confiscation des marchandises & des Vaisseaux : n'entendons cependant par ces défenses interdire aux habitans le Commerce qu'ils peuvent faire dans ladite Colonie, soit entre eux, soit avec les Sauvages.

IV.

Défendons pareillement à tous nos Sujets, d'acheter aucun Castor dans l'étéendue du Gouvernement du Canada, pour le transporter dans notre Royaume, à peine de confiscation dudit castor au profit de la Compagnie, même des Vaisseaux sur lesquels il se trouvera embarqué ; le Commerce de castor restera néanmoins libre dans l'intérieur de la Colonie entre les Négocians & les Habitans, qui pourront continuer à vendre & acheter en castor comme ils ont toujours fait.

V.

Pour donner moyen à ladite Compagnie d'Occident de faire un établissement solide, & la mettre en état d'exécuter toutes les entreprises qu'elle pourra former, Nous lui avons donné, octroyé & concedé ; donnons, octroyons & concedons par ces Présentes à perpétuité toutes les Terres, Côtes, Ports, Havres & Isles qui composent notre Province de la Louisiane, ainsi & dans la même étendue que Nous l'avions accordé au Sieur Crozat par nos Lettres Patentes du 14 Septembre 1712 pour en jouir en toute Propriété, Seigneurie & Justice, ne nous réservant autres droits ni devoirs que la seule foi & hommage lige, que ladite Compagnie sera tenue de nous rendre & à nos successeurs Rois à chaque mutation de Roi, avec une Couronne d'Or du poids de trente Marcs.

VI.

Pourra ladite Compagnie dans ledit pays de sa concession, traiter & faire alliance en notre nom avec toutes les Nations du pays, autres que celles dépendantes des autres Puissances de l'Europe, & convenir avec elles des conditions qu'elle

jugera

jugera à propos pour s'y établir, & faire son Commerce de gré à gré ; & en cas d'insulte, elle pourra leur déclarer la Guerre, les attaquer ou se défendre par la voye des armes, & traiter de Paix & de Treve avec elles.

VII.

La propriété des mines & minieres que ladite Compagnie fera ouvrir pendant le tems de son privilége, lui appartiendra incommutablement, sans être tenue de Nous payer pendant ledit tems, pour raison desdites mines & minieres, aucuns droits de souveraineté, desquels Nous lui avons fait & faisons don par ces Présentes.

VIII.

Pourra ladite Compagnie vendre & aliéner les terres de sa concession, à tels cens & rentes qu'elle jugera à propos, même les accorder en franc-aleu sans Justice ni Seigneurie : N'entendons néanmoins qu'elle puisse déposséder ceux de nos Sujets qui sont déja établis dans le pays de sa concession, des terres qui leur ont été concedées, ou de celles que sans concession ils auront commencé à mettre en valeur. Voulons que ceux d'entre eux qui n'ont point de Brevets ou Lettres de Nous, soient tenus de prendre des concessions de la Compagnie, pour s'assurer de la propriété des terres dont ils jouissent, lesquelles concessions leur seront données gratuitement.

IX.

Pourra ladite Compagnie faire construire tels Forts, Châteaux & Places qu'elle jugera nécessaires pour la défense des Pays que Nous lui concedons, y mettre des Garnisons & lever des Gens de Guerre dans notre Royaume, en prenant nos permissions en la forme ordinaire & accoutumée.

X.

Ladite Compagnie pourra aussi établir les Gouverneurs, Officiers Majors, & autres pour commander les Troupes qu'elle jugera à propos, lesquels Gouverneurs & Officiers Majors Nous seront présentés par les Directeurs de la Compagnie, pour leur être expédié nos provisions ; & pourra ladite Compagnie les destituer toutesfois & quantes que bon lui semblera, & en établir d'autres en leur place, ausquels nous ferons pareillement expédier nos Lettres sans aucune difficulté, en attendant l'expédition desquelles, lesdits Officiers pourront commander pendant le tems de six mois, ou un an au plus, sur les commissions des Directeurs, & seront tenus les Gouverneurs & Officiers Majors de Nous prêter serment de fidélité.

XI.

Permettons à ceux de nos Officiers-Militaires qui sont présentement dans notre Gouvernement de la Louisiane & qui voudront y demeurer, de même qu'à ceux qui voudront y passer sous notre bon plaisir pour y servir en qualité de Capitaines ou de Subalternes, d'y servir sur les commissions de la Compagnie, sans que pour raison de ce service ils perdent les rangs & grades qu'ils peuvent avoir actuellement, tant dans notre Marine que dans nos Troupes de Terre, voulant que sur les permissions que Nous leur en accorderons, ils soient censés & reputés être toujours à notre service, & Nous leur tiendrons compte de ceux qu'ils rendront à ladite Compagnie, comme s'ils Nous les rendoient à nous-mêmes.

Tom. II.   N

XII.

Pourra aussi ladite Compagnie armer & équiper en Guerre autant de Vaisseaux qu'elle jugera nécessaires pour l'augmentation & la sûreté de son Commerce, sur lesquels elle pourra mettre tel nombre de canons que bon lui semblera, & arborer le pavillon sur l'arriere & au beaupré, & non sur aucun des autres mâts, & elle pourra aussi faire fondre des canons à nos armes, au dessous desquelles elle mettra celles que Nous lui accorderons ci-après.

XIII.

Pourra ladite Compagnie, comme Seigneurs Hauts-Justiciers des pays de sa concession, y établir des Juges & Officiers par-tout où besoin sera & où elle trouvera à propos, les déposer & destituer quand bon lui semblera, lesquels connoîtront de toutes les affaires de Justice, Police & Commerce, tant civiles que criminelles ; & où il sera besoin d'établir des Conseils Souverains, les Officiers dont ils seront composés nous seront nommés & présentés par les Directeurs Généraux de ladite Compagnie, & sur lesdites nominations les Provisions leur seront expédiées.

XIV.

Les Juges de l'Amirauté qui seront établis dans ledit pays de la Louisiane, auront les mêmes fonctions, rendront la Justice dans la même forme, & connoîtront des même affaires dont la connoissance leur est attribuée tant dans notre Royaume que dans les autres Pays soumis à notre obéissance, & seront par Nous pourvûs sur la nomination de l'Amiral de France.

XV.

Seront les Juges établis en tous lesdits lieux, tenus de juger suivant les Loix & Ordonnances du Royaume, & de se conformer à la coutume de la Prévôté & Vicomté de Paris, suivant laquelle les habitans pourront contracter, sans que l'on y puisse introduire aucune autre coutume, pour éviter la diversité.

XVI.

Tous procès qui pourront naître en France entre la Compagnie & les Particuliers, pour raisons & affaires d'icelle, seront terminés & jugés par les Juges-Consuls à Paris, dont les Sentences s'exécuteront en dernier ressort jusqu'à la somme de cent cinquante livres, & au-dessus par provision, sauf l'appel en notre Cour de Parlement à Paris ; & quant aux matieres criminelles dans lesquelles la Compagnie fera partie, soit en demandant, soit en défendant, elles seront jugées par les Juges ordinaires, sans que le criminel puisse altérer le civil, lequel sera jugé comme il est dit ci-dessus.

XVII.

Ne sera par Nous accordé aucune Lettre d'Etat, ni de Repi, Evocation, ni Surséance à ceux qui auront acheté des effets de la Compagnie, lesquels seront contraints au payement de ce qu'ils devront, par les voyes & ainsi qu'ils y seront obligés.

XVIII.

Nous promettons à ladite Compagnie de la protéger & défendre, & d'employer la force de nos armes, s'il est besoin, pour la maintenir dans la liberté entière de son Commerce & Navigation, & de lui faire faire raison de toutes injures & mauvais traitemens, en cas que quelque Nation voulut entreprendre contr'elle.

XIX.

Si aucuns des Directeurs, Capitaines des Vaisseaux, Officiers, Commis ou Employés, actuellement occupés aux affaires de la Compagnie, étoient pris par les Sujets des Princes & Etats avec lesquels Nous pourrions être en Guerre, Nous promettons de les faire retirer ou échanger.

XX.

Ne pourra ladite Compagnie se servir pour son Commerce d'autres Vaisseaux que de ceux à elle appartenans ou à nos Sujets, armés dans les Ports de notre Royaume d'équipages François, où ils seront tenus de faire leurs retours, ni faire partir lesdits Vaisseaux des pays de sa concession pour aller à la côte de Guinée directement, sous peine d'être déchus du présent privilége, avec confiscation des Vaisseaux & des marchandises dont ils seront chargés.

XXI.

Permettons aux Vaisseaux de ladite Compagnie, même à ceux de nos Sujets qui auront permission d'Elle ou de ses Directeurs, de courir sur les Vaisseaux de nos Sujets qui viendront traiter dans les pays à Elle concedés, en contravention de ce qui est porté par les présentes & les prises seront jugées conformément au Réglement que Nous ferons à ce sujet.

XXII.

Tous les effets, marchandises, vivres, & munitions qui se trouveront embarqués sur les Vaisseaux de la Compagnie, seront censés & reputés lui appartenir, à moins qu'il ne paroisse par des connoissemens en bonne forme, qu'ils ont été chargés à fret par les ordres de la Compagnie, ses Directeurs ou Préposés.

XXIII.

Voulons que ceux de nos Sujets qui passeront dans les pays concedés à ladite Compagnie, jouissent des mêmes libertés & franchises que s'ils étoient demeurans dans notre Royaume, & que ceux qui y naîtront des habitans François dudit pays, & même des étrangers Européens faisant profession de la Religion Catholique, Apostolique & Romaine, qui pourront s'y établir, soient censés & reputés Regnicoles, & comme tels capables de toutes successions, dons, legs, & autres dispositions, sans être obligés d'obtenir aucunes Lettres de naturalité.

XXIV.

Et pour favorifer ceux de nos Sujets qui s'établiront dans lefdits pays , Nous les avons déclarés & déclarons Exempts , tant que durera le privilége de la Compagnie , de tous droits , fubfides & impofitions , tels qu'ils puiffent être , tant fur les perfonnes & Efclaves , que fur les marchandifes.

XXV.

Les denrées & marchandifes que ladite Compagnie aura deftiné pour les pays de fa conceffion , & celles dont elle aura befoin pour la conftruction , armement & avituaillement de fes Vaiffeaux , feront exemptes de tous droits , tant à Nous appartenans , qu'à nos Villes , tels qu'ils puiffent être , mis & à mettre , tant à l'entrée qu'à la fortie , & encore qu'elles fortiffent de l'étendue d'une de nos Fermes pour entrer dans une autre , ou d'un de nos Ports pour être tranfportées dans une autre où fe fera l'armément , à la charge que fes Commis & Prépofés donneront leurs foumiffions de rapporter dans dix-huit mois , à compter du jour d'icelles , Certificat de la décharge dans les pays pour lefquels elles auront été deftinées , à peine , en cas de contravention , de payer le quadruple des droits , Nous refervant de lui donner un plus long délai dans les cas & occurrences que Nous jugerons à propos.

XXVI.

Déclarons pareillement ladite Compagnie exempte des droits de péage , travers , paffages & autres impofitions qui fe perçoivent à notre profit ès Rivières de Seine & de Loire fur les futailles vuides , bois marin & bois à bâtir Vaiffeaux & autres marchandifes appartenant à ladite Compagnie , en rapportant par les Voituriers & Conducteurs des Certificats de deux de fes Directeurs.

XXVII.

En cas que ladite Compagnie foit obligée pour le bien de fon Commerce de tirer des pays étrangers quelques marchandifes pour les tranporter dans le pays de fa conceffion , elles feront exemptes de tous droits d'entrée & de fortie , à la charge qu'elles feront dépofées dans les magafins de nos douanes , ou dans ceux de ladite Compagnie , dont les Commis des Fermiers Généraux de nos Fermes , & ceux de ladite Compagnie auront chacun une clef , jufqu'à ce qu'elles foient chargées dans les Vaiffeaux de la Compagnie , qui fera tenue de donner fa foumiffion de rapporter dans dix-huit mois , à compter du jour de la fignature d'icelles , certificats de leur décharge efdits pays de fa conceffion , à peine , en cas de contravention , de payer le quadruple des droits ; Nous refervant , lorfque la Compagnie aura befoin de tirer defdits pays étrangers , quelques marchandifes dont l'entrée pourroit être prohibée , de lui en accorder la permiffion , fi nous le jugeons à propos , fur les états qu'elle Nous en préfentera.

XXVIII.

Les marchandifes que ladite Compagnie fera apporter dans les Ports de notre Royaume pour fon compte des pays de fa conceffion , ne payeront pendant les dix prémières années de fon privilége que la moitié des droits que de pareilles mar-

chandifes venant des Ifles & Colonies Françoifes de l'Amérique doivent payer, fuivant notre Réglement du mois d'Avril dernier; & fi ladite Compagnie fait venir
defdits Pays de fa conceffion d'autres marchandifes que celles qui viennent des Ifles
& Colonies Françoifes de l'Amérique, comprifes dans notredit Réglement, elles
ne payeront que la moitié des droits que payeroient d'autres marchandifes de même
efpéce & qualité venant des Pays étrangers, foit que lefdits droits nous appartiennent, ou ayent été par nous aliénés à des particuliers; & pour le plomb, le cuivre
& les autres métaux, Nous avons accordé & accordons à ladite Compagnie, l'exemption entiere de tous droits mis & à mettre fur iceux: mais fi ladite Compagnie
prend des marchandifes à fret fur fes Vaiffeaux, elle fera tenue d'en faire faire la
déclaration aux Bureaux de nos Fermes par les Capitaines dans la forme ordinaire,
& lefdites marchandifes payeront les droits en entier. A l'égard des marchandifes
que ladite Compagnie fera apporter dans les Ports de notre Royaume, dénommés
en l'Article XV. du Réglement du mois d'Avril dernier, ou dans ceux de Nantes,
Breft, Morlaix & Saint Malo, pour fon compte, tant des Pays de fa conceffion,
que des Ifles Françoifes de l'Amérique, provenant de la vente des marchandifes
du crû de la Louifiane, deftinées à être portées dans les Pays étrangers, elles feront mifes en dépôt dans les magafins des douanes des Ports où elles arriveront,
ou dans ceux de la Compagnie, en la forme ci-deffus prefcrite, jufqu'à ce qu'elles
foient enlevées; & lorfque les Commis de ladite Compagnie voudront les envoyer
dans les pays étrangers, par mer ou par terre par tranfit, ce qui ne fe pourra
que par les Bureaux défignés par notredit Réglement du mois dernier, ils feront
tenus de prendre des acquits à caution, portant foumiffion de rapporter dans un
certain tems certificat du dernier Bureau de fortie, qu'elles y auront paffé, & un
autre de leur décharge dans les Pays étrangers.

XXIX.

Si la Compagnie fait conftruire des Vaiffeaux dans les Pays de fa conceffion,
nous voulons bien, lorfqu'ils arriveront dans les Ports de notre Royaume pour la
prémière fois, lui faire payer par forme de gratification fur notre tréfor Royal fix
livres par tonneau, pour les Vaiffeaux du port de deux cens tonneaux & au-deffus, & neuf livres auffi par tonneau pour ceux de deux cens cinquante tonneaux
& au-deffus, & ce en rapportant des certificats des Directeurs de la Compagnie
auxdits Pays, comme lefdits Navires y auront été conftruits.

XXX.

Permettons à ladite Compagnie de donner des permiffions particulieres à des
Vaiffeaux de nos Sujets, pour aller traiter dans les pays de fa conceffion à telles
conditions qu'elle jugera à propos; & voulons que lefdits Vaiffeaux, munis des
permiffions de ladite Compagnie, jouiffent des mêmes droits, Priviléges & exemptions que ceux de la Compagnie, tant fur les vivres, marchandifes & effets qui
feront chargés fur iceux, que fur les marchandifes & effets qu'ils rapporteront.

XXXI.

Nous ferons délivrer de nos magafins à ladite Compagnie, tous les ans pendant
le tems de fon privilége, quarante milliers de poudre à fufil, qu'elle nous payera
au prix qu'elle nous aura couté.

XXXII.

Notre intention étant de faire participer au Commerce de cette Compagnie & aux avantages que Nous lui accordons, le plus grand nombre de nos Sujets que faire se pourra, & que toutes sortes de personnes puissent s'y intéresser suivant leurs facultés, Nous voulons que les fonds de cette Compagnie soient partagés en actions de cinq cens livres chacune, dont la valeur sera fournie en billets de l'Etat, desquels les intérêts seront dûs depuis le prémier jour du mois de Janvier de la présente année; & lorsqu'il Nous sera représenté par les Directeurs de ladite Compagnie, qu'il aura été délivré des actions pour faire un fonds suffisant, Nous ferons fermer les livres de la Compagnie.

XXXIII.

Les billets desdites actions seront payables au porteur, signés par le Caissier de la Compagnie & visés par l'un des Directeurs; il en sera délivré de deux sortes, sçavoir, des billets d'une action, & des billets de dix actions.

XXXIV.

Ceux qui voudront envoyer les billets desdites actions dans les Provinces ou dans les pays étrangers, pourront les endosser pour plus grande sureté, sans que les endossemens les obligent à la garantie de l'action.

XXXV.

Pourront tous les étrangers acquérir tel nombre d'actions qu'ils jugeront à propos, quand même ils ne seroient pas résidens dans notre Royaume, & nous avons déclaré & déclarons les actions appartenantes ausdits étrangers non sujettes au droit d'aubeine, ni à aucune confiscation pour cause de guerre ou autrement, voulant qu'ils jouissent desdites actions comme nos sujets.

XXXVI.

Et d'autant que les profits & pertes dans les Compagnies de Commerce n'ont rien de fixe, & que les actions de ladite Compagnie ne peuvent être regardées que comme marchandises, Nous permettons à tous nos Sujets & aux étrangers, en Compagnie ou pour leur compte particulier, de les acheter, vendre & commercer, ainsi que bon leur semblera.

XXXVII.

Tout actionnaire porteur de cinquante actions aura voix délibérative aux assemblées, & s'il est porteur de cent actions il aura deux voix, & ainsi par augmentation de cinquante en cinquante.

XXXVIII.

Les billets de l'Etat reçûs pour les fonds des actions, seront convertis en rentes au denier vingt-cinq dont les intérêts courcront à commencer du prémier Janvier de la prétente année fur notre Ferme de contrôle des Actes des Notaires, du petit Sceau & Infinuations Laïques, que nous avons hypotequé & affecté, hypotequons & affectons fpécialement au payement defdites rentes ; en conféquence il fera paffé en notre nom au profit de ladite Compagnie, par les Commiffaires de notre Confeil que Nous aurons nommés à cet effet, des contrats de quarante mille livres de rentes perpétuelles & héréditaires, chacun faifant la rente d'un million au denier vingt-cinq, fur les quittances de Finance qui en feront délivrées par le garde de notre tréfor Royal en exercice la préfente année, qui recevra de ladite Compagnie pour un million de billets de l'Etat à chaque payement, & ce jufqu'à concurrence des fonds qui feront portés pour former les actions de ladite Compagnie.

XXXIX.

Les arrérages defdites rentes feront payés, fçavoir, ceux de la préfente année dans les quatre derniers mois d'icelle ; & ceux des années fuivantes en quatre payemens égaux de trois en trois mois, par notre Fermier du contrôle des Actes des Notaires, petits Sceaux & Infinuations Laïques, au Caiffier de ladite Compagnie fur fes quittances vifées de trois des Directeurs, qni lui fourniront copie collationnée des préfentes & de leur nomination, pour la prémiere fois feulement.

X L.

Les Directeurs employeront au Commerce de la Compagnie les arrérages dûs de la préfente année des contrats qui feront expédiés au profit de la Compagnie ; leur défendons très-expreffément d'y employer aucune partie des intérêts des années fuivantes, ni de contracter aucun engagement fur icelles ; voulons que les actionnaires foient regulierement payés des intérêts de leurs actions, à raifon de quatre pour cent par année, à commencer du prémier du mois de Janvier de l'année prochaine, dont le prémier payement pour fix mois fe fera au prémier Juillet prochain, & ainfi fucceffivement.

X L I.

Comme il eft néceffaire qu'auffi-tôt après l'enrégiftrement des préfentes, il y ait des perfonnes qui prennent la régie de tout ce qu'il conviendra faire pour l'arrangement des Livres & les autres détails qui doivent former les commencemens de ladite Compagnie, ce qui ne peut fouffrir aucun retardement, Nous nommerons pour cette prémière fois feulement les Directeurs. que Nous aurons choifis à cet effet, lefquels auront pouvoir de regir & adminiftrer les affaires de ladite Compagnie, laquelle pourra dans une affemblee générale, après deux années revolues, nommer trois nouveaux Directeurs, ou les continuer pour trois ans, fi elle le juge à propos, & ainfi fucceffivement de trois ans en trois ans, lefquels Directeurs ne pourront être choifis que François & Regnicoles.

X L I I.

Les Directeurs arrêteront tous les ans, à la fin du mois de Décembre, le bilan général des affaires de la Compagnie, après quoi ils convoqueront par une affiche publique l'affemblée générale de ladite Compagnie, dans laquelle les repartitions des profits de ladite Compagnie feront refolues & arrêtées.

XLIII.

Attendu le grand nombre d'actions dont ladite Compagnie sera composée , Nous jugeons nécessaire pour la commodité de nos Sujets , d'établir un tel ordre dans les payemens , tant des intérêts que des repartitions , que chaque porteur d'action puisse sçavoir le jour qu'il pourra se présenter à la caisse pour recevoir sans remise ni délai ce qui lui sera dû : pour cet effet voulons que les rentes desdites actions , ensemble les repartitions des profits provenans du commerce , soient payées suivant les numeros desdites actions en commençant par le prémier , sans que la Compagnie puisse rien changer à cet ordre , & que les Directeurs fassent afficher à la porte du Bureau de ladite Compagnie , & inférer dans les gazettes publiques les numeros qni devront être payés dans la semaine suivante.

XLIV.

Les actions de la Compagnie , ni les effets d'icelle , ensemble les appointemens des Directeurs , Officiers & Employés de ladite Compagnie , ne pourront être saisis par aucune personne & sous quelque prétexte que ce puisse être , pas même pour nos propres deniers & affaires , sauf aux créanciers des actionnaires à faire saisir & arrêter entre les mains du Caissier Général , & teneur des Livres de ladite Compagnie , ce qui pourra revenir ausdits actionnaires par les comptes qui seront arrêtés par la Compagnie , auxquels les créanciers seront tenus de se rapporter sans que lesdits Directeurs soient obligés de leur faire voir l'état des effets de la Compagnie , ni de leur rendre aucun compte , ni pareillement que lesdits créanciers puissent établir des Commissaires ou gardiens ausdits effets , déclarant nul tout ce qui pourroit être fait à ce préjudice.

XLV.

Voulons que les billets de l'Etat qui seront remis au Garde de notre trésor Royal pour ladite Compagnie d'Occident , soient par lui portés à l'Hôtel de notre bonne Ville de Paris , auquel lieu en présence du Sieur Bignon Conseiller d'Etat ordinaire , ancien Prévôt des Marchands , du Sieur Trudaine Conseiller d'Etat , Prévôt des Marchands en charge , des Sieurs de Serre , le Virloys , Harlan & Boucot qui ont signé les billets de l'Etat avec eux , & des Officiers municipaux dudit Hôtel de Ville , qui s'y troveront ou voudront s'y trouver , lesdits billets de l'Etat seront brûlés publiquement incontinent après l'expédition de chaque contrat , après en avoir dressé procès verbal , contenant les registres , numero & sommes , en avoir fait mention sur lesdits registres , & les en avoir déchargé , lequel procès verbal sera signé desdits Sieurs Prévôt des Marchands & autres dénommés au présent Article.

XLVI.

Les Directeurs auront à la pluralité des voix la nomination de tous les emplois , & des Capitaines & Officiers servans sur les Vaisseaux de la Compagnie , aussi-bien que des Officiers Militaires , de Justice & autres qui seront employés dans les pays de sa concession , & pourront les revoquer lorsqu'ils le jugeront à propos ; & lesdites nominations de tous lesdits Officiers & Employés seront signées au moins de trois des Directeurs , ce qui sera pareillement observé pour les révocations.

XLVII.

XLVII.

Ne pourront lesdits Directeurs être inquietés ni contraints en leurs personnes & biens pour les affaires de la Compagnie.

XLVIII.

Ils arrêteront tous les comptes, tant des Commis & Employés en France, que dans les pays de la concession de la Compagnie & des correspondans, lesquels comptes seront signés au moins de trois desdits Directeurs.

XLIX.

Il sera tenu de bons & fideles journaux de caisse, d'achats, de ventes, d'envois & de raison en parties doubles, tant dans la Direction générale de Paris, que par les Commis & Commissionnaires de la Compagnie dans les Provinces & dans les pays de sa concession, qui seront cotés & paraphés par les Directeurs ausquels sera ajouté foi en justice.

L.

Nous faisons don à ladite Compagnie, des Forts, magasins, maisons, canons, armes, poudres, brigantins, bâteaux, pirogues & autres effets & ustanciles que Nous avons présentement à la Louisiane, dont elle sera mise en possession sur nos ordres, qui y seront envoyés par notre Conseil de Marine.

LI.

Nous faisons pareillement don à ladite Compagnie, des Vaisseaux, marchandises & effets que le Sieur Crozat Nous a remis, ainsi qu'il est expliqué par l'Arrêt de notre Conseil du 23 jour du présent mois, de quelque nature qu'ils puissent être, & à quelques sommes qu'ils puissent monter, à condition de transporter six mille Blancs, & trois mille Noirs au moins, dans les pays de sa concession, pendant la durée de son privilége.

LII.

Si après que les vingt-cinq années du privilége que nous accordons à ladite Compagnie d'Occident seront expirées, Nous ne jugeons pas à propos de lui en accorder la continuation, toutes les Isles & Terres qu'elle aura habitées ou fait habiter, avec les droits utiles, cens & rentes qui seront dûs par les habitans, lui demeureront à perpétuité en toute propriété, pour en faire & disposer ainsi que bon lui semblera, comme de son propre héritage, sans que Nous puissions retirer lesdites Terres ou Isles, pour quelque cause, occasion ou prétexte que ce soit, à quoi Nous avons renoncé dès-à-présent, à condition que ladite Compagnie ne pourra vendre lesdites Terres à d'autres qu'à nos Sujets; & à l'égard des Forts, armes & munitions, ils Nous seront remis par ladite Compagnie, à laquelle Nous en payerons la valeur, suivant la juste estimation qui en sera faite.

L I I I.

Comme dans l'établiffement des pays concedés à ladite Compagnie par ces préfentes, Nous regardons particulierement la gloire de Dieu, en procurant le falut des Habitans Indiens, Sauvages & Négres, que nous défirons être inftruits dans la vraie Religion, ladite Compagnie fera obligée de bâtir à fes dépens des Eglifes dans les lieux de fes habitations, comme auffi d'y entretenir le nombre d'Eccléfiaftiques approuvés qui fera néceffaire, foit en qualité de Curés ou tels autres qui fera convenable, pour y prêcher le Saint Evangile, faire le Service divin, & y adminiftrer les Sacremens, le tout fous l'autorité de l'Evêque de Quebec, ladite Colonie demeurant dans fon Diocèfe ainfi que par le paffé, & feront les Curés & autres Eccléfiaftiques, que ladite Compagnie entretiendra à fa nomination & patronage.

L I V.

Pourra ladite Compagnie prendre pour fes armes un écuffon de finople à la pointe ondée d'argent, fur laquelle fera couché un fleuve au naturel, appuyé fur une corne d'abondance d'or, au chef d'azur femé de fleurs-de-lys d'or, foutenu d'une face en devife auffi d'or, ayant deux Sauvages pour fupports, & une couronne treffée, lefquelles armes Nous lui accordons pour s'en fervir dans fes fceaux & cachets, & que Nous lui permettons de faire mettre & appofer à fes édifices, vaiffeaux, canons, & par tout ailleurs où elle jugera à propos.

L V.

Permettons à ladite Compagnie, de dreffer & arrêter tels Statuts & Réglemens qu'il appartiendra pour la conduite & direction de fes affaires & de fon commerce, tant en Europe que dans les Pays à Elle concedés, lefquels Statuts & Réglemens Nous confirmerons par Lettres Patentes, afin que les intéreffés dans ladite Compagnie foient obligés de les exécuter felon leur forme & teneur.

L V I.

Comme notre intention n'eft point que la protection particuliere que Nous accordons à ladite Compagnie, puiffe porter aucun préjudice à nos autres Colonies, que Nous voulons également favorifer ; défendons à ladite Compagnie de prendre ou recevoir, fous quelque prétexte que ce foit, aucun habitant établi dans nos Colonies, pour les tranfporter à la Louifiane, fans en avoir obtenu la permiffion par écrit de nos Gouverneurs Généraux aufdites Colonies, vifée des Intendans ou Commiffaires Ordonnateurs.

Si donnons en mandement à nos amés & féaux Confeillers les Gens tenans notre Cour de Parlement, Chambre des Comptes & Cour des Aydes à Paris, que ces préfentes ils ayent à faire lire, publier & regiftrer, & le contenu en icelles garder, obferver & exécuter felon leur forme & teneur, nonobftant tous Edits, Déclarations, Réglemens, Arrêts ou autres chofes à ce contraires, auxquels Nous avons dérogé & dérogeons par ces préfentes, aux copies defquelles collationnées par l'un de nos amés & féaux Confeillers-Secretaires, Voulons que foi foit ajoutée comme à l'original. Car tel eft notre plaifir ; & afin que ce foit chofe ferme & ftable à toujours, Nous avons fait mettre notre fcel à cefdites Préfentes. Donné à Paris au mois d'Août l'an de grace mil fept cens dix-fept, & de notre regne le deuxième.

Signé LOUIS. *Et plus bas*, par le Roi, le Duc D'ORLEANS Regent préfent. PHELYPEAUX. *Vifa* DAGUESSEAU. Vû au Confeil VILLEROI. Et fcellé du grand Sceau de cire verte.

Régiftrées, oui, & ce requerant le Procureur Général du Roi, pour être exécutées felon leur forme & teneur, fans néanmoins que les Statuts qui feront ci-après dreffés par la Compagnie d'Occident puiffent avoir exécution, qu'après avoir été confirmés par Lettres Patentes du Roi regiftrées en la Cour, & copies collationnées des Préfentes envoyées aux Bailliages & Sénéchauffées du Reffort, pour y être lues, publiées & régiftrées : enjoint aux Subftituts du Procureur Général du Roi d'y tenir la main, & d'en certifier la Cour dans un mois. A Paris en Parlement le fix Septembre mil fept cens dix-fept. Signé GILBERT.

OBSERVATIONS.

SUR LES LETTRES-PATENTES

Du mois d'Août 1717.

Par l'Article prémier, la Nobleffe peut s'intéreffer dans ladite Compagnie, fans déroger à fa qualité. Le Commerce en gros jouit de la même prérogative, & il me paroit inutile de rapporter ici les Edits donnés à cet effet ; ils font connus de tout le monde.

Par l'Article II, le privilége exclufif eft accordé à ladite Compagnie pour 25 ans. Et par l'Article V, la poffeffion de la Louifiane lui eft donnée à perpétuité. L'un & l'autre ont été annullés par Arrêt du Confeil du 23 Janvier 1731 rapporté ci-après. Les défenfes portées par les Articles II III & IV, regardent le Commerce des caftors, dont ladite Compagnie jouit encore du privilége exclufif, & fur lequel je ferai une obfervation particuliere.

Par l'Article XXIII, les enfans qui naîtront dans le Canada (la Louifiane y eft comprife) de pere & mere étrangers & domiciliés, jouiront du droit de naturalité par le feul titre de leur naiffance, pourvû que lefdits étrangers foient Européens, & profeffent la Religion Catholique, Apoftolique & Romaine, de forte qu'un Afiatique, ou un Affricain, & même un Anglois ou Hollandois d'un autre Religion, font exclus de cette faveur, qui n'a été accordée qu'en vûe d'attirer des nouveaux Habitans dans ces Colonies occidentales, & de les y attacher par la jouiffance de tous les priviléges inféparables de l'état de François. C'eft ainfi que pour peupler la Ville de Marfeille, & y attirer des Marchands de toutes les parties du monde, le Roi, par Edit de 1669, voulut que les étrangers qui l'habiteroient pour y faire le Commerce, & qui rempliroient les conditions énoncées dans ledit Edit, feroient réputés citadins & naturels Marfeillois, & jouiroient de tou-

O ij

LOUISIANE. tes les prérogatives dont jouissent les véritables François, sans qu'ils ayent besoin d'obtenir des lettres de naturalité. Ce privilége est local, & n'a lieu que pour la Ville de Marseille & son territoire ; de sorte que si un étranger domicilié à Marseille pour le fait de Commerce, & jouissant du citadinage, en vertu de l'Edit susnommé, vouloit faire sa résidence dans un autre lieu du Royaume, il auroit besoin de se faire naturaliser François, s'il ne vouloit point être traité en étranger, parce que le privilége de citadin de Marseille n'a de valeur que pour Marseille même & son territoire.

L'Article XXIV accorde une exemption totale auxdits Habitans de toutes sortes de subsides & d'impôts pendant la durée dudit privilége.

On doit se rappeller la faveur dont jouissent les denrées & les marchandises du Royaume destinées pour les Colonies Françoises de l'Amérique, en remplissant les formalités prescrites par les Lettres Patentes du mois d'Avril 1717 & du mois de Février 1719. Cette faveur a reçu encore une plus grande extension pour le Commerce de la Nouvelle France ou de la Louisiane. Par l'Article XXV, non-seulement les denrées & marchandises destinées pour les pays de la concession de la Compagnie, jouiront d'une exemption entiere des droits, mais encore tout ce qui sera nécessaire pour la construction, l'armement & l'avituaillement des Navires de ladite Compagnie, au moyen des soumissions énoncées dans ledit Article, les peages les plus privilégiés, ne pourront être exigés pour raison dudit Commerce, suivant l'Article XXVI. Bien plus : par l'Article XXVII les marchandises que ladite Compagnie tirera des pays étrangers (pourvû qu'elles ne soient point prohibées, dont le Roi se reserve de donner des permissions particulieres) ne payeront aucuns droits d'entrée, ni de sortie, ni de circulation d'une Province à une autre, en les entreposant à leur arrivée, & en justifiant de leur débarquement dans les pays de ses concessions. A l'égard des marchandises qui de la Louisiane seront envoyées en France, elles sont plus privilégiées que celles venant de l'Amérique méridionale, & pendant les dix prémieres années dudit privilége, elles ne sont imposées qu'à la moitié des droits fixés par les Lettres Patentes du mois d'Avril 1717 ; & à l'égard des autres marchandises qui ne sont pas dénommées dans lesdites Lettres Patentes, à la moitié des droits ordinaires à l'exception du plomb & du cuivre, dont l'exemption des droits sera entiere, & des marchandises chargées à fret sur les Navires de ladite Compagnie, dont les droits seront payés sans modération. Toutes les marchandises provenant dudit Commerce de la Louisiane, qui seront destinées pour l'étranger, seront entreposées à leur arrivée & expédiées ensuite par terre ou par mer, par des acquits à caution qui seront rapportés déchargés, suivant qu'il est reglé pour ces sortes d'expéditions, ainsi que je l'ai dit ailleurs. Voilà le précis de l'Article XXVIII.

Le Canada & la Louifiane produifant des bois propres à la conf- LOUISIANE. truction des Navires, pour encourager ladite Compagnie à augmenter notre induftrie dans un travail fi profitable à toute la Nation, le Roi lui accorde, par l'Article XXIX, une gratification de 6 liv. par tonneau pour les Vaiffeaux de 200 tonneaux & au-deffus, & de 9 liv. pour chaque tonneau pour les Navires de 250 tonneaux & au-deffus. Il feroit à fouhaiter que le Gouvernement augmentat encore cette gratification, (*je fupplie qu'on me pardonne la liberté que je prends de parler ainfi*; c'eft zèle pour l'intérêt public), & qu'il l'étendit non-feulement fur les Navires qui feroient amenés en France après avoir été conftruits dans la Louifiane, mais encore fur les bois qui nous feroient apportés pour être employés dans nos arcenaux fuivant leur valeur. Nous manquons de bois en France, ou du moins il revient trop cher par la longueur du chemin & les difficultés du charroi. Il y auroit donc de l'économie à le tirer de la Louifiane. L'éloignement par mer, bien loin d'être un obftacle à cette branche de Commerce, renferme plufieurs avantages pour le Royaume. La traverfée étant plus longue, il faudra un plus grand nombre de Navires pour le tranfport ; la conftruction par conféquent fera plus active ; les autres matieres que la France produit feront employées ; l'induftrie en fera vivifiée, & une multitude de Matelots fera exercée & fera la force de la marine du Roi. Rien n'eft à négliger dans cette partie, devenue aujourd'hui fi intéreffante. L'Angleterre nous en donne un exemple bien fenfible. Londres manque de bois pour l'ufage de fes habitans. On a trouvé le moyen d'y fuppléer par le charbon de pierre, dont les mines font abondantes dans les environs de cette Capitale de la Grande Bretagne. Ce n'eft pas pourtant de ces mines, dont la Ville tire fes aprovifionnemens. Le Gouvernement a préféré de le faire venir d'une vingtaine de lieues par la Tamife, en employant près de 600 Bateaux pour cet effet. C'eft-là la prémiere école où les Matelots fe forment ; c'eft une pepiniere pour entretenir la marine Angloife.

Non-feulement ladite Compagnie peut exploiter par elle-même fon privilége, mais par l'Article XXX, elle a le pouvoir de donner des permiffions pour aller traiter dans les pays de fes conceffions aux conditions qu'elle jugera convenables, & les Navires ainfi expédiés, enfemble leur chargement, jouiront des mêmes prérogatives. Cette derniere faveur, ne laiffe rien à défirer pour l'affurance de ce Commerce qui fembloit avoir réuni tous les priviléges & qui auroit pú préjudicier à celui de nos Colonies dans l'Amérique méridionale, fi par l'Article LVI, il n'avoit été défendu à ladite Compagnie de tranfporter à la Louifiane aucun habitant des autres Colonies, fans en avoir auparavant obtenu la permiffion par écrit. Les autres Articles du préfent Edit font étrangers à la partie du Commerce que je traite, & je les obmets à deffein. Les difpofitions qu'on vient de voir font d'une clarté & d'une précifion

LOUISIANE. à ne fouffrir aucune difficulté dans leur interprétation. Cependant les Marchands de la Ville de la Rochelle, préfenterent dans le même tems Requête au Confeil, pour demander que les Lettres Patentes du mois d'Avril 1717, qui ne faifoient aucune mention du Canada & de la Louifiane leur fuffent communes, & que l'exemption du droit de 3 pour cent fut accordée aux marchandifes qui en proviendroient. Sans doute que ces Marchands ignoroient la teneur des Lettres Patentes en forme d'Edit du mois d'Août de ladite année 1717, & que les marchandifes de l'Amérique feptentrionale n'avoient jamais payé le droit de 3 pour cent. Quoiqu'il en foit, leur demande fut écoutée favorablement, & par Arrêt du Confeil du 11 Décembre 1717, les Lettres Patentes du mois d'Avril même année, furent déclarées communes au Commerce du Canada & de la Louifiane, avec exemption du droit de 3 pour cent.

A R R E S T

DU CONSEIL D'ETAT DU ROI,

Qui ordonne que les Lettres-Patentes du mois d'Avril dernier, feront communes pour le Commerce de Canada.

Du 11 Décembre 1717.

Extrait des Regiftres du Confeil d'État.

VU au Confeil du Roi, la Requête préfentée en icelui, par les Négocians de la Ville de la Rochelle, contenant que Sa Majefté ayant accordé au mois d'Avril dernier, des Lettres-Patentes en forme d'Edit, portant Réglement pour le Commerce des Colonies Françoifes, dans lefquelles le pays du Canada, ou Nouvelle France, n'eft point nommé, & que cette Colonie ayant befoin d'une plus forte protection encore que les autres, attendu la diminution de fon commerce & fa pauvreté naturelle, lefdits Négocians ont crû pouvoir fupplier très-humblement Sa Majefté, d'ordonner que lefdites Lettres-Patentes du mois d'Avril dernier, feront communes pour le Commerce du Canada, & que les marchandifes & denrées qui y feront envoyées du Royaume, jouiront de toutes les exemptions & franchifes, dont jouiffent celles qui vont aux Ifles de l'Amérique, & que celles qui proviendront du crû & fabrique de la Nouvelle France, jouiront de tous les entrepôts & tranfits accordés aux marchandifes du crû & fabrique des Ifles de l'Amérique; que lefdites denrées & marchandifes venant dudit pays de Canada, feront exemptes du droit de trois pour cent, appartenant à la Ferme du Domaine d'Occident, & que les Vaiffeaux arrivés du Canada jouiront, à commencer du 1 Novembre dernier, des priviléges attachés audit Commerce de l'Amérique; ladite Requête communiquée à

LOUISIANE.

Me. Paul Manis, Adjudicataire général des Fermes du Roi & au Fermier du Domaine d'Occident. Vû la Reqnête des Négocians de la Rochelle, les réponses desdits Fermiers, les Lettres-Patentes en forme d'Edit, du mois d'Avril dernier, portant réglement pour le Commerce des Colonies Françoises, & l'avis des Députés au Conseil de Commerce, tout consideré : LE ROI étant en son Conseil, de l'avis de Monsieur le Duc d'Orléans Régent, ayant égard à ladite Requête des Négocians de la Ville de la Rochelle, a ordonné & ordonne, que le Réglement porté par les Lettres Patentes du mois d'Avril dernier, pour le Commerce des Colonies Françoises, sera exécuté en faveur de la Colonie du Canada, ou Nouvelle France, & en conséquence que toutes les marchandises & denrées du crû & fabrique du Royaume & les étrangeres, dont la consommation est permise dans lesdites Isles & Colonies & qui seront destinées pour ledit Canada, jouiront des exemptions portées par les Articles III IV V X XI & XIII desdites Lettres Patentes ; & pour prévenir l'abus qui pourroit en être fait, elles seront sujettes à toutes les formalités prescrites par les Articles V VI VII VIII IX & X desdites Lettres Patentes. Ordonne aussi Sa Majesté, que toutes les marchandises & denrées du crû & fabrique du Canada, pourront, à leur arrivée en France, être entreposées & jouir du bénéfice du transit, conformément aux Articles XV XVI XVII & XVIII des mêmes Lettres Patentes & sous les peines y contenues, en cas de fraude. Veut Sa Majesté que lesdites marchandises & denrées, provenant du Canada, payent à l'avenir, pour ce qui entrera dans le Royaume, les droits fixés par le Tarif de 1664 dans les Provinces où il a cours, & les droits locaux dans les Provinces réputées étrangeres, tels qu'ils sont perçus à présent. Ordonne Sa Majesté, que toutes lesdites marchandises & denrées, venant de ladite Colonie du Canada, demeureront exemptes, comme par le passé, du droit de trois pour cent, appartenant au Fermier du Domaine d'Occident. Permet Sa Majesté, aux Propriétaires des Navires partis du Canada, depuis le 1 Octobre dernier, d'entreposer les marchandises & denrées qu'ils ont reçues du Canada & de les faire sortir du Royaume, même par transit, avec exemption de droits, conformément auxdites Lettres Patentes. Enjoint Sa Majesté, aux sieurs Intendans & Commissaires départis dans les Provinces, de tenir la main à l'exécution du présent Arrêt, lequel sera lû & publié par-tout où besoin sera. Fait au Conseil d'Etat du Roi, Sa Majesté y étant, tenu à Paris, le onzième jour de Décembre mil sept cens dix-sept.

Signé, PHELYPEAUX.

La Compagnie, dans la vûe de perfectionner promptement les établissemens qu'elle faisoit dans la Louïsiane, se déterminà d'y envoyer des Ouvriers entendus dans la culture des terres & des Artisans, moyenant un prix convenu. Il arriva que ceux qui avoient déja reçu des avances pour s'embarquer, ne se rendoient plus au lieu désigné pour l'armement des Vaisseaux. Ce fut pour reformer cet abus frauduleux, que le Roi rendit son Arrêt du 8 Novembre 1718.

ARREST

DU CONSEIL D'ETAT DU ROI,

Concernant les Soldats, Ouvriers & autres gens engagés au service de la Compagnie d'Occident & des Habitans qui passent à la Louisiane pour s'y établir.

Du 8 Novembre 1718.

Extrait des Registres du Conseil d'Etat.

LE ROI s'étant fait représenter en son Conseil, les Lettres-Patentes en forme d'Edit du mois d'Août 1717, portant établissement de la Compagnie d'Occident, Sa Majesté a été informée que pour garder & peupler la Province de la Louisiane, pays de la concession faite à ladite Compagnie, & pour le défrichement & la culture des terres, elle y fait passer journellement des Soldats, des Engagés & des Habitans qui emmenent avec eux des Ouvriers & d'autres gens pour y être employés au défrichement & à la culture des terres & à d'autres travaux; & que lesdits Soldats & Engagés, au préjudice des conditions & engagemens faits entr'eux & ladite Compagnie, ne se rendent point sur les Ports qui leur sont indiqués, ou qu'après y être arrivés, ils s'absentent pour ne se point embarquer sur les Vaisseaux destinés à les transporter en ladite Province de la Louisiane, ce qui cause à ladite Compagnie & auxdits Habitans un préjudice considérable & retarde les progrès de l'établissement de ladite Colonie; à quoi désirant pourvoir. Oui le rapport, Sa Majesté étant en son Conseil, de l'avis de Monsieur le Duc d'Orleans, a ordonné & ordonne ce qui suit.

ARTICLE PRÉMIER.

Les Soldats, Ouvriers & tous autres qui seront engagés avec ladite Compagnie, soit par acte passé pardevant Notaire, ou sous signature privée, pour aller servir dans ladite Province de la Louisiane, seront tenus de se rendre, aux termes de leurs engagemens, dans les Ports qui leur auront été indiqués, & de s'embarquer sur les Vaisseaux destinés à leur passage & à leur transport, à peine d'être arrêtés & conduits en ladite Province de la Louisiane, pour y servir ladite Compagnie & y travailler sans aucuns gages, ni autres retributions, aux ouvrages auxquels les Directeurs de ladite Compagnie, dans ladite Province, jugeront à propos de les employer, & ce pendant le double du tems porté par leurs engagemens.

II.

II.

Les Ouvriers, Domeſtiques & tous autres qui ſe feront engagés par acte pardevant Notaire, avec les habitans de ladite Province, ou avec ceux qui veulent aller s'y habituer, feront auſſi tenus de ſe rendre, aux termes de leurs engagemens, dans les Ports qui leur auront été indiqués & de s'embarquer ſur les Vaiſſeaux deſtinés à leur tranſport, à peine d'être arrêtés & conduits dans ladite Province de la Louiſiane, pour y ſervir & travailler ſans aucuns gages ni autres retributions, aux ouvrages auxquels jugeront à propos de les employer ceux avec leſquels ils ſe feront engagés; & ce pendant le tems porté par leurs engagemens.

III.

Et en cas qu'il ſurvienne quelques conteſtations pour l'exécution du préſent Arrêt Sa Majeſté en a attribué & attribue toute connoiſſance & juriſdiction aux ſieurs Intendans & Commiſſaires départis dans les Provinces, & Généralités de ſon Royaume, & en cas d'abſence, à leurs Subdélegués. Veut que les Ordonnances qui ſeront par eux rendues, ſur & à l'occaſion du préſent Arrêt, ſoient exécutées nonobſtant oppoſitions & appellations quelconques, dont ſi aucunes interviennent, Sa Majeſté s'eſt reſervée la connoiſſance & à icelle interdite à toutes ſes Cours & autres Juges. Enjoint Sa Majeſté, aux Gouverneurs & Lieutenans Généraux ſervant dans ſes Provinces, Intendans & tous autres qu'il appartiendra, d'y tenir la main, chacun en droit ſoi, & même de prêter main forte, en cas de beſoin, pour l'exécution du préſent Arrêt. Fait au Conſeil d'Etat du Roi, Sa Majeſté y étant, tenu à Paris le huitieme jour de Novembre mil ſept cens dix-huit.

Signé, PHELYPEAUX.

LOUIS par la grace de Dieu, Roi de France & de Navarre, Dauphin de Viennois, Comte de Valentinois, Dyois, Provence, Forcalquier & Terres adjacentes: A nos amés & feaux Conſeillers en nos Conſeils, les Sieurs Intendans & Commiſſaires départis pour l'exécution de nos Ordres dans les Provinces & Généralités de notre Royaume, SALUT. Par l'Arrêt ci-attaché ſous le contre-ſcel de notre Chancelerie, cejourd'hui donné en notre Conſeil d'Etat, Nous y étant, portant Réglement au ſujet des Soldats, Ouvriers, Domeſtiques & tous autres qui ſe ſont engagés avec la Compagnie d'Occident, établie par nos Lettres Patentes en forme d'Edit, du mois d'Août 1717, ou avec ceux de nos Sujets qui ſont établis dans la Province de la Louiſiane, ou qui voudront s'y aller établir, Nous vous avons attribué, & en cas d'abſence, à vos Subdélegués, la connoiſſance & juriſdiction des conteſtations qui pourroient ſurvenir à l'exécution d'icelui, & voulant que ledit Arrêt ſorte ſon plein & entier effet.

A CES CAUSES, de l'avis de notre très-cher & très-amé Oncle le Duc d'Orleans Regent, Nous vous avons commis, ordonnés & établis, par ces préſentes ſignées de notre main, commettons, ordonnons & établiſſons pour juger tous les differens & conteſtations qui peuvent ſurvenir pour l'exécution dudit Arrêt, & en votre abſence, avons commis & établi vos Subdélegués, pour juger leſdits différens & conteſtations; attribuant à cet effet, tant à vous qu'à vos Subdélegués, en votre abſence, toute Cour, Juriſdiction & connoiſſance, icelle interdiſant à toutes nos Cours & autres Juges. Voulons que les Ordonnances qui ſeront par vous rendues,

LOUISIANE. ou en votre abfence, par vos Subdélegués, fur & à l'occafion dudit Arrêt, foient exécutées, nonobftant oppofitions & appellations quelconques, dont fi aucuns interviennent, Nous nous fommes refervés la connoiffance, & icelle interdifons à toutes nos Cours & autres Juges. Enjoignons aux Gouverneurs & nos Lieutenans-Généraux, fervant dans lefdites Provinces de notre Royaume, Intendans & tous autres qu'il appartiendra, de tenir la main, chacun en droit foi, & même de prêter main forte, en cas de befoin, pour l'exécution dudit Arrêt. Commandons au premier notre Huiffier ou Sergent fur ce requis, de fignifier ledit Arrêt à tous qu'il appartiendra, à ce que perfonne n'en ignore, & de faire en outre pour fon entiere exécution, tous Actes & Exploits requis & néceffaires, fans autre permiffion, nonobftant clameur de Haro, Chartre Normande & Lettres à ce contraires. Voulons qu'aux copies dudit Arrêt & des Préfentes, collationnées par l'un de nos amés & féaux Confeillers-Sécretaires, foi foit ajoutée comme aux originaux; Car tel eft notre plaifir. Donné à Paris, le huitième jour de Novembre, l'an de grace mil fept cens dix-huit, & de notre regne le quatrième. Signé, LOUIS: Et plus bas, Par le Roi Dauphin, Comte de Provence, le Duc d'Orleans Régent préfent.

Signé, PHELYPEAUX.

Les fecours que nos Colonies dans les Ifles Antilles, recevoient des Efclaves Noirs dans la culture des terres & dans la préparation des fucres, indigo, &c. fit juger que le tranfport defdits Efclaves dans la Louifiane n'y feroit pas moins utile. En conféquence on y tranfporta des Négres, dont l'état & la difcipline ont été reglés par l'Edit du mois de Mars de 1724.

EDIT DU ROI,

Touchant l'état & la discipline des Esclaves Negres de la Louisiane.

Donné à Versailles au mois de Mars 1724.

LOUIS par la grace de Dieu, Roi de France & de Navarre : A tous présens & à venir, SALUT. Les Directeurs de la Compagnie des Indes nous ayant représenté que la Province & Colonie de la Louisiane est considérablement établie par un grand nombre de nos Sujets, lesquels se servent d'Esclaves Negres pour la culture des terres, Nous avons jugé qu'il étoit de notre autorité & de notre justice, pour la conservation de cette Colonie, d'y établir une Loi & des régles certaines pour y maintenir la discipline de l'Eglise Catholique, Apostolique & Romaine & pour ordonner de ce qui concerne l'état & la qualité des Esclaves dans lesdites Isles ; & désirant y pourvoir & faire connoître à nos Sujets qui y sont habitués & qui s'y établiront à l'avenir, qu'encore qu'ils habitent des climats infiniment éloignés, Nous leur sommes toujours présens par l'étendue de notre puissance, & par notre application à les secourir. A CES CAUSES, & autres à ce nous mouvant, de l'avis de notre Conseil & de notre certaine science, pleine puissance & autorité Royale, Nous avons dit, statué & ordonné, disons, statuons & ordonnons, Voulons & Nous plait ce qui suit.

ARTICLE PRÉMIER.

L'Edit du feu Roi Louis XIII de glorieuse mémoire, du 23 Avril 1615, sera exécuté dans notre Province & Colonie de la Louisiane : ce fesant, enjoignons aux Directeurs Généraux de ladite Compagnie, & à tous nos Officiers, de chasser dudit pays tous les Juifs qui peuvent y avoir établi leur résidence, auxquels, comme aux ennemis déclarés du nom Chrétien, nous commandons d'en sortir dans trois mois, à compter du jour de la publication des présentes, à peine de consiscation de corps & de biens.

II.

Tous les Esclaves qui seront dans notredite Province, seront instruits dans la Religion Catholique, Apostolique & Romaine, & baptisés. Ordonnons aux Habitans qui acheteront des Negres nouvellement arrivés, de les faire instruire & baptiser dans le tems convenable, à peine d'amende arbitraire. Enjoignons aux Directeurs Généraux de ladite Compagnie & à tous nos Officiers, d'y tenir exactement la main.

III.

Interdifons tous exercices d'autre Religion que de la Catholique, Apoftolique & Romaine : Voulons que les contrevenans foient punis comme rebelles & défobéiffans à nos commandemens : Défendons toutes affemblées pour cet effet, lefquelles nous déclarons conventicules, illicites & féditieufes, fujettes à la même peine, qui aura lieu même contre les Maîtres qui les permettront, ou foufriront à l'égard de leurs Efclaves.

IV.

Ne feront prépofés aucuns Commandeurs à la direction des Negres, qu'ils ne faffent profeffion de la Religion Catholique, Apoftolique & Romaine ; à peine de confifcation defdits Negres, contre les Maîtres qui les auront prépofés & de punition arbitraire contre les Commandeurs qui auront accepté ladite direction.

V.

Enjoignons à tous nos Sujets, de quelque qualité & condition qu'ils foient, d'obferver régulierement les jours de Dimanches & de Fêtes : leur défendons de travailler, ni de faire travailler leurs Efclaves aufdits jours, depuis l'heure de minuit jufqu'à l'autre minuit, à la culture de la terre & à tous autres ouvrages, à peine d'amende & de punition arbitraire contre les Maîtres, & de confifcation des Efclaves qui feront furpris par nos Officiers dans le travail : pourront néanmoins envoyer leurs Efclaves aux marchés.

VI.

Défendons à nos Sujets blancs de l'un & de l'autre fexe, de contracter mariage avec les Noirs, à peine de punition & d'amende arbitraire ; & à tous Curés, Prêtres, ou Miffionnaires féculiers ou réguliers, & même aux Aumôniers des Vaiffeaux, de les marier. Défendons auffi à nofdits Sujets Blancs, même aux Noirs affranchis, ou nez libres, de vivre en concubinage avec des Efclaves. Voulons que ceux qui auront eu un, ou plufieurs enfans d'une pareille conjonction, enfemble les Maîtres qui les auront foufferts, foient condamnés chacun en une amende de trois cens livres ; & s'ils font Maîtres de l'Efclave de laquelle ils auront lefdits enfans, voulons qu'outre l'amende, ils foient privés tant de l'Efclave que des enfans, & qu'ils foient adjugés à l'Hôpital des lieux, fans pouvoir jamais être affranchis. N'entendons toutesfois le préfent Article avoir lieu, lorfque l'homme Noir, affranchi ou libre, qui n'étoit point marié durant fon concubinage avec fon Efclave, époufera dans les formes prefcrites par l'Eglife, ladite Efclave, qui fera affranchie par ce moyen, & les enfans rendus libres & légitimes.

VII.

Les folemnités prefcrites par l'Ordonnance de Blois, & par la Déclaration de 1639, pour les mariages, feront obfervées, tant à l'égard des perfonnes libres, que des efclaves, fans néanmoins que le confentement du pere & de la mere de l'Efclave y foit néceffaire, mais celui du Maître feulement.

VIII.

Défendons très - expreffement aux Curés, de procéder aux mariages des Efclaves, s'ils ne font apparoir du confentement de leurs Maîtres. Défendons auffi aux Maîtres d'ufer d'aucune contrainte fur leurs Efclaves, pour les marier contre leur gré.

IX.

Les enfans qui naîtront des mariages entre les Efclaves, feront Efclaves, & appartiendront aux Maîtres des femmes Efclaves, & non à ceux de leurs maris, fi les maris & les femmes ont des Maîtres différens.

X.

Voulons, fi le mari Efclave a époufé une femme libre, que les enfans, tant mâles que filles, fuivent la condition de leur mere & foient libres comme-elle, nonobftant la fervitude de leur pere ; & que fi leur pere eft libre & la mere Efclave, les enfans foient Efclaves pareillement.

XI.

Les Maîtres feront tenus de faire enterrer en terre fainte, dans les cimétieres deftinés à cet effet, leurs Efclaves baptifés ; & à l'égard de ceux qui mourront fans avoir reçu le Baptême, ils feront enterrés la nuit, dans quelque champ voifin du lieu où ils feront décédés.

XII.

Défendons aux Efclaves de porter aucunes armes offenfives, ni de gros bâtons, à peine du fouet & de confifcation des armes, au profit de celui qui les en trouvera faifis ; à l'exception feulement de ceux qui feront envoyés à la chaffe par leurs Maîtres & qui feront porteurs de leurs Billets, ou marques connues.

XIII.

Défendons pareillement aux Efclaves appartenant à différens Maîtres, de s'attrouper le jour ou la nuit, fous prétexte de nôces ou autrement, foit chez l'un de leurs Maîtres ou ailleurs, & encore moins dans les grands chemins ou lieux écartés, à peine de punition corporelle, qui ne pourra être moins que du fouet & de la fleur-de-lys ; & en cas de fréquentes récidives & autres circonftances aggravantes, pourront être punis de mort ; ce que nous laiffons à l'arbitrage des Juges. Enjoignons à tous nos Sujets de courre fus aux contrevenans, & de les arrêter & conduire en prifon, bien qu'ils ne foient Officiers & qu'il n'y ait encore contre lefdits contrevenans, aucun décret.

XIV.

Les Maîtres qui feront convaincus d'avoir permis ou toléré de pareilles affemblées compofées d'autres Efclaves que de ceux qui leur appartiennent, feront condamnés

LOUISIANE.

en leur propre & privé nom, de réparer tout le dommage qui aura été fait à leurs voisins, à l'occasion desdites assemblées, & en trente livres d'amende pour la première fois, & au double, en cas de recidive.

XV.

Défendons aux Esclaves d'exposer en vente au marché, ni de porter dans les maisons particulieres, pour vendre, aucune sorte de denrées, même des fruits, légumes, bois à brûler, herbes ou fourages, pour la nourriture des bestiaux, ni aucune espéce de grains, ou autres marchandises, hardes, ou nipes, sans permission expresse de leurs Maîtres par un billet, ou par des marques connues, à peine de revendication des choses ainsi vendues, sans restitution de prix par les Maîtres, & de six livres d'amende à leur profit contre les acheteurs, par rapport aux fruits, légumes, bois à brûler, herbes, fourages, & grains; Voulons, que par rapport aux marchandises, hardes ou nipes, les contrevenans acheteurs soient condamnés à quinze cens livres d'amende, aux dépens, dommages & intérêts, & qu'ils soient poursuivis extraordinairement comme voleurs & receleurs.

XVI.

Voulons à cet effet, que deux personnes soient préposées dans chaque marché, par les Officiers du Conseil supérieur, ou des Justices inférieures, pour examiner les denrées & marchandises qui y feront apportées par les Esclaves, ensemble les billets & marques de leurs Maîtres dont ils feront porteurs.

XVII.

Permettons à tous nos Sujets habitans du pays, de se saisir de toutes les choses dont ils trouveront lesdits Esclaves chargés, lorsqu'ils n'auront point de billets de leurs Maîtres, ni de marques connues, pour être rendues incessamment à leurs Maîtres, si leur habitation est voisine du lieu où les Esclaves auront été surpris en délit; sinon elles feront incessamment envoyées au magasin de la Compagnie le plus proche, pour y être en dépôt, jusqu'à ce que les Maîtres en ayent été avertis.

XVIII.

Voulons que les Officiers de notre Conseil supérieur de la Louisiane, envoyent leurs avis sur la quantité de vivres & la qualité de l'habillement, qu'il convient que les Maîtres fournissent à leurs Esclaves; lesquels vivres doivent leur être fournis par chaque semaine, & l'habillement par chaque année, pour y être statué par Nous; & cependant permettons auxdits Officiers de régler par provision lesdits vivres & ledit habillement: Défendons aux Maîtres desdits Esclaves de leur donner aucune sorte d'eau-de-vie, pour tenir lieu de ladite subsistance & habillement.

XIX.

Leur défendons pareillement de se décharger de la nourriture & subsistance de leurs Esclaves, en leur permettant de travailler certain jour de la semaine, pour leur compte particulier.

XX.

Les Efclaves qui ne feront point nourris, vêtus & entretenus par leurs Maîtres, pourront en donner avis au Procureur Général dudit Confeil, ou aux Officiers des Juftices inférieures, & mettre leurs mémoires entre leurs mains, fur lefquels & même d'office, fi les avis leur viennent d'ailleurs, les Maîtres feront pourfuivis à la Requête dudit Procureur Général & fans frais, ce que nous voulons être obfervé pour les crimes & les traitemens barbares & inhumains des Maîtres envers leurs Efclaves.

XXI.

Les Efclaves infirmes par vieilleffe, maladie, ou autrement, foit que la maladie foit incurable ou non, feront nourris & entretenus par leurs Maîtres ; & en cas qu'ils les euffent abandonnés, lefdits Efclaves feront adjugés à l'Hôpital le plus proche, auquel les Maîtres feront condamnés de payer huit fols par chacun jour, pour la nourriture & entretien de chacun Efclave ; pour le payement de laquelle fomme, ledit Hôpital aura privilége fur les habitations des Maîtres, en quelques mains qu'elles paffent.

XXII.

Déclarons les Efclaves ne pouvoir rien avoir qui ne foit à leurs Maîtres, & tout ce qui leur vient par leur induftrie, ou par la libéralité d'autres perfonnes, ou autrement, à quelque titre que ce foit, être acquis en pleine propriété à leurs Maîtres, fans que les Enfans des Efclaves, leurs peres & meres, leurs parens & tous autres, libres ou efclaves, y puiffent rien prétendre par fucceffions, difpofitions entre-vifs, ou à caufe de mort ; lefquelles difpofitions Nous déclarons nulles, enfemble toutes les promeffes & obligations qu'ils auroient faites, comme étant faites par gens incapables de difpofer & contracter de leur chef.

XXIII.

Voulons néanmoins que les Maîtres foient tenus de ce que leurs Efclaves auront fait par leur commandement, enfemble de ce qu'ils auront géré & négocié dans leurs boutiques & pour l'efpéce particuliere de commerce à laquelle leurs Maîtres les auront prépofés ; & en cas que leurs Maîtres n'ayent donné aucun ordre & ne les ayent point prépofés, ils feront tenus feulement jufqu'à la concurrence de ce qui aura tourné à leur profit ; & fi rien n'a tourné au profit des Maîtres, le pécule defdits Efclaves, que les Maîtres leur auront permis d'avoir, en fera tenu, après que leurs Maîtres en auront déduit par préférence ce qui pourra leur en être dû, finon que le pécule confiftat en tout ou partie, en marchandifes dont les Efclaves auroient permiffion de faire trafic à part, fur lefquelles leurs Maîtres viendront feulement par contribution au fol la livre avec les autres créanciers.

XXIV.

Ne pourront les Efclaves, être pourvûs d'Offices, ni de commiffions ayant quelque fonction publique, ni être conftitués Agens, par autres que par leurs Maîtres,

LOUISIANE. pour gérer & adminiftrer aucun négoce, ni être Arbitres ou Experts ; ne pourront auffi être témoins, tant en matière civile que criminelle, à moins qu'ils ne
foient témoins néceffaires, & feulement à défaut de Blancs ; mais dans aucun cas
ils ne pourront fervir de témoins pour ou contre leurs Maîtres.

X X V.

Ne pourront auffi les Efclaves être parties, ni être en jugement en matiere civile, tant en demandant qu'en défendant, ni être parties civiles en matière criminelle, fauf à leurs Maîtres d'agir & défendre en matiere civile, & de pourfuivre, en matiere criminelle, la reparation des outrages & excès qui auront été
commis contre leurs Efclaves.

X X V I.

Pourront les Efclaves, être pourfuivis criminellement, fans qu'il foit befoin de
rendre leurs Maîtres parties, fi ce n'eft en cas de complicité ; & feront les Efclaves accufés, jugés en prémière inftance par les Juges ordinaires, s'il y en a, &
par appel, au Confeil, fur la même inftruction & avec les mêmes formalités que
les perfonnes libres, aux exceptions ci-après.

X X V I I.

L'Efclave qui aura frapé fon Maître, fa Maîtreffe, le mari de fa Maîtreffe, ou
leurs enfans, avec contufion ou effufion de fang, ou au vifage, fera puni
de mort.

X X V I I I.

Et quant aux excès & voies de fait, qui feront commis par les Efclaves contre
les perfonnes libres, voulons qu'ils foient feverement punis, même de mort, s'il
y échoit.

X X I X.

Les vols qualifiés, même ceux de chevaux, cavales, mulets, bœufs, ou vaches
qui auront été faits par les Efclaves, ou par les affranchis, feront punis de peine
afflictive, même de mort, fi le cas le requiert.

X X X.

Les vols de moutons, chevres, cochons, volailles, grains, fourage, bois, fèves
ou autres légumes & denrées, faits par les Efclaves, feront punis felon la qualité du vol par les Juges qui pourront, s'il y échoit, les condamner d'être battus de
verges par l'exécuteur de la haute-juftice & marqués d'une fleur-de-lys.

X X X I.

Seront tenus les Maîtres, en cas de vol ou d'autre dommage caufé par leurs Ef-

claves,

claves, outre la peine corporelle des Efclaves, de reparer le tort en leur nom, s'ils n'aiment mieux abandonner l'efclave à celui auquel le tort aura été fait; ce qu'ils feront tenus d'opter dans trois jours, à compter de celui de condamnation, autrement ils en feront déchûs

XXXII.

L'Efclave fugitif qui aura été en fuite pendant un mois, à compter du jour que fon Maître l'aura dénoncé à la Juftice, aura les oreilles coupées, & fera marqué d'une fleur-de-lys fur une épaule; & s'il récidive, pendant un autre mois, à compter pareillement du jour de la dénonciation, il aura le jaret coupé, & il fera marqué d'une fleur-de-lys fur l'autre épaule; & la troifième fois il fera puni de mort.

XXXIII.

Voulons que les Efclaves qui auront encouru les peines du fouet, de la fleur-de-lys & des oreilles coupées, foient jugés en dernier reffort par les Juges ordinaires & exécutés, fans qu'il foit néceffaire que tels jugemens foient confirmés par le Confeil fupérieur, nonobftant le contenu en l'Article XXVI des préfentes, qui n'aura lieu que pour les jugemens portant condamnation de mort, ou du jaret coupé.

XXXIV.

Les affranchis ou Negres libres qui auront donné retraite dans leurs maifons aux Efclaves fugitifs, feront condamnés par corps envers le Maître, en une amende de trente livres par chacun jour de retention; & les autres perfonnes libres qui leur auront donné pareille retraite, en dix livres d'amende, auffi par chacun jour de retention; & faute par lefdits Negres affranchis ou libres, de pouvoir payer l'amende, ils feront reduits à la condition d'efclaves & vendus; & fi le prix de la vente paffe l'amende, le furplus fera délivré à l'Hôpital.

XXXV.

Permettons à nos Sujets dudit pays qui auront des Efclaves fugitifs, en quelque lieu que ce foit, d'en faire la recherche par telles perfonnes & à telles conditions qu'ils jugeront à propos, ou de la faire eux-mêmes, ainfi que bon leur femblera.

XXXVI.

L'Efclave condamné à mort fur la dénonciation de fon Maître, lequel ne fera point complice du crime, fera eftimé avant l'exécution, par deux des principaux Habitans, qui feront nommés d'office par le Juge, & le prix de l'eftimation en fera payé; pour à quoi satisfaire, il fera impofé par notre Confeil fupérieur, fur chaque tête de Negre, la fomme portée par l'eftimation, laquelle fera réglée fur chacun defdits Négres, & levée par ceux qui feront commis à cet effet.

XXXVII.

Défendons à tous Officiers de notredit Confeil, & autres Officiers de Juftice

LOUISIANE. établis audit pays, de prendre aucune taxe dans les procès criminels, contre les Efclaves, à peine de concuffion.

XXXVIII.

Défendons auffi à tous nos Sujets defdits pays, de quelque qualité & condition qu'ils foient, de donner ou faire donner de leur autorité privée, la queftion ou torture à leurs Efclaves, fous quelque prétexte que ce foit, ni de leur faire, ou faire faire aucune mutilation de membres, à peine de confifcation des Efclaves & d'être procedé contr'eux extraordinairement : leur permettons feulement, lorfqu'ils croiront que leurs Efclaves l'auront mérité, de les faire enchaîner & battre de verges, ou de cordes.

XXXIX.

Enjoignons aux Officiers de Juftice établis dans ledit pays, de procéder criminellement contre les Maîtres & les Commandeurs qui auront tué leurs Efclaves, ou leur auront mutilé les membres, étant fous leur puiffance ou fous leur direction, & de punir le meurtre felon l'atrocité des circonftances ; & en cas qu'il y ait lieu à l'abfolution, leur permettons de renvoyer, tant les Maîtres que les Commandeurs, fans qu'ils ayent befoin d'obtenir de nous des Lettres de grace.

XL.

Voulons que les Efclaves foient réputés meubles, & comme tels, qu'ils entrent dans la communauté, qu'il n'y ait point de fuite par hypotéque fur eux, qu'ils fe partagent également entre les cohéritiers, fans préciput & droit d'aîneffe, & qu'ils ne foient point fujets au douaire coutumier, au retrait lignager ou féodal, aux droits féodaux & feigneuriaux, aux formalités des Décrets, ni au retranchement des quatre quints, en cas de difpofition à caufe de mort ou teftamentaire.

XLI.

N'entendons toutefois priver nos Sujets de la faculté de les ftipuler propres à leurs perfonnes, & aux leurs de leur côté & ligne, ainfi qu'il fe pratique pour les fommes de deniers & autres chofes mobiliaires.

XLII.

Les formalités prefcrites par nos Ordonnances & par la coutume de Paris, pour les faifies des chofes mobiliaires, feront obfervées dans les faifies des Efclaves. Voulons que les deniers en provenans, foient diftribués par ordre des faifies ; & en cas de déconfiture, au fol la livre, après que les dettes privilégiées auront été payées ; & généralement, que la condition des Efclaves foit reglée en toutes affaires comme celles des autres chofes mobiliaires.

XLIII.

Voulons néanmoins que le mari, fa femme & leurs enfans impubéres, ne puifſent être faiſis & vendus ſéparement, s'ils ſont tous ſous la puiſſance d'un même Maître : Déclarons nulles les ſaiſies & ventes ſéparées qui pourroient en être faites, ce que nous voulons auſſi avoir lieu dans les ventes volontaires, à peine contre ceux qui feront leſdites ventes, d'être privés de celui ou de ceux qu'ils auront gardés, qui feront adjugés aux acquereurs, ſans qu'ils ſoient tenus de faire aucun ſupplément de prix.

XLIV.

Voulons auſſi que les Eſclaves âgés de quatorze ans & au-deſſus, juſqu'à ſoixante ans, attachés à des fonds ou habitations, & y travaillant actuellement, ne puiſſent être ſaiſis pour autres dettes que pour ce qui ſera dû du prix de leur achat, à moins que les fonds ou habitations ne fuſſent ſaiſis réellement : auquel cas nous enjoignons de les comprendre dans la ſaiſie réelle, & défendons, à peine de nullité, de procéder par ſaiſie réelle, & adjudication par décret ſur les fonds ou habitations, ſans y comprendre les Eſclaves de l'âge ſuſdit, y travaillant actuellement.

XLV.

Le Fermier judiciaire des fonds ou habitations ſaiſies réellement, conjointement avec les Eſclaves, ſera tenu de payer le prix de ſon bail, ſans qu'il puiſſe compter parmi les fruits qu'il perçoit, les enfans qui feront nés des Eſclaves pendant ſondit bail.

XLVI.

Voulons, nonobſtant toutes conventions contraires, que nous déclarons nulles, que leſdits enfans appartiennent à la partie ſaiſie, ſi les créanciers ſont ſatisfaits d'ailleurs, ou à l'Adjudicataire, s'il intervient un décret ; & à cet effet il ſera fait mention dans la derniere affiche de l'interpoſition dudit décret, des enfans nés des Eſclaves depuis la ſaiſie réelle, comme auſſi des Eſclaves décédés depuis ladite ſaiſie réelle, dans laquelle ils étoient compris.

XLVII.

Pour éviter les frais & les longueurs des procédures, voulons que la diſtribution du prix entier de l'adjudication conjointe des fonds & des Eſclaves, & de ce qui proviendra du prix des baux judiciaires, ſoit faite entre les créanciers, ſelon l'ordre de leurs priviléges & hypotéques, ſans diſtinguer ce qui eſt pour le prix des Eſclaves, & néanmoins les droits féodaux & ſeigneuriaux ne ſeront payés qu'à proportion des fonds.

XLVIII.

Ne ſeront reçus les Lignagers & les Seigneurs féodaux, à retirer les fonds décrétés, licités, ou vendus volontairement, s'ils ne retirent auſſi les Eſclaves vendus conjointement avec les fonds où ils travailloient actuellement, ni l'adjudicataire ou l'acquereur, à retenir les Eſclaves ſans les fonds.

XLIX.

Enjoignons aux Gardiens Nobles & Bourgeois, Uſufruitiers, Amodiateurs &

Q ij

LOUISIANE. autres jouiſſant des fonds, auſquels ſont attachés des Eſclaves qui y travaillent, de gouverner leſdits Eſclaves en bons peres de famille ; au moyen de quoi ils ne feront pas tenus, après leur adminiſtration finie, de rendre le prix de ceux qui feront décédés, ou diminués par maladie, vieilleſſe ou autrement, ſans leur faute : & auſſi ils ne pourront pas retenir, comme fruits à leur profit, les enfans nés deſdits Eſclaves durant leur adminiſtration, leſquels Nous voulons être conſervés & rendus à ceux qui en ſont les maitres & les propriétaires.

L.

Les Maîtres âgés de vingt-cinq ans pourront affranchir leurs Eſclaves par tous actes entre-vifs, ou à cauſe de mort ; & cependant comme il ſe peut trouver des Maîtres aſſez mercenaires pour mettre la liberté de leurs Eſclaves à prix, ce qui porte leſdits Eſclaves au vol & brigandage ; défendons à toutes perſonnes, de quelque qualité & condition qu'elles ſoient, d'affranchir leurs Eſclaves, ſans en avoir obtenu la permiſſion par Arrêt de notredit Conſeil ſupérieur, laquelle permiſſion ſera accordée ſans fraix, lorſque les motifs, qui auront été expoſés par les Maîtres, paroitront légitimes. Voulons que les affranchiſſemens qui ſeront faits à l'avenir ſans ces permiſſions, ſoient nuls, & que les affranchis n'en puiſſent jouir, ni être reconnus pour tels. Ordonnons au contraire qu'ils ſoient tenus cenſés & réputés eſclaves, que les Maîtres en ſoient privés, & qu'ils ſoient confiſqués au profit de la Compagnie des Indes.

L I.

Voulons néanmoins que les Eſclaves qui auront été nommés par leurs Maîtres, Tuteurs de leurs enfans, ſoient tenus & réputés, comme nous les tenons & réputons pour affranchis.

L I I.

Déclarons les affranchiſſemens faits dans les formes ci-devant preſcrites, tenir lieu de naiſſance dans notredite Province de la Louiſiane, & les affranchis n'avoir beſoin de nos Lettres de Naturalité, pour jouir des avantages de nos Sujets naturels dans notre Royaume, terres & pays de notre obéiſſance, encore qu'ils ſoient nés dans les pays étrangers : Déclarons cependant leſdits affranchis, enſemble les Negres libres, incapables de recevoir des Blancs aucune donation entre-vifs, à cauſe de mort, ou autremedt. Voulons qu'en cas qu'il leur en ſoit fait aucune, elle demeure nulle à leur égard, & ſoit appliquée au profit de l'Hôpital le plus prochain.

L I I I.

Commandons aux affranchis de porter un reſpect ſingulier à leurs anciens Maîtres, à leurs Veuves & à leurs enfans ; en ſorte que l'injure qu'ils leur auront faite, ſoit punie plus grièvemement que ſi elle étoit faite à une autre perſonne, les déclarons toutefois francs & quittes envers eux de toutes autres charges, ſervices & droits utiles que leurs anciens Maîtres voudroient prétendre, tant ſur leurs perſonnes, que ſur leurs biens & ſucceſſions, en qualité de Patrons.

L I V.

Octroyons aux affranchis les mêmes droits, priviléges & immunités dont jouiſſent les perfonnes nées libres : Voulons que le mérite d'une liberté acquife produife en eux , tant pour leurs perfonnes que pour leurs biens , les mêmes effets que le bonheur de la liberté naturelle caufe à nos autres Sujets , le tout cependant aux exceptions portées par l'Article LII des préfentes.

L V.

Déclarons les confifcations & les amendes qui n'ont point de deftination particuliere par ces préfentes, appartenir à ladite Compagnie des Indes , pour être payées à ceux qui font prépofés à la recette de fes droits & revenus : Voulons néanmoins que diftraction foit faite du tiers defdites confifcations & amendes au profit de l'Hôpital le plus proche du lieu où elles auront été adjugées.

Si DONNONS EN MANDEMENT à nos amés & féaux les Gens tenant notre Confeil fupérieur de la Louifiane, que ces préfentes ils ayent à faire lire , publier & régiftrer , & le contenu en icelles garder & obferver felon leur forme & teneur , nonobftant tous Edits , Déclarations , Arrêts , Réglemens & ufages à ce contraires , aufquels nous avons dérogé & dérogeons par ces préfentes. Car tel eft notre plaifir. Et afin que ce foit chofe ferme & ftable à toujours , nous y avons fait mettre notre Scel. Donné à Verfailles , au mois de Mars , l'an de grace mil fept cens vingt-quatre , & de notre régne le neuvième. Signé , LOUIS ; & plus bas , Par le Roi , Signé , PHELYPEAUX. Vifa , FLEURIAU. Vû au Confeil , DODUN. Et fcellé du grand Sceau de cire verte , en lacs de foye rouge & verte.

On aura obfervé que les priviléges énoncés dans l'Edit de 1717 , ont été reftraints par l'Arrêt ci-deffus du 11 Décembre , qui en accordant l'exemption pour les marchandifes & denrées nationales , & la faculté à celles du Canada & de la Louifiane d'être entrepofées pour être envoyées à l'étranger , en rempliffant les formalités prefcrites par les Lettres Patentes du mois d'Avril 1717 , ordonne que ces dernieres payeront pour droits d'entrée dans le Royaume pour les cinq groffes Fermes, ceux portés dans le Tarif de 1664, & pour les autres Provinces , les droits locaux qui y font établis.

L'exemption du droit de trois pour cent fur les marchandifes venant du Canada & de la Louifiane qui avoit été continuée par ufage , eft ici déclarée formellement. L'augmentation de demi pour cent fur les marchandifes des Ifles , donna dans la fuite occafion à quelques difficultés. Quelques Commis des Fermes prétendirent que l'exemption ne regardoit que le droit de trois pour cent ; les Marchands au contraire foutenoient qu'elle avoit lieu également pour le demi pour cent. La difpute étant portée au Confeil , elle fut terminée par Décifion du 6 Juillet 1733 , qui déclare que le droit de demi pour cent fur les denrées & marchandifes provenant de la nouvelle France , (il faut toujours y comprendre la Louifiane) ne feroit point payé. Le tranfit qui eft accordé pour toutes les marchandifes venues du Canada , même des pelleteries donna lieu à des repréfentations de la part des Fabriquans du Royaume qui travailloient les peaux & les poils des caftors , afin que ces dernieres fuffent exceptées du tranfit accordé aux pelle-

LOUISIANE. teries du Canada ; ce qui leur fut accordé par Arrêt du Conſeil du 21 Mai 1731 , par lequel le tranſit mentionné dans l'Arrêt du 11 Décembre 1717 , eſt confirmé même pour les pelleteries du Canada , à l'exception des peaux des caſtors , en obſervant les formalités preſcrites pour le tranſit des marchandiſes de l'Amérique.

En parlant de notre Commerce dans les Colonies Françoiſes de l'Amérique méridionale , j'ai rapporté quelques Articles de l'Ordonnance de 1687 , dont l'exécution y eſt ordonnée. La même Ordonnance doit avoir lieu dans la nouvelle France & la Louiſiane , ainſi qu'il eſt porté par l'Arrêt du Conſeil du 9 Juin 1722 que je joins ici , afin qu'on en connoiſſe mieux les diſpoſitions.

ARREST

DU CONSEIL D'ETAT DU ROI,

Portant que l'Ordonnance de 1687 , ſervant de Réglement pour les cinq groſſes Fermes , ſera exécutée dans les Iſles Françoiſes de l'Amérique & en Canada , pour la Régie du Domaine d'Occident.

Du 9 Juin 1722.

Extrait des Régiſtres du Conſeil d'Etat.

SUR ce qui a été repréſenté au Roi en ſon Conſeil par Maître Charles Cordier , chargé de la Régie générale des Fermes de Sa Majeſté , que l'Ordonnance des Fermes du mois de Février 1687 , a toujours été regardée comme la Loi fondamentale établie non-ſeulement pour la conſervation des droits dûs à l'entrée ou à la ſortie de l'étendue de la Ferme , ſoit en France ou dans les Iſles & Terres fermes de l'Amérique , unies au Domaine du Roi , mais encore pour aſſurer l'exécution des Réglemens qui ont été rendus ſur le fait des marchandiſes de contrebande & de différentes ſortes de commerces , que Sa Majeſté a jugé à propos de défendre à ſes Sujets dans toutes les Terres & Pays de ſon obéiſſance ; qu'une des diſpoſitions les plus eſſentielles de cette Ordonnance , eſt d'aſſurer dans les Ports , la déclaration & la viſite des marchandiſes qui s'y embarquent , ou y arrivent ; que cette régle qui s'obſerve exactement en France , n'eſt pas moins néceſſaire dans les Iſles & Colonies Françoiſes , où la Régie du Domaine d'Occident eſt établie , &c. Le Roi en ſon Conſeil , de l'avis de Monſieur le Duc d'Orléans Régent , a ordonné & ordonne , que l'Ordonnance des Fermes du mois de Février mil ſix cens quatre-vingt-ſept , ſera ſuivie & exécutée dans toute l'étendue de la Régie du Domaine d'Occident aux Iſles Françoiſes de l'Amérique & en Canada , & à cet effet enrégiſtrée par-tout où beſoin ſera , ſi fait n'a été ; en conſéquence , ordonne Sa Majeſté que tous Capitaines & Maîtres de Navires ou Barques qui aborderont dans leſdites Colonies aux Iſles & en Canada , ſeront teude faire au Bureau du Domaine dans les vingt-quatre heures de leur arrivée, une déclaration des marchandises de leur chargement, & d'y repréfenter leurs connoif-femens & acquits des Ports de France. Fait Sa Majefté défenfes à tous Capitaines & Maîtres, de partir defdites Ifles & du Canada, qu'après avoir fait au Bureau dudit Domaine, une déclaration générale de toutes les marchandifes de leur chargement, & pris les acquits néceffaires, comme auffi à tous négocians & autres particuliers, de faire charger dans les Vaiffeaux & Barques, ou d'en faire décharger aucunes marchandifes, qu'après avoir pris un congé au Bureau du Domaine, & y avoir fait leur déclaration particuliere ; toutes lefquelles déclarations, tant des Maîtres que des Négocians & autres, feront faites pour toutes fortes de marchandifes exemptes ou non exemptes, dans la forme prefcrite par le Titre II de ladite Ordonnance des Fermes de mil fix cens quatre-vingt-fept, & fous les peines y contenues. Ordonne Sa Majefté que lefdites déclarations feront vérifiées par les Commis du Domaine, & les contrevenans pourfuivis aux termes du même Titre de la même Ordonnance ; à l'effet de quoi Sa Majefté veut qu'il foit fait par lefdits Commis, toutes vifites & perquifitions néceffaires dans les Vaiffeaux & Barques. Entend au furplus Sa Majefté, que les Lettres Patentes du mois d'Avril mil fept cens dix-fept, portant Réglement pour le commerce des Ifles & Colonies Françoifes, & rendues communes pour le Canada, par Arrêt du Confeil du 11 Décembre fuivant, enfemble tous les Réglemens faits contre le commerce étranger, & contre le commerce & ufage des marchandifes de contrebande ou prohibées, foient exécutés felon leur forme & teneur, dans toute l'étendue defdites Colonies aux Ifles & en Canada, & fous les peines y contenues en cas de contravention. Enjoint Sa Majefté aux Sieurs Gouverneurs Généraux & particuliers, & aux Sieurs Intendans aufdites Ifles & en Canada, de tenir la main à l'exécution du préfent Arrêt, qui fera lû, publié & affiché par-tout où befoin fera, & feront pour l'exécution d'icelui toutes Lettres néceffaires expédiées. Fait au Confeil d'Etat du Roi, tenu à Paris, le neuvième jour de Juin mil fept cens vingt-deux.

Signé, DEVOUGNY.

COMMERCE DES CASTORS.

Le Commerce des caftors avoit été accordé par un privilége exclufif à la Compagnie d'Occident, par Lettres Patentes en forme d'Edit du mois d'Août de 1717, comme on vient de voir ; mais en 1720, par Arrêt du 16 Mai, ledit Commerce fut rendu libre à tous les Sujets du Royaume, en payant pour droit d'entrée.

S ç a v o i r :

Caftors gras. . . . . 45 liv. le cent pefant.
Caftors fecs. . . . . 30 idem.

Cette liberté de Commerce des peaux de caftors, ayant paru contraire à l'abondance néceffaire aux Fabriques, le privilége exclufif fut rendu à ladite Compagnie d'Occident par Arrêt du 30 Mai 1721, confirmé par celui du 28 Janvier 1722. Depuis ce tems, ladite Compagnie jouit dudit privilége, & ne paye aucun droit des caftors qu'elle

LOUISIANE.

LOUISIANE. fait venir en France , tant à l'entrée du Royaume , qu'au paſſage d'une Province à l'autre , quand même elle ſeroit reputée étrangere , en vertu de l'Arrêt du 11 Juillet 1718.

L'interruption du Commerce occaſionnée par la préſente guerre , ayant empêché les Vaiſſeaux de la Compagnie des Indes d'apporter en France la quantité de peaux & poils de caſtors néceſſaire pour alimenter les Fabriques de chapeaux de la Ville & Fauxbourg de Paris , la Communauté des Marchands Chapelliers préſenta Requête le 12 Janvier 1760 , pour obtenir la permiſſion de faire venir de l'étranger en exemption de tous droits pendant la durée de la guerre , la quantité de peaux & poils de caſtors dont les Fabriquans auroient beſoin pour l'uſage & le ſoutien de leurs Manufactures , ſans quoi cette branche de l'induſtrie Françoiſe riſqueroit de paſſer dans le pays étranger. Leur demande fut favorablement reçue , & par Arrêt du 12 Février 1760 , Sa Majeſté ordonne que les peaux & poils de caſtors entreront librement dans le Royaume en exemption de tous droits.

ARREST

DU CONSEIL D'ETAT DU ROI,

Qui ordonne que , juſqu'à ce qu'il en ſoit autrement ordonné , les peaux & poils de caſtors entreront librement dans le Royaume en exemption de tous droits.

Du 12 Février 1760.

Extrait des Régiſtres du Conſeil d'Etat.

SUR la Requête préſentée au Roi , étant en ſon Conſeil , par les Jurés & Maîtres de la Communauté des Marchands Chapelliers de la Ville & Fauxbourg de Paris ; contenant que la Compagnie des Indes , qui jouit du privilége excluſif du commerce du caſtor , n'en ayant plus dans ſes magaſins , les Supliants ne peuvent ſe diſpenſer de repréſenter très-humblement à Sa Majeſté , que ſi elle n'avoit pas la bonté de leur accorder la permiſſion de tirer cette marchandiſe des pays étrangers pendant la durée de la guerre , ils craindroient non-ſeulement que leurs ouvriers ne paſſaſſent à l'étranger , mais encore de perdre cette branche de commerce , par le défaut de pouvoir entretenir leurs correſpondances avec les Négocians étrangers qui tirent des chapeaux de caſtors des Fabriques des Supliants , dont la plus grande partie manque déja de cette matiere prémière ; ils ont d'autant plus lieu d'eſpérer cette grace de Sa Majeſté , qu'elle ne peut apporter aucun préjudice à la Régie de ſes Fermes générales , qui ne perçoit aucun droit ſur le caſtor , attendu l'exemption qui en a été accordée à la Compagnie des Indes. A CES CAUSES ꝛequeroient les Supliants qu'il plut à Sa Majeſté leur accorder la permiſſion de faire
venir

venir de l'étranger, pendant la durée de la guerre en exemption de tous droits, le castor dont ils pourront avoir besoin pour l'usage & le soutien de leurs Manufactures. Vû ladite Requête, ensemble la délibération de la Compagnie des Indes qui en a eu communication du 21 Janvier 1760, par laquelle ladite Compagnie consent qu'il soit accordé à la Communauté des Maîtres Chapelliers de Paris, la permission de tirer de l'étranger, pendant un an, la quantité de castor dont ladite Communauté pourra avoir besoin pour l'entretien de sa Manufacture. Oui le rapport du Sieur Bertin, Conseiller ordinaire au Conseil Royal, Contrôleur général des Finances : LE ROI étant en son Conseil, ordonne qu'à compter du jour du présent Arrêt, & jusqu'à ce que par Sa Majesté, il en soit autrement ordonné, les peaux & poils de castor entreront librement dans le Royaume en exemption de tous droits. Fait au Conseil d'Etat du Roi, Sa Majesté y étant, tenu à Versailles le 12 Février 1760.

Signé, PHELYPEAUX.

Nos Marchands n'ont pas besoin d'en sçavoir d'avantage sur le commerce des castors qu'ils ne peuvent faire par eux-mêmes, qu'autant que l'Arrêt ci-dessus mentionné aura son exécution, c'est-à-dire, en tems de guerre.

On aura dû observer, que les Réglemens que je viens de rapporter, ne sont point particuliers au Canada ou à la Louisiane ; mais qu'ils regardent toutes les possessions de la France dans l'Amérique septentrionale, & que par conséquent la cession du Canada en faveur de l'Angleterre, ne change rien dans les priviléges dont jouissent les pays que la France conserve. Il n'en est pas de même des Réglemens dont il me reste à rendre compte. Ils sont propres au commerce de la Louisiane, & par ce titre méritent toute l'attention de nos Armateurs, qui ont trop négligé cette branche de notre commerce. Je suis assuré de leur zéle, & je ne doute pas que connoissant mieux à l'avenir tous les avantages que ce commerce leur procurera infailliblement, ils ne s'empressent d'armer des Navires pour en recueillir les fruits.

ÉTABLISSEMENS DANS LA LOUISIANE.

Les établissemens François dans la Louisiane parurent d'une si grande importance pour l'Etat, que pour les rendre encore plus considérables, le Roi jugea à propos d'accepter la rétrocession que lui fit la Compagnie d'Occident de la concession de la Louisiane & du pays des Sauvages Illinois, pour être réunis & incorporés à son Domaine. Cette rétrocession fut faite au commencement de l'année de 1731, qui est l'époque de la liberté & des progrès du commerce de la Louisiane. Les intentions de Sa Majesté seront mieux connues par lecture de l'Arrêt qui fut publié à cet effet.

A R R E S T

DU CONSEIL D'ETAT DU ROI,

Concernant la rétroceſſion faite à Sa Majeſté, par la Compagnie des Indes de la conceſſion de la Louiſiane & du Pays des Illinois.

Du 23 Janvier 1731.

Extrait des Régiſtres du Conſeil d'État.

SUR la Requête préſentée au Roi, par les Directeurs & Syndics de la Compagnie des Indes, à ce dûement autoriſés par délibération de ladite Compagnie du 22 Janvier dernier, tendante à ce qu'il plût à Sa Majeſté, accepter la rétroceſſion de la conceſſion de la Province de la Louiſiane & du pays des Sauvages Illinois, pour être réunis & incorporés à ſon Domaine, enſemble la rétroceſſion du privilége exclusif du commerce de ladite Colonie, en le déclarant libre à tous ſes Sujets ; à quoi déſirant pourvoir. Oui le rapport du Sieur Orry, Conſeiller d'État & ordinaire au Conſeil Royal, Contrôleur Général des Finances, Sa Majeſté étant en ſon Conſeil, a accepté & accepte la rétroceſſion à elle faite par les Syndics & Directeurs de la Compagnie des Indes, pour & au nom de ladite Compagnie, de la Propriété, Seigneurie & Juſtice de la Province de la Louiſiane & de toutes ſes dépendances, enſemble du pays des Sauvages Illinois, laquelle conceſſion lui avoit été accordée à tems ou à perpétuité, par les Edits & Arrêts des mois d'Août & Septembre 1717, Mai 1719, Juillet 1720 & Juin 1725 pour être ladite Province réunie au Domaine de Sa Majeſté, enſemble de toutes les Places, Forts, Bâtimens, Artillerie, Armemens & Troupes qui y ſont actuellement. Accepte pareillement la rétroceſſion du privilége du commerce exclusif que ladite Compagnie faiſoit dans cette conceſſion ; au moyen de quoi Sa Majeſté déclare le commerce de la Louiſiane libre à tous ſes Sujets, ſans que la Compagnie en puiſſe être chargée à l'avenir, ſous quelque prétexte que ce ſoit. Maintient Sa Majeſté ladite Compagnie, dans les droits qu'elle a contre ſes débiteurs de ladite Province, qu'elle lui permet d'exercer, quand & comme elle jugera à propos. Et ſeront pour l'exécution du préſent Arrêt, toutes Lettres néceſſaires expédiées. Fait au Conſeil d'État du Roi, Sa Majeſté y étant, tenu à Marly, le vingt-troiſième Janvier mil ſept cent trente-un.

Signé, PHELYPEAUX.

La liberté accordée à tous les Sujets du Roi de faire le commerce de la Louiſiane, n'a rien changé aux priviléges dont jouiſſoit la Compagnie d'Occident. Les prérogatives & les faveurs regardoient le commerce en lui-même, & non pas ceux qui avoient obtenu le privilége de le faire ; & ſi le Roi avoit jugé néceſſaire de mettre quelques reſtrictions aux exemptions dont il a voulu favoriſer ledit commerce, il auroit manifesté sa volonté dans l'Arrêt rapporté ci-dessus , par lequel il le déclare libre à tous ses Sujets. Cette restriction auroit même été contraire aux vues que Sa Majesté s'étoit proposées pour l'encourager & l'accroitre. Quelques difficultés qui survinrent donnerent lieu à l'Arrêt du 30 Septembre 1732 , qui en rappellant les anciens priviléges , établit , par nouveau Réglement, ce qui sera observé à l'avenir.

ARREST

DU CONSEIL D'ETAT DU ROI,

Portant exemption des droits d'entrée & de sortie , sur les denrées & marchandises que les Négocians François feront transporter dans les Colonies de la Louisiane ; & exemption pendant dix ans , de tous droits d'entrée sur les marchandises & denrées du crû & du commerce de ladite Colonie.

Du 30 Septembre 1732.

Extrait des Régistres du Conseil d'Etat.

LE ROI ayant par Arrêt de son Conseil du 23 Janvier 1731 accepté la rétrocession faite à Sa Majesté , par les Syndics & Directeurs de la Compagnie des Indes , pour & au nom de ladite Compagnie , de la Propriété, Seigneurie & Justice de la Province de la Louisiane en Amérique, & de toutes ses dépendances , ensemble du pays des Sauvages Illinois ; laquelle concession lui avoit été accordée , à tems ou à perpétuité , par les Lettres Patentes en forme d'Edit du mois d'Août 1717 , Arrêts & Réglemens postérieurs , pour être ladite Province réunie au Domaine de Sa Majesté ; comme aussi la rétrocession du privilége du commerce exclusif que ladite Compagnie faisoit dans cette concession , au moyen de quoi Sa Majesté , par ledit Arrêt , a déclaré le commerce de la Louisiane libre à tous ses Sujets : & son intention étant de favoriser ce commerce. Oui le rapport du Sieur Orry Conseiller d'Etat , & ordinaire au Conseil Royal , Contrôleur général des Finances , Sa Majesté étant en son Conseil , a ordonné & ordonne ce qui suit :

ARTICLE PRÉMIER.

Les denrées & marchandises que les Sujets de Sa Majesté auront destinées pour la Louisiane , & celles dont ils auront besoin pour la construction , armement & avituaillement de leurs Vaisseaux , seront exemptes de tous droits appartenans à Sa Majesté , ou aux Villes , tels qu'ils puissent être , mis & à mettre , tant à l'entrée qu'à la sortie , & encore qu'elles sortissent de l'étendue d'une des Fermes de Sa

R ij

LOUISIANE. Majefté , pour entrer dans une autre où fe fera l'armement , à l'exception des droits unis & dépendans de la Ferme générale des Aydes & Domaines ; à la charge par ceux qui feront ce commerce , leurs commiffionnaires & prépofés , d'obferver les formalités prefcrites par les Articles V , VI , VII & VIII des Lettres Patentes du mois d'Avril 1717 pour le tranfport & l'embarquement defdites marchandifes & denrées , & fous les peines portées aufdits Articles ; comme auffi de donner au Bureau des Fermes du Port de l'embarquement , leurs foumiffions de rapporter dans dix-huit mois , à compter du jour d'icelles , certificat de la décharge dans les Ports de la Province de la Louifiane , pour lefquels elles auront été deftinées ; lequel certificat de décharge fera figné par les Gouverneurs & Intendans , ou par les Commandans & Commiffaires-Subdélégués dans les Ports , ou en leurs abfence , par les Juges des lieux ; & ce à peine , en cas de contravention , de payer le quadruple des droits ; fe refervant Sa Majefté de leur donner un plus long délai dans les cas & occurrences qu'Elle le jugera à propos.

II.

Seront pareillement lefdits Sujets de Sa Majefté , exempts des droits de péages , travers , paffages & autres impofitions qui fe perçoivent au profit de Sa Majefté , és Rivières de Seine & de Loire , fur les futailles vuides , bois merin & bois à bâtir vaiffeaux & autres marchandifes à eux appartenantes , en rapportant par les voituriers & conducteurs , les Lettres de voiture de ceux qui feront les envois defdits effets.

III.

En cas que les Sujets de Sa Majefté , qui entreprendront le commerce de la Louifiane , foient obligés , pour le bien dudit commerce , de tirer des pays étrangers quelques marchandifes pour les tranfporter à la Louifiane , elles feront exemptes de tous droits d'entrée & de fortie (à l'exception des foiries & autres marchandifes d'Avignon & du Comtat Venaiffin , & des toiles de Suiffe , mentionnées dans les Articles XIII & XIV des Lettres Patentes du mois d'Avril 1717) à la charge qu'elles feront dépofées dans les magafins des Bureaux des Fermes , ou dans ceux defdits particuliers , dont le Commis des Fermiers Généraux , & lefdits particuliers auront chacun une clef , jufqu'à ce qu'elles foient chargées dans leurs Vaiffeaux ; & à la charge de donner leurs foumiffions de rapporter dans dix-huit mois , à compter du jour de la fignature d'icelles , certificats de leur décharge à la Louifiane , en la forme prefcrite par l'Article prémier du préfent Réglement ; & ce à peine , en cas de contravention , de payer le quadruple des droits ; fe refervant Sa Majefté , lorfque lefdits particuliers auront befoin de tirer defdits pays étrangers quelques marchandifes , dont l'entrée pourroit être prohibée , de leur en accorder la permiffion fi Elle juge à propos.

IV.

Toutes les denrées & marchandifes qui feront apportées de la Louifiane dans les Ports du Royaume où il eft permis d'armer pour le commerce des Ifles Françoifes de l'Amérique , tant celles du crû de la Colonie , que celles provenant du commerce de fes habitans , feront exemptes de tous droits d'entrée pendant dix années , à commencer du jour & date du préfent Arrêt ; & à l'égard des marchandifes qui feront deftinées à être envoyées dans les pays étrangers , elles feront à leur arrivée , mifes en entrepôt , de la même maniere qu'il fe pratique pour les marchandifes venant des Ifles , & fuivant qu'il eft ordonné par les Lettres

Patentes du mois d'Avril 1717 , & lorfque les particuliers à qui elles appartiendront voudront les tirer de l'entrepôt pour les envoyer à l'étranger, foit par mer, foit par terre , ils feront tenus de fe conformer à ce qui eft prefcrit par les Articles XVI & XVII defdites Lettres Patentes , qui feront au furplus exécutées felon leur forme & teneur, en ce qui ne fera pas contraire au préfent Arrêt. Enjoint Sa Majefté aux Sieurs Intendans & Commiffaires départis dans les Provinces, & aux Maîtres des Ports & Juges des Traites , de tenir la main à l'exécution du préfent Arrêt, qui fera lû & publié par tout où befoin fera, & fur icelui expédié toutes Lettres néceffaires. Fait au Confeil d'Etat du Roi , Sa Majefté y étant tenu à Fontainebleau le trentième jour de Septembre mil fept cens trente-deux.

Signé , PHELYPEAUX.

POUR LE ROI { *Collationné à l'Original par Nous Ecuyer Confeiller-Sécretaire du* { *Roi , Maifon-Couronne de France & de fes Finances.*

OBSERVATIONS.

On reconnoît le but du Gouvernement dans les difpofitions contenues dans ledit Arrêt. Même faveur , même encouragement & mêmes formalités à obferver pour les marchandifes deftinées pour la Louifiane ou qui en viennent , que ce qui avoit été ordonné par les Lettres Patentes en forme d'Edit du mois d'Août 1717 & Arrêts rendus en interprétation. On a refondu ces divers Réglemens , on les a fimplifiés & réunis en quatre Articles , en les rapprochant des difpofitions des Lettres Patentes du mois d'Avril 1717 , ou ce qui eft la même chofe , de celles du mois de Février 1719 qui nous font propres & nous fervent de regle dans le Port de Marfeille. Par l'Article premier , non-feulement les denrées & les marchandifes deftinées pour la Louifiane jouiront de l'exemption de tous droits , à l'exception de ceux unis & dépendans de la Ferme des Aydes & Domaine , mais encore tout ce qui fera néceffaire pour la conftruction , armement & avituaillement des Navires expédiés pour ledit commerce. Le délai de l'entrepôt eft fixé à dix-huit mois , & les formalités prefcrites dans les Lettres Patentes du mois de Février 1719 , doivent être obfervées pour le commerce de la Louifiane ; ce qui me difpenfe d'entrer dans un plus grand détail , ayant rapporté dans la première partie de cet ouvrage , tout ce qu'il importe à nos Marchands de fçavoir fur la régie des Bureaux des Fermes pour les marchandifes expédiées pour l'Amérique.

Par l'Article II, les denrées & marchandifes font déclarées exemptes de tous péages , travers , paffages & autres impofitions. Il a été néceffaire de rappeller ici cette exemption , à caufe des prétentions des propriétaires defdits droits fur les rivières de Seine & de Loire qui fe croyoient plus privilégiés que le refte du Royaume. Jufqu'ici

LOUISIANE. les faveurs font à peu près égales pour les marchandifes deftinées pour nos Colonies de l'Amérique méridionale ou occidentale ; mais par l'Article III cette parité ne fubfifte plus , & tout l'avantage eft pour le commerce de la Louifiane , dont l'accroiffement a été jugé fi effentiel qu'on a paffé par deffus toutes les régles établies pour rendre le commerce des Colonies Françoifes véritablement utile à la Nation. C'eft ici une exception néceffaire dans un commencement , mais qui deviendroit pernicieufe , fi elle devoit être continuée après que nos établiffemens dans la Louifiane auront acquis le degré de confiftance que nous voulons leur procurer. On a vu par les Lettres Patentes du mois d'Avril 1717 & du mois de Février 1719 , que les marchandifes étrangeres deftinées pour l'Amérique , ne peuvent être chargées pour cette deftination , qu'autant qu'elles ne feront point prohibées & qu'elles auront payé les droits d'entrée dans le Royaume , afin de faciliter la confommation des nationales , & leur donner la préférence fur les étrangeres , & que les Colonies ne puiffent fubfifter dans l'indépendance de la Métropole. Ici comme il s'agit d'une Colonie naiffante dans un pays dont les productions ne font pas fi recherchées , à caufe qu'elles ne peuvent donner qu'un modique bénéfice , dans la vue d'approvifionner ces nouveaux établiffemens , il a paru indifpenfable d'établir que les marchandifes étrangeres que les Commerçans dans la Louifiane tireront des pays étrangers pour compofer la cargaifon des Navires qu'ils y envoyeront , jouiroient , comme les nationales , de l'exemption des droits , tant d'entrée , que de fortie , à la charge de les entrepofer à leur arrivée en France , & de remplir les formalités prefcrites par lefdites Lettres Patentes de 1717 & de 1719. Cette difpofition fi contraire à l'encouragement que le Gouvernement ne ceffe de donner à notre agriculture & à notre induftrie , a été reformée par Arrêt du Confeil du 30 Novembre 1751. Ce commerce n'avoit plus befoin de cet encouragement.

Les priviléges dont jouiffent les toiles de Suiffe , & la modération des droits fur les foiries & autres marchandifes du Comtat Venaiffin en entrant en France , font affez confidérables fans y ajouter encore les faveurs accordées au commerce de la Louifiane. Il feroit à craindre que la fabrication defdites toiles en Suiffe & defdites foiries dans le Comtat Venaiffin , ne portat un préjudice trop notable aux mêmes Fabriques du Royaume s'il en étoit ufé autrement. Voilà la raifon pourquoi elles font exceptées de la permiffion de faire venir en franchife des droits , des marchandifes de l'étranger. Ces marchandifes doivent être du nombre de celles dont l'entrée eft permife dans le Royaume , & s'il convenoit aux Armateurs d'en envoyer de celles qui font prohibées , ils doivent auparavant en obtenir la permiffion de Sa Majefté , qui l'accordera fuivant qu'elle le jugera à propos pour l'accroiffement de ce commerce. Je penfe qu'il feroit inutile d'en dire d'avantage fur les prérogatives accordées aux denrées & marchandifes deftinées pour la Louifiane. Il ne me refte plus qu'à expliquer en quoi confifte la faveur dont jouiffent celles qui font apportées de la Louifiane dans les Ports du Royaume. Il n'eft plus queftion ni de modération des droits fur quelques efpéces de marchandifes, ni de réduction à la moitié pour les autres. La grace ne fçauroit être plus grande, puifque l'exemption eft entiere, foit que les denrées & marchandifes foient du crû de la Colonie, foient qu'elles proviennent du commerce de fes habitans, foit auffi qu'elles foient deftinées pour la confommation du Royaume, ou qu'elles doivent paffer en tranfit à l'étranger. Les prémières entrent librement fans qu'il foit befoin d'aucune formalité, & les dernieres ne font foumifes qu'à l'entrepôt, ainfi qu'il fe pratique pour celles qui ont le tranfit à travers le Royaume par les Lettres Patentes de 1717 & de 1719. Ce font les difpofitions de l'Article IV, par lequel ladite exemption n'eft accordée que pour dix ans. Précaution très-fage; parce qu'il pourroit arriver que la Colonie de la Louifiane devint fi puiffante, que la continuation d'une pareille exemption préjudicieroit à nos autres Colonies de l'Amérique. Cet heureux moment n'eft point encore arrivé; auffi par Arrêt du 13 Octobre 1741, les mêmes priviléges furent prorogés pour dix années, & la prolongation pour dix autres années fut ordonnée à compter du prémier Novembre 1751. Cependant ce commerce qui prenoit chaque année de nouvelles forces, ne paroiffant plus exiger une fi grande faveur, par Arrêt du 30 Novembre de la même année, quelques changemens dans les difpofitions des Réglemens précédens qui font énoncés dans ledit Arrêt, m'obligent de le joindre ici.

ARREST

DU CONSEIL D'ETAT DU ROI,

Qui proroge pour dix ans l'exemption des droits d'entrée & de sortie sur les denrées & marchandises que les Négocians François feront transporter dans les Colonies de la Louisiane; & l'exemption, pendant le même tems, de tous droits d'entrée sur les marchandises & denrées du crû & du Commerce de ladite Colonie.

Du 30 Novembre 1751.

Extrait des Régiftres du Conseil d'Etat.

LE Roi s'étant fait repréfenter l'Arrêt de son Confeil du 30 Septembre 1732, par lequel Sa Majefté auroit accordé différentes faveurs à ceux de fes Sujets qui feront tranfporter des marchandifes dans les Colonies de la Louifiane, & qu'ils en rapporteroient; & entr'autres, par l'Article IV, l'exemption pendant dix ans de tous droits d'entrée fur les marchandifes & denrées, tant du crû de la Colonie que du Commerce de fes habitans, qui feroient rapportées dans les Ports dans lefquels il eft permis d'armer pour les Colonies; laquelle exemption a été depuis prorogée pour dix autres années, par Arrêt du 31 Octobre 1741, lefquelles doivent expirer à pareil jour 31 Octobre 1751 : Et Sa Majefté étant informée que l'avantage de cette Colonie exige encore une nouvelle prorogation de la même exemption, elle auroit jugé à propos d'expliquer en même tems fes intentions fur la nature des droits dont lefdites marchandifes & denrées doivent être exemptes lors de leur entrée dans le Royaume, afin de prévenir toute conteftation à cet égard; comme auffi de déterminer quelles font les marchandifes & denrées que ceux qui arment pour lefdites Colonies peuvent tirer du pays étranger en exemption des droits; à quoi voulant pourvoir; Oui le rapport, LE ROI étant en fon Confeil, a prorogé & proroge pour dix années, à compter du prémier Novembre 1751, l'exemption de tous les droits qui fe perçoivent à l'entrée du Royaume, en faveur des marchandifes qui feront apportées de la Louifiane dans les Ports du Royaume, dans lefquels il eft permis d'armer pour le Commerce des Colonies Françoifes de l'Amérique, même des droits de trois & demi pour cent, appellés droits du Domaine d'Occident. Veut Sa Majefté, que conformément à l'Article prémier de l'Arrêt du 30 Septembre 1732, les denrées & marchandifes que fes Sujets deftinent pour la Louifiane, & dont ils auront befoin pour la conftruction, armement & avituaillement des Vaiffeaux qu'ils y enverront, foient exemptes de tous droits dûs à Sa Majefté ou aux villes, tant à l'entrée qu'à la fortie, aux claufes & conditions portées par ledit Arrêt, fans néanmoins qu'il puiffe être tiré des pays étrangers pour le Commerce de ladite Colonie, en exemption dès droits d'entrée, que des bœufs, lards & beurres falés, des fuifs & des épiceries; & à l'égard de toutes les autres efpéces de denrées ou marchandifes permifes que les Négocians du Royaume voudroient

droient tirer de l'étranger pour la destination de ladite Colonie, elles seront sujettes aux droits des Tarifs qui ont lieu dans les Ports du Royaume par lesquels elles entreront. Enjoint Sa Majesté, aux sieurs Intendans & Commissaires départis dans les Provinces, & aux Maîtres des Ports & Juges des Traites, de tenir la main à l'exécution du présent Arrêt, qui sera lû, publié & affiché par-tout où besoin sera, à ce que personne n'en ignore. Fait au Conseil d'Etat du Roi, Sa Majesté y étant, tenu pour les Finances à Versailles, le 30 Novembre mil sept cens cinquante-un.

Signé, ROUILLÉ.

Collationné à l'Original par Nous Ecuyer Conseiller Sécretaire du Roi, Maison, Couronne de France & de ses Finances.

Tous les anciens priviléges sont continués aux marchandises destinées au Commerce de la Louisiane ou qui en proviennent, ainsi que l'exemption du droit de trois & demi pour cent connu sous le nom de droit du Domaine d'Occident; mais l'exemption des droits d'entrée & de sortie pour les marchandises étrangeres, est abrogée & elles payeront à l'avenir les droits d'entrée suivant les Tarifs qui ont lieu dans les Ports du Royaume par lesquels elles entreront, à l'exception des bœufs, lards & beurres salés, des suifs & des épiceries qui continueront de jouir d'une exemption entiere. Toutes les autres marchandises qui ne sont pas prohibées à l'entrée du Royaume, seront traitées comme si elles étoient destinées pour nos Colonies des Isles Antilles. On a vû les explications que j'ai données à ce sujet; ce qui me dispense d'en dire d'avantage. Le peu que je viens de rapporter sur le Commerce de la Louisiane, doit suffire à nos Négocians qui sont dans le dessein d'entreprendre ledit Commerce.

Il semble que ce seroit ici le lieu de parler de notre pêche de la morue, qui se fait, je ne dis pas à l'Isle du Cap Breton, autrement l'Isle Royale, mais aux Bancs de Terre-neuve, &c. qui sont des dépendances du Canada & de la Louisiane. Rien de plus naturel, si j'avois entrepris de faire un traité complet de notre Commerce dans cette partie occidentale de l'Amérique. La pêche certainement tiendroit le prémier rang, elle le mérite par trop de titres, par l'accroissement de notre Marine, l'occupation de nos Matelots & l'abondance d'une denrée si nécessaire à la subsistance des habitans du Royaume. Mais mon plan, comme je l'ai déclaré plusieurs fois, n'a été que de faire connoître les priviléges & les Réglemens qui ont un rapport direct au Commerce de l'Amérique par le Port de Marseille. La pêche de la morue, quelque importante qu'elle soit pour la France, ne regarde point cette Ville. Ce sont les Armateurs du Ponent qui se sont appropriés cette utile branche de Commerce, & ils sont dignes par leur zèle, leur activité, leur habileté & leurs soins infatigables, d'être protegés dans leurs entreprises. Marseille ne concourt au progrès de ladite

LOUISIANE. pêche, que par l'entrepôt qu'elle fournit à la morue seche qui en provient, d'où elle est ensuite envoyée dans le Royaume, en Italie & en Espagne. C'est dans cette vûe que le Port de Marseille, franc & libre par l'Edit de 1669, pour les marchandises étrangeres qui y arrivent, ne peut admettre des morues seches de pêche étrangere, dont l'entrée est permise dans tous les autres Ports du Royaume. C'est une condition expresse de sa franchise, formellement déclarée par l'Arrêt de 1703, rendu en interprétation de l'Edit d'affranchissement de 1669.

Les morues vertes n'ont jamais été comprises dans cette prohibition. Elles entroient dans le Port de Marseille sans payer aucun droit, à cause de sa franchise; mais depuis la paix les encouragemens qu'on a voulu donner à la pêche françoise, ont exigé de nouveaux Réglemens à ce sujet, ainsi qu'on le voit par l'Arrêt du Conseil du 6 Juin 1763.

ARREST

DU CONSEIL D'ETAT DU ROI,

Qui rétablit les droits sur le Poisson de pêche étrangere, suivant les anciens Réglemens.

Du 6 Juin 1763.

Extrait des Régistres du Conseil d'Etat.

LE Roi s'étant fait représenter en son Conseil, l'Arrêt rendu en icelui le 7 Janvier 1671, qui auroit établi un droit de quarante livres par leth de douze barils de harengs blancs & saurs dans toute l'étendue des Côtes & Ports Maritimes du Royaume, les Arrêts des 14 Septembre 1687 & 5 Janvier 1691, par lesquels il auroit été défendu, tant aux François qu'aux étrangers, d'apporter ni faire entrer par mer ni par terre, dans aucuns Ports, lieux & passages du Royaume, même dans les Ports de Marseille & Dunkerque, du hareng autrement qu'en vrac & salé de sel de Brouage, sous peine de confiscation dudit hareng, Navires, Barques, Bâtimens, charrettes, chevaux & autres voitures, & de quinze cens livres d'amende : L'Arrêt du 4 Octobre 1691, par lequel il auroit été ordonné que les morues vertes, seches, merluches, cabillauds, stokfixs, saumons & maquereaux de la pêche des étrangers, payeroient à l'entrée du Royaume, par mer & par terre, même par la Brétagne & par les Ports de Marseille & Dunkerque; sçavoir, les morues vertes & cabillauds, douze livres par quintal; les morues seches, merluches & stokfixs, quatre livres du quintal; les maquereaux, vingt-quatre livres le leth de douze barils; & les saumons salés, quinze livres les six hambourgs ou huit barils : L'Arrêt du 6 Septembre 1701, servant de Réglement pour le Commerce avec l'Angleterre, qui auroit fixé à toutes les entrées du Royaume les droits des harengs saurs, à quatre-vingt livres le leth de douze barils; ceux de la morue seche à huit livres par quintal, & ceux des saumons salés à quarante liv. les six hambourgs ou huit barils, venant d'Angleterre, Ecoffe & Irlande : L'Arrêt du 10 Septembre 1746, par lequel il auroit été ordonné que les harengs faurs & les morues feches apportés de Hollande, & déclarés provenir de pêche Hollandoife, ne pourroient être confidérés que comme provenant de pêche Angloife, & qu'en cette qualité il feroit perçu dans tous les Ports & Bureaux des Fermes, pour droits d'entrée, quatre-vingt-livres par leth de douze barils fur lefdits harengs, & huit liv. du quintal fur lefdites morues, conformément audit Arrêt de 1701. Et Sa Majefté étant informée que les exceptions qu'Elle a bien voulu faire à ces Réglemens par des ordres particuliers, ont ouvert une route à l'Angleterre pour l'introduction de fa pêche ; que ces Réglemens, par un ufage abufif, n'ont point leur exécution dans les Ports de Dunkerque, Marfeille & Bayonne, où lefdites efpéces de poiffons viennent librement & fans payer les droits auxquels ils font impofés ; à l'exception feulement des morues féches qui, dans les Ports de Marfeille & Bayonne, font foumifes à la prohibition ou au payement defdits droits : Qu'il arrive fouvent des contestations dans la plupart des Bureaux des Fermes fur la grandeur & contenance des barils : Qu'il conviendroit de faire l'évaluation de ces barils au poids, & d'en fixer le droit au quintal ; afin que l'uniformité qui doit régner par-tout, fit difparoître les ufages qui fe font formés dans ces différens Bureaux. A quoi défirant pourvoir & remettre en vigueur l'exécution des précédens Réglemens, & en les interprétant, fixer au quintal le montant des droits, eu égard à l'efprit defdits Réglemens & à la valeur actuelle de la marchandife : Oui le rapport du fieur Bertin, Confeiller ordinaire au Confeil Royal, Contrôleur général des Finances ; LE ROI étant en fon Confeil, a ordonné & ordonne que les Arréts des 7 Janvier 1671, 14 Septembre 1687, 5 Janvier & 4 Octobre 1691, 6 Septembre 1701, & 10 Septembre 1746, feront exécutés fuivant leur forme & teneur ; en conféquence, & en les interprétant, que les harengs blancs venant de quelque pays étranger que ce foit, ne pourront entrer ni par terre ni par mer dans aucuns Ports, lieux & paffages du Royaume, ni même dans ceux de Marfeille, Bayonne & Dunkerque, autrement qu'en vrac & falés de fel de Brouage ; & que lefdits harengs blancs, les harengs faurs, morues vertes & cabillauds, morues feches & merluches, ftokfixs, faumons falés & maquereaux falés, venant pareillement de tous pays étrangers, payeront à toutes les entrées du Royaume, tant par terre que par mer, même à celles de Marfeille, Bayonne & Dunkerque ; fçavoir, les harengs blancs, dix pour cent de leur valeur, dont le droit fera fixé à vingt-quatre fols par quintal ; les harengs faurs, quatre livres par quintal ; les morues vertes & cabillauds, douze livres par quintal ; les morues féches & merluches, huit livres par quintal ; le ftokfixs, quatre livres par quintal ; les maquereaux falés, dix pour cent de leur valeur, dont le droit fera reglé à vingt fols par quintal ; les faumons falés, dix pour cent de leur valeur, dont le droit fera pareillement fixé à vingt fols par quintal, à l'exception de ceux d'Angleterre, Ecoffe & Irlande, pour lefquels le droit fera payé à raifon de trente-fix fols par quintal : dérogeant Sa Majefté à tous Arréts, Ordres, Permiffions, décifions particulieres, & ufages à ce contraires. N'entend Sa Majefté permettre l'entrée dans le Royaume de celles defdites efpéces des poiffons venant d'Angleterre, qui ne font pas nommément permifes par l'Arrêt du 6 Septembre 1701. Et fera le préfent Arrêt, exécuté nonobftant toutes oppofitions ou appellations quelconques, dont fi aucunes interviennent, Sa Majefté s'en referve & à fon Confeil, la connoiffance. Fait au Confeil d'Etat du Roi, Sa Majefté y étant, tenu à Verfailles le fix Juin mil fept cens foixante-trois.

Signé, PHELYPEAUX.

L'impofition de ce droit d'entrée dans le Port de Marfeille, quoique franc, a allarmé quelques citadins qui ont cru que cette perception

LOUISIANE. tion donnoit atteinte à la franchife accordée par l'Edit de 1669, interpretée par l'Arrêt du 10 Juillet 1703. Leur crainte me paroît mal fondée, & je penfe que la prohibition d'une marchandife quelconque, eft plus contradiĉtoire à une franchife générale, que l'admiffion de ladite marchandife moyenant un certain droit; d'ailleurs ils doivent confidérer que les franchifes accordées aux Ports de Marfeille, Dunkerque & Bayonne ne l'ont été qu'en faveur du Commerce de tout le Royaume. Si donc le bien dudit Commerce, dont la pêche fait une branche des plus intéreffantes, exige ces nouvelles impofitions, bien loin que la franchife de Marfeille en doive fouffrir, elles contribueront à l'augmentation de fon Commerce.

Il n'importe donc aux Marfeillois que de connoître les derniers Réglemens concernant les droits dûs à l'entrée du Royaume de ladite morue feche ou des huiles en provenant. Je ne parlerai point des droits fixés par le tarif de 1664 pour les Provinces des cinq groffes Fermes, ni de celui de confommation; ils ne peuvent point regarder nos Marfeillois, & cette varieté de droits, relative aux priviléges dont plufieurs Villes jouiffent, n'opéreroit que de la confufion, ou du moins une grande inutilité. Les morues feches de la pêche françoife ne font envoyées de Marfeille dans le Royaume, que pour la confommation des Provinces du Languedoc, Auvergne, Provence, Dauphiné, & Lionnois, où les droits du Tarif de la Douane de Lyon font perçus.

SÇAVOIR.

Morue feche ou merluche le cent. . 4 fols. $\Bigg\}$ 4 fols 5 d.
        2 fols pour livre. . . 5 den.

Huile de morue le cent. . . . 12 fols 6 d. $\Bigg\}$ 3 liv. 13 f. 9 d.
        2 f. pour livre. . . 1   3
Nouveaux droits. . . . . 2 liv. 10

Voyez l'obfervation ci-après fur lefdits nouveaux droits. Perfonne n'ignore que les nouvelles augmentations, font toujours enfus defdits droits, & que la table de mer eft dûe pour tout ce qui entre dans la Provence par Marfeille, fi les Citadins de ladite Ville ne juftifient avoir reçu & envoyé les marchandifes pour leur propre compte; ce qui ne peut que rarement avoir lieu pour les morues feches & les huiles qui en proviennent & qui arrivent prefque toujours à Marfeille pour le compte des Armateurs Ponentois.

T A B L E D E M E R.

Morue feche ou Merluche le cent pefant. . . . . 1 f. 3 d.
Huile de Morue. . . . . *idem.* 2 6

Le débit de ce poiffon dans Marfeille paroît inconcevable. Il y a des
années où il eft arrivé 40 Navires chargés, qui à 4000 quintaux l'un
dans l'autre, font 160000 quintaux, dont le prix commun à 15 liv.
le cent, produit. . . . . 2,400,000 liv.
Chaque Navire porte également, l'un dans l'autre,
25 barriques d'huile de Morue de 500 liv. pefant. Total
1000 bariques à 120 liv. piéce ci. 120,000

      Somme totale, ci. . . . . . 2,520,000 liv.

La pêche de l'Ifle Royale, dit Cap-Breton, avoit reçu beaucoup plus
de faveurs que celle faite aux Bancs de Terre-Neuve; la morue, foit
verte, foit feche, ainfi que l'huile qui en provenoit, ne payoient aucuns
droits d'entrée dans le Royaume en vertu des Arrêts du Confeil rendus
à cet effet; le dernier eft du 2 Avril 1754 pour dix années; mais pourquoi
rappeller les titres d'un bien que nous avons donné?

O B S E R V A T I O N.

Les huiles de poiffon, ainfi que les morues feches de la pêche françoife, payent les droits du Tarif de la Douane de Lyon fufmentionnés;
mais les huiles qui proviennent defdites morues font exemptes des nouveaux droits, étant deftinées pour la confommation du Royaume. Cette
exemption a été accordée fucceffivement par divers Arrêts de dix en dix
années, jufqu'au prémier Octobre 1756, que par Arrêt du 18 Octobre
1757, elle eft continuée jufqu'à ce qu'il en foit autrement ordonné.
Les mêmes huiles deftinées pour l'étranger en traverfant le Royaume,
ne jouiffent point de ladite exemption.

ARREST

DU CONSEIL D'ETAT DU ROI,

Qui proroge l'exemption des droits établis par l'Edit du mois d'Octobre 1710, & la Déclaration du 21 Mars 1716, sur les huiles de Baleine, Morue & autres Poissons provenant de la pêche des Sujets du Roi, jusqu'à ce que par Sa Majesté il en soit autrement ordonné.

Du 18 Octobre 1757.

Extrait des Registres du Conseil d'État.

LE Roi s'étant fait représenter l'Arrêt de son Conseil du 18 Mai 1751, par lequel Sa Majesté auroit ordonné que les huiles provenant des baleines, morues & autres poissons pêchés par ses Sujets, & apportées dans les différens Ports de France sur des Vaisseaux François, & déclarées pour être consommées dans le Royaume, seroient & demeureroient déchargées pendant les six années du Bail de Jean-Baptiste Bocquillon, des droits ordonnés par les Edits des mois d'Octobre 1710 & Août 1714, & par la Déclaration du 21 Mars 1716, en observant les formalités prescrites par ledit Arrêt : Et Sa Majesté étant informée qu'il importe à l'avantage & à l'encouragement de la pêche de ses Sujets, de continuer encore ladite exemption, qui a cessé d'avoir lieu au prémier Octobre 1756, à quoi voulant pourvoir : Vû sur ce les représentations des Négocians de la Rochelle ; le Mémoire en réponse des Fermiers-Généraux, cautions de Pierre Henriet, Adjudicataire des Fermes Générales unies, ensemble l'avis des Députés du Commerce : Oui le rapport du sieur de Boullongne, Conseiller ordinaire au Conseil Royal, Contrôleur Général des Finances : LE Roi étant en son Conseil, a ordonné & ordonne qu'à compter du prémier Octobre 1756, l'exemption des droits ordonnée par l'Arrêt du Conseil du 18 Mai 1751 sur les huiles provenant des baleines, morues & autres poissons pêchés par les Sujets de Sa Majesté, & apportées dans les différens Ports de France sur des Vaisseaux François, & déclarées pour être consommées dans le Royaume, continuera d'avoir lieu jusqu'à ce que par Sa Majesté il en soit autrement ordonné, & en observant les formalités prescrites par ledit Arrêt du 18 Mai 1751. Enjoint Sa Majesté, aux sieurs Intendans & Commissaires départis dans les Provinces & Généralités du Royaume, de tenir la main à l'exécution du présent Arrêt, qui sera lû, publié & affiché par-tout où besoin sera. Fait au Conseil d'Etat du Roi, Sa Majesté y étant, tenu à Versailles le dix-huit Octobre mil sept cens cinquante-sept.

Signé, PHELYPEAUX.

Je termine cet Article de la Louisiane par le rapport d'un Arrêt du Conseil du 24 de Juin 1743, concernant le Commerce réciproque des Isles Françoises de l'Amérique, de l'Isle Royale & du Canada, jusqu'au prémier Janvier 1737. J'ignore s'il y a eu quelque prorogation à ce sujet. J'ai déja fait remarquer que la Louisiane jouit des faveurs accordées au Canada ; par conséquent ledit Arrêt appartient à son Commerce.

ARREST

DU CONSEIL D'ETAT DU ROI,

Concernant le Commerce reciproque des Isles Françoises de l'Amérique, de l'Isle Royale & du Canada.

Du 24 de Juin 1743.

Extrait des Registres du Conseil d'Etat.

LE ROI s'étant fait représenter les Arrêts de son Conseil des 31 Décembre 1726 & 2 Avril 1737, par le prémier desquels, rendu sur la Requête des Négocians & Armateurs des Isles du Vent, Sa Majesté, pour lier un plus grand Commerce entre le Canada, l'Isle Royale & les Isles du Vent de l'Amérique, a ordonné que les marchandises du crû desdites Isles du Vent, qui seroient destinées à être transportées à l'Isle Royale, seroient & demeureroient déchargées du droit de poids d'un pour cent, & ce pendant le tems de dix années, à commencer du prémier Janvier 1727 ; que celles du crû desdites Isles destinées tant pour ladite Isle Royale, que pour le Canada, seroient & demeureroient déchargées du droit de trois pour cent du Domaine d'Occident, qui se perçoit sur les denrées & marchandises du crû des Colonies, ensemble du droit de quarante sols par quintal sur les sucres qui seroient envoyés desdites Isles, & par le second desdits Arrêts, Sa Majesté a continué lesdites exemptions pendant dix autres années à commencer du prémier Janvier 1737 ; & Sa Majesté jugeant nécessaire, pour l'avantage du Commerce des Isles Françoises de l'Amérique & celui des habitans des Colonies du Canada & de l'Isle Royale, de rendre les dispositions desdits Arrêts communes pour lesdites Isles Françoises de l'Amérique ; à quoi voulant pourvoir, vû sur ce le consentement des Fermiers-Généraux. Oui le rapport du Sieur Orry, Conseiller d'Etat ordinaire, & au Conseil Royal, Contrôleur Général des Fi-

LOUISIANE. nances, LE ROI étant en son Conseil, a ordonné & ordonne que les marchandises du crû des Isles Françoises de l'Amérique, qui seront destinées pour être transportées à l'Isle Royale, seront & demeureront déchargées jusqu'au prémier Janvier 1747, du droit de poids d'un pour cent; que celles du crû desdites Isles, destinées tant pour ladite Isle Royale, que pour le Canada, seront & demeureront déchargées pendant ledit tems, du droit de trois pour cent du Domaine d'Occident, qui se perçoit sur les denrées & marchandises du crû des Colonies, ensemble du droit de quarante sols par quintal sur les sucres qui y seront envoyés desdites Isles. Fait au Conseil d'Etat du Roi, Sa Majesté y étant, tenu à Versailles le vingt-quatre Juin mil sept cent quarante - trois.

Signé, PHELYPEAUX.

COMMERCE

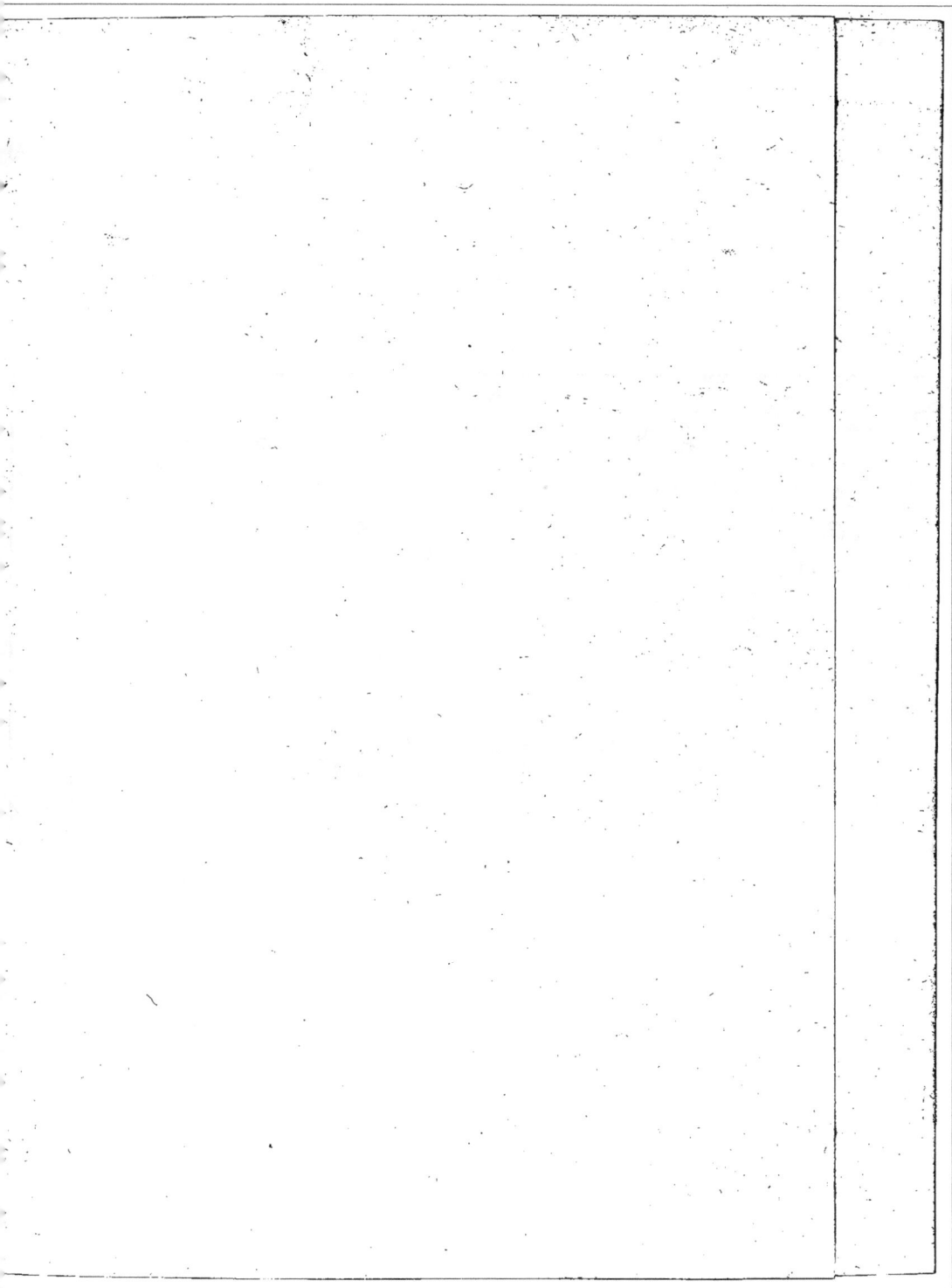

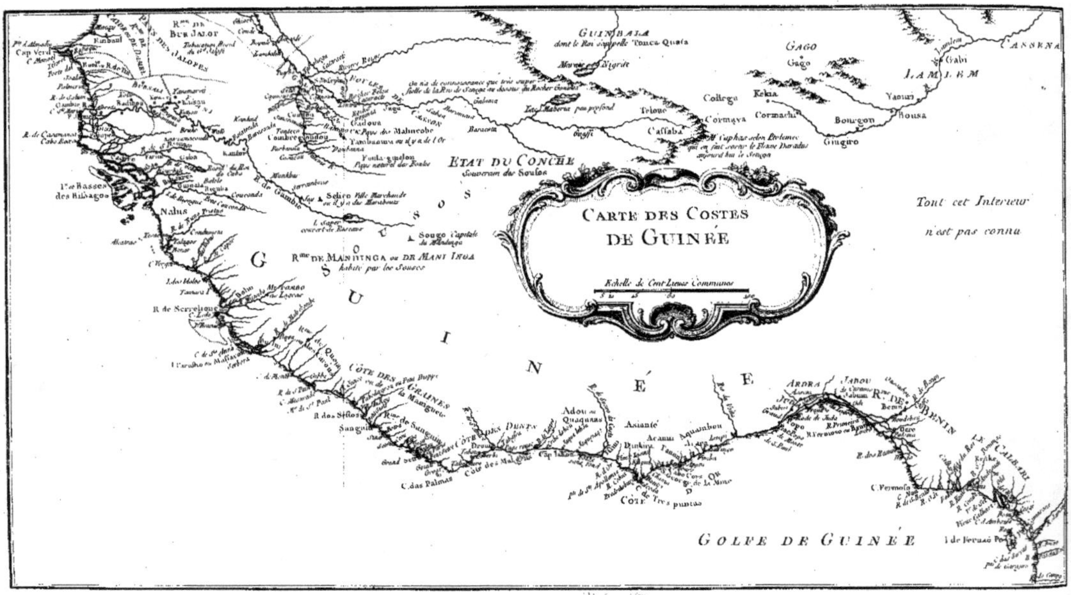

GUIMBALA
dont le Roi s'appelle Touca Quata

GAGO
Gago

GABU
L'ANSENA

Rme DE BUR JALOF

I. A M I E M
Yanuri
Thousa

PAYS DES JALOFS

Collego
Kekia
Corinqua
Cormacti

Bougon
Giugiro

CARTE DES COSTES DE GUINÉE

Echelle de Cent Lieues Communes

Tout cet Interieur
n'est pas connu

ETAT DU CONCHE
Souverain du Soulou

I.re et BASSES des Bissagos

Nalus

G O S

G U I N É E

Rme DE MANDINGA ou DR MANI INGA
habité par les Sousos

Rme DE MANDINGA

R. de Serrelione

É E

ARDRA
JABOU

BENIN

CÔTE DES GRAINES

C. das Palmas
Cote des Malaguet

Adou
ou
Quaquana
Asiante
Acanii
Aquambou
Bunkin

COTE Tres puntas

LA CALBARI

C. Vermeio

GOLFE DE GUINÉE

I. de Fernão Po

COMMERCE

DE

GUINÉE.

L E commerce de Guinée feroit entierement étranger au but que j'ai en vue, qui eft de faire connoître à nos Armateurs de Marfeille pour les Ifles Françoifes de l'Amérique, en quoi confifte cette branche de commerce, & les conditions que le Roi y a attachées, qu'aucun Commerçant ne doit ignorer, fi la néceffité de fournir à nos Colonies naiffantes un nombre fuffifant d'hommes vigoureux & capables de travailler au défrichement des terres, n'avoit comme légitimé parmi nous l'ufage reçu chez d'autres peuples d'acheter des Efclaves en Afrique. L'expérience des grands avantages qui réfultent d'un commerce fi fingulier & fi affligeant pour l'humanité, a fait oublier infenfiblement les motifs qui le faifoient excufer dans fon principe, & les habitans de l'Amérique fe font fi bien accoutumés à fe faire fervir par des Efclaves, que le feul doute, fi l'efclavage peut être admis dans le Chriftianifme, & s'il ne repugne point à la juftice & à la liberté que l'homme tient de Dieu, leur paroit d'un ridicule outré. Je ne déciderai point une queftion fi intéreffante & fi contefée. Mon jugement d'ailleurs ne compteroit pour rien dans une fi grande affaire. Je me contenterai d'être fidéle Hiftorien & exact Rapporteur de ce qu'ont dit & penfé divers Grands Hommes à ce fujet, lorfque je ferai obligé d'en parler. Ce font les Réglemens relatifs à la Traite des Noirs, (c'eft ce qu'on entend aujourd'hui par commerce de Guinée) que je dois faire connoître, & non pas fi ce commerce eft fondé fur la juftice. Avant d'en parler, j'eftime qu'il eft raifonnable de faire une briéve defcription du pays qui eft le centre de cette branche de commerce, & de donner une idée des mœurs & des coutumes de fes habitans. Ce font des préliminaires néceffaires pour parler de leur

Tom. II. T

GUINÉE. commerce. Il faut connoître le local, qui eſt le terme de nos voyages & les uſages de ceux avec qui on doit traiter pour agir avec prudence & n'être point dupe d'un peuple qui paroit ignorer juſqu'au nom
de juſtice. Voici la méthode que je ſuivrai : 1°. Deſcription de la Guinée. 2°. Mœurs & Coutumes de habitans de la Guinée. 3°. Commerce
de la Guinée.

DESCRIPTION DE LA GUINÉE.

L'Afrique moins vaſte que l'Aſie, mais plus étendue que l'Europe,
contient un grand nombre de Royaumes, dont à peine nous
connoiſſons les noms de la plûpart de ceux qui ſont éloignés des côtes. C'eſt une grande preſqu'Iſle environnée de l'Océan, de la Méditerranée & de la Mer rouge, qui ne tient à l'Aſie que par une langue de terre de 25 lieues, nommée l'Iſthme de Suez. Les Grecs n'en
ont connu que les côtes de la méditerranée & la moindre partie des
terres qui ſont dans l'intérieur & qu'ils appelloient Lybie. Sa poſition ſous
l'Equateur, avoit fait imaginer qu'elle étoit inhabitable & que ni les
animaux, ni les plantes ne ſçauroient vivre & croître dans une terre
calcinée ſans interruption par les ardeurs d'un ſoleil brûlant. Ce préjugé fit à peu près le même effet pour fixer la curioſité des anciens
Géographes, que notre croyance de l'impoſſibilité des Antipodes pour
retarder nos voyages dans le Nouveau Monde. Les Latins ont appellé
cette troiſième partie de l'ancien Continent, Afrique, & toute l'Europe ne la connoît que par ce nom, ſans qu'on puiſſe en donner une
raiſon plauſible. Car de vouloir avec l'Hiſtorien Joſeph, qu'Afer petit-
fils d'Abraham, ou Afer fils d'Hercule, ſuivant quelques Mythologiſtes,
ſoient les fondateurs des peuples Africains, qui par reconnoiſſance ont
conſervé leur nom, ce ſont des imaginations inſoutenables, puiſque
les Turcs, les Arabes, les Indiens, les Grecs, &c. la connoiſſent
ſous d'autres noms, & que tous ces peuples ayant plus fréquenté l'A-
frique que nous, devoient par conſéquent mieux ſçavoir l'origine de ſon
nom. Quoiqu'il en ſoit, je laiſſe aux Sçavans ces ſortes de diſputes,
& ſans entrer dans le détail immenſe des différentes Nations de ce vaſte
pays, ni dans l'examen des bizarres Gouvernemens qui y ſont établis, des productions naturelles à chaque Contrée & de cette multitude innombrable d'animaux ſinguliers & de monſtres, qui ſemblent
s'être réunis dans les déſerts de l'Afrique & ont fait ſurnommer monſ-
trueuſe cette partie du monde, je paſſerai à la Guinée qui eſt le ſeul
pays qu'il importe à nos Marchands de connoître relativement au
commerce de la poudre, d'or & à la Traite des Noirs que je me
propoſe d'expliquer. Mais auparavant je ferai quelques obſervations ſur
la quantité prodigieuſe de toutes ſortes d'animaux extraordinaires que
l'Afrique nourrit, qui étonne les uns & fait murmurer les autres.

Notre ignorance nous fait souvent trouver merveilleux , ce qui n'est que l'effet nécessaire de simples causes. La bénédiction donnée à l'homme & aux animaux de remplir la surface de la terre en se multipliant chacun selon son espéce , s'effectuera jusqu'à la consommation des siécles , parce que la parole de Dieu est efficace. En conséquence tout ce qui a vie , se reproduira par la vertu continuée de la puissance Créatrice , sans que la raison humaine puisse jamais pénétrer dans ces opérations inéfables , dont elle ne connoît que le grossier méchanisme. Je fais cette réfléxion , pour humilier l'orgueil de quelques faux Sçavans , qui s'é-levent contre tout ce que leur foible intelligence ne peut comprendre , eux qui ne peuvent point concevoir l'inexplicable génération du plus chetif insecte , & qui sont forcés de garder un morne silence dans la reproduction admirable du plus petit arbrisseau , dont le moindre bourgeon renferme réellement plus de plantes , que n'en pourroient contenir cent millions de terres cent millions de fois plus grandes que la nôtre. Que devient leur folle présomption vis-à-vis l'herbe la plus mé-prisable qu'ils foulent aux pieds ? Et cependant ils osent élever la voix , pour demander de quelle utilité peut être la grande variété des bêtes féroces repandues dans l'Afrique , comme si leur ignorance pouvoit leur donner le droit de quereller les œuvres du Très-Haut , & que la suprê-me sagesse eut besoin de justifier ses desseins dans la création de l'U-nivers , en le soumettant à l'approbation de la créature. Elle s'est jouée , pour ainsi dire , en animant le néant , & en donnant l'existance à une multitude indéfinie d'êtres , qui tous en leur langage , bénissent leur Créateur & manifestent sa gloire.

Il est vrai que l'homme sera toujours un être inconcevable pour tous ces nouveaux Philosophes qui fermeront les yeux à la lumière de la révélation , & s'obstineront à faire de ridicules objections sur l'origine de notre prémier Pere. Un reste de grandeur qui se manifeste à tra-vers l'abîme de nos miseres , fait assez connoître que nous ne som-mes pas tels que nous avons été crées , & qu'il faut qu'il y ait une cause d'un changement si surprenant. Le prémier homme a été créé dans l'innocence. Admettre le contraire , est une impie absurdité , & c'est une aussi grande absurdité que de supposer qu'il ait été livré aux calamités qui l'environnent & l'accablent , pour ainsi dire , sans qu'il ait mérité de perdre les prérogatives de son prémier état. Ainsi quel-que inconcevable que paroisse la chute de nos prémiers parens , sans cette chute nous serions encore beaucoup plus inconcevables. La prévarication de ce prémier homme , est la fatale époque de la malédiction donnée à la terre , dont les effets sont aussi étonans , qu'humilians. L'homme juste & innocent n'auroit point connu les infirmités , ni toutes les mi-seres auxquelles il est sujet , & la terre n'auroit produit que ce qui auroit pû lui être utile & agréable ; mais devenu par son crime indi-gne même de la vie , Dieu dans sa miséricorde ne la lui a laissée pour

GUINÉE. un tems , qu'afin que par l'exercice de la vertu , il puiffe mériter. de rentrer dans fes prémiers droits.

Dans l'état d'innocence, l'Univers étoit , & auroit continué d'être un jardin délicieux : mais dès que l'homme eft coupable , la même parole qui avoit appellé la terre du fond du néant , l'a couverte de ronces & d'épines , & de toute forte d'infectes. Sa fécondité a été comme fufpendue , & les animaux ont ceffé d'être foumis à l'homme & ont fui fa préfence. Heureux encore l'homme , s'il fçait connoître le prix de cette punition , qui en lui procurant un exercice continuel, lui fournit les moyens de s'humilier & d'implorer les bontés du Ciel par la médiation de celui qui a bien voulu fe faire homme pour fanctifier l'homme. Tout paroît incompréhenfible dans ce prémier crime, l'énormité de fa malice , fes fuites funeftes , & les deffeins d'un Dieu vengeur & miféricordieux en même-tems dans la reparation qu'il exige. Une réflexion bien confolante , & qui doit animer notre reconnoiffance , c'eft que quelque ingrate que foit la terre , quelques importuns que foient les infectes & quelques révoltés que foient les animaux , nous pouvons par notre travail & nos réflexions , faire un ufage utile de toutes ces chofes, & convertir les plus pernicieufes en remédes falutaires.

L'expérience fait découvrir chaque jour dans les chofes les plus viles de merveilleufes propriétés pour guérir ou foulager les miferes de l'homme , & l'étude de la nature en découvrira de nouvelles. La vipere fi redoutable , eft encore plus utile que dangereufe , & les poifons les plus fubtils , ont été changés en de falutaires remédes , à mefure que la connoiffance s'en eft dévelopée. Qu'on ceffe donc de murmurer & de prendre fon ignorance pour la régle de fes jugemens ; qu'on écoute fa raifon, qu'on la fuive , elle ne s'égarera jamais , tant qu'elle fera dans la dépendance de la raifon fouveraine qui l'éclaire. Oui , l'Afrique fourmille de toutes fortes de bêtes féroces , & cela doit être ainfi, tout ce qui a vie fe multipliant en raifon de la fécondité accordée à chaque efpéce.

Les hommes , après le déluge univerfel fe choifirent les habitations les plus convenables à la culture des terres & à la nourriture des troupeaux , & à mefure que les familles augmentoient, de nouvelles Colonies formoient d'autres établiffemens plus éloignés , & infenfiblement par progreffion de tems , toute l'Afie fe trouva peuplée ; & de l'Afie , de nouvelles Colonies pafferent en Europe & en Afrique. Les bêtes fauvages s'étoient auffi multipliées , & s'étoient difperfées de tous côtés. Il fallut leur déclarer la guerre pour leur faire abandonner des demeures dont elles avoient pris poffeffion fans trouver aucun obftacle. Cette guerre déclarée aux animaux nuifibles à la fociété ; forma les prémiers Héros de l'Antiquité , & une folle reconnoiffance en fit des demi Dieux. Ils auroient véritablement mérité de juftes louanges, fi le courage, l'intrepidité & l'adreffe à dompter des animaux dangereux, ne leur avoient infpiré la fureur de fubjuguer & reduire en fervitude leurs concitoyens & leurs freres. Les animaux, ainfi pourfuivis & chaffés des lieux nouvellement habités par les hommes, fuyoient & fe refugioient dans les déferts les plus reculés, d'où pourfuivis de nouveau, ou périffoient de la main des vainqueurs, ou fe précipitoient dans les flots pour éviter la mort. C'eft ainfi que les Ifles de l'Amérique ont fervi d'afile à certaines efpéces d'animaux qu'on y trouve avec abondance, & qui n'auroient pû y arriver par tout autre voye, fi le nouveau continent a été toujours féparé de l'ancien. On doit donc concevoir maintenant, que la famille de Noé ayant habité l'Afie, cette partie du monde a été la prémiere peuplée, que par conféquent les bêtes fauvages ont été contraintes de paffer ailleurs, & que de-là elles fe font repandues en Europe & en Afrique. Nous voyons préfentement que le Nord de l'Europe, malgré le froid exceffif qui y regne, eft rempli de bêtes féroces, parce que les hommes n'ont pas voulu s'établir dans un climat fi rigoureux; & s'il fe trouve quelques familles refugiées dans ces déferts, c'eft une force majeure qui les y a contraintes; d'où il eft aifé de conclurre que l'Afrique, dont la chaleur favorife la multiplication, ayant été eftimée inhabitable après avoir reçu partie des animaux chaffés de l'Afie, en doit être remplie extraordinairement. Aujourd'hui même que l'ancien préjugé n'empêche plus de voyager dans la Zone-Torride & de former des établiffemens fous la Ligne, on trouve encore des efpaces de plus de cent lieues entierement déferts, où toutes fortes d'animaux vivent & multiplient fans aucun obftacle. Voilà la raifon pourquoi ils font fi communs en Afrique & continueront de l'être jufqu'à ce que cette partie du monde foit auffi peuplée que les autres.

Ceux qui étudient la nature, remarquent avec quelque furprife que l'Afrique & l'Amérique nourriffent certaines efpéces d'animaux qu'on ne trouve point en Afie ni en Europe, & que les efpéces que ces deux dernieres parties renferment, & qui fe trouvent dans les deux prémieres, different en groffeur & en couleur; ce qui pourroit faire penfer que ce ne font pas les mêmes efpéces. Je pourrois leur repondre que les efpéces qui ont péri dans une partie du monde, ont été confervées dans une autre, & qu'il n'y a jamais eu néceffité que la même efpéce fe repandit dans les quatre parties du monde, qu'il n'y a rien là que de naturel, & qu'il fuffit, pour que la parole du Créateur aye fon effet, que les efpéces fe perpétuent, n'importe en quelle partie du monde. Mais qu'à l'égard des differences qu'on croit obferver entre certaines efpéces de l'Amérique & de l'Afrique ou de l'Europe & de l'Afie, je prie mes Lecteurs de confidérer que l'expérience feule fuffit, pour apprendre aux plus ignorans que les plantes d'une même efpéce qui croiffent dans le même territoire, varient felon la

fol ou l'expofition. Deux arbres fruitiers plantés vis-à-vis au Nord ou au Midi, donnent des fruits de différente groffeur, de différente couleur & d'un goût & d'une qualité différentes. Il ne doit donc pas paroître bien merveilleux que les mêmes efpéces d'animaux qui fe font repandus fur toute la terre, ne fe reffemblent pas tous parfaitement. Nous venons d'en voir la raifon, & ce feroit leur reffemblance en tous points qui devroit nous furprendre. Mr. de Buffon dans fon Hiftoire Naturelle affure, 1°. que les animaux du Nouveau Monde font moins gros, moins actifs & moins variés, que dans les autres parties de l'ancien Continent.

Je fuis fâché de contredire ce Philofophe; mais l'évidence m'y force. Toutes les rélations que nous avons de nos poffeffions dans l'Amérique, nous difent le contraire. Nous voyons plufieurs efpéces d'animaux plus gros, plus forts & plus variés que par tout ailleurs; il y en a auffi qui font plus petits, & la chofe doit être ainfi, la nourriture & le climat n'étant pas les mêmes dans cette vafte étendue de pays.

2°. Que les hommes y font plus petits & moins vigoureux, & que la population y eft moindre par un manque de vertu & de force dans les organes, &c.

Autre erreur: le contraire a fait fouvent rougir nos voyageurs. Je n'ai point fait l'examen inutile que je fuppofe qu'a fait Mr. de Buffon; on n'en pourroit rien conclurre. La petiteffe qu'il a imaginée dans les organes (car je ne fçaurois croire qu'il en ait vu un grand nombre) ne fçauroit influer dans la décifion de la préfente queftion. On pourroit en conclurre le contraire. Je m'en tiens aux rélations, & je vois que les Américains font plus forts & plus vigoureux que nous; je vois auffi que le Mexique étoit une pepinière d'hommes, & fi d'autres Contrées n'ont pas été également peuplées, j'en trouve la caufe dans la pareffe des habitans à cultiver la terre, ou dans leur maniere de vivre, dans leur paffion pour la chaffe, & dans leur fureur de fe combattre & de fe détruire les uns les autres.

3°. Que la plûpart des animaux qui vivent dans la Zone-Torride d'Afrique, ne fe trouvent point dans la Zone-Torride de l'Amérique.

Hé bien! cette efpéce d'animaux n'y a pas paffé; car veut-on conclurre que le climat, fuivant qu'il eft chaud ou froid, produit certaines efpèces d'animaux? Il n'y a qu'un Telliamed qui puiffe avancer de fi abfurdes reveries, fuppofé que ce n'aye point été un badinage de fa part. Il feroit à fouhaiter que le ferieux de Mr. de Voltaire à nous débiter un fyftême fi oppofé à la Philofophie, n'eut à effuyer qu'un femblable reproche; il y revient trop fouvent, pour être paffé fous filence; j'en parlerai ailleurs. Le climat ne fçauroit rien engendrer, il n'eft propre qu'à procurer une fermentation, & à faciliter le dévelopement & l'accroiffement.

4°. Que les Américains n'avoient point fçu apprivoifer les animaux les plus doux , avant que les Européens fiffent des établiffemens dans le Nouveau Monde , & que c'eft une preuve qu'il n'y avoit point parmi eux de fociétés.

On ne difpute pas des faits ; or nous fçavons que les Américains avoient non-feulement l'art & la patience d'apprivoifer les animaux que nous appellons doux , mais encore des ferpens monftrueux. Nous fçavons qu'il regnoit dans le Mexique une police & un ordre qui ne fçauroient fe trouver que dans une fociété. En voilà affez pour éclaircir ces petites difficultés, qui n'en font plus , dès qu'on fait partir tout ce qui a été créé du point où Dieu l'a placé dans la formation du monde , ainfi qu'il a bien voulu nous en inftruire par fa divine parole.

La Guinée renferme plufieurs Etats dans le milieu de l'Afrique, & elle fe divife en feptentrionale & méridionale. La Guinée feptentrionnale, contient les Royaumes d'Ouale , des Foules , de Galam , &c. & la Guinée méridionale , renferme les Royaumes ou Républiques de Malaguete , de Benin , de Juda , Dardre & la Guinée propre.

Notre commerce ne fe fait que le long des Côtes ; & par commerce de Guinée , nous n'entendons pas feulement le Royaume de ce nom , mais tout l'efpace des Côtes de la mer qui fe trouvent depuis la riviere de Sierra Liona ou Leona , comme nous prononçons en François , jufqu'au Cap de Bonne-Efpérance.

Sierra Liona ou montagnes de la Lionne , ainfi appellées parce que les vagues de la mer qui fe brifent fur les écueils qui font auprès , imitent le rugiffement des Lions. C'eft le nom auffi d'une riviere qui fe jette dans la mer au même endroit , & d'un Royaume qui confine la Guinée depuis le Cap de Verga , jufqu'au Cap Tagrin. Si ces montagnes avoient été connues des Grecs ou des Latins , elles auroient certainement reçu le nom d'Olimpe , comme le féjour le plus convenable à leur Jupiter foudroyant , à caufe de la continuité des éclairs dont leur fommet ne ceffe d'être enflammé , & des effrayans tonnerres qui retentiffent bien avant dans la mer. Il eft furprenant que les Phyficiens n'ayent pas encore effayé d'en expliquer la caufe. Les terres fituées au bas de ces montagnes , font d'une fertilité qui tient du prodige. Les figuiers , les orangers , les vignes , les palmiers , le coton , le bois rouge qu'on peut employer fix fois de fuite pour la teinture , le poivre ordinaire , le poivre long , fupérieur à celui des Indes , &c. y viennent fans culture ; la cire eft commune , & l'ambre gris n'y eft pas rare. L'intérieur du pays fournit de belles dents d'éléphans , de riches mines d'or & de fer , & ce qu'on a peine à croire , c'eft une grande roche de criftal dans la montagne de Machamala , dont nombre de Colonnes que la feule nature a formées & qui font fufpendues de haut en bas , raifonnent comme des cloches en les frappant feulement du doigt. Le pays eft abondant en finges de différentes efpéces , & que les habitans du pays employent à divers ouvrages, paroissant avoir plus de docilité & de conception que les autres, & ne marchant que sur les pieds de derriere. On rapporte que l'huile de palmier mêlée avec le marc du vin, fait du savon de toute beauté & bonté, & que notre savon de Marseille ne sçauroit lui être comparé. C'est une expérience que quelque curieux ne tardera pas de faire ; & que sçait-on si notre huile d'olive, mêlée avec le marc de notre vin, ne pourroit pas former une nouvelle espéce de savon, plus utile que celui que nous consommons, & qui ne seroit pas si cher ? Les Anglois avoient bâti un Fort dans une Isle de la riviere de Sierra Liona ; les Hollandois les en chasserent en 1664.

Le Cap de Bonne-Espérance, le plus long & le plus dangereux qu'on connoisse, situé dans le pays des Cafres sur l'Océan Ethyopien, longitude 37, 45. latitude méridionale 34, 40, est un promontoire du côté du Midi de l'Afrique, entre le Cap de Ste. Luce & le Cap des Eguilles. La mer est si orageuse en cet endroit, que les pilotes jusqu'en 1487 croyoient qu'ils feroient infailliblement naufrage, s'ils ne s'éloignoient d'un endroit si dangereux. Barthelemi Diaz Portugais découvrit ce Cap la même année ; mais désespérant de le pouvoir doubler, il le nomma le Cap des Tourmentes. Vasquez de Gama, autre Portugais, osa en 1498, malgré la fureur des vagues, passer outre & le doubler. Il ouvrit par-là un chemin par mer pour aller aux Indes Orientales, où il pénétra lui-même jusqu'à Calicut. Ce fut à cause de la réussite de ce voyage, qu'EMMANUEL, Roi de Portugal, le nomma Cap de Bonne-Espérance, parce qu'en le doublant on pouvoit arriver facilement aux Indes. Les chaleurs y seroient fort grandes, si elles n'étoient tempérées par un vent frais qui ne manque pas de souffler chaque jour, ce qui rend le climat assez doux. Le Printems commence en Octobre, par conséquent l'Eté en Janvier, l'Automne en Avril, & l'Hiver au mois de Juillet. Le pays est fertile, & tout ce qui est nécessaire à la vie, même le bled, y croît avec abondance.

Les Hollandois ont un Fort à cinq bastions sur la pointe qui domine la mer. Il leur sert pour faire payer un tribut, en forme de péage, à tous les Navires qui passent devant. Outre ce Fort, ils ont divers établissemens dans la plaine ; mais ce qui merite notre admiration & qui devroit été imité pour l'avantage de l'humanité chez toutes les puissances bien policées, est le grand jardin de la Compagnie Hollandoise, dans lequel tous les plus curieux arbres & les plantes les plus rares de l'univers, se trouvent réunies. Il est divisé, comme la terre, en quatre parties, en Asie, Europe, Afrique & Amérique, & toutes les plantes curieuses & naturelles à chacune de ces parties du monde y sont cultivées. Si tous les climats ne peuvent point seconder une pratique si utile, l'art & les soins peuvent y suppléer quelquefois. Nous en avons un exemple dans la culture du cafféyer du jardin Royal de Paris. Malgré le froid qui lui est si contraire, on a sçu l'en garantir,

&

& lui faire produire du fruit , qui a fervi à enrichir nos Colonies dans les Antilles d'une nouvelle culture dont le commerce monte à des fommes fi confidérables , qu'il feroit difficile de les calculer. Il eft certain que plufieurs jardins dans différents climats , comme celui du Cap de Bonne-Efpérance , faciliteroient la communication de quantité de fruits & de plantes qui nous font encore inconnus. J'ai une idée que je veux developer pour l'avantage de la fociété. Il me fuffit d'être homme, pour rechercher avec empreffement tout ce qui intéreffe l'humanité. Dieu a créé l'homme & les animaux dans un lieu déterminé de l'Afie. Le climat différoit néceffairement de ceux qui approchoient de l'équateur & des poles ; cependant les hommes & les animaux fe font repandus par toute la terre , & y vivent à peu près également , quoique dans des climats fi oppofés. Il femble donc qu'il devroit en arriver de même pour les plantes , dont cependant certaines périffent tranportées dans un pays trop chaud , & d'autres ne peuvent réfifter à un trop grand froid. D'où vient cette différence ? Eft-elle effentielle à la nature de la végétation de certaines plantes ? Je penfe que c'eft un bonheur pour la fociété , que chaque pays aye fes productions naturelles & particulieres , & que la Providence a établi ce moyen pour lier enfemble tous les peuples de la terre , en les rendant dépendans les uns des autres , & en les obligeant à fe fecourir mutuellement par des échanges reciproques ; mais je penfe auffi qu'un très-grand nombre de plantes refifteroit au changement de climat , fi la tranfmigration fe faifoit de proche en proche pour les accoutumer infenfiblement à une autre nourriture & à un autre air , & qu'il n'y a pas plus d'inconvéniens à craindre de cultiver les plantes de l'Afie fous l'équateur & dans la Zone Glaciale , que d'y faire vivre les hommes & les animaux , & que fi aujourd'hui on tranfportoit des Lapons dans l'Ethyopie , ou des Ethyopiens dans la Laponie , les uns & les autres ne refifteroient pas plus à cette tranfmigration , que les plantes des pays fi oppofés. D'où je conclus que le changement des hommes & des animaux , n'a point été fubit , qu'il s'eft fait infenfiblement , & que s'il en étoit ufé de même pour les plantes , on ne feroit plus étonné de cueillir dans nos jardins les précieufes épiceries des Indes. Les hommes ne fe font éloignés de leur prémiere demeure , qu'autant que le nombre s'étant accru , il fallut cultiver de nouvelles terres. Cet éloignement n'a pas été d'abord confidérable , & par conféquent la différence du climat a été prefque imperceptible ; le tempérament s'y eft fait , & à mefure que les animaux ou les hommes fe font approchés peu à peu ou des poles ou de l'équateur , ils ont été comme accoutumés par leur naiffance à habiter ces pays. Si donc on tranfplantoit les arbriffeaux qui croiffent fous la ligne au 10 degré de latitude , & qu'après qu'ils auroient été comme naturalifés dans ce climat moins chaud , on en cultiva au 15 degré , dans la fuite du tems nos defcendans en orneroieut leurs jardins, & leurs arrieres petits enfans les pourroient cultiver dans le Nord. La qualité des fruits varieroit suivant les degrés de chaud ou de froid ; mais l'espéce se trouveroit par tout la même. C'est ici une opération longue, & dont la réussite dépend de l'écoulement de plusieurs siécles. Toute terre ne peut pas tout produire. Cette vérité a passé en proverbe. Les sels nécessaires à la nourriture de quelques plantes, n'ont été placés par la main bienfaisante du Créateur, que dans certaines Contrées. Envain les chercheroit-on ailleurs. Ce que je veux dire, ne regarde que le changement de climat, pouvant se trouver les mêmes sels dans les terres polaires, que sous l'équateur, & ce n'est que par l'expérience que nous connoîtrons les propriétés de chaque terrein. Nous résistons au froid de notre Hyver & à la chaleur de notre Eté, parce que nous passons insensiblement d'une saison à l'autre. Usons-en de même pour les plantes. On éprouve chaque jour qu'un homme trempé de sueur, qui seroit placé dans une glaciere, périroit dans l'instant, parce que le changement auroit été subit. Les montagnes de Paramos, près de l'Orénoque dans la Zone-Torride, sont toujours couvertes de neige à cause de leur hauteur extraordinaire. Le froid est si vif & si pénétrant sur leur sommet, que les hommes & les animaux y expirent subitement, & que leurs corps restent sans mouvement & ne souffrent même aucune altération. La chose ne doit pas surprendre : le passage est trop prompt d'un air très-chaud à un froid excessif. Ce qui doit surprendre, est le raisonnement de l'Auteur de l'Histoire de l'Orénoque (le Pere Joseph Gumilla Missionnaire) lorsqu'il raconte sérieusement que les montagnes de Paramos se trouvant beaucoup plus élevées que notre athmosphere, les nuées qui sont par-dessus, sont frappées d'un vent froid, & les vapeurs converties en neige, comme s'il pouvoit y avoir des nuées au-dessus de l'athmosphere. Il suffit d'avoir rapporté ce sentiment, pour en montrer le peu de solidité.

Etablissons donc dans divers climats soit de l'Asie, soit de l'Afrique, soit de l'Europe, des jardins comme celui de la Compagnie Hollandoise au Cap de Bonne-Espérance ; faisons passer les arbres & les plantes successivement par ces différens entrepôts, & nous ne serons plus surpris de posséder ce que nous n'aurons jamais sans ces précautions. Je ne prétends point faire entendre par ce raisonnement que toutes les plantes & tous les arbres pourront résister à cette transmigration. Je crois qu'il y en a à qui le froid ou le chaud seront toujours mortels ; mais je crois aussi qu'un grand nombre que nous ne connoissons que de nom, nous recompenseroit de nos peines & de nos soins.

Je reviens à la Guinée ou plutôt aux côtes comprises entre la riviere de Sierra-Liona & le Cap de Bonne Espérance, le long desquelles les Portugais, les Hollandois, les Anglois, les Danois & les Brandebourgeois, &c. ont divers établissemens. Notre Compagnie de

Senegal, ou plutôt Senega, avoit des poſſeſſions dans ce Royaume &
le long du Fleuve dudit nom, contigues de Sierra Liona dont je ne
parlerai pas ici, non plus que de l'Iſle Maſcaregne, connue aujour-
d'hui par l'Iſle de Bourbon. La Compagnie Royale pour le Commerce
d'Afrique, ne regarde pas la branche de Commerce que je traite ici ;
elle auroit dû être nommée compagnie pour le Commerce de la côte
de Barbarie, encore n'en comprend-elle qu'une petite partie, le Cap-
Negre, le Baſtion de France & les lieux en dépendants. Le privilége
exclufif de ce Commerce, a appartenu pendant long-tems à la Compagnie des Indes, juſqu'au mois de Janvier 1731, qu'il fut cedé à
une focieté de Négocians de Marſeille. J'explique dans un autre ouvrage
en quoi confiſte ce privilége exclufif, s'il eſt avantageux à l'Etat, &
quelles ſont les marchandiſes que la Compagnie y envoie & qu'elle fait
venir en France. Je ne me repeterai pas. (a)

C'eſt une opinion généralement reçue parmi nous, que la Guinée a
été entierement inconnue de nos anciens. Sa poſition dans la Zone
Torride, préciſement ſous la ligne, la faiſoit regarder comme inhabitable, & la crainte de n'être reduit en charbon, fut une bariere
impénétrable pour les plus curieux voyageurs. Du côté de la mer,
d'autres obſtacles en empêcherent la découverte. Les vagues y ſont
continuellement courouées avec une fureur incroyable, & le Pilote le
plus hardi au ſeul bruit de leur mugiſſement, reculoit épouvanté. D'ailleurs l'ancienne navigation, avant la découverte de la Bouſſole, n'oſoit
entreprendre des voyages de long cours, ſa timidité lui permettoit rarement de perdre les côtes de vûe. Cependant ſi nos anciens avoient
voulu raiſonner, ils auroient ſecoué un préjugé que leur propre expérience contrediſoit, puiſqu'ils voyoient journellement des Ethyopiens qui
habitent ou dans la Zone Torride, ou aux environs, d'où ils auroient
dû conclurre que l'ardeur du ſoleil pouvoit faire devenir noir ; mais que
les hommes y vivoient comme ailleurs. Il étoit même naturel de défirer de connoître particulierement un pays ſi ſingulier, pour s'aſſurer
ſi la chaleur faiſoit une pareille impreſſion ſur les animaux, les arbres
& les plantes. Leur pareſſe leur a ſervi d'excuſe, & le préjugé a étouffé
le raiſonnement. Ce ne fut qu'en 1346, que quelques Normands,
(c'eſt à eux à qui nous ſommes redevables de nos prémieres découvertes dans l'ancien & le nouveau monde) oſerent ſurmonter l'impé-
tuoſité des flots qui ſe briſent ſur les côtes de la Guinée. Ils traiterent
avec les naturels du pays, & continuerent leur Commerce pendant
plus de 60 ans avec un avantage qui les dédommageoit bien amplement des dangers qu'ils avoient ſçu ſurmonter, puiſque pour les plus
chetives quincailles, ils recevoient en échange de la poudre d'or, des

_____

(a) Cet Ouvrage n'eſt pas encore imprimé. Il y aura bien des choſes à ſup-
primer à cauſe de la ceſſion du Senegal.

V ij

dents d'Elephant, des Epiceries, du coton, du ris, &c. Ces Normands devoient être Dieppois. Le nom de petit Dieppe qu'ils donnerent en 1364 à la côte des Greves, qu'elle conserve encore aujourd'hui, en eſt une preuve parlante. C'eſt à ce prémier Commerce que la Ville de Dieppe doit partie de ſon luſtre. Perſonne n'ignore que l'abondance des dents d'Elephans, excita l'induſtrie de ſes habitans à travailler l'yvoire, & que c'eſt depuis cette époque, qu'on trouve chez elle toutes ſortes d'aſſortimens d'ouvrages en yvoire auſſi propres que curieux. Les guerres intérieures & civiles ſous les regnes de Charles VI & VII, interrompirent notre navigation, & laiſſerent profiter aux Portugais de tous les avantages de nos découvertes. Ces derniers y envoyerent des vaiſſeaux en 1410 & s'emparerent des débris du Commerce François. En 1481 Diego de Azambuja bâtit le Fort St. Georges, qui ne reſta que 23 ans au Royaume de Portugal. En 1604 les Hollandois en chaſſerent les Portugais, & les forcerent de s'enfermer dans les terres, & de leur abandonner toute la partie maritime. Les Anglois s'y établirent peu après, & c'eſt de l'or qu'ils trouverent dans le pays, qu'ils firent fabriquer en Angleterre une monnoie qui fut appellée Guinée, & qui n'a plus changé de nom. Elle vaut 21 ſchelings.

Pour éviter la confuſion dans ce que je me propoſe de dire des côtes de la Guinée, c'eſt-à-dire chaudes ou ſtériles, le mot de Guinée ſignifiant l'un & l'autre, je ſuivrai le même chemin que feroit un Navire François qui iroit de la riviere de Sierra-Lionna, au Cap de Bonne Eſperance; il toucheroit d'abord à la côte de Malaguete, appellée par les François côte des Greves.

COTE DE MALAGUETE, *OU* MANIGUETE.

Elle comprend un eſpace d'environ 60 lieues de France, depuis Rio-Sanguin, juſqu'au Cap des Palmes. Les lieux les plus fréquentés, ſont Tomba ſur la riviere de Sierra-Lionna, Geſtra-Crou, Seſtra-Crou, Wapo, Batou, Grand-Seſtre, Petit-Seſtre, Gayan, &c. J'ai rapporté plus haut l'établiſſement du Petit Dieppe, & la cauſe pourquoi les François n'avoient pû continuer leurs voyages. Cette côte eſt nommée Malaguete, Maliguete, ou Maniguete, de Malega ancienne Ville auprès de laquelle on recueilloit une grande quantité de Maniguete, en françois graine de Paradis ou poivre de Guinée; c'eſt une eſpéce de cardamome. Le véritable vient de Comagene, d'Armenie, du Boſphore, de l'Inde & de l'Arabie. Le grand cardamome ou graine de Paradis, croît dans des gouſſes preſque ſphériques, produites par un arbriſſeau qui ne s'élève pas à plus de trois pieds de hauteur. Ces gouſſes renferment des graines quarrées, angulaires, blanches en dedans, rougeâtres en dehors, d'une odeur aromatique & d'un goût mordicant , de la groffeur de la graine de chenevis. Ses propriétés font à peu près les mêmes que celles du poivre. Le pays eft arrofé par un grand nombre de ruiffeaux , qui rendent les baffes terres très-fertiles ; mais en même tems mal fain. Les arbres y viennent gros , & entretiennent une humidité fi malfaifante , qu'il eft rare que les natutels du pays paffent cinquante ans dans les endroits qui en font couverts. Le reméde eft bien fimple ; il n'y auroit qu'à abattre une partie de ces arbres pour faciliter la circulation de l'air. Le principal Commerce eft en Efclaves , & depuis le Cap de Sierra-Lionna appartenant aux Anglois, jufqu'au Cap de Bonne Efpérance qui eft à la Hollande , le principal négoce & le terme des voyages des Chrétiens de l'Europe , confiftent dans l'achat de ces miférables peuples , pour les tranfporter dans les Colonies de l'Amérique. Les Efclaves les moins eftimés font ceux de la côte de Malaguete.

COTE DES DENTS *OU* D'YVOIRE.

Il n'eft pas befoin d'expliquer pourquoi la côte qui fuit celle de Malaguete , eft appellée des dents. Le Commerce qu'on y fait de dents d'Elephans, le fait connoître. L'intérieur du pays en fournit une grande quantité , foit que la chaffe des Elephans foit plus du goût des habitans , foit que cet animal y multiplie d'avantage & aille mourir dans les bois , où les dents fe trouvent en abondance. (Voyez l'hiftoire des voyages.) Les Ports les plus fréquentés font Tabo, Berby, Grand-Drouin, Petit-Drouin , Tao , &c. La riviere de Swera-d'Acofta fur laquelle fe trouve la Ville de Jamo , fepare la côte des dents de la côte Dor.

COTE DOR.

Les Portugais ayant trouvé des mines d'or dans ce pays , l'appellerent Côte d'Or. Ces mines font peu abondantes , & ne font pas éloignées de la mer. L'efpérance de trouver de plus riches mines , détermina Jean II Roi de Portugal, à bâtir au Port le plus prochain un Fort nommé de la Mine , & que fa dévotion à St. George fit furnommer le Fort de St. George. Les Hollandois l'ont enlevé aux Portugais, je l'ai déja dit. Les Anglois y ont la Fortereffe de Capo-Corfo , & les Danois celle de Chriftiansburg. Les autres Ports fréquentés des Européens, font Axime , près du Cap des Sept-Pointes , Cormentin , Mourée , &c. Les Hollandois ont auffi un Fort dans le Royaume de Fetu , qui mériteroit plutôt le titre de Jardin , à caufe de fa fertilité & de fa petiteffe. Ce Royaume n'a qu'environ quinze lieues de tour. Il eft vrai qu'il n'y a point de terrein inculte , & que les recoltes y font abondantes; mais ce qui le rend plus remarquable & doit lui faire trouver une place ici, c'eft la Ville du même nom du Royaume, affez grande & bien peuplée, qui fert de marché public pour la vente des Efclaves de prefque toute la Côte. L'empreffement eft réciproque des Chrétiens à les acheter, & des Puiffans du pays à vendre leurs compatriotes, trop foibles pour réfifter à leur violence.

BARRE DE JUDA.

C'eft-ainfi qu'on appelle la côte d'un petit Royaume que les François nomment Juda, les Anglois Juida, & les Hollandois Fida, de la longueur tout au plus de 15 lieues. Ce nom de Barre lui a été donné à caufe d'un banc de fable qui s'y trouve à trois quarts de lieue des terres. Il y régne un vent continuel & extrêmement violent qui rend la navigation d'autant plus dangereufe, qu'il n'y a pas fix pieds d'eau dans toute l'étendue de la Barre. Auffi il eft rare que les canots traverfent cette efpace fans faire capot, tant les vagues font irritées. Les Navires fe tiennent au large & attendent le fecours des Naturels du Pays pour faire ce trajet.

La population d'un pays eft toujours en raifon de fa fertilité ou de l'induftrie de fes habitans: d'où il faut conclurre que le petit Royaume de Juda, qui n'a que 15 lieues de côtes & environ dix lieues en avant dans les terres, doit être un terrein exceffivement fertile, puifqu'il nourrit une fi grande multitude d'hommes, que le Roi léve facilement parmi fes Sujets une armée de 200000, & que toute leur induftrie eft bornée à la vente des Efclaves; nouvelle preuve de fa fécondité. Car s'ils font du Royaume de Juda, il faut que la multiplication en foit prodigieufe, & s'ils font des prifonniers enlevés aux ennemis du voifinage, ces Nations voifines doivent faire des prifonniers à leur tour. Ainfi quels que foient ces Efclaves, dès que la vente dure depuis fi long-tems, preuve certaine de la fertilité du pays. La Capitale, qui eft la réfidence du Roi & de la Cour, n'eft qu'à trois lieues & demi de la mer. On la nomme Sabie, je n'ofe pas l'appeller Ville, elle ne mérite pas ce nom. Ce n'eft qu'un amas de cabanes plutôt que de maifons, fans alignement de rues & fans commodités. C'eft pourtant là où les Européens tiennent leurs comptoirs & entrepofent les Efclaves qu'ils achetent. Les feuls François & Anglois ont un Fort dans le Village de Gregoné, par lequel il faut paffer pour aller de la mer à Sabie, & qui en eft à demi chemin.

ROYAUME D'ARDRA.

En quittant la Barre de Juda, on entre dans le Royaume d'Ardra beaucoup plus étendu que le précédent ; mais qui s'avançant dans les terres, n'a presque point de côtes, ce qui la fait regarder par nombre de Voyageurs comme une Province de celui de Benin, dont je parlerai bientôt. La Capitale porte le même nom, distante de la mer d'environ douze lieues. C'est une Ville bâtie dans toutes les régles, & quoique les murailles ne soient faites qu'avec de la terre, elles sont aussi solides que celles de pierre ; ce qui ne doit point surprendre, parce que le grain de cette terre, plus fin que notre argile, est changé en brique par la cuisson qu'en fait le soleil lorsqu'elle a été détrempée, ce qui forme des murailles d'une seule pierre. Les arbres y sont élevés, & par leur verdure continuelle, rendent les promenades très-gracieuses. Même Commerce d'Esclaves ; car il semble que la couleur noire est un titre à la couleur blanche pour en faire le principal objet de son trafic. Ceux d'Ardra sont très-estimés, parce qu'ils sont plus actifs, plus intelligens, mieux faits, & plus robustes que dans les pays dont je viens de parler. Le Roi du pays qui s'imagine être le plus puissant Monarque du monde, à cause de son pouvoir absolu sur ses Sujets, & de leur profonde soumission, ravi d'admiration des merveilles qu'il entendit raconter du glorieux régne de Louis le Grand, crut que l'alliance d'un si grand Roi lui seroit honorable. En conséquence il choisit Matheo Lopez qu'il envoya en 1670 au Roi de France, en qualité d'Ambassadeur, pour lui demander son amitié & lui donner des assurances de la protection qu'il accordoit au Commerce des François, qu'il avoit affranchi des impositions accoutumées. Cet Ambassadeur avoit avec lui trois de ses enfans, trois de ses femmes & plusieurs Esclaves. Un spectacle si nouveau à la Cour de France, divertit beaucoup dans le commencement par sa singularité ; mais on ne tarda pas à être convaincu que les Noirs ne different des Blancs que par la couleur, qu'ils sont des hommes comme nous, & que l'esprit ne leur manque pas. Les Navires expédiés pour Ardra, mouillent dans une anse nommée la Praye, où ils sont à l'abri des vents & où les Esclaves sont amenés pour être embarqués.

ROYAUME DE BENIN.

Quelque vaste que soit ce Royaume, le plus grand de toute la Guinée, puisqu'il renferme nombre d'autres petits Royaumes qui sont tributaires du Roi de Benin, & quoique le golfe St. Thomas, fasse partie de ſes côtes , cependant les Européens n'y font qu'un médiocre Commerce , qui eſt abandonné aux Hollandois. Les Beninois , mieux civiliſés que les autres Nations de la Guinée , ne ſe contenteroient pas de nos petites merceries. Ils cultivent eux-mêmes les arts , & connoiſ-ſent le prix de nos ouvrages. Le mal ne ſeroit pas grand , ſi les échan-ges étoient d'une valeur proportionnée ; mais les deux choſes que nous ambitionnons le plus , ne s'y trouvent pas , les Eſclaves & l'or. Le pays n'a point de mines , & il n'eſt pas permis de vendre les hom-mes pour l'eſclavage. Il eſt vrai que les femmes ne ſont pas com-priſes dans cette défenſe ; ſans doute qu'elles y ſont trop nombreuſes , à cauſe qu'elles ne ſont point choiſies parmi les victimes humaines qui ſont ſacrifiées à la mort d'un Grand du pays. Auſſi quand on a beſoin de femmes pour peupler quelque Colonie , c'eſt à Benin qu'on va en faire l'emplette. Elles ſont bien faites & d'une humeur douce. On ne les vend , comme je viens de dire , que parce qu'il y en a trop. Les autres marchandiſes du pays ſont des étoffes de coton , de l'yvoire , du jaſpe , du corail , des peaux de Leopard , &c. Ils eſtiment l'écarlate , les bijouteries , les ſoiries , les ouvrages de cuivre & de fer , &c. La Capitale a donné ſon nom au Royaume. Elle eſt ſituée auprès de la rivière Formoſa long. 26. lat. 7 , 40. C'eſt une grande Ville , bien policée ; les rues y ſont droites , larges , & les maiſons bâties régulie-rement. Les habitans ſont d'une propreté exceſſive. Ils lavent & frot-tent ſi ſouvent leurs maiſons , que les murailles brillent comme des glaces.

Tous les pays que nous avons parcourus juſques ici , ſont partie de la Guinée , quoique ſous des noms différens. Le Congo même eſt ap-pellé par les Portugais , Baſſe Guinée. En ce ſens , la Guinée com-prendroit toutes les côtes , depuis Sierra-Liona juſqu'à la Cafrerie , con-tigue au Cap de Bonne Eſperance. Le Congo avoit autrefois pluſieurs Royaumes ſous ſa dépendance , qui après bien des révolutions ſe ſont affranchis de tout tribut. Nous ne connoiſſons encore ce vaſte pays qu'im-parfaitement. Il y a ſi peu de profit à retirer , & trop de riſques à courir , pour que notre curioſité ſoit excitée à entreprendre des voyages dans les différentes Provinces ou Royaumes , ſi on veut les appeller ainſi , qui ſont éloignées de la mer. Les mœurs ſont ſi différentes des nôtres , que ſuivant les apparences , il faudra bien du tems pour en avoir une exacte carte topographique. Son étendue du côté de la mer a plus de 500 lieues , & plus de 750 en s'avançant dans les terres , ayant l'équateur preſque au milieu. La population y eſt prodigieuſe , d'où on doit inférer combien eſt grand le nombre de Royaumes , Ré-publiques & autres petits Gouvernemens qui compoſoient l'Empire de Congo. Tout détail eſt étranger à mon plan ; il n'y a que les côtes que nous ſoyons intéreſſés à connoître , relativement au Commerce des Eſclaves que nous y faiſons. Je me borne même aux lieux principaux

que

que nous fréquentons , & qui font les entrepôts de cette finguliere mar-chandife. En fuivant toujours la côte , on entre dans le Royaume de Loanga , & en traverfant celui de Congo , on arrive au Royaume d'Angola.

ROYAUME DE LOANGA OU LOVANGO.

Il y a un grand nombre de petits Ports & d'anfes fur la côte de Loanga , & où les Navires peuvent fe réfugier dans un tems de tem-pête. Andonidy , Bodi , Moniba , Corefco , Cap - Lopez & Majamba , font les plus renommés. Tous ces lieux ont de gros Villages très-peuplés , qui peuvent fournir les vivres néceffaires , c'eft-à-dire , les vivres dont ufent les naturels du pays , bien differens des notres , mais que la né-ceffité fait trouver bons. Les Capitaines des Navires ne doivent point s'y arrêter pour acheter des Efclaves , ils en trouveroient peu. Ce n'eft qu'aux lieux que fréquentent les Européens , où ils doivent efpérer de faire leur chargement. L'affurance de les vendre avautageufement , les y fait conduire de tous côtés. Le Port de Majamba eft affez bon , à une lieue & demi de Buri ou Loango , Capitale du Royaume , & la réfidence du Roi , long. 29 , 15 latit. 5. Les Negres y font vigoureux & d'une belle taille. Ils fe piquent extrêmement de parure , & quelques uns ont confervé un refte de Chriftianifme , dont ils fe glorifient en-core , quoiqu'ils menent une vie qui lui eft fi oppofée. Malenba autre Capitale du petit Royaume de Cacongo , fur la riviere de Zaire , four-nit avec abondance toutes les marchandifes du pays. Les habitans ne s'occupent que du Commerce. Ils ramaffent toutes les marchandifes dans des magafins , pour en fournir les Navires qui arrivent d'Europe , qui peuvent par ce moyen choifir celles qui leur conviennent.

ROYAUME DE CONGO.

La riviere de Zaire , fert aujourd'hui de limites au Royaume de Congo. La prémiere Ville maritime qui fe préfente , porte le nom d'une grande Province appellée Angot ; elle a auffi des magafins d'Ef-claves. On paffe devant Puida , pour arriver à Sogno , petite ville mal bâtie , & dont la population repond à la ftérilité d'un terrein fec & fabloneux. Cette côte feroit déferte , fi la quantité de fel qui fe forme naturellement dans un grand nombre de petits lacs qui s'y trouvent , n'attiroit les habitans du reftant de la Province de Sogno , pour en faire les provifions qu'ils vont vendre dans les Royaumes voifins. Entre Sogno & Bamba , la riviere de Dauda fe jette dans la mer. Cette ri-viere èft large & profonde ; les bords font couverts de verdure. La

X

GUINÉE.   pêche qui y eſt très-abondante , a fait former pluſieurs villages à une
certaine diſtance , & ſi la crainte des crocodilles , des hipopotames &
autres monſtres marins, n'empêchoit les habitans de s'établir ſur les
bords, ce ne feroit qu'un amas de maiſons. Bamba eſt une ville conſidérable , mieux bâtie que les autres villes du Congo , grande , très-
peuplée , & l'entrepôt de toutes les marchandiſes , non-ſeulement de
la Province de Bamba , mais encore des Provinces voiſines. Le Commerce y fait la principale occupation des habitans , qui ne font pas
moins induſtrieux que laborieux. Il y a peu d'Eſclaves à y acheter. On
n'en ſera pas ſurpris , quand on ſçaura que le Chriſtianiſme y eſt la
Religion dominante , ainſi que dans tout le Congo. C'eſt aux Portugais
que tous ces peuples ſont redevables de la connoiſſance de l'Evangile.
Ce fut en 1484 , que Jean II , Roi de Portugal , envoya Diego Ca-
marriva ſur les côtes d'Afrique , pour les reconnoître & y faire quelques établiſſemens. Il fit bâtir un Fort auprès de l'embouchure de la
riviere de Zaire , d'où faiſant paſſer dans les terres des Prédicateurs
zélés pour annoncer à ces barbares la Loi de JESUS-CHRIST , la plupart abandonnerent leurs ſuperſtitions & reçurent le baptême. Dieu
benit les ſuccéſſeurs de ces pieux Miſſionnaires , & la Loi de l'Evangile s'étendit de tous côtés. Le Roi & un grand nombre de ſes Sujets,
crurent également en JESUS-CHRIST ; & la genéroſité des Portugais ,
acheva de vaincre ce qui reſtoit d'incrédules. On raconte que quelques
Nations barbares (il feroit difficile d'en trouver d'autres dans ces contrées) ayant réuni leurs forces contre le Roi de Congo , elles étoient
entrées dans ſes Etats , & qu'après les avoir ravagés , l'avoient contraint lui-même de s'expatrier & de ſe réfugier dans une Iſle déſerte.
Dans cette extrêmité , ce Roi infortuné envoya demander du ſecours
à Sebaſtien Roi de Portugal , qui fit partir tout de ſuite François Gorea
avec un Regiment & un train d'Artillerie. Le bruit du canon & ſes ter-
ribles effets , épouvanterent ſi fort cette armée de bandits , qu'ils n'oſerent pas même ſe défendre. Ceux qui eurent encore aſſez de force
pour marcher , prirent la fuite ; les autres ſe rendirent à diſcrétion.
C'eſt ainſi que la tranquillité fut retablie dans le Royaume de Congo ,
& que le Roi , qui prit le nom d'Alvarez , remonta ſur ſon trône. Pénétré d'une vive reconnoiſſance , il offrit ſon Royaume au Roi de Portugal , & ſe déclara ſon vaſſal. La réponſe du Roi de Portugal (qu'en
qualité de frere & d'ami , ſes armées ne ſçauroient être mieux employées qu'à ſa défenſe , que tous les Rois de la terre ſe devoient un
ſecours mutuel , que le petit ſervice qu'il lui avoit rendu lui étoit très-
honorable , & que s'il avoit pû par-là mériter ſon amitié , il en étoit
bien dignement recompenſé) lui gagna le cœur du Roi & de tous ſes
Sujets. Des-lors les Portugais eurent plus d'autorité dans le Royaume
de Congo , que s'ils en avoient été les poſſeſſeurs. Ils firent tous les
établiſſemens qu'ils voulurent , & qu'ils jugerent néceſſaires à leur Com-

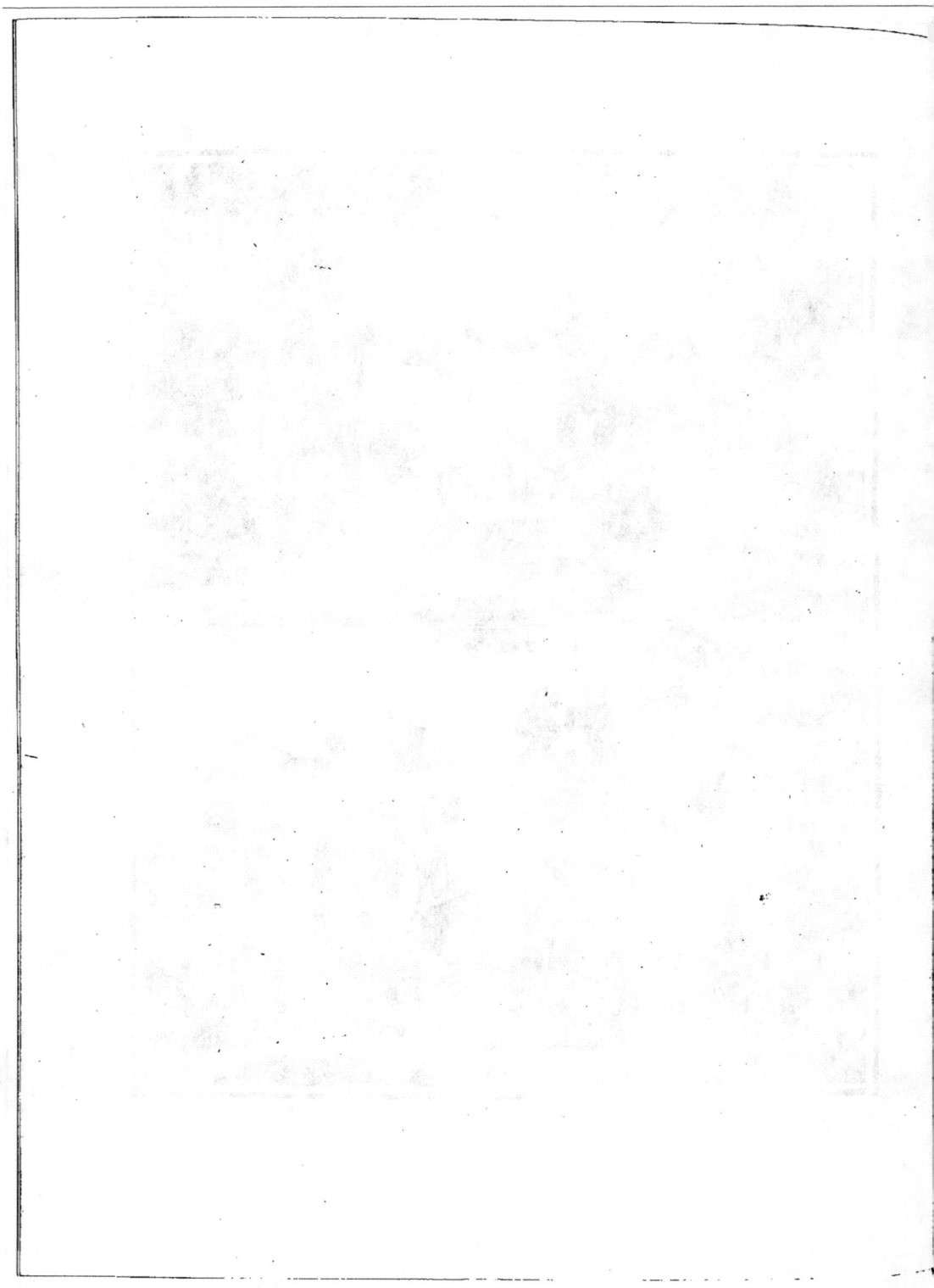

merce. Ils découvrirent de nouveaux pays dans la Cafrerie , & firent connoître le Chriſtianiſme à des peuples dont les mœurs paroiſſoient y être un obſtacle invincible , tant la Religion de J. C. a d'efficace pour changer les cœurs les plus pervertis. Il y a encore dans la Ville de Congo , connue auſſi ſous le nom de Saint Salvador , réſidence du Roi , un Evêque Portugais , ſuffragant de Lisbonne. La force des armes ſubjugue & fait garder le ſilence pour un tems La terreur diſſipée , les prémieres paſſions reprennent leur empire , & chacun ſuit ſon penchant. Il faut des exemples comme celui de Sebaſtien , pour perſuader & être perpétué dans la mémoire des hommes. On gagne les cœurs par les bienfaits ; c'eſt la véritable maniere de perſuader.

ROYAUME D'ANGOLA.

La Capitale d'Angola , eſt Loanda , dit St. Paul , long. 3 , latitude 8 , 45., dans une petite Iſle du même nom appartenant au Portugal , Ville grande , bien peuplée , dont la moitié occupée par les Blancs , a des maiſons régulieres , bâties à l'Européenne avec des murailles de pierre à chaux & à ſable. La citadelle eſt des mieux fortifiées , le Port y eſt vaſte & à l'abri des vents , & le Commerce y eſt floriſ-ſant en denrées & marchandiſes des Royaumes circonvoiſins , & parti-culierement en Eſclaves Angolois & Cafres , preſque tous idolâtres ; ces derniers d'une pareſſe inconcevable. Les Navires Européens n'ont pas beſoin d'y faire un long ſéjour pour parfaire leur chargement. Qu'on juge de la quantité prodigieuſe qu'il doit y en avoir dans la Ville , par le nombre que les Jeſuites , qui y faiſoient les fonctions de Curé , en avoient à leur ſervice & qui paſſoit 2000. Je voudrois pouvoir aſſurer qu'ils n'en ramaſſoient tant , que pour les convertir ; car des Religieux qui doivent être plus parfaits que le commun des Chrétiens , rougi-roient de vendre des hommes , eux à qui tout autre Commerce eſt interdit. L'Evêque d'Angola , ſuffragant de Lisbonne , fait ſa réſi-dence à Loanda. Les palmiers donnent des dattes excellentes. Les féves le millet , les oranges & toutes ſortes d'arbres fruitiers , y viennent preſ-que ſans culture ; mais l'eau y eſt ſaumatre , & les étrangers , qui ne ſçauroient s'y accoutumer , ſont obligés d'en faire venir d'aſſez loin. En avançant le long de la côte , on trouve le Port de Coanza , qui n'eſt pas éloigné de l'embouchure de la riviere du même nom. Les Jagos habitent la côte depuis Coanza juſqu'à Cabul , peu-ples méchans , vivant ſans police & ſans loix , & que l'exemple de leurs voiſins n'a pû encore apriviſer. Cabul eſt un petit Port de mer dans une anſe où les Vaiſſeaux trouvent un azile dans la tempête. Peut-être lui a-t-on donné ce nom , à cauſe de quelque reſſemblance dans ſa poſition avec un autre Cabul , Capitale du Cabuliſtan en Aſie.

X ij

ROYAUME DE BENGUALA.

Les Portugais ont confervé le titre de Royaume, au pays de Benguala, qui eſt une petite Province dépendante d'Angola, & qui auroit dû être abandonnée à cauſe de ſa ſtérilité, du mauvais air & de ſes mauvaiſes eaux, ſi la gloire de poſſéder des Royaumes éloignés, ſe meſuroit ſur l'utilité qui en revient. La Ville de St. Philippe ou de Benguala, merite tout au plus le nom de Village. Les maiſons n'y ſont bâties qu'avec de la boue, mêlée avec de la paille, & quoiqu'il y aye un Fort, & que les montagnes fourniſſent quelques mines d'argent, les Portugais ne doivent pas beaucoup la regretter depuis que les Hollandois la leur ont enlevée, les mines étant d'un ſi médiocre revenu, que les frais de l'exploitation abſorbent le produit ; & le Portugal trouvera facilement dans les vaſtes poſſeſſions qui lui appartiennent quelque lieu aſſez déſert pour y envoyer les malfaiteurs & les criminels que l'on veut châtier en leur conſervant la vie ; car la Ville de Benguala ne ſervoit qu'à cet uſage. En avançant vers la Cafrerie, on trouve Bahia-Farſa, Cap Negre & Vichbay.

LA CAFRERIE.

Les Européens n'ont point encore oſé pénétrer dans cette vaſte région, dont les côtes ont près de 1200 lieues de long, depuis Vichbay juſqu'à la riviere de Cuama, dont l'embouchure eſt dans le golfe de Sofala, vis-à-vis l'Iſle de Madagaſcar. Pour peu qu'on connoiſſe la carte, on doit ſçavoir que le Cap de Bonne-Eſpérance occupe le milieu de ces côtes, dont la moitié enviſage la mer des Indes, & l'autre moitié la mer de Guinée, ſi on conſent à donner ce nom à la partie de l'Océan qui baigne les terres compriſes entre le Cap de Sierra-Liona & le Cap de Bonne-Eſpérance. Les déſerts affreux, les montagnes eſcarpées & le grand nombre de bêtes féroces dont le pays eſt rempli, ſont une preuve qu'il n'eſt pas encore bien peuplé. L'idée que les habitans ſont antropophages, éloignera à jamais les voyageurs de cette contrée. Les côtes qui ſont dans la mer des Indes, ſont la plûpart connues & fréquentées par les Européens qui y font un commerce avantageux ; mais celles de la mer de Guinée, n'étant ſuceptibles d'aucune eſpéce de commerce, ſont regardées comme dangereuſes, & les Navires les évitent avec ſoin, ſoit qu'effectivement les Capitaines y trouvent du riſque, ſoit que les Navires ſoient entraînés au-delà par les courans des eaux. Les relations des voyageurs nous repréſentent ces côtes comme déſertes ; & à l'exception de quelques Nations peu nombreufes, qui fe détruifent mutuellement, & qui vivent en Sauvages, elles ne renferment aucune particularité qui puiffe influer au progrès de notre commerce. Les principales de ces Nations, en continuant la route que nous tenons, font les Cimbehais, les Namguas, les Griguigas & les Hotentots. Les lieux les plus connus de toutes ces côtes, font Golfo-Frio, Port St. Ambroife, les Montagnes pointues, Angra de Ilheos, Roftro da Pieda, Angra Pequina, Ilheos Secos, Baye Ste. Heleine, Baye de Saldagne, Baye de la Table. A tous ces noms, il eft facile de connoître que ce font les Portugais qui les ont mis. Angra eft la capitale de l'Ifle Tercere, & Ilheos eft dans le Bréfil; la répétition de ce nom en fait connoître les Auteurs. Quelques étendues que foient ces côtes, elles nous font trop inconnues pour m'y arrêter d'avantage, & puifque nous ne pouvons y faire aucun commerce, une plus longue defcription feroit infructueufe, & devient étrangere à mon fujet.

MŒURS DES NEGRES.

Je fuivrai le même chemin que j'ai tenu dans le peu que je me propofe de dire fur les ufages & les mœurs des Négres, en commençant par le Cap de Sierra - Liona. En général les Affricains font plus corrompus que les hommes des autres parties du monde. La perfidie, la cruauté, l'impudence, l'irréligion & l'intempérance, femblent avoir étouffé chez eux tous les principes de la Loi naturelle & les remords de la confcience; exemple terrible de la corruption de l'homme laiffé à lui-même. Mais de tant de Nations barbares qui font répandues dans cette prefqu'Ifle, les Noirs fans contredit font la plus vicieufe. Leurs ufages font fi extravagans & fi déraifonnables, que leur conduite jointe à leur couleur, a fait douter pendant un tems, s'ils étoient véritablement des hommes iffus du prémier homme comme nous, tant leur férocité & leur animalité, (qu'on me paffe ce terme) les faifoient reffembler aux bêtes les plus fauvages, & même les mettoient au-deffous; car les lions & les tigres, par une impreffion qui leur eft naturelle, épargnent leurs femblables & n'en font jamais leur nourriture; au lieu qu'on a vu de ces infortunés peuples, fe nourrir de leurs freres & dévorer leurs propres enfans. La couleur des Noirs ou des Négres, a fait enfanter nombre de fyftêmes qui fe font évanouis avec leurs inventeurs. Le Philofophe dans fes curieufes recherches a fait preuve de la foibleffe de fes lumieres, & quoique le monde ait été livré à fes difputes, fa raifon bornée ne concevra que bien peu des véritables caufes des chofes les plus communes qui font dans le monde, & dont il ufe journellement; il n'en connoîtra fouvent que le méchanifme le plus groffier, & toute fa pénétration n'aboutira qu'à former des conjectures. C'eft ce qui eft arrivé à l'égard de la couleur des

GUINÉE. Négres : on en a beaucoup difputé, fans que perfonne aye pu en donner encore des raifons fatisfaifantes. Je ferai quelques obfervations à ce fujet fans prétendre décider la queftion. Je connois ma foibleffe, & je n'ignore pas qu'il y a de la témérité à vouloir paroître plus fage qu'il ne faut. Mr. de Voltaire a voulu auffi donner fa décifion, il s'eft égaré comme les autres ; mais ce n'eft pas ici le lieu de démontrer la fauffeté de fon fyftême de l'exiftence de plufieurs efpéces d'hommes.

Les Négres primitivement étoient les peuples qui habitoient les deux côtés du fleuve Niger, entre la Zaara & la Guinée. Leur couleur noire, a fait donner le même nom aux Noirs des contrées voifines, & infenfiblement à tous les Noirs, de forte qu'aujourd'hui Négre & Noir font fynonimes. L'ufage des peuples Négres de fe vendre les uns les autres, & le commerce qu'en font prefque toutes les Nations Européennes, ne choque point aujourd'hui, parce que les préjugés de la naiffance & de l'éducation, nous accoutument à ce négoce inconnu à nos Peres. La queftion eft cependant difficile ; je ne prétends point la réfoudre. Je me contenterai de faire quelques obfervations fur ce qu'on penfe aujourd'hui de l'efclavage des Noirs, & fi le commerce que toute l'Europe fait d'Efclaves, ne repugne point au Chriftianifme, après que j'aurai dit un mot des ufages & des mœurs des Négres des différens pays que nous venons de parcourir. Cette connoiffance fervira aux Capitaines qui feront néceffités de traiter avec eux.

SIERRA LIONA.

Les habitans de Sierra Liona ne font pas véritablement Noirs. Il paroît qu'ils proviennent de l'alliance d'un Blanc & d'une Négreffe, du moins leur couleur bazanée le fait penfer, puifqu'ils ne différent en rien d'un homme iffu d'un tel mêlange. Ils vont nuds, & cet ufage eft fi commun dans toute la côte de Guinée, que je ne ferai mention que de ceux qui employent quelques habillemens, comme une exception à l'ufage commun. Ceux-ci ne portent qu'une ceinture plutôt pour ornement que pour fe couvrir. Les prifonniers qu'ils font à la guerre & les malfaiteurs, font les feuls Efclaves qu'ils vendent : Ils ont paffé autrefois pour antropophages. Les Montagnards font encore farouches & cruels, vivans de la chaffe & des fruits que la terre produit fans culture. Ceux du plat pays, font foumis à une police, qui, toute groffiere qu'elle eft, a affez de force pour maintenir l'ordre. Le Roi eft le chef de la Juftice. Il fe choifit quelques Confeillers pour l'aider à juger les différens qui furviennent parmi fes Sujets, qui plaident eux-mêmes leurs caufes, comme nous faifons dans nos Jurifdictions Confulaires ; mais afin que les Juges ne puiffent point favorifer les parties, les plaideurs font obligés de fe préfenter avec un mafque au vifage.

Le jugement eſt exécuté ſur le champ, & le Roi lui-même tranche la tête aux criminels, s'ils ſont condamnés à mort. La maniere dont ſe font les mariages, mérite d'être rapportée, je ne préviendrai point le jugement de mes lecteurs. Dès que les filles ſont nubiles, elles ſont reçues dans un eſpéce de Collége, où elles ſont inſtruites & élevées pendant un an aux dépens de l'État; l'entretien eſt modique, la parure ne coute rien, & la frugalité épargne bien des frais. Des femmes expérimentées préſident à cette éducation. L'année révolue, toutes ces jeunes filles paroiſſent en public dans une place deſtinée à les faire danſer au ſon des inſtrumens, & où les jeunes gens du lieu ne manquent pas de ſe trouver avec leurs peres & ceux des héroïnes de la fête. Là chacun fait parade de ſon adreſſe, & étale ſes graces. Si quelque jeune homme ſe détermine à en choiſir une, il va la prendre par la main. Alors les deux peres s'en approchent, donnent leur conſentement, & la nouvelle mariée eſt conduite dans la maiſon de ſon mari au ſon des inſtrumens. Le mari auroit tort de ſe plaindre; ſon choix a été bien volontaire, & certainement on n'a point uſé de ſurpriſe à ſon égard. Le pays eſt fertile & ne demande preſque point de culture, ce qui rend ſes habitans indolens & pareſſeux. Les Eſclaves de cette contrée, ſont ennemis du travail & incapables d'être employés à la culture des terres. On les diſtinguera facilement des autres Négres à leur couleur bazanée & aux marques ridicules qu'ils s'impriment ſur le viſage & ſur tout le corps avec des fers chauds. Ils aiment les quincailleries, les braſſelets, les pendants d'oreilles, le corail & les miroirs, & ils achetent volontiers l'eau-de-vie, les liqueurs fortes, les inſtrumens de fer & les armes. Ils donnent en échange de la cire, des dents d'Elephans, du poivre de Guinée, du coton, du bois rouge, de l'ambre gris & des Eſclaves. Leur grande parure conſiſte à porter une grande quantité de bijoux aux narines & aux oreilles. Ils ont une ceinture propre dont les deux bouts pendent. Ils ſont preſque tous idolâtres, & quoique les Rois ayent reçu le baptême dans différentes occaſions, toutes les marques de chriſtianiſme qu'ils ont donné, n'ont conſiſté que dans cet acte de religion.

MALAGUETE, COTE D'IVOIRE ET COTE D'OR.

Les habitans de ces côtes, ſont aſſez laborieux, & les Eſclaves qui en proviennent, réuſſiſſent dans nos Colonies; mais ceux de l'intérieur des terres ſont d'une pareſſe inconcevable. Ils ont de la peine à s'accoutumer à ſe couvrir le corps & la tête. Il eſt rare que les plus diſtingués ſe ſervent de pagnes. Ils ſont véritablement noirs, avec les cheveux crepés, ou plutôt ils ne ſont qu'une laine friſée, & ce qu'il y a de plus ſingulier, eſt que les moutons n'ont que du poil. Ils ré-

GUINÉE. fiftent aux plus grandes chaleurs, qui font infupportables & mortelles aux étrangers. Leur religion ne confifte que dans l'adoration de petites idoles ou fetiches, auxquelles leurs Prêtres, les plus ignorans des hommes, attachent des vertus extravagantes. Leurs coutumes ne doivent point trouver ici de place; elles ne refpirent que l'impudicité & la diffolution. La mal-propreté, l'ivrognerie & la trahifon, font leur caractere dominant. Les mots d'équité & de compaffion, leur font inconnus, & fi jamais l'efpéce humaine s'eft dégradée & rendue inferieure aux animaux, ces miférables peuples en fourniffent un trifte exemple. Leur Commerce eft borné à bien peu d'articles. Quelques fruits du pays, le poivre de Guinée ou Malaguete, les dents d'Elephans, la poudre d'or (car le pays a quelques mines d'un très-petit produit) & les Efclaves, font les plus importans & feront toujours des attraits bien puiffans pour faire fréquenter ces côtes aux Européens. Ils recherchent avec empreffement nos quincailleries, notre corail, nos armes & nos eaux-de-vie ou les liqueurs qui en proviennent. Leur parure n'eft autre chofe que des cercles de toutes fortes de métaux, dont ils chargent leurs bras & leurs jambes & diverfes peintures dont ils fe défigurent le vifage. Leur yvrognerie eft fi affreufe, que pour quelques liqueurs, un pere eft affez barbare pour vendre fes enfans. Ces Efclaves font dangereux & capables de tout entreprendre. Ils ne voient que le préfent, fans fe foucier de l'avenir. Les Capitaines ne fçauroient trop fe précautionner contre cette race infenfible au bien, & fi encline au mal. L'humanité & les bons traitemens, peuvent feuls calmer leur feroce mélancolie.

BARRE DE JUDA ET ARDRA.

Même Commerce que dans les côtes précédentes, mais les mœurs des habitans font moins fauvages. Ceux de Juda refpectent l'amitié & la fidélité, peut-être même que fi les Européens difcontinuoient de leur acheter des Efclaves, feroient-ils moins injuftes dans leurs guerres, qu'ils n'entreprennent très-fouvent que pour avoir de cette marchandife à vendre. Ces Efclaves font moins méchans & plus propres aux divers travaux de nos Colonies, que les Efclaves dont j'ai déja parlé. La honte fait impreffion fur eux, & ils n'ont aucune répugnance à fe conformer à notre façon de vivre. Ceux d'Ardra font encore mieux policés. Leur vénération & leur refpect pour l'autorité Royale (car ils ont un Roi dont le pouvoir eft abfolu) n'ont point de bornes. L'Ambaffadeur qui arriva à Paris en 1670, fit affez connoitre le génie de la Nation.

BENIN.

BENIN.

Le Prince des ténébres exerce un empire fi abfolu fur le miferable peuple dont je viens de parler, que fi des relations fidéles ne nous affuroient de la maniere cruelle dont il s'en joue, nous ne pourrions jamais croire les extravagances qu'il lui fuggere. Ces infortunés habitans du Benin ont confervé affez de raifon pour reconnoitre un Etre fuprême, auteur de toutes chofes. Leur police & l'adminiftration de la juftice, les diftinguent des autres Negres dont ils font éloignés d'imiter la brutalité, la perfidie & l'intempérance. L'honnêteté & l'affabilité qu'ils font paroître, doivent exciter notre compaffion, en voyant le mauvais ufage qu'ils font de leur refte de raifon. Ils croyent une Divinité bienfaifante, principe de tous les biens qui arrivent aux hommes; mais qu'il eft inutile d'invoquer parce qu'elle ne fçauroit nuire, au lieu que les démons, qui font des puiffances inférieures & portées au mal, ne fçauroient être trop adoucies par toutes fortes de moyens pour arrêter l'effet de leur malignité. Auffi tous les facrifices leur font-ils adreffés, & ce qui doit paroître incroyable, ce font des victimes humaines qu'on égorge en leur honneur. Une cruauté fi revoltante, à force d'être renouvellée, paffe non-feulement pour un acte de Religion, mais encore, par la plus extravavante des folies, pour un figne de rejouiffance. C'eft pour cette raifon, que quand le Roi paroît en public, (ce qui eft rare heureufement pour ce miferable peuple) on ne manque pas de tuer un certain nombre d'hommes en fon honneur. Qui des deux eft-il le plus infenfé, ou de celui qui égorge de fens froid fon femblable, ou de celui qui s'offre volontairement pour être la victime d'un fi abominable facrifice? A la mort du Roi, fes principaux Officiers & un grand nombre de fes Sujets, fe dévouent à la mort pour l'accompagner & le fervir dans le tombeau. Les Grands ont auffi leurs dévoués, de forte que la mort d'un notable eft toujours fuivie de celle de plufieurs, ce qui rend le nombre de femmes beaucoup plus grand que celui des hommes, & eft la véritable caufe qu'on trouve rarement des Efclaves males à acheter, & que ce commerce ne regarde à Benin prefque que les femmes. Malgré un carnage fi deftructeur, la population y eft prodigieufe, & le Roi léve facilement une armée de cent mille hommes. Les Efclaves de Benin n'ont aucune repugnance à porter des habillemens, & peut-être qu'ils n'iroient point nuds dans leur pays, s'il leur étoit permis de fe couvrir; mais il n'y a que ceux à qui le Roi envoye un habit, qui ayent cette prérogative. Les femmes portent de pagnes en forme de petits jupons qui defcendent jufqu'au genoux. Ce refte de pudeur manifefte que la corruption n'a pas encore entierement étouffé la voix de la nature; auffi de tous les Efclaves, ceux de Benin font rappellés fans beaucoup de peine aux devoirs de la loi naturelle , & les vérités de la Religion Chrêtienne font plus d'impreffion fur eux que fur les autres. Je fais cette obfervation , afin que les maîtres puiffent profiter de ces heureufes difpofitions , & les faffent inftruire par préférence ; leur propre intérêt même l'exige , parce qu'ils pourront les employer plus utilement , & que leur fecours pourra leur être néceffaire pour civilifer les plus fauvages , & veiller fur leur conduite & fur leurs travaux.

ROYAUME DE LOVANGO OU LOANGA.

C'eft ici un peuple de guerriers , dont la valeur fe fait redouter dans tous les états voifins. Le Roi eft puiffant & fçait fe faire refpecter , tant par les grands de la nation qu'il oblige de vivre auprès de fa perfonne , que par le peuple qu'il tient dans une entiere dépendance de fa volonté , & pour cet effet il a toujours une armée nombreufe fur pied. La police & le bon ordre qui font en vigueur dans ce grand Royaume , dénotent fon ancienneté. Les habitans font bien faits , d'un beau noir , robuftes & courageux , du moins ils veulent paffer pour tels , & pour le mieux prouver , ils ne marchent qu'avec un long fabre au côté, un arc & des fléches. Les exercices militaires contribuent beaucoup à les rendre ainfi forts & robuftes. Ils méprifent toutes les autres occupations , & abandonnent le foin de la culture des terres & les travaux domeftiques à leurs femmes, qu'ils ne regardent que comme de viles efclaves , créées uniquement pour les amufer , les fervir & leur obéir. Le refpect & la dépendance des femmes pour leurs maris , font fi exceffifs , qu'elles n'ofent les regarder , & ne leur parlent qu'à genoux. Un état fi penible & fi humiliant , ne les afflige point. Le préjugé de l'éducation les perfuade , s'il faut en croire les relations de certains voyageurs , qu'il eft naturel , & leur joie éclate par des batemens de mains à l'arrivée de leurs maîtres impérieux , auxquels elles font fi attachées , qu'elles ne craignent rien tant , que de ne point paroître dignes de leur tendreffe ; auffi eft-il rare qu'on aye befoin d'emprunter le fecours des loix , pour les maintenir dans cette fervitude. Je doute fort de ce prétendu attachement des femmes pour leurs maris , fi leur empire eft fi abfolu. L'amour fuppofe & exige l'amour , & jamais l'autorité n'a commandé à la tendreffe. Ce font deux chofes incompatibles , & pour les admettre il faut ignorer la nature de l'amour & ce qui peut le caufer & le nourrir. Les animaux les plus farouches & les plus cruels deviennent doux & complaifans auprès de leurs femelles. N'y auroit-il que les Loangois qui fuffent exceptés de la loi générale ? Leurs femmes feroient encore plus extraordinaires. Il faut donc fuppofer que fi les maris ont un commandement fi abfolu fur leurs femmes , & que malgré un traitement si contradictoire à l'affection, elles leur sont attachées, ce commandement n'est qu'extérieur & de pure cérémonie nationale, & qu'elles doivent en être bien dédommagées dans l'intérieur de leurs menages; autrement c'est une absurdité. Les femmes sont couvertes & leurs robes descendent jusqu'aux genoux. Les hommes ne sont nuds que de la ceinture en haut, afin de conserver au corps toute son agilité dans les exercices militaires. C'est la profession des armes qui est le métier de tous les hommes, & à l'exception de la plus petite partie qui s'occupe de la pêche ou des arts nécessaires, comme de Tisserands de Forgerons, de Maçons, de Menuisiers, tout le reste suit son penchant pour la guerre. Il n'est point libre aux étrangers d'aller commercer dans le pays, si le Roi n'en a accordé la permission, qu'on n'obtient qu'après l'avoir demandée & méritée par des présens considérables. On trouve dans le pays beaucoup d'ivoire, de cuivre, d'étaim, & même de l'or. On n'y vend pour l'esclavage que les malfaiteurs & les prisonniers. Mais les guerres continuelles qu'ils font à leurs voisins, en fournissent un assez grand nombre, qu'on fait conduire à Buri, capitale de tout le Royaume. Ils ne font pas grand cas de nos liqueurs, auxquelles ils préférent leur vin de palmier; mais ils estiment nos belles étoffes, nos écarlates, notre corail & nos bijouteries, dont ils se parent pour paroître dans leurs assemblées. Les parens en ligne directe n'héritent point; ce sont les collateraux qui sont héritiers, & les Rois sont soumis à cette loi. Dès que l'usage est général, il ne trouble point l'Etat; mais certainement il n'a point été établi ainsi sans quelque puissante raison. Je laisse aux Legistes le soin de la trouver. Il suffit à nos Armateurs de sçavoir que les Esclaves sont vigoureux & endurcis à la fatigue, & que pour pouvoir en faire la traite, il ne faut pas manquer de commencer par faire de présens au Roi, & que les marchandises destinées pour ce Royaume, doivent être riches & de goût.

ROYAUME DE CACONGO ET DE CONGO.

Les habitans de ces deux Royaumes, sont d'un beau noir, bien proportionnés, & d'un esprit vif & ardent. Ils se piquent de bravoure, & font grand cas du métier de la guerre, préférant cette occupation à toutes les autres; mais dans le vrai, il y a plus d'ostentation de valeur dans les démonstrations qu'ils ne cessent d'en donner, que de réalité; car quoique aujourd'hui ils fassent usage de nos armes à feu, qui les épouvantoient si fort autrefois, mille de leurs combattans ne sçauroient résister à cinquante Soldats Européens. Il faut cependant reconnoître que leur vanité doit être satisfaite de la terreur qu'ils inspirent aux puissances voisines, & de la haute réputation qu'ils se sont acquise bien loin dans les terres. Ils ne se défigurent point le visage, comme les autres noirs, par des peintures extravagantes, & ils ne paroissent point nuds en public. Il n'y a que les guerriers & les travailleurs qui ne sont point couverts de la ceinture en haut; mais les femmes sont vêtues décemment. C'est une des obligations qu'ils ont aux Portugais, qui est une suite de la connoissance de l'Evangile qui leur fut annoncé en 1484, & qui par une spéciale miséricorde du Ciel, fit des progrès admirables chez des peuples si sauvages & si corrompus. Les Souverains du pays se soumirent au joug de JESUS-CHRIST, & reçurent le baptême avec la plus grande partie de leurs Sujets. Depuis ce tems, la Foi Catholique s'y est maintenue malgré les differens orages qui se sont élevés par intervalles contre elle; car ce peuple grossier & farouche, dès qu'il n'a plus été soutenu par le zèle de pieux Missionnaires, est retombé dans son ancienne idolatrie, qu'il a abandonnée avec la même facilité à l'arrivée de nouveaux Prédicateurs. (preuve certaine qu'ils n'étoient ni assez instruits, ni bien persuadés) Le Roi envoya en 1608 des Ambassadeurs au Pape PAUL V, pour se soumettre à l'Eglise Romaine, & depuis 1648, les Peres Capucins ont plusieurs Maisons dans les Provinces de ces deux Royaumes. C'est par leurs soins & leurs travaux continuels qu'ils perpétuent la pratique de quelques vertus évangeliques; car de s'imaginer que la morale chrétienne y soit observée dans toute sa pureté, & qu'elle soit la régle de la conduite du plus grand nombre, ce seroit prendre le change. C'est un mêlange de Christianisme & de Paganisme, qui tout contradictoire qu'il est, n'en existe pas moins. Il faut avouer cependant que quelques imparfaits que soient ces Chrétiens, ils sont plus raisonnables que les autres peuples de ces contrées, & que la décence & l'honnêteté qui ont remplacé leur brutale rusticité, n'ont d'autre origine que l'établissement du Christianisme. Ce n'est même que parce qu'ils sont Chrétiens, qu'ils ne se vendent pas les uns les autres, & si la guerre ne fournissoit des prisonniers, le commerce des Esclaves y seroit d'un bien petit objet. La couronne est héréditaire aux mâles seulement. Cependant nous avons un exemple recent du contraire. Le Capitaine Granot de Marseille, homme grand, de bonne mine & bien proportionné dans tout son corps, commandoit un Navire expédié par Mr. Aillaud (Négociant aussi distingué par l'étendue de son Commerce, que par son zéle patriotique) pour aller charger des Noirs en Guinée. Ce Capitaine alla à St. Salvador pour y vendre ses marchandises, & du produit en acheter des Esclaves. La Reine le vit; Granot lui plut, & sa passion pour lui devint si violente, que pour se l'attacher sans reserve, elle se détermina à partager avec lui son trône & sa couche en l'épousant. L'éclat d'une couronne, l'idée de la puissance souveraine, & la possession de grandes richesses, éblouirent notre Capitaine; peut-être que la reconnoissance pour ses Armateurs y influa aussi. Granot épousa la Reine, & tout blanc qu'il étoit, il devint Roi d'un peuple tout noir. Que de projets de fortune fondés sur son élévation !

Effectivement s'il eut regné paisiblement, les Navires de Marseille auroient trouvé une grande protection dans le singulier commerce que celui de nos Colonies nous oblige de faire aux côtes de Guinée ; mais soit jalousie des grands, soit dégoût de la part de la Reine, bientôt après le Roi Granot fut trouvé assassiné. Cette petite histoire prouve que les femmes ont droit de succeder à la couronne. Le commerce des Esclaves se fait avantageusement sur cette côte, & pour en avoir suffisamment pour fournir les Navires qui vont en acheter, la guerre ne discontinue point avec les puissances voisines ; car comme je l'ai déja observé, ce ne sont que les prisonniers qu'on vend pour l'esclavage, les autres denrées & marchandises du pays ne sont pas recherchées. Nous n'en avons pas besoin.

ANGOLA.

C'est sur cette côte que le commerce des Esclaves se fait avec le plus de succès. On en enleve chaque année une si grande quantité, qu'il faut que la fécondité y soit prodigieuse pour remplacer tant de monde. On estime que les seuls Portugais en faisoient passer annuellement à l'Amérique 15000. Il est vrai qu'étant puissans dans le pays, y possédant de vastes Domaines, ils y font ce commerce par préférence aux autres Nations Européennes. Les Négres Angolois sont d'une belle taille, robustes & propres aux plus rudes travaux de nos Isles ; ils sont aussi très-recherchés. Ils se piquent de bravoure, en quoi ils ont grand tort. Ils sont traitres & cruels ; mais pour le courage ils ne le connoissent pas. Les Portugais devroient les avoir guéris de cette ridicule vanité, puisqu'avec 500 hommes de troupes réglées, ils ont défait ou fait prisonniers des armées de 50000 Angolois. Il n'y eut qu'Anne Zinga, fille aînée du Roi Sovas Angola, surnommé Ineve, qui se voyant privée de sa Couronne, sçut faire la guerre & se défendre contre les Portugais qui avoient placé son cousin sur le trône. Peu de personnes ignorent l'histoire de cette Princesse fameuse par ses exploits, par ses affreuses débauches, ses détestables superstitions, & plus encore par sa conversion & sa mort édifiante. Il y a quelques Chrétiens dans le pays, principalement dans les lieux soumis aux Portugais ; mais en général le Paganisme le plus extravagant y est la religion dominante. Les hommes prennent autant de femmes qu'ils en peuvent nourrir, & les femmes y sont très-fécondes ; voilà sans doute la cause de cette grande population. Je suppose que la naissance des deux sexes, y soit dans la proportion qu'on observe dans toutes les autres parties du monde. Dès que l'enlevement de ce grand nombre d'hommes, ne laisse point les femmes sans établissemens, le remplacement en est bientôt fait. Les peres mêmes sont intéressés à avoir beaucoup d'enfans, ayant le droit

noirs, par des peintures extravagantes, & ils ne paroissent point nuds en public. Il n'y a que les guerriers & les travailleurs qui ne sont point couverts de la ceinture en haut; mais les femmes sont vêtues décemment. C'est une des obligations qu'ils ont aux Portugais, qui est une suite de la connoissance de l'Evangile qui leur fut annoncé en 1484, & qui par une spéciale miséricorde du Ciel, fit des progrès admirables chez des peuples si sauvages & si corrompus. Les Souverains du pays se soumirent au joug de JESUS-CHRIST, & reçurent le baptême avec la plus grande partie de leurs Sujets. Depuis ce tems, la Foi Catholique s'y est maintenue malgré les differens orages qui se sont élevés par intervalles contre elle; car ce peuple grossier & farouche, dès qu'il n'a plus été soutenu par le zèle de pieux Missionnaires, est retombé dans son ancienne idolatrie, qu'il a abandonnée avec la même facilité à l'arrivée de nouveaux Prédicateurs. (preuve certaine qu'ils n'étoient ni assez instruits, ni bien persuadés) Le Roi envoya en 1608 des Ambassadeurs au Pape PAUL V, pour se soumettre à l'Eglise Romaine, & depuis 1648, les Peres Capucins ont plusieurs Maisons dans les Provinces de ces deux Royaumes. C'est par leurs soins & leurs travaux continuels qu'ils perpétuent la pratique de quelques vertus évangeliques; car de s'imaginer que la morale chrétienne y soit observée dans toute sa pureté, & qu'elle soit la régle de la conduite du plus grand nombre, ce seroit prendre le change. C'est un mélange de Christianisme & de Paganisme, qui tout contradictoire qu'il est, n'en existe pas moins. Il faut avouer cependant que quelques imparfaits que soient ces Chrétiens, ils sont plus raisonnables que les autres peuples de ces contrées, & que la décence & l'honnêteté qui ont remplacé leur brutale rusticité, n'ont d'autre origine que l'établissement du Christianisme. Ce n'est même que parce qu'ils sont Chrétiens, qu'ils ne se vendent pas les uns les autres, & si la guerre ne fournissoit des prisonniers, le commerce des Esclaves y seroit d'un bien petit objet. La couronne est héréditaire aux mâles seulement. Cependant nous avons un exemple recent du contraire. Le Capitaine Granot de Marseille, homme grand, de bonne mine & bien proportionné dans tout son corps, commandoit un Navire expédié par Mr. Aillaud (Négociant aussi distingué par l'étendue de son Commerce, que par son zéle patriotique) pour aller charger des Noirs en Guinée. Ce Capitaine alla à St. Salvador pour y vendre ses marchandises, & du produit en acheter des Esclaves. La Reine le vit; Granot lui plut, & sa passion pour lui devint si violente, que pour se l'attacher sans reserve, elle se détermina à partager avec lui son trône & sa couche en l'épousant. L'éclat d'une couronne, l'idée de la puissance souveraine, & la possession de grandes richesses, éblouirent notre Capitaine; peut-être que la reconnoissance pour ses Armateurs y influa aussi. Granot épousa la Reine, & tout blanc qu'il étoit, il devint Roi d'un peuple tout noir. Que de projets de fortune fondés sur son élévation!

donc les faits publics ; mais ils les attribuerent à la malice des Demons, qui par des illusions & des prestiges, séduisoient un peuple qui étoit encore sous leur puissance. (Il me paroît fort indifférent que le Demon fascinat les yeux pour faire voir des Satyres, dès qu'il en persuadoit l'existence ou qu'il en fit paroître véritablement, & que lui-même prit cette forme. Par quel moyen le peuple séduit auroit-il pu s'empêcher de croire ce qu'il voyoit de ses propres yeux, & dont la vision se renouvelloit plusieurs fois.) N'est-il pas plus naturel de penser, que quoique la puissance des Demons ait operé dans tous les tems des prodiges étonnans, la seule imagination de l'homme a suffi pour perpétuer une semblable erreur ?

La croyance de l'existence des Satyres & de leur multiplication une fois établis (& pourquoi en auroit-on douté, dès qu'on étoit assez imbecille pour croire que les fleuves & les montagnes enfantoient) il ne doit point du tout paroître surprenant que des gens si sottement crédules, en voyant de loin dans les bois, à travers les brouissailles, des chevres sauvages brouter la cime de quelques arbrisseaux, ne les ayent prises pour des Satyres, & quoique cette espece de demi-Dieux ne passe pas pour malfaisante, que la frayeur ne leur ait fait pousser des cris ; qu'à ce bruit ces chevres étonnées, n'ayent dressé la tête pour examiner, & que dans cette attitude elles n'ayent fait voir distinctement leurs cornes, leur poil & peut-être leurs pieds. En voilà plus qu'il n'en faut pour publier l'apparition du Dieu Pan ou de quelque Satyre de sa race. L'épouvante & la vanité ajouterent des circonstances particulieres au récit qu'on en fit, & l'effet d'une terreur panique (car ces sortes d'apparitions ont consacré ce terme) servit de matiere aux Philosophes pour interpréter les propriétés d'un être de raison. Ce qui me confirme dans cette idée, est le surnom d'Incubes qu'on a donné aux Satyres, à cause de leur inclination lascive, & de leur convoitise pour les femmes. Or le bouc passe pour le symbole de la lasciveté, d'où je concluds que les Satyres ne sont autre chose. Car avec le penchant qu'on leur attribuoit pour se perpétuer, la vie frugale qu'ils menoient, & les honneurs qu'on leur rendoit, il étoit du dernier ridicule d'en supposer le nombre si petit, qu'à peine dans le courant d'un siécle on en voyoit un ; encore aucun Historien d'une certaine reputation, n'en fait mention pour avoir vu, mais toujours par des oui dire.

Saint Jerôme qui fait entendre en plus d'un endroit que les Satyres sont des monstres réels, en donne pour preuve qu'on en avoit vu un en vie dans Alexandrie. Remarquez qu'il ajoute qu'il y a cent ans que cet évenement est arrivé ; car pour celui que l'on suppose que Saint Antoine rencontra dans le désert, & à qui il fit plusieurs demandes ; les reponses qu'on lui fait faire, démontrent précisément le contraire. Saint Antoine l'interroge, & il repond, *Je vis dans le désert éloigné de la société des hommes.* Si ç'eut été un Satyre, comment auroit-il pu com-

GUINÉE. de les vendre , s'ils en font mécontens , ou s'ils leur font à charge: La coutume est barbare selon nous , mais elle leur est profitable , & c'est ce que je voulois établir comme la cause de cette grande population. Quelle dépravation plus horrible ! avoir des enfans, les élever pour les vendre au prémier venu. Cette idée seule révolte , & fait frémir l'humanité. Les marchandises dont il faut composer la cargaison des Navires destinés pour Angola , doivent consister principalement en draps rouges ou étoffes à fleurs , en toiles peintes , en corail ouvré , en vins , liqueurs & eaux-de-vie , en épiceries , en dentelles , en plumes , en sucre , en quincailleries & merceries , sur-tout en épingles, éguilles , hameçons , Conterie , &c. Avec de telles marchandises on sera assuré de ne pas faire un long séjour pour choisir les Esclaves qu'on se proposera d'acheter. Le pays & la côte produisent des plantes & des animaux extraordinaires , qu'on ne trouve point ailleurs. C'est avec regret que je n'en parle pas , par la raison qu'ils n'ont aucun rapport avec le commerce des Esclaves. Il y a cependant deux animaux si singuliers, & dont les noms nous sont trop connus pour les passer sous silence : les Satyres & les Sirenes. Je pense que la curiosité de mes Lecteurs sera satisfaite du peu que j'en dirai.

DES SATYRES.

Les Voyageurs qui ont parcouru le Royaume d'Angola , nous racontent qu'on trouve dans les montagnes de la Province d'Ilamba , un animal à figure humaine , qui est vraisemblablement le Satyre dont les Poëtes nous font des descriptions si pompeuses , & qu'ils mettent dans la classe des demi-Dieux. Pan, le Dieu Pan, n'étoit autre chose qu'un Satyre , que la sage Egypte , la plus superstitieuse des Nations , adora sous la figure d'une chevre , & que l'Arcadie reconnut pour le plus puissant des Dieux , supérieur à Jupiter même. Tant de merveilles publiées sur cette race singuliere qui réunissoit dans sa forme l'homme & la bête ; la protection des fruits de la terre qu'on leur attribuoit ; l'agilité , la force , la frugalité & les talens supérieurs dont on lui faisoit honneur , la fit chérir des habitans de la campagne. La persuasion est toujours inséparable de ce qui plaît. On crut donc l'existence des Satyres , & qui auroit osé la nier , auroit été sifflé , s'il n'avoit pas été regardé comme un impie. Pline fait mention des Satyres , comme ayant un corps d'homme depuis la ceinture en haut , couvert de poils, avec des cornes à la tête , & la partie inférieure de chevre , se tenant de bout & marchant comme nous. Les prémiers Chrétiens qui connoissoient parfaitement l'origine de l'homme , ne pouvoient admettre cette espèce de monstres , & ils l'auroient jugée fabuleuse , si les fréquentes apparitions qu'on en publioit , ne leur avoient paru indubitables. Ils crurent

qui ne publie les particularités les plus circonftanciées des conférences qu'il a avec eux. Le monde eft rempli de relations de pareilles extravagances, & n'exifta-t-il que le gros volume de Delrio, la poftérité lira avec étonnement l'hiftoire incroyable de nos reveries. Ce que je veux conclurre de tout ceci, n'eft pas difficile à deviner. Peu de perfonnes fe font vantées d'avoir vu des Satires, & aucun de ceux qui difent en avoir vû, ne nous l'a certifié lui-même, tandis qu'un nombre prodigieux de cervelles mal timbrées, nous affurent avoir affifté au fabat, & nous font la defcription de ces affemblées chimeriques d'une maniere fi naïve & fi affirmative, qu'on feroit tenté de les croire, fi l'abfurde fauffeté n'en étoit démontrée; or, nous ne penfons pas que la multiplicité des témoignages en faveur de l'exiftence des lougarous, du fabat, &c. puiffe raifonnablement nous déterminer à y ajouter foi. Pourquoi donc croirions-nous l'apparition des fatyres, puifque les motifs de crédibilité font encore plus foibles & moins concluans? Laiffons donc la groffiere antiquité payenne fe former des monftres pour en faire des Dieux, ou la fuperftition judaïque imaginer ridiculement que Dieu, en formant des créatures humaines, fut furpris, avant d'avoir fini l'ouvrage, par le jour du Sabbat & les laiffa imparfaites; d'où font venus les fatires & les faunes, &c. impertinence impie, qui ne peut fortir que du cerveau creux d'un Rabin, & fi méprifable que ce feroit en faire trop de cas que d'en relever l'abfurdité. Je reviens aux montagnes d'Angola fur lefquelles nous avons laiffé des fatires, dont il faut faire une courte defcription. Ces animaux vivent dans les forêts & fe produifent rarement dans les lieux habités. Les Portugais les nomment falvages (fauvages). Ils ont la tête plus groffe que celle de l'homme, le vifage de figure humaine, avec le nez applati & retrouffé. Le corps a toutes les proportions du notre, fi ce n'eft que les pieds & les mains reffemblent à ceux du finge. Ils marchent debout fans pourtant perdre l'habitude de courir à quatre pates. Le mâle & la femelle ont le dos couvert de poils noirs & le devant nud, c'eft-à-dire, qu'ils n'ont qu'une peau rude de couleur bazanée. Le ventre de la femelle ne differe pas de celui d'une femme, ayant les mamelles placées de la même maniere, & alaitant fes petits comme font nos nourrices. Leur force & leur agilité font remarquables. On rapporte qu'un feul de ces falvages, peut fe défendre contre fix noirs, & que fe reconnoiffant plus foible, il évite leur pourfuite par une fuite fi prompte, que le lévrier le plus délié ne pourroit pas le joindre. On dit auffi que les mâles font paffionnés pour les femmes, & qu'il eft bien difficile qu'elles échappent à leurs pourfuites & à leurs importunités, fi elles ne font fecourues à tems. Voila quels font les animaux qu'il plait à nos voyageurs d'appeler fatires, & que les Portugais regardent comme des hommes fauvages, devenus entierement farouches par l'habitude qu'ils ont contractée de vivre dans des déferts, remplis de bêtes feroces. L'exiftence de ces animaux n'eft pas douteufe;

GUINÉE.

prendre le langage du Saint , & lui repondre dans la même langue ?
Et s'il n'avoit pas été un homme pénitent , qui pénétré des vertus
qu'avoit pratiquées Saint Jean-Baptifte qu'il avoit choifi pour le modèle
de la vie qu'il vouloit mener , auroit-il ajouté qu'il vivoit dans le défert éloigné du commerce des hommes. Baronius qui fentoit cette difficulté , crut en donner la folution , en renverfant l'ordre de la nature par un miracle auffi éclatant que celui qui ouvrit la bouche de
l'aneffe de Balaam , & la fit parler avec le Prophête. Mais quel feroit
le terme de ce miracle ? Un menfonge ridicule. Le monftre auroit
confulté le ferviteur de Dieu , pour s'animer dans l'efpérance des
biens éternels & confirmer les fidéles dans la véritable Religion. Ne
vaut-il pas mieux fuivre notre explication qui eft auffi naturelle que
véritable ? Je ne nie pas que l'affemblage de quelques efpéces différentes , ne puiffe produire des monftres , & que la corruption de l'homme ne fe foit manifeftée par les déréglemens les plus abominables.
Heureufement pour l'humanité , que les fruits de ces monftrueufes alliances ne font que paroître , & périffent fans pouvoir fe perpétuer.
La Providence eft admirable dans fes opérations & dans la confervation des créatures dont elle a rempli & orné l'Univers , & qui fubfifteront jufqu'à la confommation des fiécles , chacune fuivant fon
efpéce.

Marie l'Egyptienne auroit pu paffer pour un Satyre , fi quelque
crédule Payen l'avoit rencontrée dans les bois. Combien l'Hiftoire ne
rapporte-t elle pas d'exemples , (& nous en avons de très - recens)
de gens, qui égarés ou abandonnés dans les forêts défertes , ont ré-
fifté à tous les dangers qui menaçoient leur vie , & fe font accoutumés à
vivre de la nourriture des plus vils animaux ? Leur corps s'eft couvert
de poils , les traits du vifage fe font effacés par les fatigues & la rigueur des faifons. Quelques-uns ont oublié leur propre langage , à force
de garder le filence , & d'autres font devenus tout-à-fait fauvages. Si
quelque devot au Dieu Pan, eut vu courir un de fes hommes dans
les bois , il auroit juré fur fa vie qu'il avoit vu de fes propres yeux
le grand Pan. Son imagination effrayée lui auroit fait appercevoir les
cornes & les pieds de chevre dont on ne manque pas de l'orner. Les anciennes fables que rapportent Plutarque & Diodore de Sicile , bien loin
de prouver l'exiftence des Satyres , en détruifent la croyance. Effectivement , fi cette race s'étoit multipliée dans les forêts ; pourquoi aucun de ces Hiftoriens n'a pu , pendant le cours de fa vie , en voir un
par lui-même , & qu'ils n'en parlent que fuivant le préjugé du vulgaire ?
Nos enfans font perfuadés qu'il y a des ogres , & nos payfans font
tranfis de peur au fimple récit des efpiegleries des lutins , des courfes
des lougarous & des affemblées du fabat. Il n'y a point de ville qui
ne nourriffe quelque habitant d'une imagination affez folle , pour fe
perfuader qu'il a un commerce intime avec les efprits infernaux , &
qui

phée ; pour charmer tous ceux qui étoient à portée de l'entendre. Nos petits enfans connoissent la ruse qu'employa Ulisse, pour se garantir avec son équipage de leurs voix enchanteresses ; car on étoit persuadé que par un charme inséparable de leurs chansons, on étoit contraint de les aller trouver, comme la bellete est nécessitée à la vue du crapaud de s'aller jetter dans sa bouche. On avoit publié que la mer de *Sicile* nourrissoit cette espéce de monstres, qui en réduisant les choses à leur juste valeur, n'étoient que des Courtisanes, qui par les charmes de leur beauté & leurs chansons lubriques, retenoient dans les chaînes d'une volupté grossiere les imprudens qui ne sçavoient pas éviter leurs piéges. Sirene est un mot Phénicien, qui signifie chanteuse. C'est à l'illustre Bochart que nous devons cette découverte. Homere ayant entendu parler de ces Courtisanes de Sicile, & de la vie débauchée qu'elles menoient, crut, en inventant cette fable, donner à ses compatriotes une leçon suffisante pour leur inspirer l'horreur que tout honnête homme doit concevoir pour ces pestes publiques. Les Poëtes qui sont venus après lui, ont ajouté de nouvelles couleurs & de nouveaux traits à la peinture qu'il nous avoit fait de ces monstres. Puisse quelque digne successeur d'Homere, décrire & persuader à mes Concitoyens les malheurs qui sont une suite nécessaire de cette espéce de débauche, qui semble avoir passé non-seulement de la Sicile, mais encore de toutes les Provinces du Royaume, dans cette florissante Ville, pour obscurcir son lustre par un luxe déplacé, énerver & corrompre notre jeunesse. Je retourne vers le fleuve Quansa, pour examiner si les Sirenes qu'on y trouve méritent ce nom. Ce sont des animaux d'environ douze pans de long sur cinq de largeur ; desorte que la circonférence du corps dans toute sa grosseur, peut avoir treize pans, parce que l'épaisseur n'est pas d'une égale largeur. La peau est brune & le corps se termine en queue de Marsouin. La tête est la partie la plus remarquable. Elle est oblongue, ayant le front élevé, le nez écrasé, la bouche grande, sans menton, les yeux ovales & point d'oreilles. Du devant de l'estomac il en sort deux pates en forme de bras très-courts, comme ceux de nos lezards, dont l'extrémité a la figure d'une main, avec des doigts longs, qui servent de nageoires. Nos Voyageurs ne disent point si ces animaux sont ovipares ou vivipares. Cette observation n'auroit pas dû pourtant leur échaper. Ils se contentent d'ajouter, qu'ils sont peureux & fuyent tous les lieux que les hommes fréquentent ; ce qui fait qu'il est difficile d'en prendre. La chair est fort recherchée ; on trouve qu'elle a le goût du pourçeau, & que par cette raison on leur tend toute sorte de piéges. Ils se tiennent éloignés du rivage pendant le jour, & s'il s'en approchent, ce n'est que de nuit. Pour en prendre quelqu'un, il faut user de ruse, & si on parvient à les faire donner dans le paneau, on accourt tout de suite, on les perce à coups de dard ou à coups de fusil ; car on n'ose pas les approcher qu'ils ne soient morts. Dès qu'ils se sentent

GUINÉE.

ils ne font point l'effet d'une imagination déréglée. On nous en apporte quelquefois (en Europe) du moins des jeunes ; car pour les grands , outre qu'il est difficile d'en prendre , le dépit & la rage de se voir vaincus , ne les laissent pas vivre long-tems. On en a élevé une jeune femelle en Hollande. Elle mangeoit, agissoit & dormoit dans un lit comme un petit enfant ; mais jamais on ne pût lui faire prononcer une sillabe articulée, ni décider si elle concevoit ce qu'on lui disoit. Elle mourut d'ennui. Il est étonnant que nos Voyageurs qui paroissent mieux instruits qu'on ne l'étoit autrefois sur les causes naturelles de plusieurs évenemens , qu'une ancienne ignorance attribuoit toujours aux caprices de quelque divinité imaginaire, n'ayent pas vu que leurs prétendus Satyres sont une espéce de singes qui n'est point particuliere aux montagnes d'Angola. Il est vrai que la différence des climats & de la nourriture , ou la nécessité de se défendre contre la voracité d'autres animaux carnaciers , peuvent causer quelques legers changemens dans leur poil , leur couleur & leur forme extérieure , & les rendre plus robustes & plus agiles. L'expérience de tous les tems , nous fait observer la même chose à l'égard des hommes. Un Montagnard diffère par l'air & quelquefois par la figure , des habitans des plaines. Il ne doit donc pas paroître si extraordinaire de remarquer certaines différences entre les animaux d'une même espéce qui habitent dans différens climats. La configuration de nos nouveaux Satyres, n'est point relative à celle des anciens. Ces derniers étoient moitié chevres , depuis la ceinture en bas , avec des cornes à la tête ; ils passoient pour avoir l'usage de la parole ; & les prémiers , en les examinant dans toutes leurs parties , ne font que des singes , que l'eloignement nous a représentés comme des monstres nouvellement découverts. Il me reste à faire connoître les Sirenes qui n'ont d'existence que dans le privilége que s'attribuent les Voyageurs dans des pays lointains , de raconter des chimeres merveilleuses.

SIRENES.

Les mêmes Voyageurs rapportent que parmi les monstres qu'on trouve dans le fleuve Quansa , & dans les vastes lacs de Quihaite & d'Angolone , les plus dignes de curiosité sont les Sirenes. Personne n'ignore les fables que nos Poëtes ont débitées sur ces monstres imaginaires , qu'ils nous ont représentés tantôt moitié oiseaux ou moitié femmes , & l'autre moitié poissons, ayant depuis la ceinture en bas une queue de Dauphin , quelquefois double pour rendre la figure plus merveilleuse , & tout le reste du corps, depuis la ceinture en haut , comme un oiseau ou de forme humaine, avec toutes les graces qu'on peut imaginer dans une femme aimable. Pour rendre le portrait plus achevé , on leur attribuoit une voix mélodieuse plus puissante que la Lire d'Or-

BENGUELE.

Les Portugais, pour groffir le nombre de Royaumes dont ils font maitres, ont donné ce nom à Benguele, qui n'eft qu'une petite Province dépendante du Royaume d'Angola. Les mœurs des habitans font les mêmes. Je ne ferai que deux remarques. La premiere, que le voifinage de la Nation des Yagas, en empêche la population par les courfes continuelles que ces cruels voifins ne ceffent de faire dans le pays, pour y dévafter les campagnes & en enlever les habitans & les animaux. Ils ne vivent & ne s'enrichiffent que par leurs brigandages. La feconde, que le défaut de culture des terres, joint à la fituation du pays, le rend mal fain & fi défert, que le Portugal ne faifoit fervir la petite ville de Benguele ou de St. Philippe, avant que les Hollandois s'en emparaffent, que pour recevoir les prifonniers d'Etat. D'où on doit inferer combien cette côte eft peu favorable au Commerce. Auffi je n'en dis plus rien.

CAFRERIE.

Les relations que nous avons de ce vafte pays, dont les côtes ont plus de 1200 lieues, & qui renferme plufieurs grands Royaumes, infpirent encore plus d'horreur que de compaffion pour ces miférables peuples, dont le nom en arabe fignifie fans Religion. C'eft ici le tableau de l'efpéce humaine corrompue & avilie autant que la plus vive imagination puiffe la repréfenter. Tous les crimes femblent s'être réunis pour faire un corps de méchanceté, d'extravagances & d'impiété, & démontrer à tout l'Univers combien la prévarication du prémier homme a été énorme, par les effets funeftes qui en font la fuite. Les côtes de la mer, en allant au Cap de Bonne-Efpérance, font bordées de rochers efcarpés & impraticables, à l'exception de quelques anfes où les Hollandois ont de bien médiocres établiffemens. Ils ont un Fort près la Baye de la table, & celui d'Hellenboek un peu avant dans les terres. Les habitans de ces côtes font noirs & en très-petit nombre, à caufe de la ftérilité du terrein, & ce qui fait frémir l'humanité par la barbarie de ces malheureux peuples qui fe pourfuivent fans relache les uns les autres, pour fe dévorer impitoyablement. J'ai dit que les habitans étoient noirs, pour les diftinguer des autres Cafres qui font établis fur l'ocean, après avoir doublé le Cap de Bonne-Efpérance, dont la couleur tient le milieu entre le bazané & le noir, & dont les mœurs font bien différentes. Nous en avions une opinion, bien peu conforme à la vérité, avant que Mr. l'Abbé de la Caille, ce fçavant auffi modefte que judicieux, nous eut fait connoître la police & les coutumes de ces

GUINÉE.

pris ou percés, ils pouffent des cris perçans, un peu reffemblans à la voix humaine, mais fans articulation. Je ne difputerai point à nos Voyageurs le nom de Sirene qu'ils ont donné à cette efpéce de poiffons, pourvû qu'ils conviennent qu'ils n'entendent point par cette dénomination nous faire penfer que ce font les monftres que l'imagination d'Homere a créés fur les côtes de Sicile. Quelle différence! Ces derniers avoient un corps élégant & paîtri de charmes & une voix enchantereffe qui raviffoit les paffans; & les prémiers font des poiffons affez communs (à peu de différence près) dans les fleuves & les mers d'Afrique. Cent relations de l'appartion d'hommes marins, étonnent plus qu'elles n'inftruifent. Si cependant les faits étoient difcutés avec un fincere amour de la vérité, il y auroit bien des corrections à faire, & le nombre de toutes ces hiftoires furprenantes, feroit reduit à fa jufte valeur. Je ne doute pas que ces monftres marins, examinés avec des yeux clairvoyans & défintéreffés, ne fuffent bien différens d'eux-mêmes, que les fept Tritons & les neufs Sirenes, que le Pere Henri Henriquez, dit avoir vû dans la mer des Indes pris dans un coup de filet, ne fuffent que de jeunes lamentins ou quelques autres poiffons d'une forme approchante. Sans doute que fi notre climat leur convenoit autant que celui où la Providence les a placés, nous ne tarderions pas à en voir arriver par bandes, & comme nos yeux ne font pas accoutumés à voir des chimeres, nous ne verrions que les animaux qui fe préfenteroient à notre vue, tels qu'ils feroient réellement. La conclufion que je tire de ce raifonnement (peut-être trop long) eft que l'hiftoire de Sirenes n'a d'autre fondement que l'imagination des Poëtes, qui ont voulu inftruire les hommes en les amufant, & que les Sirenes du fleuve Quanfa, n'ont que le nom de Sirenes que des François leur ont donné trop légerement. Je m'apperçois que j'aurois dû être plus court; en effet qu'importe au commerce qu'il y ait des Satyres & des Sirenes? Ce ne fera jamais un objet de fpéculation pour nos Négocians. Je l'avoue; mais connoiffant leur curiofité pour tout ce qui appartient à l'hiftoire naturelle, je me fuis imaginé que cet petit écart, ne leur déplairoit pas. Pour ceux qui défireront en fçavoir d'avantage, je les renvoye au Théâtre critique du Pere Feijoo, Bénédictin, Tome VI, & à la Traduction qu'en a faite Mr. Cheri, inférée dans le Mercure de France mois de Décembre 1761, pag. 92 fous ce titre: Sur les Satyres, les Tritons & les Nereïdes. Ils liront auffi avec fatisfaction les ingénieufes lettres que le public connoit fous le titre de Caprices d'imagination. Le Pere Feijoo, Efpagnol, mérite d'occuper une place dans nos Bibliothéques. C'eft l'affaire de nos Théologiens de fe concilier avec lui, & de le redreffer, s'ils ne jugent pas à propos de penfer comme cet Ecrivain.

belles peaux de toutes fortes d'animaux fauvages , dont les montagnes font remplies , des dents d'éléphant & de la poudre d'or. On remarque que la plupart des Nations qui habitent les environs du Cap , font les unes blanches & les autres noires ; mais que le noir leur plaît d'avantage , & que pour corriger la défectuofité qu'on trouve dans la blancheur , on fe fert d'onguents & d'huiles qui reparent bientôt cette imperfection. *Nous* trouvons cet ufage ridicule , & nous le blamons avec jufte raifon , fi la couleur blanche doit être préferée à la noire , comme je le penfe. Mais on ne difpute pas des goûts , & puifque la couleur noire plaît fi fort à tous ces peuples , nous n'avons pas plus de droit de le trouver mauvais , qu'eux n'en ont de plaifanter fur notre couleur. J'avoue même qu'ils font moins ridicules que nous , lorfque nous nous barbouillons de blanc & de rouge , & qu'une Songuas (hottentote) en voyant les vifages plâtrés de nos Commediennes (je voudrois bien ne pas dire nos femmes , & même nos hommes) doit rire de bon cœur. Quoi, diroit-elle , la couleur de ces gens-là doit être bien choquante , puifqu'ils prennent tant de foin d'en effacer le naturel. Pour nous , nous fommes noires , & nous fuivons l'impreffion de la nature en reparant les défauts qu'une fi belle couleur peut avoir pour paroître plus aimables & charmer nos maris , qui nous font d'autant plus attachés que nous fommes plus noires. On connoît un fort petit nombre de ces Nations. Les plus voifines du Cap , font moins fauvages que ces malheureux Cafres dont je viens de parler. (Si je ne craignois de choquer mes compatriotes j'ajouterois qu'elles ont des ufages qui condamnent la plupart de nos actions.) Les hommes y font mieux faits & les vertus d'humanité & d'honnêteté , fi elles ne brillent pas dans toute leur intégrité , laiffent du moins entrevoir à travers les nuages des paffions déreglées qui les obfcurciffent , qu'elles ne font pas entierement effacées de leur cœur. C'eft avec bien du plaifir que je leur rends ce témoignage , & que je rapporte à notre confufion que l'adultere , le meurtre & le larcin fait avec violence , y font punis de mort. Leur raifon toute foible qu'elle eft , leur fait comprendre que la focieté ne fçauroit fe maintenir que fous la protection de ces loix. La nudité leur paroît honteufe , dès qu'on peut fe procurer des vêtemens. Les leurs confiftent principalement en peaux de moutons , de leopards , de tigres , de lions , de chevreaux , & d'ânes fauvages &c. Ces dernieres font de toute beauté par la varieté de leurs couleurs. La nation la plus connue & la plus fréquentée des Hollandois , eft celle des Songuas , que nous appellons Hottentots. Ils font braves , agiles , hardis , robuftes & bien faits. Les exercices de la guerre font leur unique occupation. Ils en font fi paffionnés , qu'ils traitent avec les Nations voifines pour s'obliger à les défendre. Ce font les Suiffes de l'Afrique. Ceux de l'Europe , fe battent pour de l'argent. La gloire fuffit à ceux-ci. Je dois dire à leur louange qu'ils font prévenans , doux & bons amis ; mais vindicatifs quant ils fe croyent offenfés , &

GUINÉE.   derniers, fur lefquelles il y auroit bien des chofes curieufes à rapporter ; ainfi que fur quelques branches de Commerce que les Portugais y font & qui eft fufceptible d'un grand accroiffement. Mais mon plan de travail m'interdit ces recherches, quelques utiles & quelques amufantes qu'elles puiffent être. Nos Capitaines doivent éviter les côtes de la Cafrerie que baigne la mer de Guinée, non-feulement parce qu'elles font dangereufes, mais encore à caufe de l'inutilité qu'il y auroit à les fréquenter. Les équipages rifqueroient beaucoup de s'avancer dans les terres, & les échanges qu'ils pourroient faire ne les dédommageroient jamais de la perte du tems qu'il faudroit y employer. Laiffons donc aux voyageurs curieux la gloire de vaincre tant d'obftacles pour s'inftruire des coutumes de ces Nations fauvages, afin d'avoir le plaifir de nous en donner des relations qui leur paroîtront à eux-mêmes incroyables, tant les faits qu'elles contiendront feront abfurdes, & oppofés à la raifon. Je ne trouve que la patience, que ces hommes plus cruels que les Lions font obligés d'avoir, pour élever ces animaux feroces & les dreffer à leur fervir de garde, qui foit digne de remarque. Ils s'en font accompagner, les menent à la guerre & s'en fervent avantageufement à peu près comme nous faifons de nos chiens. Foible refte de la fupériorité des defcendans d'Adam fur les animaux les plus fauvages, qui malgré leur ferocité, devroient les faire rentrer en eux-mêmes & leur rappeller la dignité de leur origine. Ils devroient mourir de honte en voyant que les lions refpectent les lions, & qu'ils prefereroient plutôt de périr de faim, que de fe nourrir de leurs femblables. L'homme feul, doué de la raifon, fera-t-il plus cruel & plus infenfible que les bêtes brutes, & fon empire fur elles ne lui fervira-t-il que pour être plus barbare & plus déraifonnable ? Concevons combien la chûte de notre premier pere a été énorme, par les fuites affreufes qu'elle caufe.

CAP DE BONNE-ESPERANCE.

Voici le terme que je me fuis propofé dans la courte notion que je veux donner des mœurs des habitans des côtes de Guinée. Il me tarde de finir pour parler de quelque chofe de plus fatisfaifant & de plus conforme à ma façon de penfer. On a déja vû que les Portugais découvrirent en 1487 ce fameux promontoire de l'Afrique, qu'ils nommerent le Cap des Tourmens, qui reçut enfuite le nom de lion de la mer, & qu'Emmanuel appella Cap de Bonne-Efperance, parce qu'en le doublant on va en droiture aux Indes. Les Hollandois y ont bâti un Fort qui leur fert pour mettre à contribution tous ceux qui font obligés d'emprunter ce paffage. Ils y ont fait plufieurs établiffemens aux environs, d'où ils fe répandent dans le pays pour commercer avec les naturels qu'ils ont un peu aprivoifés, & qui peuvent leur fournir quantité de

poiſſonneuſe. Qui croiroit que les Hottentots, dont les uſages ſont ſi groſſiers, & dont l'induſtrie eſt ſi bornée qu'à peine ils peuvent ſatis-faire très-imparfaitement aux prémieres néceſſités de la vie, regardaſſent les Européens comme de vils Eſclaves, dignes de toute leur compaſ-ſion. Il faut, diſent-ils publiquement, qu'ils ſoient bien miſérables, & que la terre qu'ils habitent ſoit bien ingrate, pour être reduits à tra-verſer un ſi grand eſpace de mer, affronter les tempêtes & riſquer leur vie, pour aller cultiver quelques portions de terre dans des régions éloignées, pour acheter des peaux & des dents d'élephans qu'ils de-vroient ſe procurer par le plaiſir de la chaſſe, s'ils étoient courageux & laborieux. Ce raiſonnement, tout ridicule qu'il nous paroît, renfer-me cependant quelque choſe de vrai ; car il eſt certain que ſi nos beſoins ne s'étoient multipliés preſque à l'infini, combien de marchandiſes que nous tirons du bout du monde, nous ſeroient inutiles. Laiſſons le monde comme il eſt, ce n'eſt point à nous à le reformer. Le peu que je viens de dire des mœurs des habitans du Cap de Bonne-Eſpérance, n'a point un rapport direct à notre commerce de Guinée ; mais quand il y auroit quelque rapport, les Hollandois ne permettroient pas à d'au-tres Européens, de partager avec eux le fruit de leurs établiſſemens ſur cette côte. C'eſt la curioſité de mes Lecteurs que j'ai voulu conten-ter, & je crois en avoir dit aſſez.

J'ai promis de faire quelques obſervations, ſur l'eſclavage des Noirs & ſur leur couleur ; deux queſtions difficiles à réſoudre, dont on ne ceſſe de parler & que je n'ai point la témérité de décider. Je ne ferai que la fonction d'Hiſtorien, en abregeant le plus qu'il me ſera poſſible ce que divers célébres Auteurs en ont penſé. C'eſt à mes Lecteurs à faire uſage de leur jugement, que je ne veux point prevenir.

GUINÉE. inexorables quand ils s'imaginent qu'on veut changer leurs coutumes qu'ils régardent comme la bafe de toute juftice. Les troupeaux font leur principale richeffe , & ces troupeaux appartiennent au public. On les garde à tour de rôle , & la diftribution pour l'ufage en eft faite fi équitablement , qu'elle prévient toutes plaintes. Leurs guerres font implacables & ne fe terminent que par la deftruction entiere de l'ennemi. Les honneurs & les diftinctions appartiennent à ceux qui, dans la garde des troupeaux ont combattu ou tué un plus grand nombre de bêtes féroces. Le feul bien public les rend recommandables. Les femmes y font fages , modeftes , laborieufes & attachées à leurs maris. Ces derniers font affurés de leur fidélité , & vivent fans inquiétude à cet égard ; elles ne fe parent que pour eux , & ne négligent rien de ce qui peut embellir & relever leurs charmes. Qu'on ne s'imagine pas que les précieufes étoffes de nos manufactures font employées à cet effet. Leur méthode eft plus fimple & plus conforme à leurs mœurs. J'ai déja dit que les troupeaux faifoient leur principale richeffe , & la chaffe la plus importante de leurs occupations ; c'eft auffi dans quelques colliers de perles & dans les peaux de moutons & des animaux fauvages , qu'elles trouvent toute leur parure. Elles préparent ces peaux avec la laine & le poil qu'elles laiffent tenir , & les placent fi à propos que leurs corps en acquiert de nouvelles graces. Elles s'oignent avec la graiffe de mouton dans les endroits que l'ufage veut qu'on laiffe découverts , ce qui rend le noir plus beau & luifant , comme un vernis de Martin. Je ne doute pas que plufieurs de mes Lecteurs ne faffent des éclats de rire fur cette finguliere parure. Quoi fe graiffer le corps & le couvrir de peaux de moutons , oh la jolie mafcarade ! Ceux qui ont voyagé dans ce pays, ne penfent pas ainfi, & je m'imagine que gens qui ont vû , font plus en état de décider que ceux qui ne parlent que par préjugé. Après tout les peaux des animaux ne font point un ornement fi ridicule. Les Turcs foutiendroient le contraire. Nos Dames en ornent leurs manteaux , en portent au col, & nos Eccléfiaftiques s'en parent comme d'une marque de dignité qu'ils ne quittent pas même au pied de nos Autels.

Le climat quóiqu'au 35e. degré de latitude y eft temperé , & le pays produit abondamment le bled & les légumes d'Europe. La vigne & nos arbres fruitiers y viennent fort bien ; mais les habitans méprifent fi fort le travail qu'ils ne s'appliquent à la culture d'aucune de ces denrées. Ils ne vivent que du lait , de la chair de leurs troupeaux, & de la chaffe qui eft le métier de tous ceux qui ont affez de force pour manier les armes qui ne font que la zazaye , l'arc & les fleches. Les femmes & les enfans , mangent par délices une racine qui eft commune , & qui a le goût de noifette ; c'eft le pain du pays. A l'égard du poiffon , il ne fe donnent pas la peine de le pêcher ; ils fe contentent de ramaffer celui que les vagues jettent fur le rivage , tant la mer eft

poiffonneufe.

fant tous les autres peuples de l'univers, parce que leurs coûtumes & leurs Loix étoient différentes de celles des autres peuples ; comme si la raison & la prudence, n'avoient été accordées qu'aux seuls Grecs & aux seuls Romains. Cette idée extravagante, les rendoit si vains, que les Rois même des autres Nations ne passoient chez eux que pour des Barbares & des Esclaves qu'ils avoient droit d'employer aux plus viles fonctions. Avec des préjugés si déraisonnables, il ne leur étoit plus possible de tenir la balance, pour peser les droits de l'humanité. Toutes leurs loix ne sont sages, qu'autant qu'elles ont pour objet le peuple Romain. Celles pour les Esclaves, (je pourrois dire contre) sont d'une dureté & d'une cruauté excessives & si injustes, qu'à moins de ne les croire d'une autre espéce, elles ne pourront jamais être justifiées. Aussi pour colorer cette supériorité qu'ils s'attribuoient principalement dans le tems de leur grande prospérité sur tous les autres hommes, imaginerent-ils une race de demi-Dieux, dont ils se vantoient d'être les descendans ; titre ridicule & impertinent, qui auroit dû les rendre plus compatissans & moins injustes. Leur orgueil a été humilié par ceux qu'ils avoient le plus méprisés. Laissons ces sages extravagans ; ce n'est point chez eux que nous découvrirons la vérité.

Pour nous, instruits par la voix du Créateur de toutes choses, nous ne nous égarerons pas dans les routes de la superstition. Le flambeau de la vérité éclaire nos pas, & le plus simple des Chrétiens en sçait plus sur la création de l'homme, sa dignité, ses prérogatives & ses obligations, que tous les Philosophes de l'univers réunis ensemble. Je n'en excepte pas nos prétendus Philosophes modernes, dont les systêmes absurdes sur l'origine des hommes, les couvriront à jamais de confusion. Nous sçavons que le monde ayant été tiré du néant par la seule volonté de celui qui peut tout, l'homme & la femme furent créés pour peupler la terre & la dominer. C'est de cette prémiere tige, que tous les hommes viennent ; par conséquent par droit de nature & d'hérédité, ils sont tous égaux. Tous sont freres, issus du même sang, déchus de la même gloire par la prévarication de leur prémier pere, doués des mêmes sens, respirans le même air, sujets aux mêmes passions, les images vivantes de la divinité. Obligés à faire un bon usage d'une vie courte, pour en mériter une meilleure, voilà ce que sont les enfans de ce prémier homme par leur institution primitive, que nous appellons le droit de nature. Si les miseres (suites funestes d'un crime inéfable) n'étoient les compagnes inséparables de l'homme depuis le moment de sa naissance, jusqu'à son entrée dans le tombeau, les sociétés auroient été volontaires. Car l'homme est fait pour la société ; en vain un nouveau Philosophe déclame contre elle ; ses sophismes ne séduiront personne. Il se contredit lui-même en se glorifiant du titre de Citoyen. Oui, si les hommes eussent conservé les heureuses prérogatives de l'innocence dans laquelle leur pere avoit été créé, les sociétés se

DE L'ESCLAVAGE.

L'Auteur de l'essai politique sur le commerce, raisonne ainsi : l'usage des Esclaves est autorisé dans nos Colonies; donc il n'est point contre la Religion & contre la Morale d'avoir des Esclaves. Il nous fait beaucoup d'honneur : mais ce raisonnement n'éclaircit pas beaucoup la question ; car on pourroit lui répondre, la Religion & la morale condamnent l'usage d'avoir des Esclaves; donc il n'est pas permis d'en avoir dans nos Colonies. Il faut remonter plus haut, & suivre, pour ainsi dire, d'âge en âge l'histoire de l'esclavage, pour en avoir une notion capable de déterminer notre jugement pour ou contre. L'illustre Montesquieu traite de cette matiere dans le second tome de l'Esprit des Loix. Son jugement est d'un grand poids ; mais quelque forte que soit l'expression de son pinçeau philosophique, je tiendrai ma parole, & je ne serai qu'Historien.

Les plus grands Philosophes de l'antiquité, se sont égarés dans leurs longues & infructueuses recherches sur les prérogatives de l'humanité, & sur les droits attachés à la nature de l'homme, qui en font comme l'appanage & qui en constituent son être, dont ils paroissent inséparables. Ils ont établi de faux principes ; les conséquences ne pouvoient donc être justes & concluantes. Ils ont parlé de l'homme sans le connoître ; ils ont ignoré la dignité de son origine & le terme glorieux où doivent tendre tous ses travaux. Cette ignorance leur a fait prendre le change sur les véritables rapports qui doivent se trouver entre des êtres semblables & égaux par nature, de leurs devoirs envers la société, & des devoirs de la société envers chacun de ses membres. Ils ont supposé ce qui étoit en question ; & au lieu de remonter à l'origine de toutes choses, ils ont pris, dans leurs raisonnemens, pour des principes incontestables, les usages établis dans les pays où ils vivoient. De-là vient que les sages de la Grece, ne s'accordent point avec les sages de Rome, & que ces derniers different de ceux de l'Inde ou de l'Afrique. L'inégalité qu'ils ont trouvée dans les conditions, & qui est essentielle à toutes les sociétés, telles qu'elles existoient de leur tems, leur a fait penser que ce qui étoit une suite de plusieurs évenemens, étoit un effet de la nature. Les Grecs & les Romains, regardoient d'un œil mépri-

chasseurs, qui au risque de leur vie, assuroient la possession des biens de la campagne à leurs compatriotes, déterminerent le grand nombre à confier partie de la principale autorité à celui de ses défenseurs, qui par quelque action éclatante de valeur & de prudence, avoit mérité tous les suffrages. On l'associa au gouvernement de la société ; la reconnoissance publique ne pouvoit mieux le recompenser. L'autorité se trouva ainsi partagée entre la sagesse & la valeur. Le sage vieillard présida à la police domestique & administra la justice, & le vaillant guerrier fut chargé de procurer la sûreté des biens de la campagne. Les honneurs & les louanges, qui accompagnent toujours une entreprise hardie & dangereuse, animerent la jeunesse à se signaler par quelque action d'éclat. Le nombre des chasseurs augmenta, & après avoir délivré le pays des animaux qui ravageoient la campagne, les plus valeureux nourris & accoutumés à combattre continuellement, allerent offrir leurs bras vengeurs à des sociétés voisines ; la gloire étoit le terme de leur ambition : heureux, si après avoir dompté des bêtes féroces, ils étoient retournés couverts de laurier dans le sein de leurs familles. Mais oubliant les liens qui les devoient attacher aux autres sociétés, ils ne les considererent plus que comme des objets beaucoup plus dignes de leur courage, que l'emploi qu'ils en avoient fait. Il les attaquerent & les subjuguerent ; voilà le commencement des Empires. Nemrod fut le maître d'un grand peuple, & Nemrod n'étoit qu'un puissant chasseur (suivant l'hébreu deprédateur.) Dès lors chaque société ne se crut plus en sûreté à la campagne, elle bâtit des villes & les entoura de hautes murailles. Bientôt les seuls hommes robustes & courageux, furent les plus considérés ; toute l'autorité passa en leurs mains, afin qu'ils fussent en état de repousser la violence & de s'opposer aux courses de leurs injustes & ambitieux voisins. L'exercice des armes changea les mœurs ; la cruauté & l'effusion du sang humain firent disparoître l'ancienne simplicité & la subordination filiale de tous les membres pour le chef. Il fallut employer la force pour se faire obéir dans son propre pays, & le pouvoir souverain devint arbitraire & despotique. Ce n'est point encore ici le tems de l'esclavage, mais il ne tardera pas d'arriver. Les diverses sociétés occupées de leur défense, ne travailloient qu'à se subjuguer les unes les autres. Les plus foibles furent contraintes de céder aux victorieuses & de subir la loi qui leur fut imposée. Les grands Empires se formerent, & les Nations qui n'en faisoient pas partie, furent jugées ennemies. Toute communication fut interrompue, & la haine redoubla la fureur des armes. La folie du titre de Conquerant, fit porter le ravage de tous côtés, & la victoire enchaîna à son char les peuples vaincus. L'injustice est toujours la source d'une nouvelle injustice. L'ambition d'étendre sa domination avoit fait violer le droit des gens, en portant le trouble & la désolation chez des Nations pacifiques, qui bien loin d'avoir causé aucun dommage, vivoient peut-être dans l'ignorance s'il y avoit

GUINÉE.
de l'esclavage.

seroient formées par le seul désir de jouir d'un bonheur réciproque, & la nécessité de se défendre & de se garantir des injustices & des violences, n'auroit jamais rassemblé des peuples entiers dans une enceinte de hautes murailles. On croit que les prémieres sociétés se sont formées de la postérité d'un seul chef, & qu'à mesure que la population a étendu ses rameaux, les familles se sont dispersées & ont cherché de nouvelles terres pour les cultiver, & qu'ainsi successivement toute la surface de la terre a été habitée. Ce sentiment paroît fort raisonnable ; je voudrois cependant y joindre une autre cause. J'ai dit ailleurs que les animaux s'étant multipliés, chacun selon son espéce, s'étoient établis dans les lieux où ils trouvoient sans opposition une abondante nourriture. Les plaines & les valons les plus fertiles, furent bientôt occupés par des bêtes féroces. Il fallut pour les en éloigner, lorsque les hommes voulurent en prendre possession, leur déclarer une meurtriere guerre, inventer des armes & s'en servir avec adresse, pour vaincre des ennemis si courageux. Cette raison me paroît suffisante, pour avoir contribué à la formation de certaines sociétés, parmi lesquelles les plus vaillans, ou étoient choisis, ou s'offroient d'eux-mêmes pour défendre la Colonie contre les entreprises des animaux carnaciers, & garantir les terres cultivées de leurs déprédations. La tranquillité publique fut le fruit des actions valeureuses de ces généreux guerriers, que la reconnoissance & l'estime distinguerent par des honneurs particuliers. Quoique les hommes naissent égaux par le droit de nature, il ne s'ensuit pas qu'étant nés pour la société, ils puissent & doivent conserver toujours cette égalité. Le même droit naturel y est contraire & exige que le nouveau venu aye de la déférence pour le plus ancien, que l'enfant reconnoisse le droit que le pere a sur lui, & que ceux qui sont les plus utiles, soient les plus considérés. La nature & la raison s'accordent en tout ceci, & reconnoissent ce principe pour vrai & incontestable. Toute société n'est que la réunion de plusieurs, pour s'aider mutuellement & se procurer des adoucissemens aux miseres communes. Le bien public doit être le terme des mouvemens de tous les membres, & l'ordre doit les diriger, pour que la paix & la joie se perpétuent dans le sein des familles. Cet ordre ne sçauroit subsister sans chef. L'obéissance & la subordination, ne sont donc pas contraires au droit naturel, puisqu'elles sont la base & l'ame de toute société, sans lesquelles il n'y auroit que trouble & confusion. Le chef, par toutes sortes de titres, doit avoir été primitivement le Patriarche de la Colonie ; son héritier a dû le remplacer, & les plus anciens, comme plus expérimentés, devoient l'aider de leurs conseils. Voilà la forme des prémiers gouvernemens de nos Peres. La simplicité dans les mœurs & la sûreté publique constituoient toute la Jurisprudence de ces tems fortunés. Peu de besoins, point d'ambition, ne demandoient pas beaucoup de Loix : mais les services rendus à chaque société par ces guerriers

homme par fes travaux en avoit defriché une portion , il en devenoit
le légitime poffeffeur & il en étoit le maître particulier. D'où il s'en-
fuivit que les plus laborieux & les plus induftrieux , s'approprierent de
vaftes domaines. La profpérité les rendit recommandables , & les moyens
de fubfiftance qu'ils fourniffoient au plus grand nombre , determinerent
les indigens à rechercher leur protection pour travailler fous leurs ordres ; & c'eft de-là qu'eft venu la fervitude réelle. Les enfans de ces
ferviteurs , nés dans la dépendance & la foumiffion , & qui préfererent
le féjour des villes à celui de la campagne , entrerent au fervice de
leurs patrons ; d'où eft venue auffi la fervitude perfonnelle, toutes deux douces & fupportables dans leur établiffement. C'eft ainfi que nos gros
poffedans biens emploient des journaliers moyenant falaire , aux travaux
de la terre , que nos riches bourgeois fe font fervir par des domeftiques
à gages. (J'ai honte de dire nos Artifans, tant le luxe a énervé nos
mœurs)

Nos loix dictées par le Chriftianifme , qui eft la perfection de la loi
naturelle , favoriferont toujours la liberté contre les abus d'une violente
autorité ; mais il n'en eft pas ainfi des loix des autres Nations. L'orgueil , le mépris & les autres paffions déréglées, firent oublier que les
ferviteurs étoient des hommes. On ne vit que leur état d'humiliation &
l'autorité qu'on avoit fur eux ; l'exemple barbare des conquerans fur les
peuples vaincus , aggrava la fervitude. On ne fit plus de diftinction de
ceux qui vendoient leurs fervices , d'avec ceux que la violence avoit
affujettis. Tout fut également Efclave , & toutes les Nations s'accor-
derent pour en déclarer la poffeffion légitime ; voilà ce que penfent ces
Auteurs. Je ne les fuivrai point dans l'examen qu'ils font des divers efclavages , des loix faites pour l'adoucir ou pour en rendre la condition
plus dure ; cela me meneroit trop loin. Je n'en rapporterai que ce qui
me paroîtra abfolument néceffaire à mon fujet. Je le repete , je ne
fuis qu'Hiftorien. On diftingue deux fortes d'efclavages : le réel & le perfonnel. Le réel , eft une obligation de cultiver les terres & de contribuer à tous les travaux de la campagne ou publics ; & le perfonnel fe
rapporte à la perfonne du maître pour le fervir dans fa maifon & obéir
à fa volonté. L'efclavage réel n'a rien de contraire à la liberté naturelle de l'homme , c'eft proprement un tribut qu'on s'oblige de payer
pour vivre tranquille fous la protection d'un plus puiffant , & fe fouftraire aux caprices de la tyrannie. Il n'en eft pas de même du perfonnel : la honte & l'aviliffement en font inféparables. Rien de bas &
de méprifable , qui ne faffe partie de fes fonctions. Auffi ce dernier état
a toujours été jugé le plus humiliant , & c'eft peut être par le remplacement que les valets de chambre ont fait des Efclaves perfonnels ,
que leur condition a été plus avilie que celles des autres domeftiques.
L'efclavage le plus rigoureux , eft celui qui réunit la réalité & la per-
fonnalité , & malheureufement pour l'humanité, quantité de peuples

GUINÉE.
de l'esclavage.

d'injuftes guerriers dans le monde. Les maux qu'elles avoient foufferts, ne les rendoient point criminelles. Cependant par un effet d'une premiere violence commife, fans même aucun prétexte de juftice, les ufurpateurs firent des loix pour s'approprier un domaine abfolu fur leurs conquêtes. La force les dicta, & contre les notions les plus fimples de l'équité, les plus foibles devinrent la proie de leurs raviffeurs, & furent arrachés du fein de leur patrie. La vie ne leur fut confervée que par une efpéce d'acte de générofité & de clémence de la part des Vainqueurs. Ces innocentes victimes de l'audace orgueilleufe de leurs femblables, leur furent afservies & s'eftimerent heureufes de vivre aux dépens de leur liberté. Voilà les prémiers Efclaves dont le fouvenir afflige encore l'humanité. La crainte de perdre un bien fi mal acquis, fit employer les voies les plus rigoureufes pour contenir ces infortunés dans une foumiffion abfolue. Les travaux les plus rudes leur furent deftinés. Leur vie même ne fut comptée pour rien, dès qu'il s'agiffoit de contenter les défirs du Maître. (Quintus Flaminius, Sénateur Romain, fit tuer un de fes Efclaves pour fatisfaire la curiofité d'un de fes favoris qui lui avoit demandé comment on faifoit pour tuer un homme.) L'indolence & la moleffe trouverent dans les fervices des Efclaves, une douceur trop flatteufe pour négliger de s'en procurer; chacun voulut en avoir. On entreprit de nouvelles guerres dans cette feule vûe. Des peuples paifibles & timides, s'offrirent volontairement dans la crainte de perdre leur liberté prefque expirante pour remplir les obligations qu'on leur impoferoit; de là font venues les fervitudes. Enfin l'ufage des Efclaves parut fi néceffaire, qu'il fe répandit de tous côtés. On en fit des marchés publics, & il fe trouva des gens affez dénaturés pour en faire négoce. La multitude des Efclaves, devint un corps féparé du refte des hommes, foumis à des loix particulieres & fi barbares pour la plupart, que de les rapporter, c'eft les condamner. Elles varierent fuivant les climats & les mœurs des peuples qui les drefferent. Celles d'Athenes refpiroient l'humanité, & celles de Lacedemone repondoient à la férocité du gouvernement. Tout détail feroit fuperflu. Il ne s'agit point de faire ici l'hiftoire circonftanciée de l'efclavage; il fuffit de faire connoître fon origine, & fi c'eft un état naturel à l'homme & fondé fur la juftice. D'autres auteurs affurent que l'efclavage étoit établi avant que l'ambition eut fait des Conquerans & avant la naiffance des premiers Empires. Ils prétendent que toute fociété, étant compofée de plufieurs familles, d'une capacité & d'une induftrie fupérieure les unes aux autres, les gens à talens & d'un génie actif, inventerent les outils & les machines pour faciliter la culture de la terre & fe procurer les commodités de la vie. Par ce moyen ils recueilloient des recoltes abondantes, tandis que les pareffeux ou fans prévoyance pour l'avenir, languiffoient dans la mifere. Ils ajoutent que dans ces prémiers tems toutes les terres étoient communes, jufqu'à ce que l'induftrie les mit en valeur; mais qu'une fois qu'un

enfans, font injuftes & extravagantes. C'eft ce défir de conferver fa vie, **Guinée.** qui prouve qu'elle ne dépend que de celui feul qui la donne. L'ufage *de l'efclavage.* en a été laiffé à l'homme ; le feul Créateur a le droit d'en difpofer ; & fi les loix condamnent à mort, elles font juftes, parce qu'elles font établies pour la confervation de l'homme & de la fociété, & par-là même elles font la voix & la manifeftation de la volonté de Dieu, qui pour l'avantage de l'humanité, fait périr les méchans, qui par des crimes, troublent l'ordre fans lequel les fociétés ne pourroient point fubfifter.

Toute loi donc qui condamne à mort fans que celui qui eft condamné en aye pu retirer de l'utilité, relativement à fa confervation & à celle de la fociété, eft une loi barbare, fondée fur des intérêts arbitraires & particuliers. Les loix donc Romaines qui condamnoient à mort (le Senatus Confulte Syllanien) tous les Efclaves qui habitoient aux environs de la maifon dans laquelle un Citoyen Romain auroit été tué, étoient auffi injuftes que cruelles. Une foule d'innocens étoient immolés aux caprices & à l'intérêt de quelques particuliers. Voilà où conduit l'ufurpation d'une autorité illégitime. Ces mêmes Auteurs avouent, que quoique la liberté foit naturelle à l'homme & qu'elle en faffe la plus effentielle partie, il peut cependant en être dépouillé avec juftice, lorfque par des actions criminelles il a infulté aux loix fondamentales de la fociété. Ces loix pouvoient lui faire perdre la vie. La peine a été changée en efclavage ; elles ne font donc pas injuftes, & la perte de la liberté dans ces occafions, bien loin de repugner à la loi naturelle, eft l'effet d'une grace accordée en faveur de l'humanité. Il faut donc diftinguer deux fortes d'Efclaves : ceux qui en punition de quelque crime ont mérité de perdre leur liberté, & ceux qui trop foibles pour réfifter à la violence, font devenus les victimes de l'oppreffion, ou qui accablés fous le poids de la mifere, fe font refugiés dans les bras de l'opulence. Le prémier efclavage eft dans l'ordre de la loi de nature, & eft un frein néceffaire contre l'injuftice pour maintenir la paix de toute fociété. Le Chriftianifme qui eft la perfection de la loi naturelle, en reconnoit la légitimité & les effets falutaires, pour contenir & reprimer l'audacieufe perverfité des méchans.

Le fecond, de quelque côté qu'on le confidére, n'a d'autres fondemens que l'ufurpation tyrannique d'un pouvoir arbitraire, injurieux au Créateur & à la créature. (Je prie mes Lecteurs de bien pefer ces dernieres raifons ; elles me paroiffent de la derniere importance, pour ne point s'égarer dans le jugement qu'ils porteront de l'efclavage.) L'homme naît avec un penchant pour l'injuftice, & fes paffions l'aveuglent dans la pratique des devoirs impofés par la loi de nature ; ce qui a obligé chaque fociété de faire des loix pour la fureté des particuliers & la paifible poffeffion de leurs biens. Par une fuite néceffaire, il a fallu infliger des peines aux perturbateurs du repos public ; & il fera toujours dans l'ordre de la juftice, que celui qui a voulu ôter la vie

Tom. II. B b

GUINÉE.
de l'esclavage.

ont ignoré cette distinction. (Voyez l'Esprit des Loix & la Dissertation sur l'Esclavage par Mr. le Chevalier de Jaucourt.) D'autres Auteurs soutiennent , que de quelque cause que l'esclavage procede , & quelque universel qu'en ait été l'usage , il repugne à la raison & contredit la loi naturelle. Si l'esclavage est l'effet de la violence , il est injuste ; s'il est volontaire , c'est une preuve de folie. La nature rend tous les hommes égaux , leur liberté est inaliénable , & si la forme de quelques sociétés donne le droit de disposer des talens & des travaux de ceux qui la composent , cette tâche remplie, qui est dans l'ordre civil & politique , l'homme rentre dans les droits de sa liberté , dont il n'a pû se dépouiller , parce qu'elle lui est essentielle. L'esclavage même le plus dur , n'exige que des services. Le maître peut prescrire des travaux proportionnés à la force de ses Esclaves , mais leur vie & leur vertu ne dépendent pas de lui ; il ne sçauroit ôter , ce qu'il n'a pu donner. Rome a beau faire des loix meurtrieres contre les Esclaves , elles ne montrent que la foiblesse de son droit & sa férocité. La loi naturelle dit à tout homme : voudrois-tu subir le sort des Esclaves , & approuves-tu l'enlevement de ces familles innocentes , transportées dans d'autres climats , pour être vendues comme des bêtes dans les marchés publics ? Non sans doute : un reste de probité que la corruption la plus invétérée laisse subsister dans le fond du cœur, fera toujours reclamer contre de pareilles injustices. Mais objectera-t-on : Ne suit-il pas de ce principe que la liberté ne dépendant pas de l'homme , les loix que les hommes ont faites ne peuvent la lui ravir sans injustice ? Non : le méchant, au milieu des supplices , ne peut point appeller à son secours la voix de la nature. Les loix qui l'ont condamné étoient faites pour sa conservation , & son supplice n'a point d'excuse , puisqu'il a cherché volontairement à renverser la sûreté publique. Ce même méchant n'auroit pas voulu que le crime qu'il a commis , en attentant à la vie de son frere ou en lui ravissant son bien , eut été exécuté contre lui. Il le condamne donc , & la loi qui le punit , est par-là même justifiée. C'est ainsi que raisonnent ces Auteurs. Ils pensent que la liberté étant de l'essence de l'homme , aucune créature n'est en droit de l'en priver, & que l'homme créé à l'image de Dieu , ne peut point appartenir à un autre homme par droit de propriété. Les peres à qui les enfans sont redevables de leur existence , de leur nourriture & de leur éducation, n'ont pas pour cela le pouvoir de les détruire ; leur autorité est grande, sans être arbitraire ; ils ne sont que les instrumens de la Providence & les Administrateurs des loix naturelles ; or il n'est aucun être raisonnable , qui par l'impression de la nature , ne desire & ne travaille à sa conservation. Les peres ont senti dans leur enfance , que la vie leur étoit si propre , qu'on ne pouvoit la leur ravir sans injustice ; ils ne peuvent donc pas faire ce qu'ils n'auroient pas voulu qu'on leur fit. Les loix donc de ces Législateurs qui ont permis aux peres de tuer leurs

enfans

comme suïcide, (oublions la folie de nos voisins, elle est inexcusable) pourquoi celui qui tue son Esclave ne sera-t-il pas véritablement homicide & digne de la peine infligée par la loi ?

Elle est contraire à la justice, & répugne à la raison. Un reste d'humanité dans les sociétés les plus barbares, a empêché d'imputer aux enfans les égaremens de leurs meres, & toutes les loix s'accordent, dans la punition d'une femme criminelle, lorsqu'elle est reconnue grosse, pour attendre qu'elle soit delivrée de son fruit, avant de lui faire subir la rigueur de la justice. Si l'enfant suivoit la condition de la mere, on lui feroit partager le même supplice. La punition de la mere coupable & la conservation de l'enfant innocent, condamnent l'application de cette maxime à la naissance de l'enfant d'une Esclave. C'est toujours par une suite de l'abus du pouvoir arbitraire, que les maîtres s'imaginerent follement que le droit de propriété qu'ils avoient sur leurs Esclaves s'étendoit à tout, qu'ils voulurent faire servir à leurs débauches les filles Esclaves. L'opposition des Chrétiennes qui préfererent la perte de la vie à celle de leur honneur & de leur vertu, (elles qui seront à jamais un exemple mémorable d'obéissance en tout ce qui n'étoit point injuste) prouve la tyrannie des maîtres, & combien leur prétention étoit contre la raison. Si donc le maître n'a aucun pouvoir pour abuser de son Esclave, quel titre légitime pourra-t-il faire valoir pour s'approprier le droit de despotime sur l'effet, tandis qu'il n'a aucune action sur la cause ? Il n'y a qu'une jurisprudence corrompue & intéressée à faire valoir un droit si bizarre & si opposé à la raison, qui aye pu faire des loix pour en légitimer la possession. Ce sont les tyrans qui décident que la plus cruelle tyrannie est innocente. On est étonné en lisant la multitude des loix, souvent contradictoires & presque toujours injustes, que l'esclavage a occasionnées dans l'Empire Romain. Leur variation, tantôt mitigées & tantôt cruelles à l'excès, dénote l'embarras des Législateurs & l'incertitude de leur prétendu droit de propriété. Laissons ces loix dont l'humanité est indignée. Ne parlons pas non plus des noms qu'on donnoit aux Esclaves relativement à leurs fonctions. Ils furent si multipliés, qu'il faut une étude particuliere pour en connoître le détail. On prescrivit des régles pour les affranchissemens, & les Jurisconsultes travaillerent pendant long-tems à rediger & réunir toutes ces loix, pour en former un code de jurisprudence.

J'ai promis d'être l'Historien des divers sentimens sur l'esclavage ; il est par conséquent de mon devoir, après avoir fait mention de ceux qui le condamnent, lorsqu'il n'est point le châtiment du crime, d'exposer les raisons de ses défenseurs.

Avant de rapporter le sentiment de ces derniers, je dois faire connoître à mes Lecteurs que cette maxime du droit Romain, *partus sequitur ventrem*, bien loin d'être fausse & contraire à la justice, est très-équitable & absolument nécessaire au maintien de l'ordre, sans lequel les

ou la liberté à son semblable, reçoive un châtiment équivalent à ses forfaits. Que deviendroit la vertu sans la protection des loix ? Un torrent d'iniquités inonderoit la terre, & les méchans qui ne subsistent que pour éprouver les bons, exerceroient sur eux une tyrannie insupportable. On comprend donc que la perte de la liberté, lorsqu'elle est l'effet de quelque crime, est une acte de justice que la saine politique & le Christianisme même autorisent. En France, la condition de nos forçats est un véritable esclavage, & il est juste ; mais il ne consiste que dans la perte de la liberté & des droits de tout Citoyen à la participation aux avantages de la société. Car il ne s'ensuit point qu'en vertu de cet esclavage on puisse livrer à la mort ceux qui ont ainsi perdu la liberté, ni que leur génération soit envelopée dans leur disgrace, à moins qu'un nouveau crime n'exige une nouvelle punition contre les coupables ; ce qui met en évidence l'atrocité de certaines loix Romaines, qui donnoient aux maîtres un pouvoir arbitraire sur des Esclaves qui n'étoient coupables d'aucune mauvaise action. Ces infortunés ne gemissoient dans un état si humiliant, que parce que par une loi contre nature, des brigands armés avoient décidé que les usurpations qu'ils pouvoient faire sur des peuples qui ne les connoissoient pas, leur appartenoient à titre de conquête, ou parce qu'ayant recherché la protection & le secours de quelque puissant propriétaire de terres, ils avoient consenti à acheter les moyens de subsistance pour le prix de leur travaux. La loi du plus fort, si elle n'est pas la meilleure, n'en est pourtant que la plus rigoureusement exécutée. La violence qui l'a établie, lui donne une extension aussi injuste dans ses conséquences, que dans son principe. Après avoir ravi la liberté & avoir usurpé un droit de vie & de mort sur des sociétés entieres, par de nouvelles loix en explication de la prémiere, le pouvoir arbitraire & despotique sur les Esclaves, a passé sur leurs descendans, suivant cette maxime du droit Romain, que la condition des enfans est toujours celle de la mere, *partus sequitur ventrem*. Cette maxime est vraie à plusieurs égards ; mais fausse & contraire à la justice par rapport à l'esclavage. Elle est fausse, parce que le domaine du maître sur la femme Esclave n'est que relatif aux services qu'il a droit d'en exiger. Ce n'est point un droit de propriété, tel que nous l'avons sur les choses qui nous appartiennent en propre, qui sont tellement nôtres, que nous pouvons en disposer & les détruire sans contrevenir aux loix de la société. L'homme est son maître jusqu'à un certain point : mais ses actions doivent être subordonnées à la loi de nature & aux autres loix sagement intervenues pour le bien de la société. Il a l'usage de la vie sans pouvoir en disposer à sa fantaisie. Elle appartient au Créateur & à la société. Si donc nous ne pouvons attenter sur notre vie & sur celle de nos enfans par notre droit de propriété, comment ce droit pourra-t-il être justifié sur les Esclaves & leurs enfans ? Et si celui qui se tue est puni

GUINÉE.
de l'esclavage.

voisines, pour s'opposer aux incursions & à l'enlevement des bestiaux & des fruits de la campagne, qui dans ces premiers tems composoient toute la richesse des habitans. L'ambition de dominer & le désir de s'aggrandir, si naturels à l'homme, firent des brigands, & accréditerent la violence & l'usurpation. Ce ne fut que par des actes d'hostilité, que chaque société put se conserver dans la juste possession de ses biens. L'exercice des armes, devint donc une profession nécessaire & l'occupation de tous ceux qui avoient quelque part dans le Gouvernement. La tranquillité & la paix en dépendirent. (Le motif de venger la patrie, en réprimant l'injustice, étoit certainement louable, & une guerre entreprise dans cette vue, mérite des éloges ; mais qu'il est rare & difficile qu'un guerrier se renferme dans les bornes d'une juste défense.) Le ressentiment & la haine suivent presque toujours les armées, & le prétexte d'affoiblir l'ennemi, entraîne après lui la destruction & le carnage. (Les miseres dans lesquelles l'humanité se trouve envelopée, ne sont-elles pas assez multipliées sans que les malheurs de la guerre les rendent plus affreuses ?) On massacra un ennemi, qu'on jugea digne de mort, parce qu'il pouvoit nuire. Le recit des anciennes guerres, fait encore frémir la compassion ; les vainqueurs s'emparerent, à titre de conquête, des pays qu'ils avoient subjugués, & il se forma de grands Empires, dont la puissance effraya les sociétés trop foibles pour leur resister. Elles se liguerent pour défendre leur liberté, & formerent à leur tour d'autres Empires assez forts pour balancer la victoire. C'est à cette époque qu'il faut fixer l'origine de l'esclavage. Les Grands de ces Empires, accoutumés à se faire craindre & à se faire obéir, imaginerent que des prisonniers de guerre, qui ne jouiroient de la vie que par miséricorde, leur seroient entierement dévoués & tâcheroient par toutes sortes de services de témoigner leur reconnoissance. (La pitié eut moins de part à ces actes d'humanité, que l'orgueil & la molesse.) L'effusion du sang humain, fut ainsi commuée en servitude, c'est-à-dire, en personnes sauvées du carnage pour servir leurs libérateurs. La méthode fut trouvée bonne & commode ; les Esclaves furent employés aux plus rudes travaux. L'usage en parut si utile, qu'il devint bien-tôt général. D'autres peuples, intimidés par le traitement fait à leurs voisins, se soumirent volontairement à une autorité qui les auroit écrasés, dans l'espérance d'avoir un sort plus doux (ainsi qu'on voit aujourd'hui dans l'Inde où les Gouvernemens sont arbitraires, des familles riches se déclarer Esclaves d'un grand Seigneur pour vivre sous sa protection, & se garantir d'une plus grande oppression.) Effectivement ils prirent le bon parti. Ils resterent possesseurs de leurs biens, moyennant quelques tributs, & leur servitude fut compensée avec la protection qu'ils retiroient de leurs nouveaux maîtres. Ils furent en quelque maniere mort taillables ou serfs attachés à la glebe, comme nous en avons encore dans plusieurs Etats de l'Europe. Ou il faut condamner la guerre & ju-

sociétés ne sçauroient subsister. Elle seroit effectivement injuste, si les enfans innocens du crime de la mere, étoient envelopés, à cause de leur naissance, dans le même châtiment. La maxime seroit affreuse, si on pouvoit l'entendre dans ce sens : mais il est évident qu'elle n'est établie que pour régler les diverses conditions des hommes qui composent une société, dans la supposition que les unes sont libres, & les autres esclaves. Or ces conditions ne peuvent être distinguées & reconnues plus exactement que par la naissance ; d'où il suit que si les enfans ne suivoient pas la condition de la mere, chaque enfant qui naîtroit, deviendroit un procès interminable. La maxime est donc sage, puisqu'elle suffit pour bannir la chicane, & qu'elle ne favorise en aucune maniere le pouvoir arbitraire que toutes nos loix condamnent si expressément. La religion & l'humanité en font admirer la sagesse ; elles ont assez de force pour contenir les Esclaves, & de douceur pour les faire regarder comme de véritables domestiques, avec cette seule différence, qu'ils sont à vie, & qu'on n'est point obligé de leur payer des gages. Je reviens aux défenseurs de l'esclavage.

Ils pensent qu'il n'est point un état naturel à l'homme, mais qu'il est une suite des miseres de la condition humaine ; car quoique par la naissance nous soyons tous égaux & destinés à former une même société, cette égalité, dans l'état présent des choses, est un être de raison, puisque la société est la réunion de plusieurs pour s'aider mutuellement & s'entresecourir les uns les autres ; qu'il est par conséquent nécessaire que les fonctions soient partagées ; que parmi ces fonctions, il s'en trouve de viles, qui ne sont pas moins nécessaires que les plus distinguées, & que conséquemment, une portion de la société, doit en faire son occupation. Ils disent que l'ordre & la paix, sont la base & le terme de toute société ; que l'ordre ne peut être respecté que par l'autorité, & que la paix ne peut régner que par l'obéissance de tous aux loix établies pour recompenser la vertu & punir le crime. D'où il suit encore que pour l'exécution de toutes ces choses essentielles au bien de la société, le commandement & l'administration de la justice, doivent appartenir au plus petit nombre ; que par conséquent l'égalité que donne la naissance, est incompatible avec l'existence d'une société. Ils ajoutent que la passion déréglée des hommes, leur faisant oublier les obligations imposées par la loi naturelle, il est absolument nécessaire de contenir les méchants par la crainte ; qu'il faut donc que l'autorité soit armée & se montre avec un éclat imposant, pour intimider la discorde, & subjuguer la rebellion. A mesure que les sociétés sont devenues plus nombreuses, l'ambition & la vanité ont fait disparoître insensiblement l'acienne simplicité des mœurs, & la puissance législative a eu besoin d'employer une plus grande force pour prévenir ou punir le désordre. Il a fallu pour conserver la paix parmi les Citoyens, veiller non-seulement sur leurs actions, mais encore sur les démarches des sociétés

»L'esclavage occasionné par les dettes, ne dura pas long-tems; le
»tribun Pétilien le fit abroger: la personne du débiteur devint libre; il
»pouvoit insulter à son créancier, en se montrant impunément à ses yeux;
»c'étoit tomber d'un excès dans un autre: le droit de faire enfermer le
»débiteur dans des prisons publiques, est un milieu plus raisonnable.

»On doit ajouter à ces causes de l'esclavage, la vente que l'homme
»libre pouvoit faire de sa personne. Il me semble qu'on ne doit point
»dire, *qu'il n'est pas vrai qu'un homme libre puisse se vendre,* * encore moins
»en donner pour raison, que *tous ses biens entrant dans la propriété du Maître,*
»*le Maître ne donneroit rien, & l'Esclave ne recevroit rien.* Cette réflexion
»ne prévoit que le cas où l'Esclave garderoit dans sa main le prix de sa
»liberté: mais si l'homme libre se vend pour payer une dette, ou pour
»faire un capital à ses enfans déja nés, la maxime est fausse, comme
»celle *qu'un prisonnier fait à la guerre, ne peut être reduit en servitude.* **

»On pourroit aussi ne pas accorder que la liberté du citoyen appar-
»tienne au corps politique; la personne du citoyen lui appartient: mais
»si l'esclavage est un état nécessaire dans la constitution, il est indifférent
»à la République que tel homme lui soit utile, comme esclave, ou
»comme libre.

»Les Esclaves avoient la tête nue & rasée, comme la plupart de nos
»Moines, esclaves sacrés de la Religion; les nouveaux affranchis portoient
»un bonnet, jusqu'à ce que leurs cheveux fussent revenus; c'est par-là
»qu'il devint un simbole de la liberté. Brutus, après le meurtre de César,
»fit frapper de la monnoie avec l'empreinte du bonnet, comme ayant
»affranchi le Peuple Romain. A la mort de Neron, le peuple prit des
»bonnets, pour témoigner qu'il se croyoit libre dès ce moment.

»L'Esclave dépendoit entierement de son Maître, qui pouvoit à son
»gré, changer son état, & le délivrer de la servitude; mais l'affranchis-
»sement ne procuroit pas une liberté absolue. L'expression de Justinien
»ne doit point être prise au pied de la lettre: Personne n'a jamais ré-
»voqué en doute que l'affranchi ne demeurât dans une certaine dépen-
»dance de son ancien Maître. On substituoit à ce dernier titre, celui de
»Patron; l'affranchi étoit sous sa protection; il lui devoit des corvées, un
»tribut annuel; il étoit taxé pour contribuer à la dot de sa fille, & pour
»le tirer de captivité.

»Si l'affranchi étoit coupable d'ingratitude, il perdoit la liberté qu'il
»avoit reçue; il étoit obligé de nommer le Patron dans son testament,
»& de lui laisser un legs; sa succession lui appartenoit, lorsqu'il mouroit
»sans enfans. Si on excepte le seul article du legs dans le testament,
»on trouvera mot pour mot, dans la condition de l'affranchi, celle du
»censitaire, telle qu'elle étoit par-tout autrefois, & telle qu'on la re-

* Esprit des Loix, liv. 15. t. 2.
** Ibid.

ger si les motifs qui l'ont occasionnée, sont justes & légitimes, ou reconnoître que l'esclavage qui a en été la suite, est dans l'ordre des choses. Il est contre la raison que le Soldat veuille avant de combattre être instruit des projets de son Général, & qu'un particulier fasse dépendre de son consentement la validité des loix. L'un & l'autre doivent obéir à l'autorité publique, sans quoi la plus petite société ne sçauroit subsister. L'esclavage a été autorisé par la puissance législative des Nations les mieux policées, & si quelques loix permettent de tuer les Esclaves, il ne faut considérer que la sureté qu'elles ont eu en vue, & non pas une action qui paroit cruelle au prémier coup d'œil. Le Législateur sçavoit d'un côté que l'intérêt du maître ne le porteroit jamais à perdre volontairement son Esclave, non plus qu'un cheval de prix qu'il employeroit utilement ; & de l'autre que l'esclavage étant un état de contrainte & de violence, il étoit nécessaire que la crainte de la mort rendit les Esclaves entierement obéissans. Ces loix ne sont donc pas mauvaises, puisqu'elles n'ont été faites que pour maintenir l'ordre. Mais quand elles le seroient, il ne s'ensuivroit pas que la possession des Esclaves fut illégitime étant fondée sur le droit public. S'il est permis d'avoir des Esclaves, il ne doit pas paroître étrange qu'il y ait des Marchands qui en fassent commerce, ni qu'on les expose dans des marchés publics. La bonne police n'est pas contraire à tous ces usages. Tout ce qu'on doit recommander aux maîtres, est de ne point abuser de leur pouvoir, & que s'ils reconnoissoient de la fraude dans la vente qui leur auroit faite d'une personne libre, de recourir à l'autorité des loix pour lui rendre sa liberté.

Je n'ai rien négligé pour représenter ce systême dans tout son jour; c'est au Lecteur à décider de quel côté est la vérité.

Il paroît un Livre imprimé à Lyon chez Pierre Duplain (1764) intitulé : des Corps politiques, & de leurs Gouvernemens, dans lequel l'Auteur traite la question, s'il convient d'admettre l'esclavage. Cette question a trop de rapport à mon sujet pour la passer sous silence. Je continuerai à faire les fonctions d'Historien, sans qu'aucune reflexion de ma part puisse faire connoître, si j'approuve ou si je blâme cet Auteur. Il dit donc Tome I. pag. 100.

»Les Esclaves sont, ou naturels, procréés d'un mere esclave, ou pris »à la guerre, connus sous le nom de captifs, ou rendus tels par le »crime : on nomme ces derniers, esclaves de la peine.

»Le débiteur insolvable devenoit esclave du créancier par la loi des »douze tables. S'il avoit plusieurs créanciers, le malheureux étoit démem- »bré & partagé entr'eux. Je ne crois pas que cette partie si horrible de »la loi, ait jamais été exécutée; je ne sçaurois regarder cette attrocité »que comme un moyen imaginé pour obliger le débiteur au payement »par la terreur, ou pour porter le citoyen à user de ses facultés avec »économie, & obvier à la légéreté des emprunts. Je ne penserai jamais »que les législateurs ayent voulu son exécution.

»de ceux qui se sont donnés volontairement à une famille. La nécef-
»sité n'a pû y obliger celui qui avoit des bras pour cultiver la terre :
»si sa paresse l'éloignoit de s'en servir pour lui-même, il ne les aura
»pas offert à d'autres pour les employer à un travail arbitraire, & se
»soumettre à l'empire cruel du Maître sur l'esclave.

»On ne peut se refuser à croire que l'esclavage a pris naissance dans
»les premieres guerres des hommes ; le vaincu a appartenu au vain-
»queur. Sans recourir au sistême métaphysique de Hobbes, qui veut que
»l'état de nature soit un état de guerre de chacun contre tous, on peut
»assurer que les querelles ont commencé, entre les hommes, pour les
»besoins de la vie. Il y avoit des esclaves avant *qu'on se fût lassé de*
»*la simplicité des prémiers siécles, & que l'on fût occupé à chercher tous*
»*les jours de nouvelles commodités.*

»On a dit que les politiques ont tiré le droit de réduire en servitu-
»de, du droit de tuer dans la conquête. * Il faut distinguer la con-
»quête du combat : il est naturel dans l'un, d'ôter la vie ; ce droit se-
»roit trop barbare dans l'autre : on en a le pouvoir, on n'en a pas le
»droit.

»Si la conservation est le seul objet légitime de la conquête, com-
»me le même Auteur l'établit, comment, lorsqu'il a cherché les rai-
»sons de l'esclavage, ne les a-t-il point apperçues dans ce même droit
»de conservation ? Il est permis d'ôter à celui qu'on a vaincu, le moyen
»d'être encore ennemi, & de devenir vainqueur à son tour. Il est dans
»la nature de la chose, que la servitude dure autant que la conserva-
»tion l'exige, & qu'elle soit éternelle s'il le faut.

»On a pû priver de la liberté, puisqu'il a été un moment dans le-
»quel on a pû ôter la vie. Le droit des gens ne sçauroit être choqué
»lorsqu'on donne le toît, le vêtement & la nourriture à celui que l'on
»a pu massacrer. On pourroit absolument attribuer l'esclavage à un prin-
»cipe d'humanité.

»Pourroit-il n'être pas permis d'exiger du vaincu les services qui
»n'excedent pas ses forces & ses talens : l'usage des prisonniers de
»guerre, n'est que l'humanité portée à un plus haut degré de dou-
»ceur.

»On devroit, dans la discussion, oublier les préjugés. Nous connois-
»sons à peine l'esclavage dans la plus grande partie de l'Europe, &
»nous y avons attaché une idée de cruauté que nous ne séparons pas
»de la chose même : nous ne refléchissons pas que la dureté ou la dou-
»ceur de l'esclavage dépendent uniquement du caractere du maître de
»l'esclave ; il l'employe, il est vrai, à des ouvrages pénibles, pour
»lesquels souvent il n'étoit pas né : aimera-t-on mieux qu'il lui eût ôté
»la vie ?

* Esprit des Loix, liv. 10 ch. 3.

Tom. II. C c

GUINÉE.
de l'esclavage.

»trouve encore aujourd'hui dans plusieurs Seigneuries : il n'est pas possible
»de n'être point frappé d'une conformité aussi exacte.

»On connoissoit encore une autre espéce d'esclaves mitigés, appellés
»par les Romains : *Adscriptitii glebæ*, & parmi nous, serfs ou esclaves de
»la glebe. Leurs devoirs devinrent peu-à-peu semblables à ceux des af-
»franchis ; mais il y avoit entr'eux une différence bien essentielle : l'af-
»franchi n'étoit obligé que durant sa vie ; ses enfans étoient ingénus,
»entierement libres. L'esclave de la glebe l'étoit à perpétuité. Cette sorte
»d'esclavage s'est évanouie en France ; il n'en reste que la mémoire &
»quelques droits seigneuriaux que l'on a reservés : ceci fournira ailleurs
»plus de détail, & quelques réflexions. *

»La matiere de ce chapitre présente trois choses à examiner : 1°. L'es-
»clavage est-il naturel, ou contraire à la nature ? 2°. Quelle doit être
»la puissance du Seigneur sur l'Esclave ? 3°. Doit-on admettre des escla-
»ves dans une République ?

»Aristote est d'avis que la servitude est conforme à la nature. *Nous*
»*voyons, dit-il, que des hommes semblent faits pour servir & obéir,*
»*& d'autres pour commander.* Telle est sa preuve qui ne conclut
»rien pour l'esclavage, & ne vaut pas la peine d'être refutée. La nature
»a donné à l'homme une volonté, une faculté de choisir, qui ne dépend
»que de lui-même ; dès-lors la nature l'a fait libre. Cette proposition n'a
»pas besoin d'être appuyée.

»D'autres prétendent que l'esclavage ayant été de tous les tems, que
»subsistant encore dans la plus grande partie de l'Univers, que tous les
»peuples l'ayant approuvé, il n'est pas à présumer que ce qui a été aussi
»généralement reçu, & dont la durée n'a aucun terme, puisse être contre
»les loix de la nature.

»Cette raison ne me toucheroit pas. Lorsqu'on raisonne ainsi, on ne
»connoît pas jusqu'où va la dépravation de l'esprit humain : il n'y a rien
»de si absurde, de si opposé aux sentimens naturels, qu'il ne soit capa-
»ble d'adopter. Son aveuglement va jusqu'à couvrir du voile de la Reli-
»gion, ce qu'il y a de plus sacrilége : tels sont les sacrifices du sang
»humain, qui ont été en usage dans toutes les parties du monde. Les
»Thraces tuoient par charité leurs peres & meres vieux & infirmes ; ils
»les mangeoient par piété ; il étoit horrible qu'il fussent mangés par les
»vers : cet usage subsiste encore parmi quelques peuples sauvages. De
»pareils exemples doivent bien humilier l'homme, & décrier l'autorité
»de l'opinion commune.

»Mais la question cesse d'être la même, lorsqu'on examine si l'esclavage
»est conforme ou contraire à un droit des gens appuyé sur la raison.
»L'origine de l'esclavage se perd dans les tems les plus reculés. Je ne
»sçaurois penser, avec Puffendorf, qu'il a commencé par le consentement

* Chap. 16.

de

»les Princes & l'Etat : l'Empereur Louis fut obligé d'affembler toutes GUINÉE.
»ſes forces pour éteindre la rebellion. Tels font les inconvéniens de de l'eſclavage.
»l'eſclavage ; voyons à quoi ſes avantages ſe réduiſoient.

»On employoit les Eſclaves aux arts & métiers, dont ils rappor-
»toient le profit à leurs maîtres ; cette utilité étoit-elle bien grande ?
»Etoit-ce le deſſein de multiplier les divers genres de richeſſes qui
»les avoit deſtinés à cet emploi ? Ce n'étoit pas ſervir les arts. Quelle
»eſt l'eſpéce de l'attention & de l'émulation que l'on doit eſpérer de
»l'ouvrier qui ne travaille pas pour lui-même, & qui agit forcé. Si
»la crainte l'engage à faire bien, c'eſt beaucoup : jamais il n'occu-
»pera ſon eſprit, & ne redoublera ſes ſoins pour chercher le mieux.
»Les Romains furent obligés d'affranchir en quelque ſorte leurs labou-
»reurs, & de les intéreſſer dans la récolte.

»Cet arrangement n'étoit auſſi qu'un expédient mis en uſage par
»Lycurgue & Numa, pour donner de l'occupation aux Eſclaves, & em-
»pêcher que l'oiſiveté, en les réuniſſant, ne les portât à des complots
»funeſtes. L'expérience fit voir dans les ſuites, que ce remède politique
»ne guériſſoit pas le déſordre que l'on avoit apprehendé.

»Les Eſclaves comme tels, n'étoient d'aucune reſſource dans les cas
»preſſans : les faire ſervir comme ſoldats, c'étoit leur donner la li-
»berté de la fuite, on étoit obligé de les affranchir avant de les en-
»rôler. N'avoit-on pas à craindre alors que le ſentiment de haine & de
»vengeance ne fut plus fort en eux, que le déſir de ſervir des maî-
»tres, qui les avoient traités avec cruauté, & qui ne les délivroient
»de leurs fers que pour les expoſer au danger ?

»Les Eſclaves, il eſt vrai, plus obéiſſans, plus ſoumis par état,
»rempliſſoient plus exactement leurs devoirs, que ne le font les ſervi-
»teurs de condition libre ; mais ſi l'eſclavage ne procuroit que le foi-
»ble avantage d'un ſervice domeſtique plus aſſidu, il étoit trop acheté
»par la ſeule peine de tenir des captifs à la chaîne, & de veiller ſans
»ceſſe, dans la crainte de leur évaſion ou de leurs mauvais deſſeins.

»Aucune utilité ne peut balancer le danger continuel qui menace le
»repos des familles & de la république, lorſque tout eſt plein de gens
»que leur état malheureux & forcé, entretient dans le déſeſpoir. On
»peut donc décider que les vrais Eſclaves ne conviennent pas au corps
»politique.

»Nous liſons cependant que les Parthes ſe ſervoient de leurs Eſ-
»claves à la guerre, & que l'armée qui flétrit la gloire de Marc-An-
»toine & celle du nom Romain, n'étoit compoſée que d'Eſclaves. Mais
»nous liſons en même-tems, que les Parthes traitoient les Eſclaves com-
»me leurs enfans : ce n'eſt donc pas, comme je l'ai dit plus haut, l'eſ-
»clavage en lui-même, qui eſt pernicieux, c'eſt l'empire abuſif que
»l'on exerce ſur les Eſclaves. Mais comment ſe pourroit-il que la na-
»ture perverſe ne porte le général des hommes à pouſſer à l'excès les

C c ij

GUINÉE.
de l'esclavage.

Les raisons que l'on cite ordinairement contre l'esclavage, se pren-
»nent des traitemens barbares exercés fur ceux qui font tombés dans
»cette malheureufe condition ; ils ne prouvent rien : une inftitution peut
»être permife, & même bonne, & l'abus que l'on en fait, pernicieux.
»Que l'on faffe périr fon femblable dans les fupplices, pour avoir caffé
»un verre ; qu'il foit martyrifé fous les coups de fouet, pour avoir
»oublié de fermer la porte d'une antichambre : ces traitemens révoltent
»l'humanité ; je les reconnois contraires au droit des gens ; mais ceci
»regarde le droit que l'on doit permettre au Maître fur l'Efclave, &
»non l'efclavage lui-même.

»De quelque nature que foit le titre qui donne l'Efclave au Seigneur,
»le droit de vie & de mort ne doit pas être toléré. Le droit des gens
»permet d'ôter la vie à l'ennemi, dans le moment de fa réfiftance ;
»mais après qu'on la lui a accordée, & lorfque, par ce don, le vaincu
»a ceffé d'être ennemi, l'équité du droit des gens ne permet plus de
»donner la mort, que pour un nouveau crime qui l'auroit méritée. La
»loi d'un état bien policé n'en laiffera jamais le jugement à un parti-
»culier.

»Le châtiment outré qui va jufqu'au fupplice, doit être regardé du
»même œil : la mort n'eft pas fi affreufe que ces châtimens exceffifs
»& réitérés. Les bornes d'un pouvoir légitime doivent être réduites
»aux régles de la juftice & de la raifon ; on pourroit laiffer des Ef-
»claves à ceux qui fongeroient qu'ils pourroient eux-mêmes le devenir
»un jour.

»Un détail très fuccinct fuffit pour mettre en état de décider fi l'on
»doit admettre des Efclaves dans les corps politiques : la barbarie exer-
»cée contre eux, en a toujours fait les ennemis de leurs Maîtres &
»de l'Etat. Perfonne n'ignore les guerres que les Romains eurent à fou-
»tenir contre les Efclaves révoltés & réunis.

»Je penferois que ces époques rendirent les affranchiffemens plus
»communs : on s'apperçut de l'inconvénient du trop grand nombre
»d'hommes nés libres, que l'on enchaînoit ; on s'attacha par recon-
»noiffance & par intérêt, ceux auxquels on donnoit la liberté ; on en
»faifoit un rempart entre le maître & les autres Efclaves ; c'étoit au-
»tant des gens qui veilloient fur eux.

»On a vu dans le refte de l'Europe & ailleurs, les mêmes exemples
»que fournit l'Italie ; ce furent les Efclaves qui établirent le trône des
»Califfes & des Sultans : la liberté que leur promit Omar, un des Ca-
»pitaines de Mahomet, en attira un affez grand nombre pour con-
»quérir l'Orient. Le bruit de leurs fuccès encouragea ceux de l'Europe ;
»ils prirent les armes d'abord en Efpagne, enfuite en France : Lothaire,
»après avoir perdu deux batailles contre fes freres, appella les Efcla-
»ves, qui, fe voyant armés, donnerent la chaffe à leurs Maîtres : l'em-
»brafement s'étendit, le feu paffa en Allemagne, où il mit en danger

»L'esclavage continua toujours à perdre à proportion de l'accroisse-
»ment du Christianisme : par-tout où il s'établit , on affranchissoit les
»Esclaves à l'envi. Charlemagne en un jour , affranchit tous les Saxons,
»à cause qu'ils s'étoient fait baptiser ; de sorte que vers l'an 1250 , il
»ne se trouva plus de vrais Esclaves dans toute la Chrétienté.

»On doit en excepter quelques cantons de l'Allemagne , & sur-tout
»la Pologne , où les sujets-censiers , qu'ils appellent *kmetos* , sont sou-
»mis , au point , que les Seigneurs peuvent tuer les leurs impunément ,
»& ceux des autres , pour une modique somme. On a encore conservé
»par-tout l'esclavage, comme peine du crime qui ne mérite pas la
»mort.

»Dans le tems de cette pieuse manie , la France se distingua entre
»les autres Nations ; elle rejetta les esclavages de la glèbe , que des
»peuples plus sages ont retenu. Il faut ne pas connoître sa nature pour
»se recrier à ce propos, qu'il suit de cet asservissement, *qu'une poignée*
»*de gens regorge de superfluités , tandis que la multitude affamée manque*
»*du nécessaire.* Dans les lieux où l'esclavage de la glèbe n'est plus , cette
»inégalité sur laquelle on s'attendrit , est plus extrême que jamais.

»Ces Esclaves étoient les cultivateurs ordinaires qui partageoient les
»fruits. Libres dans le détail de leurs actions, ils acquéroient , & plu-
»sieurs rachetoient ce qui manquoit à leur liberté , avec les biens qu'ils
»gagnoient dans cette demi-servitude.

»Pourquoi penseroit-on que *la nature humaine étoit avilie dans la plû-*
»*part de ses individus ?* On se fera une idée plus juste de cette condi-
»tion , si on se figure des colons perpétuels, auxquels on ôte une am-
»bition inquiète , pour leur permettre l'aisance & le bonheur. *Felices*
»*sua si bona norint agricolæ.* L'esclavage de la glèbe étoit aussi étendu
»que l'Empire Romain , lorsque Virgile s'exprimoit ainsi : *Vous ne pour-*
»*riez distinguer le maître de l'Esclave , par la douceur de la vie.* *

»Ce même Royaume a encore voulu depuis , que tout homme qui
»mettroit le pied sur ses terres , fut libre dès ce moment , sans faire
»attention qu'il est contre le droit des gens , d'enlever à l'étranger
»passant & maître de l'Esclave , un bien qui lui apartient.

»Les façons de penser sont de mode chez les François , comme les
»ajustemens : lorsqu'une opinion saisit les esprits , elle en devient l'idole ,
»on lui sacrifie toute autre considération. On n'a pu y souffrir l'ombre
»même de l'esclavage ; cependant on ne sçauroit nier ses avantages , si ,
»en retranchant ce qu'il y avoit d'exhorbitant dans le pouvoir , on eut
»conservé ce qu'il en falloit pour empêcher la liberté de dégénérer en
»licence.

»L'homme libre ne peut s'obliger , sous une peine , de servir un

---

* *Tacit. de mor. ger.* Comment est-ce que le Critique n'a point apperçu cette note
de l'Esprit des Loix.

»droits d'autorité qui font dans leurs mains ? Si on ne doit pas espérer
»qu'ils fe corrigent , il faut proscrire l'esclavage.

»On doit cependant excepter le cas d'une néceffité abfolue , lorfque par-
»exemple, la terre demeureroit fans culture , fans le fecours des Ef-
»claves , comme dans les Colonies de l'Amérique ; fi néanmoins les fau-
»vages de ces Ifles avoient pû s'apprivoifer; fi , comme mercenaires, ou
»comme attachés à la glebe, ils avoient voulu la cultiver , les nou-
»veaux habitans y auroient trouvé de grands avantages. Ce projet étoit
»praticable ; mais le caractere impétueux de la Nation ne s'accommode
»pas de ce qui demande du tems & de la patience.

»Je ne dirai qu'un mot fur l'avantage prétendu que _l'établiffement_
»_des Efclaves négres produiroit en France._ On n'a pas calculé que l'achat,
»la nourriture , le vêtement , le logement , les maladies , la perte coû-
»teroient aux agriculteurs & aux manufacturiers, le double au moins
»de ce que leur coûtent les hommes libres habitués.

»Les révoltes fréquentes dont j'ai déja parlé , & plus encore la dou-
»ceur de la Religion Chrétienne , firent relâcher de la rigueur de l'ef-
»clavage , & bornerent les pouvoirs fur les Efclaves , à ceux qui font
»compatibles avec l'Evangile. Dans la fuite, les Miniftres de l'Eglife
»n'épargnerent rien pour procurer la liberté aux Efclaves qui fe faifoient
»Chrétiens ; moyen bien louable pour attirer les hommes à la vraie
»Religion , en leur faifant du bien.

»Paulin , Evêque de Nole , fe diftingua : après avoir vendu fes biens
»pour racheter des Efclaves , il fe vendit lui-même aux Vandales ; tant
»il eft vrai que le zéle le plus faint , lorfqu'il eft trop ardent , porte
»à des excès que blâme la faine raifon.

»On verra dans la fuite de cet ouvrage ; que les grands changemens
»ne doivent jamais fe faire tout-à-coup ; un trop grand nombre d'affran-
»chiffemens , dans un court efpace de tems, devint l'occafion de quel-
»ques déréglemens. Sous Conftantin le Grand, les Villes fe trouverent
»furchargées d'une quantité prodigieufe d'affranchis , fans pain & fans mé-
»tier : cet Empereur fit des Ordonnances pour aider les pauvres man-
»dians ; de là prirent naiffance les hôpitaux , monumens dignes de l'hu-
»manité , & dont l'honneur eft dû à la Religion Chrétienne.

»Les Réglemens ne furent pas fuffifans pour remédier aux inconvé-
»niens de l'excès : les enfans furent abandonnés par ceux qui pouvoient
»à peine fe nourrir eux - mêmes ; les bois furent remplis d'affaffins.
»Gratien ordonna que l'enfant expofé feroit Efclave de celui qui l'au-
»roit nourri & élevé ; & l'Empereur Valens permit à chacun de fe fai-
»fir des vagabonds , & d'en faire des Efclaves : il fit des défenfes d'ha-
»biter les bois comme hermite ; il fit périr la plupart de ces gens, que
»le feul appas de la liberté avoit fait Chrétiens , & qui oublioient auffi-
»tôt dans les forêts , qu'ils l'étoient devenus : peu-à-peu l'ordre fe ré-
»tablit.

ébranla les fondémens de l'esclavage ; mais ne le détruisit pas tout de suite. Les prémiers Chrétiens n'avoient pas assez d'autorité pour changer les loix. Ceux qui vinrent après , quoique persuadés de la pureté de la Morale Evangelique , & de son opposition à la dureté de l'esclavage , n'oserent pas le condamner , parce qu'ils étoient intéressés à conserver les Esclaves sur lesquels ils avoient un domaine absolu , & dont ils retiroient toutes sortes de services. Ils chercherent des raisons pour concilier l'esclavage avec la Religion qui leur paroissoit le proscrire. Cette recherche , dans une question si claire , ne pouvoit manquer de produire une décision conforme aux penchans de leur cœur. Quand la loi est précise , elle n'a pas besoin d'interprétations. On est toujours trompé quand on désire de l'être., ou qu'on cherche des excuses.

La France , pour ne point parler des pays du Nord où l'esclavage régne encore , ne commença qu'en 1135 à affranchir les Serfs. Ce fut Louis le Gros qui donna le prémier cet exemple d'humanité , & par cette action généreuse , fit respecter , par une foule de petits tyrans , les droits de l'humanité. Quelques Auteurs ont prétendu que ce fut le Pape Alexandre III , qui le prémier a vengé la liberté de l'homme de l'oppression sous laquelle elle gémissoit , en supprimant la servitude. C'est le sentiment de Mr. de Voltaire. Il n'y a qu'à faire attention aux dates , pour être convaincu du contraire. Alexandre III ne fut Pape qu'en 1159.

Louis VIII continua à extirper la tyrannie en 1223. Nous pensons aujourd'hui bien différemment de nos Peres , & nous avons peine à ajouter foi aux actes les plus autentiques de notre histoire sur la singularité & l'infamie de certains droits , que les Seigneurs séculiers & ecclésiastiques exerçoient sur leurs serfs , que la tyrannie des Maîtres faisoit regarder comme de véritables Esclaves. Le Christianisme qu'ils professoient n'apportoit aucun adoucissement aux miseres de leur état. Ce fut même dans l'espérance d'être traités avec moins d'inhumanité , qu'ils prirent la détermination de se donner au Roi , en se déclarant ses Esclaves dont le service étoit beaucoup moins dur. Demarche inutile, tant la tyrannie avoit poussé de profondes racines , & les loix étoient foibles & méprisées. On sçait que nos Rois prefererent de laisser ces miserables dans l'état d'oppression où ils vivoient , aux horreurs d'une guerre civile. L'autorité des Maîtres sur leurs serfs étoit illimitée , & s'étendoit jusqu'à anéantir le mariage , cet acte si solemnel & si nécessaire pour la sûreté & la tranquillité publique. Le mariage cessoit d'être tel , quoique consommé en conséquence des loix de l'Etat & de l'Eglise , lorsque le caprice ou la fantaisie d'un Seigneur particulier jugeoit à propos de le dissoudre. L'histoire de Charlemagne fait mention de cette tyrannie , qui est véritable , quoiqu'elle paroisse incroyable.

Louis X , dit le Huttin , abolit entierement l'esclavage par son Edit de Juillet de 1315 , en déclarant que par le droit de nature , tout homme devant être franc , il donnoit franchise à tous ses sujets , ordon-

GUINÉE.
De l'esclavage.

»maître pendant un certain nombre d'années convenu, soit pour l'a-
»griculture, soit pour l'intérieur de la maison. Les Parlemens ont re-
»prouvé ces sortes d'engagemens : leur usage cependant seroit merveil-
»leux. Il est reçu en Angleterre & en Ecosse, que l'on nomme par
»excellence, pays de liberté.

»L'esclavage étoit une extrêmité ; on en est sorti pour tomber dans
»une autre. C'est la faute la plus commune des hommes, parce qu'ils
»agissent par sentiment, plutôt que par réflexion. On n'a pas même
»apperçu que l'on refusoit pour le laboureur, pour le domestique, ce
»que l'on approuve pour le soldat.

»L'autorité du maître sur le simple domestique a quelque chose de
»plus étendu que celle du locateur sur le mercenaire à la journée. Le
»prémier doit plus d'attachement & d'obéissance, en ce qu'il fait partie
»de la famille ; on a le droit de le corriger avec modération & dis-
»cernement.

»Une douceur de mœurs mal entendue, a détruit dans la pratique
»ces régles domestiques : cette classe d'hommes est sans sentimens &
»sans éducation ; la correction verbale est pour eux comme le bruit qui
»frappe l'air, & qui se perd sans y laisser d'impression. Etrange effet
»de la fausse opinion ! Nombre de personnes croiroient s'avilir, s'ils
»usoient d'une correction plus sensible : que dis-je ? On qualifie les do-
»mestiques du moindre rang, du terme d'honneur consacré pour les
»maîtres. Ces ridiculités, j'ose employer cette expression, leur donnent
»de l'audace, & lorsqu'une ame basse s'énorgueillit, elle passe d'abord
»à l'insolence.

»La subordination négligée ne peut avoir de légeres conséquences ;
»les exemples en sont familiers, & dès-lors qu'on a besoin d'employer
»l'autorité publique, pour arrêter les désordres quels qu'ils soient, il
»seroit mieux d'en avoir prévenu la cause.

»L'attachement du Laboureur à la glebe, l'engagement du domestique
»envers son Maître pour un certain nombre d'années, sous une peine
»retabliroient le bon ordre, & le domestique y trouveroit une ressource
»assurée qui peut lui manquer dans les maladies.

»Quiconque voudra réflechir, conviendra qu'une république bien gou-
»vernée devroit du moins tolerer cet usage ; l'expérience apprendroit
»s'il seroit bon d'en faire une loi. Elle feroit revivre l'obéissance, &
»donneroit au Maître une autorité convenable, quoique bien éloignée
»de celle que le droit des gens donnoit sur les Esclaves. Ce seroit une
»servitude réelle, & point personnelle ; elle n'auroit rien d'atroce, elle
»seroit conforme à la raison, parce qu'elle seroit fondée *sur le choix libre*
»*qu'un homme, pour son utilité, se fait d'un Maître.* *

Le Christianisme s'étant répandu dans toutes les parties du monde,

* Esprit des Loix liv. 15 ch. 6.

voient & étoient nés dans un cruel efclavage , & qu'en les achetant on adouciffoit leur fort ; enfin que cette efpéce d'efclavage pouvoit être mitigé par des loix fages & chrétiennes , & qu'il ne pouvoit pas influer fur la liberté des autres peuples , par le caractere inefaçable que la nature avoit gravé fur leurs corps pour en faire une nation diftincte & féparée de tous les autres habitans de la terre. Ces raifons déciderent Sa Majefté : l'efclavage fut permis en Amérique , & la Traite des Noirs fut autorifée. Il n'eft pas encore tems de parler des loix qui font de l'efclavage de nos Ifles un état mixte , affez foumis pour feconder les vûes du Gouvernement , & affez libre pour ne point agir par les feuls motifs de crainte.

Nos établiffemens dans les Ifles Antilles n'ont pû fe faire qu'à force de travaux. Il a fallu défricher des terres, les enfemencer ou les planter , les cultiver & faire les recoltes. Pour cet effet, les bras de l'homme ont été néceffaires ; mais quels hommes la France pouvoit-elle envoyer dans un climat fi chaud , que des François ? Les prémiers effais de ces tranfmigrations furent funeftes. Des maladies épidémiques enleverent ces nouveaux Colons, & autant qu'on en débarquoit, autant il en périffoit, le temperament françois ne pouvant s'accoutumer à l'air & aux alimens du pays. Dans cette extrémité , ou il falloit renoncer à la poffeffion des Ifles , ou y tranfporter des hommes nés dans un femblable climat , & affez robuftes pour réfifter aux fatigues inféparables d'un défrichement de terres. L'exemple des Efpagnols qui employoient utilement les Negres de la côte de Guinée à de pareilles opérations , fit penfer qu'on pouvoit s'en fervir auffi avantageufement. Effectivement les prémiers Negres qui furent tranfportés dans nos Ifles , réuffirent fi bien dans leurs travaux , que le fuccès répondit à l'efpérance qu'on en avoit conçue. Le Gouvernement, que la Religion avoit déterminé à autorifer ce trafic , l'encouragea par toutes fortes de faveurs.

Il n'eft pas hors de propos de faire connoitre ici l'origine des Efclaves noirs dans l'Amérique Efpagnole (en 1516).

La conquête du Nouveau monde fuivit de près fa découverte. On a déja vu de quelle maniere les Européens fe font emparés de cette quatrième partie du monde , & par quel droit le plus petit voyageur a cru pouvoir fe mettre en poffeffion du pays dans lequel il avoit abordé, fi quelqu'autre Européen n'en avoit pas encore fait la découverte ; mais tous les Américains ne fe foumirent point à une domination étrangere , fans avoir fait les plus grands efforts pour conferver leur liberté. L'Hiftorien de la conquête du Mexique, entre dans un détail curieux de la guerre continuelle que l'Efpagne a faite à ce peuple , & de l'oppofition des naturels du pays à reconnoître fa fouveraineté. Cette guerre fournit des traits incroyables d'une cruauté exceffive envers ces infortunés habitans. Les Vainqueurs s'imaginerent que leur puiffance ne pouvoit être affermie que par la rigueur ; en conféquence ils employerent les

nant aux Seigneurs d'affranchir tous hommes de corps, afin que le Royaume des Francs le fût de fait, comme de nom. Depuis cet heureux moment, la France ne connoit plus que de nom l'esclavage, & il suffit qu'un Esclave entre dans le Royaume de France, pour devenir libre; ce qui doit s'entendre de l'esclavage tel que les loix Romaines l'avoient établi ou qu'il étoit en France avant l'Edit de liberté de Louis X, puisque les Turcs que la France achete pour le service de ses galeres, vivent sur ses terres, & n'en sont pas moins esclaves. Nos Forçats le sont aussi; mais ce dernier esclavage, tout different de l'ancien, ne mérite point proprement ce nom, les Turcs & les Forçats ne devant être considerés que comme des prisonniers & non comme des Esclaves. Les Turcs sont achetés de ceux qui ont droit de les vendre, & la vente qu'on nous en fait ne nous donne point le droit de vie & de mort. Bien plus: s'ils étoient mariés, leurs enfans seroient libres, preuve certaine qu'ils ne sont point esclaves, & que c'est improprement que nous leur donnons ce nom. Il en est de même de nos Forçats. Leurs femmes & leurs enfans demeurent libres, & jouissent de toutes les prérogatives des citoyens. Il n'y a que les coupables condamnés par les loix qui perdent leur liberté en punition de quelque crime; mais la sentence une fois prononcée, leur vie est en sûreté. Je fais cette remarque, pour faire voir que la maxime généralement reçue qu'il suffit de toucher la terre de France pour être réellement libre, est véritable, relativement à l'ancien esclavage.

Il n'y a que nos Colonies dans les Isles Françoises de l'Amérique, qui, quoique dépendantes de la France dont elles font partie, qui soient une exception à cette loi si constamment & si universellement observée. Les mêmes raisons d'humanité jointes aux motifs de la Religion & du bien public, ont fait autoriser en Amérique l'esclavage des Noirs; esclavage cependant mitigé & adouci autant que la constitution d'un pareil état l'a pu permettre.

Louis XIII, qui a si bien mérité le nom de Juste, étoit persuadé que la loi naturelle & le Christianisme condamnoient également le pouvoir arbitraire que les hommes avoient exercé sur leurs semblables, & que les loix qui avoient autorisé une usurpation si criminelle, avoient été dictées par l'injustice & la violence. Avec de tels sentimens, il n'étoit pas facile de le faire consentir à autoriser l'esclavage dans nos établissemens des Isles; mais outre les grands avantages qu'on ne cessa de publier pour le déterminer, on intéressa sa piété & sa Religion. On lui fit voir que c'étoit le seul moyen de dompter la férocité de ces Nations barbares, dont les usages & les mœurs différoient encore plus des notres, que leur couleur, & qu'après les avoir civilisés, on pourroit les amener à la connoissance de J. C., bien, qui devoit faire passer par-dessus les apparences de dureté dont leur condition ne pouvoit être exempte; que d'ailleurs on ne leur ravissoit pas leur liberté qu'ils vivoient

negres qu'ils font, font des hommes comme nous, nos véritables freres, issus du même pere & destinés au même héritage. Je suis surpris que Ximenés, qui devoit être instruit des loix des divers peuples d'Europe, ait ignoré que l'Allemagne, par une loi très ancienne, avoit proscrit l'esclavage en déclarant que « quiconque voudroit reduire ses Vassaux ou » ses Sujets à l'esclavage, seroit puni de mort. » La rigueur de la loi prouve combien ce peuple estimoit la liberté de l'homme, & combien il croyoit criminel tout acte qui tendroit à la lui ravir. Je reviens à mon sujet.

A mesure que les terres furent remuées, l'air devint plus sain, & à l'exception de quelques contrées, qui font encore dangereuses pour les François, la santé n'y court plus aucun risque. On va aujourd'hui à l'Amérique, on en revient pour y retourner, comme on voyage d'une Province de France dans une autre. Ces Negres, inutiles dans leur pays, devinrent un fonds d'une richesse inestimable dans le notre, & pour en fournir abondamment nos Colonies, deux Compagnies furent privilégiées pour en faire le Commerce, l'une du Sénégal & l'autre de Guinée. Je dirai dans la suite un mot de ces deux Compagnies & de la liberté dont jouissent présentement tous les Commerçans du Royaume, de faire le même Commerce, qu'on peut regarder comme la cause principale du revenu immense que la France retire de l'Amérique.

Il n'est pas besoin de repeter ici quels font les meilleurs Esclaves des côtes de Guinée. Je l'ai fait remarquer en parcourant les divers Royaumes qui se trouvent depuis Sierra-Lionna, jusqu'au Cap de Bonne-Espérance. J'observe seulement que les Esclaves du Cap-Verd & du Sénégal, ne font pas si vigoureux que ceux de la Côte de Guinée, & périssent bien-tôt, s'ils sont employés aux rudes travaux de la terre. Leur temperament est trop délicat, & s'accommode mieux du service de la maison ou des ouvrages méchaniques pour lesquels ils ont de bonnes dispositions. Mais il n'est plus question aujourd'hui du Commerce du Sénégal.

Les Esclaves que nous achetons en Guinée font:

PREMIEREMENT.

Les malfaiteurs, qui par les loix & les usages du Pays, méritent la mort, & peu de gens ignorent que dans les Etats despotiques, il ne faut pas commettre de grands crimes pour être puni si rigoureusement. Les Rois retirant un gros revenu de la vente des criminels, commuent presque toutes les peines en celles du bannissement perpétuel. L'appas du gain, qui provient de la vente des Esclaves, rend la justice extrémement prompte & sévère.

GUINÉE.
de l'esclavage.

plus rudes traitemens pour les détruire ou achever de les subjuguer. Ils ne les regardoient que comme des bêtes indignes de la vie, & par des travaux au-dessus de leurs forces & incompatibles avec leur tempérament, ils les faisoient mourir de faim, de misere, ou dans l'exploitation des mines. Quel affreux sistême! conquerir un Empire pour en exterminer les habitans, quelle politique! comme si un désert pouvoit mériter le titre de conquête, & si le Royaume le plus stérile, mais bien peuplé, ne méritoit pas la préférence sur les Campagnes les plus fertiles sans cultivateurs. La force d'un Etat quelconque réside dans le nombre d'hommes qui le composent, & un Roi n'est puissant que par la multitude de ses Sujets. La population sera toujours la prémiere & principale source des richesses. Plus donc elle sera encouragée, & plus l'industrie se manifestera, & les commodités pour mener une vie heureuse se multiplieront. Ces considérations & les sentimens d'une juste compassion, exciterent le zèle de quelques bons patriotes. Ils furent assez heureux pour surmonter tous les obstacles & faire parvenir leurs plaintes jusqu'au Conseil de Castille. La surprise d'une conduite si inhumaine, fut suivie de l'indignation. On tacha de remedier à un mal qui n'étoit déja plus reparable, tant le despotisme avoit immolé de victimes à l'ambition, à la vengeance & à l'avarice de quelques particuliers. A force d'exiger des travaux trop pénibles, on détruisit les travailleurs. Les mines resterent sans exploitation, & les terres sans culture. Ce fut dans ces tristes circonstances, que Chieves, en vûe de conserver le miserable reste des habitans du Mexique & pour en favoriser la multiplication, pensa qu'il falloit choisir dans l'Afrique des hommes plus robustes, en état de résister aux travaux des mines, & capables de supporter les plus grandes fatigues. Les Negres de Guinée sur lesquels on auroit un pouvoir absolu, lui parurent les plus propres à son dessein. Pour cet effet il en fit acheter 500, avec pareil nombre de Negresses, qu'il fit transporter à St. Domingue (en 1516): Ximenés ne put s'empêcher de blamer hautement l'action de Chieves. Ce grand Politique pensoit qu'il étoit dangereux d'introduire parmi les Américains, naturellement doux, soumis & humains, une Nation aussi vicieuse, aussi traitre & aussi portée à la revolte que les Negres Africains. Il préferoit tout autre moyen, & il auroit voulu qu'on eût commencé par menager les naturels du Pays & les accoutumer insensiblement aux travaux estimés nécessaires, plutôt que de les mêler avec des gens si corrompus, & d'un si pernicieux exemple. Les sentimens de Ximenés sont l'expression d'une ame chrétienne, & je ne sçaurois approuver ceux qui ont insinué que Ximenés n'avoit témoigné tant d'humanité que par jalousie contre Chieves. Tout ce que j'aurois souhaité, pour la gloire de ce grand Ministre, auroit été qu'il eut fait entrevoir que l'esclavage dans lequel l'espéce noire est reduite, avoit besoin de grands adoucissemens, pour pouvoir être justifié par les Loix du Christianisme, & que les Negres, tous

»peuple qui trafique de fes enfans , eſt encore plus condamnable ; que
»l'acheteur ; ce négoce démontre notre ſupériorité. Celui qui ſe donne
»un maître étoit né pour en avoir. » Il eſt évident que lui , qui eſt mieux
inſtruit qu'un Négre , ſeroit beaucoup plus coupable s'il commettoit la
même faute. Ces miſérables peuples ſont certainement criminels d'enlever leurs ſemblables pour les vendre , mais des Chrétiens , favoriſés
de tant de graces , & inſtruits dans la loi du Seigneur , le ſont beaucoup plus , malgré cette déciſion prononcée ſi affirmativement. Il n'eſt
pas heureux dans ſes déciſions ; on a beau lui dire qu'il faut plus que
d'eſprit pour décider , & que le jugement eſt beaucoup plus néceſſaire ,
il va toujours ſon train.

La queſtion donc agitée dans nos Colonies , ſi les Inſulaires peuvent
en conſcience acheter des Eſclaves qu'ils ſçavent avoir été volés , n'a-
voit pas beſoin d'être envoyée en Sorbonne pour être décidée ? Le ſens
commun ſuffiſoit pour la réſoudre ; cependant on propoſa à cette Faculté les deux cas ſuivans.

PREMIEREMENT.

Les Capitaines & Commis des Comptoirs de Guinée , peuvent-ils acheter des Eſclaves qu'ils ſçavent avoir été dérobés ?

SECONDEMENT.

Les habitans de nos Colonies peuvent-ils acheter des Eſclaves , ſans
s'informer des Capitaines , ſi la prémiere vente en a été légitime ?

La reponſe fut qu'il n'étoit pas permis & qu'il falloit remettre en
liberté ceux qui avoient été enlevés contre le droit des gens. On ſe mo-
qua de cette déciſion en Amérique : les Capitaines prétendirent que les
uſages autoriſés dans chaque Nation , conſtituent ſon droit public , &
que ſi l'on vouloit examiner la choſe trop ſcrupuleuſement , il ne ſeroit
pas plus permis d'acheter les priſonniers de guerre , que ceux qui ſont
enlevés le plus ſouvent par ordre du Roi. Nos Vaiſſeaux & nos Comptoirs, diſoient-ils , ſont des marchés publics ; c'eſt à la vigilance des
Officiers de police du pays , d'empêcher la vente dès perſonnes libres
comme Eſclaves , & de punir ce brigandage , ſi leurs loix le condamnent. Toute marchandiſe vendue publiquement , ſous les yeux & du
conſentement du Prince de la Nation , peut être achetée ſans héſiter.
Le crime ne pourroit donc être imputé aux Capitaines , qu'autant que
par quelque manœuvre ils contribueroient à l'enlevement de ces miſérables. Les habitans de l'Amérique repondirent de leur côté qu'ils ache-
toient leurs Eſclaves des perſonnes autoriſées à les leur vendre , & qu'il
ſeroit inoui & contre la tranquillité de la ſociété , d'exiger d'un particulier qui achete quelque marchandiſe d'une perſonne établie pour la

SECONDEMENT.

Les prisonniers de guerre : le même motif de vendre avantageusement des Esclaves, est un obstacle invincible à la paix. Ce ne sont que ruses & embuches entre les Nations voisines, pour se surprendre & s'enlever les uns les autres, jamais de bataille décisive ; la petite guerre leur tourne mieux à compte, je puis ajouter en ne considérant que l'intérêt de nos Isles, & à nous aussi.

TROISIEMEMENT.

Les Esclaves attachés au service des Princes, qui sont ordinairement des prisonniers de guerre, ou leurs enfans, & qui suivant la fantaisie & le caprice des maitres ou pour le moindre mécontentement, sont vendus impitoyablement. Peut-être que l'avarice en est souvent la cause ; j'aurois pu retrancher ce peut-être.

QUATRIEMEMENT.

Ceux qui sont enlevés par la violence des brigands, qui certains de trouver des Marchands peu scrupuleux, vivent du profit de cette espéce de commerce. Ces enlevemens sont très-fréquens, lorsqu'il arrive de nos Vaisseaux pour faire la Traite. On a vu des enfans vendre leur pere, & des Capitaines qui se disent Chrétiens, assez inhumains pour favoriser des actions si barbares. Il arrive même souvent que les Princes ayant pris des engagemens pour fournir un certain nombre d'Esclaves, ne peuvent les remplir par le manque de prisonniers & de malfaiteurs, pour lors ils font enlever de nuit & conduire dans les Vaisseaux, sans distinction de sexe, tout ce qui peut tomber entre les mains de leurs émissaires. Si les habitans de ces infortunées contrées sont criminels pour se vendre les uns les autres, quel nom devons-nous donner à des Capitaines, qui élevés dans les maximes de la véritable Religion, la trahissent si inhumainement ? Les prémieres impressions de la loi naturelle dans le cœur de l'homme, lui font sentir qu'il n'est pas permis de ravir le bien d'autrui, & que de tous les larcins, celui de la liberté de l'homme, est le plus attroce, & qu'on est à peu près également coupable en conseillant & protégeant le crime, qu'en l'exécutant ; d'où il suit que celui qui récompense le voleur, est son complice, & que c'est le récompenser que de s'approprier la chose volée en lui en payant la valeur.

Mr. de Voltaire, qui décide si légerement les questions les plus difficiles, a voulu aussi décider celle-ci. On nous reproche, dit-il, (page 339, tom. 5. de son Essai sur l'Histoire,) le commerce des Noirs. » Un

EDIT DU ROI,

Touchant l'état & la discipline des Esclaves Négres des Isles de l'Amérique Françoise.

Donné à Versailles au mois de Mars 1685.

LOUIS par la grace de Dieu, Roi de France & de Navarre, à tous présens & à venir SALUT. Comme nous devons également nos soins à tous les peuples que la Divine Providence a mis sous notre obéissance, Nous avons bien voulu faire examiner en notre présence les mémoires qui nous ont été envoyés par nos Officiers de nos Isles de l'Amérique, par lesquels ayant été informés du besoin qu'ils ont de notre autorité & de notre justice, pour y maintenir la discipline de l'Eglise Catholique, Apostolique & Romaine, & pour y regler ce qui concerne l'Etat, & la qualité des Esclaves dans nosdites Isles, & désirant y pourvoir, & leur faire connoître qu'encore qu'ils habitent des climats infiniment éloignés de notre séjour ordinaire, nous leur sommes toujours présens, non-seulement par l'étendue de notre puissance, mais encore par la promptitude de notre application à les secourir dans leurs nécessités. A CES CAUSES, de l'avis de notre Conseil, & de notre certaine science, pleine puissance & autorité royale, nous avons dit, statué & ordonné, disons, statuons & ordonnons, voulons & nous plaît ce qui en suit :

ARTICLE PRÉMIER.

Voulons & entendons que l'Edit du feu Roi de glorieuse mémoire, notre très-honoré Seigneur & Pere, du 23 Avril 1615, soit exécuté dans nos Isles ; ce faisant enjoignons à tous nos Officiers de chasser hors de nos Isles tous les Juifs qui y ont établi leur résidence, ausquels, comme aux ennemis déclarés du nom Chrétien, nous commandons d'en sortir dans trois mois, à compter du jour de la publication des Présentes, à peine de confiscation de corps & de biens.

II.

Tous les Esclaves qui seront dans nos Isles, seront baptisés & instruits dans la Religion Catholique, Apostolique & Romaine. Enjoignons aux habitans qui acheteront des Negres nouvellement arrivés, d'en avertir les Gouverneur & Intendant desdites Isles dans huitaine au plus tard, à peine d'amende arbitraire, lesquels donneront les ordres nécessaires pour les faire instruire & baptiser dans le tems convenable.

III.

Interdisons tout exercice public d'autre Religion que de la Catholique, Apostolique & Romaine ; voulons que les contrevenans soient punis comme rebelles, & désobéissans à nos commandemens, défendons toutes assemblées pour cet effet, lesquelles nous déclarons conventicules, illicites & séditieuses, sujettes à la même peine, qui aura lieu, même contre les maîtres qui les permettront, ou les souffriront à l'égard de leurs Esclaves.

vendre, de s'informer auparavant d'où elle provient, que ces recher-ches injurieuses anéantiroient toute espéce de commerce & n'aboutiroient à rien; d'où ils concluoient que tant pis pour les Capitaines, s'ils ven-doient des Esclaves qui ne le fussent pas. Il y a apparence que ces rai-sons firent une plus forte impression que la décision de Sorbonne, puis-qu'on a continué d'acheter & de vendre des Esclaves, sans s'embar-rasser si les Capitaines avoient pu les acheter, & sans que les cons-ciences en ayent été allarmées. Je tiens parole : j'ai rapporté les divers sentimens sur l'esclavage, sans me décider ; ce n'est pas que je sois indifférent sur une question si intéressante pour l'humanité. J'ai cru qu'exposer l'origine de l'esclavage, les maximes qui l'autorisent & les loix dures & humiliantes qui ont accablé la condition des Esclaves, & qui ne semblent avoir été faites que par la tyrannie, c'étoit faire con-noître ma pensée & l'éloignement de mon cœur, non-seulement pour l'injustice, mais encore pour tout ce qui en porte le caractere. Je dois faire remarquer ici, à la louange de ma patrie, que le Parlement de Toulouse a été le prémier qui fit un Arrêt pour déclarer que tout Es-clave qui se trouveroit sur les terres de France devenoit libre.

Nous avons cependant des Esclaves dans nos Colonies qui font par-tie de la France. J'ai dit un mot de leur admission ; & j'ai ajouté que la piété de nos Rois & la douceur du Gouvernement François, avoient tempéré les rigueurs de la servitude par des Réglemens dictés par l'humanité & le Christianisme. On a déja vu celui rendu pour la Louisiane, & quoiqu'il renferme à peu près les mêmes dispositions que ceux que je vais joindre ici, j'ai pensé que je ferois plaisir au Lec-teur de lui donner cette satisfaction. Il sera convaincu que l'esclavage dans nos Isles, n'est point si dur que celui des Anciens, comme l'a avancé le Marquis de St. Aubin, dans son Traité de l'Opinion.

X.

Lesdites solemnités prescrites par l'Ordonnance de Blois, Articles XL XLI XLII, & par la Déclaration du mois de Novembre 1639, pour les mariages, seront observées, tant à l'égard des personnes libres, que des esclaves, sans néanmoins que le consentement du pere & de la mere de l'Esclave y soit nécessaire, mais celui du Maître seulement.

XI.

Défendons aux Curés, de procéder aux mariages des Esclaves, s'ils ne font apparoir du consentement de leurs Maîtres. Défendons aussi aux Maîtres d'user d'aucune contrainte sur leurs Esclaves, pour les marier contre leur gré.

XII.

Les enfans qui naîtront de mariage entre Esclaves, seront Esclaves, & appartiendront aux Maîtres des femmes Esclaves, & non à ceux de leurs maris, si le mari & la femme ont des Maîtres différens.

XIII.

Voulons que, si le mari Esclave a épousé une femme libre, les enfans, tant mâles que filles, suivent la condition de leur mere & soient libres comme elle, nonobstant la servitude de leur pere ; & que si leur pere est libre & la mere Esclave, les enfans soient Esclaves pareillement.

XIV.

Les Maîtres seront tenus de faire mettre en terre sainte, dans les cimétieres destinés à cet effet, leurs Esclaves baptisés ; & à l'égard de ceux qui mourront sans avoir reçu le Baptême, ils seront enterrés la nuit, dans quelque champ voisin du lieu où ils seront décédés.

XV.

Défendons aux Esclaves de porter aucunes armes offensives, ni de gros bâtons, à peine du fouet & de confiscation des armes, au profit de celui qui les en trouvera saisis ; à l'exception seulement de ceux qui seront envoyés à la chasse par leurs Maîtres & qui seront porteurs de leurs Billets, ou marques connues.

XVI.

Défendons pareillement aux Esclaves appartenant à différens Maîtres, de s'attrouper soit le jour ou la nuit, sous prétexte de nôces ou autrement, soit chez l'un de leurs Maîtres ou ailleurs, & encore moins dans les grands chemins ou lieux écartés, à peine de punition corporelle, qui ne pourra être moindre que du fouet & de la fleur-de-lys ; & en cas de fréquentes récidives & autres circonstances aggravantes, pourront être punis de mort ; ce que nous laissons à l'arbitrage des Juges. Enjoignons à tous nos Sujets de courir sur les contrevenans, & de les arrêter & conduire

IV.

Ne seront préposés aucuns Commandeurs à la direction des Negres, qui ne fassent profession de la Religion Catholique, Apostolique & Romaine, à peine de confiscation desdits Negres, contre les Maîtres qui les auront préposés, & de punition arbitraire contre les Commandeurs qui auront accepté ladite direction.

V.

Défendons à nos Sujets de la R. P. R. d'apporter aucun trouble, ni empêchement à nos autres Sujets, même à leurs Esclaves, dans le libre exercice de la Religion Catholique, Apostolique & Romaine, à peine de punition exemplaire.

VI.

Enjoignons à tous nos Sujets, de quelque qualité & condition qu'ils soient, d'observer les jours de Dimanches & Fêtes qui sont gardées par nos Sujets de la Religion Catholique, Apostolique & Romaine. Leur défendons de travailler, ni faire travailler leurs Esclaves esdits jours, depuis l'heure de minuit, jusqu'à l'autre minuit, soit à la culture de la terre, à la manufacture des sucres, & à tous autres ouvrages, à peine d'amende & de punition arbitraire contre les Maîtres, & de confiscation tant des sucres, que desdits Esclaves, qui seront surpris par nos Officiers dans leur travail.

VII.

Leur défendons pareillement de tenir le marché des Negres & tous autres marchés lesdits jours sur pareilles peines, & de confiscation des marchandises qui se trouveront alors au marché, & d'amende arbitraire contre les Marchands.

VIII.

Déclarons nos Sujets qui ne sont pas de la Religion Catholique, Apostolique & Romaine, incapables de contracter à l'avenir aucun mariage valable. Déclarons bâtards les enfans qui naîtront de telles conjonctions, que nous voulons être tenues & reputées, tenons & reputons pour vrais concubinages.

IX.

Les hommes libres, qui auront un, ou plusieurs enfans de leur concubinage avec leurs Esclaves, ensemble les Maîtres qui l'auront souffert, seront chacun condamnés en une amende de deux mille livres de sucre; & s'ils sont les Maîtres de l'Esclave de laquelle ils auront eu lesdits enfans, voulons qu'outre l'amende, ils seront privés de l'Esclave & des enfans, & qu'elle & eux soient confisqués au profit de l'Hôpital sans jamais pouvoir être affranchis. N'entendons toutefois le présent Article avoir lieu, lorsque l'homme, qui n'étoit point marié à une autre personne durant son concubinage avec son Esclave, épousera dans les formes observées par l'Eglise, sadite Esclave, qui sera affranchie par ce moyen, & les enfans rendus libres & légitimes.

X.

ou autre chofe à proportion; & aux enfans depuis qu'ils font févrés, jufqu'à l'âge de dix ans, la moitié des vivres ci-deffus.

XXIII.

Leur défendons de donner aux Efclaves de l'eau-de-vie de canne guildent, pour tenir lieu de la fubfiftance mentionnée au précédent Article.

XXIV.

Leur défendons pareillement de fe décharger de la nourriture & fubfiftance de leurs Efclaves, en leur permettant de travailler certain jour de la femaine, pour leur compte particulier.

XXV.

Seront tenus les Maîtres de fournir à chacun Efclave par chacun an, deux habits de toile, ou quatre aulnes de toile au gré defdits Maîtres.

XXVI.

Les Efclaves qui ne feront point nourris, vêtus & entretenus par leurs Maîtres, felon que nous l'avons ordonné par ces préfentes, pourront en donner avis à notre Procureur, & mettre leurs mémoires entre fes mains, fur lefquels & même d'office, fi les avis lui en viennent d'ailleurs, les Maîtres feront pourfuivis à fa requête & fans frais, ce que nous voulons être obfervé pour les crimes & traitemens barbares & inhumains des Maîtres envers leurs Efclaves.

XXVII.

Les Efclaves infirmes par vieilleffe, maladie ou autrement, foit que la maladie foit incurable ou non, feront nourris & entretenus par leurs Maîtres, & en cas qu'ils les euffent abandonnés, lefdits Efclaves feront adjugés à l'Hôpital, auquel les Maîtres feront condamnés de payer fix fols, par chacun jour, pour la nourriture & entretien de chacun Efclave.

XXVIII.

Déclarons les Efclaves ne pouvoir rien avoir qui ne foit à leur Maître, & tout ce qui leur vient par induftrie, ou par la libéralité d'autres perfonnes, ou autrement, à quelque titre que ce foit, être acquis en pleine propriété à leur Maître, fans que les enfans des Efclaves, leur pere & mere, leurs parens, & tous autres libres ou efclaves, puiffent rien prétendre par fucceffion, difpofition entre-vifs, ou à caufe de mort, lefquelles difpofitions nous déclarons nulles, enfemble toutes les promeffes & obligations qu'ils auroient faites, comme étant faites par gens incapables de difpofer & contracter de leur chef.

XXIX.

Voulons néanmoins que les Maîtres foient tenus de ce que les Efclaves auront

E e ij

en prison, bien qu'ils ne soient Officiers & qu'il n'y ait contre eux encore aucun décret.

XVII.

Les Maîtres qui seront convaincus d'avoir permis ou toleré de pareilles assemblées composées d'autres Esclaves que de ceux qui leur appartiennent, seront condamnés en leur propre & privé nom, de reparer tout le dommage qui aura été fait à ses voisins, à l'occasion desdites assemblées, & en dix écus d'amende pour la premiere fois, & au double au cas de récidive.

XVIII.

Défendons aux Esclaves de vendre des cannes de sucre, pour quelque cause, ou occasion que ce soit, même avec la permission de leur Maître, à peine du fouet contre les Esclaves, & de dix livres tournois contre leurs Maîtres qui l'auront permis, & de pareille amende contre l'acheteur.

XIX.

Leur défendons aussi d'exposer en vente au marché, ni de porter dans les maisons particulieres pour vendre aucune sorte de denrées, même des fruits, légumes, bois à brûler, herbes pour leur nourriture, & des bestiaux à leurs manufactures, sans permission expresse de leurs Maîtres par un billet, ou par des marques connues, à peine de revendication des choses ainsi vendues, sans restitution du prix par leurs Maîtres, & de six livres tournois d'amende à leur profit contre les acheteurs.

XX.

Voulons à cet effet que deux personnes soient préposées par nos Officiers dans chacun marché, pour examiner les denrées & marchandises qui seront apportées par les Esclaves, ensemble les billets & marques de leurs Maîtres.

XXI.

Permettons à tous nos Sujets habitans des Isles, de se saisir de toutes les choses dont ils trouveront les Esclaves chargés, lorsqu'ils n'auront point de billets de leurs Maîtres, ni de marques connues, pour être rendues incessamment à leurs Maîtres, si les habitations sont voisines du lieu où les Esclaves auront été surpris en délit; sinon elles seront incessamment envoyées à l'Hôpital, pour y être en dépôt, jusqu'à ce que les Maîtres en ayent été avertis.

XXII.

Seront tenus les Maîtres de fournir par chaque semaine à leurs Esclaves âgés de dix ans & au-dessus pour leur nourriture, deux pots & demi mesure du pays, de farine de Magnoe, ou trois cassaves pesant deux livres & demi chacun au moins, ou choses équivalentes, avec deux livres de bœuf salé, ou trois livres de poisson,

qui auront été faits par les Efclaves, ou par ceux affranchis, feront punis de peine GUINÉE. afflictive, même de mort, fi le cas le requiert. de l'efclavage.

XXXVI.

Les vofs de moutons, chevres, cochons, volailles, cannes de fucre, pois, magnoe, ou autres légumes faits par les Efclaves, feront punis felon la qualité du vol par les Juges qui pourront, s'il y échoit, les condamner à être battus de verges par l'exécuteur de la haute-juftice & marqués à l'épaule d'une fleur-de-lys.

XXXVII.

Seront tenus les Maîtres, en cas de vol ou autrement, des dommages caufés par leurs Efclaves, outre la peine corporelle des Efclaves, reparer les torts en leur nom, s'ils n'aiment mieux abandonner l'Efclave à celui auquel le tort a été fait, ce qu'ils feront tenus d'opter dans trois jours, à compter du jour de la condamnation, autrement ils en feront déchûs.

XXXVIII.

L'Efclave fugitif qui aura été en fuite pendant un mois, à compter du jour que fon Maître l'aura dénoncé à la Juftice, aura les oreilles coupées, & fera marqué d'une fleur-de-lys fur une épaule; & s'il récidive, un autre mois, à compter pareillement du jour de la dénonciation, il aura le jaret coupé, & il fera marqué d'une fleur-de-lys fur l'autre épaule; & la troifième fois il fera puni de mort.

XXXIX.

Les affranchis qui auront donné retraite dans leurs maifons aux Efclaves fugitifs, feront condamnés par corps envers leurs Maîtres en l'amende de trois cens livres de fucre, par chacun jour de retention.

XL.

L'efclave puni de mort fur la dénonciation de fon Maître, non complice du crime pour lequel il aura été condamné, fera eftimé avant l'exécution, par deux des principaux Habitans de l'Ifle qui feront nommés d'office par le Juge, & le prix de l'eftimation fera payé au Maître, pour à quoi fatisfaire il fera impofé par l'Intendant fur chacune tête de Negre payant droit, la fomme portée par l'eftimation, laquelle fera réglée fur chacun defdits Négres, & levée par le Fermier du Domaine Royal d'Occident pour éviter à frais.

XLI.

Défendons aux Juges, à nos Procureurs & aux Greffiers, de prendre aucune taxe dans les procès criminels contre les Efclaves, à peine de concuffion.

fait par leur ordre & commandement, ensemble de ce qu'ils auront géré & négocié dans la boutique, & pour l'espéce particuliere du Commerce, à laquelle les Maîtres les auront preposés, & en cas que leurs Maîtres n'ayent donné aucun ordre, & ne les ayent point préposés, ils seront tenus seulement jusqu'à concurrence de ce qui aura tourné à leur profit; & si rien n'a tourné au profit des Maîtres, le pécule desdits Esclaves, que leurs Maîtres leur auront permis, en sera tenu, après que leurs Maîtres en auront déduit par préférence ce qui pourra leur en être dû, sinon que le pécule consistât en tout ou partie en marchandises, dont les Esclaves auront permission de faire trafic à part, sur lesquelles leurs Maîtres viendront seulement par contribution au sol la livre avec les autres créanciers.

X X X.

Ne pourront les Esclaves, être pourvûs d'Offices ni de Commissions, ayant quelques fonctions publiques, ni être constitués agens par autres que leurs Maîtres, pour agir & administrer aucun négoce, ni être arbitres, experts ou témoins, tant en matiere civile que criminelle, & en cas qu'ils soient ouis en témoignage, leurs dépositions ne serviront que de mémoires pour aider les Juges à s'éclaircir d'ailleurs, sans que l'on en puisse tirer aucune présomption ni conjecture, ni adminicule de preuve.

X X X I.

Ne pourront aussi les Esclaves être parties, ni être en jugement en matiere civile, tant en demandant qu'en défendant, ni être parties civiles en matière criminelle, sauf à leurs Maîtres d'agir & défendre en matiere civile, & de poursuivre, en matiere criminelle, la reparation des outrages & excès qui auront été commis contre les Esclaves.

X X X I L.

Pourront les Esclaves, être poursuivis criminellement, sans qu'il soit besoin de rendre leurs Maîtres parties, sinon en cas de complicité; & seront lesdits Esclaves accusés, jugés en prémiere instance par les Juges ordinaires, & par appel, au Conseil Souverain, sur la même instruction avec les mêmes formalités que les personnes libres.

X X X I I I.

L'Esclave qui aura frapé son Maître, ou la femme de son Maître, sa Maîtresse, ou leurs enfans, avec contusion de sang, ou au visage, sera puni de mort.

X X X I V.

Et quant aux excés & voies de fait, qui seront commis par les Esclaves contre les personnes libres, voulons qu'ils soient severement punis, même de mort, s'il y échoit.

X X X V.

Les vols qualifiés, même ceux de chevaux, cavales, mulets, bœufs, ou vaches

XLVIII.

Ne pourront aussi les Esclaves, travaillant actuellement dans les sucreries, indi-goteries, & habitations, âgés de 14 ans & au-dessus, jusqu'à soixante ans, être saisis pour dettes, sinon pour ce qui sera dû du prix de leur achat, ou que la sucrerie ou indigoterie, ou habitation dans laquelle ils travaillent, soient saisies réelle-lement; défendons à peine de nullité, de procéder par saisie réelle & adjudication par décret sur les sucreries, indigoteries, ni habitations, sans y comprendre les Esclaves de l'âge susdit, & y travaillant actuellement.

XLIX.

Les Fermiers judiciaires des sucreries, indigoteries, ou habitations saisies réelle-ment, conjointement avec les Esclaves, seront tenus de payer le prix entier de leur bail, sans qu'ils puissent compter parmi les fruits & droits de leur bail qu'ils per-cevront, les enfans qui seront nés des Esclaves, pendant le cours d'icelui, qui n'y entrent point.

L.

Voulons, nonobstant toutes conventions contraires, que nous déclarons nulles, que lesdits enfans appartiennent à la partie saisie, si les créanciers sont satisfaits d'ailleurs, ou à l'Adjudicataire, s'il intervient un décret; & qu'à cet effet mention soit faite dans la derniere affiche, avant l'interposition du décret, des enfans nés des Esclaves depuis la saisie réelle; que dans la même affiche il soit fait mention des Esclaves décédés, depuis la saisie réelle dans laquelle ils auront été compris.

LI.

Voulons, pour éviter aux frais & aux longueurs des procedures, que la distribu-tion du prix entier de l'adjudication conjointe des fonds & des Esclaves, & de ce qui proviendra du prix des baux judiciaires, soit faite entre les créanciers, selon l'ordre de leurs priviléges & hypotéques, sans distinguer ce qui est provenu du prix des fonds, d'avec ce qui est procédant du prix des Esclaves.

LII.

Et néanmoins les droits féodaux & seigneuriaux ne seront payés qu'à proportion du prix des fonds.

LIII.

Ne seront reçus les Lignagers & les Seigneurs féodaux à retirer les fonds dé-cretés, s'ils ne retirent les Esclaves vendus conjointement avec les fonds, ni les adjudicataires à retenir les Esclaves sans les fonds.

LIV.

Enjoignons aux gardiens nobles & bourgeois usufruitiers, admodiateurs & autres jouissant des fonds, auxquels sont attachés des Esclaves qui y travaillent, de gou-

XLII.

Pourront pareillement les Maîtres, lorsqu'ils croiront que leurs Esclaves l'auront mérité, les faire enchaîner & les faire battre de verges, ou de cordes, leur défendant de leur donner la torture, ni de leur faire aucune mutilation de membre, à peine de confiscation des Esclaves, & d'être procedé contre les Maîtres extraordinairement.

XLIII.

Enjoignons à nos Officiers de poursuivre criminellement les Maîtres, ou les Commandeurs qui auront tué un Esclave sous leur puissance ou sous leur direction, & de punir le Maître selon l'atrocité des circonstances ; & en cas qu'il y ait lieu à l'absolution, permettons à nos Officiers de renvoyer tant les Maîtres que les Commandeurs, absous, sans qu'ils ayent besoin de nos graces.

XLIV.

Déclarons les Esclaves être meubles, & comme tels entrer en la Communauté, n'avoir point de suite par hypotéque, & se partager également entre les cohéritiers sans préciput, ni droit d'aînesse, n'être sujets au douaire coutumier, au retrait féodal & lignager, aux droits féodaux & seigneuriaux, aux formalités des décrets, ni aux retranchemens des quatre quints, en cas de disposition à cause de mort, ou testamentaire.

XLV.

N'entendons toutefois priver nos Sujets de la faculté de les stipuler propres à leur personnes & aux leurs de leur côté & ligne, ainsi qu'il se pratique pour les sommes de deniers & autres choses mobiliaires.

XLVI.

Dans les saisies des Esclaves, seront observées les formalités prescrites par nos Ordonnances, & par la coutume de Paris pour les saisies des choses mobiliaires. Voulons que les deniers en provenant soient distribués par ordre des saisies ; & en cas de déconfiture, au sol la livre, après que les dettes privilégiées auront été payées ; & généralement que la condition des Esclaves soit réglée en toutes affaires, comme celles des autres choses mobiliaires, aux exceptions suivantes.

XLVII.

Ne pourront être saisis & vendus séparement, le mari & la femme & leurs enfans impubères, s'ils sont tous sous la puissance du même Maître, déclarons nulles les saisies & ventes qui en seront faites, ce que nous voulons avoir lieu dans les aliénations volontaires, sous peine contre les aliénateurs, d'être privés de celui ou de ceux qu'ils auront gardés, qui seront adjugés aux acquereurs, sans qu'ils soient tenus de faire aucun supplément du prix.

sentes ils ayent à faire lire, publier & enregistrer, & le contenu en icelles, garder & observer de point en point selon leur forme & teneur, sans y contrevenir ni permettre qu'il y soit contrevenu en quelque sorte & maniere que ce soit, non-obstant tous Edits, Déclarations, Arrêts, & Usages à ce contraires, auxquels nous avons dérogé & dérogeons par cesdites présentes. Car tel est notre plaisir ; & afin que ce soit chose ferme & stable à toujours, nous y avons fait mettre notre scel.

Donné à Versailles, au mois de Mars, l'an de grace mil six cens quatre - vingt-cinq, & de notre régne le quarante-deuxième. *Signé*, LOUIS ; & *plus bas*, Par le Roi, COLBERT. *Visa* LETELLIER. Et scellé du grand Sceau de cire verte en lacs de soie verte & rouge.

Lû, publié & enregistré le présent Edit, ouï & ce requerant le Pro-cureur Général du Roi, pour être exécuté selon sa forme & teneur, & sera à la diligence dudit Procureur Général, envoyé copies d'icelui aux Siéges ressortissant du Conseil, pour y être pareillement lû, publié & enregis-tré. Fait & donné au Conseil Souverain de la Côte St. Domingue, tenu au petit Gouave, le 6 Mai 1687.

Signé, MORICEAU.

A C T E

D E N O T O R I E T É

Donné par Monsieur le Lieutenant Civil du Chatelet, qui décide qu'en Amérique les Négres sont meubles.

SUR la Requête judiciairement faite par Me. Fossier, Procureur de Me. Marin Bullet, Procureur au Mans, & Madelaine Yvon sa femme, héritiers de dé-funt Jacques Yvon, sieur Deslandes, Lieutenant de Roi en l'Isle de St. Domingue, en Amérique, qui a dit que ledit défunt étoit propriétaire des habitations de la grande Riviere & de la Frelatte en cette Isle, & pour exploiter les habitations, il avoit acheté cinquante à soixante Negres, qui les cultivoient ; qu'il mourut avant Demoiselle Marie Ciret sa femme, qui s'empara de tous ses biens, croyant que les Supplians n'auroient pas connoissance de sa mort ; ils ont demandé contre les héritiers de ladite Ciret, la restitution desdites habitations avec les Negres, comme faisant partie des habitations, suivant la disposition tacite de la coutume de Paris, qui est suivie dans l'Isle de Saint Domingue & qui a des dispositions en pareils cas, comme les pigeons des colombiers & les poissons des étangs, qui sont réputés immeubles suivant l'Article LCI. Les héritiers de ladite Ciret veulent bien abandonner la propriété des habitations : mais ils prétendent que les Négres sont meubles, & refusent de les rendre, requerant qu'il nous plût leur donner Acte de Notorieté, que les Esclaves Négres, servans dans lesdites habitations sont immeubles. Nous, après avoir pris l'avis des anciens Avocats & Procureurs, communiqué aux Gens du Roi, & conféré avec les Conseillers du Siége, disons,

GUINÉE.
de l'esclavage.

verner lesdits Esclaves comme bons peres de famille, sans qu'ils soient tenus, après leur administration, de rendre le prix de ceux qui seront décédés, ou diminués par maladie, vieillesse ou autrement, sans leur faute, & sans qu'ils puissent aussi retenir, comme fruits à leur profit, les enfans nés desdits Esclaves durant leur administration, lesquels Nous voulons être conservés & rendus à ceux qui en sont les maitres & les propriétaires.

L V.

Les Maîtres âgés de vingt ans pourront affranchir leurs Esclaves par tous actes entre-vifs, ou à cause de mort, sans qu'ils soient tenus de rendre raison de leur affranchissement, ni qu'ils ayent besoin d'avis de parens, encore qu'ils soient mineurs de vingt-cinq ans.

L V I.

Les Esclaves qui auront été faits légataires universels par leurs Maîtres, ou nommés exécuteurs de leurs testamens, ou Tuteurs de leurs enfans, seront tenus & réputés, comme nous les tenons & réputons pour affranchis.

L V I I.

Déclarons les affranchissemens faits dans nos Isles, leur tenir lieu de naissance dans nos Isles, & les Esclaves affranchis n'avoir besoin de nos Lettres de Naturalité, pour jouir des avantages de nos Sujets naturels dans notre Royaume, terres & pays de notre obéissance, encore qu'ils soient nés dans les pays étrangers.

L V I I I.

Commandons aux affranchis de porter un respect singulier à leurs anciens Maîtres, à leurs Veuves & à leurs enfans; en sorte que l'injure qu'ils leur auront faite, soit punie plus griévemement que si elle étoit faite à une autre personne, les déclarons toutefois francs & quittes envers eux de toutes autres charges, services & droits utiles que leurs anciens Maîtres voudroient prétendre, tant sur leurs personnes, que sur leurs biens & successions, en qualité de Patrons.

L I X.

Octroyons aux affranchis les mêmes droits, priviléges & immunités dont jouissent les personnes nées libres: voulons que le mérite d'une liberté acquise produise en eux, tant pour leurs personnes que pour leurs biens, les mêmes effets que le bonheur d'une liberté naturelle cause à nos autres sujets.

L X.

Déclarons les confiscations & les amendes qui n'ont point de destination particuliere par ces présentes, nous appartenir pour être payées à ceux qui sont préposés à la recette de nos revenus: Voulons néanmoins que distraction soit faite du tiers desdites confiscations & amendes au profit de l'Hôpital, établi dans l'Isle où elles auront été adjugées.

SI DONNONS EN MANDEMENT à nos amés & féaux les Gens tenant notre Conseil souverain établi à la Martinique, Guadeloupe, Saint Christofle, que ces présentes

ARTICLE PRÉMIER.

L'Edit du mois de Mars 1685 & les Arrêts rendus en exécution, ou en interprétation, feront éxécutés felon leur forme & teneur dans nos Colonies; & en conféquence les Efclaves Négres qui y font entretenus pour la culture des terres, continueront d'être élevés & inftruits avec toute l'attention poffible, dans les principes & dans l'exercice de la Religion Catholique, Apoftolique & Romaine.

II.

Si quelques-uns des Habitans de nos Colonies, ou Officiers Employés fur l'Etat defdites Colonies, veulent amener en France avec eux des Efclaves Negres, de l'un & de l'autre fexe, en qualité de domeftiques, ou autrement, pour les fortifier davantage dans notre Religion, tant par les inftructions qu'ils recevront, que par l'exemple de nos autres Sujets, & pour leur faire apprendre en même tems quelque art & métier, dont les Colonies puiffent retirer de l'utilité, par le retour de ces Efclaves, lefdits propriétaires feront tenus d'en obtenir la permiffion des Gouverneurs Généraux, ou Commandans dans chaque Ifle, laquelle permiffion contiendra le nom du Propriétaire, celui des Efclaves, leur âge & leur fignalement.

III.

Les Propriétaires defdits Efclaves, feront pareillement obligés de faire enregiftrer ladite permiffion au Greffe de la Jurifdiction du lieu de leur réfidence, avant leur départ, & en celui de l'Amirauté du lieu du débarquement, dans huitaine après leur arrivée en France.

IV.

Lorfque les Maîtres defdits Efclaves voudront les envoyer en France, ceux qui feront chargés de leur conduite, obferveront ce qui eft ordonné à l'égard des Maîtres, & le nom de ceux qui en feront auffi chargés, fera inféré dans la permiffion des Gouverneurs Généraux, ou Commandans, & dans les Déclarations & enregiftremens, aux Greffes ci-deffus ordonnés.

V.

Les Efclaves Negres de l'un & de l'autre fexe, qui feront conduits en France par leurs Maîtres, ou qui y feront par eux envoyés, ne pourront prétendre avoir acquis leur liberté, fous prétexte de leur arrivée dans le Royaume, & feront tenus de retourner dans nos Colonies, quand leurs Maitres le jugeront à propos : mais faute par les Maîtres des Efclaves d'obferver les formalités prefcrites par les précédens Articles, lefdits Efclaves feront libres & ne pourront être réclamés.

VI.

Faifons défenfes à toutes perfonnes d'enlever, ni fouftraire en France les Efclaves Negres de la puiffance de leurs Maîtres, fous peine de répondre de la valeur defdits Efclaves, par rapport à leur âge, à leur force & à leur induftrie, fuivant

F f ij

GUINÉE.
de l'esclavage.

que fuivant l'ufage de la coutume de Paris, les beftiaux qui font dans les Fermes & métairies, ne font point partie d'icelles : mais fe vendent féparement, & dans les fucceffions, appartiennent aux héritiers des meubles, & les créanciers de la fucceffion les diftribuent entr'eux & le prix par contribution au fol la livre de leur dû ; & comme dans l'Ifle de St. Domingue l'on fuit la coutume de Paris, les Negres dans cette Ifle ne font pas partie du fond : mais fe vendent, ou fe partagent comme meubles, ce que nous atteftons véritable ; laquelle difpofition n'eft pas conforme à ce qui fe pratique dans le Pays de Droit Écrit, mais en une Loi Municipale, qui eft toujours obfervée dans les lieux qui fe régiffent par la coutume de Paris. Ce fut fait & donné, &c. le 13 Novembre 1705.

EDIT DU ROI,

Concernant les Efclaves Negres des Colonies, qui feront amenés ou envoyés en France.

Donné à Paris au mois d'Octobre 1716.

LOUIS par la grace de Dieu, Roi de France & Navarre : A tous préfens & à venir, SALUT. Depuis notre avenement à la Couronne, nos prémiers foins ont été employés à reparer les pertes caufées à nos Sujets, par la guerre que notre très-honoré Seigneur & Bifayeul de glorieufe mémoire, a été forcé de foutenir, & nous fommes appliqués en même tems à chercher les moyens de leur faire goûter les fruits de la paix. Nos Colonies, quoiqu'éloignées de Nous, ne méritant pas moins de reffentir les effets de notre attention, Nous avons fait examiner l'état où elles fe trouvent ; & par les différens Mémoires qui nous ont été préfentés, Nous avons connu la néceffité qu'il y a d'y foutenir l'exécution de l'Edit du mois de Mars 1685, qui, en maintenant la difcipline de l'Eglife Catholique, Apoftolique & Romaine, pourvoit à ce qui concerne l'état & la qualité des Efclaves Negres, qu'on entretient dans lefdites Colonies, pour la culture des terres, & comme nous avons été informés que plufieurs habitans de nos Ifles de l'Amérique défirent envoyer en France quelques-uns de leurs Efclaves, pour les confirmer dans les Inftructions & dans les Exercices de notre Religion, & pour leur faire apprendre en même tems quelque art & métier, dont les Colonies recevroient beaucoup d'utilité par le retour de ces Efclaves ; mais que ces habitans craignent que les Efclaves ne prétendent être libres en arrivant en France, ce qui pourroit caufer aufdits habitans une perte confidérable, & les détourner d'un objet auffi pieux & auffi utile. Nous avons réfolu de faire connoître nos intentions fur ce fujet.

A CES CAUSES, & autres à ce nous mouvans, de l'avis de notre très-cher & très-amé Oncle le Duc d'Orleans, Régent, de notre très-cher & très-amé Coufin le Duc de Bourbon, de notre très-cher & très-amé Oncle le Duc du Maine, de notre très-cher & très-amé Oncle le Comte de Touloufe, & autres Pairs de France, Grands & Notables Perfonnages de notre Royaume, & de notre certaine fcience, pleine puiffance & autorité Royale, Nous avons par le préfent Edit perpétuel & irrévocable, dit, ftatué & ordonné, difons, ftatuons & ordonnons, voulons & nous plaît ce qui fuit :

XIII.

Faisons défenses aux Créanciers des Maîtres des Esclaves Negres, de faire saisir lesdits Esclaves en France, pour le payement de leur dû, sauf auxdits créanciers à les faire saisir dans nos Colonies, dans la forme prescrite par l'Edit du mois de Mars 1685.

XIV.

En cas que quelques Esclaves Negres quittent nos Colonies, sans la permission de leurs Maîtres, & qu'ils se retirent en France, ils ne pourront prétendre avoir acquis leur liberté : Permettons aux Maîtres desdits Esclaves, de les reclamer par-tout où ils pourront s'être retirés, & de les renvoyer dans nos Colonies. Enjoignons à cet effet aux Officiers des Amirautés, aux Commissaires de Marine & à tous autres Officiers qu'il appartiendra, de donner main forte auxdits Maîtres & Propriétaires pour faire arrêter lesdits Esclaves.

XV.

Les habitans de nos Colonies, qui, après être venus en France, voudront s'y établir & vendre les habitations qu'ils possédent dans lesdites Colonies, seront tenus dans un an, à compter du jour qu'ils les auront vendues & auront cessé d'être Colons, de renvoyer dans nos Colonies les Esclaves Negres de l'un & de l'autre sexe, qu'ils auront amenés ou envoyés dans notre Royaume. Les Officiers qui ne seront plus employés dans les Etats de nos Colonies, seront pareillement obligés dans un an, à compter du jour qu'ils auront cessé d'être employés dans lesdits Etats, de renvoyer dans les Colonies les Esclaves qu'ils auront amenés ou envoyés en France ; & faute par lesdits Habitans & Officiers de les renvoyer dans ledit terme, lesdits Esclaves seront libres.

Si donnons en mandement à nos amés & féaux les gens tenant notre Cour de Parlement à Dijon, que notre présent Edit ils ayent à faire lire, publier & enregistrer, & le contenu en icelui garder, observer & exécuter selon sa forme & teneur, non-obstant tous Edits, Ordonnances, Déclarations, Arrêts, Réglemens & Usages à ce contraires, auxquels nous avons dérogé & dérogeons par le présent Edit. Car tel est notre plaisir ; & afin que ce soit chose ferme & stable à toujours, nous y avons fait mettre notre scel. Donné à Paris, au mois d'Octobre, l'an de grace mil sept cens seize & de notre régne le second. *Signé*, LOUIS. *Et plus bas* ; Par le Roi, le Duc d'Orléans Régent présent. PHELYPEAUX. *Visa*, VOISIN.

Régistré, oui, ce requerant le Procureur Général du Roi, à la diligence duquel copies desdites Lettres & du présent Arrêt seront envoyées dans tous les Bailliages & Siéges de ce Ressort, pour y être lûs, publiés & exécutés selon leur forme & teneur : enjoint aux Substituts dudit Procureur Général du Roi d'y tenir la main, certifier la Cour de leur diligence dans quinze jours prochains. Fait en Parlement, les Chambres assemblées à Dijon, le septième Décembre mil sept cens seize ; & ont été lesdites Lettres lûes, publiées à l'Audience de ladite Cour, le Jeudi dix du même mois.

Signé, GUYTON.

Régistré aussi aux Parlemens de Rouen & de Rennes, le 3 & 14 de Décembre 1716.

la liquidation qui en fera faite par les Officiers des Amirautés, auxquels nous en avons attribué & attribuons la connoiffance en première inftance, & en cas d'appel à nos Cours de Parlemens & Confeils Supérieurs : Voulons en outre que les contrevenans foient condamnés pour chaque contravention, en mille livres d'amende ; applicable un tiers à Nous, un tiers à l'Amiral, & l'autre tiers au Maître defdits Efclaves, lorfqu'elle fera prononcée par les Officiers des Siéges Généraux des Tables de marbre ; ou moitié à l'Amiral, & l'autre moitié au Maître defdits Efclaves, lorfque l'amende fera prononcée par les Officiers des Siéges particuliers de l'Amirauté, fans que lefdites amendes puiffent être modérées, fous quelque prétexte que ce puiffe être.

V I I.

Les Efclaves Négres de l'un & de l'autre fexe, qui auront été amenés, ou envoyés en France par leurs Maîtres, ne pourront s'y marier, fans le confentement de leurs Maîtres ; & en cas qu'ils y confentent, lefdits Efclaves feront & demeureront libres en vertu dudit confentement.

V I I I.

Voulons que pendant le féjour defdits Efclaves en France, tout ce qu'ils pourront acquerir par leur induftrie, ou par leur profeffion, en attendant qu'ils foient renvoyés dans nos Colonies, appartienne à leurs Maîtres, à la charge par lefdits Maîtres de les nourrir & entretenir.

I X.

Si aucun des Maîtres qui auront amené ou envoyé des Efclaves Negres en France vient à mourir, lefdits Efclaves refteront fous la puiffance des héritiers du Maître décédé, lefquels feront obligés de renvoyer lefdits Efclaves dans nos Colonies, pour y être partagés avec les autres biens de la fucceffion, conformément à l'Edit du mois de Mars 1685, à moins que le Maître décédé ne leur eut accordé la liberté par teftament ou autrement, auquel cas lefdits Efclaves feront libres.

X.

Les Efclaves Négres venant à mourir en France, leur pecule, fi aucun fe trouve, appartiendra aux Maîtres defdits Efclaves.

X I.

Les Maîtres defdits Efclaves ne pourront les vendre ni échanger en France, & feront obligés de les renvoyer dans nos Colonies, pour y être négociés & employés fuivant l'Edit du mois de Mars 1685.

X I I.

Les Efclaves Negres étant fous la puiffance de leurs Maîtres en France, ne pourront efter en jugement en matiere civile, autrement que fous l'autorité de leurs Maîtres.

DECLARATION DU ROI,

QUI REGLE

La maniere d'élire des Tuteurs & des Curateurs aux Enfans dont les Peres possedoient des biens, tant dans le Royaume que dans les Colonies, & qui défend à ceux qui seront émancipés de disposer de leurs Negres.

Donnée à Paris, le 15 Décembre 1721.

LOUIS par la grace de Dieu, Roi de France & de Navarre : A tous ceux qui ces présentes Lettres verront, SALUT. Depuis l'établissement des Colonies Françoises dans l'Amérique, plusieurs de nos Sujets y ont transporté une partie de leur fortune & de leur famille, soit qu'ils y ayent établi un véritable domicile, soit qu'ils se soient contentés d'y passer un tems considérable pour faire valoir les habitations qu'ils y ont acquises : mais, comme il arrive souvent que la succession des peres de famille, qui ont fait ces sortes d'établissemens, est composée en partie de biens situés dans notre Royaume, & en partie de biens qu'ils possedoient dans nos Colonies, les Tutelles ou Curatelles, les émancipations & les mariages de leurs enfans mineurs qu'ils laissent, ou en France, ou en Amérique, sont naître un doute considérable sur la Jurisdiction du Tribunal, auquel il appartient d'y pourvoir, les Juges de France se croyant bien fondés à en connoître, même par rapport aux biens situés en Amérique, lorsqu'il est certain que le pere des mineurs avoit conservé son ancien domicile au-dedans de notre Royaume, & les Officiers que nous avons établis dans nos Colonies, soutenant par la même raison, que c'est à eux d'y pourvoir, même par rapport aux biens situés en France, lorsque le domicile du pere a été véritablement transferé dans une des parties de l'Amérique qui sont soumises à notre domination. Mais quoique cette distinction paroisse juste en elle-même & conforme aux principes généraux de la Jurisprudence, l'expérience nous a fait voir qu'elle peut être sujette à de grands inconvéniens, soit parce qu'elle donne lieu à plusieurs contestations sur le véritable domicile du pere des mineurs, qu'il est assez souvent difficile de déterminer dans les différentes circonstances de chaque affaire particuliere, soit parce qu'il est presque impossible qu'un tuteur établi en France, puisse veiller exactement à l'administration des biens que les mineurs ont dans l'Amérique, & réciproquement qu'un Tuteur établi dans nos Colonies, puisse gérer la Tutelle avec une attention suffisante, par rapport aux biens qui sont situés en France ; en sorte qu'il arrive souvent que l'une ou l'autre partie du patrimoine des mineurs est négligée ou confiée par le Tuteur à des mains peu sûres qui abusent de son absence, pour dissiper un bien dont il est fort difficile au Tuteur de se faire rendre un compte fidéle. Nous avons cru qu'à l'exemple des Legislateurs Romains, qui avoient introduit l'usage de donner des Tuteurs differens aux mineurs, par rapport aux biens qu'ils possedoient dans des pays fort éloignés les uns des autres, Nous devions aussi partager l'administration des biens qui appartiennent aux mêmes mineurs en France & en Amérique, en sorte que ces différens patrimoines soient régis à l'avenir par

ORDONNANCE DU ROI,

QUI DÉFEND

Aux Capitaines des Vaisseaux qui apporteront des Négres aux Isles, de descendre à terre, ni d'y envoyer leurs équipages, sans en avoir obtenu la permission des Gouverneurs.

Du 3 Avril 1718.

DE PAR LE ROI.

SA Majesté étant informée que les Capitaines des Vaisseaux, qui portent des Noirs dans les Isles de l'Amérique, ont communication avec les Habitans desdites Colonies, & souffrent que les équipages de leurs Vaisseaux descendent à terre, quoique les Negres qu'ils amenent, & même partie desdits équipages ayent des maladies contagieuses, ce qu'il est de conséquence d'empêcher, afin que, par cette fréquentation, lesdites maladies contagieuses ne se communiquent point aux Habitans desdites Isles. Sa Majesté, de l'avis de Monsieur le Duc d'Orléans Régent, fait défenses à tous Capitaines des Vaisseaux qui porteront des Noirs dans lesdites Isles, de descendre à terre, ni de permettre à leurs équipages d'y aller, comme aussi d'avoir aucune fréquentation avec les Habitans, tant par eux, que par les personnes de leurs équipages, qu'ils n'en ayent auparavant obtenu la permission de celui qui commandera dans l'endroit où ils arriveront, laquelle permission leur sera accordée, s'il n'y a point de maladies contagieuses dans leur bord; & en cas qu'il y en ait, il leur sera indiqué un endroit où ils pourront mettre les malades à terre, pour les y faire traiter, sans que pendant le tems que lesdites maladies dureront, ils puissent avoir communication avec lesdits Habitans. Mande & ordonne Sa Majesté à Mr. le Comte de Toulouse, Amiral de France, aux Gouverneurs & ses Lieutenans Généraux en l'Amérique méridionale, Gouverneurs Particuliers & autres ses Officiers qu'il appartiendra, de tenir chacun en droit soi, la main à l'exécution de la présente Ordonnance, qui sera lûe, publiée & affichée par-tout où besoin sera, à ce que personne n'en ignore. Fait à Paris, le troisième jour d'Avril mil sept cens dix-huit. Signé, LOUIS; Et plus bas, PHELYPEAUX.

III.

Les Lettres d'émancipation que lesdits mineurs obtiendront, feront enterinées, tant dans les Tribunaux de France, que dans ceux des Colonies, dans lesquels la nomination de leurs Tuteurs aura été faite, fans que lesdites Lettres d'émancipation puiffent avoir aucun effet que dans celui des deux Pays où elles auront été enterinées.

IV.

Les mineurs, quoiqu'émancipés, ne pourront difpofer des Negres qui fervent à exploiter leurs habitations, jufqu'à ce qu'ils ayent atteint l'âge de vingt-cinq ans accomplis, fans néanmoins que lefdits Negres ceffent d'être réputés meubles, par rapport à tous autres effets.

V.

Les mineurs qui voudront contracter mariage, foit en France, foit dans les Colonies Françoifes, ne pourront le faire fans l'avis & le confentement par écrit du Tuteur nommé dans le pays où le pere avoit fon domicile au jour de fon décès, fans néanmoins qu'il puiffe donner ledit confentement, que fur l'avis des parens qui feront affemblés à cet effet, pardevant le Juge qui l'aura nommé Tuteur; & fauf audit Juge, avant que d'homologuer leur avis, d'ordonner que l'autre Tuteur qui aura été établi en France ou dans les Colonies, enfemble les parens que les mineurs auront dans l'un ou dans l'autre pays, feront pareillement entendus dans le délai compétant pardevant le Juge qui aura nommé ledit Tuteur, pour, leur avis rapporté, être ftatué, ainfi qu'il appartiendra fur le mariage propofé pour lefdits mineurs; ce que nous ne voulons néanmoins être ordonné que pour de grandes confidérations, dont le Juge fera tenu de faire mention dans la Sentence qui fera par lui rendue.

Si donnons en mandement, à nos amés & féaux Confeillers, les Géns tenant notre Cour de Parlement à Paris, que ces Préfentes ils ayent à faire regiftrer, & le contenu en icelles garder & obferver felon fa forme & teneur, ceffant & faifant ceffer tous troubles & empêchemens, nonobftant tous Edits, Déclarations, Ordonnances, Réglemens, Arrêts, Us & Coutumes à ce contraires, auxquels nous avons dérogé & dérogeons par cefdites préfentes. Car tel eft notre plaifir; En témoin de quoi Nous avons fait mettre notre fcel à cefdites Préfentes. Donné à Paris le quinzième jour du mois de Décembre, l'an de grace mil fept cens vingt-un, & de notre régne le feptième. Signé LOUIS. *Et plus bas*, par le Roi, le Duc D'ORLEANS Regent préfent. Signé, FLEURIAU. Et Scellé du grand Sceau de cire jaune.

Regiftrées, oui & ce requérant le Procureur Général du Roi, pour être exécutées felon leur forme & teneur, & copies collationnées envoyées aux Bailliages & Sénéchauffées du Reffort, pour y être lûes, publiées & regiftrées; enjoint aux Subftituts du Procureur Général du Roi, d'y tenir la main & d'en certifier la Cour dans un mois, fuivant l'Arrêt de ce jour. A Paris, en Parlement le quatorze Février mil fept cens vingt-deux.

Signé, GILBERT.

Regiftrée auffi aux Parlemens de Touloufe, de Rouen, de Rennes, de Bordeaux, de Grenoble, d'Aix, de Dijon, de Befançon, de Metz & aux Confeils Souverains d'Alface & de Rouffillon.

des Tuteurs différens, en confiant néanmoins le foin de l'éducation des mineurs & la préférence à l'égard de leur mariage au Tuteur du lieu, où le pere defdits mineurs avoit fon domicile, qui eft toujours regardé comme celui des mineurs, fuivant les régles établies par les Ordonnances que les Rois nos prédéceffeurs ont faites fur cette matiere. Enfin comme nous avons été informés que les Negres employés à la culture des terres, étant regardés dans nos Colonies comme des effets mobiliers, fuivant les Loix qui y font établies, les mineurs abufent fouvent du droit que l'émancipation leur donne de difpofer de leurs Negres, & en ruinant par-là les habitations qui leur font propres, font encore un préjudice confidérable à nos Colonies, dont la principale utilité dépend du travail des Negres qui font valoir les terres, Nous avons jugé à propos de leur en interdire la difpofition, jufqu'à ce qu'ils ayent atteint l'âge de vingt-cinq ans, & nous nous portons d'autant plus volentiers à faire une Loi nouvelle fur ces différentes matières, qu'elle fera en même tems un effet de la protection que nous donnons à ceux de nos Sujets, à qui la foibleffe de leur âge la rend encore plus néceffaire qu'aux autres & une preuve de l'attention que nous aurons toujours pour ce qui peut favorifer le Commerce des Colonies Françoifes & le rendre utile à tout notre Royaume, dont l'abondance & le bonheur font le principal objet de nos foins & de nos vœux.

A CES CAUSES, & autres à ce Nous mouvans, de l'avis de notre très-cher & très-amé Oncle le Duc d'Orléans Petit-fils de France, Régent, de notre très-cher & très-amé Oncle le Duc de Chartres, prémier Prince de notre Sang, de notre très-cher & très-amé Coufin le Duc de Bourbon, de notre très-cher & très-amé Coufin le Comte de Charollois, de notre très-cher & très-amé Coufin le Prince de Conty, Princes de notre Sang, de notre très-cher & & très-amé Oncle le Comte de Touloufe, Prince légitimé, & autres Pairs de France, Grands & Notables Perfonnages de notre Royaume, & de notre certaine fcience, pleine puiffance & autorité Royale, & par ces préfentes fignées de notre main, Voulons & Nous plaît ce qui fuit:

ARTICLE PRÉMIER.

Lorfque nos Sujets mineurs, auxquels il doit être pourvû du Tuteur, ou du Curateur auront des biens fitués en France & d'autres fitués dans les Colonies Françoifes, il leur fera nommé des Tuteurs dans l'un & dans l'autre Pays; fçavoir en France, par les Jugés de ce Royaume, auxquels la connoiffance en appartient, & ce de l'avis des parens ou amis defdits mineurs qui feront en France, pour avoir par lefdits Tuteurs ou Curateurs, l'adminiftration des biens de France feulement, même des obligations, contrats de rentes & autres droits & actions à exercer fur des perfonnes domiciliées en France & fur les biens qui y font fitués; & dans les Colonies, par les Juges qui y font établis, auffi de l'avis des parens & amis qu'ils y auront, lefquels Tuteurs ou Curateurs, élûs dans les Colonies, n'auront pareillement l'adminiftration que des biens qui s'y trouveront appartenant auxdits mineurs, enfemble des obligations, contrats de rentes & autres droits & actions à exercer fur des perfonnes domiciliées dans les Colonies & fur les biens qui y font fitués; & feront lefdits Tuteurs ou Curateurs de France & ceux des Colonies Françoifes, indépendans les uns des autres, fans être refponfables que de la geftion & adminiftration des biens du pays dans lequel ils auront été élûs, de laquelle ils ne feront tenus de rendre compte que devant les Juges qui les auront nommés.

II.

L'éducation des mineurs fera déférée au Tuteur qui aura été élû dans le Pays où le pere avoit fon domicile, dans le tems de fon décès, foit que tous les mineurs, enfans du même pere, faffent leur demeure dans le même Pays, ou que les uns demeurent en France & les autres aux Colonies, le tout à moins que fur l'avis des parens & amis defdits mineurs, il n'en foit autrement ordonné par le Juge du lieu où le pere avoit fon domicile au jour de fon décès.

III.

DECLARATION DU ROI,

CONCERNANT

Les *Esclaves Negres des Colonies , qui interprête l'Edit du mois d'Octobre* 1716.

Donnée à Versailles le 15 Décembre 1738.

L OUIS par la grace de Dieu , Roi de France & de Navarre , Comte de Provence , Forcalquier & terres adjacentes. A tous ceux qui ces présentes Lettres verront ; SALUT. Le compte que nous nous fimes rendre après notre avenement à la Couronne , de l'Etat de nos Colonies nous ayant fait connoître la sagesse & la nécessité des dispositions contenues dans les Lettres-Patentes , en forme d'Edit , du mois de Mars 1685 , concernant les Esclaves Negres , Nous en ordonnâmes l'exécution par l'Article premier de notre Edit du mois d'Octobre 1716. Et nous ayant été représenté en même tems , que plusieurs habitans de nos Isles de l'Amérique , désiroient envoyer en France quelques-uns de leurs Esclaves , pour les confirmer dans les instructions & dans les exercices de la Religion & pour leur faire apprendre quelque art ou métier : mais qu'ils craignoient que les Esclaves ne prétendissent être libres en arrivant en France , Nous expliquâmes nos intentions à ce sujet , par les Articles de cet Edit & nous reglâmes les formalités qui nous parurent devoir être observées de la part des Maîtres qui ameneroient ou envoyeroient des Esclaves en France. Nous sommes informés que depuis ce tems-là on y en a fait passer un grand nombre , que les habitans qui ont pris le parti de quitter les Colonies & qui sont venus s'établir dans le Royaume , y gardent des Esclaves Negres , au préjudice de ce qui est porté par l'Article XV du même Edit ; que la plupart des Negres y contractent des habitudes & un esprit d'indépendance , qui pourroient avoir des suites facheuses ; que d'ailleurs , leurs Maîtres négligent de leur faire apprendre quelque métier utile , ensorte que de tous ceux qui sont amenés ou envoyés en France , il y en a très-peu qui soient renvoyés dans les Colonies , & que dans ce dernier nombre , il s'en trouve le plus souvent d'inutiles , & même de dangereux. L'attention que nous donnons au maintien & à l'augmentation de nos Colonies , ne nous permet pas de laisser subsister des abus qui y sont si contraires ; & c'est pour les faire cesser que nous avons résolu de changer quelques dispositions à notre Edit du mois d'Octobre 1716 , & d'y en ajouter d'autres qui nous ont paru nécessaires.

A CES CAUSES , & autres à ce nous mouvans , de notre certaine science , pleine puissance & autorité Royale , Nous avons dit , déclaré & ordonné , & par ces présentes signées de notre main , disons , déclarons , ordonnons , voulons & nous plaît ce qui suit.

G g ij

GUINÉE.
de l'esclavage.

ORDONNANCE DU ROI,

CONCERNANT

Les *Affranchissemens* & les *Baptêmes des Esclaves Negres.*

Du 15 de Juin 1736.

DE PAR LE ROI.

SA Majesté s'étant fait représenter l'Ordonnance du 24 Octobre 1713, par laquelle & pour les motifs y contenus, il auroit été défendu à toutes sortes de personnes établies aux Isles Françoises de l'Amérique, d'affranchir leurs Esclaves, sans en avoir auparavant obtenu la permission par écrit, des Gouverneurs & Intendans ou Commissaires-Ordonnateurs ; & ordonné que les affranchissemens qui seroient faits sans ces permissions seroient nuls, & que les Esclaves ainsi affranchis, seroient vendus au profit de Sa Majesté : Etant informée qu'au préjudice de cette Ordonnance il se trouve des Maîtres qui affranchissent leurs Esclaves sans en avoir obtenu la permission ; & que d'ailleurs il y en a d'autres qui font baptiser comme libres, des enfans dont les meres sont Esclaves, & qui par ce moyen sont réputés affranchis ; & voulant faire cesser des abus aussi dangereux, Sa Majesté a ordonné & ordonne que l'Ordonnance du 24 Octobre 1713 sera exécutée selon sa forme & teneur, dans toutes les Isles Françoises de l'Amérique, veut en conséquence, qu'aucunes personnes, de quelque qualité & condition qu'elles soient, ne puissent affranchir leurs Esclaves, sans en avoir auparavant obtenu la permission par écrit du Gouverneur Général & de l'Intendant, pour ce qui regarde les Isles du Vent & de St. Domingue, & des Gouverneur-particulier & Commissaire-Ordonnateur de Cayenne, pour ce qui regarde ladite Isle & la Province du Cayenne ; & que tous les affranchissemens qui seront faits sans ces permissions, soient nuls, & que les Esclaves ainsi affranchis, n'en puissent jouir, qu'ils soient tenus, censés & réputés Esclaves, que les Maîtres en soient privés, qu'ils soient vendus au profit de Sa Majesté, & que les Maîtres soient en outre condamnés à une amende, qui ne pourra être moindre que la valeur desdits Esclaves. Fait Sa Majesté, très-expresses inhibitions & défenses à tous Prêtres & Religieux desservant les Cures auxdites Isles, de baptiser comme libres, aucuns enfans, à moins que l'affranchissement des meres ne leur soit prouvé auparavant par des actes de liberté, révetus de la permission par écrit, des Gouverneurs & Intendans ou Commissaires-Ordonnateurs, desquels actes ils seront tenus de faire mention sur les Registres de Baptême. Ordonne Sa Majesté, que les enfans qui seront baptisés comme libres, quoique leurs meres soient Esclaves, soient toujours réputés Esclaves, que leurs Maîtres en soient privés, qu'ils soient vendus au profit de Sa Majesté & que les Maîtres soient en outre condamnés à une amende qui ne pourra être moindre que la valeur desdits Esclaves. Mande & ordonne Sa Majesté aux Gouverneurs & ses Lieutenans-Généraux & Intendans des Isles & autres ses Officiers qu'il appartiendra, de tenir la main chacun en droit soi, à l'exécution de la présente Ordonnance qui sera registrée, publiée & affichée par-tout où besoin sera. Fait à Versailles le quinze Juin mil sept cens trente-six. *Signé*, LOUIS. *Et plus bas ; Signé*, PHELYPEAUX.

VI.

Les Habitans qui ameneront ou envoyeront des Efclaves Negres en France, pour leur faire apprendre quelque métier, ne pourront les y retenir que trois ans, à compter du jour de leur débarquement dans le Port; paffé lequel tems, les Efclaves qui ne feront point renvoyés, feront confifqués à notre profit, pour être employés à nos travaux dans nos Colonies.

VII.

Les Habitans de nos Colonies qui voudront s'établir dans notre Royaume, ne pourront y garder dans leurs maifons aucuns Efclaves de l'un ni de l'autre fexe, quand bien même ils n'auroient pas vendu leurs habitations dans les Colonies; & les Efclaves qu'ils y garderont, feront confifqués pour être employés à nos travaux dans les Colonies. Pourront néanmoins faire paffer en France, en obfervant les formalités ci-deffus prefcrites, quelques-uns des Negres attachés aux habitations, dont ils feront reftés Propriétaires en quittant les Colonies, pour leur faire apprendre quelque métier qui les rende plus utiles par leur retour dans lefdites Colonies, & dans ce cas, ils fe conformeront à ce qui eft prefcrit par les Articles précédens, fous les peines y portées.

VIII.

Tous ceux qui ameneront ou envoyeront en France des Efclaves Negres, & qui ne les renvoyeront pas aux Colonies, dans les délais prefcrits par les trois Articles précédens, feront tenus, outre la perte de leurs Efclaves, de payer pour chacun de ceux qu'ils n'auront pas renvoyés, la fomme de mille livres entre les mains des Commis des Tréforiers Généraux de la Marine aux Colonies, pour être ladite fomme, employée aux travaux publics; & les permiffions qu'ils doivent obtenir des Gouverneurs Généraux & Commandans, ne pourront leur être accordées qu'après qu'ils auront fait, entre les mains defdits Commis des Tréforiers Généraux de la Marine, leur foumiffion de payer ladite fomme; de laquelle foumiffion, il fera fait mention dans lefdites permiffions.

IX.

Ceux qui ont actuellement en France des Efclaves Negres, de l'un ou de l'autre fexe, feront tenus, dans trois mois, à compter du jour de la publication des préfentes, d'en faire la déclaration au Siége de l'Amirauté le plus prochain du lieu de leur féjour, en faifant en même tems leur foumiffion de renvoyer dans un an, à compter du jour de la datte d'icelle, lefdits Negres dans lefdites Colonies; & faute par eux de faire ladite déclaration, ou de fatisfaire à ladite foumiffion dans les délais prefcrits, lefdits Efclaves feront confifqués à notre profit, pour être employés à nos travaux dans les Colonies.

X.

Les Efclaves Negres qui auront été amenés, ou envoyés en France, ne pourront s'y marier, même du confentement de leurs Maîtres, non-obftant ce qui eft porté par l'Article VII de notre Edit du mois d'Octobre 1716 auquel nous dérogeons quant à ce

ARTICLE PREMIER.

Les Habitans & Officiers de nos Colonies, qui voudront amener ou envoyer en France des Esclaves Negres de l'un & de l'autre sexe, pour les fortifier davantage dans la Religion, tant par les instructions qu'ils y recevront, que par l'exemple de nos autres Sujets & pour leur faire apprendre en même tems quelque métier utile pour les Colonies, seront tenus d'en obtenir la permission des Gouverneurs généraux ou Commandans dans chaque Isle, laquelle permission contiendra le nom du Propriétaire qui amenera lesdits Esclaves, ou de celui qui en sera chargé, celui des Esclaves même, avec leur âge & leur signalement; & les Propriétaires desdits Esclaves & ceux qui seront chargés de leur conduite, seront tenus de faire enregistrer ladite permission, tant au Greffe de la Jurisdiction ordinaire, ou de l'Amirauté de leur résidence, avant leur départ, qu'en celui de l'Amirauté du lieu de leur débarquement, dans huitaine après leur arrivée : le tout ainsi qu'il est porté par les Articles II, III & IV de notredit Edit du mois d'Octobre 1716.

II.

Dans les enregistremens qui seront faits desdites permissions, aux Greffes des Amirautés des Ports de France, il sera fait mention du jour de l'arrivée des Esclaves dans les Ports.

III.

Lesdites permissions seront encore enregistrées au Greffe du Siége de la Table de marbre du Palais à Paris, pour les Esclaves qui seront amenés en notredite Ville; & aux Greffes des Amirautés, ou des Intendances des autres lieux de notre Royaume, où il en sera amené pour y résider; & il sera fait mention dans lesdits enregistremens, du métier que lesdits Esclaves devront apprendre, & du Maître qui sera chargé de les instruire.

IV.

Les Esclaves Negres de l'un & de l'autre sexe, qui seront conduits en France par leurs Maîtres, ou qui y seront par eux envoyés, ne pourront prétendre avoir acquis leur liberté, sous prétexte de leur arrivée dans le Royaume & seront tenus de retourner dans nos Colonies, quand leurs Maîtres jugeront à propos : mais faute par les Maîtres d'observer les formalités prescrites par les précédens Articles, lesdits Esclaves seront confisqués à notre profit, pour être renvoyés dans nos Colonies & y être employés aux travaux par Nous ordonnés.

V.

Les Officiers employés sur nos Etats des Colonies qui passeront en France par congé, ne pourront y retenir les Esclaves qu'ils y auront amenés, pour leur servir de domestiques, qu'autant de tems que dureront les congés qui leur seront accordés; passé lequel tems, les Esclaves qui ne seront point renvoyés, seront confisqués à notre profit, pour être employés à nos travaux dans nos Colonies.

Arrêt du Conseil d'Etat du Roi du 16 Avril 1762, concernant la GUINÉE. législation des Colonies. Il est ordonné par cet Arrêt, que dans les *de l'esclavage.* affaires contentieuses, civiles ou criminelles des habitans des Colonies, les parties se pourvoiront pardevant les Juges des lieux qui ont droit d'en connoître en prémiere instance, avec défenses de s'adresser à d'autres Juges, à peine de 2000 liv. d'amende, dont moitié appartiendra au Roi, & l'autre moitié à l'Hôpital du lieu de la résidence du contrevenant. Il y est fait en même-tems injonction à tous Gouverneurs, Commandans & autres Officiers de l'Etat-Major, de prêter main-forte à tous Décrets, Sentences, Jugemens, &c. pour l'exécution desquels ils seront requis, sans que sous quelque prétexte que ce puisse être, ils puissent en leurs qualités s'entremettre pour accommoder ou juger lesdites affaires, &c.

J'ai reuni les principaux Réglemens que la Religion de nos Rois a jugé nécessaires au maintien de la police & de la tranquillité publique relativement aux nombreuses troupes de Négres qu'on importe journellement dans nos Isles. Tout a été prévu. La sagesse du Législateur se fait également admirer, soit pour contenir dans la dépendance ces peuples à demi sauvages, & nourris dans l'esprit de la révolte, soit pour reprimer le pouvoir arbitraire qui marche rarement sans être suivi de la violence & de la tyrannie. J'estime que la lecture de ces Réglemens est préférable à des observations particulieres, tant leur clarté & leur précision, sont au-dessus de toute explication.

Je ne puis m'empêcher de marquer mon étonnement sur la quantité prodigieuse de Négres que nous ne cessons de transporter dans nos Isles. Je ne serois plus surpris, si la Traite que nous faisons en Guinée, ne regardoit que les hommes; mais considérant que nous y achetons aussi des femmes, & que nous permettons le mariage de nos Esclaves, que les Négresses sont très-fécondes, & les Noirs très-attachés à leurs femmes, je ne comprends pas pourquoi ils ne multiplient pas dans l'Amérique, en raison de la population de l'Afrique. Le Gouvernement a intérêt de découvrir la cause d'une pareille stérilité, & d'y apporter un prompt remede.

PREMIEREMENT.

Chaque Noir vaut une somme considérable, par conséquent plus le nombre augmentera & plus nos richesses croîtront.

SECONDEMENT.

Les Noirs qui naîtront en Amérique seront élevés relativement aux travaux du pays, au lieu que ceux qui arrivent de Guinée, sont souvent incapables des emplois auxquels on est forcé de les destiner. Il

XI.

Dans aucun cas, ni sous quelque prétexte que ce puisse être, les Maîtres qui auront amené en France des Esclaves de l'un ou de l'autre sexe, ne pourront les y affranchir autrement que par testament; & les affranchissemens ainsi faits ne pourront avoir lieu, qu'autant que le Testateur décédera avant l'expiration des délais, dans lesquels les Esclaves amenés en France doivent être renvoyés dans les Colonies.

XII.

Enjoignons à tous ceux qui auront amené des Esclaves dans le Royaume, ainsi qu'à ceux qui seront chargés de leur apprendre quelque métier, de donner leurs soins à ce qu'ils soient élevés & instruits dans les principes & dans l'exercice de la Religion Catholique, Apostolique & Romaine.

XIII.

Notre Edit du mois d'Octobre 1716, sera au surplus exécuté suivant sa forme & teneur, en ce qui n'y est dérogé par les présentes.

Si donnons en mandement à nos amés & féaux Conseillers les Gens tenans notre Cour de Parlement à Aix, que ces présentes ils ayent à faire lire, publier & enregistrer, & le contenu en icelles garder, observer & exécuter selon leur forme & teneur, nonobstant tous Edits, Ordonnances, Déclarations, Arrêts, Réglemens & usages à ce contraires, auxquels Nous avons dérogé & dérogeons par cesdites présentes; aux copies desquelles collationnées par l'un de nos amés & féaux Conseillers-Sécretaires, voulons que foi soit ajoutée comme à l'original. Car tel est notre plaisir. En témoin de quoi Nous avons fait mettre notre scel à cesdites présentes. Données à Versailles, le quinzième jour de Décembre, l'an de grace mil sept cens trente-huit, & de notre règne le vingt-quatrième. *Signé*, LOUIS. *Et plus bas*; Par le Roi Comte de Provence, *Signé*, PHELYPEAUX.

Lûe, publiée & registrée, présent & ce requérant le Procureur Général du Roi, pour être exécutée suivant sa forme & teneur, & copies de ladite Déclaration envoyées aux Amirautés du Ressort, pour y être lûe, publiée & enregistrée; Enjoint aux Substituts du Procureur Général, d'y tenir la main & d'en certifier la Cour dans le mois, suivant l'Arrêt du douze Février mil sept cens trente-neuf.

Signé, DEREGINA.

Registrées aussi aux Parlemens de Paris, de Rouen, de Rennes, de Dijon, de Grenoble, de Toulouse, de Pau, de Bordeaux, de Besançon, de Metz, de Flandres, aux Conseils Souverains d'Alsace & de Roussillon, & aux Conseils Supérieurs des Isles & Colonies Françoises de l'Amérique.

GUINÉE.
de l'esclavage.

liberté & ne trouvant aucun adouciffement à leurs miferes, préferent dans leurs groffeffes de faire périr leur fruit, plutôt que de mettre au monde des enfans qui partageroient leurs calamités ; s'ils ne les augmentoient pas par les foins qu'elles feroient obligées d'en prendre pendant leur enfance, pour en être enfuite privées quand il plairoit aux maîtres. La mort leur paroît plus douce, & même un grand bien ; pour cet effet elles employent certaines herbes, comme la fleur ou la crête du paon qui les fait avorter, & les délivre d'un fardeau qui fait la joye des autres meres.

En parcourant les côtes de Guinée, j'ai fait une legere peinture des mœurs de fes habitans. Leurs ufages nous révoltent, & nous avons raifon en bien des chofes de les condamner. Peut-être n'ont-ils pas tort de fe moquer à leur tour de quelques-unes de nos coutumes, dont le ridicule ne nous choque pas, parcequ'elles nous appartiennent, & que les préjugés de l'éducation nous empêchent de les examiner avec les yeux du fage. Je conviens que les Négres font plus corrompus que nous. Nous avons tant de motifs de l'être moins. La Religion, la fcience & l'éducation, font des fecours qui influent dans les actions, & qui leur manquent. En général ils font tous méchans, & ceux qui le font parmi nous, le font doublement, par le mépris qu'ils font de la vertu qu'ils ne peuvent méconnoître.

La couleur noire nous choque fi fort, que nous ne pouvons guères croire qu'un Négre foit capable d'une bonne action, & notre préjugé va fi loin, que nous avons imaginé que pour bien repréfenter le Diable, il falloit le faire noir. Il ne doit donc pas paroître furprenant, que nos Voyageurs, élevés dans ces idées, nous ayent donné des relations fi chargées de la méchanceté & de l'extravagance des Négres, qu'ils ont regardé comme une efpéce d'hommes inférieure à la nôtre, & que quelquefois ils n'ont pas diftingué de la bête brute. Je refute dans un autre endroit le ridicule fyftême de Mr. de Voltaire à ce fujet ; ce n'eft pas ici le lieu d'en dire davantage. L'expérience nous apprend cependant qu'ils font capables de la vertu, & notre orgueil devroit en être humilié, puifque connoiffant mieux qu'eux les obligations de l'homme, nous fommes fi peu exacts à les remplir. Nous devrions faire reflexion que ce font nos freres, que les ténèbres de l'ignorance & la contagion du vice livrent aux paffions déréglées, & leur font oublier entierement leur prémiere dignité. Que leurs affreufes miferes excitent donc notre compaffion. Notre indignation eft déplacée ; nous avons plus reçu qu'eux. Que notre reconnoiffance anime notre humanité, & par notre bonne conduite, forçons l'impiété à reconnoître la fainteté de la véritable Religion.

Oui : les Négres font fourbes, traitres, féditieux, violens, yvrognes, pareffeux, impudiques, magiciens, voleurs, &c. Nos peres n'étoient pas meilleurs, & fi nous ne leur reffemblons pas, c'eft un effet

Tom. II.   H h

faut même un tems confidérable pour les accoutumer & les guérir d'une efpéce de fantaifie de retourner en Afrique, qui en fait périr un grand nombre.

TROISIEMEMENT.

Si les vues de faire connoître à ces hommes infortunés la Religion Chrétienne, autorifent nos colons à dominer fi abfolument fur l'efpéce noire, il femble qu'il feroit plus facile d'affujettir des enfans aux faintes maximes de l'Evangile, que des gens qui ont vieilli dans la corruption de l'idolatrie & dans une groffiere fuperftition. Toutes ces confidérations me font conclurre, que fi la population des Noirs en Amérique étoit encouragée, nous n'aurions bientôt plus befoin du fecours de la Guinée. Les Réglemens que j'ai rapportés ont adouci le fort de ces malheureux, & le pouvoir des maîtres a été limité par de fages loix ; mais ces loix & ces Réglemens font-ils exécutés fidélement ? Je voudrois bien n'en point douter ; mais la trop fréquente fuite des Négres, & les accouchemens des Négreffes avant le terme, femblent infinuer qu'ils font traités trop durement. Un peu plus de complaifance préviendroit bien des maux. Les hommes défefpérés de ne pouvoir plus jamais re-couvrer leur liberté, & de ne pouvoir difpofer de rien, préferent de mener une vie errante dans les forêts & d'y vivre de fruits fauvages, à la trifte vie qu'ils menent dans les habitations. Il eft certain que la plûpart ne doivent prendre le parti de la fuite, que dans l'efpérance de rendre leur fort plus heureux. Il faudroit donc tâcher de les ra-mener par les voyes de la douceur ; c'eft le feul moyen d'apprivoifer les animaux les plus farouches. Pourquoi les hommes y feroient-ils infenfibles ? La méthode qu'on pratique, me paroît bien humiliante pour l'humanité, & ne fert qu'à rendre ces fugitifs très-dangereux à la fociété. On les appelle dans nos Ifles marons, & on fait des parties de plaifir pour les aller chaffer, comme nous faifons les loups, & les fangliers. La chaffe eft bonne, quand on en a tué un grand nombre. Cette idée de chaffe fait frémir l'humanité. Ces Négres marons, qui fe voyent pourfuivis de tous côtés, cherchent à fe réunir plufieurs pour fe défendre contre leurs oppreffeurs ou vendre cherement leur vie. Une fois qu'ils ont perdu toute honte, ils portent le ravage de tous côtés. Mais pourquoi, & de quel droit les pourfuit-on pour les tuer ? Que n'en ufe-t-on à l'égard de ces miférables, comme nous en ufons en France contre les voleurs & les homicides ? La juftice les fait pour-fuivre ; tous les particuliers font obligés de lui prêter main-forte. Mais il n'eft point permis à ces particuliers de tuer qui que ce foit de fon autorité privée. Le droit de vie & de mort n'appartient qu'au Souve-rain, & à ceux qui rendent la juftice en fon nom.

Les femmes Efclaves, gémiffant nuit & jour fur la perte de leur
liberté

policé, & que l'esclavage n'est que l'abus d'un pouvoir arbitraire que la subordination ne donnera jamais. En effet les Esclaves ne font plus partie de la société. La perte de leur liberté les en exclut & les ravalle à la condition des bêtes. J'avoue que c'est un projet chimérique que de vouloir établir une parfaite égalité entre tous les membres d'une société, & qu'il faut nécessairement qu'il y aye des chefs pour maintenir la paix & contenir chacun dans son devoir. Je ne pense pas comme l'Auteur de l'Essai Politique, que le despotisme soit essentiel pour former & conserver une société ; je ne reconnois que la nécessité de sages loix, pour assurer à un chacun la possession de son bien, & empêcher que les violens ne nuisent & n'insultent aux foibles. C'est de l'exécution des loix que le bonheur public doit découler, & cette exécution ne peut être véritablement effectuée, qu'autant qu'elle sera confiée à un petit nombre de gens choisis par un seul chef. Voilà sans contredit la meilleure forme de Gouvernement, que nous appellons monarchique. Le chef est le principe & le point de réunion de tous les mouvemens du corps, toujours relatifs aux loix & au seul interprète des loix, qui a le pouvoir de les renouveller, de les changer & d'en faire de nouvelles, pour le bien même de la société. Je dis la meilleure forme de Gouvernement, parce qu'il y en a de plusieurs sortes dont l'Europe nous fournit des exemples. Chaque Nation préfère la sienne, & ceux qui ne penseront pas comme moi, ne manqueront pas de regarder ma décision comme l'effet des préjugés de l'éducation. Je puis les assurer du contraire, & que dans l'examen que j'ai fait des différentes formes de Gouvernement, je me suis considéré comme un homme sans patrie, & qui ne veut se décider que pour celle qui sera la plus favorable à la tranquillité & au bonheur de tous. Le fruit de mes recherches a été le choix du Gouvernement monarchique. Il m'a paru le plus sage & le plus conforme à l'humanité ; & de tous les Gouvernemens monarchiques, celui de la France doit mériter la préférence. J'ai eu un véritable plaisir en lisant les Institutions Politiques du Baron de Bielfield, de le voir porter le même jugement. Son sentiment fera d'autant plus d'impression, que c'est un étranger, élevé dans d'autres principes & accoutumé à d'autres usages. Il n'y a qu'une entière conviction qui l'ait déterminé à penser comme moi sur ce point important.

Mais quelle que soit la forme du Gouvernement de chaque société, la subordination & l'obéissance aux loix & à ceux qui en sont les dépositaires, sont absolument nécessaires, sans quoi ce ne seroit que confusion & injustices. Cette obéissance suppose la liberté & l'amour de la patrie, d'où toutes les vertus sociales doivent sortir comme d'une source féconde. Otez la liberté, vous aurez d'un côté une empire tyrannique, étayé par la violence & maintenu par des loix de sang, & de l'autre l'abattement & le désespoir d'un peuple accablé par la crainte &

GUINÉE. *de l'esclavage.*

H h ij

GUINÉE.
de l'esclavage.

de la miséricorde de Dieu sur nous, qui peut faire luire sa lumiere sur les Nations les plus corrompues & les plus criminelles, quand sa colere sera appaisée. Mais parmi nous, qui sommes si instruits, combien de pareils vices font gémir la piété, & ont besoin de toute la sévérité de la justice, pour conserver la tranquillité publique? Plus donc les égaremens des Négres sont montés à leur comble, plus nous devons nous appliquer à les en retirer. Je n'en dis pas d'avantage; chacun sent par lui-même, combien ils sont à plaindre. A en croire le Pere Labat, le Négre le plus grossier & le plus ignorant, a des relations si intimes avec l'enfer, qu'il peut opérer des prodiges dont le merveilleux a dequoi étonner l'univers. Il en rapporte quelques-uns de si extraordinaires, que son éloquence, jointe aux circonstances dont il a accompagné ses récits, n'a persuadé que trop de personnes. Il a grand tort; car quoiqu'on ne doute point de la possibilité de certains évenemens, il ne s'ensuit pas de-là que toutes les histoires qu'une imagination dérangée a inventées, soient véritables. Le Pere Labat devoit être plus reservé, ne rapporter que ce qu'il avoit vû lui-même, & ne point se fier legerement à des récits fabuleux, qui ne sont souvent faits que pour égayer la conversation. Les loix de la nature sont constantes, & il y a de la témérité à bouleverser l'ordre établi par la sagesse suprême, pour produire des riens. C'est jetter le trouble dans les consciences & faire douter des miracles éclatans & incontestables, en débitant des prodiges qui ne signifient rien, & ne peuvent rien signifier, & dont la vérité s'éclipse à la premiere information juridique.

En commençant l'article de l'esclavage, j'ai rapporté que l'Auteur de l'Essai Politique le justifioit, par la seule raison que nous avions des Esclaves dans nos Isles. Son argument fait certainement beaucoup d'honneur à la France, puisqu'il suppose qu'elle ne sçauroit autoriser un état qui seroit établi sur l'injustice, mais la conséquence qu'il en tire n'est pas exacte, je l'ai observé. Je n'examine point la singularité du sentiment du même Auteur sur les perfections de l'univers, qui sont selon lui toujours accompagnées de quelque mal physique, ni cette opération générale d'un Législateur, qui ne doit point être arrêtée par le dommage qui en résulte pour quelques particuliers. Vrais Sophismes, dont la fausseté est facile à démontrer. Mais ce n'est pas ici le lieu, il s'agit de l'esclavage. Cet Auteur blâme la maxime, que pour juger sainement de la servitude, il ne faut pas consulter les seuls maîtres. Il se fait illusion, c'est la loi naturelle qui doit décider, & elle appartient autant à l'Esclave qu'au Maître. Il confond la subordination avec l'esclavage, & il en fait dépendre la tranquillité publique. Un peu moins d'esprit & un peu plus de solidité dans le raisonnement, lui auroit fait connoître que la subordination est véritablement la force & le lien de la société, sans lesquels les plus sages loix soient vaines; mais que cette subordination est libre dans l'ordre de tout Gouvernement

la foi publique , exigent que les domeſtiques tiennent leurs promeſſes même verbales ; mais il ne s'enſuit pas de-là, qu'il faille les dépouiller de leur liberté. Il ſuffiroit de les lier par un contrat. C'eſt ainſi que les ſoldats entrent dans le ſervice militaire , & que le terme de l'engagement expiré , leur prémiere liberté leur eſt rendue. A l'égard des mariages des domeſtiques , c'eſt l'avarice & l'injuſtice des maîtres qui y forment des obſtacles , & la honte d'abandonner de vieux domeſtiques qui ont employé leur jeuneſſe au ſervice des riches , doit faire craindre un traitement plus rigoureux , s'ils devenoient un jour Eſclaves. Que le Ciel écarte de nous un ſi grand malheur. Le luxe n'eſt déja que trop recherché & trop répandu. Pourquoi déſirer de le voir à ſon comble ? Le luxe a perdu Rome & perdra tous ceux qu'il ennyvrera de ſon faux éclat.

GUINÉE.
de l'esclavage.

toujours porté à la révolte. Je n'ai consideré jusqu'ici que la société ci-vile, composée d'hommes charnels, uniquement occupés du soin de se procurer la paisible jouissance des biens terrestres. Mais si j'appelle la Religion à mon secours, & que je remonte à la création de l'homme & à sa véritable destination, quelle foule de raisons invincibles contre le système de l'Auteur de l'Essai Politique. Il feint d'ignorer son ori-gine, (car je ne puis l'excuser que par cette supposition,) & faisant de toute la race d'Adam deux corps séparés par les richesses ou par la pauvreté, il destine le dernier pour servir au luxe & aux passions du prémier. Son amour propre & sa présomption ne sont pas satisfaits de l'état humilié des domestiques, tant qu'un foible reste de liberté pourra les soustraire aux caprices de son pouvoir. Il voudroit des Esclaves, & par de faux raisonnemens il implore l'autorité politique, pour faire des loix, afin que les serviteurs soient dans une dépendance absolue ; comme si son opulence lui donnoit un droit incontestable sur des hom-mes libres, qui n'ont d'autres sujets d'infériorité, que le manque de richesses, & qui, préférant la simplicité de nos prémiers peres, aiment mieux travailler de leurs mains & louer leur industrie, que de risquer de perdre leur vertu dans quelque entreprise dangereuse. » Par le moyen » de l'esclavage, continue l'Auteur, les domestiques en seroient plus heu-» reux, leur vieillesse ne seroit plus languissante & souvent abandonnée. » La crainte de leurs mariages, ne troubleroit point les maîtres, & les » changemens de condition, n'étant plus si fréquens, la police domes-» tique seroit beaucoup mieux observée. » Ne semble-t-il pas suivant l'Au-teur, que la classe des hommes riches, est tirée d'un limon plus pré-cieux, que celle de ceux qui ont eu l'indigence en partage, & que leurs ames ont été privilégiées par des dons plus excellens ? Sans cette croyance auroit il pu imaginer l'étrange système d'aggraver la condition des domestiques, en la réduisant à l'esclavage. Il faut être injuste & orgueilleux, pour oser manifester une telle pensée ; injuste, par l'ap-propriation d'un bien qui peut ne nous appartenir par aucun titre légitime ; orgueilleux, en voulant faire servir nos semblables à contenter nos pas-sions, & à porter seuls la honte des miseres qu'une naissance commune doit nous faire partager avec eux. J'insiste peut-être un peu trop pour montrer le ridicule du sentiment de l'Auteur de l'Essai Politique : mais cet Auteur raisonne si bien sur tant d'autres choses, qu'il est à crain-dre qu'il ne séduise dans un point si contraire aux droits de l'huma-nité. Je suis homme, & je dois prendre la défense de l'homme, qu'il soit noir ou blanc, la couleur n'y fait rien ; ses intérêts me seront toujours chers : *Homo sum, humani à me nihil alienum puto*. Je con-viens que les serviteurs & les maîtres, sont dans l'ordre des sociétés, & qu'il seroit plus convenable à la bonne police, qu'un domestique une fois qu'il s'est loué vonlontairement, ne pût quitter son maître qu'a-près que le tems de son engagement seroit rempli. Le bon ordre &

gle , & que quelque cause particuliere a occasionné un changement de couleur si contradictoire avec la nôtre & si constante à se perpétuer. C'est cette cause, jusqu'aujourd'hui inconnue , que les philosophes cherhent à découvrir , à quoi ils n'ont pû encore parvenir. Je passe sous silence les systêmes de ceux , qui , malheureusement envelopés dans les ténébres du paganisme , ont ignoré le vrai Dieu , la vraye Religion , & par conséquent les divines écritures qui nous manifestent la véritable origine de l'homme. Ils ont imaginé des atomes blancs & des atomes noirs , & suivant que la nature du sol produisoit les uns ou les autres, ils ont fait sortir l'homme & les animaux de leur réunion fortuite ; systême extravagant , qui doit couvrir de confusion ses Auteurs , & qui est le comble de l'ignorance & de la folie. D'autres , pour se singulariser (car je ne sçaurois penser que Maillet aye écrit sérieusement) supposent que tout ce qui a vie , a été créé dans les eaux , & que par des fermentations qui sont souvent l'opération de plusieurs siécles , quelques espéces de poissons ont été changées en hommes & en animaux. Il ne seroit pas surprenant dans toutes ces singulieres suppositions , qu'il s'en trouva des Blancs & des Noirs. Bien loin de-là , je serois surpris qu'il n'y en eut point d'un million de couleurs différentes. Qu'un Matérialiste , livré à la corruption de son cœur , veuille justifier ses égaremens par des extravagances dignes de lui , c'est la peine de son impiété & un exemple terrible de la colere de Dieu , pour punir l'orgueil des hommes qui s'imaginent follement pouvoir se suffire à eux-mêmes. Mais vous Maillet , nourri dans nos saintes vérités , où vous êtes le plus grand des ignorans , ou plus criminel que les Philosophes payens , d'avoir osé avancer les ridicules impiétés que vous débitez dans votre Telliamed. Nous vous avons connu , vous nous avez même édifiés à l'article de la mort , par votre empressément à demander les Sacremens de l'Eglise ; je ne puis cependant ne pas vous juger coupable après le scandale que vous avez donné , & le piege dans lequel vous ferez tomber tant d'esprits foibles , qui sans vous n'auroient point abandonné la vérité ; mais je pense que votre cœur n'a point participé aux égaremens de votre esprit , & que vos larmes auront reparé votre faute.

Le systême de Mr. de Voltaire , n'est guères moins absurde. Ce trop fameux Philosophe , débite fort sérieusement , dans ses mêlanges , qu'un nombre prodigieux d'Ecrivains s'est efforcé de prouver que les Américains étoient une Colonie de l'ancien monde. Si Mr. de Voltaire n'avoit pas voulu se singulariser en ceci comme en tant d'autres choses , il n'auroit pas fait faire des efforts à ce nombre prodigieux d'Ecrivains , pour prouver ce que personne n'avoit encore mis en problême avant lui & quelques autres nouveaux Philosophes. Il auroit dit précisément le contraire ; & s'il avoit voulu faire usage du beau génie qu'il a reçu du Ciel , il auroit confondu l'impie extravagance de ces Visionnaires ,

DE LA COULEUR

DES NEGRES.

S I la Religion ne nous rendoit certains fur l'origine des hommes, & de la maniere dont le prémier fut formé, la couleur des Négres n'auroit plus dequoi tant nous étonner. Mais convaincus que toutes les Nations de la terre ont un même pere, & que les genres des animaux & des plantes font indeftructibles & fe perpétuent dans le même état qu'ils ont été créés, nous devons être très-embarraffés pour trouver la raifon pourquoi les hommes ne fe reffemblent pas tous, & pourquoi les uns font blancs, tandis que les autres font noirs. Cette queftion a parû fi difficile à refoudre (non pas à Mr. de Voltaire, qui la décidée trop légerement) que pour en donner la folution, on a inventé des fyftêmes infoutenables, & quelques-uns même bien peu raifonnables. J'ai déjà déclaré que je n'étois pas affez préfomptueux, pour prétendre expliquer clairement ce que les Philofophes les plus eftimés n'ont pu développer ; je ne ferai que les fonctions d'Hiftorien, & je laifferai à mes Lecteurs le plaifir de choifir les conjectures qui leur paroîtront le plus approcher de la vérité. J'y joindrai quelques expériences fur les couleurs, dans la vue de repandre quelque lumiere fur le changement que des caufes phyfiques peuvent opérer dans la couleur des hommes.

Si le nombre des hommes noirs, égaloit celui des blancs, & que les prémiers fuffent également difperfés par toute la terre, aucune raifon ne pourroit nous déterminer à juger de laquelle des deux couleurs étoit le pere du genre humain ; mais les hommes blancs (c'eft ainfi que pour m'accommoder à l'ufage reçu, je nommerai notre couleur, qui n'eft rien moins que blanche) occupant les quatre parties du monde, à l'exception d'une partie de l'Afrique, & l'Afie qui eft le berceau de l'enfance des prémiers hommes, n'étant habitée que par des Blancs (je n'ignore pas qu'il y a aujourd'hui des Noirs, comme partout ailleurs ; mais nous fçavons d'où il viennent) il eft naturel de penfer que la couleur noire des Africains, eft une exception à la ré-

pas affez. Je lui demanderai feulement, s'il croit que les hommes, les animaux, les arbres & les herbes viennent par hazard, ou fi, Philo-fophe comme il fait gloire de le paroître, il ne croit pas avec tous les Phyficiens (car il faut qu'il dife oui ou non) que la terre en produi-fant les arbres & les herbes, ne les crée pas, mais ne fait que déve-lopper les germes que la Puiffance Créatrice a placés dans les lieux où elle a voulu qu'ils priffent de l'accroiffement. C'eft un ancien proverbe que toute terre ne produit pas tout ; & aujourd'hui que l'agriculture a fait de fi grands progrès, nous manquons encore de plufieurs plantes naturelles à notre climat, par la raifon qu'il faut quelque chofe de plus que de la terre pour les produire. Il faut la femence de ces mêmes plantes, & ce n'eft que depuis que nous avons femé du caffé dans les Ifles Antilles, que l'Amérique connoit l'arbriffeau qui porte ce fruit, qui a fi fort augmenté les richeffes de notre Commerce. Mr. de Voltaire auroit raifon de croire qu'on veut l'infulter, fi on entroit dans un plus grand détail avec lui fur de pareilles opérations phyfiques ; mais je lui demande s'il croit bonnement que les hommes viennent comme les champignons, ce qui donneroit lieu à une autre queftion que je ne veux pas lui faire avant qu'il m'aye répondu ; & fi ceux de l'Amérique & de la Guinée n'ont point une origine, ou fi le climat fuffit pour les pro-duire ? Lui qui trouve fon fiftème fi fimple, il ne fera pas de grands efforts pour me fatisfaire ; car fi Dieu a créé des hommes particuliers à cette contrée, & fans doute dans toutes les Ifles qui font préfente-ment peuplées, il eft à préfumer que Mr. de Voltaire ne voudra pas que les hommes, nos femblables, expofent témerairement leur vie fur de freles bâteaux pour y aller. Qu'il nous dife, lui qui fçait fi bien l'hiftoire & qui la reforme fi joliment au gré de fon imagination, quand, comment, & à quel propos cette nouvelle création a été faite. S'il l'i-gnore pourquoi en parle-t-il, & pourquoi quitte-t-il le certain pour pu-blier des chimères, qu'il ne croit pas lui-même, quoiqu'il étale toutes les richeffes de fon éloquence pour en perfuader les autres ? Il n'ignore pas qu'il faut proceder du connu à l'inconnu, pour ne point s'égarer. C'eft une vérité inconteftable que tous les êtres fe renouvellent, chacun felon fon efpéce, par la vertu de fécondité que la puiffance qui les a tirés du néant leur a communiquée & leur conferve encore. La raifon & l'expérience font d'accord fur ce point. Nous n'avons point d'éléphans en France, & nous n'en aurons jamais s'il ne nous en vient de l'Afie, & fi nous ne réuffiffons enfuite à les faire multiplier en France. Nos Jardiniers cultiveront envain les herbes propres à leur nourriture. Il faut des éléphans pour en produire d'autres ; il faut auffi des hommes pour produire leurs femblables. Or nous avons trouvé l'Amérique peu-plée, quand nous en avons fait la découverte ; donc, devons-nous con-clurre, ou ces hommes y ont paffé dans les tems les plus reculés, & puifque nous avons pénétré dans ces contrées, il n'y a point d'impof-

qu'il appelle des Métaphyficiens modeftes, qui prétendent que le même pouvoir qui a fait croître l'herbe dans les campagnes de l'Amérique y a pu mettre auffi des hommes; mais que ce fyftême nud & fimple n'a pas été écouté. Voilà un véritable verbiage qui ne fignifie rien, puifqu'aucune perfonne raifonnable ne s'eft encore avifée de douter du pouvoir de Dieu, & que tous les Chrétiens croyent que fi fa volonté eut été de créer plufieurs efpéces d'hommes, à fa parole ils auroient exifté. Nous fommes de plus perfuadés, que s'il avoit voulu que tous ces hommes euffent eu plus de talens qu'il n'en a donné à Mr. de Voltaire, & que ce dernier eut été contraint de les admirer & de les louer, la chofe feroit ainfi; car jamais la créature ne pourra prefcrire des bornes à la puiffance du Créateur. Mais Mr. de Voltaire, pour vouloir montrer trop d'efprit, s'égare, en méprifant de marcher dans les routes connues. La queftion n'eft pas de raifonner fur ce que Dieu a pu faire; il ne s'agit que de connoître ce qu'il a fait. Comment Mr. de Voltaire, qui a tant lû, lui qui a voulu prouver à l'univers qu'il n'ignoroit rien de tout ce qui a été écrit, a-t-il pû oublier, ou plutôt en faire le femblant, que le même Dieu qui a tiré les créatures du néant, a bien voulu nous faire connoître de quelle maniere il avoit effectué cette grande merveille? Non: cet oubli n'eft point involontaire de fa part. Mr. de Voltaire n'eft point un ignorant de cette efpéce; il connoît nos faintes écritures; mais malheureufement il ne les lit que dans la vue de chercher des difficultés pour en affoiblir l'autorité. Je fuis fâché de choquer fon amour propre, & plut à Dieu que cette honte le faffe rentrer en lui-même. Il aime la fingularité, & fa vaine philofophie lui fait trouver du ridicule à penfer & à croire comme le refte des hommes, j'entends des hommes qui penfent, & qui marchent à la lumiere du flambeau de la révélation. Mr. de Voltaire a craint cependant de parler en fon nom, (tant la majefté de la Religion déconcerte & intimide l'incrédulité la plus obftinée & la plus hardie). Il fuppofe donc quelques Métaphyficiens modeftes. (Je ne vois pas qu'il y aye de l'immodeftie à penfer autrement que ces Métaphyficiens). Il leur fait dire ce qu'il n'a pas ofé dire lui-même, & je ne doute pas qu'il n'aye fenti les affreufes conféquences qui font la fuite néceffaire d'un pareil fiftême, qui contredit ouvertement l'Hiftoire Sacrée. La haine publique l'a épouvanté. Il s'eft entortillé le mieux qu'il a pû, pour paroître moins à découvert; mais qu'il auroit été mortifié, fi fes Lecteurs ne l'avoient pas compris. Il a trop d'efprit pour écrire & ne vouloir pas être entendu; le penchant de fon cœur le dévoile. Il prétend que les Ecrivains qui ont voulu prouver que les Américains étoient une Colonie de l'ancien monde, ont fait des efforts pour appuyer ce fentiment; au lieu que le fiftême des Métaphyficiens modeftes, eft nud & fimple. Ce langage n'eft point équivoque, & plût-à-Dieu qu'il n'y eut que fon efprit qui fut dans l'égarement. Je ne lui citerai point nos divines Ecritures; il ne les refpecte

pas

Voici d'autres fiftêmes, qui, quoiqu'infoutenables, refpectent du moins la Religion & ont à la premiere vûe une lueur de raifon.

PREMIEREMENT.

Un fçavant curieux qui s'étoit épuifé en recherches fur la caufe de la noirceur des Africains, ne trouvant aucune raifon fatisfaifante dans les caufes phyfiques, a prétendu que la nature ne pouvoit point opérer un tel effet, & qu'il falloit recourir à la Puiffance Créatrice pour l'expliquer. Il fuppofe qu'après que Caïn eut maffacré le jufte Abel, le défefpoir dont ce fratricide fut agité, lui infpira une fi grande crainte de la mort, qu'il concevoit avoir méritée pour un ctime fi nouveau & fi abominable, que fuyant la préfence de fa famille, il ne crut trouver un azile que dans les déferts de quelque pays lointain, & que Dieu pour lui donner le tems de faire pénitence, ou peut-être pour commencer à punir dans ce monde une action fi criminelle, le laiffa vivre, afin que, tourmenté par le fouvenir de fon injuftice, le châtiment fut proportionné à l'énormité du crime, & que pour le raffurer, Dieu mit un figne fur Caïn, afin que ceux qui le trouveroient ne le tuaffent point, & que ce figne n'eft autre chofe que la couleur noire. Il ajoute que Lamech un des defcendans de Caïn, ayant auffi tué un jeune homme, le Seigneur ufa de la même miféricorde envers lui, en défendant aux parens du mort de le tuer, & que pour le préferver de leur vengeance, comme le crime n'étoit pas fi atroce, la couleur fut auffi différente, & ne fut que bafanée. Ce fyftême eft ridicule, & c'eft envain que pour l'étayer on reclame la vérité des faintes Ecritures. Caïn reçut un figne qui fût une efpéce de fauve-garde pour le garantir de l'indignation de toute fa famille. Mais de prétendre qu'il fut changé en Noir, c'eft vouloir prouver le contraire de ce que ce figne devoit opérer. Un homme changé tout-à-coup en Noir, après l'effufion du fang d'Abel, auroit paru un miracle éclatant de la vengeance Divine fur un coupable dont il auroit fallu purger la terre. Perfonne n'auroit pû le méconnoître, & par-tout où le fratricide Caïn fe feroit montré, il auroit été évité ou pourfuivi comme un monftre. Ce figne devoit avoir rapport aux vertus fociales, dont fon défefpoir le rendoit incapable, & que le Seigneur calma pour le rapprocher de la fociété des autres hommes. La couleur noire pouvoitelle produire cet effet? Elle auroit plutôt contribué à le défefpérer tout-à-fait. J'ignore la nature de ce figne. Je m'en tiens à ce qui eft écrit, & je ne veux pas être plus fage qu'il ne faut. Si ce figne avoit été la couleur noire, cette circonftance auroit été marquée. Elle eft trop importante, pour n'être pas tranfmife à la poftérité. J'accorde pour un inftant que Caïn devint un Négre d'Angola, il ne s'enfuivroit pas que fa poftérité fut noire. L'expérience démontre le contraire. Il auroit fallu que fa femme, qui n'avoit point de part à fon crime, eut

GUINÉE.
des Négres.

fibilité qu'ils y foient allés les prémiers, (j'en ai déja indiqué les moyens) ou il faut fuppofer que Dieu a créé une race d'hommes differente de la notre pour la placer dans cette partie du monde, ou plutôt qu'il aye créé plufieurs hommes, foit de la même efpéce, foit d'efpéces différentes, & qu'il les aye placés dans différentes parties de la terre, pour épargner les frais de voyage qu'il auroit fallu faire pour peupler des contrées fi éloignées les unes des autres. La prémière fuppofition eft conforme aux Livres Saints & à la faine raifon qui ne multiplie point les caufes inutilement, & toute perfonne qui a le fens commun, en conçoit la poffibilité & la réalité. La feconde n'eft qu'imaginaire, fauffe, abfurde & impie dans toutes fes conféquences; trifte fruit d'une fole philofophie, & exemple terrible de la vanité des fciences qui ne font pas fondées fur la Religion dans la recherche des œuvres du Très-haut. Suivant le fiftême de Mr. de Voltaire ou de ces Métaphyficiens modeftes, par l'organe defquels il nous le préfente, la noïrceur des Negres n'auroit plus de quoi nous furprendre. Dieu auroit créé des hommes dans les quatre parties du monde, blancs, gris, rouges & noirs en Afrique. Ce fiftême lui paroît fimple, & il le feroit effectivement. Mais eft-il affez fimple lui-même, pour en être convaincu? Otez-lui fa fingularité & que les hommes s'accordent à le croire vrai, Mr. de Voltaire, qui trouve de la honte à penfer comme le plus grand nombre, fera les derniers efforts pour prouver qu'il penfe le contraire.

Je me fuis peut-être trop étendu à refuter une imagination dont la fauffeté & le ridicule fautent aux yeux des moins clair-voyans, mais Mr. de Voltaire n'eft point un homme ordinaire, nous n'en avons que trop de preuves; j'ai crû donc qu'il étoit néceffaire de convaincre mes Lecteurs, peut-être trop enthoufiafmés des écrits féduifans de ce nouveau Philofophe, combien il manquoit de jugement en faifant parade de beaucoup d'efprit. Je le compare à une terre très-fertile, qui auroit fait la richeffe de fes habitans par l'abondante recolte de fes fruits, fi une main ennemie ne l'avoit enfemencée & plantée de mauvaifes herbes & d'arbres pernicieux. Puiffent des circonftances plus heureufes, farcler & arracher tant de plantes dangereufes; puiffions-nous avoir la confolation de voir les talens de cet homme fameux, fanctifiés par les bénédictions du Ciel.

Il vient de donner au public un effai fur l'Hiftoire générale, dans lequel il étale avec profufion les erreurs les plus abfurdes. Il ne begaye plus; la honte ne fait plus d'impreffion fur lui. Il dit ce qu'il penfe, & par malheur il penfe de travers. Je ne doute pas que quelque zèlé Citoyen, ne travaille pour le ramener dans le chemin d'où il s'eft égaré. Son fiftême de la création de plufieurs hommes y eft renouvellé, & reparoit fi fouvent fur la fcene, qu'il faut qu'il lui tienne bien à cœur. Je pourrois le refuter ici: mais je préfére de traiter cette importante queftion dans un article particulier fous ce titre: *Les hommes, felon Mr. de Voltaire.*

fit confidence à fes deux femmes, car il fut le prémier bigame depuis
la création du monde, c'eſt-à-dire, qui épouſa deux femmes en même
tems. On n'avoit pas encore imaginé qu'il fut plus néceſſaire à un homme
d'avoir pluſieurs femmes, qu'à une femme d'avoir pluſieurs maris. Il
leur fit ce raiſonnement : Le Seigneur défendit févèrement de tuer Caïn
qui avoit commis par envie un horrible fratricide, & quiconque auroit
oſé verſer ſon ſang, pour ſatisfaire ſa vengeance, auroit mérité une
punition ſept fois plus grande, (c'eſt-à-dire beaucoup.) Moi donc qui
ſuis innocent, en comparaiſon de Caïn, puiſque ſi je ſuis homicide, ce
n'a été qu'à mon corps défendant & en repouſſant la violence qu'on me
faiſoit, je ne dois point craindre qu'on attente à ma vie ; car celui qui
voudroit venger cette mort par la mienne, mériteroit une punition ſep-
tante fois ſept fois plus grande (beaucoup plus). Il raſſura par ce diſ-
cours ſes deux femmes allarmées. Il n'eſt point queſtion de ſigne mis ſur lui,
& le quatrième Chapitre de la Geneſe, ne nous dit rien de plus. Je
demande ſi le faiſeur de ſiſtême, eſt fondé à tirer la conféquence de ce
que le Seigneur mit un ſigne ſur le fratricide Caïn, que Lamech en a
reçu un ſemblable, pour avoir tué un étranger, & ſi quand Caïn auroit
été changé en noir, il s'enſuivroit que Lamech fut devenu bazané. Les
imaginations ne ſont propoſables qu'autant qu'elles ont un air de vraiſemblance. Pour celle-ci elle eſt abſurde. Remarquez, je vous prie, que
Lamech eſt un des deſcendans de Caïn. Il étoit donc noir, ſuivant
l'Auteur. La punition auroit donc eu un effet favorable, puiſqu'elle auroit
rapproché le coupable de la couleur des innocens ; mais encore, ſes deux
femmes furent donc auſſi enveloppées dans ſa métamorphoſe, autrement
ſa race auroit été d'une autre couleur. Quelle bigarure dans l'eſpéce
humaine, ſi les homicides perdoient leur couleur naturelle. Peut-être cette
crainte rendroit les hommes plus humains, & nous trouverions moins de
coupables dans le ſein du Chriſtianiſme. J'en ai aſſez dit contre ce ſiſtême.

   L'univerſalité du déluge ne pouvant s'accorder avec le ſiſtême imaginaire que le ſigne mis ſur Caïn avoit été ſa tranſmutation en noir,
il a fallu pour ceux qui vouloient trouver l'origine des Negres dans la
punition de quelque crime, en chercher un dans la famille de Noë. Les
ſuites de l'yvreſſe de ce Patriarche du monde renouvellé, en a fourni
l'occaſion. Perſonne n'ignore que les trois Enfans de Noë, Sem, Cham
& Japhet, furent ſauvés du déluge avec chacun ſa femme ; que Noë
s'appliqua à la culture de la terre, & qu'il planta la vigne ; qu'ayant
exprimé le jus du raiſin, ſoit qu'il n'en connut pas encore la force, ou
plutôt que tout fatigué & affoibli par le travail, ou que la ſeve ſe
trouva plus ſpiritueuſe que le vin qu'il étoit en uſage de boire (car il
n'eſt pas naturel de penſer que les hommes qui n'avoient d'autre nourriture que les fruits de la terre, euſſent paſſé près de dix-ſept ſiécles,
ſans ſçavoir que le raiſin étoit non-ſeulement bon à manger, mais encore à faire une liqueur auſſi agréable que ſalutaire) il fut étourdi par

GUINÉE.
des Négres.

aussi été changée en Négresse, & que les hommes ou les filles que les enfans de Caïn épouserent eussent perdu leur prémiere couleur avant de se marier. Que de suppositions pour étayer un système insoutenable ; car les enfans de Caïn, tout Noir qu'il eut été, auroient été Mulatres, & l'alliance de ces Mulatres avec des Blancs, n'auroit produit que des Basanés, &c. Une objection plus forte & sans replique, se présente ici. Toute chair s'étant corrompue, elle a été détruite par le déluge, à l'exception de Noé & de sa famille, que Dieu avoit choisi pour repeupler la terre. Voilà donc toute la race des Noirs submergée, & l'interprétation du signe de Caïn pour la couleur noire, inventé inutilement. La difficulté subsiste toujours, à moins que le faiseur de systêmes, ne nie l'universalité du déluge. Il ne sçauroit faire autrement : aussi a-t-il la témérité d'avancer, pour conserver l'espéce noire, que le déluge a été particulier, & que les seuls enfans de Seth, ont été ensevelis dans les eaux. Mais quand les divines Ecritures ne seroient point formelles & précises, pour constater un déluge universel, le bon sens ne doit-il pas suffire pour rejetter un sentiment si opposé à ce que nous enseigne l'Histoire-Sainte ? Les enfans des hommes (c'est-à-dire de Caïn) avoient abandonné le culte du vrai Dieu, pour se livrer à l'impiété & aux passions les plus criminelles. Les enfans de Dieu, (c'est-à-dire de Seth) avoient invoqué le nom du Seigneur. Il est vrai qu'ayant contracté des alliances avec les filles des prémiers, ils s'étoient détournés du sentier de la justice, & marchoient dans les voyes de l'iniquité. (Remarquez en passant qu'il ne devoit pas manquer de Mulatres.) Or, pourquoi les moins coupables auroient-ils été submergés dans les eaux du déluge, qui n'avoient inondé la terre que pour punir le crime, dès que les plus criminels restoient impunis ? Il auroit été plus raisonnable de penser que la race de Caïn devoit être exterminée la prémiere, comme ayant perverti par ses déréglemens les enfans de Seth ; mais ils étoient tous coupables, & la colere céleste les jugea tous digne de mort, à l'exception de Noé & de sa famille. Autre raison : Si les Négres ont échappé au déluge, leur nombre devroit surpasser sans mesure celui des Blancs. On sçait par expérience que les Noirs multiplient plus que les Blancs, & que la couleur brune parmi ces derniers, est une marque de fécondité. Comment donc seroit-il arrivé que la race des Noirs qui subsistoit dans son entier, quand celle des Blancs a recommencé à se reproduire, eut demeuré confinée dans un coin d'une des quatre parties du monde, tandis que l'autre, a couvert toute la face de la terre, elle qui en proportion, ne devoit pas être d'un à cent millions ? J'en ai assez dit, pour détruire un système insoutenable de quelque côté qu'on le considere.

SECONDEMENT.

Lamech tua un jeune homme par qui il avoit été maltraité. Il en

tient par droit de naiſſance. Ils s'efforcent de leur reſſembler en toutes choſes, juſques dans leur couleur qu'ils imitent en ſe frottant continuellement le corps d'huiles mêlées de drogues qui noirciſſent. Cette preuve lui paroît convaincante. Il en donne cependant quelques autres, qu'il tire de l'yvrognerie des habitans naturels de l'Amérique, de leurs mœurs corrompues, de leur entêtement à préferer la nudité à quelque eſpéce d'habillement que ce ſoit, de leurs trahiſons & de leurs inclinations au menſonge, à la fourberie & au larcin ; preuves convaincantes ſelon lui, mais qui ne prouvent pas beaucoup, que les Américains deſcendent plutôt de Chanaan, que de tout autre enfant de Noë, puiſque les Africains & toutes les autres Nations de la terre, ſe ſont livrés aux mêmes vices & aux mêmes paſſions, à l'exception de la nudité, qui ne s'eſt perpétuée que dans les climats chauds. La poligamie n'eſt pas non plus une preuve déciſive, & ſon ironie contre les Synagogues Juives, eſt auſſi platte, que déplacée. Tous ces ſiſtêmes, pour expliquer l'origine des Noirs, ſont inſoutenables, & manquent même de vraiſſemblance. Je penſe qu'il vaut mieux avouer ſon ignorance, que d'étaler tant d'érudition pour débiter des abſurdités qui renferment beaucoup plus de difficultés, que celles qu'on vouloit éclaircir. Voici des ſiſtêmes mieux raiſonnés.

Un homme de génie, que j'eſtime & que je conſidere véritablement, prétend que l'action du ſoleil, eſt la cauſe primitive & principale de la couleur des hommes Noirs, quoique d'autres cauſes accidentelles puiſſent concourir pour produire le même effet. Il ſoutient que l'expérience de tous les ſiécles, confirme ſon ſentiment. Les peuples du Nord ſont les plus blancs, & inſenſiblement à meſure que les terres ſont plus près de la ligne équinoxiale, & qu'elles reçoivent les rayons du ſoleil plus perpendiculairement, la couleur des hommes prend une nuance de noir, & ſi ces mêmes hommes noircis par l'action du ſoleil, vont habiter dans le Nord, ils blanchiſſent peu-à-peu, & perdent leur couleur brûlée. Il eſt vrai cependant que certains lieux plus éloignés de la Zone-Torride, noirciſſent plus promptement que d'autres placés ſous la ligne ; ce qui provient dans les prémiers, ou des vapeurs qui voltigent dans l'air, ou de la reverbération d'un ſol ſabloneux, ou d'un calme qui laiſſe aux rayons du ſoleil toute leur activité ; au lieu que dans les derniers, les montagnes, la verdure & les vents, tempérent la chaleur. Toutes ces raiſons lui paroiſſent concluantes, pour expliquer la diverſité de la couleur des hommes, qui n'eſt que locale, s'il eſt permis d'employer ce terme, puiſqu'en changeant de pays, une nouvelle couleur remplace la prémiere. Je lui fis obſerver que les Négres ſont invariablement Négres dans quelque partie du monde qu'ils ſoient tranſportés ; leurs enfans reſſemblent aux peres, & que ſi une Négreſſe accouche ſous la Zone-Glaciale, elle ne fera qu'un Négrillon. On ne peut donc attribuer au ſoleil cette noirceur, puiſque l'expérience qu'on reclame pour la prou-

les vapeurs du vin , & s'endormit dans sa tente dans une posture à faire rougir la pudeur. Cham , le second de ses fils , l'ayant trouvé dans cet état, au lieu de cacher la nudité de son pere , sortit en riant pour conter cette avanture à ses deux freres. Sem & Japhet , furent indignés du manque de respect de leur frere , & lui en firent de reproches. Ils prirent un manteau & couvrirent leur pere , sans oser le regarder. Noë s'étant éveillé après que l'assoupissement causé par le vin eut passé , aprit comment ses enfans en avoient usé à son égard. L'action de Cham l'affligea; mais se rappellant la bénédiction que Dieu lui avoit donnée après le déluge , & voyant que Chanaan , quatrième fils de Cham , dont les mœurs étoient déréglées , surpassoit son pere en méchanceté, il le maudit pour être l'esclave des esclaves de ses freres. La postérité de Cham , dans la confusion des langues arrivée lors de la construction de la Tour de Babel , eut l'Afrique en partage. Voilà l'histoire que nous apprenons dans les Livres Saints , & qui sert de prétexte pour imaginer l'origine des Negres comme une suite de la malediction donnée par Noë à Chanaan son petit fils. Ce sistême est contradictoire avec le trait d'histoire qui lui sert de fondement. Il auroit fallu , pour raisonner conséquemment , que Chanaan & sa postérité envelopée dans la malediction , eut habité les régions où les Negres ont pris naissance. Point du tout. Nous sçavons que Chanaan donna son nom aux pays des Chananéens , & que Sidon , Hetheus, Jebuseus , Amorheus , Gergeus , Heveus , Araceus , Sineus , &c. ses enfans furent les peres d'autant de peuples. Or aucun de ces peuples n'a été noir. Les trois autres fils de Cham , Chus , Mifrain & Phuth , n'ont point été maudits. Chus prit possession de l'Arabie , Mifrain , de l'Egypte , & Phuth , de la Lybie. Il y a apparence que Chus envoya quelque Colonie en Ethyopie. Le mot Chus en Hebreu , étant le même qu'Œthiops en grec , & signifiant l'un & l'autre , brûlé ou noirci par le soleil. Pourquoi donc , si la noirceur a été la figne de la malediction prononcée contre Chanaan , la postérité de Chus a été métamorphosée en negres , & la coupable n'a pas changé de couleur? Ce nouveau sistême , dénué de preuves & même de vraisemblance , croule par la simple exposition. Il ne sera pas plus fortune que le précédent. Le Pere Joseph Gumilla , dont j'aurai occasion de parler , s'est imaginé que les descendans de Chanaan ont peuplé l'Amérique. Il fait tous ses efforts pour le persuader. Il nous auroit rendu un grand service , s'il nous avoit donné quelque éclaircissement satisfaisant sur leur passage dans le Nouveau Monde. Il n'a pas jugé à propos de contenter notre curiosité sur un point si intéressant; sans doute qu'il a crû que les autres preuves. qu'il faisoit valoir , seroient sans replique. Effectivement , selon lui la malediction fulminée sur Chanaan , n'a son accomplissement qu'en Amérique. Il en trouve la preuve dans le respect & l'attachement que les Américains ont pour tous les Negres esclaves, auxquels ils rendent une entiere obéissance , comme à des gens à qui le commandement appar-

elle paroît plus blanche ; mais je ne dis pas auſſi que la fermentation cauſée à la maſſe du ſang par l'action ardente du ſoleil , ſoit la même qu'une légere brûlure qui n'affecte qu'une partie extérieure du corps. Il me ſuffit de prouver que la couleur de la peau ſoit changée ; car il n'y a pas plus de difficulté d'admettre le changement en Noir qu'en Blanc ; l'un & l'autre ſont également oppoſés à la couleur naturelle de l'homme. Combien de perſonnes ſont défigurées & décolorées (qu'on me paſſe ce terme) par les maladies cutanées. L'exemple ſeul de la petite vérole , démontre cruellement dans un grand nombre , que le plus beau teint & les couleurs les plus vives , peuvent diſparoître par la fermentation des humeurs ; or ſi l'ardeur d'une fievre de quelques jours , cauſe un changement ſi ſubit dans la couleur de la peau , que les plus blancs deviennent rouges ou baſanés , pourra-t-on juger incroyable l'effet d'un embraſement général , tel que je le ſuppoſe ? Je trouve même qu'on ne peut expliquer que par ce moyen , comment parmi tant d'eſpéces de Négres qui habitent cette grande partie de l'A- frique & qui ne ſont pas tous également Noirs , il ſe trouve des hom- mes d'un blanc fade , qui eſt auſſi éloigné de notre couleur naturelle que le noir. Si l'ardeur des rayons brûlans du ſoleil , a pu noircir ceux qui ont eu aſſez de vigueur pour y réſiſter , d'où vient cette blancheur dans quelques-uns ; la voici , & prenez garde que c'eſt une ſuite né- ceſſaire de ma conjecture. Ces hommes Blancs qu'on nomme Albinois , ont une propriété aſſez ſinguliere que je ne dois pas omettre. Ils y voyent mieux la nuit que le jour ; d'où je conclus , que la terre ſe trouvant comme embraſée par ſon rapprochement du centre du tour- billon dans lequel elle eſt ſuſpendue , (Deſcartes l'explique d'une fa- çon , & Newton d'un autre) les hommes qui habitoient vers le Cap de Bonne-Eſpérance , emporterent avec eux les vivres qu'ils purent ra- maſſer , & ſe refugierent dans les cavités les plus profondes des mon- tagnes ; là ils menerent une vie languiſſante & tremblante dans une nuit continuelle , juſqu'à ce que contraints de ſe procurer de nouveaux alimens , ils oſerent ſortir de leurs tanieres ; mais de quelle effrayante ſurpriſe ne furent-ils pas frappés , en voyant les triſtes débris des villes les plus peuplées , & la couleur noire qui avoit abſorbé l'ancienne couleur des hommes. Dans cet étonnement , ils ne penſerent plus à quitter le lieu de leur retraite ; ils firent de plus amples proviſions , & dans l'ap- préhenſion d'une nouvelle révolution , ils rentrerent dans leurs ſombres cavernes. Les enfans qui nâquirent & grandirent dans ces lieux téné- breux , privés de la lumiere & accoutumés à reſpirer un air humide , & par conſéquent en moindre quantité , devinrent exceſſivement Blancs , d'un blanc fade , ſans aucun mêlange de cet incarnat qui le rend ſi agréable & ſi piquant. L'effet eſt naturel , & nous n'en douterions plus aujourd'hui , ſi nous faiſions la même expérience. Quand à la vue affoi- blie par le défaut de lumiere , l'obſcurité lui fut plus proportionnée

Tom. II. K k

ver, eſt ici contraire. Les Européens qui vont s'établir dans le Royaume d'Angola, bruniſſent à la vérité, mais ne deviennent point Noirs, & leurs enfans naiſſent de la même couleur, que s'ils étoient nés en Europe ; au lieu que les Noirs demeurent toujours Noirs, & font des enfans qui leur reſſemblent, quand même ils feroient élevés dans les lieux impénétrables aux rayons du ſoleil. Il faut donc chercher une autre cauſe de cette noirceur. Je croyois que cette réfléxion ſuffiroit pour perſuader un homme qui joint à une belle imagination, un jugement ſolide. Je fus ſurpris en le voyant ſourire. Non, me repliqua-t-il, je ne penſe pas que l'action du ſoleil, telle que nous l'éprouvons aujourd'hui, ait aſſez de force pour changer un Blanc en Noir. Je ſoutiens cependant, que puiſque les Nègres ont une origine, il faut en chercher la cauſe dans la nature, & je ne vois que l'ardeur du ſoleil qui puiſſe produire un ſi étrange effet. Je ſçais, ajouta-t-il, que les loix du mouvement, ſont conſtantes & uniformes, & que les globes ſuſpendus dans l'eſpace immenſe de l'air, ſuivent la route qui leur eſt preſcrite, & obéiſſent à la prémiere impreſſion qui leur a été communiquée. Cela n'empêche pas qu'il ne puiſſe y avoir quelque variation dans leur marche. Je ſuppoſe donc que la terre emportée dans le tourbillon du ſoleil, ſe trouvant preſſée par le cours de quelque comete, aura été contrainte de ſe rapprocher du centre de ſon tourbillon, & que l'extrêmité de l'Afrique, aura été la ſeule partie du monde qui aye ſouffert quelque altération pendant ce ſubit rapprochement vers le ſoleil. La chaleur aura été exceſſive, & les plantes & les animaux, auront été preſque tous détruits par l'action brûlante du ſoleil. Les hommes auront eu le même ſort, & le petit nombre qui aura échappé à une fermentation ſi violente, aura ſouffert une grande altération, non-ſeulement dans les parties externes, mais encore internes de tout le corps. Je ſuppoſe auſſi que les triſtes reſtes des hommes de cette contrée auront mené une vie languiſſante, juſqu'à ce que leur nouveau tempérament, affoibli par cette violente éfervesceṇce du ſang, ait été affermi, & que c'eſt par cette ſubite révolution, que la couleur ordinaire à l'homme a été changée en Noir, & que les cheveux, calcinés juſques dans la racine, ſont devenus comme rabougris, & n'ont végété que pour pouſſer une courte laine. La même fermentation, qui a dénaturé, pour ainſi dire, la croiſſance des cheveux, a cauſé à-peu-près un effet auſſi étonnant ſur les moutons, qui depuis cet embraſement général, ne ſont plus couverts vers le Cap de Bonne-Eſpérance que de poils au lieu de laine. Ma conjecture, continua-t-il, eſt fondée non-ſeulement ſur la vraiſemblance, mais encore ſur la connoiſſance que nous avons des propriétés du feu. On voit tous les jours que les parties du corps qui ont été brûlées, ſont d'une autre couleur, que les cheveux n'y croiſſent plus, & que ſuivant le degré de brûlure, la couleur varie proportionnellement. Il eſt vrai que la partie brûlée ne devient point noire, & que ſouvent

elle

TROISIEMEMENT.

On convient que des hommes nés & élevés dans des cavernes, doivent blanchir, & être moins robuftes; mais ces mêmes hommes rendus à la fociété & vivans au grand air, leurs enfans du moins doivent reprendre leurs primitives couleurs & changer de tempérament. La blancheur caufée par la privation de la lumiere, doit être natnrelle & fans altération, comme nous l'obfervons dans nos montagnards, qui, enfevelis pendant fix mois fous des monceaux de neige, acquierent un teint fleuri. Ils blanchiffent en ce fens, qu'ils paroiffent plus blancs; mais cette blancheur n'eft point une nouvelle couleur acquife; c'eft la couleur naturelle à l'homme garantie de l'altération caufée par les rayons du Soleil & l'agitation de l'air, & la même que nous avons tous naturellement, ou plutôt que nous aurions, s'il n'y avoit dans le monde que le feul climat dans lequel le prémier homme a été créé.

QUATRIEMEMENT.

Ni la chaleur du Soleil ou l'obfcurité des lieux impénétrables à la lumiere, ne noirciffent ni ne blanchiffent point par leur nature toute forte de corps, ce font les fouphres, les fels & les autres parties effentielles à chaque corps, qui caufent cette variété de couleurs; & fi toutes ces matieres réunies ont été créées pour être blanches, l'action du feu le plus ardent ne changera point leur effence. L'argent, par exemple, eft compofé de fouphre, de fel & de parties métalliques, dont la blancheur eft une des propriétés naturelles, par la réflexion que les plus petites parties font de toutes les couleurs jufqu'à un certain point. L'action du feu contribuera à le blanchir, ou plutôt à le faire paroître tel qu'il eft, par la féparation qu'il fera des matieres étrangeres qui s'y étoient attachées, & plus le feu fera violent, & plutôt il fera blanchi. Les fleurs naturellement blanches, ne noirciffent point par l'action du foleil. Les Teinturiers & les Blanchiffeufes, donneroient des certificats qu'un foleil ardent n'a jamais noirci leurs étoffes & leur linge. La chaux ne devient blanche, que par la calcination que le feu fait des pierres. Le Soleil donc ne noircit point par fa nature les corps fur lefquels il agit; & s'ils noirciffent, ce n'eft qu'accidentellement & relativement aux parties dont ils font compofés. Les rayons du Soleil échauffent la pomme & la font meurir; elle demeure & devient même plus blanche par cette action, & les pepins placés au centre noirciffent. Si donc la noirceur étoit un effet naturel de l'activité du feu du Soleil, & la blancheur de fon abfence, le contraire auroit dû arriver; d'où il faut conclurre, qu'à moins que les parties qui compofent l'homme, ne foient créées pour être noires ou blanches, ni l'action du feu, ni l'obfcurité des cavernes, ne changeront point totalement fa couleur naturelle.

GUINÉE.
des Négres.

que le grand jour, dont l'éclat éblouiffant ne lui auroit pas permis de diftinguer les objets. C'eft ainfi qu'un prifonnier, privé quelque tems de la lumiere, n'ouvre les yeux qu'avec peine devant un flambeau qu'on lui préfente. Ces Albinois exiftent encore précifement dans des pays montagneux vers le Cap de Bonne-Efperance, & fi le nombre n'égale pas celui des Noirs, c'eft que les derniers les ont dévorés inhumainement ou maffacrés impitoyablement. Il fuffit qu'il en refte, pour en connoître l'efpéce, & qu'on ne puiffe donner d'autre caufe de leur origine, pour que ma conjeéture fur leur fade blancheur & fur la noirceur des autres habitans, doive être admife, du moins comme poffible. Il y a certainement du génie & une invention raifonnée dans ce fiftême, contre lequel on peut faire une foule d'objeétions infurmontables, qui anéantiffent fa poffibilité.

PREMIEREMENT.

Si l'aétion du Soleil a calciné les animaux & les plantes, il ne fera plus queftion de noirceur, leur deftruétion aura été néceffaire; & fi l'aétion n'a pas été affez forte pour les faire perir, la noirceur n'aura dû être que paffagere, & la poftérité de ces hommes brûlés, en changeant de climat, aura dû reprendre fa prémiere couleur; les os & le blanc de l'œil, auroient dû noircir également; cependant ni l'un ni l'autre n'eft arrivé. Il ne faut donc pas attribuer à l'embrafement de cette partie de l'Afrique, l'origine de la couleur des Negres. Tous les animaux & tous les oifeaux, auroient dû devenir noirs par la même raifon, tandis qu'ils font d'une admirable variété de couleurs.

SECONDEMENT.

Il ne fuffit pas de dire que la terre peut avoir quitté le cercle qu'elle décrit, pour fe rapprocher du Soleil. Il auroit fallu prouver la poffibilité de cet écart : Les loix du mouvement, contredifent une femblable hypothèfe; car la terre étant fufpendue dans un fluide immenfe, demeure en équilibre en raifon des fluides dont elle eft environnée, & la place qu'elle occupe & le cercle qu'elle décrit font d'une néceffité abfolue; de forte que fi par impoffible dans l'état aétuel de toutes chofes, elle s'étoit rapprochée du foleil, aucune caufe phyfique n'auroit pû empêcher qu'elle ne continuât d'en approcher jufqu'à ce qu'elle eût été engloutie dans l'immenfité de ce fluide enflammé. Elle y auroit été même néceffitée par les loix du mouvement.

fels & les fouphres dans les pores de cetté quantité de mamelons innombrables dont la peau eft compofée. Cela eft fi vrai, que les perfonnes ainfi brûlées, parviennent à la longue, à recouvrer leur prémiere
couleur, en fe faifant des onctions qui détachent & enlevent infenfiblement les fels dont les pores étoient pénétrés. Il fe peut faire que
les exhalaifons répandues dans l'air, contribuent à brunir par leur adhé-
rence avec les fueurs ; & voilà pourquoi certains peuples font plus
hâlés que d'autres, quoique plus éloignés de l'équateur. Sur ce principe
il faut éviter de, s'expofer au Soleil après s'être lavé le vifage, fi on
veut conferver fon teint, parce qu'il refte toujours quelques fels inhé-
rens aux pores, qui bruniffent par leur defféchement ; mais quelque brun
& hâlé que foit un homme, fes enfans naiffent blancs, & s'ils font
tranfportés dans un autre climat, ils confervent leur blancheur ; d'où
je conclus toujours, que fi la noirceur des Negres pouvoit avoir été
caufée par l'action du Soleil, leur poftérité ne devroit pas pour cela
être noire.

Le Pere Tournemine a cru expliquer l'origine des Négres, en réuniffant plufieurs caufes (je dis le Pere Tournemine, un des principaux
Auteurs des Mémoires de Trévoux,) je pourrois dire fimplement l'Auteur, fi je ne craignois de fâcher fes Confreres, (voyez le mois de
Juin de 1738.) Il prétend que l'action d'un foleil brûlant, la, qualité
des alimens, la nudité, les fatigues d'un travail trop pénible & les vapeurs vitrioliques repandues dans l'air, peuvent par leur réunion avoir
changé en Noir la couleur naturelle à l'homme. Il a raifonné comme
le vulgaire, & il s'eft décidé fur quelques apparences trompeufes. Il
voyoit que la conftitution intérieure du corps de l'homme fe manifef-
toit extérieurement par une altération dans le teint & par un changement dans la couleur, & que par la feule infpection de la couleur du
vifage, les Médecins jugeoient de la fanté ou de la maladie, de la
foibleffe ou de la force des hommes. Il voyoit auffi que les gens de
travail, ou qui habitoient la Zone-Torride, avoient un teint brûlé &
noirâtre, d'où il a conclu qu'en réuniffant toutes ces caufes, la folution fi défirée fur la queftion de l'origine des Noirs étoit trouvée. Il eft
furprenant qu'étant habile Philofophe, ou du moins ayant acquis la réputation de l'être, il n'aye pas mieux approfondi cette queftion, &
qu'il n'aye pas reconnu la foibleffe de fon raifonnement. Je penfe que
pour bien connoître fon fentiment, il faut l'entendre lui-même. Il dit
donc » que l'air eft rempli de corpufcules infenfibles, qui s'exhalent
»fans ceffe des entrailles de la terre, & qui font dans un mouvement
»continuel & rapide. Sans compter ce que nous en avalons à chaque
»refpiration, ils nous percent, nous pénétrent & fe mêlent dans notre
»fang & dans nos humeurs ; or ces corpufcules font ou nitreux ou ful-
»phureux ou métalliques, fuivant la nature des lieux : de-là doit naître
»une grande variété dans l'habitude interne des corps, & par confé-

CINQUIEMEMENT.

Il eſt certain que l'homme étant compoſé de parties nitreuſes, ſalines, ſulphureuſes, huileuſes, &c. & ces parties devant être mélangées dans la proportion néceſſaire pour conſtituer la forme de ſon exiſtence dans une certaine couleur, par l'augmentation, ou par la privation de quelques-unes deſdites parties, ou par l'agitation & l'altération de quelques autres, ſa couleur extérieure doit varier & ſuivre graduelement toutes ces variations. C'eſt auſſi ce qui arrive régulierement dans les mouvemens de colere, de crainte & de ſurpriſe, ou dans les maladies qui attaquent la maſſe des fluides; mais la cauſe ôtée, l'effet diſparoît, & les hommes continuent à ſe perpétuer dans leur forme primitive. On obſerve que le ſang des Negres, que la limphe, que le chile, & les autres humeurs dont le corps abonde, n'ont pas une couleur différente des notres; cependant ils ſont régulierement & conſtamment noirs, ſans qu'on puiſſe déterminer qu'il leur manque aucune des parties internes qui conſtituent la maſſe des fluides du corps des Blancs, ni qu'il y ſoit ſurvenu quelque altération, qui ſoit du moins apparente. Si les hommes avoient été brûlés par l'action violente du Soleil rapproché, le corps auroit été couvert d'ulcères, les humeurs auroient changé de figure & de couleur, tant que la maladie auroit duré; mais la guériſon arrivée, l'homme auroit été remis dans ſon prémier état. L'épiderme auroit été en effet totalement enlevé, mais pour paroître de nouveau après la guériſon. La moindre brûlure nous en fournit l'expérience; cette toile merveilleuſe qui couvre & enveloppe toute la peau, ſe reproduit continuellement & toujours dans ſa couleur naturelle. Elle auroit donc dû reparoître à la guériſon de ces hommes qu'on a ſuppoſés brûlés & guéris, telle qu'elle étoit avant la brûlure, puiſqu'il ne reſte plus aucune trace de la maladie.

SIXIEMEMENT.

Il y a une grande différence entre être noir & devenir hâlé ou bruni par le Soleil. La cauſe du prémier nous eſt inconnue, & notre curioſité n'a pu encore, dans toutes les recherches qu'elle fait depuis ſi longtems, ſe ſatisfaire. Le ſecond ne ſouffre aucune difficulté. Nous concevons clairement, que plus le climat eſt chaud, & plus la tranſpiration eſt abondante. Il ne faut point avoir étudié Toricelly & Paſcal, pour juger que la chaleur fait ſuer. Cette ſueur eſt un compoſé de ſouphres, de ſels & d'eau, qui, réunis enſemble, ſont homogénes à la couleur de l'épiderme: mais qui ſéparés, varient en couleur. Le Soleil ou le feu (car c'eſt à peu près la même choſe) agiſſant fortement ſur la peau trempée de ſueur, fait évaporer les parties aqueuſes & cole les

la caufe ôtée, l'effet doit difparoître. Si donc l'air, la chaleur, les
alimens, l'eau, la nudité & la fatigue, font véritablement la caufe de
la noirceur des Negres, ces mêmes Negres, tranfportés dans d'autres
climats, doivent changer de couleur, & par la même raifon, les Européens qui s'établiffent en Guinée, doivent devenir noirs. Ni l'un ni l'autre n'arrivent; fon raifonnement eft donc faux. Si l'air, les alimens, &c.
ont la propriété de rendre noir, pourquoi le blanc des yeux des Negres
& les dents, n'ont-ils pas perdu leur blancheur? Je ne repete point ce
qui a été déja dit, & qui fert également à refuter le fiftême Tourne-
minien. Je demande feulement, fi les Albinois n'ont pas refpiré le même
air, ufé des mêmes alimens, bû la même eau, &c. & pourquoi cette
noirceur d'un côté, & cette blancheur fade de l'autre? Car la citation
des hommes rouges & bruns cuivrés en Amérique, ne mérite pas
une férieufe réfutation. (Il n'y a qu'un Philofophe moderne qui regarde
ces fornetes comme des vérités, & qui aye bien voulu prendre la peine
de les enfeigner publiquement). Le Pere Tournemine auroit pû faire
une longue énumération des peuples diverfement colorés, même des
Noirs, fi la noirceur eft une véritable couleur; (car quoiqu'en difent
les Phyficiens, il faut bien pour fe faire entendre lui donner ce nom).
Mais il auroit dû faire obferver que la couleur rouge, brun cuivré,
noir, &c. à l'exception des Noirs originaires d'Afrique, eft artificielle,
& qu'aux nuances près qui font varier, fuivant les climats, la couleur
naturelle de l'homme, toutes les autres couleurs font un effet de l'art
& des huiles ou drogues dont ces habitans colorés s'oignent & fe
frotent le corps. Les Caraïbes font rouges, les Orenoquois noirs, &
nous le ferions comme eux, fi nous nous barbouillions continuellement
avec du rocou, ou des matieres noirâtres. Nos Garbeleurs, d'autres di-
ront Grabeleurs, de vermillon, de cochenille & d'indigo, font rouges
& bleu, & nos forgerons font noirs. Il ne s'enfuit pas de là que leurs
enfans leur reffemblent, parce que ces couleurs ne font que fuperfi-
cielles, & que la caufe ceffant, l'effet difparoît. A l'égard des Negres
qui font établis dans quelques Ifles de l'Afie, s'ils font véritablement
tels, ils n'ont d'autre origine que l'Afrique, qui, en fuyant les pourfuites d'un ennemi impitoyable, fe font livrés aux flots de la mer,
pour aborder où ils pourroient, où ils ont été tranfportés dans ces Ifles
comme nous en tranfportons en Amérique, & dans toutes les autres
parties du monde. Ils y ont multiplié & multiplieroient en France, fi
notre police ne craignoit les fuites du mélange de l'efpéce noire avec
la blanche.

Les Indiens fitués dans la Zone-Torride, ne font point noirs (j'entens les Indiens indigenes) ils font bazanés, & ils doivent l'être. J'en
ai donné la raifon. Il éft donc évident que les Negres qui fe trouvent
dans quelques Ifles, ont une autre origine, qui ne fçauroit être que
l'Afrique. Ainfi le Pere Tournemine, bien loin d'avoir indiqué la caufe

»quent une grande diverfité de coloris. J'ai obfervé fouvent cette différence
»en France & en Amérique ; par exemple, dans le Nivernois qui eft un
»pays plein de mines de fer , les perfonnes qui demeurent aux environs
»de ces mines , ont toutes un teint brun tirant fur le rouge ; dans les
»Colonies Françoifes de l'Amérique, les habitans qui demeurent aux
»environs des fouphreries, ont un teint jaune , qui les diftingue des
»habitans d'un autre quartier, dont fouvent ils ne font pas éloignés
»d'une demi-lieue. La même raifon eft pour les eaux qui circulent dans
»le fein de la terre & fe chargent dans leur circulation des parties
»les plus legeres des terres par où elles paffent. De-là viennent les
»différentes qualités des eaux qui font ou falines ou férugineufes, fui-
»vant la nature des lits qu'elles parcourent ; or ces eaux mêlées aux
»alimens , doivent influer beaucoup dans l'habitude interne du corps,
»& par conféquent dans le coloris. Ne voit-on pas que la teinture
»elle-même , dépend infiniment de la qualité des eaux, où l'on trem-
»pe les laines, les fils , les foyes ? Les Négres , dit-on , ne doivent
»point leur couleur aux pays méridionaux, ni aux climats brûlans de
»l'Afrique ; car fi cela étoit, tous les autres peuples du climat aux en-
»virons des mêmes dégrés de l'équateur , dèvroient pareillement être
»Noirs ; or ils ne le font pas. Par exemple , dans l'Amérique ils font
»rouges ou brun cuivrés ; d'ailleurs il y a des peuples Noirs , habitans
»d'autres pays que l'Afrique ; car il y en a dans l'Afie en quelques
»Ifles. Donc ce n'eft ni le climat , ni la chaleur qui font les Négres.
»Ceux qui forment cette difficulté , font-ils attention que je n'ai point
»prétendu que le climat feul ou la feule chaleur , fut caufe de la
»noirceur des Négres ? Il eft vrai que je la regarde comme une caufe
»très-efficace , & même principale ; mais non pas unique, puifque j'y
»joins tant d'autres circonftances, de l'air , des alimens, des eaux, de
»l'éducation même & des exercices.

Ce fyftême eft infoutenable dès qu'on l'examine férieufement ; il n'eft
qu'éblouiffant. On accordera au Pere Tournemine, que la diverfité du
coloris , dépendra de l'air qu'on refpire , des alimens, de la qualité
de l'eau , & même des exercices du corps & de la nudité. Il n'y aura
point de difpute à ce fujet, & il n'eft pas néceffaire d'enfermer des
hommes dans des mines , pour être convaincu de l'influence de l'air
fur le tempérament. Nous éprouvons journellement que dans la même
ville l'air qu'on refpire dans un quartier , rétablit la fanté, ruinée dans
un autre. Souvent le changement d'appartement , contribue à la guérifon. La raifon en eft fenfible. L'intérieur de l'homme étant un compofé de divers fels & de divers fouphres , fi la maladie provient de
l'abondance de quelques-uns ou du manque de quelques autres, le
lieu qui en fournira ou en manquera, fuivant le befoin de l'un de
deux, fera le feul favorable pour la guérifon. Mais le Pere Tournemine fera obligé de convenir d'un principe univerfellement admis , que

ſent une ſérieuſe occupation de ſe noircir les dents, l'emploi continuel qu'on eſt obligé d'en faire, rend ce travail inutile; & voilà pourquoi le blanc des yeux & les dents des Negres, ne ſont pas noirs. Ce ſiſ-tême n'eſt donc qu'éblouiſſant. Celui qui ſuit eſt à peu près le même. La réfutation que j'en ferai ſervira à tous les deux.

Le Pere Joſeph Gumilla, Miſſionnaire de l'Orenoque, étale beaucoup d'érudition pour prouver que l'imagination des femmes, eſt la ſeule cauſe de la couleur des Negres. Il cite le ſacré & le prophane, pour perſuader ſes Lecteurs. Il paroit plus que ſatisfait de ſa maniere d'ar-gumenter, & la chaleur avec laquelle il ſoutient ſon ſentiment, fait aſſez connoître que ce ſiſtême lui tient fort à cœur. S'il le regarde com-me une heureuſe invention de ſa part, il faut le renvoyer à Voſſius. Il fait l'apologie de la couleur noire; il appelle les Poëtes à ſon ſecours, & il n'a pas oublié la beauté de l'Epouſe du Cantique des Cantiques. Il eſt de bonne foi; il penſe que c'étoit une Negreſſe, & il le dit. Il a beau prendre le ton ſérieux, qui pourra s'empêcher de rire de la nou-veauté de cette idée? Nous ſçavons que la fille du Roi d'Egypte, ne devoit pas être d'un grand blond, mais une belle Brune. Il ne falloit pas moins que le goût décidé du bon Pere Gumilla pour l'eſpéce noire, pour en faire une angoloiſe. Il a beau nous citer des exemples d'Eu-ropéens qui ſe ſont paſſionnés pour des Negreſſes, & celui d'une Blanche, qui pour réuſſir à épouſer un Noir, ſe noircit tout le corps. Nous autres François, nous aimons un peu le blanc; les Brunes nous plaiſent quel-quefois; mais les Negreſſes, malgré leur peau douce, n'ont pas pour nous les mêmes charmes. On ne diſpute pas des goûts, le Pere Gumilla auroit donné la pomme à une Negreſſe, s'il eut eu à choiſir. L'expérience que fit Jacob de jetter des bâtons de diverſes couleurs dans les abreu-voirs pour avoir des agneaux tachetés & qui lui réuſſit ſi bien, eſt rapportée avec emphaſe & une eſpéce de complaiſance par le Pere Gumilla. On croiroit à l'entendre, que cet exemple ſuffit pour décider la queſtion. Effectivement, comment ſe refuſer à la conviction de ſon raiſonnement? L'imagination des brebis, frappée de la varieté des cou-leurs des bâtons jettés dans les auges, imprima la même diverſité à leurs fœtus encore tendres, & ſuſceptibles des plus légères impreſſions; or l'imagination des femmes étant plus vive que celle des animaux, elle a dû cauſer le même effet au fruit nouvellement conçu dans leur ſein. Le Pere Gumilla ſuppoſe les jeunes femmes peintes en noir, ou du moins que leurs maris qu'elles chériſſoient, ne leur plaiſoient que de cette couleur; (il parle ſuivant ſon goût; il eſt décidé pour le noir) pourquoi donc leur imagination auroit-elle été moins efficace, que celle des brebis de Jacob? Il n'y a donc rien que de naturel dans l'accouchement qu'elles auront fait de petits Negrillons; & pour ôter tout doute à ce ſujet, il raconte l'hiſtoire d'une fille dont la peau étoit toute marquetée de taches noires & blanches, & dont la cauſe pro-

GUINÉE.
des Négres.

de la couleur des Negres, a obfcurci la queftion par la fauffeté des faits dont il a orné fon recit.

Ifaac Voffius, prétend que l'habitude & la coutume tournent à la longue en nature; il fe fonde fur l'autorité d'Hypocrate. Ce principe pofé, il parcourt les ufages des principales Nations de la terre, il en fait voir la bizarrerie & le ridicule. Chacun cependant trouve les fiens les meilleurs & les plus raifonnables, parce qu'ils font plus conformes à fon goût. Nous difputons, & nous ne parviendrons jamais à donner des régles certaines, pour fixer en quoi confifte la beauté de l'homme. Oui, un vifage fera le plus régulier & le mieux proportionné, fans qu'il me plaife. Mon goût cherche quelqu'autre chofe. Mais, me dira-t-on, vous avez mauvais goût, je n'en conviens point, puifque je fuis fatisfait de ce qui peut-être vous choque, & que de mon attachement, dépend le bonheur de ma vie : cette variété des goûts, contribue à la tranquillité du genre humain, & perpétue les alliances; car que deviendrions-nous, fi le même objet faifoit fur tous la même impreffion ? Que de malheureux concurrens & que de défordres fuivroient du contentement d'un feul. Je n'aime point les perdreaux, on a beau les vanter, je préféré toute autre nourriture. Qu'on me blâme, qu'on me tourne en ridicule, je ne les aime point, & on ne difpute point des goûts. Chacun fuit fon penchant, & dès qu'il n'eft point contraire aux loix & à la Religion, il fait bien. Ces goûts différens, fondés très-fouvent fur le caprice, ont fait imaginer des graces dans des chofes qui nous revoltent. Des Nations, par un goût fi on veut dépravé, ont aimé les oreilles longues, les yeux petits, le nez écrafé, le front applati, la bouche grande, les pieds petits, la tête pointue, &c. en conféquence on a mis tout en ufage pour procurer cette efpèce de beauté aux enfans. On a fait des inftrumens pour allonger les oreilles, écrafer le nez, applatir le front, &c. Les femmes, fuivant. Voffius, défireufes d'avoir de beaux enfans (toujours fuivant le beau qu'on a choifi) & les modéles dont leur vûe étoit frappée, agiffant fortement fur leur imagination, elles en ont fait de femblables, fans qu'il fut néceffaire de recourir à l'artifice. Qui empêche de penfer que la couleur noire ait été eftimée une beauté dans l'Ethyopie, puifque tant de peuples la regardent encore aujourd'hui comme le plus bel ornement, & la parure la plus convenable à l'homme ? les Indiens fe peignent le corps, les Ecoffois ne furent nommés Piétes, qu'à caufe d'un femblable ufage. Nos Actrices fe rocouent le vifage, comme des Caraïbes, & bien de Dames qui me liront, rougiront peut-être d'un reproche que j'ai la politeffe cependant de ne pas leur faire. L'imagination n'aura pas eu moins d'activité pour faire des Noirs que pour produire des fronts applatis, des nez écrafés, &c. & fuivant que l'imagination aura été vive, & l'envie forte, la couleur aura été plus noire. C'eft l'imagination qui a épargné les fraix de la teinture. Obfervez qu'on n'a jamais pu noircir le blanc des yeux, & quoique les Chinois fe faf-

fent

même difformité; cependant Mr. Planque décide dans sa Bibliothéque de médecine, que c'est une vieille opinion que l'imagination des meres influe sur le fruit qu'elles portent dans leur sein; (c'est du bel air de penser ainsi aujourd'hui). Je ne vois pas pourquoi une expérience de tous les tems, de tous les pays, & qui se renouvelle presque chaque jour sous nos yeux, n'a pas eu la force de le dissuader d'un sentiment si particulier. Voici comment il raisonne : Toutes les femmes ont de l'i-magination : (je pourrois lui demander l'explication de ce qu'il veut dire, j'aime mieux ne pas l'interrompre); pendant les neuf mois de la gros-sesse il doit se présenter mille objets capables de faire impression ; d'où il suivroit qu'il ne viendroit aucun enfant au monde qui fut exempt des marques que causeroit l'imagination. La conséquence ne me paroît pas juste, parce que toute imagination n'est pas propre à produire de si étranges effets, & que sur mille femmes grosses, il se trouvera quel-quefois à peine une imagination assez vive pour faire impression sur le fœtus, & produire les effets qui surprennent si fort Mr. Planque : quand nous serions aussi surpris que lui, notre surprise ne nous paroîtroit pas un motif suffisant pour nier ce que nous ne sçaurions autrement expli-quer facilement, ou pour l'attribuer à toute autre cause que nous connoîtrions encore moins que l'imagination. Le Pere Malebranche auroit dû faire quelque impression sur Mr. Planque, qui aura de la peine à persuader quiconque aura examiné avec attention, & avec des yeux Philosophés, la cause & les effets de ces étranges accouchemens : les raisons qu'il allégue pour accréditer sa nouvelle opinion, ou ne disent rien, ou la détruisent; je dis sa nouvelle opinion, dont il n'est pas ce-pendant l'inventeur; avant lui, Jacques Blondel, Médecin Anglois, a fait une longue dissertation pour prouver que l'imagination des femmes enceintes ne peut point agir sur le fœtus. Il croit avoir démontré sa prétention par certaines histoires ridicules de quelques accouchemens sin-guliers attribués trop légèrement à l'imagination des meres. Le Pere Malebranche y est traité plus que cavalierement; mais les plaisanteries ne sont pas des raisons, & quoiqu'il semble à un Anglois qu'il lui est permis de tout penser & de tout dire, il devoit avoir quelques égards pour ce grand Philosophe. Qu'auroit dit ce Jacques Blondel contre Mr. Schiavo ce Physicien si éclairé, & si digne d'être proposé pour modéle aux écrivains qui sont obligés d'expliquer certains faits extraordinaires? Certainement Jacques Blondel l'auroit traité de visionnaire; il ne mérite cependant pas ce titre, son discernement & sa science sont trop bien connus. Voici comment il raconte la naissance d'un monstre aussi hideux qu'effrayant qu'il a vû lui-même : Il dit donc, qu'un Religieux nommé Lantin, présidant à une Retraite de Dames (qu'il appelle exercices spirituels), pour mieux persuader son auditoire des tourmens de l'en-fer, fit paroître tout d'un coup l'horrible figure d'un damné; une jeune Dame qui étoit grosse, fut si vivement frappée de cette épouvantable

GUINÉE.
des Négres.

cedoit de l'imagination de la mere, qui pendant fa groffeffe, n'avoit point ceffé de careffer fur fes genoux une chienne tachetée des mêmes couleurs. Cette fille avoit environ neuf ans, & elle parut fi néceffaire au Pere Jofeph Gumilla, pour confirmer la vérité de fon fiftême, qu'il défendit très-férieufement de la laiffer voir, de peur que quelqu'un ne la fafcinat par quelque regard malin, & ne lui causât la mort. (Quelle perte pour le Pere Gumilla, fi cette fille, fi joliment tachetée, n'avoit pû être produite en preuve de fon admirable fiftême)? L'apréhenfion du Miffionnaire fera peut-être rire ; en tout cas ce n'eft pas ma faute. C'eft lui qui rapporte fort dévotement le motif de fa crainte. Sa fuperftition eft inexcufable, du moins je ne fçai comment le juftifier. Il croit fermement que la vie de cette précieufe enfant mouchetée, dépendoit d'un regard malin, & fes allarmes font la preuve de fa perfuafion. Quelle mortalité n'arriveroit point dans le monde, fi de pareilles fafcinations étoient véritables ? Lui-même & les autres Miffionnaires fes Compagnons, auroient été les prémières victimes du malefice; car la Religion qu'ils annonçoient combattoit & démontroit le ridicule de cette puerile fuperftition, ou ils ne l'annonçoient pas telle qu'elle eft. Pourquoi donc ces criminels enchanteurs, auroient-ils oublié de faire ufage de leur pouvoir, pour faire périr par un feul regard les deftructeurs de leur culte? Ce raifonnement paroît fans réplique, & fi le Pere Gumilla répondoit que le démon n'a point de puiffance contre les Chrétiens, il fe condamneroit par fa propre bouche, puifque la jeune fille étoit baptifée. J'aime mieux penfer que les préjugés d'une mauvaife éducation, l'empêchoient de faire ufage de fes connoiffances, que de lui imputer des fentimens fi contraires à la fainteté de la Religion. Il n'eft pas le feul à qui fon confrere Delrio aye perfuadé la fauffe réalité de fes hiftoires du fabat, des lougarous, &c. Je reviens à l'imagination des femmes, & aux effets dont elle eft la caufe. Si le Pere Gumilla avoit lû le Traité du Pere Malebranche fur l'Imagination, il auroit pû nous rapporter des faits bien plus merveilleux de l'impreffion que reçoivent les fœtus dans le fein des meres, fans cependant être mieux fondé à nous donner fon fiftême imaginaire, comme la véritable explication de l'origine de la couleur noire de quelques peuples d'Afrique. Un peu de réflexion l'auroit rendu plus refervé. Mais le Pere Malebranche étoit de l'Oratoire; il ne l'aura pas lû. On remarque tant de variété dans tous les pays du monde fur les caufes des envies, & de l'imagination des femmes groffes, & les effets en font fi finguliers, fi extraordinaires, je pourrois dire, fi fréquens, qu'il femble que perfonne ne devroit plus douter de la vérité d'un fait auffi public.

Oui, l'imagination des meres peut & doit caufer des productions monftrueufes; il ne s'enfuit pas de-là qu'elle puiffe être la caufe de l'origine des Noirs. Ces productions monftrueufes prouvent le pouvoir de l'imagination ; mais ne fe perpétuent point conftamment dans la

»être une marque qui provenoit de l'imagination de la mere pendant
»qu'elle étoit groffe de cet enfant: en effet fon mari ayant apporté
»chez lui une grande tortue pour la manger, il la renferma dans une
»chambre, où il y avoit un tas d'étoupes dans lequel elle s'étoit ca-
»chée. La femme enceinte alla dans cet endroit pour y chercher une
»braffée d'étoupes, & prit en même-tems la tortue fans le fçavoir :
»ayant ferré ces étoupes contre le ventre, cet animal commença à fe
»débattre, ce qui effraya tellement cette femme, qu'elle laiffa tomber
»le tout à terre; elle fut vivement frappée en voyant la tortue, & mit
»cet enfant au monde avec une marque au même endroit où cette
»tortue avoit appuyé contre le ventre de la mere: cette marque avoit
»augmenté jufqu'à un certain point; mais enfuite elle a diminué infen-
»fiblement, & à préfent que cette fille à 15 à 16 ans; elle a totale-
»ment difparu. *Journal Enciclopedique Novembre* 1763 *pag.* 133.

La naiffance des monftres; prouvera à jamais le dérangement & la
force de l'imagination. Je ne crois pas cependant qu'elle feule opere
toutes les irrégularités que nous remarquons contre l'ordre de la nature
dans la reproduction des êtres, chacun fuivant fon efpéce. J'ai obfervé
plufieurs fois des fruits monftrueux dans la forme, la couleur & le
goût. Combien de plantes & de fleurs font admirées à caufe de leurs
irrégularités? L'imagination certainement n'y a point de part. Une trop
grande abondance de fucs, une végétation trop précipitée ou le manque
de quelques fels & de quelques fouphres, un air trop chaud, ou trop
froid, & cent autres caufes naturelles, doivent caufer néceffairement
ce qui nous furprend quelquefois fi fort. Les mêmes caufes agiffent
dans le corps de l'homme & de la femme; & fans qu'il foit befoin
de faire jouer l'imagination, une femme peut fort naturellement faire
un enfant contre l'ordre conftant de la nature; mais il ne s'enfuit pas
de-là que ces efpéces irrégulieres, puiffent fe perpétuer; l'expérience
contredit une fi fauffe fuppofition. Une mere a une envie; l'enfant eft
marqué; peut-être l'imagination a caufé l'effet, peut-être auffi c'eft
une fuite d'une végétation particuliere. Quoiqu'il en foit, les enfans
ainfi marqués, ne font point une autre efpéce d'hommes, leurs enfans
ne portent plus les mêmes marques. Si donc les Africaines avoient, par
la force de leur imagination, imprimé à leurs fœtus la couleur noire,
ces enfans demeureroient Noirs; mais leurs enfans ne leur reffemble-
roient pas toujours, parce que la nature eft uniforme & conftante dans
fes opérations. Un cheval fera toujours cheval, & quand le monde dureroit cent mille ans, il fera toujours cheval; parce que le germe d'un
cheval ne peut être changé dans le germe d'un autre animal. Je fçais
que les alliances monftrueufes produifent des monftres; mais je fçais
auffi que ces monftres n'ont point de germes, & ne peuvent plus fe reproduire; fans quoi la confufion regneroit dans l'univers, & chaque jour
verroit paroître des efpéces nouvelles, qui variant fans ceffe, feroient

apparition, qu'elle en devint prefque folle, & accoucha quelques mois après du monftre en queftion, & dont je ne fais point une plus ample defcription, par ménagement pour mes Lecteurs, parmi lefquels fe pourroit trouver quelque jeune Dame, qui en feroit effrayée; car les femmes d'aujourd'hui s'occupent volontiers de la lecture; je penfe même qu'elles la préféreroient à l'étude d'une frivole parure, fi les hommes devenoient capables d'approuver cette préférance. Je le repete, je ne penfe pas que l'imagination des meres foit la feule caufe de toutes les irrégularités qu'on remarque avec furprife dans les enfans de naiffance; mais tant de faits inconteftables démontrent la force de l'imagination d'une mere fur fon fœtus, que je ne puis comprendre pourquoi on s'obftine aujourd'hui à ne vouloir plus penfer comme tous les Phyficiens qui nous ont précédé. On fe contente de nous dire, cela n'eft pas, cela ne peut pas être; mais on ne difpute pas des faits, & puifque les faits exiftent & qu'ils ne peuvent être expliqués qu'en reconnoiffant que l'imagination des meres en eft la caufe, je ne fais aucune difficulté de l'admettre; je prie nos nouveaux Phyficiens d'expliquer un phénomene que les papiers publics annoncent comme véritable. On dit qu'une femme de *Buch* près Verfailles, a l'iris divifé en douze parties, repréfentant les heures d'un cadran en chifres romains; qu'elle eft née avec cet iris, & que fa vûe n'en a jamais été alterée; furquoi l'Auteur des Affiches fait cette réflexion.

» Dans le tems qu'on attribuoit tant de merveilles, tant de force à » l'imagination des meres, ou des femmes enceintes, on auroit expliqué » fans peine l'origine de ce cadran; il faut aujourd'hui chercher d'autres » caufes, ou admirer en filence les jeux, les varietés de la nature. » Qu'il me foit permis de lui demander quelle eft la néceffité qui nous détermine à chercher d'autres caufes? Nous ferons toujours obligés de garder le filence fur les effets de l'imagination des meres, ainfi que fur les jeux & les varietés de la nature, puifque cette imagination n'eft autre chofe que la nature, & que nous ne pourrons jamais expliquer en fuppofant l'action de ladite imagination fur le fœtus, tous les effets extraordinaires qui en font la fuite. Je fuis perfuadé qu'il ne prendra pas cette remarque en mauvaife part. Je demande encore comment nos nouveaux Phyficiens expliqueront cet autre fait, que je copie fcrupuleufement de la lettre de Mr. Elliod à Mr. Pierre Collinfon, tirée du *Gentlemans-Magazine*. « Je fus appellé pour voir un enfant nouveau-né, qui » à ce qu'on dit, étoit enflé; la tumeur fe faifoit fentir en dehors du » peritoine, & s'étendoit fur tout l'abdomen; fa plus grande élévation » étoit vers le milieu, & reffembloit au dos d'une tortue, les parens » croyoient que c'étoit une hydropifie. Je vis bien qu'ils fe trompoient, » mais je pris cette tumeur pour une fquirrhe: j'employai en conféquence » extérieurement & intérieurement les remèdes convenables; les uns & » les autres furent fans fuccès: on foupçonna que cela pouvoit bien

pour dévoiler ce myftére dont la connoiffance importe peu à notre bonheur ? Que de fecrets dans la nature, qui demeureront toujours impénétrables à l'homme, & que l'homme ne fe laiffera point de vouloir
découvrir ? Je demande de quelle utilité pourroit être la découverte du
fecret de la génération des êtres, & à quoi aboutiroit une pareille connoiffance ? Notre orgueil cherche à s'éblouir par de vaines recherches,
tandis que la plante la plus vile fuffiroit pour l'humilier. Nous voulons
connoître la caufe de la génération, & notre foible raifon n'a pu encore découvrir, comment fe fait l'accroiffement des corps que nos yeux
peuvent examiner ; car la connoiffance que nous avons de cette opération eft fi groffiere, qu'elle ne mérite pas véritablement le nom de connoiffance. Nous n'avons befoin de connoître que ce qui peut nous rendre meilleurs, ou nous être de quelque ufage ; le fecret de la génération a donné lieu à plufieurs fiftêmes. Siftême des animalcules, & des
œufs, fiftême des molecules, &c. Tous ces fiftêmes ont ébloui pendant
un petit efpace de tems, & ont plutôt contenté l'imagination, que convaincu l'entendement ; en effet, depuis l'invention de ces fiftêmes, avons-
nous acquis quelque certitude fur les prémieres opérations de la nature
dans le renouvellement des individus ? Avouons franchement notre ignorance, cette fincèrité nous fera honneur. Nous avons beaucoup raifonné,
nous avons multiplié les écrits, & le réfultat de toutes nos recherches
n'a abouti qu'à developer peut-être un peu mieux que n'avoient fait nos
anciens, le groffier méchanifme de la génération. Le principe demeure
toujours inconnu ; le fiftême des molecules fuppofe ce qui eft en queftion ; il renferme, à le bien examiner, encore plus de difficultés que
les autres fiftêmes, qui tous s'écroulent d'eux-mêmes par la naiffance
d'un feul monftre. L'ancien fiftême des formes plaftiques que nous
méprifons comme rifible & inconcevable, a fait place au fiftême des
œufs, & des animalcules découverts fi à propos pour les feconder & les
vivifier ; vient enfuite le fiftême des molecules organiques renouvellé par
Mr. de Buffon ; car quoiqu'en difent nos Ecrivains modernes, ce fiftême
eft d'invention angloife, & la preuve en eft confignée dans le livre publié fous le titre de *Traité de la Providence.* Enfin le fiftême des germes
préexiftans, fi rempli de difficultés accablantes, & qui cependant paroîtroit, en fuivant les opérations du genre végétal, le plus conforme à
l'expérience & le plus fatisfaifant pour notre foible raifon. Il eft inconteftable que la race des hommes blancs, & la race des hommes noirs
ne font pas deux efpéces différentes, puifque le fruit de leurs alliances
conferve la vertu reproductrice ; je ne fçaurois trop repeter cette vérité
qui fait toute la difficulté de la queftion que j'examine. Oui, le principe de la génération me paroît au-deffus de toutes nos recherches ; &
le fage ne fe flatera jamais de pénétrer dans ce fecret ; cependant comme
la raifon nous a été donnée pour en faire ufage fur ce qui fe manifefte
à nos yeux, & que la différence de couleur chez les hommes qui nous

GUINÉE.   choque tant dans quelques régions, doit avoir eu un commencement,
des Négres.   puisque nous sommes certains que tous les hommes qui exiftent dans l'Univers de quelque couleur qu'ils foient, viennent de la même tige. Il me paroît qu'il eft permis à l'homme de vouloir être inftruit pourquoi fes freres n'ont pas la même couleur que lui, & de conjecturer ce qui lui femblera le plus approcher de la vérité. S'il ne peut pas découvrir comment les prémiers noirs ont pû devenir tels, il pourra du moins connoître la caufe de la couleur des autres hommes fuivant les dégrès d'alliance des Blancs avec les Noirs, ou de ces derniers avec les prémiers. A ce fujet, un Botanifte me difoit : la variété des couleurs qu'on remarque chez plufieurs peuples, n'eft-elle pas un effet de l'alliance d'une Nation avec une autre, provenant de quelque mêlange avec la race des Noirs ; c'eft une efpéce de greffe ; il faudroit donc examiner ce qui refulte de la greffe des plantes, peut-être que l'opération feroit la même. Il me difoit donc, je puis faire quelques obfervations fur ce que l'expérience m'a appris de la végétation de quelques arbres ; je ne tire aucune conféquence, je raifonne feulement fans prétendre qu'on doive conclurre que la même chofe doive arriver tant dans les hommes que dans les plantes. Je vois qu'en greffant une branche d'abricotier ou de prunier fur un amandier, le fruit qui en provient, foit abricot, foit prune, n'a aucun rapport avec l'amande, quoique le fuc que les racines pompent, & que la chaleur fait monter dans le tronc de l'amandier dût différer de celui qui fert de nourriture à l'abricotier, & au prunier; tandis que le fuc qui monte dans le tronc d'un prunier fur lequel on a greffé une branche de pefcher participe à la qualité des deux arbres, & communique au fruit qui en provient, les propriétés de la prune, & de la pefche. Cette différence me furprend ; car pourquoi le fuc qui paffe de la branche de l'amandier, dans celles du prunier ou de l'abricotier, perd toutes les propriétés qui conftituent le fruit du prémier, pour ne conférver que celles qui font propres à la branche qui a fervi pour greffer, & que le fuc qui paffe de la branche du prunier dans celle du pefcher, participe aux propriétés des deux arbres ? La fleur du jafmin d'Arabie réunit l'odeur de la fleur d'orange & du jafmin, & fa forme eft un compofé des deux fleurs, quoique les feuilles de la plante n'ayent rapport qu'aux feuilles de l'oranger ; je ne doute pas que ceux qui s'amufent du jardinage, & pratiquent la greffe ne remarquent une grande variété dans les productions du mêlange de deux différentes efpéces de fruit. Peut-être pourroit-on découvrir un jour quelle eft la caufe qui fait qu'une plante greffée fur une autre plante, acquiert plus ou moins des qualités de la plante fur laquelle elle a été greffée, & que par d'exactes obfervations on en tireroit quelque induction pour éclaircir comment quelques peuples ont une couleur comme naturelle, foit par quelque alliance, foit par la qualité des fucs des plantes dont ils fe feront nourris, foit par quelque maladie extraordinaire qui aura

caufé

causé un changement subit dans la masse des fluides du corps, & y
aura ensuite laissé subsister l'humeur qui constitue cette couleur ; si on
parvient à découvrir que les sucs des alimens ou quelque maladie ont
pu influer à un pareil changement de couleur, l'origine des peuples
Noirs ne paroîtra plus impossible à deviner. Cette variété est encore
plus singuliere, ajouta-t-il, dans le produit des animaux s'il y a mêlange
de deux espéces ; tantôt c'est l'espéce du mâle qui domine, & tantôt
c'est l'espéce de la femelle. Les Naturalistes devroient examiner soigneusement laquelle des deux espéces conserve plus de ses propriétés ; je
ne rapporterai qu'un exemple de ces sortes de mêlanges, & je choi-
sirai le mulet, qui est un animal commun parmi nous. Personne n'ignore
que le mulet est véritablement un monstre, puisqu'il est le produit de
l'alliance de deux espéces ; ce nom est même devenu presque général,
pour signifier les productions monstrueuses. Le mulet provient d'un âne
& d'une jument ; son allure, sa forme, ses inclinations (qu'on me passe
ce terme) & ses autres qualités tiennent plus du pere que de la mere ;
on observe également que de l'alliance d'un cheval avec une ânesse,
il en provient aussi une espéce de mulet bien différente de la prémiere.
Ces derniers mulets sont petits, mais de tout le reste participent beaucoup plus aux qualités du cheval, que de l'âne ; d'où il semble qu'il
faudroit conclure que dans le mêlange de deux espéces, le mâle communique plus de ce qui le constitue que la femelle ; je fais cette observation qui peut devenir intéressante pour former quelque nouvelle
conjecture, non pas sur la cause de la couleur des Noirs, puisqu'il faudroit toujours établir que les mâles, ou les femelles Noirs existoient
déja ; mais sur les autres peuples plus ou moins basanés, supposé que
par l'examen qu'on pourra faire des alliances des Blancs avec les Négresses, ou des Noirs avec les Blanches, on reconnut que le mâle soit
Blanc ou Noir communique plus de ce qui lui est propre que la femelle ; je
laisse cette question à examiner aux Naturalistes ; les loix semblent la décider en faveur des peres, puisque dans tous les pays du monde elles se
réunissent pour leur accorder une plus grande autorité sur les enfans.

Ceux qui voudront connoître plus particulierement tous les systêmes
qu'une curiosité jusqu'ici vaine, pour ne pas dire déplacée, a enfanté
pour découvrir le secret de la génération des êtres, trouveront dans
l'ouvrage que Mr. Bonnet a publié sous le titre de considérations sur
les corps organisés où on traite de leur origine, de leur dévelopement,
de leur reproduction, &c. de quoi se convaincre par les reveries, les
absurdités & les extravagances qu'on a débitées à ce sujet, combien on est
encore éloigné de la vérité ; cet ouvrage est écrit avec sagesse, & doit
avoir couté un grand travail à son Auteur par les recherches qu'il lui a
fallu faire pour exposer fidélement tant de systêmes, qu'il refute très-
judicieusement ; il a été imprimé à Amsterdam en 1762 en deux vol.
in-8°. chez Marc-Michel Rey.

GUINÉE.
des Négres.

Il eſt ridicule de vouloir décider de ce qu'on ne connoît point ; le ſage admire les ouvrages du Seigneur ; mais ſon admiration & ſa reconnoiſſance ne dépendent pas de l'examen qu'il en fait. Il ſçait que le Créateur dans la formation de l'univers a créé tout ce qui exiſte, & que les générations qui ſe ſuccederont les unes aux autres ne ſont qu'un dévelopement des prémiers germes ; il philoſophera ſur la maniere dont ce dévelopement ſe fait, & ſur les variétés que le concours de différentes cauſes operera ; mais il ne perdra pas ſon tems dans la recherche auſſi vaine qu'inutile, pour découvrir comment ce germe qui eſt inviſible à ſes yeux, (car s'il y a des germes apparens, les autres germes renfermés dans ceux là ſont inviſibles) peut contenir d'autres germes à l'infini ; il ceſſeroit dès-lors d'être ſage. Il adorera la puiſſance de Dieu qui a fait de ſi grandes merveilles, & qui eſt infiniment grand dans tout ce qu'il a fait, & gardera un ſilence reſpectueux. Que l'impie reconnoiſſe ſa folie lorſqu'il feint d'attribuer à un aveugle hazard ce que l'intelligence de tous les hommes réunis enſemble ne peut pas même comprendre.

L'alliance des Blancs avec les Noirs, & des Noirs avec les Blancs, produit des individus ſemblables, à la couleur près. Donc les germes ſont analogues & conſtituent la même eſpéce malgré la différence des couleurs. Le barbet & le levrier ont moins de reſſemblance entr'eux, qu'il n'en paroît entre le cheval & l'âne. Les prémiers cependant, ne ſont qu'une même eſpéce, puiſqu'ils produiſent enſemble des individus qui peuvent eux-mêmes en produire d'autres, au lieu que le cheval & l'âne ſont certainement de différentes eſpéces, dont la reſſemblance n'eſt qu'extérieure, puiſqu'ils ne produiſent enſemble que des individus viciés & inféconds, & par conſéquent monſtrueux. Je conclus de ce raiſonnement, que ſi nous ne ſçavions de toute certitude qu'il n'y a eu qu'un ſeul homme de créé pour peupler l'univers, il n'y auroit point de difficulté à expliquer la noirceur des Negres, en ſuppoſant que Dieu, voulant varier l'eſpéce humaine, créa un homme Blanc & un homme Noir, comme il créa un barbet & un levrier de la même eſpéce ; mais cette ſuppoſition étant notoirement fauſſe, (elle plairoit beaucoup à Mr. de Voltaire) la difficulté de trouver la cauſe de l'origine des Noirs, & dans quel tems les hommes ont commencé à devenir negres, reſte dans ſon entier.

L'imagination des femmes, au moment de la conception ou pendant la groſſeſſe, quoique la cauſe de grandes difformités dans la naiſſance des enfans, me paroît inſuffiſante, pour reſoudre la préſente queſtion ; & les exemples qu'on allégue pour établir la vérité de ce ſentiment, ne prouvent rien. Les monſtres, enfans d'une imagination déréglée, ne ſont point particuliers à l'eſpéce humaine. Toutes les eſpéces des animaux, ont leurs productions monſtrueuſes, & les végétaux, ſans le ſecours de l'imagination, ont auſſi des monſtres : mais toutes ces pro-

ductions irregulieres, ne font que momentanées ; elles s'éclipfent fans
fe perpétuer, parce que la vertu de fécondité, qui feule peut reproduire les efpéces, n'a été donnée que pour les reproduire telles qu'elles
ont été créées. En accordant donc que l'imagination des femmes ait été
la caufe de la noirceur de quelques Nègres, il ne s'enfuiroit pas que
cette couleur puiffe fe perpétuer & fe tranfmettre fans variation dans
tous les climats du monde. L'imagination des femmes, eft auffi vive
aujourd'hui qu'elle étoit autrefois. La différence de l'imagination de celles du Nord ou du Midy, eft peu fenfible. Pourquoi donc n'arriveroit-
il plus de changement dans la couleur, femblable à celui qu'on fuppofe
avoir pris naiffance en Afrique ? Les femmes Caraïbes n'étoient occupées qu'à rocouer leurs maris, & toute leur ambition fe bornoit à
réuffir pour rendre leurs corps parfaitement rouges. La même caufe
auroit dû produire le même effet, & le fœtus d'une femme Caraïbe
auroit dû recevoir la même impreffion qui avoit métamorphofé en Ethyopie le blanc en noir. Les Indiens fe noirciffent le corps & fe peignent
de diverfes couleurs ; les enfans cependant ne portent point toutes ces
marques en naiffant, & fi l'art ne perpétuoit une couleur inventée par
des motifs de fanté & de commodité, tous les habitans de l'Inde con-
ferveroient la couleur naturelle à tous les hommes. Je conviens, fi l'on
veut, pour éviter toute difpute, que par la feule force de l'imagination
quelque Caraïbe ou quelque Indienne pourra accoucher d'un enfant de
la couleur qui l'affecte fi puiffamment. La rareté du fait, & le rétabliffement de la couleur primitive dans le renouvellement de l'efpéce, tout
prouve contre le Pere Gumilla. Mais pourquoi chercher dans des pays
éloignés ce que notre propre expérience nous fait connoître ? Les femmes Européennes, les Françoifes fur tout, ne manquent pas d'imagination. Les exemples que le Pere Malebranche & Mr. Schiavo rapportent, démontrent les effets funeftes dont elle eft quelquefois la caufe ;
& quand ces Philofophes n'en auroient pas parlé, il n'y a point de
ville qui n'en fourniffe annuellement quelque preuve convaincante.

L'impreffion de l'imagination de la mere fur fon fœtus, n'a point
encore opéré de changement de couleur, & quelque paffionnée qu'une
mere ait été pour la parure, on ne voit point naître des enfans frifés,
mouchetés & fardés. Si l'imagination produifoit naturellement de fi bizarres effets, les modes les plus ridicules fe perpétueroient, & les
parures les plus grotefques de l'antiquité, ne feroient plus un fujet de
difpute pour nos Sçavans. Combien de Dames folles d'un petit chien
ou d'un chat, fans que leurs enfans s'approprient la couleur de ces
animaux chéris. Si la couleur devoit affecter régulierement, les meres
Chinoifes ne feroient que des enfans jaunes. Chaque peuple à une couleur favorite qui excite la joie, & une couleur pour marquer la trifteffe. Nous avons choifi le noir pour exprimer l'affliction & le deuil ;
les Chinois, les Japonois & les Tartares le font fervir dans leurs re-

GUINÉE.
des Nègres.

jouiſſances, & le blanc qui marque chez nous la joye, eſt employé dans leur deuil. Le jaune ſi reſpecté à la Chine, ſert de deuil au Pegu, & le bleu que nous trouvons rejouiſſant, eſt le ſigne de l'affliction dans le Royaume de Maroc. Cette bizarrerie dans le choix des couleurs doit avoir quelque cauſe naturelle, dont la recherche eſt étrangere à mon ſujet. La conſéquence que j'en tire, eſt que les femmes paſſionnées pour la couleur particuliere à leur Nation, devroient l'imprimer à leurs fœtus, ſi les Ethyopiennes, charmées de la couleur noire, ont pu par la force de l'imagination la tranſmettre à leurs enfans. Je le repete : le germe de chaque individu, ne peut produire qu'un individu ſemblable, & ſi quelquefois une cauſe accidentelle paroît influer à changer ſa forme extérieure, la cauſe ôtée, l'effet ne ſubſiſtera plus. Si donc l'imagination avoit pu faire des Nègres, leur noirceur auroit péri avec eux, ſans ſe communiquer à leurs deſcendans, parce que le germe qui conſtitue l'eſpéce de l'homme n'a point été créé pour être de la couleur noire. C'eſt ainſi que nous voyons tous les jours des meres boiteuſes, borgnes, manchotes, &c. faire des enfans qui n'ont aucune de ces imperfections, & que nous voyons des meres brunes, enfanter des blonds, & des meres blondes, avoir des enfans bruns. Le blond & le brun, étant des nuances ajoutées accidentellement à la couleur naturelle de l'homme, s'effacent par d'autres cauſes accidentelles, n'y ayant que la couleur inhérente au germe de chaque individu qui puiſſe ſe perpétuer. Ce n'eſt donc point dans l'imagination des femmes qu'il faut chercher l'origine de la couleur des Nègres, puiſque les effets de cette imagination ſuppoſée, n'ont point une ſucceſſion conſtante, & que les individus d'une même eſpéce reprennent leur forme naturelle en ſe renouvellant. Je ne crois pas non plus que la phiſionomie ſinguliere de certains peuples, les gros nez, les larges fronts, les longues oreilles, les petits yeux, &c. puiſſent être plutôt imputés à l'imagination des femmes, que les Goetres qui défigurent les habitans des Alpes & des Pyrénées, & on ne me perſuadera jamais, que les imaginations de toutes les femmes d'un vaſte Royaume, ſe réuniſſent pour déſirer la même choſe & l'imprimer regulierement à tous leurs fœtus. Il ne faudroit point connoître les opérations humaines, pour ſuppoſer une unanimité ſi merveilleuſe & ſi contraire à l'expérience de tous les ſiécles & de tous les pays. Les femmes Samoyedes & Lapones, ne different ſoit par la couleur, ſoit par la figure, des autres femmes Européennes, que par une particularité aſſez curieuſe. Elles ont toutes le bout des mammelles, (mammelons) noir comme du charbon. Cette noirceur ne commence à paroître, que lorſque la gorge ſe forme, & pour lors elle ne s'efface plus. Il faut que l'imagination de toutes ces femmes, ſans en excepter une, ſoit bien décidée pour les mammelons noirs, ſi le Pere Gumilla s'obſtine à vouloir que cette ſingularité ne puiſſe avoir d'autre cauſe. La preuve que le climat, l'air, les eaux & les alimens fuffifent pour opérer cette noirceur, eft que les filles des Samoyedes & des Lapones élevées dans un autre climat en font exemptes. Ifaac Voffius, & après lui le Pere Gumilla, fe font donc trompés en attribuant la petiteffe des yeux Chinois à l'imagination des femmes de la Chine ; elles ne font pas moins paffionnées pour les petits pieds. Que de tortures épargnées aux victimes d'une mode ridicule & capricieufe, fi l'imagination des femmes avoit le pouvoir de jouer le rôle qu'on lui attribue fi gratuitement. Si les petits yeux fi conftamment petits à la Chine, & les Gouetres fi regulierement femblables dans les Alpes, avoient été une fouftraction ou une addition à la forme de l'efpéce humaine, l'un & l'autre fe perpétueroient, dans quelques pays que les Chinoifes & les Alpinoifes fe tranfplantaffent ; or nous fçavons & nous le voyons, que les femmes des Alpes qui vivent parmi nous, ne tranfmettent plus leurs gouëtres à leurs enfans, d'où je conclus que fi les Chinoifes habitoient un autre pays que la Chine, les yeux de leurs enfans deviendroient auffi grands que ceux des autres hommes. Il y a du ridicule à prétendre que les diverfes modifications dont la forme humaine eft fufceptible, & qui font particulieres à quelques contrées, doivent être imputées à l'imagination des femmes, tandis que nous ne pouvons ignorer la caufe phyfique de quelques-unes. J'aimerois autant admettre une imagination dans les fruits & dans les plantes, pour expliquer la diverfité que nous remarquons dans les mêmes efpéces, foit pour la figure, foit pour le goût, foit pour la groffeur, fuivant le climat, le fol & l'expofition. Il eft vifible que les animaux & les végetaux, recevant leur accroiffement, les prémiers des fucs des plantes, & les derniers des alimens, & que ces fucs n'étant pas les mêmes ni en égale quantité dans les plantes & dans les alimens, le manque ou l'abondance de certains fels ou de certains fouphres analogues à former un fruit ou à nourrir le corps humain, cauferont néceffairement une végétation différente dans leurs parties. Notre ignorance dans les opérations de la nature, doit nous faire proceder du connu à l'inconnu. Nous n'avons encore pû découvrir la caufe efficiente de la digeftion & de la féparation des fucs dans l'eftomach des animaux. Nous n'en parlons que par les effets, & ce n'eft que par les effets que nous pouvons faire des conjectures fur les caufes. Nous ignorons comment les fucs de la terre forment un fruit ; comment ils agiffent pour lui donner telle configuration & tel goût ; mais nous fçavons quelles terres & quelles expofitions lui font favorables ou nuifibles, & qu'en approchant certains fels & certains fouphres des racines de la plante, le fruit devient plus gros & meilleur. De-là nous concluons avec raifon, que les fels & les fouphres que nous avons employés, entrent dans la compofition dudit fruit. Si nous connoiffions également les efprits vitaux analogues à la nourriture de chaque partie du corps humain, & que nous connûffions véritablement dans quels fucs réfident lefdits efprits vitaux, nous pourrions pour lors expliquer claire-

GUINÉE.
Des Négres.

ment pourquoi les Chinois ont les yeux petits. Je ferois curieux de voir (je n'en doute pas , mais je fouhaiterois en avoir la confirmation) fi des Européennes qui accoucheroient à la Chine, ne fairoient point des enfans reffemblans à ceux des Chinois, comme nous voyons les étrangers établis dans les Alpes, faire non-feulement des enfans fujets au gouetre , mais encore n'en être pas exempts eux-mêmes après un long féjour dans le pays. On ne peut point attribuer à l'imagination de la mere cette tumeur qui furvient à un homme fait ; auffi en attribue-t-on la caufe à la qualité de l'eau naturellement froide , n'étant que de la neige fondue , & qui épaiffit les fucs limphatiques. Il n'importe pas d'examiner ici l'origine de cette endemie ; il fuffit de tirer la conféquence que fi les gouëtres ne font pas l'effet de l'imagination des femmes , les petits yeux , les longs nez, &c. doivent avoir leur caufe dans l'ufage des alimens & des boiffons ; du moins c'eft la feule raifon vraifemblable qu'on en puiffe donner. Je nierai pas cependant que quelques petits yeux & quelques gouetres des mieux conditionnés, ne puiffent être l'effet de quelque imagination déréglée, la chofe eft très-poffible , & après avoir vù naître un enfant avec une mitre de chair fur la tête , parce que la mere avoit admiré avec trop d'attention le portrait d'un St. Evêque mitré, il n'y a point de difficulté à admettre quelques exemples de petits yeux , de gros nez, de gouëtres, &c ; mais toutes ces irrégularités ne feroient que paffageres, fans fe perpétuer. Les efpéces des individus reprendroient leur prémiere forme, à moins que quelque caufe phyfique n'y apportât obftacle. Je dirai encore un mot du pouvoir que le Pere Gumilla reconnoit dans l'imagination des femmes , & que notre propre expérience contredit formellement. Combien parmi nous de tendres meres paffionnées pour allaiter leurs enfans ? La nature leur a donné les mêmes organes qu'à toutes les meres nourrices ; elles ont une forte envie de plus que bien d'autres. Le laît ne leur vient pas pour cela, & fouvent leur fein ne reçoit pas même les marques qui font la fuite ordinaire de l'accouchement. Si l'imagination avoit un fi grand empire pour changer la forme naturelle des efpéces, à plus forte raifon pourroit-elle feconder les opérations naturelles à chaque individu. Le contraire arrive cependant ; d'où il faut conclurre que le pouvoir eft imaginaire , & qu'il faut chercher la caufe de toutes les irrégularités dont j'ai parlé, dans les fucs nourriffiers, dans les fels & les fouphres qui abondent ou qui manquent, & dans la configuration des glandes qui fervent à filtrer les efprits vitaux, qui font néceffaires à l'accroiffement des parties qui compofent le corps humain.

Je me fuis peut-être trop étendu dans la refutation du fentiment du Pere Gumilla. Je n'ai cependant pas tout dit ; il faudroit pour traiter cette queftion à fonds, faire connoître ce que c'eft, & ce qu'on entend par imagination, les caufes & la maniere dont ces caufes agiffent pour former cette imagination, & les effets de fes opérations. Tout cela meneroit trop loin. Je pense cependant que mes Lecteurs seront satisfaits du peu que j'ai dit, & qu'ils seront convaincus que l'imagination n'est point la cause originelle de la couleur des Négres. Je prévois qu'on ne manquera pas de me demander d'où je veux donc que vienne cette noirceur, dès que tous les sistêmes inventés pour en expliquer l'origine, me paroissent insuffisans ; car enfin, selon moi, le prémier homme a été créé Blanc, & tous les individus de la même espéce doivent lui ressembler, par conséquent la race des Noirs sera une exception à la regle générale, & cette exception a commencé quelque part. Quelles peuvent donc être les causes d'une si étrange métamorphose, dont le renouvellement durera, suivant toutes les apparences, autant que le monde ? J'avoue de bonne foi que quoique je ne puisse approuver aucun des sistêmes que je viens de rapporter, je n'ai pas la présomption de vouloir décider une question que je regarde au-dessus de mes forces. L'aveu de mon ignorance, prouve ma sincérité. Je n'ai pas des connoissances assez vastes, pour découvrir encore la vérité ; mais j'ai eu assez de lumiere pour ne pas prendre le change, & je préfère de laisser la question indécise, plutôt que de souscrire & d'applaudir à de faux raisonnemens, fondés sur des apparences trompeuses. J'ai promis de laisser mes Lecteurs libres ; je leur tiens parole, & pour les mettre à même de porter un jugement, s'ils ne veulent point demeurer indécis, je ferai quelques observations générales sur la couleur des Négres, sur leurs alliances avec des Blancs, & sur quelques mélanges des prémieres couleurs ; ce qui me donnera occasion de parler de quelques nouveaux sistêmes, & de celui imprimé dans les Mémoires de l'Académie Royale des Sciences (1702).

OBSERVATIONS

Sur la couleur des Négres.

PREMIEREMENT.

En parlant de la couleur de l'homme, j'ai dit que la blanche lui étoit naturelle, & que la noire n'étoit qu'accidentelle. J'ai employé les termes de couleurs, pour me faire entendre, & il n'est pas possible de s'exprimer autrement, parce qu'il ne s'agit pas de décider si le blanc & le noir sont de véritables couleurs, mais de faire connoître la perception des corps blancs ou noirs ; occasionnée par la sensation que la vue communique à l'ame. Les Philosophes ne conviennent point encore de la nature des couleurs, & quoique le célèbre Newton, par les plus heureuses expériences, paroisse être parvenu à séparer les rayons de la lumiere & à les manier, pour ainsi dire, un à un, pour en mieux

GUINÉE. *des Négres.* examiner toutes les propriétés, on ne peut pas affurer cependant qu'il aye pleinement contenté notre curiofité. Les prifmes dont il a fait ufage, font d'une matiere fi groffiere, relativement à celle de la lumiere, que la refrangibilité des rayons, traverfant les pores du verre, peut nous induire à erreur. C'eft toujours beaucoup, dans une queftion fi difficile, d'avoir établi un fiftême dont l'expérience femble confirmer la verité, & quand Newton n'auroit pas fait d'autres découvertes dans l'étude de la nature, il mériteroit toujours nos éloges, & notre reconnoiffance. Je n'examine point ici phyfiquement les propriétés des rayons de la lumiere, ni fi les couleurs n'exiftent que dans les perceptions de notre ame. Je n'ai en vue que les corps colorés, & l'impreffion conftante qu'ils font fur nos yeux ; en effet, peu nous importe de fçavoir fi la couleur refide dans les corps ou dans notre ame, dès que nous convenons unaniment que tel ou tel corps paroît fans variation à tous les yeux des hommes répandus dans l'univers, de telle ou telle couleur & que telle ou telle couleur, mêlées enfemble, donnent une autre couleur dont la fenfation eft reconnue par-tout la même. La couleur des Négres me paroît noire, & tous les peuples de la terre la voyent comme moi, ou du moins s'accordent à l'appeller noire ; car de quelque maniere que les feus foient affectés, en voyant des Négres, & quoique peut-être tous les yeux n'apperçoivent pas un même objet de la même maniere, il fuffit que leur vifion foit toujours la même & que tous les hommes foient d'accord, & fe faffent comprendre dans l'idée qu'ils ont d'un corps coloré d'une façon quelconque. Je ne veux difputer avec perfonne. Je conviendrai que le blanc, eft la réunion de toutes les couleurs, & que fi toutes les couleurs primitives font par égales parties, le blanc fera parfait, & qu'il déclinera vers l'une des fept principales couleurs, proportionnellement à celle qui fera en plus grande quantité. Je conviendrai auffi que le noir n'eft autre chofe que la privation de toutes les couleurs, & que fi le vuide pouvoit avoir quelque propriété, le noir lui feroit effentiel. On peut conclure de mon aveu, que le blanc eft la couleur univerfelle, puifqu'il les renferme toutes ; mais que le noir parfait, n'eft point véritablement une couleur, puifqu'il les exclud toutes, & que fi quelqu'une entroit dans fa compofition, il cefferoit d'être noir. Je ne difcontinuerai point cependant de l'appeller couleur noire, parce que je ne parle que pour être entendu, & que je ferois très-embarraffé à caractérifer la couleur des Négres, fi j'étois obligé de ne point la nommer couleur noire. D'ailleurs quoique le noir foit réellement la privation des couleurs primitives, originaires & fimples, je trouve qu'il fert à former des couleurs compofées, par exemple, le beau gris, n'eft que le blanc & le noir mêlés enfemble. Ainfi quoique les Phyficiens puiffent me blâmer de parler improprement, je ne changerai pas de langage.

SECONDEMENT.

SECONDEMENT.

Tous les corps font compofés d'une quantité indéfinie de parties, & la plus petite de ces parties, peut fe divifer à l'infini. Ma raifon le conçoit, & quoique la chofe foit impraticable matériellement, elle n'eft pas moins vraie, parce que la divifion ne fçauroit anéantir la partie divifée, & que l'anéantiffement & la création, exigent la même puiffance. Toutes ces parties font poreufes ou perfillées, & peuvent admettre d'autres parties encore plus petites, & ces dernieres encore d'autres, &c. Ma conception ne trouve point de repugnance à le croire, dès qu'il eft démontré que toute matiere eft divifible à l'infini. Ce principe pofé, il n'y a point de corps dans la nature parfaitement dur, & je ne conçois pas de quelle utilité il pourroit être, toutes les créatures devant fe perpétuer ou fervir au renouvellement les unes des autres, par la fermentation dont elles font fufceptibles. Les Phyficiens difputent entr'eux fur la configuration defdites parties ; ils compofent certains corps de parties longues, pointues, rondes, crochues, &c. fuivant qu'ils les eftiment plus convenables au fiftême qu'ils ont adopté. Newton prétend que toutes les parties qui compofent les corps, ne font que de petites lames, adaptées à d'autres petites lames, qui fuivant leur configuration & leur porofité, reflechiffent ou abforbent les rayons de lumiere dans lefquels réfident les fept couleurs primitives ; d'où il fuit que tout corps quelconque dont les petites lames reflechiront toutes les couleurs, fera blanc, & s'il ne reflechit que les rayons rouges du foleil, il doit paroître rouge, &c. & s'il abforbe les rayons de toutes les couleurs, il fera noir. Si donc les petites lames de tout corps quelconque, par une fermentation intérieure, changent de configuration, leur couleur changera ainfi, & voilà pourquoi certains fruits commencent par être blancs, verts, gris, &c. & deviennent enfuite jaunes, rouges, noirs, &c. Les rayons des couleurs n'ont pas changé de nature; mais leur reflexion ne trouvant point le même arrangement dans lefd. lames, caufe cette variété. Je m'apperçois que je philofophe un peu trop. Je m'arrête de peur de manquer de parole. Je m'en tiens à ce que nous voyons de nos yeux, & que l'ufage de tous les tems & de tous les pays, reconnoît dans les opérations continuelles du renouvellement de tous les corps, & que des expériences fenfibles, ont regulierement manifefté & manifefteront jufqu'à la confommation des fiécles. Le pepin d'une pomme fait un pommier qui produit des pommes de l'efpéce du pepin enfemencé. Je connois par expérience cette vérité, & je m'embarraffe fort peu de fçavoir la forme & la marche des fucs qui ont fervi à faire groffir le pommier & à nourrir fes fruits. Ce qu'il m'importeroit de fçavoir, feroit de connoître quelle eft la qualité des fels néceffaires pour changer un fruit blanc en noir. Quand je dis qu'il

m'importeroit, l'importance eſt petite ; mais ma curioſité ſeroit plus ſatisfaite.

TROISIEMEMENT.

Tous les hommes naiſſent blancs, c'eſt-à-dire, de cette eſpéce de
blanc que nous appellons couleur de chair animée, & que nous ſommes convenus de nommer blanche, pour la diſtinguer de la couleur
noire ou baſanée, bien différente de la couleur fade des Albinois, &
de celle de la neige, qui toute ſeule ſans mélange d'aucune autre couleur, ne ſeroit pas fort attrayante. Cette couleur de chair, eſt toujours mêlée de rouge au moment de la naiſſance des enfans, quand
l'accouchement eſt naturel. Les Négres, les Indiens, les Baſanés, &c.
tous naiſſent de la même couleur, & ce n'eſt que vers le huitieme jour,
que les enfans des Négres changent de couleur. Leur peau commence
par brunir, & devient enfin noire. Il y a cependant au moment de la
naiſſance des enfans, une marque certaine pour décider ſi l'enfant ſera
Noir ou Blanc. Nos Sages-femmes à l'inſpection d'un enfant de naiſſance, décident ſurement s'il ſera Blond ou Brun ; ici la régle eſt infaillible. Les Négrillons, nouveaux nés, reſſemblent en tout aux Blancs,
à l'exception d'un filet noir qui borde l'extrêmité des ongles, & d'une
petite tâche, ou quelquefois dans certains pays, d'une couleur foncée
qui ne paroît qu'aux parties naturelles. Cette derniere marque eſt équivoque, ſe trouvant quelquefois aux Blancs, & manquant quelquefois
aux Noirs ; je n'entends parler que de la couleur obſcure ; car la tâche
noire & le cercle noir inherent à tous les ongles, ſont un ſigne infaillible que l'enfant ſera Noir, & les peres Négres qui ſuſpectent la fidélité de leurs femmes, n'ont pas beſoin d'autres preuves pour abandonner les enfans, comme ne leur appartenant pas, dès qu'il naiſſent ſans
cette marque noire. Si la Négreſſe s'eſt alliée avec un Blanc, l'enfant
qui en provient ſera mixte, que nous appellons Mulatre, & les ongles,
au lieu du filet noir, ſont d'un rouge pâle. C'eſt ici où l'éloquence du
Pere Gumilla ſeroit bien employée, pour convaincre ces Négres obſti-
nés à condamner ces fidéles épouſes, qui frappées pendant leur groſſeſſe de la couleur de quelque Blanc, l'ont imprimée, ſans le ſçavoir,
à leur fœtus encore tendre, & que leur imagination fait tort à leur
vertu. Cette phyſique n'eſt point du goût des Négres ; ils ont l'expérience
conſtante du renouvellement de chaque individu dans la même forme
& dans la même couleur, & les plus beaux raiſonnemens ne les per-
ſuaderont pas que ce qu'ils voyent de leurs yeux, & que leurs peres ont
vu comme eux, puiſſe changer par d'autres cauſes que par celles naturellement établies pour opérer ces changemens. Ils voyent qu'un Blanc
fait un Blanc, & un Noir ſon ſemblable ; que de l'alliance des deux
viennent les Mulatres ; ils n'en veulent pas ſçavoir d'avantage. Bien des
gens n'oſeront les blâmer. Le Pere Gumilla certifie que les Indiens

naiffent avec une tâche grife de la grandeur d'un écu de fix francs, placée à l'extrémité du dos, un peu au-deffus de l'anus. On ne difpute pas des faits; il dit l'avoir vu & je le crois; mais comme il n'en a pas vu beaucoup, & qu'il a donné des preuves d'une trop grand crédulité, il feroit à défirer que fon témoignage fut confirmé par celui de gens moins crédules, pour fçavoir fi cette tâche grife ne regarde que les Négres des Indes, fi elle eft conftamment la même dans tous les Négrillons Indiens, ou fi elle eft particuliere à tous les habitans de l'Inde, foit Blancs, foit Noirs. Si elle ne paroît que fur les Négrillons Indiens, c'eft une fingularité qui forme une nouvelle difficulté fur la race noire, car nous fçavons que tous les Négres font originaires de l'Afrique, d'où ils fe font repandus & ont multiplié dans les autres parties du monde; & nous fçavons auffi, que les enfans des Négres Africains, naiffent tous avec un filet noir autour des ongles & la tâche noire dont j'ai fait mention, ce qui eft la marque caractériftique qui les diftingue des enfans des Blancs; car la couleur obfcure que quelques-uns ont obfervé fur la peau des parties naturelles de quelques Négrillons de naiffance, devroit être uniforme dans tous les enfans; mais outre qu'elle n'eft pas générale, & que plufieurs Négrillons ont cette peau de la même couleur que les Blancs, fi la caufe de la noirceur réfidoit dans cette obfcurité, elle devroit être commune à tous les Négrillons. Pourquoi donc ce figne noir, placé à l'extrêmité des ongles de tous les Négrillons, aura-t-il été changé dans l'Inde en un tâche grife placée à l'extrêmité du dos? J'avoue que je ne devine pas la caufe d'un pareil changement.

QUATRIEMEMENT.

Il eft certain que les Negrillons naiffent avec une tache noire, & un filet noir à l'extrêmité des ongles, & que c'eft la feule marque qui les diftingue des blancs, & je fuppofe que les Indiens naiffent avec leur tâche grife; car je fuis forcé d'en convenir, ou de donner un démenti au Pere Gumilla, ce que je n'ai garde de faire. Je demande donc à tous les Phyficiens fi le noir eft renfermé dans ces deux figues, d'où il s'étend fur toute la furface de la peau? ou pourquoi les enfans Négres ne font pas noirs dans le fein de leur mere, fi l'imagination avoit pû imprimer cette noirceur aux fœtus? Et comment il peut fe faire que le filet noir & la tâche noire ou grife fourniffent une quantité de noir affez fuffifante pour noircir avec tant de régularité & d'uniformité tout le corps, d'une maniere fi inhérente, que les oignemens les plus onctueux & les plus pénétrans n'ont fervi de rien pour faire difparoître cette noirceur? Et pourquoi ce fuc noirâtre ne s'eft pas répandu dans le blanc des yeux? Le corps des Negrillons, blanc les huit prémiers jours, ne fe change point en noir par miracle;

GUINÉE.
des Négres.

il faut de toute néceffité qu'il ait une caufe phyfique , foit que ce levain de noir réfide dans la maffe du fang, ou dans les autres fluides qui coopérent à la végétation animale. Envain on conjecturera que la noirceur réfide dans l'épiderme , ce n'eft rien dire ; car l'épiderme n'eft autre chofe qu'une pellicule fine , tranfparente & infenfible , qui couvre toute la peau , & qui fe reproduit continuellement ; or cette pellicule , tranfparente par fa nature , eft de couleur blanche , & elle eft formée , fuivant Winflow, par l'humeur qui fuinte des mamelons de la peau. Pourquoi donc ce fuintement, de blanc qu'il étoit , fe change-t-il en noir après les huit prémiers jours ? Mais encore quelle eft la caufe de cette humeur noire ? Quelques-uns ont crû qu'elle provenoit du fang. Si cela étoit , l'épiderine auroit une nuance de rouge , le fang de tous les animaux étant rouge. Celui des Négres ne différe point du fang des Blancs, l'un & l'autre font rouges naturellement , & ce n'eft qu'accidentellement qu'il change de couleur. On a examiné l'épiderme des Négres , on l'a trouvé blanc ; mais d'un blanc un peu jaunâtre. On en a enlevé quelques portions, pour voir fi la liqueur qui fuinte par les mamelons de la peau, & qui s'échappe plus abondamment quand l'épiderme ne retrécit plus les vaiffeaux cutanés dont il envelope les extrémités. La liqueur qui a coulé n'avoit aucune nuance de noir ; elle tiroit un peu fur le jaune. Voilà toute la différence qu'on a pû remarquer entre l'épiderme des hommes noirs , & des hommes blancs ; mais Malpighi, ce célébre Phyficien, a obfervé que le refeau des hommes noirs étoit plus fort chez tous les Africains de la côte de Guinée , que chez les autres hommes , foit d'Afrique , foit des autres parties du monde. Pour comprendre ce qu'on entend par refeau, il faut fçavoir que les Anatomiftes trouvent que la peau eft compofée de quatre parties , du cuir , du corps papillaire, du corps muqueux ou réticulaire , & de l'épiderme qu'ils expliquent ainfi :

PREMIEREMENT.

Le cuir eft la partie intérieure de la peau; c'eft un tiffu de nerfs & de tendons , mêlés avec les vaiffeaux fanguins & lymphatiques.

SECONDEMENT.

Le corps papillaire, placé par-deffus le cuir , eft compofé d'éminences de différentes figures, formées par l'extrêmité des nerfs. Ces éminences s'appellent mamelons, perfonne n'en ignore l'ufage , ou bien on n'a jamais fué.

TROISIEMEMENT.

Le corps muqueux ou reticulaire, n'eſt que le deſſous de l'épiderme, dont il eſt inſéparable, du moins on l'avoit crû juſqu'ici : cependant ſi quelques Anatomiſtes ont réuſſi à le ſéparer de l'épiderme, il n'y a plus de doute qu'il ne faut plus le conſidérer comme la partie intérieure dudit épiderme ; c'eſt ce qu'on appelle corps muqueux, reticulaire, reſeau.

QUATRIEMEMENT.

L'épiderme eſt une membrane tranſparente qui couvre toute la ſurface de la peau, & ſe reproduit continuellement.

Je puis parler préſentement de reticulaire & de reſeau à mes Lecteurs, ils en ſçavent autant que moi. Je reviens à l'obſervation du célébre Malpighi. Il aſſûre que dans tous les pays où ce reſeau ſe trouve ſi fort, la circonciſſon y eſt en uſage, & que les Chrétiens de l'Abiſſynie la pratiquent très-exactement, ſans en diſpenſer même les filles. Il ſeroit à ſouhaiter que quelque habile obſervateur eut découvert la cauſe de cette pratique, ſi c'eſt pour prévenir quelque maladie particuliere aux Noirs, ou ſi ce n'eſt qu'une vaine cérémonie. J'ai parlé, au ſujet de la naiſſance des Negrillons, d'une petite tâche noire, & je vois la circonciſion établie chez les Noirs ; il faut donc que l'expérience leur aye fait connoître qu'elle étoit néceſſaire ; mais je ne ſuis point en état de développer les idées qui me viennent au ſujet de cette pratique. Le même Malpighi a cru que la couleur noire qui eſt inhérente à la membrane reticulaire des habitans de la Guinée, provenoit d'un ſuc épais & glutineux qu'elle contenoit. Effectivement ſi ce reſeau eſt noir, il faut bien qu'il y ait une cauſe de cette noirceur ; cependant Mr. Littre, qui a fait diverſes expériences pour découvrir la vérité de ce fait, n'a pû parvenir à connoître aucune trace de ce ſuc glutineux. Il parut à ce ſujet un Mémoire, qui a été imprimé en 1702. (Voyez l'Hiſtoire de l'Académie Royale des Sciences page 30, article 13). Ce Mémoire eſt court, & ne traite que de la couleur des Noirs ; ce qui me détermine à le joindre ici.

»La peau eſt compoſée de trois parties différentes. La plus interne »eſt la peau proprement dite. A la ſurface interne ſont des grains glan- »duleux de figure ronde ou ovale, & les racines des poils. A la ſurface »externe, ſont les conduits excrétoires de ces grains glanduleux, c'eſt-à- »dire, les tuyaux de la ſueur, les poils, & une infinité de petits ma- »melons, gros comme les têtes des plus petites épingles, & qui paſ- »ſent pour les organes du toucher. Sur la peau proprement dite, eſt »étendue la membrane réticulaire, percée comme un rets d'une infinité »de petits trous, au travers deſquels paſſent les conduits excrétoires

GUINÉE. *des Négres.*

»des grains glanduleux, les poils & les mamelons du corps de la peau.
»La membrane reticulaire eſt encore couverte de l'épiderme ou de la
»ſurpeau, dont la ſurface extérieure eſt liſſe & unie ; mais l'intérieure
»pleine d'inégalités, qui forment quantité de petites loges, où ſont re-
»çus les bouts des mamelons. Cette ſtructure ſuppoſée, quand on a
»cherché la cauſe de la noirceur des noirs, on a trouvé que le corps
»de leur peau & leur épiderme, étoient auſſi blancs que dans les au-
»tres hommes, & qu'il n'y avoit que leur membrane reticulaire qui fut
»noire, & que c'étoit cette couleur qui paroiſſoit au travers de l'épi-
»derme, qui eſt fort déliée & tranſparente.

»Le fameux Mr. Malpighi a cru que la noirceur de la membrane
»reticulaire, venoit d'un ſuc épais & glutineux qu'elle contenoit, & qui
»étoit noir. Mr. Littre ayant eu occaſion de diſſequer un More, vou-
»lut éprouver ſi la ſuppoſition de Mr. Malpighi étoit vraie. Il fit infuſer
»pendant ſept jours un morceau de la peau du More dans de l'eau tiéde,
»& un autre dans de l'eſprit de vin, & ni l'un ni l'autre de ces deux
»puiſſans diſſolvans, ne peut tirer ce ſuc noir, ni en prendre aucune
»teinture. On voit par-là combien cette couleur noire eſt propre &
»adhérente à la membrane reticulaire, puiſqu'elle ne change nullement.
»De plus, Mr. Littre mit un morceau de peau dans de l'eau bouillante,
»& peu de tems après il s'éleva ſur la ſuperficie extérieure de cette peau,
»quantité de bouteilles groſſes comme de petits grains de chenevi, qui
»toutes étoient pleines d'une liqueur très-claire & très-liquide. Cette
»liqueur refroidie formoit une eſpéce de gêlée fort tranſparente. Il n'y
»a rien à tout cela qui reſſemble au ſuc noir & glutineux, ni qui en
»donne le moindre indice.

»Mr. Littre a donc cru qu'il falloit rapporter la noirceur, en partie
»au tiſſu particulier de la membrane reticulaire, & en partie à l'action
»d'un air très-échauffé. Cette derniere cauſe peut être prouvée, parce
»que les enfans des Mores naiſſent blancs, & ce qui le prouve encore
»peut-être mieux, c'eſt que Mr. Littre fit obſerver que le bout du gland
»qui n'étoit pas couvert du prépuce, étoit noir comme toute la peau,
»& que le reſte qui étoit couvert étoit blanc. On peut oppoſer à cela
»que quand les enfans mâles viennent au monde, ils ont au bout du
»gland une petite tâche noire qui s'étend enſuite ſur la partie décou-
»verte, & même ſur tout le corps, & s'étend même ſi l'on veut, par
»l'action de l'air ; mais du moins n'en a pas été l'effet dans ſon pré-
»mier commencement. Nous remarquerons en paſſant, qu'outre cette
»petite tâche qui n'appartient qu'aux mâles, tous les enfans Mores ont
»en naiſſant l'extrêmité des ongles noire.

»Mr. Littre fit encore voir à la Compagnie que la membrane reti-
»culaire, qui en elle-même étoit noire comme du charbon de bois, ne
»paroiſſoit que comme de la ſuie étant vûe au travers de l'épiderme.

Ce Mémoire ne ſçauroit ſatisfaire notre curioſité ſur l'origine de la couleur noire de quelques peuples d'Afrique ; il établit feulement que les noirs font de cette couleur, parce qu'ils ont la membrane reticulaire noire, ce qui laiffe fubfifter la difficulté. Il auroit fallu découvrir en quel tems & dans quelle contrée cette membrane eft devenue plus forte & noire en même tems, & qu'elle en eft la caufe efficiente. Pour ce qui eft de la conjecture de Mr. Littre, qu'un air échauffé doit contribuer à cette finguliere métamorphofe, elle ne fera pas beaucoup d'impreffion, quand on voudra confidérer que d'autres peuples habitent dans des lieux où l'air eft auffi échauffé qu'en Guinée, fans qu'ils deviennent noirs pour cela ; que les Européens qui naiffent en Ethyopie y font blancs, & que les Ethyopiens qui naiffent en Europe continuent d'être noirs. Ce Mémoire demanderoit de ma part quelques remarques qui me paroiffent néceffaires ; je les fupprime à deffein, parce que je répéterois bien des chofes que j'ai déja dites, & que le refte trouvera fa place dans ce que je me propofe de dire encore.

C'eft donc mal à propos que le plus grand nombre de Phyficiens fait réfider la couleur noire des Ethyopiens dans l'épiderme, puifque l'épiderme des Noirs n'eft pas noir lui-même. Ce fera dans le refeau qui eft placé au-deffous ; c'eft le fentiment du Traducteur du Pere Gumilla (Eidoux) qui dit dans une note que l'opinion la plus reçue, eft que la couleur des Negres ne vient que d'une matiere noirâtre qui eft dans le corps réticulaire, fans qu'on fache fon origine, & c'eft cette origine qui fait toute la difficulté de la queftion ; car perfonne ne doute que la peau des Negres ne foit noire. Mr. de Voltaire admet auffi le refeau de Malpighi ; il n'y a pas certainement du mal en cela, & s'il ne raifonnoit que comme cet habile Phyficien, le public n'auroit point de reproches à lui faire. Il faut qu'il fe fingularife, & il ne réuffit que trop à penfer autrement que tout le monde. Il pofe pour principe, que puifque ce refeau exifte, il eft néceffairement une fuite de la création de l'efpéce noire, qui eft une efpéce d'hommes véritablement différente de l'efpéce des hommes blancs. Je ferois furpris, connoiffant fa manie de ne vouloir être jamais de l'avis des autres, qu'il n'eut pas hazardé quelque fiftême fingulier, pour décider la queftion fur l'origine des Noirs. Il lui eft permis de tout dire, après avoir ofé avancer que les hommes qui font repandus dans les quatre parties du monde, s'y trouvent de la même maniere que l'herbe qui couvre la furface de la terre, & que les irrégularités que quelques Voyageurs fe font imaginés appercevoir chez quelques Nations lointaines, font moins des irrégularités de notre efpéce, que des preuves que tous ces hommes font de différentes efpéces. J'avoue franchement que fi la Religion ne nous apprenoit pas qu'il n'y a qu'une efpéce d'hommes, un pareil fiftême me divertiroit, & que je m'amuferois en lifant Mr. de Voltaire, comme je m'amufe en lifant Guliver. Je trouve cependant une grande différence entre ces deux Auteurs. Guliver fait rire & rit avec fes Lecteurs, au lieu que Mr. de Voltaire débite ses sornetes avec un sérieux à glacer. Il débite avec gravité les plus plaisantes imaginations, & il veut qu'on l'écoute avec docilité, & qui plus est qu'on le croye sur sa parole. Malheur à quiconque seroit assez hardi que d'oser trouver à redire à ce que Mr. de Voltaire prend la peine d'enseigner aux humains. Est-il possible que cet homme qui ne cesse de proner les droits & les prérogatives de la liberté & de la raison humaine, oublie à chaque instant que lui, Mr. de Voltaire, n'a pas plus de privilége d'anéantir l'ancienne croyance, pour lui en substituer une nouvelle, que les autres hommes d'examiner si ce qu'il propose est raisonnable, & de s'élever contre ses décisions, lorsqu'elles leur paroissent contradictoires à la vérité & au sens commun. Il veut être cru sur sa parole! Mais de bonne-foi sa volonté n'est-elle pas injuste, quand pour établir qu'il y a d'autres espéces d'hommes que la nôtre, il apporte en preuve l'espéce d'hommes qui marchent sur les mains, comme nous faisons sur nos pieds, &c. *Risum teneatis amici.* Mr. de Voltaire vous défend de rire, mais le moyen de s'en empêcher! Je supprime la réfutation que je faisois ici de ce trop singulier sistême, non pas parce que j'en méprise l'Auteur; je lui ai déja déclaré que je l'estimois, & que je le regardois comme un beau génie, & un grand maître dans l'art poëtique; mais parce que je destine un article à ce sujet, & que je ne veux pas me repeter. Tout ce qui sort de la plume de ce fameux Ecrivain, peut faire impression, par la seule raison qu'il l'a écrit : c'est un nouveau motif pour moi de ne plus garder le silence, pour desabuser mes Concitoyens qui ont été séduits par les prestiges de son éloquence.

Oui : la peau est noire, & je voudrois qu'elle fut blanche, pour m'épargner la peine d'en trouver la raison que toutes mes recherches ne découvriront pas. Si tous les hommes avoient la peau noire, j'en conclurois que l'espéce humaine a été créée pour être de cette couleur, & que la contexture de la peau de l'homme est composée de sucs, dont les petites lames absorbent tous les rayons des couleurs; mais voyant que l'universalité des hommes a la peau blanche, & que tous les individus de la même espéce se renouvellent avec une peau de la même couleur, je suis fondé à penser que la végétation qui se fait dans les individus de l'espéce humaine, doit perpétuer la même couleur suivant l'ordre constant des opérations de la nature. La couleur des Négres sera donc une exception à la regle générale, & cette exception doit avoir une cause naturelle, que notre curiosité cherche sans avoir pu encore être satisfaite. L'intérieur des Négres ressemble à celui des Blancs, même couleur dans les visceres, dans les os, dans la chair, dans le sang, dans la limphe, dans le lait des nourrices, &c. Nous voyons même des Négresses alaiter des Blancs, sans que cette nourriture produise aucune nuance de noir dans la couleur de leurs nourrissons. Nous observons aussi que les Négres qui sont employés à

des

des travaux manuels ont la paume des mains de la couleur de nos GUINÉE. mains, foit que cette blancheur provienne du frottement réitéré, foit *des Négres.* que la fueur ait opéré ce changement. Cette blancheur fe conferve quand même ces Négres cefferoient de travailler ; mais leurs enfans ne viennent point au monde avec la même blancheur dans les paumes des mains, ce fait eft incontestable, fur quoi on pourroit raifonner ainfi ; fi la noirceur étoit placée dans l'épiderme, cette pellicule fe renouvellant continuellement, reparoîtroit toujours dans fa couleur naturelle, & fi la noirceur réfidoit dans la peau, les fucs qui l'ont formée par leurs paffages à travers les mamelons dont la peau n'eft qu'un tiffu, remplaçant le fluide qui s'écoule par la tranfpiration & les fueurs, cauferoient la même couleur. C'eft un fait certain que l'intérieur des mains des Négres blanchit. J'ai vu une Négreffe parfaitement noire avec la paume des mains plus blanche que la mienne. Quelque Phyficien pourra expliquer ce changement par l'introduction des fels impercepti-bles mêlés avec la fueur, qui rentrant par le frottement continuel des mains, auront bouché les pores des petites lames qui forment les ma-melons, & qui par-là doivent réflechir les rayons de lumiere qui étoient abforbés auparavant. Il eft arrivé quelquefois que l'ardeur de la fievre a changé dans quelques Négres la couleur noire en bazanée ; mais la fievre calmant, la couleur noire eft revenue. Je puis raconter à ce fujet un fait dont j'ai été témoin. Un de mes freres en revenant des Indes, avoit amené avec lui un jeune Négre âgé de douze ans ; je l'avois chez moi, & pendant fon féjour nous découvrîmes que ce petit fripon avoit fait un vol confidérable. Il fut en conféquence enfermé dans une cham-bre pour être châtié comme il le méritoit ; mais le drole fut affez adroit pour s'échapper, & il profita d'une groffe pluye qu'il faifoit pour lors pour prendre la fuite dont je fus averti fur le champ. Je courus après, & je fus informé de la maifon dans laquelle il s'étoit refugié, & où je le trouvai caché. Ma préfence fit une fi forte impreffion fur mon défer-teur, que fa couleur changea tout-à-coup, & le noir de fon vifage me parut d'un blanc fale, & l'étoit effectivement. Je fis de mon mieux pour calmer le trouble dans lequel je le voyois, & je vis la couleur noire re-paroître. Un fait plus furprenant, eft la rélation d'une Negreffe chan-gée en blanc, fans qu'aucune caufe femble avoir contribué à ce change-ment. Cette Negreffe, nommée Franque, étoit cuifiniere du Colonel Barnés à Maryland, elle avoit vingt-cinq ans, lorfqu'elle s'apperçut qu'elle devenoit blanche. Cette métamorphofe commença par les ongles, & s'étendit infenfiblement fur tout le corps, fi bien qu'à quarante ans, c'eft-à-dire, après quinze ans de métamorphofe, elle a ceffé d'être noire. Ce fait fingulier eft certifié dans une lettre écrite par Jean Batés Chi-rurgien, à Mr. Wiliamfon, que Mr. Alexandre Ruffel a communiquée à la Société Royale. On a obfervé que le dos, le long des vertebres & le col, font les feules parties qui ont confervé une teinte de noir.

Tom. II. O o

GUINÉE.
des Négres.

Mr. Lemeri fils (Hiftoire de l'Académie Royale des Sciences, 1702. page 29.) fait l'hiftoire d'un homme d'Orléans, âgé d'environ quarante-cinq ans, d'un tempérament affez robufte, d'un poil noir, & fort velu par-tout le corps, qui ayant pris pour quelque incommodité une tablette vomitive de celles deftinées pour les pauvres du Canada, en fut purgé fi violemment & fouffrit une telle altération dans fon tempérament, que le poil lui tomba au bout de quelques mois, & qu'enfuite de noir qu'il étoit auparavant, il devint blond; fa barbe & fes cheveux n'étoient plus fi épais & étoient devenus fins.

Mr. Caffini rapporte un fait plus extraordinaire : Il dit qu'il avoit vû un Aumônier du Cardinal Caraffe, âgé de cinquante-cinq ans, qui de blanc étoit devenu noir.

Nos Hiftoriens font mention d'une quantité prodigieufe de femblables métamorphofes, les unes plus furprenantes que les autres. Je ne prétens pas faire entendre par ce que je dis ici, qu'elles font toutes véritables, je fuis perfuadé que non; mais il fuffit qu'il y en aye quelques-unes de réelles, pour embarraffer les plus habiles Phyficiens. De nos jours (en 1764) fi on en croit les papiers publics, une pareille métamorphofe de blanc en noir, & de noir en blanc, fe renouvelle annuellement. On affure qu'une Dame fort aimable, d'un beau teint, & d'une peau fort blanche, dès qu'elle eft enceinte commence à brunir, & à mefure qu'elle avance dans fa groffeffe, fa couleur noire fe renforce & elle devient à la fin une véritable Negreffe. Après les couches, la couleur noire fe diffipe peu-à-peu, & fa prémiere blancheur lui revient; fon fruit n'a aucun teinte de noir. J'avoue que je trouve ce phénomene auffi difficile à expliquer, que l'origine des Négres. Si l'enfant étoit né noir, on pourroit conjecturer qu'elle peut être la caufe de ce changement de couleur, en examinant le tempérament de la Dame, fa maniere de fe nourrir &c.; mais l'enfant blanc, & la mere qui reprend fa prémiere couleur, me préfentent une nouvelle difficulté, bien loin d'éclaircir celle que j'examine.

Toutes ces confidérations, ont fait penfer à un homme d'efprit de ma connoiffance, que la couleur des Négres n'eft autre chofe qu'une humeur vitriolique, repandue dans la limphe, trop foible dans le moment de la naiffance des enfans pour fe manifefter; mais qui recevant par l'impreffion de l'air & par la digeftion du lait alimentaire, la fermentation requife pour lui donner toute fa confiftance, s'amalgame & s'arrête dans les canaux des mamelons de la peau. Il croit que fa conjecture eft d'autant plus fatisfaifante, que l'expérience femble en confirmer la verité. On a obfervé que l'épiderme des Négres, étoit d'un blanc jaunâtre, preuve certaine que le corps muqueux fitué fous l'épiderme, eft pénétré de cette humeur vitriolique, dont les parties font trop groffieres pour s'échapper à travers les pores; & qu'elle communique à l'épiderme par le fuintement de la tranfpiration, cette couleur jaunâtre. On a obſervé auſſi, que le ſuc renfermé dans l'écorce de la noix & de la grenade vertes, &c. paroit jaunâtre par l'expreſſion qu'on en fait, & noircit bientôt après tous les corps qu'il touche ; cependant ni la grenade, ni la noix, &c. dont perſonne ne niera la tranſpiration, ou pour parler moins improprement, l'évaporation, ne laiſſent point paſſer ce ſuc à travers les pores de la peau, il eſt trop groſſier ; il en eſt de même de la limphe des Négres, & il ne doute pas que ſi on en pouvoit ramaſſer pour faire des expériences, le même effet ne s'enſuivit. J'ai vû, ajouta-t-il, qu'en exprimant le ſuc d'une poire, la couleur en étoit jaunâtre, qu'en oignant de ce ſuc une lame de couteau, elle devenoit noire à l'inſtant, & qu'en l'eſſuyant ſur un linge, la noirceur étoit preſque ineffaçable. J'ai éprouvé la même choſe en coupant des artichaux, &c. d'où je concluds que tous ces ſucs renferment de parties vitrioliques, dont la nature eſt de noircir dès qu'elles ſe mêlent avec cerrains ſels & certains ſouphres. Je laiſſe aux Phyſiciens le ſoin d'expliquer le comment. Le vitriol lui-même n'eſt pas noir, & cependant une très-petite quantité ſuffit pour noircir une grande quantité de liquide. Je trouve même qu'en admettant cette humeur vitriolique dans les Négres, leurs cheveux doivent être noirs, courts & crêpus, en proportion du plus ou du moins des parties vitrioliques, parce que cette humeur que je ſuppoſe ne pouvoir ſuinter à travers les mamelons de la peau, s'inſinue dans les pores de la racine bulbuleuſe des cheveux, & eſt inſerée dans les papilles piramidales qui ſont plus profondes. Si jamais La plica des Polonois, gagnoit la chevelure des Négres, leurs cheveux dégouteroient une teinture comme de l'encre au lieu de ſang. Les cheveux donc des Négres, recevant leur nutrition & leur accroiſſement du fluide qui les remplir & les dilate, & ce fluide renfermant quantité de parties vitrioliques, dont la nature n'eſt rien moins que vegetative, il faut, par une ſuite néceſſaire, que relativement aux ſucs dont ils ſont alimentés, ils ſoient noirs, courts & crêpus, & que les autres poils dont quelquefois la moitié du viſage de l'homme & partie du corps ſont couverts, ou ne croiſſent point du tout, ou ne croiſſent qu'en très-petite quantité, ce qu'on peut remarquer dans le corps des Négres. Par le frottement réiteré & la ſueur continuelle qui ſont inſéparables du travail, les pores des mamelons de la peau s'élargiſſent & laiſſent ſuinter l'humeur vitriolique qui eſt bientôt remplacée par d'autres ſels.

J'explique facilement par ce moyen pourquoi le blanc des yeux des Négres conſerve ſa blancheur, & pourquoi l'intérieur de leurs mains perd ſa noirceur. J'ai ſuppoſé que l'humeur vitriolique ne pouvoit ſuinter à travers les pores des mamelons de la peau, & que c'étoit par cette raiſon que l'épiderme & la ſueur des Négres n'étoient point noirs. Si donc les glandes deſtinées à filtrer les ſucs néceſſaires pour former & entretenir le blanc des yeux, ont des pores encore plus fins, il ne pourra y avoir ni admiſſion, ni paſſage de ladite humeur vitriolique ;

ce qui arrive effectivement. A l'égard des mains des Négres, les mamelons de la peau, dont la base intérieure a la forme d'un entonnoir, étant comprimés par un frottement continuel, changent de figure, & les pores intérieurs se rétréciffent au point que l'humeur vitriolique eft forcée de prendre un autre cours. Ce changement ne s'opére que lentement, & toujours proportionnellement au travail manuel ; auffi obferve-t-on que l'intérieur des mains blanchit infenfiblement, & que la blancheur a des nuances différentes dans les mains de plufieurs Négres. On pourroit ajouter qu'il eft démontré en chimie, que l'acide vitriolique concentre, enléve & abforbe tous les autres acides, & qu'il eft le feul qui ait un rapport & une connexité avec l'eau qui fe manifeftent par des effets reconnus publiquement par tous les Chimiftes. C'eft ainfi que cet homme ingénieux m'a expliqué fa conjecture. J'avoue que quand ce fiftême feroit phyfiquement vrai (ce que je ne puis encore accorder, ne concevant pas la nature de cette humeur vitriolique placée précifément fous la peau) l'origine de la couleur des Négres, n'en feroit pas mieux connue ; car on demandera pourquoi, comment & en quel tems une portion des individus de l'efpéce humaine a pû recevoir le principe de cette humeur étrangere à tous les autres individus. Nous fçavons que les germes de toutes les efpéces, fe renouvellent avec les mêmes organes & les mêmes fonctions qui conftituent l'être de chaque efpéce. Les germes renfermés dans d'autres germes, ont en petit tout ce qui compofe un germe dévelopé ; c'eft une vérité conftante que les yeux ne verront jamais, mais que l'efprit conçoit, & qui démontre la puiffance infinie de l'Etre fuprême dans la réproduction de tous les êtres. Si donc le prémier germe de l'efpéce humaine ne renfermoit point l'humeur vitriolique fuppofée, par quel bouleverfement des loix naturelles a-t-elle pû s'introduire dans quelques germes provenus de ce prémier, & fe perpétuer invariablement ? Je conviens qu'un individu peut par quelque caufe accidentelle, naître & croître avec des organes défectueux ou difformes ; on n'en voit que trop malheureufement ; mais la défectuofité & la difformité ne procédant point d'une caufe inhérente au germe, difparoiffent dans le renouvellement de l'efpéce. Si donc par l'effet ou d'une imagination déréglée, ou de quelque nourriture dont nous ne connoiffons plus les propriétés, la peau de quelques hommes étoit devenue noire, l'impreffion de noirceur n'auroit été effectuée que fur les fœtus, fans que les germes renfermés dans d'autres germes qui font inaltérables dans leur fimplicité, puiffent recevoir une addition ou une fouftraction à ce qui conftitue l'effence de leur être. Les germes dévelopés par la fermentation de la nutrition, participent à la qualité des fucs qui les font végeter ; de-là viennent certaines maladies particuliéres dans quelques contrées & dans quelques familles. La caufe n'en eft pas inconnue ; auffi les prévient-on. On les guérit, ou en changeant de climat, ou en ufant d'alimens contraires ; preuve certaine que le vice eſt étranger au germe qui eſt toujours invariablement le même. Aucun remède, aucune nourriture & aucun oignement, n'ont pû encore opérer aucun changement dans la couleur des Noirs, dont le renouvellement eſt le même dans tous les climats du monde.

Je n'ignore point la découverte qu'on avoit jugée à Berlin, ſuffiſante pour indiquer la cauſe de la couleur des Négres. Cette découverte ne méritoit pas d'être publiée avec tant d'éclat. Voici le fait : Dans la diſſection d'un Négre, la ſubſtance médullaire du cerveau ſe trouva bleuâtre, & beaucoup plus épaiſſe que la ſubſtance corticale, d'où on infera que cette différence de couleur, étoit la cauſe caractériſtique de la couleur des Noirs. Quand on accorderoit cette conſéquence, la difficulté ſubſiſteroit encore toujours ; car on demandera, quand & pourquoi la ſubſtance médullaire des Négres a commencé à différer de la ſubſtance médullaire des hommes Blancs ; mais l'expérience faite ſur un cadavre, expérience unique, qui a ſa cauſe dans quelque maladie, peut-elle former une déciſion ſatisfaiſante ? Je ne le penſe pas, & je crois que dans la diſſection de pluſieurs hommes Blancs morts de différentes maladies, on pourroit trouver des ſingularités plus remarquables que dans le Négre de Berlin.

CINQUIEMEMENT.

Toutes les eſpéces, en vertu de la bénédiction du Créateur, ſe renouvellent dans la forme qui conſtitue leur être, & tant que le monde durera, elles ſe reproduiront les mêmes, parce que les germes des individus renfermés dans le prémier germe ne ſçauroient ſe dévelo-per que dans une parfaite reſſemblance, étant veritablement les mêmes. Ils ne différent que par la petiteſſe, qui diminue à l'indéfini. C'eſt par cette raiſon, que le mélange de deux eſpéces différentes, ne pro-duit que des monſtres ſans fécondité, dont le peu de durée marque l'irrégularité. Je reviens à l'eſpéce humaine dont la claſſe des Négres fait partie, puiſqu'elle ſe renouvelle & ſe perpétuera dans la même forme juſqu'à la fin des ſiécles. Leurs alliances avec les Blancs, n'eſt point un obſtacle à leur réproduction ; preuve certaine, que les deux couleurs ne font que la même eſpéce, & non pas deux eſpéces dif-férentes. Mais une obſervation que nous ne devons pas paſſer legerement, & qui ſemble jetter beaucoup de clarté ſur la couleur naturellement propre & particuliere aux Blancs & aux Noirs, eſt que du mélange des Noirs & des Blancs, il en provient des individus d'une couleur mixte qui tient des deux. Ces deux couleurs ayant le même degré de force pour ſe détruire mutuellement & s'abſorber, je m'explique, deux Noirs ne font que des Noirs, & deux Blancs ne font que des Blancs ; mais un Blanc & une Négreſſe, ou un Négre & une Blanche, font des Mixtes, qu'on appelle très-improprement Mulatres, dont la couleur eſt un mélange de Blanc & de Noir par parties égales. Si une Mulâtre époufe un Blanc, les enfans feront un quart noir & trois quarts blancs, & c'eſt à cauſe du quart de la couleur noire qu'ils conſervent, qu'ils ſont appellés Quarterons, & du mariage d'une Quarterone avec un Blanc, il en proviendra des Ochavons, c'eſt-à-dire, de couleur un huitieme de noir, & ſept huitiemes de blanc ; enfin de l'alliance d'une Ochavone avec un Blanc, il n'y a plus de mélange de couleurs, les enfans ſont véritablement Blancs, il en ſera de même du mariage d'une Mixte ou Mulatre avec un Négre, la couleur noire dominera dans la même progreſſion. On comprend que la nuance des couleurs peut varier prodigieuſement par le grand nombre de mélanges poſſibles.

TABLE DES MELANGES

Pour devenir Blanc.

1	{ Un Blanc avec une Négreſſe produit. . . Mulatre. }	moitié blanc & moitié noir.
2	{ Un Blanc avec une Mulatre produit. . Quarteron. }	trois quarts blanc & un quart noir.
3	{ Un Blanc avec une Quarterone produit. . Ochavon. }	ſept huitiemes blanc & un huitieme noir.
4	{ Un Blanc avec une Ochavone produit. . . . Blanc. }	tout blanc.

TABLE DES MELANGES

Pour devenir Noir.

1	{ Un Négre avec une Blanche. produit. . . Mulatre. }	moitié noir & moitié blanc.
2	{ Un Négre avec une Mulatre produit. . . Quarteron. }	trois quarts noir & un quart blanc.

3 { Un Négre avec une Quarte-
rone produit. . Ochavon. } fept huitiemes noir & un
huitieme blanc.

4 { Un Négre avec une Ochavone
produit. . . . Noir. } tout Noir.

Les mélanges d'un Mulatre avec une Quarterone ou avec une Ochavone, produiront d'autres couleurs qui approcheront du blanc ou du
noir en proportion de la progreffion ci-deffus établie. Un plus grand
détail feroit fuperflu.

Je me propofois de donner quelques éclairciffemens fur certaines
maladies épidemiques qui paroiffent avoir un germe pour fe reproduire.
Il eft inconteftable que l'homme a été créé exempt de maladies & d'infirmités, & qu'elles font la fuite & la punition de fa prémiere prévarication; mais ces maladies, principalement quelques-unes qui fe
communiquent fi regulierement & fi conftamment, & dont fuivant la
décifion d'habiles Médecins, perfonne dans le cours d'une longue vie
n'eft à l'abri (je n'en crois rien) ont-elles un germe? Comment expliquer autrement, difent-ils, cette régularité & cette uniformité qui nous
furprenent fi fort? Quand & comment ce germe a-t-il commencé? La
lépre, la pefte, la petite vérole & les maladies veneriennes fe perpétuent dans tous les pays du monde de la même maniere; les fymp-
tomes & les effets font les mêmes, & les obfervations auxquelles
toutes ces miferes ont donné lieu, femblent nous avoir fait connoître que
ces quatre maladies ont pris naiffance dans les pays chauds, d'où elles
fe font repandues par communication fur toute la terre, & qu'elle tirent leur origine de la brutalité, de l'intemperance, de la mal-propreté
& du peu de referve de ces peuples dans leurs alliances. En voilà affez
pour me faire entendre. La connoiffance de l'origine de ces maladies,
a fait penfer à quelques Phyficiens que la couleur des Noirs pouvoit
avoir une femblable caufe, & que fi nous ne fommes pas encore parvenus à guérir la maladie noire (il faut bien lui donner un nom)
comme nous guériffons les autres, c'eft qu'on a négligé jufqu'ici de
travailler à trouver des remedes à cette maladie qu'on n'a point connue, ni confidérée comme telle. J'avoue que fi je voyois que par la
vertu de quelques remedes la peau des Noirs perdoit fa couleur, &
acqueroit la nôtre, je ne pourrois m'empêcher de regarder cette découverte comme la véritable folution de la queftion que j'examine;
mais jufqu'à ce que l'expérience me décide, je ne fçaurois approuver ce fentiment. Je ne laiffe pas d'être furpris de quelques maladies
qui n'affectent que l'efpéce noire, principalement les enfans de naif-

GUINÉE.
des Négres.

fance ; mais dont les vieillards ne font pas toujours exempts, c'eft à peu près comme ce que nous appellons goutete ; les enfans tordent les bras, grincent les dents, & périffent dans trois jours. Ma furprife ne m'éclaire pas. Je fuis perfuadé qu'il n'y a aucun rapport entre le renouvellement defdites maladies avec le renouvellement de la couleur des Négres. Mais je m'apperçois que je me fuis peut-être trop étendu ; je finirai par le récit de quelques expériences fur les couleurs, puifque je l'ai promis.

SIXIEMEMENT.

J'ai admis, en parlant des couleurs, le fiftême le plus généralement reçu, & dont la vérité femble confirmée par une multitude d'expériences. Je n'entre point dans les difputes des Philofophes modernes fur l'origine & la caufe des couleurs qui font ou qui paroiffent fi diverfement dans tous les corps, fi la matiere a été créé diverfement coloréc, ou fi le mouvement des globules de la lumiere opere tous les changemens dont l'œil eft frappé, je fçais & tous les hommes fçavent avec moi, qu'un corps coloré de rouge, paroît & doit paroître conftamment rouge, & foit que la furface de ce corps ne reflechiffe que les rayons de lumiere rouges, foit que la contexture de fes parties, ne préfente que les particules rouges qui y dominent, je le vois toujours rouge, & les autres hommes le voyent de la même couleur. Mes fens ne me trompent point, & peu m'importe pour jouir de la beauté des couleurs, me les approprier & admirer la variété infinie dont la la main libérale du Créateur a orné l'univers, de découvrir la caufe fecrete qui les conftitue telles. Mes yeux les voyent, j'en fais ufage, & le choix que j'en fais contente mes défirs, & doit fuffire pour exciter ma reconnoiffance. On s'accorde aujourd'hui a reconnoître fept couleurs primitives originaires & fimples dans l'ordre qui fuit.

Nº. 1 . . . . . Rouge.
2 . . . . . Orangé.
3 . . . . . Jaune.
4 . . . . . Vert.
5 . . . . . Bleu.
6 . . . . . Indigo.
7 . . . . . Violet.

On pourroit en admettre un plus grand nombre, en fuivant le fiftême Newtonien, puifque par les expériences réitérées du prifme, on diftingue plufieurs rayons colorés de chacune des fept couleurs primitives, qui par la différence des nuances, peuvent varier à l'infini. Du mélange defdites couleurs, naiffent toutes les autres dont l'énumération n'eft n'eſt pas poſſible. Le blanc & le noir, comme je l'ai déja obſervé, ne font point des couleurs proprement dites. Le blanc eſt la réunion de toutes les couleurs, ou une lumière ſimple ſans aucune modification ; & le noir n'eſt que la privation de la lumière, ou un manque de réflexion des rayons colorés qui ſont abſorbés dans les pores du corps qui paroit noir. Mr. Nolet prétend qu'il faut ſouſtraire trois des ſept couleurs primitives, & changer le jaune en citron ; il n'admet que,

N°. 1 . . . . . . Rouge.
2. . . . . . Citron.
3. . . . . . Bleu.
4. . . . . . Violet.

pour couleurs originaires, d'où toutes les autres dérivent. D'autres Phyſiciens penſent que cette multitude de couleurs originaires, n'exiſte que dans la vûe des obſervateurs qui ont pris des couleurs ſecondaires & leur refrangibilité pour des couleurs primitives. Ils ne reconnoiſſent que deux véritables couleurs entièrement ſimples, le rouge & le violet, & que les autres couleurs que Newton a cru découvrir par le priſme, découlent de leur mélange. Le jaune, par exemple, eſt un rouge diminué, & le bleu un violet affoibli. Le verd, n'eſt qu'un mêlange du jaune & du bleu ; la couleur de feu & l'orangé procédent du rouge & du jaune ; le pourpre, du rouge & du bleu, &c. & qu'en mêlant ainſi les deux couleurs prémieres avec les ſecondaires, on aura la nuance de toutes les couleurs poſſibles. Quoi qu'il en ſoit, de toutes les opinions que l'origine des couleurs a occaſionnées, je n'en dirai pas davantage.

SEPTIEMEMENT.

La couleur des hommes blancs & des hommes noirs, n'eſt point véritablement blanche, ni véritablement noire, c'eſt un mêlange de pluſieurs couleurs dans les uns & dans les autres. La main d'un Blanc comparée à de la neige, n'eſt plus blanche, & celle d'un Noir comparée à de l'encre, ne paroit plus ſi noire. Il faut cependant que les Blancs & les Noirs ſoient dans un dégré égal de blancheur & de noirceur, puiſque par l'alliance des deux, la même progreſſion s'y trouve en paſſant du noir au blanc, ou du blanc au noir. Il paroit même à la prémiere vue que la couleur des Blancs & des Noirs eſt également mêlée de rouge, & quoique le noir ſoit la privation de toutes les couleurs, celui des Négres, dans ce ſens, ne devroit pas être appellé noir, mais une couleur noirâtre & ſecondaire de la noire, & quoique le blanc ne ſoit que la réunion des couleurs primitives, celle des hommes Blancs ne devroit point également, dans le même ſens, être appellée blanche, n'étant que ſecondaire, & une nuance de blanc, qui par ſa nature eſt

GUINÉE.
des Négres.

véritablement une lumiere éclatante & éblouiffante. C'eft dans cette blancheur que reffufciteront les corps glorieux, telle qu'elle parut fur le Tabor le jour de la Transfiguration. Ces préliminaires m'ont paru néceffaires avant de rapporter l'effet de quelques mêlanges des couleurs. Ce font les parties folides des corps qui réflechiffent les couleurs, & les pores qui les abforbent. Ces pores qui paroiffent quelquefois à nos yeux, ne font pas toujours vifibles ; les plus petites parties des corps les plus folides en font remplis, & leur quantité eft régulierement la même dans chaque efpéce de matiere. Il n'exifte aucun corps palpable dans la nature qui ne foit poreux, quoique les parties infenfibles qui compofent les plus durs, doivent néceffairement être parfaitement folides, fans quoi il n'exifteroit aucun corps vifible, puifque les pores font un vuide dans ledit corps. Il ne faut pas pour cela admettre un vûide réel, parce que l'efpace de ces pores eft rempli d'une matiere fubtile que nous ne fçaurions voir par l'ufage même d'aucun inftrument; mais que nous concevons très-bien. Les nouveaux Philofophes qui s'imaginent que la nature n'a rien de caché pour eux, doivent avouer ici leur impuiffance, & reconnoître que fi les fubftances materielles renferment des fecrets impénétrables, les fubftances fpirituelles doivent en renfermer de bien plus grands. Notre efprit eft borné, nous ne devons pas avoir honte d'en faire l'aveu. Nous jugeons par la pefanteur des corps, de leur folidité ; mais quelle feroit la furprife de mes Lecteurs, fi je les affurois que l'or, que nous trouvons le plus pefant des métaux, ne rempliroit pas la millieme partie de l'efpace qu'il occupe, s'il étoit parfaitement dur, & fi les plus petites lames qui conftituent fa nature d'or, n'étoient toutes remplies de pores invifibles ? J'ai fait cette obfervation pour faire mieux comprendre la multitude prodigieufe de réflexions, & conféquemment de couleurs que tant de furfaces doivent produire, & quelle doit être la fermentation que ce grand nombre de pores doit occafionner. J'obferve encore que je ne prétends donner ici aucune raifon de la contexture des fels des fruits, des fleurs, &c. & pourquoi leurs couleurs varient continuellement, ni pourquoi le mêlange de plufieurs fels, donne des couleurs diamétralement oppofées à celle qu'ils avoient chacun en particulier. je rapporte fimplement les faits, & je laiffe à mes Lecteurs le plaifir d'en découvrir les caufes Phyfiques.

Faites infufer des rofes rouges avec de l'eau-de-vie pendant deux heures, l'eau-de-vie confervera fa couleur ; verfez deffus la millieme partie d'efprit de vitriol, ou de fouphre, ou d'eau forte, &c. l'infufion blanche deviendra tout de fuite d'un beau rouge couleur de rofe; verfez fur ce rouge, couleur de rofe, une petite quantité de fel alkali, de potaffe, ou de fel armoniac, après l'avoir diffous dans l'eau, vous aurez un beau verd. Que fi au contraire dans la première infufion de rofes, vous verfez du vitriol diffous, elle deviendra noire comme de l'encre.

Perfonne n'ignore que l'encre fe fait avec du vin 'ou de l'eau, dans Guinée. Iefquels on a fait infufer des noix de galle concaffées, en y mêlant une *des Négres.* vingtieme partie de couperofe ou de vitriol calciné; verfez fur cette encre quelques goutes d'huile de vitriol ou d'eau forte, la couleur noire difparoitra; verfez de nouveau dans la liqueur quelques goutes de leffive de potaffe, la couleur noire reviendra & s'effacera encore par le moyen d'un peu efprit acide. Si vous écrivez fur du papier bleu avec le jus du limon, le bleu eft changé en jaune; & fi vous mêlez d'acide dans du firop violat, vous aurez une couleur rouge, & fi vous y mêlez de l'alkali, vous aurez une couleur verte; mêlez enfuite ces deux li-queurs, fi l'acide & l'alkali font d'une quantité égale, ce mêlange don-nera de bleu; remettez un peu d'alkali ou d'acide, vous aurez encore du verd ou du rouge.

Faites diffoudre très-peu de vitriol bleu dans une affez grande quan-tité d'eau, de maniere que fa couleur naturelle ne foit point changée, ajoutez-y un peu d'efprit de fel armoniac, toute l'eau acquérera une belle couleur bleue; verfez-y enfuite quelques goutes d'eau forte, cette belle cou-leur bleue difparoitra & il ne reftera que de l'eau claire qu'on boiroit fans peine. La Chimie nous a fait connoitre des effets fi furprenans dans le change-ment des couleurs, foit en diffolvant les métaux, foit en faifant fermenter enfemble des fels & des fouphres qui ne paroiffent avoir aucun rapport aux couleurs qui en proviennent, que fi la couleur des hommes & des animaux ne fe renouvelloit invariablement dans tous les individus de chaque ef-péce, nous pourrions attribuer cette diverfité aux fels & aux fouphres qui differentient les alimens & qui fuivant les climats & les fucs particu-liers à chaque fol, cauferoient d'inégales fermentations; car il n'y a pas plus de difficulté à admettre la même végetation dans le corps humain, que dans les plantes, dont le même fuc fait des fleurs, des fruits, &c. tantôt blancs, tantôt verds, jaunes & noirs, & fouvent toutes ces couleurs fe fuc-cedent dans le même fruit en très-peu de tems. C'eft même à l'abondance ou au manque de certains fels qu'il faut attribuer la diverfité des couleurs qui paroiffent dans les cheveux, & qui nous furprendroit beaucoup, fi elle faifoit le même effet fur la peau.

Je pourrois rapporter un grand nombre d'exemples de diverfes couleurs occafionnées par le mélange & la fermentation des acides & des alkalis; mais notre corps n'eft-il pas une preuve parlante de tout ce que je pourrois dire à ce fujet? Les alimens par la fermentation des diffolvans, divifent les fucs, qui, fe filtrant à travers je ne fçais combien de glandes, ont chacun leur couleur particuliere. Le chile eft blanc, le fang eft rouge, & la limphe eft tranfparente; ces couleurs font les mêmes chez tous les hommes. Si donc les alimens, par la feule fermentation qui fe fait dans l'eftomac, changent de couleur, & ceux qui étoient rouges deviennent blancs, & ceux qui étoient blancs deviennent rouges, il femble qu'on en pourroit conclurre que la caufe de la couleur des Négres pourroit être attribuée à la qualité des sucs alimentaires , en suppofant que les organes du corps ont souffert quel-que altération , & que les diffolvans , agiffant différemment , l'effet de la filtration doit avoir fait changer de couleur à la péau. C'eft au Lecteur à faire ufage de fa raifon , & à fe décider s'il trouve quelques lueurs de vérité dans quelqu'un de ces fiftémes. Pour moi , je penfe que les individus de chaque efpéce fe renouvelleront jufqu'à la fin du monde dans la même forme & avec les mêmes organes du prémier individu ; & quoique la couleur de chaque individu faffe partie de fa forme , & fe renouvelle conftamment la même, elle n'eft point cependant effentielle pour conftituer l'efpéce, mille caufes pouvant concourir pour changer & altérer les couleurs de chaque individu. Les poils des animaux & les cheveux de l'homme en forment journellement des exemples. La difficulté feroit bien moindre pour expliquer la couleur conftante des Blancs & des Noirs dans leur renouvellement, fi les Noirs , en paffant en Europe , ou les Blancs en paffant en Afrique , produifoient des Blancs dans la prémiere fuppofition , & des Noirs dans la feconde. Quand même ce renouvellement ne feroit point conftamment uniforme , on pourroit confidérer le climat & les fels propres à chacune de ces régions comme la caufe efficiente de ces diverfes couleurs ; mais le contraire étant manifeftement connu , m'empêche de regarder les fucs nourriciers , quoiqu'ils puiffent opérer des changemens évidens dans les corps colorés , comme la véritable caufe de la noirceur des Africains. J'aurois une véritable obligation à celui qui , par de nouvelles recherches fur l'origine de la couleur des Négres , pourroit refoudre les difficultés qui enveloppent une queftion fi difficile , & que Dieu , qui a livré le monde à la difpute des Philofophes , femble leur en avoir fait un fecret impénétrable.

REGLEMENS

POUR LE COMMERCE DE GUINÉE.

A méthode que j'ai employée pour expliquer les conditions impofées au commerce des Ifles Françoifes de l'Amérique, en rapprochant tous les Réglemens des difpofitions contenues dans les Lettres - Patentes du mois de Février de 1719, qui font la bafe de ce commerce par Marfeille, m'a paru claire, & à la portée de tous les Commerçans. Ils en paroiffent même fatisfaits. Je fuivrai la même route dans le peu que je me propofe de dire fur le commerce que nos Négocians peuvent entreprendre aux Côtes de Guinée, & pour cet effet, je rapporterai les Lettres-Patentes du mois de Janvier 1716, & je rappellerai les Réglemens rendus du depuis dans l'explication que je tâcherai d'en faire. Ce n'eft qu'en 1716, que cette branche de commerce a reçu une forme conftante & un encouragement proportionné aux rifques & aux pénibles foins que la Traite des Noirs entraine avec elle. Depuis long-tems ce commerce jouiffoit de plufieurs priviléges, qui, par les divers changemens qui furvenoient, le rendoient incertain. La France, comme on a déja vû, a été la prémiere des Nations Européennes qui aye formé des établiffemens fur les Côtes de Guinée. Les malheurs de nos divifions domeftiques, interrompirent l'expédition de nos Navires, & donnerent lieu à nos voifins de profiter de nos découvertes & d'en faire de nouvelles, qu'ils confervent encore. On fixe l'époque de nos établiffemens à la Côte des Greves en 1364; & par intervalles, les François n'ont pas difcontinué d'entretenir une correfpondance avec le petit Diepe jufqu'en l'année 1621, qu'une Compagnie, fous le nom des Indes Occidentales en Guinée, entreprit de faire ce commerce.

Quarante-trois ans après, une feconde Compagnie, fous le même nom, fe chargea de continuer ledit commerce; elle entra en poffeffion de fon privilége en 1664, & en jouit jufqu'en 1675. Les Compagnies n'ont été établies pour faire le commerce dans des pays éloignés, qu'afin de lui donner la force & la protection dont il a befoin, fur-

GUINÉE.
Traite des Noirs. tout dans fes commencemens. Les intéreſſés dans cette ſeconde Compagnie , penſerent plutôt à tirer du bénéfice de leur privilége , qu'à le faire ſervir à l'accroiſſement de notre navigation vers les Côtes d'Afrique. Ils impoſerent un droit de cinq pour cens ſur les Négres & ſur les autres marchandiſes qu'on iroit y charger. Peu curieux de faire eux-mêmes ces voyages , ils ſe contenterent d'en donner la permiſſion à tous les François qui voulurent faire des armemens pour les Côtes de Guinée ; cette impoſition de cinq pour cens rencheriſſoit la vente des Négres dans nos Iſles , elle excita des plaintes que le Conſeil trouva juſtes , puiſque par Arrêt du 26 Août 1670, les Négres furent déchargés de cette impoſition : les mémoires que les Négocians avoient envoyé au ſujet de l'exaction dudit droit repréſentoient avec force la néceſſité qu'il y avoit de favoriſer la Traite des Noirs dont le ſecours étoit indiſpenſable à nos Colonies naiſſantes , ſoit pour le défrichement des terres , ſoit pour les travaux les plus rudes des raffineries de ſucre. Les raiſons alléguées parurent déciſives , & cette branche de commerce ne parut pas moins importante que le commerce des Colonies Françoiſes en Amérique , qui ne pouvoit ſe ſoutenir , & augmenter que par ce moyen , à cauſe de la rareté des habitans & de la mortalité qui moiſſonnoit les nouveaux débarqués. On a vu les diſpoſitions de l'Arrêt du 4 Juin 1671 , par leſquélles le droit de cinq pour cent impoſé aux marchandiſes de l'Amérique fut réduit à trois pour cent , & l'exemption totale des droits de ſortie fut accordée aux marchandiſes & aux denrées de France embarquées pour les Colonies Françoiſes: le même motif qui avoit occaſioné ledit Arrêt fit juger qu'une pareille faveur étoit néceſſaire au commerce de Guinée. En conſéquence , par Arrêt du Conſeil du 18 Septembre 1671 , les marchandiſes deſtinées pour les Côtes de Guinée furent déchargées de tous les droits impoſés à la ſortie du Royaume , à la charge de juſtifier du déchargement deſd. marchandiſes en Guinée , en rapportant des Certificats ſignés des Commis de la Compagnie des Indes Occidentales , & de ramener les vaiſſeaux dans les Ports d'où ils avoient été expédiés , à peine de 3000 liv. d'amende , & d'être déchus de ladite exemption.

ARREST

DU CONSEIL D'ETAT DU ROI,

Qui exempte de tous droits de sortie, toutes les marchandises qui seront portées aux Côtes de Guinée.

Du 18 de Septembre 1671.

Extrait des Régistres du Conseil d'Etat.

LE ROI s'étant fait représenter en son Conseil l'Arrêt rendu en icelui le 4 Juin dernier, portant entre autres choses, qu'à commencer du prémier Juillet suivant, les marchandises qui seront chargées dans les Ports de France, pour être portées aux Isles de l'Amérique, occupées par les Sujets de Sa Majesté, seront exemptes de tous droits de sortie, & autres généralemens quelconques : Et Sa Majesté défirant que les Vaisseaux, tant de la Compagnie des Indes Occidentales, que des autres particuliers François, qui seront lors chargés dans lesdits Ports de France, pour y négocier aux Côtes de Guinée, & Traite des Négres, pour lesdites Isles, jouissent de la même exemption, Oui le rapport du Sieur Colbert, Conseiller d'Etat, & ordinaire au Conseil Royal, Contrôleur général des Finances, Sa Majesté étant en son Conseil, interprétant en tant que besoin seroit, ledit Arrêt du 4 Juin dernier, a ordonné & ordonne que toutes les marchandises qui seront chargées dans les Vaisseaux de la Compagnie des Indes Occidentales & des autres Sujets de Sa Majesté, dans les Ports de ce Royaume, pour être portées aux Côtes de Guinée, jouiront de l'exemption des droits de sortie portée par ledit Arrêt, à la charge par les Marchands, Maîtres, Capitaines & Propriétaires des Navires, de faire leurs soumissions aux Commis des Bureaux des Fermes - Unies des Ports où ils chargeront, d'y faire leur retour, & de rapporter Certificat de leur décharge en Guinée, des Commis de la Compagnie des Indes Occidentales, à peine d'être déchus de ladite exemption & de 3000 liv. d'amende, applicable moitié à Sa Majesté & l'autre moitié à l'Hôpital des lieux. Fait au Conseil d'Etat du Roi, Sa Majesté y étant, tenu à Paris, le dix-huitième jour de Septembre mil six cens soixante & onze.

Signé, RANCHIN.

Une heureuse expérience ayant fait connoître combien les travaux des Négres contribuoient à affermir nos établissemens dans les Antilles, & combien le commerce des Esclaves procuroit d'avantages à toute la Nation, sans parler de la conversion d'un grand nombre de Négres au Christianisme, pour encourager les armemens destinés à la Traite des Noirs, le Roi accorda une gratification de dix livres, payables aux

Armateurs , pour chaque Négre qui feroit débarqué aux Ifles François
fes de l'Amérique , & une gratification de trois livres que la Compagnie payeroit au Capitaine , également pour chaque Négre. L'appas
étoit féduifant , & produifit l'effet qu'on en attendoit. Chacun voulut
armer , & arma effectivement en vue de la recompenfe. L'Etat dé-
penfa une fomme confidérable , qui fructifia bientôt & fut une femence
de richeffes pour toutes les conditions du Royaume. Il n'y eut que la
Compagnie des Indes Occidentales qui fe trouva fruftrée dans fes efpérances de profit , par les gratifications qu'elle fut obligée de payer
à tous les Capitaines qui allerent en Guinée acheter des Efclaves. La
Traite des Noirs devint l'affaire du jour. Il y avoit gros à gagner , &
chacun voulut y prendre intérêt. Il fe préfenta plufieurs Compagnies
pour fe charger , exclufivement à tout autre , de cette branche de
commerce. L'ancienne Compagnie qui n'avoit point gagné , fe retira
à la fin de fon bail , & il fut fait , en 1673 , un nouveau Traité pour
quinze années avec une nouvelle Compagnie , fous le nom de Sénégal , en Guinée , à la charge d'envoyer chaque année deux mille Négres aux Ifles Antilles Françoifes. Cette claufe n'étant pas remplie
exactement , Oudiete , Fermier du Domaine d'Occident , fut choifi pour
faire cette fourniture , qu'il ne put pas remplir à fon tour à caufe de
divers accidens qu'il feroit fuperflu de rapporter ici. Sur les plaintes
des habitans de nos Colonies , il fut enjoint à la Compagnie du Sénégal de remplir fes engagemens , à quoi ne pouvant refufer de fatisfaire , elle fe détermina de foufermer fon privilége pour la Traite
des Négres , aux mêmes claufes & conditions. Ce fut en 1679 qu'elle
en fit la ceffion pour les huit années reftantes de fon bail. Les nouveaux Sous-Fermiers ne furent pas plus fidéles à remplir leurs engagemens que leurs Ceffionnaires. Ils n'envoyerent point aux Ifles le
nombre de Négres convenu , & dans l'efpérance de vendre leurs Efclaves plus avantageufement , ils empêcherent rigoureufement les autres Commerçans de faire ce qu'ils ne firent point eux-mêmes. Il eft
bon de remarquer ici , que cette Compagnie embraffoit une étendue
de Côtes prodigieufe , depuis le Cap Blanc , jufqu'à Sierra-Liona , &
depuis Sierra-Liona , jufqu'au Cap de Bonne-Efpérance. Cette remarque
eft néceffaire , parce qu'il va paroître une nouvelle Compagnie de
Guinée , diftincte & féparée de la Compagnie du Sénégal. Cette derniere pouvoit commercer depuis le Cap Blanc , jufqu'à la riviere de
Sierra-Liona , & la prémiere depuis Sierra-Liona , jufqu'au Cap de
Bonne-Efpérance. Ces deux Compagnies furent également privilégiées
à faire la Traite des Négres ; même encouragement & mêmes récompenfes pour toutes les deux. On crut par cette divifion augmenter
l'importation des Efclaves noirs en Amérique , & on ne fut pas trompé
dans l'efpérance qu'on en avoit conçue , la Compagnie du Sénégal ne
pouvant point parcourir les côtes du Cap-Verd & de Guinée en même
tems.

tems. Le commerce chez ces dernieres Nations, avoit été si négligé GUINÉE.
qu'il paroissoit abandonné. Il reprit faveur & l'émulation réciproque des *Traite des Noirs.*
deux Compagnies, produisit l'effet qu'on en attendoit. Je ne parlerai plus
que de la Compagnie de Guinée, & je ne dirai précisément que ce
qu'il faut, pour faire connoître les principaux Réglemens qui ont pré-
cedé les Lettres-Patentes du mois de Janvier 1716. Quel intérêt au-
rions-nous présentement de parler du Sénégal? Nous l'avons cedé.

La Compagnie de Guinée dont je rappelle ici l'établissement, fut
créée pour vingt années par Edit du mois de Janvier 1685, par lequel
toutes les marchandises du crû ou de fabrique de France, peuvent être
embarquées sur les Navires expédiés pour la Traite des Négres en
exemption, non-seulement de tous les droits de sortie & de passage
d'une Province dans une autre, mais encore de tous péages, passages,
&c. octrois & droits de Ville; & que ladite Compagnie pourra faire
venir de l'étranger, entreposer, & charger sur ses Navires, en franchise
de tous droits, tant d'entrée, que de sortie, toutes sortes de munitions de guerre & de bouche, bois, chanvre, toiles à voiles, goudron,
&c. & généralement tout ce qui peut servir à la construction, armement,
avituaillement, & radoub desdits Navires.

A l'égard des marchandises de la côte de Guinée, ou même de l'Amérique, chargées sur les Vaisseaux de la Compagnie & qui proviendront
de la vente des Esclaves noirs, elles ne devoient payer que la moitié
des droits d'entrée dans le Royaume; & pour encourager de plus en
plus la Traite des Négres & fournir nos Colonies d'une quantité suffisante d'Esclaves, le Roi accorde une gratification de treize livres pour
chaque Négre qui aura été débarqué aux Isles, & vingt livres pour chaque
marc de poudre d'or qui sera apportée en France, avec obligation, de
la part de ladite Compagnie, de transporter auxdites Isles de l'Amérique, mille Négres chaque année, & d'importer en France douze cens
marcs de poudre d'or, à l'exception des deux prémieres années qu'elle
aura la liberté de n'en apporter que mille marcs, laquelle gratification
lui sera payée sur le Certificat de l'Intendant ou du Gouverneur de l'Amérique, visé du Directeur des Domaines, faisant foi de la quantité de Négres qui y auront été débarqués. Ce Réglement est trop essentiel, pour
ne point trouver place ici. Il vaut mieux le lire en entier, que d'en
faire un plus long extrait. L'Edit que je cite, est une Déclaration; mais
tous les Réglemens postérieurs n'en parlant que sous la dénomination
d'Edit, je me suis conformé à cet usage.

DÉCLARATION DU ROI,

Pour l'établissement d'une Compagnie de Guinée, qui sera seule le Commerce des Nègres, de la poudre d'or, & de toutes autres marchandises qu'elle pourra traiter aux Côtes d'Afrique.

Du mois de Janvier 1685.

LOUIS par la grace de Dieu Roi de France & de Navarre : A tous présens & à venir, SALUT. Après avoir heureusement fini tant de longues & de différentes guerres, pendant le cours desquelles Dieu a beni visiblement & fait prospérer nos armes, Nous Nous sommes appliqués à procurer le repos à nos peuples, par les Traités de Paix & de Tréve que Nous avons faits avec les Princes & Etats nos Voisins. Et comme dans la tranquillité dont jouit à présent notre Royaume, rien ne peut si naturellement introduire l'abondance que le commerce : Nous avons résolu d'en procurer par toutes sortes de voyes l'augmentation, notamment de celui qui se fait dans les pays éloignés. Et ayant été informés que la Compagnie du Sénégal jouit d'une trop grande étendue de pays, & qu'elle prétend étendre sa concession depuis le Cap-Blanc jusques au Cap de Bonne-Espérance; ce qui comprend plus de quinze cens lieues de Côtes, dans lesquelles cette Compagnie, en conséquence de ses priviléges, exclut nos Sujets de faire, non-seulement le commerce & la traite des cuirs, de la gomme, du morfil, de la cire & autres marchandises dans les lieux & pays du Sénégal, Riviere de Gambie & Gorée, mais même celle des Nègres & de la Poudre d'Or dans la côte de Guinée, quoiqu'elle ne soit point en état d'y aller, ni par conséquent de porter aux Isles Françoises de l'Amérique, le nombre de Nègres nécessaires pour les plantations & les cultures qui font subsister nos Sujets desdites Isles, ni de traiter la quantité de Poudre d'Or, qu'on peut aisément tirer de cette côte pour la faire entrer dans notre Royaume : Nous aurions par l'Arrêt rendu en notre Conseil, Nous y étant, le 12 Septembre dernier, révoqué les priviléges accordés aux intéressés en la Compagnie du Sénégal, en exécution du Contrat du 21 Mars 1679, de faire seuls le commerce des côtes de Guinée, depuis la Riviere de Gambie jusques au Cap de Bonne-Espérance; & ensuite par autre Arrêt aussi rendu en notre Conseil le 6 Janvier 1685, après avoir entendu lesdits intéressés, Nous les aurions maintenus en la faculté de faire le commerce à l'exclusion de tous autres, ès côtes d'Afrique, depuis le Cap-Blanc jusques à la riviere de Serralionne exclusivement, au lieu de celle de Gambie portée par le précédent Arrêt. En conséquence desquels Arrêts ayant invité ceux de nos Sujets que Nous avons cru les plus capables & les plus intelligens à ces sortes de choses, d'entreprendre le commerce desdites côtes de Guinée, & voyant les dispositions des Particuliers qui pourroient faire une Compagnie selon notre intention : Nous avons résolu de faire pour ce expédier nos Lettres-Patentes pour l'établissement, & les conditions sous lesquelles Nous voulons former ladite compagnie. A CES CAUSES, & pour autres considérations à ce Nous mouvans, après avoir fait mettre cette affaire en délibération en notre Conseil, & en conséquence de la revocation faite par ledit Arrêt de notre Conseil du 11 Septembre 1684, ci-attaché sous le contre-scel de notre Chancellerie, lequel Nous voulons d'abondant être exécuté, sous la modification toutefois portée par ledit Arrêt du 6 Janvier 1685, pareillement attaché fous ledit contre-fcel, Nous avons de notre certaine fcience, pleine puiffance & autorité Royale, établi & établiffons par ces préfentes une compagnie fous le titre de *la Compagnie de Guinée*, qui fera compofée de ceux de nos Sujets que Nous choifirons à cet effet, pour par les intéreffés en icelle, faire feuls à l'exclufion de tous autres nos Sujets, le commerce des Negres, de la Poudre d'Or & de toutes autres marchandifes qu'ils pourront traiter aux côtes d'Afrique, depuis la riviere de Serralionne inclufivement jufqu'au Cap de Bonne-Efpérance, foit que lefdites côtes ayent été ci-devant occupées par nos Sujets, ou que ladite compagnie s'y établiffe en quelque maniere que ce foit, fans préjudice néanmoins des traités d'alliance, & de commerce que Nous avons faits avec les Princes & Etats de l'Europe, qui demeureront en leur force & vertu. Pourra ladite compagnie tranfporter feule, à l'exclufion de tous autres, des Négres aux Ifles Françoifes de l'Amérique, à la referve toutefois de la compagnie du Sénégal, à laquelle Nous permettons d'y faire tranfporter ceux qu'elle traitera dans l'étendue du Sénégal, Cap-Verd & lieux circonvoifins, jufques à la riviere de Serralionne exclufivement. Jouira ladite compagnie de l'effet du privilége, à elle ci-deffus accordé pendant le tems & efpace de vingt années confécutives, à commencer du jour & date des congés qui feront expédiés pour le depart des prémiers Vaiffeaux qu'elle envoyera faire ledit Commerce, fans que, fous quelque prétexte que ce foit, ladite compagnie de Guinée, foit tenue d'aucun dédommagement & indemnité envers ceux aufquels Nous avons ci-devant accordé des priviléges pour traiter ès lieux de la préfente conceffion, dont en tant que de befoin, Nous avons dès à préfent, comme dès-lors, déchargé ladite compagnie de Guinée: Faifant défenfes à tous autres nos Sujets d'y négocier ni de tranfporter aucuns Négres defdits pays aux Ifles, à peine de tous dépens, dommages & intérêts, confifcation des Vaiffeaux, Négres & marchandifes au profit de ladite compagnie, & trois mille livres d'amende, applicable moitié aux Hôpitaux des Ifles, & l'autre moitié à la compagnie. Pourront les intéreffés en la compagnie prendre entre eux en leurs Affemblées telles délibérations, & faire tels réfultats qu'ils aviferont pour le fait de leur commerce, & direction d'icelui en général & en particulier, fuivant le contract & fociété qu'ils feront entre eux. Ne pourront les effets de ladite compagnie, ni le fond des intéreffés en icelle, tant en principal que profits, être faifis par nos deniers & affaires, ni fous quelque autre prétexte que ce foit; & en cas de faifies & arrêts qui pourroient être faits à la Requête des créanciers particuliers d'aucuns des intéreffés, elles tiendront entre les mains du Caiffier Général de ladite compagnie, qui fera délivrance jufques à concurrence des caufes de la faifie, & à proportion des répartitions qui devront être faites entre les Affociés fuivant les réfultats de l'Affemblée, & les comptes qui y feront arrêtés, auxquels les faififfans feront tenus de fe rapporter, fans que fous quelque prétexte que ce foit le Caiffier Général ou particulier, & les Commis prépofés & Directeurs de la compagnie foient tenus d'en rendre compte, ni faire déclaration en conféquence defdites faifies, defquelles ils feront déchargés en repréfentant les comptes arrêtés par la compagnie, qui leur ferviront de décharge, en payant néanmoins le reliquat à qui il fera dû, fi aucun y a. Appartiendront à ladite compagnie en pleine propriété, les terres qu'elle pourra occuper ès lieux, & pendant le tems de fa conceffion, efquels Nous lui permettons de faire tels établiffemens que bon lui femblera, y conftruire des Forts pour fa fûreté, y faire tranfporter des armes & canons, & y établir des Commandans, & nombre d'Officiers & Soldats néceffaires pour affurer fon commerce, tant contre les étrangers que les naturels: auquel effet Nous permettons à ladite compagnie de faire avec les Rois Négres tels traités de commerce qu'elle avifera. Et après l'expiration du privilége par Nous préfentement accordé, voulons que ladite compagnie puiffe difpofer de fes habitations, armes, munitions, ainfi que de fes autres effets, meubles, uftenciles, marchandifes & vaiffeaux, comme de chofes à elle appartenantes en toute propriété. Ne pourra ladite compagnie employer, ni donner aucunes com-

GUINÉE.
Traite des Noirs.

miſſions qu'à des gens de la Religion Catholique, Apoſtolique & Romaine; & ex cas que ladite compagnie faſſe quelques établiſſemens dans les pays de la préſente concéſſion, elle ſera obligée de faire paſſer le nombre de Prêtres ou Miſſionnaires né ceſſaires pour l'inſtruction & exercice de ladite Religion, & donner les ſecours ſpirituels à ceux qui y auront été envoyés. Ne pourra ladite compagnie ſe ſervir pour ſon commerce d'autres Vaiſſeaux que de ceux à elle appartenans, ou à nos Sujets, armés & équipés dans nos Ports, à peine de déchéance de la préſente Con céſſion, & de confiſcation des Navires & des marchandiſes dont ils ſe trouveront chargés. Les priſes, ſi aucunes ſont faites par la compagnie, des Navires qui viendront traiter ès pays qu'elle aura occupés, ou qui contre la prohibition por tée par ces préſentes tranſporteront aux Iſles & Colonies Françoiſes de l'Améri que des Négres de Guinée, ſeront jugées; ſçavoir, celles qui ſeront faites au-deſſus, ou à la hauteur des Canaries allant en Guinée, ou venant de Guinée aux Iſles par les Intendans des Iſles Françoiſes de l'Amérique, avec eux appellé le nombre de ſix Conſeillers des Conſeils Souverains deſdites Iſles; & pour toutes les autres, par les Officiers de nos Amirautés des Havres & Ports de France, où les Vaiſſeaux qui auront fait leſdites priſes feront leur retour, le tout en la forme, & ainſi qu'il eſt porté par notre Ordonnance du mois d'Août 1681. Et à l'égard des con teſtations qui pourroient naître entre ladite compagnie de Guinée & autres com pagnies, elles ne pourront être jugées qu'en notre Conſeil. Les marchandiſes de toutes ſortes que la compagnie fera apporter pour ſon compte des pays de ſa con céſſion, ou des Iſles de l'Amérique, ſeront exemptes, conformément à l'Arrêt de notre Conſeil du 30 Mai 1664, de la moitié des droits à Nous, ou à nos Fermiers appartenans, mis ou à mettre aux Entrées, Ports & Havres du Royaume: Faiſons défenſes à noſdits Fermiers, leurs Commis & tous autres, d'en exiger au-delà du contenu aux préſentes, à peine de concuſſion, & de reſtitution du quadruple. Faiſons défenſes, conformément à l'Arrêt de notre Conſeil du 12 Février 1665, aux Maires, Echevins, Conſuls, Jurats, Syndics & Habitans des Villes, d'exiger de ladite compagnie aucuns droits d'octrois, de quelque nature qu'ils ſoient, ſur les denrées & marchandiſes qu'elle fera tranſporter dans ſes ma gaſins & Ports de mer pour les charger dans ſes Vaiſſeaux; deſquels droits Nous avons déchargé ladite compagnie & ſeſdites denrées & marchandiſes, nonobſtant toutes Lettres, Arrêts & clauſes contraires. Déclarons pareillement, conformément à l'Arrêt de notre Conſeil du 10 Mars 1665, ladite compagnie exempte de tous droits de péages, travers, paſſage & autres impoſitions, qui ſe perçoivent ès ri vieres de Loire, de Seine & autres, ſur les futailles vuides bois merrain, & bois à bâtir vaiſſeaux appartenans à ladite compagnie. Comme auſſi jouira, ſuivant les Ar rêts de notre Conſeil des 24 Avril & 26 Août 1665, de l'exemption & immunité de tous les droits d'entrée & de ſortie, & du bénéfice de l'entrepôt, des munitions de guerre & de bouche, bois, chanvre, toiles à faire voiles, cordages, goudron, canons de fer & de fonte, poudre, boulets, armes & autres choſes généralement quelconques de cette qualité, que ladite compagnie fera venir pour ſon compte tant des pays étrangers que de ceux de notre obéiſſance, ſoit que leſdites choſes ſoient deſtinées pour l'avituaillement, armement, radoub, équipement ou conſtruc tion des vaiſſeaux qu'elle équipera, ou ſera conſtruire dans nos Ports, ſoit qu'elles doivent être tranſportées ès lieux de ſa concéſſion. Et quant aux marchandiſes de ladite compagnie deſtinées pour leſdits lieux, & pour les Iſles & Colonies Fran çoiſes de l'Amérique, elles jouiront de l'exemption des droits de ſortie conformé ment aux Arrêts de notre Conſeil des 18 Septembre 1671, & 25 Novembre audit an, même en cas qu'elles ſortent par le Bureau d'Ingrande, encore qu'il ne ſoit exprimé dans leſdits Arrêts. Jouira en outre ladite compagnie de toutes autres exemp tions, franchiſes, décharges & immunités que Nous avons accordées à ladite com pagnie des Indes Occidentales, & à la compagnie du Sénégal, par notre Edit du mois de Mai 1664, & par les Arrêts de notre Conſeil donnés en faveur de l'une

& l'autre compagnie, que Nous voulons être exécutés, comme s'ils avoient été accordés au nom de la compagnie de Guinée. Ceux qui feront par Nous choifis pour compofer ladite compagnie de Guinée, fourniront à notre Secretaire d'Etat, ayant le département de la marine & du commerce, leur foumiffion de faire porter fur leurs vaiffeaux par chacun an, durant le tems porté par ces préfentes, dans nos Ifles & Colonies de l'Amérique la quantité de mille Nègres de Guinée, que la compagnie ou fes commis, pourra néanmoins traiter de gré à gré efdites Ifles & Colonies; & de faire pendant le même tems porter de la côte de Guinée dans notre Royaume, fçavoir, chacune des deux prémieres années, la quantité de mille marcs de Poudre d'Or : & celle de douze cens marcs pour chacune des années fuivantes. Et pour donner moyen à ladite compagnie de foutenir fon entreprife, Nous voulons que conformément à ce qui s'eft pratiqué jufques à préfent, depuis le Traité fait avec Me. Jean Oudiette le 16 Octobre 1675, il foit payé à ladite compagnie la fomme de treize livres par forme de gratification pour chaque tête de Nègre de Guinée qu'elle aura porté dans nos Ifles & Colonies de l'Amérique, fur le prix de la Ferme de notre Domaine d'Occident en la maniere accooutumée, en conféquence des certificats de l'Intendant des Ifles, ou des Gouverneurs en fon abfence, vifés par les Directeurs dudit domaine. Et à l'égard de la Poudre d'Or qu'elle rapportera des pays de fa conceffion, Nous voulons auffi & ordonnons être payé à ladite compagnie par forme de gratification en la maniere que deffus, la fomme de vingt livres pour chaque marc de Poudre d'Or, en rapportant les certifications du Maire & du Garde du Bureau de la Monnoye de Paris, vifées par les Directeurs du Domaine d'Occident. Ne feront par Nous accordées aucunes Lettres d'Etat, de Répi, Surféance, ou Evocation aux Débiteurs de la Compagnie; & fi aucunes étoient obtenues de Nous, ou de nos Juges, Nous les avons dès à préfent comme dès-lors déclarées nulles & de nulle valeur, faifant défenfes à nos Juges d'y avoir égard. Si donnons en mandement à nos amés & féaux Confeillers les Gens tenans nos Cours de Parlement & des Aydes à Paris, que ces préfentes. ils faffent lire, publier & enregiftrer, & le contenu en icelles garder & obferver felon fa forme & teneur, fans fouffrir qu'il y foit contrevenu en aucune forte; & maniere que ce foit. : Car tel eft notre plaifir. Et afin que ce foit chofe ferme & ftable à toujours, Nous avons fait mettre notre fcel à cefdites préfentes, fauf en autre chofe notre droit, & l'autrui en toutes. Donné à Verfailles au mois de Janvier, l'an de grace mil fix cens quatre-vingt-cinq, & de notre regne le quarante-deuxième. *Signé*, LOUIS. *Et plus bas;* par le Roi, COLBERT. *Et à côté*, *Vifa* LE TELLIER.

Les difpofitions de l'Edit du mois de Janvier de 1685, telles qu'on vient de les lire, furent exécutées fans oppofition jufqu'en 1688, que Jean Fauconnet, Fermier du Domaine d'Occident, prétendit que les exemptions de la moitié des droits d'entrée accordées à la Compagnie de Guinée fur les marchandifes provenant de fon Commerce, ne regardoient que les droits des cinq groffes Fermes, & ne pouvoient être appliquées à celui du Domaine d'Occident qui en étoit indépendant, & étoit deftiné aux fortifications & à la sûreté des Colonies Françoises. (Ce droit eft different de celui de 3 pour cent pour lequel il n'y a point d'autre franchife que celle nouvellement accordée pour les cotons en laine.) Il préfenta Requête au Confeil & apporta plufieurs raifons pour obtenir l'effet de fa demande. La Compagnie de Guinée donna fes défenfes, & l'affaire examinée au Confeil du Roi, les mêmes motifs qui avoient donné lieu à l'Edit de Janvier de 1685, en firent confirmer toutes les difpofitions, par Arrêt du 9 Mars 1688 qu'il m'a paru néceffaire de joindre ici.

A R R E S T

DU CONSEIL D'ETAT DU ROI,

Concernant l'exemption de la moitié des droits, accordé à la Compagnie de Guinée, fur les marchandifes provenant de fon commerce.

Du 9 Mars 1688.

Extrait des Régiftres du Confeil d'Etat.

SUR les Requêtes refpectivement préfentées au Roi en fon Confeil, l'une par Me. Jean Fauconnet, Fermier du Domaine d'Occident & autres Fermes-Unies, & l'autre par les Intéreffés en la Compagnie de Guinée; celle dudit Fauconnet contenant que, bien que par le bail qui lui a été fait dudit Domaine d'Occident, il doive & foit en poffeffion de jouir des droits de quarante fols pour chaque cent pefant de fucres & mofcoüades venant des Ifles Françoifes de l'Amérique, & de trois pour cent de l'eftimation des marchandifes venant defdites Ifles, tout ainfi qu'en a bien & düement joui Me. Jean Oudiette, précédent Fermier dudit Domaine, fans aucune exemption en faveur de qui que ce foit, néanmoins les Intéreffés en ladite Compagnie de Guinée, prétendent ne devoir payer que la moitié defdits droits, fous prétexte d'un article qu'ils ont fait inferer dans leurs priviléges, encore qu'il ne confifte qu'en l'exemption de la moitié des droits des cinq groffes Fermes feulement, tout-à-fait différens de ceux compris au bail dudit Domaine d'Occident, dont lefdits Intéreffés en ladite Compagnie de Guinée refufent le payement, à laquelle prétention le Suppliant eft d'autant plus obligé de s'oppofer, que fi elle avoit lieu, la Compagnie du Sénégal feroit en droit de prétendre la même exemption, de laquelle, non plus que les Intéreffés en ladite Compagnie de Guinée, elle n'a jamais joui, & que le Suppliant feroit dans l'impoffibilité de foutenir fa Ferme, à moins d'une indemnité proportionnée au préjudice & à la perte qu'il fouffriroit; requérant à ces caufes, qu'il plut à Sa Majefté fur ce lui pourvoir, ce faifant, conformément au réfultat du Confeil, qui a adjugé au Suppliant la Ferme dudit Domaine d'Occident, du 7 Avril 1685, lequel fera exécuté felon fa forme & teneur, ordonner que lefdits Intéreffés en ladite Compagnie de Guinée, feront tenus de payer au Suppliant, les droits de quarante fols pour chaque cent pefant de fucre & mofcoüades, venant defdites Ifles de l'Amérique, & de trois pour cent, de l'eftimation des marchandifes venant defdites Ifles, fefant défenfes aufdits intéreffés & tous autres de troubler le Suppliant en la jouiffance defdits droits, à peine de tous dépens, dommages & intérets, & de telle amende qu'il plaira à Sa Majefté. Et celle des Intéreffés en la Compagnie de Guinée, contenant que Sa Majefté a défiré l'établiffement de la Compagnie de Guinée par plufieurs raifons : prémierement, parce qu'il lui a paru qu'il étoit néceffaire à la confervation du Commerce & des Colonies françoifes des Ifles de l'Amérique, qui ne peuvent faire leur culture qu'avec le fecours des Négres que les Supplians leur fourniffent : & en fecond lieu, parce qu'il eft avantageux à l'Etat par le Commerce de la poudre d'or, que les Vaiffeaux de la Compagnie traitent en échange des merceries & autres manufactures de France de peu de valeur, en quoi la Compagnie eft d'autant plus favorable. Quant à fon droit, il eft fondé fur un Edit enrégiftré au Parlement, & en la Cour des Aydes plufieurs mois avant que la Compagnie fut, & auffi avant que Fauconnet eut le bail du Domaine d'Occident : Dans cet Edit, Sa Majefté s'eft expliquée fi nettement, pour faire connoître qu'elle vouloit que les marchandifes que la Compagnie apporteroit en France pour fon compte, fur fes Vaiffeaux, fuffent exemptes de la moitié des droits mis, ou à mettre, aux entrées, Ports & Havres du Royaume, qu'il y a lieu de s'étonner comment auconcun ofe infifter au contraire, & dire que c'eft une claufe qui a été gliffée par les Intéreffés. Il fuffiroit en deux mots de répliquer que c'eft une condition inférée dans un titre public d'un Edit, fous la foi duquel les Supplians fe font chargés de l'entreprife du commerce de la côte de Guinée, condition au refte que Fauconnet n'a pû ignorer lorfqu'il a pris fon bail, puifqu'elle avoit été publiée par l'enregiftrement qui en avoit été fait dans le mois de Janvier précédent, trois mois avant le bail de Fauconnet, qui fe doit imputer à lui-même, de ce qu'en prenant fon bail, il n'a pas mieux pris fes précautions pour le fait d'une exemption accordée à un tiers avant l'adjudication à lui faite. L'Article de l'Edit eft conçu en ces termes : *Les marchandifes de toutes fortes, que la Compagnie fera apporter pour fon compte, des pays de fa conceffion, ou des Ifles de l'Amérique, feront exemptes, conformément à l'Arrêt de notre Confeil du 30 Mai 1664, de la moitié des droits à nous appartenans, ou à nos Fermiers, mis ou à mettre, aux entrées, Ports & Havres de notre Royaume, faifant défenfes à nos Fermiers, leurs Commis & tous autres, d'en exiger au-delà du contenu aux préfentes, à peine de concuffion & de reftitution du quadruple.* Que cette énonciation & les peines portées par ledit Article font voir manifeftement qu'il a été mis en connoiffance de caufe : Que l'Arrêt du Confeil du 30 Mai 1664, énoncé audit Article, donne précifément à la Compagnie des Indes Occidentales, la moitié des droits des Fermes, fur toutes les marchandifes qu'elle fera venir, dont Sa Majefté lui fait don, au lieu de 40 liv. par tonneau, que le Roi avoit accordé à ladite Compagnie : Que cette exemption de la moitié des droits, équipolloit juftement auxdits 40 liv. par tonneau, parce que les droits fur les fucres étoient aux entrées de 4 liv. par quintal, ce qui montoit à 80. liv. par tonneau, dont la moitié de donnoit l'exemption, revenoit juftement auxdites 40 liv. Que s'il a plû depuis ce tems à Sa Majefté de décharger les droits d'entrée de France de 40 f. & de les porter à la Ferme du Domaine d'Occident, cela n'auroit rien dû changer aux privilèges de la Compagnie des Indes Occidentales, fi elle avoit fubfifté, qui étoit cette même exemption de 40 f. par quintal, dont 20 fols auroient été pris fur la Ferme des cinq groffes Fermes, & 20 f. fur celle du Domaine d'Occident : Qu'il ne faut point tirer de conféquence, fi du tems du bail d'Oudiette, les Intéreffés en la Compagnie de Guinée n'ont pas joui dudit privilège, puifqu'ils n'ont point été en état d'en pouvoir jouir, la nomination de leurs perfonnes pour compofer ladite Compagnie, n'ayant été faite qu'au mois de Mai 1685, & leurs prémiers Navires n'étant partis de France que depuis le mois de Juillet de la même année, que Fauconnet eft entré en jouiffance de ladite Ferme du Domaine d'Occident ; que les Intéreffés en ladite Compagnie de Guinée, n'ont accepté la nomination qui a été faite de leurs perfonnes, que fur la foi de ladite Déclaration & des privilèges y contenus ; qu'ils fe font mis en de groffes avances & font encore obligés, par ordre de Sa Majefté, de faire de nouveaux établiffemens pour la traite de la poudre d'or, ce qu'ils feroient abfolument contraints d'abandonner, s'ils étoient privés de cette exemption & de la grace qu'il a plû à Sa Ma-

GUINÉE.
Traite des Noirs.

jefté de leur accorder ; que l'exemple de la Compagnie du Sénégal, ne peut point être tiré à conféquence contre les Supplians ; car outre qu'il pourroit être que par les lettres de fon établiffement elle n'eut pas un privilége auffi formel que celui de la Compagnie de Guinée, il eft sûr d'ailleurs qu'elle n'a pas tant de raifons de le demander, puifqu'elle n'eft pas engagée en de fi longs & de fi périlleux voyages, & par conféquent en de fi grandes dépenfes, la conceffion de la Compagnie de Guinée commençant à la riviere de Sierra-Liona, jufqu'au Cap de Bonne-Efpérance, au lieu que celle du Sénégal ne va que jufqu'à la riviere de Sierra-Liona, joint que ladite Compagnie du Sénégal, n'ayant pû foutenir les dépenfes de ce commerce, les Ifles en fouffrant confidérablement, Sa Majefté s'eft trouvée obligée de révoquer fon privilége & de choifir de nouveaux Sujets pour former une nouvelle Compagnie, à laquelle elle a bien voulu donner quelque exemption particuliere, pour lui donner lieu de pouvoir foutenir ce commerce, requérant à ces caufes, les Intéreffés à la Compagnie de Guinée, qu'il plût à Sa Majefté, fans s'arrêter à la Requête de Fauconnet, dont il fera débouté, ordonner que l'Edit d'établiffement de la Compagnie de Guinée, du mois de Janvier 1685, fera exécuté felon fa forme & teneur, ce fefant & conformément à icelui, les Supplians maintenus en la jouiffance de tous droits, priviléges, immunités & exemptions à elle accordés par ledit Edit, & en conféquence que les marchandifes de toutes fortes, qu'elle fera apporter pour fon compte des pays de fa conceffion & des Ifles de l'Amérique, demeureront exemptes, conformément à l'Arrêt du 30 Mai 1664, de la moitié de tous droits appartenant à fadite Majefté, ou à fes Fermiers, mis & à mettre aux entrées, Ports & Havres du Royaume, défenfes audit Fauconnet & à tous autres Fermiers du Domaine d'Occident, d'en exiger davantage, à peine de concuffion & de reftitution du quadruple, & Fauconnet condamné aux dommages & intérêts des Supplians, pour la contravention par lui apportée à l'exécution dudit Edit du mois de Janvier 1685. Vû lefdites Requêtes, comme auffi celle de Pierre Domergue, Fermier des Domaines de Canada & autres Fermes-Unies, tendant à même fin que la Requête dudit Fauconnet, enfemble ledit Edit d'établiffement de la Compagnie de Guinée du mois de Janvier 1685, l'Arrêt de nomination faite par Sa Majefté, des perfonnes qui compofent ladite Compagnie, du 12 Mai 1685, l'Arrêt du Confeil du 30 Mai 1664, le Réfultat du Confeil du 7 Avril 1685, qui adjuge à Fauconnet la Ferme du Domaine d'Occident, & tout confidéré, oui le rapport du fieur le Pelletier*, Confeiller ordinau Confeil Royal, Contrôleur général des Finances, le Roi, en fon Confeil fefant droit fur lefdites Requêtes refpectives, ayant aucunement égard à celles des Intéreffés en la Compagnie de Guinée, a ordonné & ordonne, conformément aux lettres d'établiffement de ladite Compagnie, que les marchandifes de toutes fortes qu'elle fera apporter pour fon compte des pays de fa conceffion, feront exemptes de la moitié des droits appartenant à Sa Majefté, ou à fes Fermiers mis & à mettre aux entrées, Ports & Havres du Royaume, & à l'égard des fucres & autres marchandifes des Ifles de l'Amérique, que ladite Compagnie pourra en rapporter, provenant de la vente des Négres & autres marchandifes qu'elle aura tranfportées aux côtes de Guinée, qu'elle jouira pareillement de l'exemption de la moitié defdits droits, jufqu'à la concurrence feulement de ce qui lui aura été donné en payement des Négres & marchandifes qu'elle aura fait tranfporter des côtes de Guinée dans lefdites Ifles, fuivant les Certificats qui en feront délivrés par l'Intendant aufdites Ifles, ou fes Subdélegués en fon abfence. Fait au Confeil d'Etat du Roi, tenu à Verfailles, le neuvième jour de Mars mil fix cens quatre-vingt-huit.

Signé, ROUILLET.

La Compagnie de Guinée devoit exercer fon privilége par elle-mê-me, pour jouir des exemptions qui y font attachées. La ceffionou les
permiffions

permiffions qu'elle accordoit à des Armateurs particuliers, n'opéroient point le même effet ; c'eft ce qui fut décidé par Arrêt du Confeil du 2 Août 1701, contre Srs. Chambellain, Saupin & Compagnie, qui avoient armé trois Vaiffeaux, le prémier au Havre, le fecond au Port de la Rochelle, & le troifième à St. Malo, en vertu des permiffions qu'ils en avoient obtenues. Ils avoient fait venir diverfes marchandifes d'Hollande & des Provinces du Royaume, pour compofer les cargaifons defdits Navires. Ils furent condamnés à payer les droits, comme fi lefdites marchandifes n'avoient point été deftinées pour la Guinée.

Le bail de la Compagnie de Guinée ne devoit finir qu'en 1705, étant pour vingt années ; mais la guerre qui furvint à l'occafion de la fucceffion au Thrône d'Efpagne, dont l'Angleterre vouloit exclurre Philippe V, ayant fait ceffer la fourniture d'Efclaves noirs que les Anglois faifoient aux Efpagnols, & dont les Indes Efpagnoles ne peuvent fe paffer, ladite Compagnie de Guinée foufcrivit, avec l'agrément du Roi, au Traité qui fut paffé le 27 Août 1702, par le Miniftre de Sa Majefté Catholique au nom du Roi d'Efpagne, & par Mr. Ducaffe, Chef d'Efcadre, au nom de ladite Compagnie de Guinée, pour dix années à commencer le prémier Septembre 1702, & finir à pareil jour de l'année 1712. Ce fut à caufe de ce Traité que ladite Compagnie prit le nom d'Affiente, qui en Efpagnol fignifie Ferme, & elle s'engagea à fournir pendant la guerre 38000 Négres, & en tems de paix 48000, en payant pour le droit du Roi d'Efpagne 33 piaftres & un tiers pour chaque Négre, pièce d'Inde, fans pouvoir porter fur fes Vaiffeaux que des Efclaves Noirs & les vivres néceffaires pour leur nourriture. Cette derniere claufe fut jugée fi importante, que par Arrêt du 9 Juin 1703, le Roi fit des défenfes très-rigoureufes à tous fes Sujets qui feroient employés par la Compagnie d'Affiente, d'y contrevenir.

Je ne rappelle point ici ces deux Arrêts ni quelques Décifions particulieres que les circonftances de la guerre avoient occafionnées. La connoiffance ne m'en paroit pas néceffaire. Par la Paix d'Utrech, le calme fut rendu à l'Europe, & les Anglois rentrerent dans la fourniture des Négres pour les Indes Efpagnoles, que la guerre avoit interrompue. Le Traité de la Compagnie d'Affiente, fe trouvoit confommé ; ce qui occafionna plufieurs Mémoires de la part des Négocians du Royaume, pour demander la liberté du Commerce de Guinée, comme devant contribuer à l'augmentation de celui de nos Colonies, dont les progrès étoient reconnus fi avantageux pour tout le Royaume. Le Roi, perfuadé que le Commerce de nos Colonies en Amérique, ne pouvoit être trop favorifé, ne voulut point écouter les propofitions que firent différentes Compagnies pour obtenir la continuation du privilége exclufif pour la Traite des Négres. Il préfera l'utilité publique, au bénéfice particulier qu'il en auroit retiré ; en conféquence il fut libre à tout Armateur, en prenant un paffe-port, d'expédier fes Navires pour les côtes de Guinée, d'y vendre ses marchandises, & d'y acheter des Esclaves pour les transporter dans nos Isles. Ces passe-ports étoient délivrés sur la soumission de payer 30 liv. pour chaque Négre introduit au Cap, & 15 liv. pour chaque Négre introduit aux Isles du Vent. Le payement des sommes dûes en vertu desdites soumissions, fut moderé aux deux tiers, à cause de la mortalité qui avoit enlevé une partie desdits Négres.

Les anciens Réglemens concernant le Commerce de Guinée, avec les clauses, restrictions ou augmentations des priviléges que les circonstances du tems rendirent nécessaires, furent exécutés jusqu'en 1716, que Sa Majesté, par nouveau Réglement, donna une forme constante audit Commerce. Ce sont les Lettres-Patentes du mois de Janvier de 1716 dont je veux parler, & que je joins ici avec l'Arrêt du 30 Septembre 1741, qu'il ne faut pas en separer.

LETTRES PATENTES

DU ROI,

Pour la liberté du Commerce sur les Côtes de Guinée & d'Afrique.

Données à Paris au mois de Janvier 1716.

LOUIS par la grace de Dieu Roi de France & de Navarre : A tous présens & à venir, SALUT. Par les Lettres-Patentes du feu Roi notre très-honoré Seigneur & Bisayeul, du mois de Janvier 1685, il auroit été établi une Compagnie sous le titre de *Compagnie de Guinée*, pour faire pendant l'espace de vingt années, à l'exclusion de tous autres, le commerce des Négres, de la Poudre d'Or, & de toutes autres marchandises qu'elle pourroit traiter ès Côtes d'Afrique, depuis la Riviere de Sierra-Lyona inclusivement, jusqu'au Cap de Bonne-Espérance ; & il auroit été attribué à cette Compagnie plusieurs priviléges & exemptions & entr'autres celle de la moitié des droits d'entrée sur les marchandises de toute sorte qu'elle feroit apporter des pays de sa concession, & des Isles de l'Amérique pour son compte : quoique le terme fixé par ces Lettres-Patentes fut expiré, le feu Roi notre très-honoré Seigneur, auroit trouvé bon, à cause des engagemens où cette Compagnie étoit pour la fourniture des Négres aux Indes Espagnoles, qu'elle continuât de jouir des mêmes priviléges & exemptions, sous le nom du Traité de l'Assiente, jusqu'au mois de Novembre 1713. Et les Négocians de notre Royaume ayant alors représenté, qu'il convenoit au bien du commerce en général, & en particulier à l'augmentation des Isles Françoises de l'Amérique, que le commerce de la Côte de Guinée fut libre, le feu Roi ne jugea pas à propos de former une nouvelle Compagnie, quoique plusieurs personnes se fussent offertes pour la composer. Et comme nous voulons assurer la liberté à ce commerce, & traiter favorablement les Négocians & Marchands qui l'entreprendront, pour leur donner moyen de le rendre plus considérable qu'il n'a été par le passé, & procurer par-là à nos Sujets des Isles Françoises de l'Amérique, le nombre de Négres nécessaires pour entretenir & augmenter la culture de leurs terres. A CES CAUSES & autres à ce Nous mouvans, de l'avis de notre très-cher & très-amé Oncle le Duc d'Orléans Regent, notre très-cher & très-amé Cousin le Duc de Bourbon, de notre très-cher & très-amé Oncle le Duc du Maine, de notre très-cher & très-amé Oncle le Comte de Toulouse, & autres Pairs de France, grands & notables Personnages de notre Royaume, & de notre certaine science, pleine puissance & autorité Royale, Nous avons dit, statué & ordonné, disons, statuons & ordonnons, voulons & Nous plaît ce qui ensuit.

ARTICLE PREMIER.

Nous avons permis & permettons à tous les Négocians de notre Royaume, de faire librement à l'avenir le commerce des Négres, de la Poudre d'Or & de toutes les autres marchandises qu'ils pourront tirer des Côtes d'Afrique, depuis la Riviere de Sierra-Lyona inclusivement, jusqu'au Cap de Bonne-Espérance, à condition qu'ils ne pourront armer ni équiper leurs Vaisseaux que dans les Ports de Rouen, la Rochelle, Bordeaux & Nantes.

II.

Les Maîtres & Capitaines des Vaisseaux, qui voudront faire le Commerce de la côte de Guinée, seront tenus d'en faire la déclaration au Greffe de l'Amirauté, établi dans le lieu de leur départ, & de donner au Bureau des Fermes une soumission, par laquelle ils s'obligeront de faire leur retour dans l'un des Ports de Rouen, la Rochelle, Bordeaux & Nantes, sans néanmoins que les Vaisseaux qui seront partis de Rouen, la Rochelle & Bordeaux, puissent faire leur retour à Nantes & Saint Malo.

III.

Les Négocians dont les Vaisseaux transporteront aux Isles Françoises de l'Amérique, des Négres provenans de la Traite qu'ils auront faite à la côte de Guinée, seront tenus de payer après le retour de leurs Vaisseaux dans l'un des Ports de Rouen, la Rochelle, Bordeaux & Nantes, entre les mains du Trésorier général de la Marine en exercice, la somme de vingt livres par chaque Négre qui aura été débarqué auxdites Isles, dont ils donneront leurs soumissions au Greffe de l'Amirauté, en prenant les congés de notre très-cher & très-amé Oncle Louis-Alexandre de Bourbon, Comte de Toulouse, Amiral de France. Et à l'égard des Négocians dont les Vaisseaux feront seulement la Traite de la poudre d'or, & d'autres marchandises à ladite côte, ils seront aussi tenus après le retour de leurs Vaisseaux dans l'un desdits Ports, de payer entre les mains du Trésorier de la Marine, la somme de trois livres pour chaque tonneau du Port de leurs Vaisseaux, pour être le produit desdites vingt liv. & trois liv. employé par les ordres du Conseil de la Marine, à l'entretien des Forts & Comptoirs qui sont ou seront établis sur ladite côte de Guinée, de laquelle dépense nous demeurerons chargés à l'avenir.

IV.

Exemptons néanmoins du payement dudit droit de trois livres par tonneau pendant les trois années prochaines & consécutives, à compter du jour & date de l'enregistrement des Présentes, ceux de nos Sujets dont les Vaisseaux ne feront à ladite côte de Guinée, que la seule Traite de l'or & marchandises autres que des Négres.

V.

Voulons que les marchandises de toutes sortes qui seront apportées des côtes de Guinée par nos Sujets à droiture dans les Ports de Rouen, la Rochelle, Bordeaux & Nantes, soient exemptes de la moitié de tous droits d'entrée, tant de nos Fermes que locaux, mis & à mettre. Voulons aussi que les Sucres & autres espéces de marchandises que nosdits Sujets apporteront des Isles Françoises de l'Amérique, provenantes de la vente & du troc des Négres, jouissent de la même exemption, en justifiant par un certificat du sieur Intendant aux Isles, ou d'un Commissaire-Ordonnateur, ou du Commis du Domaine d'Occident, que les marchandises embarquées auxdites Isles proviennent de la vente & du troc des Négres que lesdits Vaisseaux y auront déchargé, lesquels Certificats feront mention du nom des Vaiffeaux & du nombre de Négres qui auront été débarqués auxdites Ifles, & demeureront au Bureau de nos Fermes, dont les Receveurs donneront une ampliation fans fraix aux Capitaines ou Armateurs', pour fervir ainfi qu'il appartiendra. Fai-fons défenfes à nos Fermiers, leurs Procureurs ou Commis, de per-cevoir autres ni plus grands droits, à peine du quadruple.

V I.

Les toiles de toutes fortes, la quincaillerie, la mercerie, la vero-terie, tant fimple que contre - brodée, les barres de fer plat', les fufils, les fabres & autres armes, & les pierres à fufil, le tout des fabriques de notre Royaume, enfemble le corail, jouiront de l'exemption de tous droits de fortie dûs à nos Fermes, tant dans les Bureaux de leur paffage, que dans ceux du Port de leur embarque-ment, à la charge qu'elles feront déclarées pour le Commerce de Guinée, au prémier Bureau de nos cinq groffes Fermes, & qu'il y fera pris un acquit à caution en la maniere accoutumée, pour en affurer l'embar-quement dans l'un defdits quatre Ports, jufques auquel tems lefdites marchandifes feront mifes dans le magafin d'entrepôt, fous deux clefs différentes, dont l'une fera gardée par le Commis de l'Adjudicataire de nos Fermes, & l'autre par celui qui fera prépofé par les Négocians, le tout à leurs frais. Et à l'égard des vins d'Anjou & autres crûs des côtes de la riviere de Loire, deftinés pour la Guinée, il en fera ufé comme à l'égard de ceux deftinés pour les Ifles Françoifes de l'Amé-rique, fuivant l'Arrêt de notre Confeil du 23 Septembre 1710. Et pour ce qui concerne les vins de Bordeaux, Nous voulons pareillement qu'il en foit ufé de la même maniere qu'il fe pratique à l'égard de ceux qui y font embarqués pour les Ifles Françoifes de l'Amérique, en y pre-nant le chargement defdits vins, & y faifant les foumiffions accoutumées.

V I I.

Permettons auxdits Négocians d'entrepofer dans les Ports de Rouen, la Rochelle, Bordeaux & Nantes, les marchandifes appellées cauris, les toiles de coton des Indes, blanches, bleues & rayées, les toiles peintes, les criftaux en grains, les petits miroirs d'Allemagne, le vieux linge & les pipes à fumer, qu'ils tireront de Hollande & du Nord, par mer feulement pour le Commerce de Guinée. Voulons auffi qu'ils jouiffent du même entrepôt pendant l'efpace de deux années feulement, à compter du jour & date de l'enregiftrement des Préfentes, pour les couteaux Flamands, les chandieres & toutes fortes de batteries de cui-vre; le tout à condition que lefdites marchandifes étrangeres feront déclarées à leur arrivée aux Commis des Bureaux de nos Fermes, &

GUINÉE.
Traite des Noirs.

ensuite déposées dans un magasin qui sera choisi pour cet effet, & fermé à deux clefs, dont l'une restera ès mains du Commis des Fermes, & l'autre sera remise à celui que les Négocians préposeront, le tout à leurs frais.

VIII.

Les Commis de l'Adjudicataire de nos Fermes en chacun desdits Ports, tiendront un registre qui sera cotté & paraphé par le Directeur de nos Fermes, dans lequel ledit Commis enregistrera par quantité, les marchandises spécifiées dans les deux Articles précédens, à fur & à mesure qu'elles seront déposées dans les magasins d'entrepôts. Défendons auxdits Commis de n'en certifier la descente sur les acquits à caution qui auront été pris dans les prémiers Bureaux, qu'après que la vérification, l'enregistrement & la décharge en auront été faits dans lesdits magasins d'entrepôt, d'où elles ne pourront être tirées que pour être embarquées dans les Vaisseaux qui partiront pour les côtes de Guinée, & lors de l'embarquement desdites marchandises, tant étrangeres, qu'originaires du Royaume pour lesdites côtes de Guinée. Voulons qu'il en soit fait mention en marge du Registre, à côté de chaque Article d'arrivée, avec dénomination du nom du Vaisseau dans lequel elles auront été embarquées, & que cette mention soit signée, tant par le Commis des Fermes, que par le Préposé des Négocians, même par le Capitaine du Vaisseau qui les aura reçues pour les embarquer, ou par son Armateur.

IX.

Permettons néanmoins aux Marchands & Négocians de la Ville de St. Malo, d'armer & d'équiper dans leur Port des Vaisseaux pour la côte de Guinée & pour les Isles Françoises de l'Amérique, & de faire leur retour dans ledit Port, aux clauses, charges, conditions & exemptions portées par les précédens Articles, en nous payant pour les marchandises qui proviendront de la côte de Guinée, & des Isles Françoises de l'Amérique tels & semblables droits qui se perçoivent à notre profit dans la ville de Nantes, outre & par-dessus ceux qui se lévent, suivant l'usage accoutumé dans ledit Port de St. Malo, au profit de notre très-cher & très-amé Oncle Louis-Alexandre de Bourbon, Comte de Toulouse, Duc de Penthievre, Amiral de France, & Gouverneur de Brétagne.

SI DONNONS EN MANDEMENT, à nos amés & féaux Conseillers les Gens tenant notre Cour de Parlement, Chambre des Comptes & Cour des Aydes à Paris, que ces Présentes ils ayent à faire lire, publier

GUINÉE.

Traité des Noirs

& régiftrer, & le contenu en icelles exécuter felon leur forme & teneur : Car tel eft notre plaifir. Et afin que ce foit chofé ferme & ftable à toujours, Nous avons fait mettre notre Scel à cefdites Préfentes.

Donne' à Paris au mois de Janvier, l'an de grace mil fept cens
feize, & de notre régne le prémier. *Signé*, LOUIS ; *Et plus bas*,
Par le Roi, LE DUC D'ORLEANS, Régent, préfent. PHELYPEAUX. *Vifa*,
VOYSIN. Vû au Confeil, VILLEROY. Et fcellées du grand fceau de cire
verte, en lacs de foye rouge & verte.

*Régiftrée, oui, & ce requérant le Procureur Général du Roi, pour être
exécutées felon leur forme & teneur ; & copies collationnées, envoyées aux
Bailliages & Sénéchauffées du Reffort, pour y être lûes, publiées & régiftrées ; Enjoint aux Subftituts du Procureur Général du Roi d'y tenir la
main, & d'en certifier la Cour dans un mois, fuivant l'Arrêt de ce jour.
A Paris en Parlement l'onzième Mars mil fept cens feize.*

Signé, DONGOIS.

Collationné, aux Originaux par Nous Ecuyer,
Confeiller-Sécretaire du Roi, Maifon-Couronne
de France & de fes Finances.

ARREST

DU CONSEIL D'ETAT DU ROI,

Qui permet aux Négocians & Armateurs des Ports autorisés à faire le commerce des Colonies de l'Amérique, d'armer & équiper leurs vaisseaux pour la Côte de Guinée, en se conformant aux Arrêts & Réglemens concernant le commerce de ladite Côte.

Du 30 Septembre 1741.

Extrait des Registres du Conseil d'État.

LE ROI s'étant fait représenter la déclaration du mois de Janvier 1685, portant établissement d'une compagnie pour faire exclusivement le commerce à la côte de Guinée, les Lettres-Patentes du mois de Janvier 1716, qui accordent à tous les Marchands du Royaume, la liberté du commerce de la côte de Guinée, à condition néanmoins qu'ils ne pourront armer ni équiper leurs vaisseaux, que dans les Ports de Rouen, la Rochelle, Bordeaux & Nantes, & pareillement aux Négocians de Saint Malo, en payant pour les marchandises qui proviendront de la côte de Guinée & des Isles Françoises de l'Amérique, tels & semblables droits qui se perçoivent dans la ville de Nantes : les Lettres-Patentes du mois d'Avril 1717, portant Réglement pour le commerce des Colonies Françoises, par le premier article desquelles les armemens destinés pour lesdites Isles pourront seulement se faire dans les Ports de Calais, Dieppe, le Havre, Rouen, Honfleur, Saint Malo, Morlaix, Brest, Nantes, la Rochelle, Bordeaux, Bayonne & Cette : autres Lettres-Patentes des mois de Février 1719 & 8 octobre 1721, données en faveur de Marseille & de Dunkerque : l'Arrêt du Conseil du 11 Décembre 1728, rendu en faveur de Vannes, par lesquelles Lettres-Patentes & Arrêt, il est permis de faire dans lesdits Ports, les armemens pour les Isles & Colonies, ainsi que dans ceux désignés par les Lettres-Patentes du mois d'Avril 1717. Les Lettres-Patentes du mois de Janvier 1719, portant permission aux Négocians de Languedoc de faire le commerce de Guinée : L'Arrêt du Conseil du 27 Septembre 1720 qui accorde & réunit à la compagnie des Indes, le privilège & le commerce exclusif de la côte d'Afrique. Vû aussi le Mémoire des Fermiers Généraux & l'avis des Députés au Bureau de commerce : & Sa Majesté étant informée que plusieurs Armateurs des Ports non dénommés dans les Lettres-Patentes du mois de Janvier 1716 sont incertains s'ils peuvent armer pour ladite côte, en obtenant des permissions de la compagnie des Indes, ainsi que ceux des Ports qui y sont dénommés ; à quoi étant nécessaire de pourvoir. Oui le rapport du sieur Orry Conseiller d'Etat, & ordinaire au Conseil Royal, Contrôleur Général des Finances, Sa Majesté étant en son Conseil, a permis & permet, tant aux Négocians & Armateurs des Ports dénommés par l'article premier des Lettres-Patentes du mois d'Avril 1717 qu'à ceux des autres Ports auxquels il a aussi été permis depuis de faire le commerce des Colonies de l'Amérique, d'armer & équiper leurs vaisseaux pour la côte de Guinée, tout
ainsi

ainfi qu'il avoit été accordé aux Négocians & Armateurs des Ports défignés par les Lettres-Patentes du mois de Janvier 1716 pour ledit commerce d'Afrique ; & ce après que tous lefdits Négocians & Armateurs en auront obtenu la permiffion de la compagnie des Indes, & en fe conformant aux Arrêts, Réglemens concernant ledit commerce de Guinée. Enjoint Sa Majefté aux fieurs Intendans & Commiffaires départis pour l'exécution de fes ordres dans les Ports & Havres du Royaume, de tenir la main à l'exécution du préfent Arrêt, qui fera lû, publié & affiché par-tout où befoin fera, & fur lequel feront toutes lettres néceffaires expédiées. Fait au Confeil d'Etat du Roi, Sa Majefté y étant, tenu à Verfailles le trentième jour de Septembre mil fept cens quarante-un.

Signé, PHELYPEAUX.

LOUIS par la grace de Dieu, Roi de France & de Navarre, Comte de Provence, Forcalquier & Terres adjacentes : A nos amés & feaux Confeillers en nos Confeils, les Sieurs Intendans & Commiffaires départis pour l'exécution de nos Ordres dans les Ports & Havres de notre Royaume, SALUT. Nous vous mandons & enjoignons par ces préfentes fignées de Nous, de tenir, chacun en droit foi, la main à l'exécution de l'Arrêt dont extrait eft ci-attaché fous le contre-fcel de notre Chancellerie, cejourd'hui rendu en notre Confeil d'Etat, Nous y étant, pour les caufes y contenues : commandons au prémier notre Huiffier ou Sergent fur ce requis, de fignifier ledit Arrêt à tous qu'il appartiendra, à ce que perfonne n'en ignore ; & de faire en outre pour fon entiere exécution, tous actes & exploits requis & néceffaires, fans autre permiffion : Car tel eft notre plaifir. Donné à Verfailles, le trentième jour de Septembre, l'an de grace mil fept cens quarante-un, & de notre regne le vingt-feptième. *Signé* LOUIS. *Et plus bas*, par le Roi, Comte de Provence. *Signé*, PHELYPEAUX. Et Scellé du grand Sceau de cire jaune.

Collationné aux Originaux par Nous Ecuyer Confeiller-Secretaire du Roi, Maifon, Couronne de France & de fes Finances.

N'y ayant aucun Port de la Province du Languedoc dénommé dans les Lettres-Patentes du mois de Janvier 1716, pour faire le Commerce de Guinée, les Etats firent des repréfentations, & fupplierent Sa Majefté de rendre cette faveur commune au Port de Cette. Leur demande fut écoutée favorablement ; & par Lettres-Patentes du mois de Janvier 1719, la liberté du Commerce de Guinée fut accordée audit Port de Cette. Je ne rapporterai point ces dernieres Lettres-Patentes, qui font les mêmes dans le fond & dans la forme, que celles de 1716, à quelques petits changemens près, occafionnés par quelques décifions rendues en interprétation defdites Lettres-Patentes de 1716 & qu'il fuffit de faire connoître. Par l'Article prémier le Port de Cette eft dénommé au lieu de ceux mentionnés dans celles de 1716. Par l'Article II les Navires doivent faire leur retour au Port de Cette. L'Article IV n'exempte que pour une année du payement de trois liv. par tonneau, dont les autres Ports avoient été affranchis pour trois années, par la raifon qu'il y en avoit deux années d'écoulées. Par l'Article V les Négocians du Languedoc font fubftitués aux mots,

Tom. II. S s

GUINÉE.
Traite des Noirs.

nos Sujets, quoique dans le vrai ils n'en puissent pas être distingués; faisant voir le même zèle & le même attachement au bien public. Dans l'Article VI, Sa Majesté a ajouté aux marchandises exemptes des droits, les vins & eaux-de-vie du crû du Languedoc, & a supprimé, par une suite nécessaire, ce qui avoit été ordonné à l'égard des vins d'Anjou & autres du crû des côtes de la riviere de Loire. Le Port de Cette tient la place des autres Ports dénommés. Par l'Article VII, les platilles ont été ajoutées comme nécessaires au Commerce de Guinée. Même observation pour nommer, au lieu de nos Sujets, les Négocians de notre Province du Languedoc. L'Article VIII, après avoir parlé du Bureau des Fermes, ajoute du Port de Cette, & à la fin dudit Article ce qui suit : Voulons au surplus que nosdites Lettres-Patentes du mois de Janvier 1716 & Avril 1717, soient exécutées suivant leur forme & teneur. L'Article IX, n'a point d'application au Port de Cette. Ajouté à la fin, non-obstant tous Edits, Réglemens, Déclarations, Arrêts &c. Il n'y a point d'autres remarques à faire sur les Lettres-Patentes du mois de Janvier 1719, pour permettre aux Négocians du Languedoc de faire le Commerce de Guinée par le Port de Cette, tout le reste étant conforme à celles de 1716. Les observations que j'ai promis de faire, serviront également pour toutes les deux. Il y eut quelques contestations au sujet de l'exemption de la moitié des droits d'entrée sur les marchandises venues sur des Navires expédiés avant la publication des Lettres-Patentes du mois de Janvier 1716, & qui arriverent qu'après ladite publication. Le Conseil par Arrêt du 11 Août de ladite année, confirma ladite modération des droits, & déclara que les dispositions desdites Lettres-Patentes seroient exécutées selon leur forme & teneur.

ARTICLE PREMIER.

Nous avons permis & permettons à tous les Négocians de notre Royaume, de faire librement à l'avenir le Commerce des Négres, de la Poudre d'Or & de toutes les autres marchandises qu'ils pourront tirer des Côtes d'Afrique, depuis la Riviere de Sierra-Lyona inclusivement, jusqu'au Cap de Bonne-Espérance, à condition qu'ils ne pourront armer ni équiper leurs Vaisseaux que dans les Ports de Rouen, la Rochelle, Bordeaux & Nantes.

On a vû en quoi consistent les côtes de Guinée en partant de Sierra-Lyona, pour aller au Cap de Bonne-Espérance ; je ne le repeterai pas. Il n'y a que quatre Ports, Rouen, la Rochelle, Bordeaux & Nantes, où les Vaisseaux puissent être armés & équipés pour la Guinée, auxquels il faut joindre le Port de Saint Malo, suivant la disposition de l'Article IX, celui de Cette, en vertu des Lettres-Patentes de Janvier

1719, & tous les autres Ports où il eſt permis de faire des armemens pour les Iſles Françoiſes de l'Amérique, en conféquence de l'Arrêt du 30 Septembre 1741. En parlant des Ports déſignés pour faire ledit Commerce de l'Amérique, j'ai rapporté les titres par leſquels différens Ports ont été rendus participans de la permiſſion accordée par les Lettres-Patentes du mois d'Avril 1717.

A R T I C L E   I I.

Les Maîtres & Capitaines des Vaiſſeaux, qui voudront faire le Commerce de la côte de Guinée, feront tenus d'en faire la déclaration au Greffe de l'Amirauté, établi dans le lieu de leur départ, & de donner au Bureau des Fermes une foumiſſion, par laquelle ils s'obligeront de faire leur retour dans l'un des Ports de Rouen, la Rochelle, Bordeaux & Nantes, ſans néanmoins que les Vaiſſeaux qui feront partis de Rouen, la Rochelle & Bordeaux, puiſſent faire leur retour à Nantes & Saint Malo.

La même obligation de faire revenir les Navires dans le Port du départ, avoit été impofée par l'Article II des Lettres-Patentes de 1717 & 1719. Les changemens furvenus dans cette difpofition, dont j'ai fait mention, font communs au préfent Article. Les quatre Ports qui font ici dénommés, n'ont plus un privilége particulier, depuis l'Arrêt du 30 Septembre 1741 qui permet le Commerce de Guinée par tous les Ports déſignés pour le Commerce des Iſles Françoiſes de l'Amérique. Je ne répéte point ici ce que j'ai obfervé en expliquant l'Article II des Lettres-Patentes de 1719, fur les foumiſſions que les Capitaines & les Armateurs doivent paſſer aux Bureaux des Fermes du Roi. (Voyez tome 1 page 61 & fuivantes.) Je crois avoir expliqué affez clairement ce qu'il falloit entendre à Marfeille, par Bureau des Fermes du Roi, & que depuis la réunion des droits du Domaine d'Occident à la Ferme générale de tous les autres droits, il fuffifoit de paſſer ces foumiſſions au Bureau du Domaine d'Occident, puifqu'il appartient aux mêmes Fermiers que celui du Poids & Caffe, qui tient lieu à Marfeille de Bureau des Traites. Il doit en être ufé de même pour les foumiſſions des Navires deſtinés pour la côte de Guinée, lorfque de là ils doivent tranfporter les Efclaves de leur Traite dans nos Colonies. Le terme defdits Navires n'eſt point la Guinée ; ce font nos établiſſemens dans les Iſles qui doivent terminer le voyage. Il faut donc, lorfqu'on a obtenu une permiſſion de la Compagnie des Indes pour armer un Navire pour la Traite des Négres, préfenter ladite permiſſion au Bureau du Domaine d'Occident, & y paſſer la foumiſſion qu'on y auroit paſſée, fi ledit Navire avoit été deſtiné pour l'Amérique en droiture, en faifant mention de la côte de Guinée, où on fe propofe de relâcher pour y faire la Traite des Efclaves. Du refte il faut fe conformer à tous les Réglemens rendus fur le fait de ladite Traite. Autrefois on faifoit des armemens pour la feule côte de Guinée, dans la vûe d'y charger des dents d'élephans, de poudre d'or, de maniguete & autres marchandifes de cette partie de l'Afrique pour les apporter en France. Dans ce cas les foumiffions à paffer par les Capitaines ne regarderoient pas le Bureau du Domaine d'Occident. Mais depuis long-tems nous n'envoyons nos Navires en Guinée, que pour y acheter des hommes, & ces hommes ne font une marchandife commerçable que dans nos établiffemens de l'Amérique. Mrs. les Fermiers-Généraux donnerent le 24 Mars 1717, une inftruction à leur Directeur de Nantes en interprétation de la préfente difpofition. La voici :

INSTRUCTION

DE MRS. LES FERMIERS GENERAUX.

SUR la queftion des Vaiffeaux venant des Ifles, qui ont fait leur retour à la Rochelle ou à Bordeaux, au lieu de le faire au Port de Nantes, d'où ils font partis, nous eftimons, qu'en vous juftifiant que les droits ont été payés à Bordeaux ou à la Rochelle fur les marchandifes chargées fur lefdits Vaiffeaux, vous ne devez pas demander aux Marchands de payer, outre lefdits droits, ceux de la Prévôté de Nantes, & que dans ces deux cas, on doit fe contenter qu'ils payent le plus fort de ces deux droits.

Voyez les obfervations fur l'art. II des Lettres-Patentes du mois de Février 1719, page 61 du Tome prémier.

ARTICLE III.

Les Négocians dont les Vaiffeaux tranfporteront aux Ifles Françoifes de l'Amérique, des Négres provenant de la Traite qu'ils auront faite à la côte de Guinée, feront tenus de payer après le retour de leurs Vaiffeaux dans l'un des Ports de Rouen, la Rochelle, Bordeaux & Nantes, entre les mains du Tréforier général de la Marine en exercice, la fomme de vingt livres par chaque Négre qui aura été débarqué auxdites Ifles, dont ils donneront leurs foumiffions au Greffe de l'Amirauté, en prenant les congés de notre très-cher & très-amé Oncle Louis Alexandre de Bourbon, Comte de Touloufe, Amiral de France. Et à l'égard des Négocians dont les Vaiffeaux feront feulement la Traite de la Poudre d'Or, & d'autres marchandifes à ladite côte, ils feront auffi tenus après

*le retour de leurs Vaisseaux dans l'un desdits Ports , de payer entre les
mains du Trésorier de la Marine , la somme de trois livres pour chaque
tonneau du port de leurs Vaisseaux , pour être le produit desdites vingt
livres & trois livres , employé par les ordres du Conseil de la Marine ,
à l'entretien des Forts & Comptoirs qui sont ou seront établis sur ladite
côte de Guinée , de laquelle dépense nous demeurerons chargés à l'avenir.*

Il est nécessaire d'observer que la liberté du Commerce de Guinée
accordée en 1713 à tous les Négocians du Royaume , exigeoit des passe-
ports pour pouvoir armer des Navires à cette destination , & que pour
recevoir lesdits passe-ports , il falloit faire une soumission de payer au
Trésorier général de la Marine en exercice , pour chaque Négre tranfporté aux Isles Françoises de l'Amérique , la somme de 30 liv. pour
ceux introduits à l'Isle St. Domingue , & de 15 liv. pour ceux débarqués aux Isles du Vent. Par le présent Article il n'y a plus de distinction à faire , soit que les Négres soient destinés pour l'Isle de St. Domingue , ou pour les Isles du Vent. Le droit est unique , & est fixé à
20 liv. pour chaque tête de Noir. La Loi est précise. Les enfans &
les femmes , quoique achetés & revendus à des prix bien inférieurs à
celui des hommes , étoient imposés à la même taxe; ce qui occasionna
des représentations de la part des Négocians qui faisoient ce Commerce.
Elles furent écoutées favorablement , & par Déclaration du 14 Décembre 1716 , chaque Negrillon fut réduit au tiers dudit droit & chaque
Negritte à la moitié.

DECLARATION DU ROI,

PORTANT

Que les droits de trois Négrillons ne seront payés que sur le pié de deux Négres, & de deux Négrittes pour un Négre.

Donnée à Paris le 14 Décembre 1716.

L OUIS par la grace de Dieu Roi de France & de Navarre : A tous ceux qui ces présentes Lettres Lettres verront, SALUT. Le feu Roi notre très-honoré Seigneur & Bisayeul, ayant permis depuis le mois de NOVEMBRE 1713 aux Négocians du Royaume d'aller en vertu des Paffeports qui leur ont été délivrés, faire la Traite des Noirs à la côte de Guinée, & les transporter ensuite aux Isles de l'Amérique, à condition de payer, pour chacun de ceux qui seroient introduits à Saint Domingue trente livres, & quinze livres pour ceux qui le seroient aux Isles du Vent, en conformité dequoi ils donnerent leurs soumissions. Nous avons jugé à propos, au mois de Janvier de la présente année, d'assurer par nos Lettres-Patentes, la liberté du commerce de cette côte, dont la compagnie de Guinée avoit joui exclusivement jusqu'audit mois de Novembre 1713, & en conséquence, Nous avons permis par lefdites Lettres-Patentes, aux Négocians de notre Royaume, d'y envoyer leurs Vaisseaux, faire la Traite des Négres & les transporter ensuite ausdites Isles, pour chacun defquels qui y seront débarqués, Nous aurions ordonné qu'ils payeroient entre les mains du Tréforier Général de la Marine en exercice vingt livres ; Nous aurions aussi ordonné par Arrêt du 28 dudit mois de Janvier de la présente année, que les Négocians qui ont pris des Paffeports, depuis le mois de Novembre 1713, payeront entre les mains dudit Tréforier Général, les sommes portées par leurs soumissions & conformément à icelles : mais les Négocians Nous ayant représenté qu'il leur étoit demandé des droits aussi forts pour les Négrillons & Négrittes que pour les Négres, quoique trois Négrillons ne coutent pas plus en Guinée que deux Négres, & ne se vendent que dans cette proportion aux Isles, & qu'il en est de même pour deux Négrittes, qui ne s'achetent & ne se vendent pas plus qu'un Négre, sur quoi nous avons résolu d'expliquer nos intentions. A CES CAUSES, & autres à ce Nous mouvans, de l'avis de notre très-cher & très-amé Oncle le Duc d'Orléans Régent, de notre très-cher & très-amé Cousin le Duc de Bourbon, de notre très-cher & très-amé Oncle le Duc du Maine, de notre très-cher & très-amé Oncle le Comte de Toulouse, & autres Pairs de France, Grands & Notables Personnages de notre Royaume, Nous avons par ces présentes signées de notre main, dit, déclaré & ordonné, disons, déclarons & ordonnons, voulons & Nous plaît, que les Négocians qui ont envoyé, ou envoyeront leurs Navires à la côte de Guinée y traiter des Noirs, & les transporter ensuite aux Isles de l'Amérique, ne soient tenus de payer pour chaque Négrillon de l'âge de douze ans & au-deffous, qui aura été, ou sera débarqué ausdites Isles, par les Navires porteurs des Paffeports du feu Roi, que les deux tiers des droits, à quoi ils se sont assujettis pour chaque tête de Négre, par leurs soumissions, & pour chaque Négritte du même âge de douze ans & au-deffous, la moitié desdits droits, & pour chaque Négrillon du même âge qui aura été, ou sera débarqué aufdites Isles, en vertu defdites Lettres-Patentes, les deux tiers des droits réglés par icelles pour chaque tête de Négre, & pour chaque Négritte du même âge, la moitié defdits droits; voulons au furplus, que, conformément audit Arrêt, les Négocians payent les fommes portées en leurs foumiffions & conformément à icelles, au moyen duquel payement lefdites foumiffions leur feront rendues, & ils en feront bien & valablement déchargés, & que lefdites Lettres-Patentes du mois de Janvier de la préfente année, foient exécutées felon leur forme & teneur, en ce qui n'y eft pas dérogé par ces préfentes. Si donnons en mandement, à nos amés & féaux Confeillers, les Gens tenant notre Cour de Parlement & Chambre des Comptes à Paris, que ces Préfentes ils ayent à faire lire, publier & regiftrer, & le contenu en icelles garder & obferver felon leur forme & teneur, nonobftant tous Edits, Déclarations, Réglemens, Arrêts & autres chofes à ce contraires, auxquels nous avons dérogé & dérogeons par ces préfentes. Car tel eft notre plaifir; En témoin de quoi Nous avons fait mettre notre fcel à cefdites Préfentes. Donné à Paris le quatorze Décembre, l'an de grace mil fept cens feize, & de notre régne le fecond. *Signé*, LOUIS. *Et plus bas*; Par le Roi le Duc d'Orléans Régent, *Signé*, PHELYPEAUX. Et fcellé du grand Sceau de cire jaune.

Regiftrées, oui & ce requérant le Procureur Général du Roi, pour être exécutées felon leur forme & teneur, & copies collationnées envoyées aux Siéges des Amirautés du Reffort, pour y être lûes, publiées & regiftrées; enjoint aux Subftituts du Procureur Général du Roi, d'y tenir la main & d'en certifier la Cour dans un mois, fuivant l'Arrêt de ce jour. A Paris, en Parlement le neuvième Janvier mil fept cens dix-fept.

Signé, DONGOIS.

Regiftrées auffi aux Parlemens de Rennes & de Rouen, les 18 & 21 Janvier fuivans.

Les Négocians de Nantes ayant effuyé de grandes pertes dans leurs armemens pour la Traite des Négres, par les maladies épidémiques qui enleverent un grand nombre de Noirs, & par les pirateries des fourbans qui s'emparerent de plufieurs de leurs Navires, ils fe virent hors d'état de payer les fommes portées dans les foumiffions qu'ils avoient paffées depuis 1713 jufqu'en 1716, ou comprifes depuis 1716 dans les états des Commis des Domaines, fuivant le nombre de Négres débarqués à l'Amérique. Ils furent attaqués & pourfuivis pardevant les Juges de l'Amirauté de Nantes, pour être contraints au payement defdites fommes. Dans cette preffante extrémité, ils s'adrefferent au Roi pour lui expofer leur trifte fituation, & implorer fa générofité. Sa Majefté ayant égard à leur fituation, & voulant mettre ces Négocians en état de continuer leur Commerce, après avoir fatisfait à leurs engagemens, modera, par fa Déclaration du 11 Novembre 1722, les droits qu'ils devoient, en reduifant la taxe pour chaque Négre introduit depuis 1713 à 1716 dans l'Ifle de St. Domingue, de 30 liv. à 21 liv. & la fomme de 15 liv. pour chaque tête de Noirs introduits aux Ifles du Vent, à 10 liv. 10 f. & pour chaque Négre dont le droit eft fixé à 20 liv. par les Lettres-Patentes de Janvier 1716, la modération eft de 6 liv, c'eft-à-dire, qu'il ne fera payé que 14 liv. en ne comptant une Négrite que pour la moitié, & un Négrillon pour deux tiers, conformément à l'Arrêt du 14 Décembre 1716, à la condition cependant que la moitié des fommes dûes feront payées le 11 Mars 1723, & l'autre moitié reftante le 11 Octobre fuivant, & que les droits des Negres fur les Vaiffeaux actuellement en mer, feront acquittés trois mois après l'arrivée defdits Vaiffeaux, faute de quoi ils feront contraints au payement des fommes entieres, fans pouvoir prétendre aucune modération. On connoîtra mieux ces difpofitions en lifant ladite Déclaration.

DECLARATION DU ROI,

QUI MODERE

Les droits dûs à Sa Majefté par les Négocians de Nantes, pour les Négres introduits dans les Ifles de l'Amérique.

Donnée à Verfailles le 11 Novembre 1722.

LOUIS par la grace de Dieu, Roi de France & de Navarre : A tous ceux qui ces préfentes Lettres verront, SALUT. Le feu Roi notre très-honoré Seigneur & Bifayeul, auroit accordé à différens Négocians de notre Royaume, depuis le mois de Novembre 1713 des Paffeports pour aller, avec leurs Vaiffeaux, faire la Traite des Noirs à la côte de Guinée, & enfuite les porter aux Ifles Françoifes de l'Amérique, à condition & fuivant les foumiffions qu'ils feroient à cet effet, de payer entre les mains du Tréforier Général de la Marine en exercice, 30 livres par tête de Noirs qu'ils introduiroient à l'Ifle de Saint Domingue, & 15 livres pour ceux qui feroient introduits adx Ifles du Vent ; Nous aurions par nos Lettres-Patentes en forme d'Edit du mois de Janvier 1716 accordé à tous les Négocians de notre Royaume, la liberté du commerce de ladite côte de Guinée & ordonné que ceux qui introduiroient des Négres aux Ifles Françoifes de l'Amérique, en vertu defdites Lettres-Patentes, payeroient par chaque tête de Négres qu'ils introduiroient aufdites Ifles, la fomme de 20 livres entre les mains du Tréforier Général de la Marine en exercice, dont ils donneroient leurs foumiffions au Greffe de l'Amirauté ; Nous aurions auffi par notre Déclaration du 14 Décembre 1716 ordonné que lefdits Négocians ne payeroient pour chaque Négrillon de douze ans & au-deffous, que les deux tiers des droits dûs pour chaque Négre, & pour chacune Négritte du même âge, que la moitié defdits droits. Nous avons vû avec fatisfaction les efforts que les Négocians de la Ville de Nantes ont fait pour étendre ce commerce, autant qu'il a été poffible, ce qui a procuré l'abondance des Negres aux Ifles & a mis les Habitans en état, non-feulement de foutenir leurs cultures, mais même de les augmenter. Nous fommes informés que ces Négocians ne fe font point rebutés par les pertes confidérables qu'ils ont fouffertes par la mortalité des Noirs, dans la traverfée de la côte de Guinée aux Ifles, que dans les Ports defdites Ifles, jufqu'à

la

la vente, ni par la prise & le pillage de leurs Navires par les Forbans. Toutes ces confidérations Nous engagent à leur procurer quelque foulagement dans leurs pertes, en modérant les droits qu'ils Nous doivent pour raifon de l'introduction defdits Noirs aufdites Ifles, pourvû qu'ils payent les fommes à quoi monteront lefdites modérations, entre les mains du Tréforier Général de la Marine en exercice, dans le tems & en la maniere qui fera ci-après expliquée. A CES CAUSES, de l'avis de notre très-cher & très-amé Oncle le Duc d'Orleans, petit-fils de France, Régent, de notre très-cher & très-amé Oncle le Duc de Chartres prémier Prince de notre Sang, de notre très-cher & très-amé Coufin le Duc de Bourbon, de notre très-cher & très-amé Coufin le Comte de Charollois, de notre très-cher & très-amé Coufin le Prince de Conty, Princes de notre Sang, de notre très-cher & très-amé Oncle le Comte de Touloufe Prince légitimé & autres Grands & Notables Perfonnages de notre Royaume, Nous avons par ces préfentes fignées de notre main, modéré & modérons le droit de 30 livres par tête de Noirs, qui nous eft dû par les Négocians de Nantes, qui ont introduit des Nègres, en vertu des Paffeports du feu Roi, dans l'Ifle de Saint Domingue, à la fomme de 21 livres ; celui de 15 livres par tête de Noirs, qui nous eft dû par ceux qui ont introduit des Nègres, en vertu de pareils Paffeports, aux Ifles du Vent, à la fomme de 10 livres 10 fols ; & le droit de 20 livres par tête de Noirs, qui nous eft dû par ceux qui ont introduit des Négres, tant à l'Ifle de Saint Domingue qu'aux Ifles du Vent, en vertu defdites Lettres-Patentes du mois de Janvier 1716, & qui pourront y en introduire par leurs Vaiffeaux qui font actuellement à la mer, à la fomme de 14 livres ; toutes lefquelles modérations auront auffi lieu pour les Négrillons & Négrittes, par rapport aux Ifles & au tems qu'ils auront été, ou feront introduits, fuivant les difpofitions portées par ces préfentes & par notre Déclaration du 14 Décembre 1716. Voulons que, pour jouir defdites modérations, lefdits Négocians de Nantes payent la moitié de ce qu'ils fe trouveront devoir, pour les Négres introduits aufdites Ifles dans 4 mois du jour de la date des préfentes, & l'autre moitié, 7 mois après la date defdites préfentes, & qu'ils payent auffi ce qu'ils fe trouveront devoir, pour les Négres qui feront introduits aufdites Ifles par leurs Vaiffeaux qui font actuellement à la Mer, trois mois après l'arrivée defdits Vaiffeaux, & feront les fommes dues, liquidées par ceux de nos Officiers que nous commettrons à cet effet, & lefdits payemens faits par les Débiteurs, entre les mains du Tréforier Général de la Marine en exercice, pour en faire recette à notre profit, dans les états au vrai & compte qu'il rendra dudit exercice ; & à l'effet de ce que deffus, nous avons dérogé & dérogeons aux claufes portées par les Paffeports du feu Roi, par nofdites Lettres-Patentes en forme d'Edit du mois de Janvier 1716, & par notredite Déclaration du 14 Décembre de la même année, lefquelles feront au furplus exécutées felon leur forme & teneur ; & faute par lefdits Négocians de faire lefdits payemens dans les tems ci-deffus marqués, voulons qu'ils foient déchûs des modérations que nous leur accordons par cefdites préfentes, qu'ils payent lefdits droits en entier, & qu'à cet effet les procédures commencées contr'eux, pardevant les Officiers de l'Amirauté de Nantes, foient continuées. & jugées, & lefdits Négocians contraints au payement comme pour nos propres deniers & affaires. Si donnons en mandement à nos amés & féaux, les Gens tenant notre Cour de Parlement à Rennes, que ces préfentes ils ayent à faire regiftrer & le contenu en icelles garder & obferver felon fa forme & teneur, nonobftant toutes chofes à ce contraires. Car tel eft notre plaifir ; en témoin dequoi Nous avons fait mettre notre fcel à cefdites préfentes. Donné à Verfailles, le onzième jour du mois de Novembre, l'an de grace mil fept cens vingt-deux, & de notre regne le huitième. Signé, LOUIS. Et plus bas : Par le Roi, le Duc d'Orléans Régent préfent.

Signé, FLEURIAU.

GUINÉE.
Traite des Noirs.

Lue, publiée à l'Audience publique de la Cour, & enregiftrée au Greffe d'icelle; oui & le requerant le Procureur Général du Roi; ordonne qu'à fa diligence, copies de ladite Déclaration feront envoyées aux Siéges, Préfidiaux & Royaux de ce Reffort, pour, à la diligence de fes Subflituts auxdits Siéges, y être pareillement lue, publiée & enregiftrée, à ce que perfonne n'en ignore, & du devoir qu'ils en auront fait, feront tenus d'en certifier la Cour dans le mois. Fait en Parlement à Rennes le 9 Décembre 1722.

Signé, J. M. CLAVIER.

Il n'y a aucune obfervation à faire fur le droit de tonnelage à raifon de trois livres pour chaque tonneau, fuivant la jauge à morte charge des Vaiffeaux, qui ne font point deftinés à la Traite des Négres, & qui chargent de la poudre d'or, & d'autres marchandifes à la côte de Guinée, non plus que fur l'emploi defdites fommes payées au Tréforier de la Marine, dont Sa Majefté demeure chargée pour fervir à l'entretien des Forts & Comptoirs qu'elle jugera convenable d'établir à ladite côte de Guinée. Je remarquerai feulement que par les prémiers Réglemens, les Armateurs qui envoyoient des Navires pour faire la Traite des Négres, recevoient une gratification pour chaque Négre qu'ils tranfportoient aux Colonies Françoifes, & pour chaque marc de poudre d'or qu'ils apportoient dans le Royaume, & que maintenant lefdits Armateurs font obligés de payer 20 liv. pour chaque Négre, & trois liv. pour chaque tonneau, fur la continence des Vaiffeaux chargés en Guinée avec d'autres marchandifes que d'Efclaves. La raifon de cette différence provient de la néceffité qu'il y a d'encourager un Commerce naiffant par de fortes gratifications; mais de nouvelles franchifes & de nouveaux priviléges ayant été accordés au Commerce de Guinée, ces gratifications ne parurent plus néceffaires, ce commerce devant avoir affez de force pour fe foutenir par lui-même & fournir aux frais qu'il occafionneroit, les droits de 20 liv. pour chaque Négre & de trois liv. par tonneau n'étant impofés que pour l'entretien des Forts & Comptoirs établis en Guinée. Cette raifon ne fubfifteroit plus, fi une Compagnie obtenoit le privilége exclufif dudit Commerce, & qu'elle fut chargée de tous les frais, elle s'impoferoit alors à elle-même fans aucune utilité. Auffi la Compagnie des Indes ayant été nommée pour jouir, exclufivement à tout autre, de la faculté de commercer aux côtes de Guinée, par Arrêt du 27 Septembre 1720, elle fut déchargée, par l'Article VIII, du payement defdits droits de 20 liv. pour chaque Negre & de trois liv. par tonneau. Je rapporterai ledit Arrêt en expliquant l'Article fuivant-

ARTICLE V.

Voulons que les marchandifes de toutes fortes qui feront apportées des côtes de Guinée par nos Sujets à droiture dans les Ports de Rouen, la Ra-

chelle, Bordeaux & Nantes, soient exemptes de la moitié de tous droits d'entrée, tant de nos Fermes que locaux, mis & à mettre. Voulons aussi que les sucres & autres espéces de marchandises que nosdits Sujets apporteront des Isles Françoises de l'Amérique, provenantes de la vente & du troc des Négres, jouissent de la même exemption, en justifiant par un Certificat du sieur Intendant aux Isles, ou d'un Commissaire-Ordonnateur, ou du Commis du Domaine d'Occident, que les marchandises embarquées auxdites Isles proviennent de la vente & du troc des Négres que lesdits Vaisseaux y auront déchargé, lesquels Certificats feront mention du nom des Vaisseaux & du nombre des Négres qni auront été débarqués auxdites Isles, & demeureront au Bureau de nos Fermes, dont les Receveurs donneront une ampliation sans frais aux Capitaines ou Armateurs, pour servir ainsi qu'il appartiendra. Faisons défenses à nos Fermiers, leurs Procureurs ou Commis, de percevoir autres ni plus grands droits à peine du quadruple.

Il ne s'agit plus des seuls Ports de Rouen, la Rochelle, Bordeaux & Nantes. J'ai déja fait observer que tous ceux désignés pour faire le Commerce des Colonies Françoises, ont le même droit depuis l'Arrêt du 30 Septembre 1741. L'exemption de la moitié des droits d'entrée, tant des Fermes, que locaux, sur les marchandises venant en droiture des côtes de Guinée, n'a pas souffert de difficulté dans son exécution. Il n'en a pas été de même des sucres & autres marchandises de l'Amérique procédant de la vente & du troc des Négres, auxquelles la même exemption est accordée & qui ont occasionné de nouveaux Réglemens à cause des abus que l'avidité du gain introduisoit. J'ai dit plus haut que la modération des droits d'entrée à la moitié, n'étoit point applicable au droit de 3 pour cent qui doit être payé en entier sur les marchandises de l'Amérique, quoique provenant du produit de la Traite des Négres, en conformité de l'Arrêt du 22 de Novembre 1718 & de celui du 26 Mars 1722 que j'ai rapporté dans mes observations sur l'Article XV des Lettres-Patentes du mois de Février 1719. Le caffé n'est point non plus compris dans cette modération de moitié des droits d'entrée dans le Royaume. *Voyez Tome prémier page 179.*

La prémiere question qui s'éleva au sujet de la modération de la moitié des droits sur les marchandises venues de l'Amérique, provenant du produit de la vente des Négres, fut occasionnée par l'arrivée de quelques Vaisseaux partis avant la publication des Lettres-Patentes du mois de Janvier 1716, en vertu des Passe-ports que le Roi accordoit depuis 1713 pour ces sortes d'armemens. On crut que les dispositions desdites Lettres-Patentes de 1716, ne devoient point avoir un effet retroactif, & qu'il falloit que les Vaisseaux eussent été expédiés depuis la publication desdites Lettres Patentes, pour jouir des franchises y contenues. Les Négocians intéressés dans les Armemens faits pour

GUINÉE.
Traite des Noirs.

la Guinée avant la publication defdites Lettres - Patentes, préfenterent Requête au Confeil pour être maintenus dans le privilége accordé par l'Edit de 1685, dont les Lettres-Patentes de 1716 ne font qu'un renou-vellement. La queftion fut décidée par Arrêt du Confeil du 25 Jan-vier 1716.

A R R E S T

DU CONSEIL D'ETAT DU ROI,

Qui ordonne que les Négocians, qui ont envoyé des Navires en Guinée, depuis le mois de Novembre 1713, jouiront de l'exemption de la moitié des droits.

Du 25 Janvier 1716.

Extrait des Regiftres du Confeil d'Etat.

SUR ce qui a été repréfenté au Roi étant en fon Confeil par les Négocians de fon Royaume, qu'ils avoient envoyé, en vertu des Paffeports du feu Roi, plufieurs Vaiffeaux à la côte de Guinée, pour y traiter des Noirs & les porter enfuite aux Ifles Françoifes de l'Amérique, fous l'efpérance de jouir de l'exemption de la moitié des droits tant des cinq groffes Fermes que locaux, fur les marchandifes de la côte de Guinée, & de celles des Ifles Françoifes de l'Amérique, qui proviendroient de la vente & troc des Négres faits aufdites Ifles, conformément aux priviléges accordés à la Compagnie de Guinée par les Lettres-Patentes du prémier Janvier 1685, la-quelle exemption vient d'être renouvellée en faveur defdits Négocians par les Let-tres-Patentes de Sa Majefté du préfent mois, données pour la liberté du com-merce de ladite côte de Guinée; & d'autant que les Commis des Fermes pour-roient faire difficulté de laiffer jouir lefdits Négocians de l'exemption defdits droits, fous prétexte que les Vaiffeaux feroient partis, ou arrivés avant lefdites dernieres Lettres-Patentes, A CES CAUSES, requeroient qu'il plût à Sa Majefté fur ce leur pourvoir. Et Sa Majefté voulant traiter favorablement lefdits Négocians. Ouï le rapport, LE ROI étant en fon Confeil, de l'avis de Monfieur le Duc d'Orléans, fon Oncle, Régent, a ordonné & ordonne que les Négocians du Royaume, qui ont pris des paffeports depuis le mois de Novembre 1713, pour envoyer leurs Vaiffeaux à la côte de Guinée faire la Traite des Noirs, & qui les ont tranf-portés aux Ifles Françoifes de l'Amérique, jouiront conformément aux Lettres-Patentes du préfent mois, de l'exemption de la moitié des droits, tant des Fermes que locaux, fur toutes les marchandifes provenant de la Traite par eux faite à la côte de Guinée, comme auffi fur toutes les marchandifes provenant de la vente defdits Noirs; le tout aux charges, claufes & conditions portées par lefdites Let-tres-Patentes. Fait au Confeil d'État du Roi, Sa Majefté y étant, tenu à Paris, le vingt-cinquième jour de Janvier mil fept cens feize.

Signé, PHELYPEAUX.

L OUIS par la grace de Dieu Roi de France & de Navarre, au prémier notre Huiffier ou Sergent fur ce requis, Nous te commandons & ordonnons par
ces préfentes, fignées de notre main, de l'avis de notre très-cher & très-amé Oncle le Duc d'Orléans, Régent, que l'Arrêt, dont l'Extrait eft ci-attaché fous le
contre-fcel de notre Chancélérie, cejourd'hui rendu en notre Confeil d'Etat, Nous
y étant, tu ayes à fignifier à qui il appartiendra, & de faire en conféquence dudit Arrêt & des préfentes, fans qu'il foit befoin d'autre permiffion, tous Exploits,
Commandemens & autres Actes, dont tu feras requis pour fon entiere exécution.
Car tel eft notre plaifir. Donné à Paris, le vingt-cinquième jour de Janvier, l'an
de grace mil fept cens feize, & de notre regné le prémier. *Signé* LOUIS. *Et plus bas :*
Par le Roi, le Duc d'Orléans, Régent, préfent.

Signé, PHELYPEAUX.

L'Arrêt ci-deffus ne laiffoit plus fubfifter de difficulté pour l'exemption de la moitié des droits fur les marchandifes des Navires qui avoient
rempli les conditions prefcrites par les Lettres-Patentes de 1716 ; mais
l'arrivée du Vaiffeau le *St. Jean d'Afrique*, commandé par le Capitaine
Chauvel dans le Port du Havre de Grace, qui n'eft point dénommé
dans lefdites Lettres-Patentes de 1716, donna lieu à une nouvelle queftion. Les Commis des Fermes, perçurent les droits à plein ; les Négocians firent des proteftations, prétendant que le Havre & Honfleur
étoient une dépendance du Port de Rouen, qui feroit exclus du Commerce de Guinée, fi les Navires armés pour cette deftination, ne pouvoient être expédiés au Havre & à Honfleur, ni y faire leur retour,
parce que les Vaiffeaux convenables audit Commerce, font trop gros
pour remonter la riviere jufques au Port de Rouen. Cette derniere
raifon fut jugée fi concluante, que le Roi, par Arrêt du 11 Août 1716,
déchargea de la moitié des droits d'entrée les marchandifes dudit Vaiffeau le *St. Jean d'Afrique*, arrivé au Havre de Grace, & ordonna que
les Ports du Havre & de Honfleur jouiroient à l'avenir de l'exemption portée par les Lettres-Patentes du mois de Janvier 1716.

ARREST

DU CONSEIL D'ETAT DU ROI,

Qui ordonne que les marchandises qui feront apportées de Guinée, ou des Ifles Françoifes de l'Amérique, provenant de la vente & du troc des Négres, feront exemptes de la moitié des droits d'entrée dans les Ports du Havre de grace & de Honfleur.

Du 11 Août 1716.

Extrait des Régiftres du Confeil d'Etat.

SUR ce qui a été repréfenté au Roi en fon Confeil, par le fieur Affelin Négociant à Rouen, & le fieur Feray Négociant au Havre, qu'au mois de Décembre 1714, ils ont fait partir du Havre de Grace, le Vaiffeau le *St. Jean d'Afrique*, commandé par le Capitaine Chauvel, avec paffeport du Roi, pour aller faire la Traite des Négres fur la côte d'Afrique & les porter à Saint Domingue, pour les y vendre & en rapporter les retours en denrées des Ifles de l'Amérique; ce qui a été exécuté, le Vaiffeau étant revenu au Havre de Grace chargé de fucre, indigo, cuirs, bois de campêche, morfil & caret: mais quoique Sa Majefté par les Lettres-Patentes accordées au mois de Janvier 1716 ait ordonné que les fucres & autres efpéces de marchandifes, que fes fujets apporteroient des Ifles de l'Amérique, provenant de la vente & du troc des Négres, jouiroient, comme celles qui feroient apportées à droiture des côtes de Guinée, dans les Ports de Rouen, la Rochelle, Bordeaux & Nantes, de l'exemption de la moitié de tous droits d'entrée, tant des Fermes que locaux, mis & à mettre & que par Arrêt du 15 dudit mois de Janvier 1716, Sa Majefté ait ordonné, que les Négocians du Royaume, qui ont pris des paffe-ports, depuis le mois de Novembre 1713, pour envoyer leurs Vaiffeaux à la côte de Guinée, faire la Traite des Noirs, & qui les ont tranfportés aux Ifles Fran-çoifes de l'Amérique, jouiroient, conformément aufdites Lettres-Patentes, de l'exemption de la moitié des droits, fur toutes les marchandifes provenant de la Traite par eux faite à la côte de Guinée, ou de la vente defdits Noirs, néanmoins les Commis du Bureau du Havre, exigent des fuplians le payement des droits en entier, pour les marchandifes du chargement dudit Navire le *St. Jean d'Afrique*, fous prétexte que les Lettres-Patentes du mois de Janvier 1716, ne nomment que les Ports de Rouen, la Rochelle, Bordeaux & Nantes, & que celui du Havre n'y eft point compris. Surquoi les fuplians repréfentent très-humblement à Sa Ma-jefté, que les Ports du Havre & de Honfleur, ont toujours été réputés dépendans de Rouen, & les feuls, où les Négocians de ladite Ville de Rouen puiffent faire leurs armemens & la décharge de leurs marchandifes, ne pouvant monter à Rouen des Navires de la force convenable pour le commerce de Guinée, ni pour celui de l'Amérique, & que, fi cela avoit lieu, le privilége accordé par Sa Majefté leur deviendroit entierement inutile. Requeroient, à ces caufes, les Suplians, qu'il plût à Sa Majefté fur ce leur pourvoir & ordonner que le Fermier des cinq groffes

Fermes, ne percevra que la moitié des droits, fur les marchandifes du chargement du Navire le *St. Jean d'Afrique*, & qu'à l'avenir les marchandifes qui feront apportées par les Sujets de Sa Majefté, foit des côtes de Guinée à droiture, ou des Ifles Françoifes de l'Amérique, provenant de la vente & du troc des Négres, dans le Port du Havre de Grace & de Honfleur, jouiront de l'exemption portée par les Lettres-Patentes du mois de Janvier 1716 & l'Arrêt du 25 du même mois. Vû ladite Requête, les Lettres-Patentes du mois de Janvier 1716 & l'Arrêt du 25 dudit mois. Oui le rapport, LE ROI en fon Confeil, a ordonné & ordonne que le Fermier des cinq groffes Fermes, ne percevra que la moitié des droits d'entrée, fur les marchandifes du chargement du Navire le *St. Jean d'Afrique*, venant de St. Domingue, & provenant de la vente des Négres, qui ont été tranfportés de la côte de Guinée fur ledit Navire. Ordonne Sa Majefté, que les marchandifes qui feront apportées à l'avenir, par les fujets de Sa Majefté, foit des côtes de Guinée à droiture, ou des Ifles Françoifes de l'Amérique, provenant de la vente & du troc des Négres, dans les Ports du Havre de Grace & de Honfleur, jouiront de l'exemption portée par les Lettres-Patentes du mois de Janvier 1716 & par l'Arrêt du 25 du même mois. Fait au Confeil d'Etat du Roi, tenu à Paris, le onzième jour d'Août mil fept cent feize.

Signé, RANCHIN.

Plufieurs années s'écoulerent, fans qu'il paroiffe que la franchife accordée aux marchandifes de Guinée, ou qui proviennent de la vente des Négres, ait occafionné des difficultés. Mais en 1725, fur les repréfentations de l'Adjudicataire général des Fermes, le Roi rendit un Arrêt le 14 Août de ladite année, par lequel les fucres & autres marchandifes des Ifles & Colonies Françoifes, qui arriveront pour le compte des Négocians du Royaume, quoiqu'il foit juftifié qu'elles proviennent de la vente des Négres, feront affujetties à la totalité des droits portés par les Lettres-Patentes du mois d'Avril 1717, & en entrant dans le Royaume par Marfeille, fuivant celles du mois de Février 1719. Le motif de cet Arrêt, exige de ma part une obfervation qui trouve naturellement ici fa place.

Les Lettres-Patentes du mois de Janvier 1716 & de 1719, avoient rendu le Commerce de Guinée libre à tous les Négocians du Royaume, dans la vûe de favorifer la Traite des Négres, & de faire paffer dans nos Colonies un plus grand nombre d'Efclaves, l'expérience ayant fait connoître que le fecours de cette efpéce d'hommes, étoit abfolument néceffaire pour augmenter les plantations. Les prémiers voyages de nos Capitaines, procurerent l'effet qu'on en attendoit, & on fe réjouiffoit déja de la réuffite ; mais le grand nombre de Navires expédiés pour la côte de Guinée, bien loin de favorifer la vente des Efclaves, y fut un empêchement, par l'empreffement defdits Capitaines à vendre leurs marchandifes, & accelerer leurs cargaifons pour abreger leur féjour dans un pays qui manquoit de vivres, à l'ufage des François. Il arrivoit de-là que les marchandifes de France, étant vendues à un bas prix,

GUINÉE.
Traite des Noirs.

& les Esclaves étant surpayés , le Commerce de la Traite devenoit ruineux ; & au lieu des anciens bénéfices , il ne donnoit plus que de perte ; car tous les hommes ont de l'esprit , dès qu'il s'agit de l'intérêt , & les peuples les plus grossiers sont souvent les plus intéressés. L'abondance des marchandises en fait baisser le prix , & la demande le fait hausser. Les Noirs profitoient de l'empressement des Capitaines , pour mépriser les marchandises d'Europe , & se rendoient difficiles dans la vente des Esclaves , sçachant bien qu'ils s'en deferoient avantageusement tant qu'il y auroit plusieurs Navires Négriers en charge. Toutes ces considérations firent penser qu'une Compagnie privilégiée ne seroit point exposée aux mêmes inconvéniens ; que n'ayant point de concurrens , elle seroit en état de faire la loi , au lieu de la recevoir. En conséquence par Arrêt du Conseil du 27 Septembre 1720 , les dispositions des Lettres-Patentes de 1716 & de 1719 , furent revoquées , quand à la liberté générale de faire le Commerce de Guinée , & le privilège exclusif en fut accordé à perpétuité à la nouvelle Compagnie des Indes qui s'obligea de faire transporter dans nos Colonies au moins 3000 Négres chaque année. Les autres dispositions desdites Lettres-Patentes de 1716 & 1719 , ont subsisté , & ont continué de servir de régle pour ledit Commerce.

ARREST

DU CONSEIL D'ETAT DU ROI,

Qui accorde & réunit à perpétuité à la Compagnie des Indes , le privilége exclusif , pour le commerce de la côte de Guinée.

Du 27 Septembre 1720.

Extrait des Régistres du Conseil d'Etat.

LE ROI s'étant fait représenter en son Conseil ses Lettres-Patentes du mois de Janvier 1716 , par lesquelles Sa Majesté auroit permis à tous les Négocians de son Royaume , de faire librement le commerce des Négres , de la poudre d'or & de toutes les autres marchandises , qu'ils pourroient tirer des côtes d'Afrique , depuis la riviere de Sierra-Liona inclusivement , jusqu'au Cap de Bonne-Espérance , & Sa Majesté étant informée qu'au lieu des avantages qu'on attendoit de cette liberté générale , il en résulte de très-grands inconvéniens , le concours de différens particuliers qui vont commercer sur cette côte & leur empressément à accélérer leurs cargaisons , pour éviter les frais du séjour , étant cause que les naturels du pays font si excessivement baisser le prix des marchandises qu'on leur porte & tellement suracheter les Négres , la poudre d'or & les autres marchandises qu'on y

va

a chercher, que le commerce y devient ruineux & impraticable, Sa Majesté a résolu d'y pourvoir, en acceptant les offres de la Compagnie des Indes, de faire transporter par chacun an, jusqu'à trois mille Négres, au moins, ausdites Isles Françoises de l'Amérique, au lieu du nombre de mille Négres porté par les Lettres-Patentes de 1685, s'il plaît à Sa Majesté de rétablir en faveur de ladite Compagnie des Indes, le privilége exclusif pour le commerce de ladite côte de Guinée, lequel sera d'autant plus facile à ladite Compagnie & d'autant plus avantageux à l'Etat, que ladite Compagnie se trouvant en situation de porter, tant des Indes que du Royaume, toutes les marchandises nécessaires pour le commerce de ces côzes & d'y faire des établissemens par le moyen desquels, les Vaisseaux qu'elle y envoyera trouveront, à leur arrivée, des cargaisons prêtes pour leur retour, elle pourra non-seulement fournir aux Colonies Françoises de l'Amérique, à un prix raisonnable, le nombre de Négres nécessaires pour l'entretien & l'augmentation de la culture de leurs terres, mais encore faire entrer dans le Royaume, une quantité considérable de poudre & matieres d'or & d'autres marchandises propres pour le commerce. Surquoi voulant Sa Majesté, rendre ses intentions publiques. Oui le rapport, Sa Majesté étant en son Conseil, de l'avis de Monsieur le Duc d'Orleans, Régent, a ordonné & ordonne ce qui suit.

ARTICLE PRÉMIER.

Sa Majesté a revoqué & revoque la liberté accordée par ses Lettres-Patentes du mois de Janvier 1716 pour le commerce de la côte de Guinée & a accordé & réuni, accordé & réunit à la Compagnie des Indes, le privilége à perpétuité de la Traite des Négres, de la poudre d'or & autres marchandises qui se tirent des côtes d'Afrique, depuis la riviere de Sierra-Liona inclusivement, jusqu'au Cap de Bonne-Espérance, à la charge par ladite Compagnie, de faire transporter, suivant ses offres, par chacun an, la quantité de trois mille Négres, au moins aux Isles Françoises de l'Amérique.

II.

Fait Sa Majesté très-expresses inhibitions & défenses, à tous ses sujets, de faire la navigation & commerce desdits pays, soit en partant des Ports du Royaume, soit en partant des Ports étrangers, pour quelque cause & sous quelque prétexte que ce soit; comme aussi de transporter des Négres de quelque pays que ce puisse être, aux Isles Françoises de l'Amérique, le tout à peine de confiscation des Vaisseaux, armes, munitions & marchandises au profit de ladite Compagnie des Indes.

III.

Appartiendront à ladite Compagnie des Indes, en pleine propriété, les terres qu'elle pourra occuper dans l'étendue de la présente concession, pour y faire tels établissemens que bon lui semblera, y construire des Forts pour sa sûreté, y faire transporter des armes & canons, y établir des Commandans & le nombre d'Officiers & de Soldats qu'elle jugera nécessaires pour assurer son commerce, tant contre les étrangers, que contre les naturels du pays; à l'effet dequoi Sa Majesté permet à ladite Compagnie des Indes, de faire avec les Rois Négres tels traités qu'elle avisera.

IV.

Les prifes , fi aucunes font faites par ladite Compagnie , des Navires qui viendront traiter dans les pays qu'elle aura occupés , ou qui au préjudice de fon privilége excluſif , tranſporteroient des Négres aux Ifles & Colonies Françoiſes de l'Amérique , feront inſtruites & jugées en la forme portée par les Ordonnances & Réglemens de Sa Majefté.

V.

Jouira ladite Compagnie , de l'exemption de tous droits de ſortie ſur les marchandiſes deſtinées pour les lieux de la fuſdite conceſſion , & pour les Ifles & Colonies Françoiſes de l'Amérique , même en cas qu'elles fortent par le Bureau d'Ingrande.

VI.

A l'égard des marchandiſes de toutes fortes , que ladite Compagnie fera apporter pour ſon compte , des pays de ladite conceſſion , elles feront exemptes de la moitié des droits appartenant à Sa Majefté ou aux Fermiers , mis , ou à mettre , aux entrées des Ports & Havres du Royaume ; faiſant Sa Majefté , défenſes à feſdits Fermiers , leurs Commis & tous autres d'en exiger davantage , à peine de concuſſion & de reſtitution du quadruple. Veut Sa Majefté , que les ſucres & autres eſpéces de marchandiſes que ladite Compagnie apportera des Ifles Françoiſes de l'Amérique , provenant de la vente & du troc des Négres , jouiffent de la même exemption , en juſtifiant par un certificat du Sieur Intendant auſdites Ifles , ou d'un Commiſſaire ordonnateur , ou du Commis du Domaine d'Occident , que leſdites marchandiſes embarquées auſdites Ifles , proviennent de la vente & du troc des Négres ; que leſdits Vaiſſeaux y auront déchargés ; lefquels certificats feront mention du nom des Vaiſſeaux & du nombre de Négres , qui auront été débarquées auſdites Ifles , & demeureront au Bureau des Fermes de Sa Majefté , dont les Receveurs donneront une ampliation , fans frais , aux Capitaines ou Armateurs.

VII.

Fait pareillement Sa Majefté défenſes aux Maires , Echevins , Conſuls , Jurats , Syndics & habitans des Villes , d'exiger de ladite Compagnie aucuns droits d'octroi , de quelque nature qu'ils foient , ſur les denrées & marchandiſes qu'elle fera tranſporter dans ſes magaſins & Ports de Mer , pour les charger dans ſes vaiſſeaux , Sa Majefté déchargeant ladite Compagnie deſdits droits , nonobſtant toutes Lettres , Arrêts & clauſes contraires.

VIII.

Sa Majefté décharge ladite Compagnie des Indes , des droits de 10 liv. par chaque Négre , & de 3 liv. par tonneau du port des vaiſſeaux , impoſés par l'article III deſdites Lettres-Patentes du mois de Janvier 1716 , ſur les Négocians qui iroient commercer à ladite côte de Guinée , & lui fait en outre don de tous les Forts & Comptoirs , conſtruits & établis en ladite côte , pour appartenir à ladite Compagnie à perpétuité en toute propriété. Au moyen de quoi Sa Majefté demeurera pour l'avenir , déchargée de toute la dépenſe néceſſaire pour l'entretien , tant deſdits Forts

& Comptoirs, que pour les payemens des garnifons & des appointemens des Directeurs, Commis & autres Employés.

I X.

Veut Sa Majefté que, par forme de gratification, il foit payé à ladite Compagnie, fur les revenus du Domaine d'Occident, 13 liv. par chaque Négre qu'elle juftifiera avoir porté dans les Ifles & Colonies de l'Amérique, par un certificat de l'Intendant des Ifles, ou des Gouverneurs en fon abfence, & 20 liv. par chacun marc de poudre d'or, qu'elle juftifiera avoir apporté dans le Royaume, par des certificats des Directeurs de la Monnoie de Paris.

X.

Outre les droits, priviléges & affranchiffemens ci-deffus, jouira ladite Compagnie pour fon commerce à ladite côte de Guinée, de tous ceux dont elle a droit de jouir de fon commerce dans la Province de la Louifiane, en conféquence des Lettres-Patentes du mois d'Août 1717, enfemble de tous ceux dont a joui, ou dû jouir, en conféquence des Lettres-Patentes du feu Roi, du mois de Janvier 1685, l'ancienne Compagnie de Guinée, qui avoit été établie par lefdites Lettres-Patentes, encore que quelques-uns defdits droits, priviléges, & affranchiffemens ne foient expreffément déclarés par le préfent Arrêt, fur lequel toutes Lettres néceffaires feront expédiées. Fait au Confeil d'Etat du Roi, Sa Majefté y étant, tenu à Paris, le vingt-feptième jour de Septembre mil fept cens vingt.

S.gné, FLEURIAU.

On voit par l'Article II, que défenfes très-expreffes font faites à toutee fortes de perfonnes d'envoyer des Vaiffeaux en Guinée, foit qu'ils partent de France ou des pays étrangers, ni d'apporter des Efclaves dans nos Colonies, fous quelque prétexte que ce foit, à peine de confifcation des Vaiffeaux & de leur chargement au profit de la Compagnie des Indes; & par les Articles VIII & IX, que non-feulement ladite Compagnie demeure déchargée du payement de 20 liv. pour chaque Négre & de 3 liv. par tonneau, mais encore qu'il lui eft accordé par forme de gratification, fur les revenus du Domaine d'Occident, 13 liv. pour chaque Négre qu'elle juftifiera avoir fait débarquer aux Ifles Françoifes de l'Amérique, & 20 liv. pour chaque marc de poudre d'or importée dans le Royaume & conduite dans la ville de Paris, en repréfentant les Certificats des Intendans des Ifles, ou des Gouverneurs en leur abfence, & des Directeurs de la monnoye de Paris.

Cette obfervation eft abfolument néceffaire pour entendre les plaintes adreffées au Confeil en 1725. Il y avoit déja quatre ans que la Compagnie des Indes jouiffoit exclufivement à tous autres, des priviléges attachés à la Traite des Négres, que quelques Navires venant de nos Ifles porterent une grande quantité de marchandifes accompagnées de Certificats, comme provenant du produit de ladite Traite; ce qui fit conjecturer que les Armateurs profitoient de la facilité qu'ils avoient

GUINÉE.
Traite des Noirs.

d'obtenir lesdits Certificats, pour ne payer que la moitié des droits d'entrée dans le Royaume , & qu'ils pouvoient prétexter que leurs Navires , ayant fait le Commerce de la Traite depuis 1716 jusqu'en 1720, il leur restoit encore des fonds considérables pour employer en marchandises des Isles , ce qui seroit devenu très-abusif. Aussi par Arrêt du 14 Août 1725 , tous ces Certificats doivent être regardés comme nuls , & de nul effet.

A R R E S T

DU CONSEIL D'ETAT DU ROI,

Qui ordonne que les sucres & autres marchandises qui seront déclarées provenir de la Traite des Négres, pour le compte des Négocians qui ont fait le Commerce de Guinée , en vertu des Lettres-Patentes du mois de Janvier 1716 , payeront dans les Ports désignés par les Réglemens & au Bureau d'Ingrande , la totalité des droits portés par les Lettres-Patentes du mois d'Avril 1717 , lorsque lesdites marchandises seront destinées pour être consommées dans le Royaume.

Du 14 Août 1725.

Extrait des Registres du Conseil d'Etat.

LE ROI étant informé que plusieurs Négocians font entrer dans le Royaume & dans l'étendue des cinq grosses Fermes , & notamment par le Bureau d'Ingrande , des sucres & autres marchandises des Isles & Colonies Françoises , dont ils ne payent que la moitié des droits portés par les Lettres-Patentes du mois d'Avril 1717, à la faveur des Certificats qu'ils ont la facilité de se faire expédier aux Isles sur leur simple déclaration , portant que ces marchandises sont provenues de la Traite des Négres , dans le tems qu'ils avoient la liberté du Commerce de Guinée qui leur avoit été accordée par les Lettres-Patentes du mois de Janvier 1716 ; & Sa Majesté considérant que depuis l'Arrêt du 27 Septembre 1710 , qui a accordé à la Compagnie des Indes le privilége exclusif du Commerce de la Traite des Négres à la côte de Guinée , les Négocians du Royaume ont eu un tems plus que suffisant pour retirer les fonds qu'ils pouvoient avoir aux Isles , provenant de la Traite des Négres , en sorte que ces Certificats ne peuvent plus être regardés que comme un moyen de fraude , & un abus très-préjudiciable à la régie : à quoi il est nécessaire de pourvoir. Oui le rapport du sieur Dodun , Conseiller ordinaire au Conseil Royal , Contrôleur Général des Finances. LE ROI étant en son Conseil, a ordonné & ordonne que les sucres & autres marchandises des Isles & Colonies Françoises qui seront déclarées provenir de la Traite des Négres ou pour le compte des Négocians qui ont fait le Commerce à la côte de Guinée , en vertu des Lettres-

Patentes du mois de Janvier 1716, payeront pour la confommation du Royaume dan^s les Ports défignés par les Réglemens, & au Bureau d'Ingrande, la totalité des droits portés fur lefd. marchandifes, par les Lettres-Patentes du mois d'Avril 1717, fans égard aux Certificats que lefdits Négocians pourroient rapporter qu'elles font provenues de la Traite des Négres, lefquels Certificats demeureront à l'avenir de nul effet. Fait au Confeil d'Etat du Roi, Sa Majefté y étant, tenu à Verfailles le quatorzième jour d'Août mil fept cens vingt-cinq.

Signé, PHELYPEAUX.

Il eft certain qu'aux termes de l'Arrêt du 27 Septembre 1720, les Négocians qui avoient envoyé de leur propre mouvement des Navires en Guinée, avoient contrevenu à l'Article II, & ne pouvoient point reclamer en leur faveur les franchifes portées par les Lettres-Patentes du mois de Janvier 1716. La peine même du payement du droit en entier, ordonné par l'Arrêt du 14 Août 1725, n'étoit pas fuffifante, fi la contravention eut été prouvée. Il auroit fallu faire confifquer Vaiffeaux & cargaifons; la loi étoit précife; mais ces Négocians ayant juftifié qu'ils n'avoient fait des armemens pour la côte de Guinée, qu'en vertu des permiffions qu'ils avoient obtenues de la Compagnie des Indes, il s'en fuivoit que leurs Navires devoient être confidérés comme appartenans à ladite Compagnie & jouir des mêmes priviléges. Le Confeil trouva ces raifons fi juftes, que par Arrêt du 20 Novembre 1725, en interprétant en tant que de befoin celui du 14 Août précédent, il ordonna que les Navires expédiés en vertu des permiffions données par ladite Compagnie des Indes, jouiroient des mêmes priviléges dont elle a droit de jouir.

ARREST

DU CONSEIL D'ETAT DU ROI,

Qui ordonne que les Sucres & autres marchandises des Isles & Colonies Françoises, qui proviendront de la Traite des Négres, faite par les Négocians du Royaume, en vertu des permissions qui ont été ou qui seront ci-après données par la Compagnie des Indes, jouiront de l'exemption de la moitié des droits portés par les Lettres-Patentes du mois d'Avril 1717, conformément à l'Article XIX des Lettres-Patentes du mois de Mars 1696.

Du 20 Novembre 1725.

Extrait des Régistres du Conseil d'Etat.

SUR la Requête présentée au Roi en son Conseil par les Négocians de la Ville de Nantes; contenant, que par l'Arrêt du 14 Août de la présente année, il a plû à Sa Majesté assujettir les sucres & autres marchandises des Isles & Colonies Françoises qui seront déclarées provenir de la Traite des Négres pour le compte des Négocians qui ont fait le Commerce à la côte de Guinée, à la totalité des droits portés par les Lettres-Patentes du mois d'Avril 1717 sans égard aux certificats que lesdits Négocians pourroient rapporter pour justifier qu'elles sont provenues de la Traite des Négres, lesquels certificats demeureront à l'avenir de nul effet: Sur quoi lesdits Négocians prennent la liberté de représenter à Sa Majesté que la Compagnie des Indes a délivré plusieurs permissions depuis qu'elle a eu le privilége exclusif de ce commerce, & notamment depuis l'année mil sept cens vingt-un, jusqu'en l'année mil sept cens vingt-quatre, & qu'il n'est pas possible que les Négocians à qui ces permissions ont été accordées, ayent encore eu tous les retours que leur doivent produire ces permissions, ce qui dérangera infiniment leur commerce. A CES CAUSES, requéroient qu'il plût à Sa Majesté sur ce leur pourvoir. Vû ladite Requête & l'Arrêt du quatorze Août mil sept cens vingt-cinq. Oui le rapport du Sieur Dodun, Conseiller ordinaire au Conseil Royal, Contrôleur Général des Finances. LE ROI en son Conseil, en interprêtant en tant que de besoin l'Arrêt du Conseil du 14 Août de la présente année, a déclaré & déclare n'avoir entendu assujettir à la totalité des droits, les sucres & autres marchandises des Isles & Colonies Françoises qui proviendront de la Traite des Négres faite par les Négocians du Royaume, en vertu des permissions qui ont été ou qui seront ci-après données par la Compagnie des Indes. Veut Sa Majesté, que lesdits sucres & autres marchandises jouissent de l'exemption de la moitié des droits portés par les Lettres-Patentes du mois d'Avril 1717, conformément à l'Article XIX des Lettres-Patentes du mois de mars 1696; entendant au surplus Sa Majesté, que ledit Arrêt du 14

Août de la préfente année , foit exécuté felon fa forme & teneur. Fait au Confeil d'Etat du Roi , tenu à Fontainebleau le vingtième jour de Novembre mil fept cens vingt-cinq.

Collationné. *Signé* , DE LAISTRE.

Collationné à l'Original par Nous Ecuyer Confeiller Sécretaire du Roi , Maifon , Couronne de France & de fes Finances.

L'exécution de l'Article XIX des Lettres-Patentes du mois de Mars 1696, eft rappellé dans ledit Arrêt. Je le joins ici afin que le Lecteur en connoiffe les difpofitions.

ARTICLE XIX.

Des Lettres-Patentes du mois de Mars 1696.

Toutes les marchandifes qui viendront pour le compte de ladite Compagnie , tant du Sénegal & côtes d'Afrique , que des Ifles & Colonies Françoifes de l'Amérique , feront exemptes , conformément à l'Arrêt de notre Confeil du 30 Mai 1664 , de la moitié de tous droits d'entrée en France , à nous ou à nos Fermiers appartenans , foit qu'ils euffent été impofés lors dudit Arrêt , ou qu'ils l'ayent été depuis , même de ceux qui le pourroient être à l'avenir , encore que les exempts & privilégiés y fuffent affujettis ; faifant défenfes à nofdits Fermiers , leur Commis & tous autres , d'en exiger au-delà du contenu aux préfentes , à peine de concuffion & de reftitution du quadruple ; & pour l'exécution du préfent Article , même pour prévenir les conteftations qui pourroient naître entre ladite Compagnie du Sénegal ou les Directeurs , & l'Adjudicataire de nos Fermes , fes Commis & prépofés , ordonnons à ladite Compagnie de donner à l'Adjudicataire de nos Fermes , aux Bureaux par lefquels entreront lefdites marchandifes , des déclarations certifiées d'eux ou de leurs Directeurs , lefquelles enfuite pourront être pefées , vûes, vifitées & expédiées par les Commis de l'Adjudicataire de nos Fermes , fans toutefois que ladite Compagnie foit affujettie à faire vifiter ni pefer la poudre & matieres d'or qu'elle fera entrer dans notre Royaume , que nous déclarons par ces préfentes , exemptes de toutes vifites & de tous droits , à la charge toutefois de les repréfenter au Bureau de la Monnoye de Paris.

Il femble qu'il ne devoit plus y avoir de plaintes après que le Roi avoit fait connoître fi clairement fa volonté fur les permiffions accordées par la Compagnie des Indes pour faire le Commerce de la Traite des Négres. Cependant il y eut encore de nouvelles conteftations en 1748 , & fur les Requêtes refpectives des Parties , & les Mémoires qui furent préfentés au Confeil , il intervint Arrêt qui ordonne que les Na-

vires expédiés pour le Commerce de Guinée, s'ils font munis de permiffions de la Compagnie des Indes, jouiront des privilèges portés par
l'Arrêt du 27 Septembre 1720.

ARREST

DU CONSEIL D'ETAT DU ROI,

*Qui ordonne l'exécution de celui du 27 Septembre 1720, & en confé-
quence, que les Vaiffeaux des Négocians, munis de Permiffions de la
Compagnie des Indes pour le Commerce de Guinée, jouiront des mêmes privilèges & exemptions dont elle jouit.*

Du 3 de Décembre 1748.

Extrait des Régiftres du Conseil d'Etat.

VU au Confeil d'Etat du Roi les Requêtes & Mémoires refpectivement préfentés
en icelui par les Sieurs Lemefle & Ifambert, Négocians de Rouen, prenant
fait & caufe pour les Sieurs Martin Frache & Jacques le Gueroult de la Place, leurs
correfpondans au Havre de Grace, d'une part, & les Fermiers-Généraux de Sa
Majefté, d'autre part : & par les Syndics & Directeurs des Chambres de commerce
de Normandie & de Guyenne, les Juges-Confuls de Nantes, & les Syndics & Directeurs de la Compagnie des Indes, Parties intervenantes, &c. LE ROI en fon
Confeil, faifant droit fur les demandes refpectives defdites Parties, & fans avoir
égard à celles des Fermiers-Généraux, dont Sa Majefté les a déboutés, a ordonné
& ordonne que l'Arrêt du 27 Septembre 1720, fera exécuté fuivant fa forme &
teneur, en conféquence, que les Vaiffeaux des Négocians à qui la Compagnie des
Indes pourra accorder à l'avenir des permiffions pour faire le commerce à la côte
de Guinée, continueront de jouir, en vertu defdites permiffions, fur les vivres,
marchandifes & effets qui feront chargés fur lefdits vaiffeaux, des mêmes droits, privilèges & exemptions que ceux de ladite Compagnie. Veut auffi Sa Majefté que lefdites contraintes decernées par le Receveur des Fermes au Havre, contre lefdits
Frache & le Gueroult, & la foumiffion dudit Flock, demeurent nulles, & que la
fomme confignée par ledit le Gueroult de la Place, lui foit rendue & reftituée; à
ce faire le dépofitaire de ladite fomme, contraint par toutes voies dûes & raifonnables; quoi faifant déchargé. Fait au Confeil d'Etat du Roi, tenu à Verfailles le
troifième jour du mois de Décembre mil fept cens quarante-huit.

Signé, EYNARD.

Voici une copie des Permiffions que la Compagnie des Indes donne
aux Armateurs qui veulent deftiner leurs Navires pour la Traite des
Noirs. J'y joins l'Arrêt du 26 Février 1726.

COMPAGNIE

COMPAGNIE DES INDES.

»LA Compagnie des Indes permet à M . . . . . . , . .
»Armateur du Navire . . . . . . du Port d'environ `.
» . . . . commandé par . . . . de faire partir
»ledit Navire de . . . . . . pour aller à la côte d'Afrique, de-
»puis la riviere de Cambie, exclusivement jusqu'au Cap de Bonne-Es-
»perance, faire dans cette étendue de côtes, la Traite des Négres,
»Poudre d'Or & autres marchandises du crû du Pays ; la Compagnie
»permettant à cet effet que l'Armateur use & jouisse des priviléges &
»exemptions qui lui ont été accordés par Lettres-Patentes, Edits,
»Déclarations & Arrêts rendus en sa faveur pour le Commerce de
»Guinée ; se reservant toutefois la gratification de treize livres que le
»Roi lui a accordée, & lui fait payer pour chaque tête de Noirs &
»Negresses introduits dans les Colonies Françoises de l'Amérique, &
»aux autres clauses & conditions portées ci-après.

PREMIEREMENT.

»Il est expressément défendu audit Armateur & Capitaine, sous peine
»de la confiscation du Navire & de sa cargaison, & de l'amende por-
»tée par l'Arrêt du Conseil d'Etat du Roi, du 26 Février 1726, dont
»il a été remis un exemplaire audit Armateur, de faire aucune escale
»ni aucune traite à la mer, ou à terre dans l'étendue de la côte
»d'Afrique, comprise depuis le Cap Blanc, jusqu'à la riviere de Gam-
»bie inclusivement, laquelle renferme une partie de la concession dont
»la Compagnie n'entend point communiquer le privilége & le Com-
»merce, lesquels au contraire elle se reserve exclusivement à tous au-
»tres ; & sous les peines de droit.

SECONDEMENT.

»La même défense a lieu, & sous les mêmes peines, pour les Ports,
»Havres, Rades, côtes ou Isles, occupés par les Naturels du pays ou
»par des étrangers, ou même qui ne sont pas occupés dans ladite
»étendue de mer & de côtes, tout Commerce étant absolument inter-
»dit auxdits Armateurs & Capitaines avec qui que ce soit dans toute
»la partie du Nord de la côte d'Afrique, depuis le Cap Blanc, jusques
»& compris la susdite riviere de Gambie.

Tom. II. X x

TROISIEMEMENT.

»Dans le cas que le Navire soit obligé , par un événement forcé ,
»de relâcher dans l'étendue de la susdite côte de la concession de la
»Compagnie , occupée par elle ou par d'autres , ou même non occu-
»pée , & par elle reservée , il lui est également défendu , sous les
»mêmes peines ci-dessus , d'y faire aucune traite ou Commerce de
»quelque nature que ce puisse être.

QUATRIEMEMENT.

»Dans ledit cas de relâche , il sera permis aux Employés de la
»Compagnie à ladite côte , de visiter ledit Navire toutes les fois qu'ils
»le jugeront à propos.

CINQUIEMEMENT.

»Si le Capitaine refuse la visite , la confiscation ci-dessus sera encou-
»rue , son refus établissant pour lors la preuve complete de sa con-
»travention.

SIXIEMEMENT.

»Le Capitaine sera obligé de porter ses Noirs dans les Colonies
»Françoises de l'Amérique , & non ailleurs.

SEPTIEMEMENT.

»L'Armateur sera obligé de payer à ladite Compagnie , entre les
»mains de son Caissier à Paris , ou au Porteur de ses ordres , dix liv.
»par chacune tête de Négre , Negresse , Negrillon & Negritte vivans ,
»que ledit Navire aura introduits dans les Isles & Colonies Françoises
»de l'Amérique , & ce , six mois après qu'elle aura eu avis de l'arrivée
»dudit Navire dans lesdites Isles & Colonies.

HUITIEMEMENT.

»Le Capitaine sera tenu de lever des certificats par duplicata &
»triplicata du nombre de Négres , Negresses , Negrillons & Negrittes
»que ledit Navire aura débarqués & introduits dans lesdites Isles &
»Colonies ; lesdits certificats visés de Mr. le Gouverneur & de Mr.
»l'Intendant , ou en leur absence , de Mrs. les Officiers & Commissai-
»res ou autres qui les représenteront.

NEUVIEMEMENT.

»Deux des certificats feront remis par le Capitaine du Navire entre
»les mains du Commiffionnaire de la Compagnie, établi dans le Port
»où le Navire fera fa vente, s'il y en a un, finon à celui établi dans
»le Port le plus voifin, & le troifième certificat fera remis par l'Ar-
»mateur, un mois après le retour de fon Navire en France, à la di-
»rection de ladite Compagnie à Paris.

DIXIEMEMENT.

»Faute par lefdits Capitaines & Armateurs de remettre dans les fuf-
»dits délais lefdits certificats en bonne & due forme, pour affurer à
»la Compagnie la perception de fon droit de dix livres par tête de
»Noirs & Negreffes, grands & petits, ledits Capitaine & Armateur feront
»tenus folidairement de payer à la Compagnie le fufdit droit de dix
»livres par tête de Noirs & Negreffes, fur le pied du plus grand nom-
»bre d'Efclaves qu'il foit poffible de porter à un Navire de même gran-
»deur, fi mieux n'aime la Compagnie, faire juftifier par enquêtes ou
»autrement, & toujours aux frais de l'Armateur, du nombre réel
»d'Efclaves que ledit Navire aura introduits.

ONZIEMEMENT.

»La Compagnie fe referve fon recours contre l'Armateur, dans le cas
»que faute par fon Capitaine, ou par lui, d'avoir remis à ladite Com-
»pagnie lefdits certificats d'introduction en dûe forme, elle ne fut pas
»en état de fe faire payer par le Roi de la gratification de treize liv.
»par tête de Noirs & Negreffes referés ci-deflus.

DOUZIEMEMENT.

»L'Armateur fera tenu & refponfable, en fon propre & privé nom,
»envers la Compagnie, de tous les faits de fon Capitaine qui l'inté-
»refferont en France, à la côte d'Afrique & dans les Colonies Fran-
»çoifes, notamment pour la défenfe & interdiction de toutes Efcales
»& Traites dans l'étendue de la côte d'Afrique, comprife depuis le
»Cap-Blanc, jufques & compris la riviere de Gambie, pour l'affujettif-
»fement à la vifite des Employés de la Compagnie le long de ladite
»côte pour le tranfport des Noirs aux Colonies Françoifes & non
»ailleurs, & pour la remife dans les Colonies, & en France des cer-
»tificats d'introduction des Noirs; le tout fous les peines & amendes

Xx ij

GUINÉE.
Traite des Noirs.

»exprimées dans les articles précédens , & il en fera fa foumiſſion au »pied d'une copie de la préſente permiſſion.

TREIZIEMEMENT.

»Moyenant les fufdites claufes & conditions , la Compagnie con- »fent que l'Armateur dudit Navire jouiſſe des priviléges & exemptions »des droits dont elle-même a droit de jouir pour fon commerce de »Guinée , en vertu de la conceſſion qui lui en a été faite par le Roi »en différens tems ; fauf & reſervé feulement par la Compagnie & à »fon profit , fon droit de dix livres par tête de Noirs & Negreſſes & »la gratification de treize livres auſſi par tête de Noirs & Negreſſes qui »lui eſt accordée & payée par Sa Majeſté.

»La préſente Permiſſion fera nulle, fi le Vaiſſeau ne part pas d'un »Port de France dans l'efpace de fix mois , à compter du jour de »la date de la préſente Permiſſion.

»Et fera tenu le Capitaine, s'il va à Juda , à fon arrivée à ladite »Rade , de préfenter fa Permiſſion au Directeur dudit lieu prépofé par »la Compagnie , & de la faire vifer de lui.

A Paris , le

Les Sindics & Directeurs de la Compagnie des Indes.

Par la Compagnie ,.

ARREST
DU CONSEIL D'ETAT DU ROI,

Concernant les défenses faites aux Particuliers d'envoyer des Vaisseaux &
faire Commerce dans les Pays de la Concession de la Compagnie
des Indes.

Du 26 Février 1726.

Extrait des Régistres du Conseil d'État.

LE ROI étant informé qu'au préjudice du privilége exclusif accordé à la Compagnie des Indes pour le commerce de ses concessions , par les Edits , Déclarations , Arrêts & Lettres-Patentes des mois d'Août 1664 , Janvier 1682 & 1685 ,
Mars 1696 , Novembre 1712 , Août 1717 , Mai 1719 & Juin 1725 , quelques particuliers n'ont pas laissé d'envoyer des Vaisseaux dans les pays des concessions de ladite Compagnie , soit en les faisant partir des Ports de France avec des congés
des Amirautés pour des navigations permises , soit en les faisant partir des pays étrangers;
que même quelques-uns d'entre eux , pour mieux cacher leur fraude , ont obtenu ,
sous des noms supposés , des passeports des Souverains des lieux où ils faisoient
faire les armemens de leurs Vaisseaux , & se sont flattés que lorsqu'ils auroient
pû éviter d'être découverts , pris ou arrêtés dans les endroits prohibés , ils ne seroient pas sujets à leur retour aux peines qu'ils ont encourues par leur contravention. Quoique de pareilles entreprises soient manifestement contraires aux Ordonnances & Réglemens faits pour le commerce maritime , & aux Edits , Déclarations , Arrêts & Lettres-Patentes rendus en faveur de la Compagnie des Indes , qui
sont très-expresses inhibitions & défenses à tous les sujets de Sa Majesté d'entreprendre sur le commerce de ladite Compagnie , à peine de confiscation de leurs Vaisseaux & marchandises , & de trois mille livres d'amende ; Sa Majesté a crû que
pour soutenir les Loix générales & particulieres de son Royaume sur le fait du
commerce , & pour l'intérêt d'une Compagnie dont Elle voit avec satisfaction les
différens établissemens qu'elle a formés , se perfectionner de jour en jour , & le
commerce s'augmenter considérablement , il étoit important d'expliquer plus particulierement ses intentions à cet égard : Surquoi oui le rapport du sieur Dodun , Conseiller ordinaire au Conseil Royal , Contrôleur Général des Finances. LE ROI étant
son Conseil , a ordonné & ordonne ce qui suit.

ARTICLE PRÉMIER.

Les Ordonnances & Réglemens rendus sur le fait du commerce maritime , ensemble les Edits , Déclarations & Lettres-Patentes rendus pour le commerce de la
Compagnie des Indes , seront exécutés selon leur forme & teneur : & en conséquence fait Sa Majesté très-expresses & itératives défenses à tous ses Sujets , de
quelque qualité & condition qu'ils puissent être , d'envoyer leurs Vaisseaux dans les
pays de la concession de ladite Compagnie , en prenant des passeports de Sa Ma-

GUINÉE.
Traite des Noirs.

Jefté ou des congés des Amirautés pour des navigations permifes, à peine de confifcation defdits Vaiffeaux & marchandifes de leur chargement, les deux tiers au profit de ladite Compagnie, & l'autre tiers au profit du dénonciateur, & en outre de trois mille livres d'amende, applicable à l'Hôpital de l'Orient.

I I.

Veut Sa Majefté que les faifies qui ont été, ou feront ci-après faites des Vaiffeaux des particuliers qui auront été envoyés dans les conceffions de ladite Compagnie, au préjudice de fondit privilége, foit que lefdites faifies foient faites dans les lieux prohibés, foit après le retour defdits Vaiffeaux dans les Ports du Royaume, ou dans ceux des Colonies, ou autres où ils pourront être faifis, foient inceffamment jugées, & les confifcations & amendes portées par les Edits & Réglemens prononcées par les Juges qui en doivent connoître.

I I I.

Au cas que lefdits Vaiffeaux faffent leur retour dans les pays étrangers, pour éviter les peines portées par les Edits, Déclarations, Arrêts & Réglemens, ordonne Sa Majefté que pour raifon de ladite contravention, il fera procédé contre les Propriétaires & Armateurs defdits Vaiffeaux.

I V.

Et que dans les cas où les Vaiffeaux & chargemens appartenans aux Sujets de Sa Majefté qui auront entrepris fur le commerce de ladite Compagnie, enfemble les intérêts & bénéfices qu'ils auront dans les armemens faits dans les pays étrangers pour fes conceffions, ne pourroient être faifis & arrêtés, il foit outre ladite amende de trois mille livres prononcé contre lefdits Sujets contrevenans, une condamnation d'une fomme équipolente, tant à la valeur defdits Vaiffeaux & chargemens, qu'à celle defdits intérêts & bénéfices, pour tenir lieu de ladite confifcation. Ordonne Sa Majefté que le préfent Arrêt fera lû, publié & affiché par-tout où befoin fera afin que perfonne n'en ignore. Fait au Confeil d'Etat du Roi, Sa Majefté y étant, tenu à Marly le vingt-fixième jour de Février mil fept cens vingt-fix.

Signé, PHELYPEAUX.

Collationné aux Originaux par Nous, Ecuyer-Confeiller-Sécretaire du Roi, Maifon-Couronne de France, & de fes Finances.

P. MARTIN.

Le défaut de mention (dans les certificats) du nombre de Nègres débarqués à l'Amérique, occafionna divers abus par la facilité que trouvoient les Marchands qui n'avoient aucun droit de jouir des modérations accordées aux feules marchandifes provenant du commerce de Guinée, de faire délivrer des certificats pour celles qui n'étoient point achetées du produit de la vente des Nègres, & par ce moyen frauder la moitié des droits d'entrée; ce qui non-feulement caufoit un préjudice notable aux revenus du Roi, mais décourageoit encore les Armateurs pour la Guinée, en les fruftrant du bénéfice que l'exemption de moitié des droits d'entrée dans le Royaume leur procuroit, & dont ils ne reffentoient plus l'effet par la concurrence des autres marchandifes des Ifles, qui par cette fraude pouvoient être vendues au même prix. Pour remédier à un mal dont les fuites auroient été dangereufes, le Roi par fon Ordonnance du 6 Juillet 1734, régle la forme des certificats de la Traite des Négres, pour que les marchandifes qui en proviennent, puiffent jouir de la modération de moitié des droits, en entrant dans le Royaume. Cette Ordonnance eft d'une clarté à n'exiger aucune remarque de ma part.

ORDONNANCE DU ROI,

Qui regle la forme des Certificats de la Traite des Négres aux Ifles Françoifes de l'Amérique.

Du 6 Juillet 1734.

DE PAR LE ROI.

SA Majefté s'étant fait repréfenter les Lettres-Patentes du mois de Janvier 1716, portant Réglement pour le commerce de Guinée, par l'Article V. defquelles il eft ordonné que les fucres & autres efpéces de marchandifes que les Sujets de Sa Majefté apporteront des Ifles Françoifes de l'Amérique, provenant de la vente & du troc des Négres, jouiront de l'exemption de moitié de tous droits d'entrée, en juftifiant par un certificat du Sieur Intendant aux Ifles, ou d'un Commiffaire ordonnateur, ou du Commis du Domaine d'Occident, que les marchandifes embarquées aufdites Ifles proviennent de la vente ou du troc des Négres que lefdits Vaiffeaux y auront déchargé, lefquels certificats feront mention du nom des Vaiffeaux, & du nombre de Négres qui auront été débarqués aufdites Ifles, & demeureront au Bureau des Fermes : & Sa Majefté étant informée qu'il fe pratique plufieurs abus à l'occafion de cette exemption de moitié des droits ; que nonobftant la difpofition ci-deffus des Lettres-Patentes de 1716, il n'eft point fait mention dans les certificats qui font rapportés du nombre de Négres débarqués aux Ifles, quoique ce foit une des conditions fous lefquelles ce privilége eft accordé ; que les Négocians, autres que les Armateurs des Vaiffeaux, qui ont fait la Traite des Négres, & leurs Agens trouvent le moyen de fe faire expédier des certificats pour des marchandifes qui ne proviennent point de la vente & du troc des Négres, par la faculté que les Commis aux Ifles ont de délivrer de ces certificats ; ce qui préjudicie non-feulement aux Fermes de Sa Majefté, mais auffi aux Négocians qui font la Traite des Négres, en ce que la plus grande partie des fucres & autres marchandifes des Ifles, qui proviennent de la vente ou du troc des marchandifes qui y font portées directement du Royaume, viennent accompagnées de certificats, & jouiffent frauduleufement de l'exemption de moitié des droits ; & que s'il n'étoit expédié des certificats que pour les marchandifes qui proviennent réellement du produit de la vente & du troc des Négres, les Négocians qui en font la Traite profiteroient feuls de la faveur que Sa Majefté a entendu accorder à

GUINÉE.   ce commerce ; à quoi étant néceffaire de pourvoir, Sa Majefté a ordonné & or-
Traite des Noirs. donne.

ARTICLE PRÉMIER.

Qu'à l'avenir , & à commencer du jour de la publication de la préfente Ordonnance , il ne fera délivré aux Ifles Françoifes de l'Amérique , des certificats
pour les marchandifes qui proviendront du produit de la vente ou du troc des
Négres qui y auront été apportés , que par les Sieurs Intendans ou Commiffaires
ordonnateurs aufdites Ifles , ou en leur abfence & dans les Ports où il n'y a point
de Commiffaires ordonnateurs , par des Subdélégués , qui feront à cet effet commis par lefdits Sieurs Intendans.

I I.

Ces certificats feront mis au pied de la facture des marchandifes , & enfuite d'un
bordereau qui contiendra le produit de la vente des Négres , & le prix des marchandifes qui auront déjà été expédiées à compte , fi aucunes ont été embarquées ;
dans les factures feront diftinguées les quantités & qualités des marchandifes , &
les différentes efpéces de fucres terrés ; & feront les certificats mention du Navire
qui aura déchargé les Négres , de la quantité de Négres , du prix de la vente
defdits Négres , de celui des marchandifes qui y feront embarquées , du nom du
Vaiffeau fur lequel elles feront ou devront être chargées , du nom du Capitaine ,
& du Port de France pour lequel il fera deftiné ; le tout conformément au modéle ci-attaché.

I I I.

Veut Sa Majefté que ces certificats ne puiffent être délivrés qu'aux Armateurs
des Vaiffeaux qui auront fait la Traite des Négres , ou qu'à leurs Capitaines ,
Agens , ou autres chargés de pouvoirs par écrit , pour gérer la cargaifon defdits
Navires ; & que les Commis du Domaine d'Occident , ou des octrois aufdites Ifles ,
mettent au pied leur vû embarquer des marchandifes contenues dans la facture.

I V.

Les marchandifes defdites Ifles qui feront apportées fur des Bâtimens qui en feront partis après la publication de la préfente Ordonnance , pour lefquelles il ne
fera pas rapporté des certificats des Sieurs Intendans , Commiffaires ordonnateurs
ou Subdélégués commis par lefdits Sieurs Intendans , ainfi & dans la forme qu'il eft
ci-deffus prefcrit , & revêtus des vû embarquer des Commis aux Ifles , ne jouiront
point de la modération de moitié des droits , lefquels feront payés en entier.

V.

Lorfque par les certificats qui auront été rapportés dans les différens Ports du
Royaume , le produit de la vente ou du troc des Négres fe trouvera abforbé , s'il
en eft encore rapporté d'autres , les Commis des Fermes n'y auront aucun égard ; &
au cas de fraude ou fauffeté defdits certificats , les marchandifes feront faifies & confifquées au profit du Fermier , & les Capitaines ou autres qui feront atteints du
faux , feront pourfuivis extraordinairement , fuivant la rigueur des Ordonnances. Enjoint Sa Majefté aux Sieurs Intendans des Ifles , & autres Officiers qu'il appartiendra
de fe conformer à la préfente Ordonnance , & de tenir la main à fon exécution. Et
fera la préfente Ordonnance lûe , publiée & affichée par tout où befoin fera. Fait à
Verfailles le fixième jour de Juillet mil fept cens trente-quatre. *Signé* , L O U I S : *Et
plus bas* , PHELYPEAUX.

MODELLE

N°. 2026. *MODELLE de Facture, de Bordereau du produit de la vente des Négres & des marchandises expédiées à compte, & du Certificat, qui doivent être expédiés aux Isles, en conformité des Articles I. & II. de l'Ordonnance du Roi du 6 Juillet 1734.*

GUINÉE. Traite des Noirs.

FACTURE.

FACTURE de 12 barriques de sucre, & deux balles de Coton, chargées à bord du Navire (*tel*) Capitaine (*tel*), destiné pour (*tel endroit*), par (*tel*) Capitaine, ou chargé de la régie & recouvrement de la cargaison du Navire (*tel*) provenant de partie de la vente des Négres de ladite cargaison, arrivé en ce Port le (*tel jour*), pour le compte & risques des Intéressés audit Navire, marqués comme en marge, & pesant comme il suit.

SL

SÇAVOIR:
Sucre terré blanc.

N°. 1er. . . . 815 liv. ort. 52. l. tare.
2. . . . . 812. . . . . 48.

ort. . . 1627. . . 100. l. tare.
à déduire 130. . . . 30. trait & droit à deux pour cent.

Reste. . . . 1497 l. net à 50 liv. le cent pesant. . . . 748 l. 10 f.

Sucre terré commun.

3. . . . 809. . . . 50.
4. . . . 805. . . . 55.
5. . . . 795. . . . 45.

ort. . . 2409. . . 150. l. tare.
à déduire 195. . . . 45. trait & droit à deux pour cent.

Reste. . . 2214 l. net à 35. l. le cent pesant. . . . 774 18.

Sucre, teste de forme.

6. . . . 792. . . . 43.
7. . . . 787. . . . 52.
8. . . . 877. . . . 47.

ort. . . 2456. . . 142. tare.
à déduire 188. . . . 46. l. trait & droit à deux pour cent.

Reste. . . . 2268 l. net à 25 l. le cent pesant. 567

Sucre brut.

9. . . . 770. . . . 49.
10. . . . 768. . . . 42.
11. . . . 807. . . . 60.
12. . . . 902. . . . 59.

ort. . . 3247. . . 210.
à déduire 270. . . . 60. l. trait & droit à deux pour cent.

Reste. . . . 2977 l. net à 20 l. le cent pesant. 595. 8

2685. 16.

GUINÉE.
Traite des Noirs.

De *l'autre part.* . . . . . 2685 l. 16 ℓ.

Deux balles de Coton.

N°. 1er. . . . 340.
2. . . . 310.

650.

13. liv. trait & droit à deux pour cent.

Refte. . . . 637. net à 80 liv. le cent pefant. . . . . . . 509. 12.

3195. 8.

JE *fouffigné* (tel) ⎰ Capitaine dudit Navire (tel)
ou
⎱ *chargé du recouvrement de la cargaifon du Navire*(tel) ⎰ *Certifie la*
préfente facture véritable. A   le

BORDEREAU.

LE produit de la vente de (*tant de*) Negres apportés par le Navire (*tel*) Capitaine (*tel*) arrivé en ce Port le (*tel jour*) monte à. . . . . 200000 liv.
Sur laquelle fomme il a ci-devant été expédié des marchandifes, pour quarante mille livres.

SÇAVOIR.

Par Certificat du   fur le Navire (*tel*) Capitaine (*tel*) pour Nantes. . . 12000 l.
Par autre du   fur le Navire (*tel*) Capitaine (*tel*) pour St. Malo. . 9000.
Par autre du   fur le Navire (*tel*) Capitaine (*tel*) pour la Rochelle. 7500.
Par autre du   fur le Navire (*tel*) Capitaine (*tel*) pour Nantes. . 11500.

    4000

Refte. 160000

CERTIFICAT.

NOUS

Certifions que les douze barriques de fucre, & deux balles de coton mentionnées en la préfente facture, montant à la fomme de trois mille cent quatre-vingt quinze livres huit fols,

chargées dans le Navire (tel) *Capitaine* (tel), *deftinées pour* ⎰ Nantes
ou
⎱ autres lieux ⎰ *ont*
été achetées des fonds provenant de la vente de (*tant de*) *Negres, apportés par le Navire* (tel) *Capitaine* (tel) *en ce Port le*   *laquelle vente a produit la fomme de deux cens mille livres* * *furquoi il a ci-devant été expédié des marchandifes pour la fomme de quarante mille livres, fuivant la note ci-deffus ; En foi de quoi nous avons délivré le préfent Certificat, à icelui fait appofer le cachet de nos armes, & contre-figner par notre Secretaire, pour fervir & valoir ce que de raifon. Fait à*   le

Malgré un Réglement si précis, les fraudeurs réuffirent encore à tromper la vigilance des furveillans, en ne faifant point une exacte mention des marchandifes expédiées par des certificats précédens. Pour détruire radicalement cet abus, le Roi rendit l'Ordonnance fuivante.

ORDONNANCE DU ROI,

Concernant l'exemption accordée aux marchandifes provenant de la Traite des Négres aux Ifles Françoifes de l'Amérique.

Du 31 Mars 1742.

DE PAR LE ROI.

SA Majefté s'étant fait repréfenter l'Ordonnance qu'Elle a rendue le 6 Juillet 1734, qui régle la forme des certificats de la Traite des Négres aux Ifles & Colonies Françoifes de l'Amerique ; & Sa Majefté étant informée que, nonobftant les difpofitions qu'elle renferme , il fe pratique encore dans lefdits Ifles une fraude préjudiciable ; tant aux Négocians qui font le commerce direct aufdites Ifles , & à ceux qui font de bonne foi la Traite des Négres , qu'aux intérêts des Fermes de Sa Majefté , par l'abus que font quelques Agens aufdites Ifles , prépofés à la cargaifon de Négres qui y font introduits , des certificats expédiés par les Sieurs Intendans , Commiffaires ordonnateurs , ou leurs Subdélégués , pour les marchandifes provenant du troc defdits Négres , en les appliquant à des marchandifes qui ne proviennent point de ce commerce ; & que pour y parvenir , ils préfentent aufdits Sieurs Intendans ou autres Officiers qui en font les fonctions , des borderaux , dans lefquels , en obmettant plufieurs parties de marchandifes préalablement expédiées à compte de leurs Traites , ils furprennent des certificats , au moyen defquels il leur eft aifé de fe procurer l'exemption de moitié des droits qui fe payent en France , fur des quantités de marchandifes beaucoup plus confidérables que celles qui doivent jouir de l'exemption ; à quoi étant néceffaire de pourvoir : Sa Majefté , en expliquant , en tant que de befoin , ladite Ordonnance , & y ajoutant , a ordonné & ordonne.

ARTICLE PRÉMIER.

Qu'à l'avenir , & à commencer du jour de la publication du préfent Réglement , les Capitaines des Vaiffeaux qui tranfportent des Négres dans les Ifles & Colonies , feront tenus d'y faire à leur arrivée , leur déclaration fommaire & certifiée d'eux , du nombre de Négres qu'ils introduiront , fur un régiftre qui demeurera dépofé au Greffe des Sieurs Intendans , Commiffaires ordonnateurs , ou Subdélégués par eux commis à cet effet; & que lefdits Capitaines , Commiffionnaires ou Agens chargés de la vente & du recouvrement defdits Négres , feront tenus de faire de même fur ledit régiftre une déclaration fommaire & certifiée d'eux , du prix total defdits

Y y ij

Négres, auffi-tôt qu'ils auront été vendus, lefquelles déclarations feront mention du jour de l'arrivée defdits Négres, & feront tranfcrites pour chaque Navire Négrier, au haut d'un feuillet, dont le refte demeurera en blanc, pour y écrire les notes par extrait, des certificats qui feront par la fuite expédiés audit Greffe, pour les marchandifes provenant du prix de chaque cargaifon de Négres.

II.

Lorfque les Capitaines, Commiffionnaires ou Agens chargés du recouvrement du prix d'une cargaifon de Négres, voudront faire un envoi de marchandifes en provenant, ils feront obligés d'apporter au Greffe defdits Sieurs Intendans, la facture defdites marchandifes, & au bas de ladite facture le bordereau du montant de celles précédemment expédiées à compte de ladite cargaifon, dans la forme des modéles prefcrits par l'Ordonnance du 6 Juillet 1734, lequel bordereau contiendra par articles, la date de chaque envoi, le nom du Navire fur lequel il aura été chargé, & fon prix, enfuite le montant total defdits envois, la comparaifon de ce total avec celui du prix des Négres, & ce qui fe trouvera refter dudit prix, ou, à défaut de marchandifes précédemment expédiées, ils feront tenus de déclarer qu'il n'en eft point encore parti : lefquelles factures, bordereaux ou déclarations lefdits Capitaines, Commiffionnaires ou Agens certifieront par écrit être véritables, & les marchandifes y énoncées ne provenir que de la vente & du troc defdits Négres ; fous peine, en cas de fraude ou de faux expofé dans lefdites factures, bordereaux ou déclarations, de cinq cens livres d'amende : & feront lefdites factures, bordereaux ou déclarations, enrégiftrés, ainfi qu'il eft dit en l'article précédent, à la fuite des déclarations qui y font prefcrites, fur le blanc du feuillet refté à cet effet, afin que par ledit enrégiftrement lefdits fieurs Intendans, Commiffaires ordonnateurs, ou leurs Subdélégués, puiffent connoître l'état de chaque cargaifon de Négres, & ne donnent qu'en connoiffance, leurs certificats au bas defdites factures, bordereaux ou déclarations, ainfi certifiés.

III.

Sa Majefté défend aufdits Capitaines, Commiffionnaires ou Agens, de s'ingérer d'écrire de leur main les certificats qui doivent être donnés par lefdits fieurs Intendans ou autres Officiers fuivant leurs fonctions, pour les marchandifes provenant de la vente des Négres ; lefquels certificats ne pourront être écrits que par eux, leurs Sécretaires, ou autres perfonnes par eux prépofées à cet effet, & contiendront les quantités de marchandifes, & les fommes en toutes lettres, le tout à peine de nullité.

IV.

Veut Sa Majefté que les Armateurs faifant le commerce de Guinée, qui préfenteront, après la publication de la préfente Ordonnance aux Ifles, dans les Bureaux de fes Fermes en France, pour des marchandifes provenant de la Traite des Négres, des certificats des Sieurs Intendans ou autres Officiers prépofés pour les donner, ne puiffent les rapporter que dans la forme ci-deffus prefcrite, à peine d'être déchus du privilége de la modération de moitié des droits des marchandifes qui fe trouveront accompagnées defdits certificats ; & que lefdits certificats, enfemble ceux qui feront expédiés à l'avenir aux Ifles avant ladite publication, ne puiffent être admis dans lefdits Bureaux, qu'après qu'ils auront été certifiés véritables en tout leur contenu par lefdits Armateurs ; & qu'en cas de fraude ou de faux expofé dans les factures, bordereaux ou déclarations, lefdits Armateurs foient condamnés en la confifcation des marchandifes pour lefquelles lefdits certificats auront été expédiés, & en cinq cens livres d'amende, & pourfuivis extraordinairement, en cas de faux, conformément à l'Ordonnance du 6 Juillet 1734.

V.

Les certificats n'auront point d'effet pour l'exemption de la moitié des droits, qu'après qu'ils auront été vérifiés par les Fermiers Généraux, qui feront tenus de donner leurs ordres fans retardement; à l'effet de quoi ces certificats leur feront adreffés à l'Hôtel des Fermes à Paris, par les Directeurs ou Receveurs des Fermes dans les Ports admis au commerce de Guinée.

Et fera au furplus ladite Ordonnance du 6 Juillet 1734, exécutée felon fa forme & teneur, en ce qui n'y eft point dérogé par la préfente. Enjoint Sa Majefté aux Sieurs Intendans des Ifles, ou autres Officiers qu'il appartiendra, de fe conformer à la préfente Ordonnance, & de tenir la main à fon exécution. Et fera la préfente Ordonnance lûe, publié & affichée par-tout où befoin fera. Fait à Verfailles le trente-un Mars mil fept cens quarante-deux *Signé* LOUIS : *Et plus bas*, PHELYPEAUX.

Collationné à l'Original par Nous Ecuyer-Confeiller-Sécrétaire du Roi, Maifon-Couronne de France, & de fes Finances.

L'obligation impofée par l'article V, d'envoyer à l'Hôtel des Fermes à Paris les certificats délivrés aux Ifles pour les marchandifes envoyées en France, détermina Mrs. les Fermiers Généraux, à écrire à tous les Directeurs des Fermes la lettre fuivante.

LETTRE

DE MRS. LES FERMIERS GENERAUX
au Directeur des Fermes à Marseille.

à Paris le 19 Novembre 1742.

PAR l'Article V de l'Ordonnance du 31 Mars 1741, Monsieur, les certificats rapportés pour les marchandises provenant de la Traite des Négres, doivent nous être adressés à l'Hôtel des Fermes pour être vérifiés ; & il est du bon ordre des comptes ouverts pour chaque cargaison de Négres , que ces certificats y demeurent pour servir de piéces justificatives desdits comptes ; c'est pour cela que nous vous avons précédemment marqué d'enjoindre aux Receveurs des Ports de votre département où ce commerce est permis, de prendre des copies desdits certificats pour y avoir recours en cas de besoin à leur Bureau , pour que les originaux puissent rester à Paris ; cependant comme il arrive souvent que les Négocians qui ont remis ces certificats dans les Bureaux, nous les redemandent lorsqu'ils n'ont point été admis , sous prétexte qu'il leur sont alors nécessaires pour les opérations de leur commerce , & qu'il est indispensable qu'ils restent ici joints auxdits comptes ; pour pouvoir prouver en cas de besoin la consommation des cargaisons des Négres , nous avons décidé que dans les cas où la Compagnie aura rejetté quelques certificats de Traite , le Receveur auquel ils auront été remis , donnera aux Négocians qui demandent ces certificats, la copie conforme à l'original qui nous aura été envoyé , en marge de laquelle copie il fera mention des raisons du refus fait par la Compagnie de les admettre ; c'est pourquoi vous leur recommanderez d'être attentifs à retenir une copie exacte de chacun des certificats de cette espéce qui leur seront rapportés , afin d'être en état en cas de besoin de la remettre auxdits Négocians , cette copie devenant inutile à leur Bureau , puisque les marchandises y contenues se trouvent dans le cours de celle du commerce ordinaire des Isles , lorsque lesdits certificats ne sont point admis. Nous vous prions de donner auxdits Receveurs vos ordres en conformité de la présente , &c.

Signés , HOCQUART , THOYNARD , DUPIN , LALIVE , ROLLAND , HATTE ET DE BEAUMONT.

OBSERVATIONS.

Les Négocians de Marseille doivent à l'arrivée de leurs Navires dans le Port , sur lesquels il y a des marchandises provenant de la vente des Négres , faire une copie du certificat qui les accompagne , & la remettre avec l'original au Bureau du Poids & Casse. Le moindre délai est suffisant pour causer une nullité , & empêcher l'admission dudit certificat , & dans le cas de refus de la part de la Compagnie , à cause du manque de quelque formalité prescrite par l'Ordonnance du 6 Juillet

1734 & l'Arrêt du 31 Mars 1742, & qui fera jugée néceffaire, la copie dépofée au Bureau du Poids & Caffe fera remife auxdits Négo-cians, & fi les certificats font admis, elle fervira pour noter les ex-péditions (à mefure qu'ils en feront) des envois dans le Royaume en prenant un paffavant juftificatif audit Bureau du Poids & Caffe, comme lefdites marchandifes proviennent de la Traite des Négres.

Meffieurs les Juges & Confuls de la ville de Nantes, pour faciliter l'expédition des marchandifes des Ifles, provenant du produit de la Traite, drefferent des formules pour les certificats que les Capitaines doivent fe faire délivrer, & les propoferent à Meffieurs les Fermiers Gé-néraux, qui après les avoir examinées les trouverent bien; en confé-quence lefdits fieurs Juges-Confuls les firent imprimer, & en donne-rent avis aux Chambres de Commerce du Royaume par la lettre fuivante.

C O P I E

D'UNE LETTRE

Ecrite par Meffieurs les Fermiers - Généraux à Monfieur Bouchaud Député de Nantes pour le Commerce.

A Paris le 30 Janvier 1744.

NOUS avons examiné, Monfieur, les deux Imprimés des Certificats que vous nous avez remis pour s'en fervir pour les retours des marchandifes des Ifles provenant de la vente & du troc des Négres, l'un propre pour un prémier envoi à compte du produit de la vente des Négres d'un Vaiffeau qui a fait la Traite, & l'autre pour les envois fubféquens, qui doit contenir le Bordereau des envois précé-dens. Ces Imprimés nous ont paru conformes aux difpofitions des Ordonnances de 1734 & 1741, à l'exception de la certification de la vérité de la Facture fur le Certificat des envois fubféquens, qui eft en fuite de ladite Facture, & que nous eftimons devoir être mife en fuite du Bordereau, l'un & l'autre devant être égale-ment certifiés véritables par la perfonne chargée du recouvrement du produit de la vente des Négres, conformément à l'Article II de l'Ordonnance de 1741, & qu'il convient de rectifier, moyennant quoi la Compagnie confent Monfieur, qu'on fe ferve de ces Imprimés aux Ifles, & nous donnerons nos ordres dans les Ports permis du Royaume pour qu'on les reçoive, à condition que les blancs feront remplis confor-mément aux difpofitions defdites Ordonnances, & que ceux du Certificat qui doit être donné au bas par Meffieurs les Intendans ou leurs Subdélegués, feront écrits de leur main, ou par leur Sécretaire, ainfi qu'il eft ordonné par l'Article III de

GUINÉE.
Traite des Noirs.

l'Ordonnance de 1742, *après la vérification faite du Bordereau sur le Registre qui doit être tenu à l'Intendance, suivant l'Article premier de ladite Ordonnance.*

Ces certificats continueront de nous être adressés comme il est porté en l'Article V de ladite Ordonnance, la facilité à laquelle nous consentons de se servir des certificats imprimés ne devant dispenser d'aucune des formalités prescrites par les Ordonnances dont l'exécution doit également être suivie exactement.

Nous avons l'honneur d'être très-parfaitement, Monsieur, vos très-humbles & très-obéissans Serviteurs.

Signés, DE BEAUMONT, DE LA CHABRERIE, LA BORDE, LALIVE, DE NANTOUILLET, BRISSART.

COPIE

D'UNE LETTRE

Ecrite par Messieurs les Juges & Consuls de Nantes aux Chambres de Commerce de Bordeaux, la Rochelle, &c.

A Nantes le 4 Mars 1744.

NOUS avons l'honneur de vous faire sçavoir que Messieurs les Fermiers-Généraux ont adopté nos Formules imprimées pour les Factures, Bordereaux & Certificats des marchandises provenant de la vente des Négres, en y faisant un léger changement.

Nous avons en conséquence & de conformité à leur observation, fait imprimer de nouvelles Formules, & nous avons observé de placer la certification du chargeur des marchandises après le Bordereau.

Nous avons aussi observé de laisser dans ces nouveaux imprimés de plus grands espaces de blancs pour y placer la facture & le Bordereau ; mais si dans quelques occasions, quoiqu'assez rares, le blanc destiné à recevoir le détail des marchandises dans la première page, soit de la facture première, ou de la subséquente, ne suffisoit pas, il seroit plus facile de porter la suite de ce détail aux pages 3 & 4.

Nous vous envoyons inclus un de ces nouveaux imprimés, & nous y joignons une copie imprimée, & de nous certifiée de la lettre par laquelle Messieurs les Fermiers Généraux approuvent nos Formules imprimées. Nous y avons fait mettre en caractères italiques l'endroit de cette lettre où Messieurs les Fermiers Généraux avertissent de vérifier & bien conformer les Bordereaux au Registre tenu à l'Intendance.

Nous estimons qu'il est très-convenable que Messieurs les Armateurs fassent coudre un exemplaire imprimé tant de ladite lettre que des Ordonnances de 1734 & 1742, entre la couverture & le prémier feuillet du livre de Traite qu'ils mettent en main du Capitaine de chaque Navire Negrier. Il conviendra également d'insérer dans les ordres qu'ils donneront à ces Capitaines & aux Agens qu'ils chargeront d'envoyer les retours en France, de se conformer exactement à ces Ordonnances & aux Formules

mules imprimées à la fuite d'icelles, & enfin, conformément à la lettre de Meffieurs les Fermiers Généraux, d'avoir une attention finguliere à ne point laiffer remplir le certificat de Monfieur l'Intendant qu'après avoir collationné & vérifié avec toute l'exactitude poffible le Bordereau des envois précédens fur le livre de l'Intendance, & après avoir fait ajouter fur ledit Regiftre l'envoi actuel.

Nous fouhaitons très-fortement, Meffieurs, que l'idée que nous avons eue, en imaginant ces Formules & en faifant imprimer la Lettre de Meffieurs les Fermiers Généraux & aux nôtres pour prévenir du moins une grande partie de difficultés qu'on leur fait depuis quelques années, beaucoup plus fur la forme que fur le fond.

Nous avons l'honneur d'être très-parfaitement, Meffieurs, vos très-humbles & très-obéiffans Serviteurs.

Signés, N. MERCIER, BERNIER DE LA RICHARDIERE, LOUIS GROU, FR. DE LA VILLE.

A V I S

A MESSIEURS LES ARMATEURS

POUR LA GUINÉE,

Sur la maniere de rectifier les défauts qui fe pourront trouver dans les Factures, Bordereaux & Certificats qui accompagnent chaque envoi des retours, en forte que ces défauts ne puiffent être un obftacle à jouir de l'exemption de la moitié des droits d'entrée du Royaume.

PAR la lettre que nous avons écrite le 4 Mars 1744 aux chambres de Commerce établies dans les Villes Maritimes, & dont nous avons fait diftribuer des copies imprimées à Meffieurs les Armateurs de Nantes, nous avons détaillé toutes les précautions que nous avons jugé néceffaires pour mettre les Capitaines Négriers, & les Prépofés au recouvrement & remife des fonds provenant de ce commerce, en état de dreffer les Factures & Bordereaux, & fait dreffer les Certificats par les Officiers du Roi, nommés pour les donner, d'une maniere tellement conforme à l'Ordonnance de 1742, que Meffieurs les Fermiers-Généraux ne puiffent refufer de les admettre.

Depuis ce tems-là nous avons fait réflexion que malgré toutes ces précautions il pourroit venir des Ifles de ces fortes de piéces, où il fe trouveroit des manquemens, qui fuffiroient pour faire naître de grandes difficultés, s'il n'y étoit pourvû de remède à l'avance. C'eft pourquoi nous avons imaginé un moyen propre à prévenir toutes ces difficultés, & à faire retirer de ces Certificats, toute l'utilité qu'on s'en étoit légitimement promife. Voici ce moyen.

Il eft néceffaire que l'Armateur établiffe chez-lui, fur un livre de facture ou autre, un compte des marchandifes qui feront chargées à l'Amérique, foit à fon adreffe, foit à celle de quelque Négociant d'une autre Ville, provenant de la vente des Noirs, au nombre de *tant* introduits dans *un tel Port, de telle Ifle, un tel jour,* par

GUINÉE.
Traite des Noirs.

un Navire *tel*, *Capitaine. tel*, & dont la vente a monté à la fomme de *tant*, prémier voyage.

L'Armateur établira *féparement* un pareil compte pour le *fecond voyage*, & un
autre femblable pour le *troifième voyage*, &c.

Il écrira fur ce compte, dans l'ordre & la forme établie dans nos formulaires
imprimés, pour les Bordereaux des envois, le montant monnoie des Ifles, de
chaque Facture qu'il recevra, & ce, incontinent après l'avoir reçue.

Lors de la reception de chaque certificat, l'Armateur en *vérifiera exactement la
Facture*, pour connoître s'il ne s'y feroit point gliffé quelques erreurs de fait ou
de calcul, après quoi il fera écriture de cet envoi, à la fuite du dernier article
du fufdit compte établi fur fon livre.

Il conferera auffi tous les articles du *Bordereau*, & il examinera s'ils font conformes à ceux de foudit compte.

SÇAVOIR:

1°. Le nom du Navire qui a fait la Traite.

2°. Le nom de fon Capitaine.

3°. Le jour de fon arrivée aux Ifles, fuivant la déclaration dudit Capitaine.

4°. Le nom de l'Ifle, & celui du Port
de ladite Ifle où il eft arrivé.

5°. Le nombre de Négres introduits.

6°. Le prix total de la vente des Négres.

7°. La date du Certificat de chaque
envoi des retours en France.

8°. Le nom du Navire fur lequel chaque envoi a été chargé.

9°. Le nom du Capitaine de chacun des
Navires porteurs defdits envois.

10°. Le nom de la Ville de France où
chaque envoi a été fait.

11°. L'expreffion (en chifres feulement)
du montant de chaque envoi.

12°. Si le montant total des envois faits

jufqu'audit jour a été bien calculé.

13°. Si la comparaifon de ce total avec
le total du prix des Négres a été bien
faite.

14°. Si la fomme à quoi monte le refte
des effets à venir, y eft exactement
exprimée.

15°. Si le Certificat y eft écrit de la
main de l'Officier prépofé à cette
fonction.

16°. Si les fommes exprimées dans ce
certificat font juftes, & fi elles font
écrites en toutes lettres.

Nota. S'il a été fait par un même Navire
deux différens envois, pour chacun defquels on a pris un certificat féparé, il
faudra toujours que ces deux envois
foient exprimés féparement en deux articles dans tous les Bordereaux fubféquens.

Au cas que l'Armateur trouve que toutes ces formalités ont été bien obfervées,
alors il fera en état d'affirmer véritables, les contenus auxdites Factures, Bordereaux,
& Certificats.

Mais fi l'Armateur trouve quelque erreur dans la Facture, quelque erreur ou omiffion dans le Bordereau, ou quelque manquement dans le Certificat de l'Officier du
Roi, il fera néceffaire dans tous ces cas, que dans la certification qu'il eft tenu de
mettre à la fuite du Certificat de l'Intendant, ledit Armateur déclare l'omiffion,
l'erreur ou le défaut qu'il aura trouvé, & tout de fuite il le rectifiera fans jamais
rien effacer, biffer, racler ni raturer, & fans mettre aucune interligne.

Par cette déclaration & rectification faite & fignée de la main de l'Armateur, l'erreur,
l'omiffion, ou tout autre défaut fe trouvera couvert, & le Certificat fera impugni-
fable, & en état de produire fon effet, pour l'exemption de la moitié des droits.

MODELE DES RECTIFICATIONS

QUE l'Armateur a droit de faire dans sa certification, des erreurs de calcul, doubles emplois, fausses cotations & omissions qui se peuvent trouver dans les Factures, Bordereaux & Certificats venus de l'Amérique, pour procurer l'exemption de la moitié des droits des marchandises provenant de la vente des Noirs.

JE soussigné *un tel*, Armateur du Navire *tel*, déclare que dans l'examen que j'ai fait de la facture des autres parts, j'ai reconnu dans ladite Facture une erreur de calcul dans la ligne, en marge de laquelle j'ai écrit ce
15100 mot *Nota*, & qu'au lieu de douze mille cinq cens livres, à quoi a été tirée
12500 en lignes la valeur de cinq futailles d'indigo, cette même valeur monte à
——— quinze mille deux cens livres, ce qui opere dans ladite Facture, dans le
1700 Bordereau & dans le Certificat, une erreur de deux mille sept cens livres,
——— qu'il faut ajouter à cette valeur totale, au moyen de laquelle rectification,
je déclare qu'il ne reste plus véritablement à venir des Isles de l'Amérique,
que la somme de trente-sept mille cinq cens livres; après laquelle rectification faite, je certifie véritable le surplus de ladite Facture, du Bordereau
& du Certificat des autres parts, & je déclare comme dit est, qu'il ne
reste plus à venir en France, que pour trente-sept mille cinq cens livres de
marchandises provenant de la cargaison dudit Navire. Fait à   le

FACTURE SUBSEQUENTE.

Facture de

chargé à bord du Navire   Capitaine
deftiné pour la Ville de   par moi
en qualité de   & chargé de la régie & recouvrement de la cargaifon du Navire le   Capitaine
lefdites marchandifes provenant de la vente des Négres de ladite cargaifon, arrivée
en ce Port de   le
pour le compte & rifques des Intéreffés audit Navire, marquées comme en marge,
& pefant comme fuit ;

S Ç A V O I R:

Je fouffigné   chargé du recouvrement de la cargaifon
du Navire nommé le
certifie la préfente Facture véritable. Fait à

Vû embarquer dans le fufdit Navire les marchandifes exprimées ci-deffus. A

BORDEREAU.

Le produit de la vente de   Négres apportés
par le Navire le
arrivé à   le   Capitaine
  monte à la somme de
        ci
fur laquelle fomme il a ci-devant été expédié des marchandifes pour
la fomme de

    S ç A V O I R :
Par Certificat du   fur le Navire
Capitaine.   pour le Port de

chargé en tout ci-devant pour
& ce jour fuivant la Facture en l'autre part, & le
Certificat ci-deffous

     refte. pour.

C E R T I F I C A T.

NOUS

certifions que les

mentionnées en la facture de l'autre part , montant à la fomme de

GUINÉE.
Traite des Noirs.

chargées dans le Navire   *Capitaine*
deſtinées pour le Port de   *ont été achetées des fonds*
provenant de la vente du nombre de   *Négres*
apportés par le Navire   *Capitaine*
en ce Port , le   *laquelle vente a produit la ſomme de*

ſur laquelle ſomme il a ci-devant été expédié des marchandiſes pour la ſomme de

Et ce jour les marchandiſes portées dans la faĉture de l'autre part, le tout ſuivant la note ci-deſſus : en foi de quoi nous avons délivré le préſent Certificat, à icelui fait appoſer le cachet de nos armes, & contreſigner par notre Secrétaire, pour ſervir & valoir ce que de raiſon. Fait à

DROITS DES MARCHANDISES

Mentionnées dans les Lettres-Patentes du mois de Février 1719, *réduits à la moitié.*

Maſcavades ou ſucre brut le cent peſant   1 liv. 5 ſ.
  dont 16 ſ. 8 d. appartiennent au Fermier du Domaine
  d'Occident, & 8 ſ. 4 d. au Fermier général des cinq
  groſſes Fermes.
Sucres terrés ou caſſonnades le cent peſant   4 liv.
  dont 1 liv. au Fermier du Domaine d'Occident, &
  3 liv. au Fermier des cinq groſſes Fermes.
L'indigo le cent peſant, ci . . . . . 2 liv. 10 ſ.
  réduit à la moitié par Arrêt du 15 Mai 1760, à commencer du prémier Oĉtobre 1762. ci . . . . . 1 liv. 5 ſ.
Le gingembre *idem.*   7   6
Le coton en laine *idem.*   15

Nota. Il ne paye plus le droit d'entrée par Arrêt du 12 Novembre 1749.

Rocou, *idem.* . . . . 1 liv. 5 ſ.
Les confitures, *idem.* 2   10
La caſſe ou canefice.   10
Le cacao, *idem*, ... 5
Les cuirs ſecs & en poil, la piéce.   2   6
Le carret ou écailles de tortues, le cent. 3   15
  Le caffé ne jouit d'aucune modération des droits d'entrée.

ARTICLE VI.

Les toiles de toutes fortes , la quincaillerie , la mercerie , la veroterie , tant fimple que contre-brodée , les barres de fer plat , les fufils , les fabres & autres armes , & les pierres à fufil , le tout des fabriques de notre Royaume , enfemble le corail , jouiront de l'exemption de tous droits de fortie dûs à nos Fermes , tant dans les Bureaux de leur paffage , que dans ceux du Port de leur embarquement , à la charge qu'elles feront déclarées pour le Commerce de Guinée , au prémier Bureau de nos cinq groffes Fermes , & qu'il y fera pris un acquit à caution en la maniere accoutumée , pour en affurer l'embarquement dans l'un defdits quatre Ports , jufques auquel tems lefdites marchandifes feront mifes dans le magafin d'entrepôt , fous deux clefs différentes , dont l'une fera gardée par le Commis de l'Adjudicataire de nos Fermes , & l'autre par celui qui fera prépofé par les Négocians , le tout à leurs frais. Et à l'égard des vins d'Anjou & autres crûs des côtes de la riviere de Loire , deftinés pour la Guinée , il en fera ufé comme à l'égard de ceux deftinés pour les Ifles Françoifes de l'Amérique , fuivant l'Arrêt de notre Confeil du 23 Septembre 1710. Et pour ce qui concerne les vins de Bordeaux , Nous voulons pareillement qu'il en foit ufé de la même maniere qu'il fe pratique à l'égard de ceux qui y font embarqués pour les Ifles Françoifes de l'Amérique en y prenant le chargement defdits vins , & y faifant les foumiffions accoutumées.

Dans les Lettres-Patentes du mois de Janvier de 1719 , les vins & eaux de-vie de la Province de Languedoc ont été ajoutés aux marchandifes & denrées dénommées dans le préfent article ; cependant comme les Lettres-Patentes n'avoient été données que pour le Languedoc , on continua à Bordeaux la perception des droits fur les vins & eaux-de-vie, comme il paroît par la décifion fuivante.

ORDRE

DU CONSEIL DE COMMERCE,

CONCERNANT

Les Eaux - de - Vie deſtinées pour le commerce de Guinée.

Du 15 Février 1720.

SUR le rapport qui a été fait au Conſeil de commerce, d'une requête du ſieur Doumeret Négociant de Bordeaux, par laquelle il demande l'exemption des droits ſur les eaux-de-vie qu'il fait charger pour la côte de Guinée, prétendant qu'étant la baſe du commerce de Guinée, c'eſt par omiſſion qu'elles ne ſe trouvent point compriſes dans les Lettres-Patentes du mois de Janvier 1716: le Conſeil avant que de ſtatuer ſur le fond, a ordonné que les Commis ſe contenteront de prendre la ſoumiſſion du Marchand de payer les droits, s'il eſt ainſi ordonné. Les Directeurs de la Compagnie des Indes ſe conformeront à l'ordre ci-deſſus. Fait au Conſeil, tenu à Paris, le 15 Février 1720.

Signé, ROUJAULT.

Les vins & eaux-de-vie du crû du Royaume, deſtinés pour les Iſles Françoiſes de l'Amérique, jouiſſent de l'exemption des droits, conformément aux Lettres-Patentes de 1717 & 1719. Il paroît donc qu'il doit en être uſé de même ſuivant la diſpoſition du préſent article, pour leſdits vins, quoiqu'ils n'y ſoient pas dénommés. La queſtion ſi les vins de Provence & du Languedoc doivent jouir de cette exemption eſt donc toute décidée; car il auroit fallu que quelque nouveau Réglement eut annullé cette diſpoſition, pour que la perception du droit fut légitime. Je ſuppoſe qu'il vint une défenſe de laiſſer ſortir des eaux-de-vie du Royaume. Si la défenſe ne comprenoit point nommément leſdites eaux-de-vie deſtinées pour la Guinée, elles continueroient d'y être envoyées librement; c'eſt ce qui arriva au ſujet du fer non ouvré, dont la ſortie du Royaume fut prohibée à cauſe de la rareté du bois qui étoit néceſſaire pour les forges; ce qui fit que le fer en barres commençoit à manquer. Cette défenſe fut une occaſion de faire difficulté aux Bureaux de ſortie de le laiſſer embarquer pour la Guinée; mais par déciſion du Conſeil du 27 Juin 1720, l'ordre fut donné de n'y apporter aucun obſtacle.

L'entrepôt

L'entrepôt dont il eſt parlé dans le préſent article, eſt ſujet aux GUINÉE. mêmes Réglemens que ceux qui ont été rendus pour les marchandi- *Traite des Noirs.* ſes du crû ou de fabrique du Royaume, deſtinées pour les Iſles de l'Amérique. J'en ai parlé en ſon lieu ; ce ſeroit une répétition inutile.

ARTICLE VII.

Permettons auxdits Négocians d'entrepoſer dans les Ports de Roüen,
la Rochelle, Bordeaux & Nantes, les marchandiſes appellées cauris,
les toiles de coton des Indes, blanches, bleues & rayées, les toiles pein-
tes, les criſtaux en grains, les petits miroirs d'Allemagne, le vieux linge
& les pipes à fumer, qu'ils tireront de Hollande & du Nord, par mer
ſeulemement, pour le commerce de Guinée. Voulons auſſi qu'ils jouiſſent
du même entrepôt pendant l'eſpace de deux années ſeulement, à compter du
jour & date de l'enrégiſtrement des Préſentes, pour les couteaux Flamands,
les chaudieres & toutes ſortes de batteries de cuivre ; le tout à condition
que leſdites marchandiſes étrangeres ſeront déclarées à leur arrivée aux
Commis des Bureaux de nos Fermes, & enſuite dépoſées dans un ma-
gaſin qui ſera choiſi pour cet effet, & fermé à deux clefs, dont l'une
reſtera ès mains du Commis des Fermes, & l'autre ſera remiſe à celui
que les Négocians prépoſeront, le tout à leurs frais.

L'entrepôt ordonné pour les Ports de Rouen, la Rochelle, Bordeaux & Nantes, auxquels St. Malo a été ajouté par l'article IX, regarde aujourd'hui tous les Ports qui ont obtenu la permiſſion de faire des armemens pour l'Amérique, conformément à l'Arrêt du 30 Septembre 1741. Il n'y a ici aucun délai fixé pour le tems dudit entrepôt ; ce qui a occaſionné pluſieurs conteſtations, qui bien loin d'être terminées par l'Arrêt du 7 Septembre 1728, qui régle par l'article III que les marchandiſes entrepoſées pour la côte de Guinée ſeront envoyées dans ſix mois au plus tard à leur deſtination, à peine de confiſcation deſdites marchandiſes, & de mille livres d'amende, en devinrent plus vives par l'impoſſibilité de remplir cette condition, qui cependant fut confirmée par les articles IV & V de l'Arrêt du Conſeil du 19 Mai 1734.

EXTRAIT

DE L'ARRET DU CONSEIL,

CONCERNANT

Les priviléges de la Compagnie des Indes.

Du 19 Mai 1734.

ARTICLE PREMIER.

LA Compagnie des Indes jouira au Port de l'Orient & à Nantes, des mêmes priviléges & exemptions dont elle jouit actuellement à Nantes, & en conséquence toutes les marchandises provenant de son commerce, qui seront envoyées de l'Orient à Nantes par ladite Compagnie, ses Agens ou Préposés, avant ou après les ventes, même celles qui seront envoyées de Nantes à l'Orient par elle, ou par ses Agens & Préposés, seront exemptes des droits de la Prévôté de Nantes, & autres droits dûs sur les marchandises venant par mer à Nantes, de même que toutes celles que ladite Compagnie aura dans ses magasins au Port de l'Orient, propres à l'usage du commerce de Guinée, qui seront envoyées à Nantes, à condition que toutes lesdites marchandises seront accompagnées des certificats de ladite Compagnie des Indes, ou de ses Agens ou Préposés, que les Capitaines ou Maîtres de Barques seront obligés de représenter aux Commis des Fermes, à leur arrivée, leurs connoissemens, & les voituriers par terre leurs lettres de voiture, le tout signé par l'Agent ou Préposé de la Compagnie des Indes, & visé par le Directeur de la Compagnie à l'Orient, & que les uns & les autres feront leurs déclarations en la manière ordinaire : & pourront les Commis du Fermier être présens au déchargement desdites marchandises & à la remise qui s'en fera dans les magasins de ladite Compagnie, pour constater seulement le nombre de caisses, balles & ballots contenus dans les lettres de voiture, connoissemens & certificats.

II.

Les Adjudicataires des marchandises provenant des ventes de la Compagnie des Indes & leurs cessionnaires jouiront aussi de l'exemption des droits de la Prévôté de Nantes, sur lesdites marchandises qu'ils feront venir de l'Orient à Nantes par mer, en observant les formalités prescrites ci-après.

III.

Les Adjudicataires ou leurs ceſſionnaires, qui deſtineront pour Nantes des marchandiſes dont l'uſage eſt permis dans le Royaume, provenant des ventes qui ſeront faites à l'Orient, feront tenus d'en faire leurs déclarations au Bureau qui ſera
établi à l'Orient pendant le tems deſdites ventes, & à celui du Port-Louis dans
les autres tems, du nombre de caiſſes, balles & ballots, de les faire plomber
du plomb des Fermes, & enſuite peſer & de prendre des acquits à caution qui
feront repréſentés au Bureau de la Prévôté de Nantes, pour la vérification des
plombs y être faite, ainſi que du nombre & du poids des caiſſes, balles & ballots,
déclarés & compris dans leſdits acquits à caution ; leſquels ne pourront être déchargés qu'après que l'ouverture & viſite deſdites caiſſes, balles & ballots auront
été faites, & les marchandiſes trouvées conformes en qualités & en poids.

I. V.

Les Adjudicataires ou leurs ceſſionnaires qui envoyeront à Nantes des marchandiſes dont l'uſage eſt défendu dans le Royaume, ſoit pour être envoyées de-là à l'étranger, ſoit pour le commerce de Guinée, feront de même leurs déclarations au Bureau de
l'Orient ou du Port-Louis, y repréſenteront les caiſſes, balles & ballots, pour y être
plombées du plomb des Fermes, & prendront des acquits à caution & feront leurs
ſoumiſſions de remettre les mêmes caiſſes, balles & ballots bien plombés, dans
les magaſins de l'entrepôt à Nantes & ſous les clefs du Fermier ; & feront leſdits
acquits à caution déchargés après la vérification des plombs & la remiſe deſdites
marchandiſes dans leſdits magaſins, d'où elles ne pourront ſortir pour leurs deſti-
nations qu'en obſervant les formalités preſcrites par les Réglemens pour les marchandiſes dont l'uſage eſt défendu dans le Royaume.

V.

La Compagnie des Indes jouira, tant à Nantes qu'à l'Orient, du bénéfice d'entrepôt ſur les marchandiſes à elle appartenant, juſqu'à la vente d'icelles ; & quant
aux marchandiſes provenant de ſes ventes, les Adjudicataires ou leurs ceſſionnaires
jouiront auſſi dudit entrepôt pendant ſix mois.

VI.

Les marchandiſes dont l'uſage eſt permis dans le Royaume, qui ſeront deſtinées
dès l'Orient où ſe feront les ventes, pour les Provinces des cinq groſſes Fermes,
paſſant par Nantes ou par d'autres Bureaux, acquiteront les droits des cinq groſſes
Fermes aux Bureaux de l'Orient ou du Port-Louis, & les acquits de payement
feront repréſentés à Nantes & aux autres Bureaux de la route, conformement à
l'Arrêt du 21 Juillet 1733.

VII.

Les marchandiſes permiſes dans le Royaume ou prohibées, que la Compagnie
des Indes, ſes Adjudicataires ou ceſſionnaires, feront paſſer dans la rivière de Nantes pour être chargées ſur des Vaiſſeaux François ou étrangers pour les pays étrangers, pourront être verſées de bord à bord ſur les Vaiſſeaux qui ſe trouveront

en charge à Paimbeuf pour l'étranger, en présence des Commis du Fermier ; après toutefois que la déclaration en aura été faite à l'Orient ou au Port-Louis, que les caisses, balles & ballots y auront été plombés & qu'il aura été pris des acquits à caution : lesquels seront représentés aux Commis du Bureau de Paimbeuf pour la vérification des plombs y être faite, ainsi que du nombre des caisses, balles & ballots contenus dans lesdits acquits à caution, & ne pourront lesdits acquits à caution être déchargés que sur les certificats d'embarquement des Commis de Paimbeuf, & en outre à l'égard des marchandises prohibées, sur celui de descente dans les pays étrangers ; permet Sa Majesté aux Commis des Fermes à Paimbeuf, d'y faire l'ouverture des caisses, balles ou ballots, dans les cas où les plombs se trouveroient rompus ou altérés, de faire la visite des marchandises qui s'y trouveront, en présence des Capitaines & Maîtres des Vaisseaux où duement appellés, dont il sera dressé procès-verbal : & au cas de fraude, les marchandises seront saisies & confisquées suivant les Réglemens.

V I I I.

Les marchandises permises, qui auront été transportées de l'Orient à Nantes, pour y jouir de l'entrepôt, & qui seront ensuite destinées pour les Provinces des cinq grosses Fermes, acquitteront au Bureau de la Prévôté de Nantes les droits des cinq grosses Fermes, & les acquits seront présentés aux Commis des Bureaux de la route.

I X.

Les marchandises permises, destinées pour passer de l'Orient ou de Nantes à l'étranger par terre, continueront de jouir du bénéfice de transit au travers du Royaume, & celles destinées pour les Provinces réputées étrangeres, continueront aussi de jouir du bénéfice de transit au travers de l'étendue des cinq grosses Fermes, & seront seulement assujetties aux droits locaux desdites Provinces réputées étrangeres, s'il y en a d'établis ; à l'exception néanmoins du thé, dont les droits de six livres du cent pésant seront payés dans les lieux où se fera la vente, ainsi qu'ils ont été réglés par l'Arrêt du 8 Juillet 1732 ; soit que ledit thé soit destiné pour la consommation des cinq grosses Fermes ou pour les Provinces réputées étrangeres, & sans qu'il soit tenu d'aucun autre droit sur la route, conformément audit Arrêt, & seront les marchandises déclarées en transit assujetties aux formalités prescrites par les Réglemens rendus sur le fait du transit.

X.

Ordonne Sa Majesté que les différens Arrêts & Réglemens concernant le commerce de la Compagnie des Indes & ses priviléges, soient exécutés selon leur forme & teneur, en ce qui ne s'y trouve point contraire au présent Arrêt. Fait au Conseil d'Etat du Roi, Sa Majesté y étant, tenu à Versailles, le dix-neuvième jour de Mai mil sept cens trente-quatre.

Signé, PHELYPEAUX.

Les Négocians du Royaume firent de nouvelles représentations, pour demander un plus long délai, n'étant pas possible que les mar-

chandifes qu'on fait venir d'Hollande & du Nord, arrivent précifement dans le tems que les Navires font en charge pour la Guinée;
d'ailleurs les ventes de la Compagnie des Indes fe faifant dans un tems
marqué, il faudroit que toutes les expéditions pour la Guinée, fe fiffent à la fois pour pouvoir profiter de l'entrepôt des fix mois qui fuivent lefdites ventes. Pour remédier à cet inconvénient, le Roi accorda
par Arrêt du 2 Octobre 1742, quatre années pour l'entrepôt des
marchandifes étrangeres (qu'on n'oublie pas ce mot étrangeres) deftinées pour la Guinée; ce qui n'a point été changé du depuis.

ARREST

DU CONSEIL D'ETAT DU ROI,

Qui fixe à quatre années, l'entrepôt des marchandifes, propres pour le commerce de Guinée.

Du 2 Octobre. 1742.

Extrait des Regiftres du Confeil d'État.

SUR ce qui a été repréfenté au Roi, en fon Confeil, par les Négocians des
Ports du Royaume, où il eft permis d'armer pour la côte Guinée, que par Arrêt du 7 Septembre 1728, il n'a été accordé qu'un terme de fix mois, pour faire
charger à la deftination de Guinée, les toiles qu'il eft permis de tirer de Hollande & du Nord, pour le commerce de ladite côte; que par autre Arrêt du 19 Mai
1734, il a été ordonné que les marchandifes provenant des ventes de la Compagnie
des Indes, jouiroient de l'entrepôt pendant fix mois, mais que ce terme n'eft pas,
à beaucoup près, fuffifant pour les opérations des Armateurs; qu'en effet, par rapport aux marchandifes que l'on tire de Hollande, ou du Nord, il arrive fouvent
des cas imprévûs, qui rendent impoffible l'exécution de ce qui eft prefcrit par ledit Arrêt du 7 Septembre 1728, & qu'à l'égard des marchandifes qui proviennent
de la vente de la Compagnie des Indes, propres au commerce de Guinée, il eft
fenfible que fi l'entrepôt dont elle jouiffent, étoit borné à un terme de fix mois, les
armemens pour Guinée, ne pourroient fe faire que dans les fix prémiers mois, qui
fuivent immédiatement chaque vente de ladite Compagnie, ce qui rendroit ces armemens très-difficiles & expoferoit les Armateurs à une concurrence fâcheufe,
non-feulement par la néceffité de travailler dans le même tems à leurs expéditions;
mais encore par le rifque prefque infaillible que plufieurs Navires fe trouvaffent
tous à la fois à traiter fur la même côte; que d'ailleurs, les ventes du prohibé
propre pour Guinée, fe feroient avec plus de facilité par la Compagnie des Indes
& avec plus d'avantage pour elle, fi les Négocians ne craignoient pas d'être trop
preffés pour les expéditions aufquelles ils les deftinent; que par ces raifons il feroit

GUINÉE.
Traite des Noirs.

néceffaire de ne limiter aucun terme, pour l'entrepôt defdites marchandifes, & qu'on ne doit pas craindre que cette facilité entraîne des abus, d'autant plus qu'il eft de l'intérêt des Négocians, de fe défaire de ces marchandifes le plus promptement qu'il leur eft poffible. Vû le mémoire des Fermiers Généraux, contenant qu'ils n'ont aucun intérêt à s'oppofer à la demande defdits Négocians qu'ils croient feulement devoir faire à ce fujet deux obfervations, dans la vue de prévenir les abus qui pourroient réfulter de cette demande; qu'en prémier lieu, un entrepôt illimité paroiffant contraire aux régles & fujet à des inconvéniens, ils penfent qu'il convient d'en fixer le terme; qu'en fecond lieu, pour éviter les conteftations qui pourroient furvenir entre les Négocians & le Fermier, fi le Fermier étoit feul chargé de la garde defdites marchandifes, il paroiffoit néceffaire qu'elles fuffent entrepofées à leurs rifques, dans un magafin à deux clefs, dont l'une feroit confiée à un Commis du Fermier, & l'autre à celui qui feroit à cet effet prépofé par les Négocians, à leurs frais. Vû l'avis des Députés du commerce, ouï le rapport du fieur Orry, Confeiller d'Etat ordinaire & au Confeil Royal, Contrôleur Général des finances, LE ROI, étant en fon Confeil, a ordonné & ordonne qu'à l'avenir & à commencer du jour de la publication du préfent Arrêt, l'entrepôt des toiles & autres marchandifes, propres pour le commerce de Guinée feulement, tant de celles provenantes des ventes de la Compagnie des Indes, que de celles qui feront tirées de Hollande & du Nord, fera & demeurera fixé à quatre années, à la charge par les Négocians des Ports, où il eft permis d'armer pour Guinée, de fournir dans chacun defdits Ports, un magafin à leurs frais, & d'y commettre un Commis auffi à leurs frais, à l'effet d'être chargé, conjointement avec le Commis du Fermier, de la garde defdites marchandifes, qui feront entrepofées dans ledit magafin à deux clefs, dont l'une fera remife au Commis defdits Négocians & l'autre au Commis du Fermier, lefquels Commis tiendront regiftre de l'entrée & fortie defdites marchandifes & en demeureront folidairement refponfables. Veut au furplus Sa Majefté que les Lettres-Patentes du mois de Janvier 1716, l'Arrêt & Lettres-Patentes du 7 Septembre 1718 & l'Arrêt du 19 Mai 1734 foient exécutés felon leur forme & teneur, en tout ce qui n'y eft point dérogé par le préfent Arrêt, qui fera lû, publié & affiché par tout où befoin fera. Fait au Confeil d'Etat du Roi, Sa Majefté y étant, tenu à Verfailles, le deux Octobre mil fept cens quarante-deux.

Signé, PHELYPEAUX.

Les toiles platilles furent ajoutées dans les Lettres-Patentes pour le Languedoc du mois de Janvier 1719, & l'entrée en fut permife dans les autres Ports défignés pour le commerce de Guinée par décifion du Confeil du 20 Mars 1721 pour deux années feulement. Ladite décifion ayant mentionné que lefdites toiles platilles étoient d'Hambourg, on crut qu'il falloit que pour pouvoir être admifes à l'entrepôt, elles vinffent en droiture dudit Hambourg, & fur le refus de laiffer entrepofer 1700 pièces qu'un Armateur de Nantes avoit reçues par voie de Hollande, le Confeil ordonna le 27 Novembre 1721, qu'on les laifferoit jouir de l'entrepôt, fans tirer à conféquence; mais par décifion du 8 Janvier 1722, l'entrée defdites platilles & l'entrepôt furent permis, foit qu'elles viennent d'Hambourg ou de Hollande. Par ladite décifion du 20 Mars 1721, les plats d'étaim étrangers, furent également permis comme un article néceffaire dans la compofition des cargaifons & qui manquoit en France; les Ajamis peints en indienne à Marfeille, furent auffi permis par dé-

GUINÉE.

Traite des Noirs.

cifion du 8 Mars 1749 , en traverfant le Royaume , & en prenant les précautions convenables pour en affurer la deftination. Pour cet effet , les Ajamis indiennes devoient être repréfentés au Bureau du Poids & Caffe , les balles y être vérifiées & plombées , & accompagnées d'un acquit à caution pour aller à travers le Royaume , en paffant par le canal du Languedoc. Depuis la libre fabrication des indiennes en France , toutes celles du Royaume peuvent être envoyées à l'étranger en exemption des droits , à plus forte raifon pour la Guinée. Il paroîtroit convenable aujourd'hui à l'intérêt des fabriques d'indienne établies dans le Royaume , que les indiennes étrangeres ne jouiffent plus de la faveur qui leur étoit accordée , afin que notre induftrie nous fut profitable ; car quand on a permis de faire venir des indiennes de l'étranger pour le commerce de Guinée , la fabrication en étoit prohibée en France. Ces raifons ne fubfiftent plus , & les François ont affez de génie pour fabriquer les Indiennes eftimées néceffaires pour les côtes de Guinée. Par décifion du Confeil des 13 Novembre 1750 , & 3 Mars 1754 , les cannetes ou cannavetes de Grés peuvent être tirées de l'étranger pour ledit Commerce. La première décifion fut pour deux ans , & la feconde pour trois , le Roi s'étant refervé de continuer la permiffion fuivant le befoin. De toutes les marchandifes qui nous viennent par le Commerce des Indes , les toiles blanches , bleues , rayées & peintes furent eftimées néceffaires ; mais à la faveur de cette permiffion , on introduifit dans le Royaume des étoffes de foie & d'autres toiles qui ne font point propres au Commerce de Guinée. Pour remédier à cet abus , le Roi expliqua le préfent article par l'Arrêt du 7 Septembre 1728 qu'il eft néceffaire de rapporter.

A R R E S T

DU CONSEIL D'ETAT DU ROI,

*Portant Réglement pour les marchandifes, qui feront tirées de Hollande
& du Nord, pour le Commerce de Guinée.*

Du 7 Septembre 1728.

Extrait des Régiftres du Confeil d'Etat.

LE ROI s'étant fait repréfenter les Lettres-Patentes données au mois de Janvier 1716, pour la liberté du commerce fur les côtes d'Afrique, par l'article VII defquelles, il a été permis à tous Négocians, d'entrepofer dans les Ports y défignés, entr'autres marchandifes, les toiles de coton des Indes blanches, bleues, & rayées & les toiles peintes qu'ils tireroient de Hollande & du Nord, par mer feulement, pour le commerce de Guinée. Et Sa Majefté étant informée, qu'à la faveur de cette permiffion, on introduit dans le Royaume, au préjudice des manufactures qui y font établies, des toiles de coton des Indes, d'une qualité Supérieure à celles que l'on doit faire venir pour ce commerce ; à quoi défirant pourvoir, vû l'avis des Députés du commerce, oui le rapport du Sieur le Pelletier, Confeiller d'Etat ordinaire & au Confeil Royal, Contrôleur Général des Finances, LE ROI étant en fon Confeil, a ordonné & ordonne ce qui fuit.

ARTICLE PRÉMIER.

Fait Sa Majefté très-expreffes inhibitions & défenfes à tous Armateurs pour le commerce de Guinée, ou autre efpéce de commerce, de faire venir de Hollande, ou autre pays du Nord dans le Royaume, à commencer du jour de la publication du préfent Arrêt, même fous prétexte d'entrepôt, aucunes toiles blanches des Indes, caladaris, toiles peintes aux Indes appellées *chittes*, ou étôffes de pure foie & mêlées de foie, à peine de confifcation defdites marchandifes & de 3000 livres d'amende.

II.

Permet néanmoins Sa Majefté, à tous Marchands & Négocians, de faire venir de Hollande & du Nord, toutes autres fortes de toiles, ou étoffes, propres pour le commerce de Guinée, autres que celles comprifes dans l'article précédent, à condition qu'ils feront préalablement, au Greffe de l'Amirauté du lieu de leur refidence, leurs déclarations des vaiffeaux qu'ils mettront en armement, & au Bureau des Fermes, des quantités & qualités des toiles & étoffes qu'ils défireront faire venir defdits pays étrangers.

III.

III.

L'Armateur qui, en conféquence defdites déclarations, aura fait venir des marchandifes propres pour le commerce de Guinée & permifes par l'article ci-deffus, fera tenu de les faire charger fur le Navire par lui mis en armement & de l'envoyer, dans fix mois au plus tard, à la côte de Guinée, à peine de confifcation defdites marchandifes & de mille liv. d'amende.

IV.

Si néanmoins l'Armateur fe trouvoit, par quelque cas imprévu, obligé de changer la deftination du Navire qu'il auroit déclaré mettre en armement, pour la côte de Guinée, il pourra dans l'efpace de fix mois, en fubftituer un autre, fur lequel il fera tenu de charger lefdites marchandifes, & ledit tems paffé, à compter du jour qu'elles auront été entrepofées, elles demeureront confifquées, & l'Armateur fera condamné en mille liv. d'amende.

V.

Le propriétaire des marchandifes ordonnées en Hollande, ou autres pays du Nord, fera tenu de faire joindre par fon commiffionnaire aux connoiffemens dont le Capitaine du Navire fera porteur, la facture defdites marchandifes contenant en détail leurs qualités & quantités, & les ballots, caiffes & futailles, dans lefquelles elles feront enfermées.

VI.

En cas que lefdites factures ne fe trouvent pas conformes aux déclarations qui auront été précédemment faites, veut & ordonne Sa Majefté, que les marchandifes fpécifiées dans ces factures, foient faifies & qu'elles foient confifquées, avec condamnation de pareille amende de mille liv. contre l'Armateur.

VII.

Défend Sa Majefté aufdits Armateurs, de faire aucunes déclarations fous les termes vagues de *marchandifes inconnues*, & aux Commis des Fermes d'en recevoir, à peine de confifcation defdites marchandifes & de deftitution des Commis des Fermes, qui recevront de femblables déclarations.

VIII.

Veut au furplus Sa Majefté, que lefdites Lettres-Patentes du mois de Janvier 1716, foient exécutées felon leur forme & teneur en ce qui n'y eft point dérogé par le préfent Arrêt, qui fera lû, publié & affiché par tout où befoin fera, & fur lequel feront toujours Lettres néceffaires expédiées. Fait au Confeil d'Etat du Roi, Sa Majefté y étant, tenu à Fontainebleau, le feptième jour de Septembre mil fept cens vingt-huit.

Signé, PHELYPEAUX.

Les efpéces de marchandifes étrangeres qui doivent jouir de l'exemption des droits lorfqu'elles font deftinées pour le Commerce de Guinée, se trouvant nommément désignées, par une conséquence naturelle, on jugea que toutes les autres devoient acquitter les droits; le Conseil en autorisa la perception par Arrêt du 27 Octobre 1750. Mais par décisions du Conseil des 5 Février 1755 & 31 Mars 1756, il fut permis aux Armateurs pour les côtes de Guinée, de faire venir en exemption des droits, toutes sortes de marchandises des pays étrangers, pourvû que l'entrée n'en fut pas prohibée dans le Royaume; ce qui n'a point été changé depuis. Les marchandises prises à Dunkerque, dès qu'il est justifié qu'elles ne proviennent point du Commerce d'Angleterre, doivent jouir de la même faveur accordée aux marchandises étrangeres non prohibées.

ARTICLE VIII.

Le Commis de l'Adjudicataire de nos Fermes en chacun desdits Ports, tiendront un registre qui sera cotté & paraphé par le Directeur de nos Fermes, dans lequel ledit Commis enregistrera par quantité, les marchandises spécifiées dans les deux Articles précédens, à fur & à mesure qu'elles seront déposées dans les magasins d'entrepôt. Défendons auxdits Commis de n'en certifier la descente sur les acquits à caution qui auront été pris dans les premiers Bureaux, qu'après que la vérification, l'enregistrement & la décharge en auront été faits dans lesdits magasins d'entrepôt, d'où elles ne pourront être tirées que pour être embarquées dans les Vaisseaux qui partiront pour les côtes de Guinée, & lors de l'embarquement desdites marchandises, tant étrangeres, qu'originaires du Royaume pour lesdites côtes de Guinée. Voulons qu'il en soit fait mention en marge du Registre, à côté de chaque Article d'arrivée, avec dénomination du nom du Vaisseau dans lequel elles auront été embarquées, & que cette mention soit signée, tant par le Commis des Fermes, que par le Préposé des Négocians, même par le Capitaine du Vaisseau qui les aura reçues pour les embarquer, ou par son Armateur.

Les précautions ordonnées dans le présent Article, doivent être observées scrupuleusement, & on ne sçauroit trop veiller à leur exécution. Nos manufactures & nos fabriques ont un intérêt essentiel qu'il ne s'introduise aucun abus dans cette régie.

ARTICLE IX.

Permettons néanmoins aux Marchands & Négocians de la Ville de St. Malo, d'armer & d'équiper dans leur Port des Vaisseaux pour la côte de Guinée & pour les Isles Françoises de l'Amérique, & de faire leur retour dans ledit Port, aux clauses, charges, conditions & exemptions portées par les précédens Articles, en nous payant pour les marchandises

qui proviendront de la côte de Guinée, & des Isles Françoises de l'Amé- GUINÉE.
rique, tels & semblables droits qui se perçoivent à notre profit dans la Traite des Noirs.
Ville de Nantes, outre & par-dessus ceux qui se levent, suivant l'usage
accoutumé dans ledit Port de St. Malo, au profit de notre très-cher &
très-amé oncle Louis-Alexandre de Bourbon, Comte de Toulouse, Duc
de Penthiévre, Amiral de France, & Gouverneur de Bretagne.

L'Arrêt du 30 Septembre 1741, a rendu le privilége d'expédier des
Vaisseaux pour la côte de Guinée commun à tous les Ports désignés
pour le Commerce des Isles Françoises de l'Amérique. Il n'y a donc
rien à observer en particulier pour la Ville de St. Malo, que le droit
de Monseigneur le Duc de Penthievre, ainsi qu'il est énoncé dans ledit
Article.

Il me reste à faire connoître comment se fait la Traite des Négres,
& de quelle maniere nos Capitaines doivent se conduire pour la faire
avantageusement. J'abrégerai le plus que je pourrai, mon inclination
ne me secondant point dans la nécessité où je me trouve reduit de parler
d'un si étrange Commerce.

TRAITE

DES NOIRS.

'ESTIME que les Réglemens que j'ai rapporté fur le Commerce de Guinée, doivent fuffire pour que nos Négocians qui voudront l'entreprendre puiffent profiter des faveurs qui y font attachées, & ne tombent dans aucune contravention. Il me refte à faire quelques obfervations fur la maniere dont fe doivent conduire les Capitaines qui vont faire la Traite des Noirs.

Je les réduits à quatre, 1°. Quelles font les marchandifes dont une cargaifon doit être compofée.

2°. Les précautions qu'il faut prendre dans l'achat des Efclaves.

3°. La police qu'il faut faire obferver fur les Navires chargés d'Efclaves.

4°. Les vivres néceffaires pour la nourriture des Négres embarqués.

PREMIERE OBSERVATION.

Quelles font les marchandifes dont une cargaifon doit être compofée?

Avant d'entrer dans le détail de la cargaifon d'un Négrier, c'eft ainfi qu'on appelle un Navire expédié pour la Traite des Noirs, il eft néceffaire d'avertir mes Lecteurs que les côtes de Guinée ayant plus de 1500 lieues de longueur, les mêmes marchandifes ne conviennent point également à tous les habitans defdites côtes. Les mœurs & les ufages font fi différens, qu'une cargaifon qui n'auroit aucune vente dans un endroit, feroit d'un grand produit dans un autre. Il ne m'eft pas poffible de faire ici l'énumération de toutes les Nations avec lefquelles on peut faire la Traite, fans paffer les bornes que je me fuis prefcrites. Je puis affurer cependant que toutes les marchandifes dont je compofe une cargaifon, font de bonne vente dans les principaux lieux fréquentés par les Européens pour l'achat des Efclaves, & qu'elles y ont toujours été vendues avec un grand bénéfice Un feul exemple me paroît fuffifant pour guider nos Armateurs dans une expédition deftinée pour la Guinée. Je choifis la côte d'Angola, où toutes les Nations ont la liberté de commercer, préférablement à celle de Juda. On pourra me demander pourquoi je préfere Angola à Juda, qui eft plus fréquenté par les François ; c'eft précifement par cette raifon que j'ai crû qu'il importoit à nos Négocians de les inftruire fur le Commerce d'Angola, parce que la côte de Juda nous eft beaucoup plus connue à caufe des établiffemens que nous avons dans ce Royaume, & dont nous avons plufieurs rélations très-circonftanciées, tant en François qu'en Anglois. La derniere a été imprimée à Londres (en l'année 1761) fous ce titre : *Mœurs, coutumes, Religion, &c. du Royaume de Juda fur la côte des Efclaves.* J'ai obfervé plus haut que la Barre eft la côte du Royaume que nous appellons Juda, les Anglois Juida, & les Hollandois Fida.

ÉTAT DES MARCHANDISES

Qui doivent compofer la cargaifon d'un Navire deftiné pour la Traite des Négres aux côtes d'Angola.

Les feize principaux articles font :

SÇAVOIR:

1 Anabaffes.	9. Eau-de-vie.
2. Armes.	10. Etoffes de foie.
3. Cannetes.	11. Indiennes.
4. Contre brodé.	12. Merceries Bijouteries & Quincailleries.
5. Corail.	13. Platilles.
6. Coris.	14. Poudre à canon.
7. Cuivre jaune.	15. Raffades.
8. Draps.	16. Sucre.

Le détail qui fuit fera connoître quelles font les marchandifes auxquelles on doit donner la préference, & quelles font les quantités néceffaires pour faire une Traite avantageufe.

Dans la lifte des marchandifes que je viens de donner, je ne parle que des principales, dont le débit eft affuré ; ce qui n'empêche pas qu'on ne puiffe y joindre divers articles d'ouvrages de mode & autres bagatelles de fantaisie ; mais un Armateur ne doit rien négliger pour avoir un assortiment des articles susmentionnés , & faire ensorte que les quantités soient à peu près égales ; car ce peuple est bizarre , & ne croiroit rien posséder , s'il n'obtenoit que d'une qualité de marchandise en échange des Esclaves qu'il présente à vendre. La valeur de la cargaison doit être proportionnée au nombre d'Esclaves qu'on se propose d'acheter, relativement à la portée du Navire qui devroit être disposé pour en contenir 400 , pour être un véritable Négrier. On verra par l'évaluation des marchandises, que quelqu'unes sont d'un plus grand produit que les autres ; mais cette raison ne doit point faire changer l'état ci-dessus, parce que la réussite d'une bonne Traite, dépend d'un pareil assortiment. On n'en doutera plus , quand on sçaura que ce commerce se fait par échanges, & que les Esclaves n'ont point une valeur réelle, comme nos marchandises d'Europe, qu'on peut compenser par une valeur numéraire, qui est la mesure convenue parmi nous de toute sorte de biens. Les Angolois ne se servent point d'espéces courantes ; ils ont imaginé une valeur idéale , fondée sur leurs plus pressans besoins. Ils l'ont établie sur le prix d'une petite piéce de toile , de la grandeur de nos mouchoirs, qu'ils attachent à la ceinture comme un tablier , pour paroître sans honte en public. Heureux reste d'un sentiment de décence, que les mœurs les plus corrompues n'ont pû effacer du cœur de l'homme. Ces morceaux de toile sont appellés pagnes , & quatre composent la piéce qui sert de mesure ou de prix de toutes nos marchandises. Ainsi si une de nos piéces de drap est évaluée 18 pagnes , c'est la même chose que si on disoit quatre piéces & demi , & réciproquement. On conçoit aisément que la valeur réelle de nos marchandises , relativement à ce qu'elles ont coûté en France, dépend du caprice des Angolois , qui estimeront quelquefois six piéces , un effet vendu en France 60 livres , & estimeront dix piéces un autre effet qui n'aura été acheté que 30 livres. Le désir d'avoir quelques espéces de nos marchandises , ou l'utilité qu'ils croiront en retirer , peuvent faire hausser , ou baisser leur prix. Cependant comme ce commerce deviendroit arbitraire , si la fantaisie des Angolois en faisoit l'unique régle , & que le montant d'une cargaison pour l'achat de 400 Négres, ne suffiroit pas quelquefois pour 200 , si nous étions obligés de nous conformer à leur caprice , il a été nécessaire de fixer l'évaluation , tant de nos marchandises que des Esclaves, suivant leur sexe & leur âge. C'est à nos Capitaines à montrer de la fermeté pour maintenir le prix de leurs marchandises.

ANABASSES.

Toile de fil & de coton , bleu & blanc , d'un demi pouce d'intervalle entre chaque raye, de la largeur de trois quarts d'aulne, divifée par longueurs de trois quarts d'aulne & demi. Chacune de ces longueurs fait une petite couverture ou pagne, d'une grande confommation à la côte d'Angola. La Hollande nous fourniffoit autrefois les anabaffes. On en fabrique aujourd'hui à Rouen qui méritent la préférence, & fi Marfeille tournoit fes vues vers cette branche de commerce, on en feroit dans cette ville avec beaucoup plus d'aifance que dans aucun lieu du monde. Il faut ordinairement dix anabaffes, pour faire une piéçe du pays; mais en réduifant le nombre à huit, fi nos Capitaines montrent de la fermeté, fur ce dernier pied, un anabaffe ne vaudroit qu'un demi pagne. Il eft rare que dans le payement d'un Efclave, il ne faille point quelques anabaffes pour completer la fomme convenue; ces toiles font d'ailleurs d'un grand débit pour l'achat des denrées du pays : un Navire doit en porter au moins 1500.

ARMES.

L'exportation des armes eft défendue à la fortie du Royaume fous de groffes peines. Il n'y a que la néceffité pour pouvoir faire la Traite avec fruit, qui a déterminé le Gouvernement à en permettre l'exportation en Guinée. Les fufils & les fabres, font de toutes les armes celles qui fe vendent le mieux.

Il faut des fufils particuliers pour ce commerce, & ne point fuivre le goût François dans la fabrication. Nos fufils de chaffe, & même ceux de munition feroient rebutés dans le Royaume d'Angola. Il faut des fufils bien pefants, & plus longs de fix pouces que nos fufils ordinaires. Les Hollandois & les Anglois ont mieux réuffi que nous à contenter le goût des Angolois. Il nous eft facile de les furpaffer en ce point, comme dans tous les autres, dès que nous voudrons férieufement faire mieux qu'eux. Les fufils pour la Guinée, doivent être des fufils boucaniers; le canon doit être fort & pefant, bien luifant, fans qu'il paroiffe aucune paille extérieurement. Le bois le plus pefant eft le plus eftimé, fur-tout s'il eft jaune. La platine doit être attachée par trois vis; cette précaution eft fi effentielle que toutes celles qui fe trouveront avec deux vis feulement feront rebuter les fufils. Les Angolois font fi attentifs à examiner les fufils, que pour prévenir toute conteftation à ce fujet, il eft expédient d'embarquer un bon Armurier, capable de reparer fur le champ les défauts que les Angolois ne manquent guères d'y trouver. La chofe eft de conféquence, parce que les fufils font un des principaux articles de la cargaifon. Un fufil vaut une piéce; il en faut environ fix cens, pour un Navire de 400 Efclaves.

Après les fufils, viennent les fabres. Le nombre de 2 à 300 fuffira. Nos fabres ordinaires font ceux qui conviennent au pays. Il n'y a que le fourreau qu'il faut toujours mettre rouge. Un fabre vaut deux pagnes, & deux fabres un fufil ou une piéce ; c'eſt le prix ordinaire, quelquefois plus & jamais moins.

Je fuis perfuadé qu'en donnant les ordres pour la véritable proportion des fufils boucaniers, nos Fabricans du forêts feront bien-tôt tomber la fabrication de Hollande & d'Angleterre, & nous ne devons point négliger cette branche de notre induſtrie, comme nous avons fait par le paſſé, pour faire gagner à nos compatriotes la retribution que nous payons à l'induſtrie étrangere.

CANNETES.

C'eſt le nom qu'il a plû aux Armateurs pour les côtes de Guinée de donner à de petits pots-à-l'eau de la contenance d'environ une bouteille ; de forte que ſi ces pots-à-l'eau font d'étaim, on les appelle cannetes d'étaim, & cannetes de grés, s'ils font de terre.

Les cannetes d'étaim doivent avoir leurs couvercles & être bien luifantes. Chaque cannete vaut un pagne, & quoique les cannetes d'étaim ne foient pas beaucoup recherchées, il en faut au moins deux ou trois cens pour l'aſſortiment de la cargaifon.

Les cannetes de terre font d'un plus grand débit & abfolument néceſſaires, parce qu'elles entrent non-feulement dans le payement des Efclaves, mais qu'elles fervent encore pour acheter les denrées du pays. On eſt dans l'ufage de porter les cannettes de terre, toutes à peu près de la même jauge. Il feroit très-avantageux d'en avoir de différentes grandeurs, & même d'y joindre de cannetes de fayance. Je fuis perfuadé que ces dernieres cannetes, donneroient un gros bénéfice, & tout le profit demeureroit dans le Royaume ; car n'ayant point de mines d'étaim, il faut que l'Angleterre nous fourniſſe cette matiere, ce qui eſt toujours un mal, dès que nous avons dans nos mains de quoi remplacer, par nos fabriques de fayance, le produit des mines de Cornouaille. Marfeille travaille admirablement bien la fayance, & elle peut le difputer pour le goût & la délicateſſe à toutes les villes du monde. C'eſt une raifon de plus pour faire la tentative de fubſtituer les cannetes de fayance aux cannetes d'étaim. Nous encouragerons nos Fayanciers, nous y gagnerons d'avantage, & nous affoiblirons nos concurrens.

Deux ou trois cannetes de terre, valent un pagne, fuivant l'abondance ou la difete qu'il y en a dans le pays.

On porte auſſi des plats d'étaim de deux livres pefants. Chaque plat eſt compté pour un pagne. Les écuelles d'étaim avec leurs couvercles font eſtimées & recherchées, & valent une piéce.

Je ne doute pas que nos plats & nos écuelles de fayance, n'ayent la préférence fur ceux d'étaim, & nous pouvons varier les aſſortimens
de

de fayance de tant de forte de piéces, que cette nouvelle branche de notre induftrie, ne peut manquer de fructifier, & de rendre notre Traite beaucoup plus facile.

CONTRE BRODÉ.

Le contre brodé n'eft autre chofe qu'une efpéce de raffades, dont je ferai un article particulier au mot raffades.

CORAIL.

Tous les Noirs font paffionnés pour le corail rouge. Ils le regardent comme la production la plus précieufe de la terre. (Les autres couleurs font peu eftimées.) Auffi l'ornement des Rois, de leurs femmes, des Fidalques & des principaux Officiers, confifte principalement en colliers de corail. C'eft la meilleure de toutes les marchandifes qui entrent dans la cargaifon d'un Négrier; mais comme il s'agit de fournir les puiffances du pays, il faut choifir le corail le plus fin & le mieux travaillé, fi on veut le vendre avantageufement; & puifque les principales fabriques de corail font établies à Marfeille ou aux environs, nos Armateurs doivent profiter de cette faveur pour acheter le plus beau. Le prix ne doit point rebuter, c'eft une affaire de calcul, & afin qu'on fçache à quoi s'en tenir, voici le prix courant fur les côtes d'Angola du corail rouge ouvré à Marfeille.

SÇAVOIR:

Corail fin, gros comme le petit doigt de demi pouce de long, la livre poids de Marfeille, vaut ci . 30 piéces.
Corail de la groffeur d'un tuyau de plume, la livre ci . . . . 8 piéces.
Corail menu, la livre ci . . . . 3 piéces.

La rareté du corail peut caufer une augmentation dans chacune de ces qualités; mais quelque abondance qu'il y en ait, il ne fe vend guères moins. C'eft aux Négocians à examiner fi le prix d'achat eft proportionné à la vente ci-deffus. Je n'ai pas befoin d'avertir que le corail doit être encaiffé foigneufement avec du coton, ni que le corail eft enfilé comme des chapelets, qu'on appelle fillieres de corail, dont douze font la maffe.

Tom. II.   C c c

CORIS.

L'estime que font les hommes des métaux, est relative à l'utilité qu'ils en retirent. Nous avons donc tort de tourner en ridicule l'usage de presque tous les peuples de Guinée, de faire servir les coris de monnoie courante. Il faut dans chaque pays une petite monnoie pour l'échanger avec les denrées d'un bas prix, & l'utilité publique exige que le détail de toutes ces denrées puisse se faire sans contestations ; ce qui se trouve d'une exécution facile dans l'emploi des coris (ou cauris) pour monnoie courante. 1°. Les coris ne se trouvent point sur les côtes de Guinée, par conséquent la trop grande quantité ne sçauroit préjudicier.

2°. Le goût de toutes les Nations noires, est décidé à placer l'essentiel de la beauté dans une peau parfaitement noire. Tout ce qui contribue donc à relever cette noirceur, leur devient par-là même très-estimable ; or les coris par leur blancheur, produisent cet effet. Il ne doit donc plus paroître surprenant que ces petites coquilles, ayent acquis un dégré de valeur relatif à l'utilité qu'ils en retirent.

3°. De toutes les monnoies, il ne paroît pas qu'il y en ait de plus simple que les coris. Il ne s'agit que de compter ; la matiere & la marque ne sçauroient être un sujet de contestation ; & si les grandes quantités que les Hollandois ont importées dans quelques Royaumes de Guinée, n'en avoient fait diminuer la valeur, peut-être qu'on se serviroit encore de cette monnoie pour la Traite des Esclaves, au lieu qu'elle ne sert que pour l'achat des denrées les plus communes, ou pour l'ornement des Négresses d'une petite fortune, elles en font des colliers dont elles sçavent se parer avec graces.

Les Hollandois en ont des magasins bien fournis, pour en vendre à toutes les Nations qui font le commerce de Guinée. Ils les tirent des Philipines & des Maldives. Les prémieres font plus estimées par leur blancheur & leur poli.

Ces coris font des petits coquillages oblongs, connus à Marseille sous le nom de porcelaine, dont on fait une pommade pour les dartres, en les faisant dissoudre dans le vinaigre. Les plus petits font les plus estimés, & quoiqu'il y en ait de plusieurs couleurs, les blancs font les seuls qui conviennent à la côte de Guinée. On les achete passés dans des fils comme nos chapelets. Il en faut quelques caissons dans un assortiment de cargaison, parce qu'ils font nécessaires pour l'achat en détail de bien de petites choses, pour lesquelles il ne convient pas de donner d'autres marchandises ; on peut les évaluer proportionnellement à l'argent de France à raison de 3600 en nombre pour une livre tournois.

CUIVRE JAUNE.

De tous les ouvrages de cuivre jaune qui font très-recherchés par les Angolois, il n'y en a point d'un plus grand débit, que les plats ou baffins. Ils ne font pas cependant d'un produit avantageux, puifque chaque plat ne vaut qu'un demi pagne; mais ils font abfolument néceffaires.

Ces plats ou baffins doivent être fans anfes, & ne pefer tout au plus qu'une livre & demi poids de Marfeille, fans quoi il y auroit trop à perdre. Le peu de bénéfice que donne cet article, ne doit pas empêcher d'en porter environ 500, parce que dans le payement qu'on fait des Efclaves, ceux qui les vendent, exigent toujours que ce payement fe faffe avec toute forte de marchandifes de la cargaifon, & qu'ils veulent quelquefois qu'il entre dans ce compte un baffin de cuivre & fouvent deux pour chaque Efclave. On peut auffi porter des bougeoirs, des ferrures, & autres petits ouvrages de cuivre; & avoir attention que le tout foit bien luifant; tout l'avantage de la vente dépend de cette circonftance.

DRAPS.

Les Angolois font grand cas de toutes nos draperies; mais nos beaux draps, fur-tout en bleu, rouge & écarlate, font les plus eftimés. Le rouge vif & l'écarlate fe débitent avantageufement, & par préférence à toute autre couleur. La mefure en ufage à Angola pour les draps & étoffes, correfpond à nos deux pans, & quatre de ces mefures font à peu près notre cane. Chaque mefure vaut un pagne, & notre canc une piéce. Nos ferges & autres petites étoffes, fe vendent proportionnellement. Il doit entrer de ces fortes de draps dans l'affortiment d'une cargaifon; mais comme les Normands en peuvent charger à meilleur marché que nous, il faut en porter une petite quantité, & leur laiffer cette branche de commerce, pour choifir les marchandifes des Provinces méridionales qui font à notre portée, & que nous pouvons employer avec plus d'avantage que les autres Armateurs du Royaume.

EAU-DE-VIE.

La paffion démefurée des Noirs pour l'eau-de-vie & pour les liqueurs qui en font compofées, eft une grande reffource pour nos Armateurs, car de toutes les eaux-de-vie qu'on porte en Guinée, foit de grains, foit de fucre fous les noms de roffoli & guildives, il n'y en a point de comparable à celle de France ; & de toutes celles de France, il n'y en a point qui coûte moins que celle de Provence ; d'où il est facile de conclurre qu'on doit charger des eaux-de-vie par préférence à toute autre marchandise, puisque d'un côté elle coute moins, & que de l'autre elle se vend mieux. Cette boisson est préférée aux liqueurs que nos Liqueuristes ont trouvé l'art d'adoucir, & on jugera de la quantité qu'il en faut à tant de gens si grand buveurs, par la consommation que le Roi d'Aquambo qui est un très-petit Roi en fait chaque année à sa table. On estime cette consommation à la valeur de plus de 2000 Esclaves.

On porte l'eau-de-vie en barriques, en petits barils qu'on appelle ancres & en caves. Cette derniere méthode est la plus avantageuse pour la vente. Les caves sont de petites caisses de bois blanc avec leurs couvercles & une serrure. Chaque cave doit contenir huit bouteilles, contenant ensemble environ six pots, & se vend une piéce ; mais il ne faut pas manquer de faire peindre ces caves en verd, cette négligence nuiroit à la vente, tant cette Nation s'attache à des minuties. On est dans l'usage de faire venir ces caves d'Hollande, comme si nous ne pouvions pas en faire d'aussi bonnes que les Hollandois ; usage qui ne doit plus être toléré comme étant très-préjudiciable à notre industrie, & contraire à l'intérêt des Armateurs, puisque les caves tirées de Hollande viennent plus cher du double de ce qu'elles coûteroient en les faisant faire dans les villages des environs de Marseille. Je ne puis m'empêcher de faire à ce sujet cette observation, que nous avons souvent chez nous en abondance & à vil prix, ce que nous faisons venir de bien loin, parce que nous avons trouvé que nos devanciers l'ont ainsi pratiqué. Mais aujourd'hui que le Commerçant est plus éclairé, il doit rechercher ce qui lui est plus profitable, en choisissant les moyens les plus simples de parvenir à son but, & en préférant, à frais égaux, les marchandises de notre crû, ou de notre industrie aux étrangeres.

Nos eaux-de-vie, revenant à meilleur compte que les autres marchandises de la cargaison d'un Negrier, on ne risque rien d'en embarquer par préférance, & six cens caves seront toujours bien vendues. On peut aussi porter de l'eau-de-vie en barriques & en petits barils ; il n'y a rien à risquer. Ajoutez-y quelques caissons de liqueurs fortes & quelques barils de bon vin.

ETOFFES DE SOYE.

Nous avons une fausse idée du commerce de Guinée, si nous nous imaginons que les Noirs, parce qu'ils vivent d'une maniere si opposée à la nôtre, manquent de goût pour nos belles étoffes. Ils les connoissent, les estiment, & sçavent fort bien faire la différence entre une étoffe plus ou moins riche , bien ou mal travaillée. Le beau se vend toujours avantageusement. Le velours , le damas , les satins & autres étoffes toutes soye se débitent bien. A l'égard des desseins du damas & satins , il faut les choisir à grandes fleurs , & préférer les couleurs vives aux autres. La valeur du velours , damas , &c. est la même que celle des draps. La mesure est aussi la même , & quatre mesures valent une piéce. Les étoffes inférieures , diminuent proportionnellement en valeur. Même observation que sur les draps : en porter peu , & seulement pour dire qu'on en a , parce que ces marchandises ne donnent pas un bénéfice égal aux autres articles de la cargaison.

Je ne sçaurois assez recommander de porter de bonnes marchandises , si on veut n'être point arrêté dans la vente. La bonne foi même exige de ne vendre quoi que ce soit , que pour ce que la chose vaut réellement. On peut réussir une première fois à tromper ; mais la fraude une fois découverte , retombe sur la Nation de ceux qui l'ont faite. Il faut choisir les étoffes de soye bien travaillées , & que les couleurs soient vraies. J'ai vû des assortimens envoyés de Lyon pour la Guinée , consistant en papiers peints & dorés ; tout revint invendu. Quelle idée avoit-on de ces peuples ? Et que vouloit-on leur donner à penser des François ?

INDIENNES.

De toutes les étoffes dont on fait usage dans la Guinée , il n'en est aucune de plus recherchée que les toiles peintes. Une belle indienne se vendra toujours par préférence à une autre étoffe plus chere , soit que la variété des couleurs , soit plus du goût des Négres , soit que la légéreté de la toile , soit plus convenable dans ces climats chauds , soit enfin parce qu'on veut porter toute l'année les mêmes habillemens , les laver & les garder tant qu'ils sont en état de servir , sans craindre que les vers les rongent , comme nos étoffes de laine , ou qu'ils soient piqués , comme celles de soye.

Ce n'est pas ici le lieu de parler de l'origine des indiennes & de l'avantage ou du préjudice que leur fabrication , leur commerce & leur usage peuvent causer à une Nation , qui , par ses productions , peut fournir les vêtemens nécessaires & commodes à ses cultivateurs. Il suffit de sçavoir , pour le commerce de Guinée , que de quelque endroit que viennent les indiennes , il en faut nécessairement pour assortir la cargaison d'un Négrier.

Les franchises accordées à la ville de Marseille pour la fabrication des toiles peintes , a toujours été une circonstance heureuse pour les Armateurs pour la Guinée , parce qu'ils ont pû choisir eux-mêmes les qualités convenables à leur commerce , & les avoir à moins de frais ;

GUINÉE.   & même aujourd'hui que la fabrication & l'ufage en font permis dans
Traite des Noirs. le Royaume , depuis le 5 Septembre 1759 , les avantages font à
peu près les mêmes , par le grand nombre de fabriques qui y
font , par les facilités qu'ont les Fabricans de travailler plus que ceux
de l'intérieur du Royaume , ne payant aucun droit d'entrée pour les
toiles de coton blanches étrangeres , & n'étant point obligés de les faire
marquer & plomber , & par l'abondance des indiennes étrangeres qui
arrivent à Marfeille à caufe de la franchife de fon Port , & dont l'entrée n'eft plus défendue depuis le Réglement de 1759. Avant ce Réglement il n'y avoit que les indiennes du Levant , venues en droiture
qui y fuffent admifes , & dont le commerce fut permis.

Toutes fortes de toiles peintes , font d'un bon débit en Guinée ;
mais comme il faut qu'une cargaifon foit variée , & que certaines qualités font plus d'ufage dans un pays que dans un autre , voici celles
qui conviennent le mieux pour le Royaume d'Angola.

Guinée , piéces de toiles de coton de 13 à 14 aunes de long , fur
3 pieds & quart de large. La grande confommation qu'en font les
Négres eft la caufe de leur nom. Ceux qui fçavent de quelle maniere
fe font les ventes des toiles de coton dans les marchés de l'Inde , ne
font pas furpris de trouver dans une balle des piéces fines & groffieres. C'eft aux Marchands qui les reçoivent , pour les revendre en
blanc , d'en faire le triage pour fe dédommager par le prix des fines
du bon marché des groffieres.

Il faut peu de fines pour la Guinée ; les groffieres tournent mieux
à compte , parce que le prix courant des unes & des autres eft de
trois piéces. Il faut recommander aux Fabricans de laiffer au bout de
chaque piéce une marque blanche , afin qu'elles paroiffent avoir été
peintes dans l'Inde. Cette petite précaution en facilite la vente.

Salampouris. Même obfervation que pour les guinées & même valeur.

Baffetas , toile plus groffiere que la guinée , & dont la piéce tire une
aune de moins , & a un pied de moins de large. Ceux de Surate font
les meilleurs & les plus eftimés. Les baffetas fe vendent autant que
les guinées , c'eft-à-dire , trois piéces ; ce qui donneroit un furcroi
de bénéfice aux Armateurs , s'ils étoient affez heureux pour que les
Navires fe trouvaffent feuls dans le pays lors de la vente ; car dès
qu'il y aura concurrence de quelque autre Vaiffeau , les guinées feront
toujours achetées par préférence. Il faut donc , en faifant la Traite ,
dès qu'on a des baffetas & des guinées , n'expofer en vente que les
baffetas , & ne montrer les guinées qu'après la vente des prémieres.
Il faut encore obferver que toutes fortes de couleurs , ne plaifent point
aux Angolois. Le bleu foncé & le rouge , font d'un fi grand débit ,
qu'une mauvaife toile ainfi peinte , fe vend préférablement à une bonne
toile peinte de toute autre couleur.

Tapfel & Nicannaés , toiles de 8 à 9 aunes de long , fur deux pieds & quart de large. La piéce tant de l'un que de l'autre , vaut une piéce & demi, & quelquefois deux piéces. C'eſt un fort bon article.

Aman, toile venant du Levant de dix aunes de long ſur deux pieds & demi de large. Il nous convient d'en introduire l'uſage en Guinée , par la facilité que nous avons d'en trouver à Marſeille où ils viennent en retrait de nos draperies. La piéce vaut deux piéces.

Ajami, toile venant auſſi du Levant, & dont les Négres s'accommodent fort bien, de 11 à 12 aunes de long, ſur deux pieds de large. Même obſervation que ſur les amans, & même valeur. Les petits bouquets bleus ou rouges en facilitent la vente.

Les toiles fil & coton à carreaux, ſont auſſi d'un fort bon débit. Les Capitaines , après un prémier voyage , doivent charger par préférence les toiles qu'ils auront vendues les plus avantageuſement ; & comme le goût des Angolois peut changer, ils doivent obſerver tous ces changemens dans leurs parures, & profiter de leur empreſſement pour l'eſpéce de toiles qui donnera le plus de profit.

Il faut au moins environ ſix cens piéces indiennes de diverſes qualités.

MERCERIES, BIJOUTERIES & QUINCAILLERIES.

L'induſtrie Françoiſe a ſçu donner tant de valeur , non-ſeulement à tous les outils , inſtrumens & ornemens , qui peuvent contribuer aux commodités & aux agrémens de la vie, mais encore à tout ce que l'imagination peut inventer pour l'amuſement & le badinage, qu'il ſeroit preſque impoſſible de faire l'énumération de tous les articles compris ſous la dénomination de merceries , bijouteries & quincailleries. Perſonne n'ignore ce que nous entendons par-là. Les uſages des Angolois nous diſpenſent de l'embarras du choix des marchandiſes qui conviennent pour la Traite. Les colliers de grenats fins , les bagues montées proprement avec des pierres fauſſes , les chandelliers & bougeoirs argentés , les ciſeaux & rubans de toutes les façons , les épingles , éguilles , ameçons & plumes de perdrix , ſe débitent avantageuſement pourvu qu'il y en ait peu dans la cargaiſon. Il n'en eſt pas de même des couteaux , miroirs , ſonnetes & grelots ; ces dernieres marchandiſes ſont abſolument néceſſaires , & on n'en ſçauroit trop avoir proportionnellement à la Traite propoſée , parce qu'outre que ces articles entrent dans le payement des Eſclaves , ils ſervent pour l'achat des denrées du pays, & pour payer le ſalaire des Négres qu'on employe. C'eſt une monnoie courante , dont le manque ſeroit très-préjudiciable , & dont on ſe défait toujours avec profit.

Couteaux. Ce ſont les couteaux Flamands qui ont le plus de débit.

GUINÉE.
Traite des Noirs.

Quatre douzaines valent une piéce. Quoique le nom de ces couteaux femble indiquer qu'ils viennent de Flandres , nos fabriques nous en fourniffent abondamment. Il faut en faire entrer mille douzaines au moins dans l'affortiment de la cargaifon. Cependant fi un Capitaine remarquoit que le pays en fut fuffifamment pourvu, c'eft à fa prudence d'en diminuer le nombre dans un fecond voyage. Il faut partie de ces couteaux fans gaines , & l'autre partie avec leurs gaines. On peut auffi porter quelques groffes d'autres couteaux plus propres ; mais jamais de ceux qui font chers.

Miroirs, toute forte de miroirs fe vendent ; mais comme leur valeur deviendroit arbitraire fuivant le caprice des Angolois , on préfére de ne porter que de petits miroirs d'Allemagne à cadres noirs , & que nous pouvons faire avec autant de facilité que les Allemands , & profiter d'un bénéfice que nous leur payons. La glace doit avoir deux tiers de pans de haut , fur demi pans de large. Huit de ces miroirs valent une piéce.

Sonnetes , du poids de quatre onces. Les fix valent une piéce. Il fuffira d'en porter 7 à 800.

Grelots de cuivre. On ne fçauroit prendre trop de précaution dans l'emballage pour conferver ce luifant qui a tant de charmes pour les Négres. Quarante-huit grelots valent une piéce. Il en faut au moins quinze cens douzaines

PLATILLES.

Les platilles font des piéces de toile de lin , d'une grande blancheur qui fe fabriquent en Silefie , & pliées fi artiftement , que nous n'avons encore pû en France imiter parfaitement ce pliage , quoique la Province de Brétagne ait offert une recompenfe de 300 liv. à quiconque réuffiroit ; il y en a de fines & d'inférieures. Il ne s'agit que des dernieres pour le commerce de Guinée. Elles y font d'un ufage univerfellement repandu, & les platilles pliées, s'y débitent beaucoup mieux que celles qui ne font que roulées. Les Portugais en font une grande vente. Ils les achetent des Hambourgeois , qui fe font appropriés cette branche de commerce. Les Tifferans de Brétagne ont effayé de faire tomber les platilles de Silefie , en en fabriquant de femblables ; mais la différence du prix à fait recourir à la ville de Hambourg pour s'y fournir par préférence des quantités qui font néceffaires. Peut-être nous ferons plus heureux dans la fuite par les encouragemens que le Gouvernement ne ceffe de donner à notre induftrie. Il faut au moins environ quatre cens piéces platilles pour une cargaifon , & chaque platille vaut une piéce.

POUDRE

POUDRE A CANON.

La poudre à canon, ainſi que je l'ai obſervé ſur les armes, ne peut point ſortir du Royaume. La ſeule néceſſité d'en fournir les Nègres pour pouvoir faire la Traite des Eſclaves, en a fait permettre l'exportation pour la Guinée.

On ne tranſporte la poudre que dans de petits barrils d'égale grandeur, dont chacun peut contenir neuf livres de poudre poids de Marſeille, & le barril vaut une piéce. Mille de ces barrils pour une cargaiſon, ne feront pas une trop grande quantité, parce que les denrées du pays s'achetent auſſi avec ladite poudre.

Les Armateurs ſont dans un uſage que je rapporte ſans prétendre par-là le juſtifier, parce que je regarde la ſincérité & la bonne foi comme l'ame & le véritable fondement de tout commerce. Ils ſont en uſage de faire faire le fond deſdits barrils & les douelles ſi épais, qu'on croiroit, à les voir, qu'ils renferment preſque le double de poudre.

Il faut choiſir la poudre à gros grains & la plus foible qu'on pourra trouver. En voici la raiſon. Les Nègres chargent leurs fuſils ſans meſure, de ſorte que ſi la poudre avoit toute la force que doit avoir celle que eſt de bonne qualité, il arriveroit néceſſairement que la plûpart des canons des fuſils créveroient ; ce qui nuiroit à la vente de cette marchandiſe ſans qu'il y eut de la faute des Armateurs. Il ne faut donc attribuer cette eſpéce de ſupercherie, qu'à la groſſiereté du peuple avec qui on eſt obligé de traiter.

Quoique les petits barrils ſuſmentionnés ſoient les Vaiſſeaux les plus convenables pour le tranſport de la poudre & en faire la Traite, cependant comme dans l'achat des denrées ſoit moutons, cabrits, cochons, poules, canards, &c. il n'eſt pas toujours poſſible de débiter aux vendeurs un barril entier de poudre, & qu'il ne tourneroit pas à compte de vuider ces barrils pour fournir au détail, il eſt à propos de faire entrer dans l'aſſortiment d'une cargaiſon, une vingtaine de gros barrils d'environ un quintal de poudre pour la détailler. A cet effet, il faut porter de Marſeille des meſures de quatre livres, de deux livres, & d'une livre, en obſervant que ce détail doit donner vingt pour cent de bénéfice ſur les ventes en gros.

Le plomb à giboyer & les balles, ſont auſſi un très-bon article ; mais il faut que les balles ſoient du calibre des canons des fuſils deſtinés à la Traite, & que le plomb à giboyer ſoit la plus groſſe grenaille qu'on faſſe à Marſeille, la chaſſe des petits oiſeaux ne faiſant point l'amuſement des Angolois. Une vingtaine de quintaux, tant en balles qu'en grenaille, doit ſuffire, & pour en faciliter la vente, il eſt bon de mettre l'un & l'autre dans des ſacs de dix livres peſant.

RASSADES.

La conterie, la veroterie, le contre brodé & les raffades, nous viennent de Venife, d'où toutes les Nations les tirent, aucune n'ayant pû encore travailler à la conterie, & la donner à fi bon marché que les Verriers Vénitiens. En effet, il eft furprenant que les raffades puiffent fe vendre à un fi vil prix, la livre pefant achetée en gros à Marfeille ne coute que huit fols. Or cinq maffes ne pefent qu'une livre, & chaque maffe eft compofée de douze branches de dix filets chacune, c'eft-à-dire, que pour trois deniers on a vingt filets de ces perles : eft-il poffible de travailler à meilleur marché ? Il faut fur ce prix déduire les frais de barrique, de tranfport, de fret, de commiffion & le profit qu'y font les Marchands de Marfeille. J'avoue que je ne puis pas comprendre, en calculant ainfi, de quelle utilité eft cette fabrication à Venife ; cependant dans le vrai le bénéfice eft confidérable, puifque les Fabricans de veroterie, ne font pas les moins riches de Venife.

La conterie & la veroterie valent à Marfeille quarante livres le cent pefant. Elles font paffées dans des fils comme des chapelets, & plufieurs filets du poids d'une livre, compofent la flote.

Les raffades font de plufieurs couleurs ; le prix eft le même que pour la conterie. La maffe, ainfi que je viens de dire, eft compofée de douze branches & la branche de dix fils.

Les maffes en verd & jaune pefent fix onces, & celles en blanc, noir & bleu, pefent trois onces. Les perles cependant paroiffent de la même groffeur, & on attribue cette augmentation de poids, à la couleur qui entre dans la fabrication des prémieres.

Les raffades noires, blanches ou claires, font celles qui fe débitent le mieux. On en forme des maffes d'environ quatre livres, & chacune de ces maffes vaut une piéce. Il eft certain que fi la Traite pouvoit fe faire avec cette feule efpéce de marchandife, le profit feroit immenfe ; mais, comme je l'ai déja obfervé, il faut qu'une cargaifon foit variée, le payement de chaque Efclave fe faifant avec le plus de différentes marchandifes qu'il eft poffible. C'eft aux Capitaines, dans un fecond voyage, de changer l'affortiment fur le goût actuel des Angolois, & l'abondance ou la rareté des marchandifes ci-deffus mentionnées.

SUCRE.

Quelques barriques de fucre raffiné de Marfeille, en obfervant de choifir les pains depuis une livre jufques à trois.

Il fera bon auffi de porter un petit affortiment d'épiceries, qu iquelquefois font préférées aux marchandiſes les plus précieuſes , & qui a défaut de vente feront toujours débitées avantageuſement dans nos Iſles de l'Amérique.

SECONDE OBSERVATION.

Les précautions à prendre dans l'achat des Eſclaves.

Je ſuppoſe le Navire Négrier arrivé dans l'Océan Occidental d'Ethyopie , ſur les côtes d'Angola , ſituées entre celles de Congo & des Caffres. Je ſuppoſe auſſi que pour faire une Traite avantageuſe , ledit Navire n'entrera point dans le Port de Loanda , quoique cette ville ſoit la capitale du Royaume , & que les Eſclaves s'y trouvent en abondance , parce que les Portugais , étant les maîtres de ce commerce ou leſdits Eſclaves feroient de rebut , ou le prix en feroit trop cher , il faut choiſir un autre Port ; & pour ne point trop m'éloigner , je m'arrête au Port de Cabende , dont la Baye eſt ſure.

Le Navire ancré dans le Port de Cabende , les habitans d'un petit village qui eſt tout près , ne manquent pas de ſe préſenter pour offrir leurs ſervices. La charité y a moins de part que l'intérêt ; mais c'eſt encore beaucoup dans un pays d'Afrique d'engager au travail dans l'eſpérance d'une recompenſe. C'eſt dans la même vue d'intérêt , que la plûpart des Négres qui habitent le long de la côte , s'appliquent à apprendre la langue des différentes Nations qui font le commerce de Guinée. On en trouve qui parlent bien le Portugais , ce qui n'a rien de ſurprenant , à cauſe de la liaiſon des deux peuples ; mais encore l'Anglois , l'Hollandois , le François , le Danois , &c.

Le prémier ſoin du Capitaine doit être le choix d'un interprête qui entende le François , & à défaut , d'en choiſir un qui parle une langue que ledit Capitaine comprenne. Cette précaution eſt eſſentielle. L'interprête trouvé , le Capitaine ſe préparera pour aller ſaluer le Roi , lui faire les préſens d'uſage & convenir des coutumes reglées pour la Traite des Eſclaves. Si ledit Capitaine ne veut point quitter ſon bord , il chargera de cette commiſſion un Officier intelligent , qu'il fera accompagner au moins de deux autres perſonnes. Les relations que nous avons du Royaume d'Angola , établiſſent la réſidence du Roi au Château de Mapongo , lieu environné de rochers inacceſſibles , à deux lieues de diſtance de la ville nommée Maſſinqua. Ce Château n'eſt pas le ſeul que le Roi habite. Il réſide auſſi très-ſouvent à Barré , qui n'eſt qu'à ſept lieues de Cabende. Ses Miniſtres & les principaux de la Couronne , ne le quittent jamais , & partagent avec lui les préſens d'uſage , & qu'on devroit appeler de néceſſité , puiſqu'aucun Capitaine ne peut s'en diſpenſer. Ces préſens conſiſtent , pour le Roi , en un

GUINÉE.
Traite des Noirs. collier de corail, ou un miroir de moyenne grandeur, ou un manteau d'écarlate, ou une robe de chambre de damas ou de satin doublée d'un taffetas à flammes, d'une couleur bizarre, avec une cave de liqueurs ou d'eau-de-vie. Les présens pour le Masouque & le Manbouq, sont une cave d'eau-de-vie, & en étoffes, la valeur de quatre à cinq piéces pour chacun. Ces présens peuvent valoir ensemble environ 35 piéces.

Les présens ainsi préparés, on charge l'interprête de louer les porteurs nécessaires pour le voyage. On ne connoît point l'usage de nos voitures dans ce pays; on se fait porter dans des hamacs, & se sont les Négres qui portent, & qui font tous les autres charrois. Il faut quatre hommes pour un hamac; ainsi le nombre à prendre dépend de celui qui composera cette petite ambassade, en y ajoutant quatre autres Négres pour transporter les présens, & les vivres pour la route; car le pays ne fournit ni pain, ni vin, & les eaux ni sont pas bonnes tout le long de la côte. Pour la viande on en trouve en abondance; cependant comme on pourroit craindre le changement de nourriture, & être embarrassé pour la préparation des viandes, il vaut mieux tout porter pour ce prémier voyage. L'interpréte & les autres Négres se nourrissent eux-mêmes, moyenant quelques douzaines de couteaux, ou quelques autres bagatelles qu'on leur distribue. On leur donne le matin, à midi, & le soir un verre d'eau-de-vie à chacun. Cette liqueur est le ressort principal qui met les Angolois en mouvement. Il ne faut que sept heures de marche pour arriver de Cabende à Barré; y étant arrivés on demande audience qui n'est pas long-tems différée. On fait agréer les présens, & on convient des coutumes. Ces coutumes sont de nouveaux présens qui tiennent lieu des droits d'entrée & de sortie, & qui ne varient guères, à moins qu'il ne soit arrivé plusieurs Navires à la fois. Ce n'est que dans ces circonstances, que les coutumes peuvent augmenter. Il y a encore un droit qu'on doit regarder comme domanial, & qui se paye au Roi pour l'achat de chaque Esclave qu'il ne vend pas lui-même. J'aurai occasion de parler dudit droit. Le choix d'un bon interprête, sur la fidélité duquel on puisse se reposer, est de la derniere conséquence; c'est pourquoi quelque leger soupçon qu'on ait de sa probité, il ne faut pas hésiter à faire entendre par des signes au Masouque qu'on désireroit en recevoir un de sa main. Cette marque de confiance le flate beaucoup, & on peut prendre les yeux fermés, celui qu'il présentera.

RECAPITULATION.

Au Roi environ ci. . . . . 15 piéces.
Au Mafouque & Manbouq, environ. . . . . 10 *idem.*
Préfens des caves d'eau-de-vie ou pour boire, en-
viron. . . . . 4 *idem.*
Pour le port du Capitaine ou Officiers pour le
voyage à la Cour. . . . . ; . . 2 *idem.*
Pour le port des préfens & des vivres, environ. . 1 *idem.*
Pour la nourriture de l'interpréte & des Négres,
environ. . . . . 3 *idem.*

35 piéces.

COÙTUMES

Ou droits à payer au Roi, & à fes Fidalques, c'eft-à-dire, Officiers.

Au Roi ci. . . . . 45 piéces.
Au Mafouque. . . . . 20 *idem.*
Au Manbouq. . . . . 20 *idem.*
Au Manibaux. . . . . 10 *idem.*
Au Manabel. . . . . 10 *idem.*
Au Maquinbe. . . . . 10 *idem.*
Au Capitaine des Gardes. . . . . . . 10 *idem.*
Au Capitaine de l'eau. . . . . 10 *idem.*
Au Secretaire du Roi. . . . . 10 *idem.*
A la Reine. . . . . 10 *idem.*
A la femme du Mafouque. . . . . . . 5 *idem.*
A la femme du Manbouq. . . . . . . 5 *idem.*

165 piéces.
ci - deffus. 35

200 piéces.

Voilà des marchandifes employées pour la valeur de 200 piéces,
fans qu'il foit poffible d'éviter cette dépenfe. C'eft un préliminaire néceffaire avant de pouvoir acheter aucun Efclave, ni même débarquer
aucune marchandife ; car avant de commencer la Traite, après avoir

fait les préfens, & payé les coutumes, le Roi nomme les ferviteurs deftinés pour le déchargement des marchandifes du Navire, pour l'embarquement des Efclaves, & pour les autres travaux qui en font la fuite. Ces ferviteurs font ordinairement au nombre de vingt, y compris deux interprétes, & appartiennent au Roi & à fes principaux Fidalques. C'eft une récompenfe qu'on accorde à ceux qui par leur zéle & leur bonne conduite, méritent quelques égards; en effet, ils font traités très-gracieufement pendant tout le tems que le Navire eft en charge, leurs falaires font pour chacun d'une piéce & demi par mois, & de deux anabaffes ou de deux cannetes de terre par femaine, pour fournir à leur nouriture : mais on fent bien, que quoiqu'ils foient obligés de fe nourrir, ils reçoivent bien des reftes de provifion qui leur épargnent ordinairement cette dépenfe fans parler de l'eau-de-vie qu'on leur diftribue, toutes les fois qu'ils font employés au travail, foit à décharger les marchandifes, charier de bois, faire de l'eau, & conduire les Efclaves dans les Chaloupes. Ces ferviteurs fe rendent au comptoir bon matin, y demeurent jufqu'à midi, vont diner, reviennent à une heure, & y paffent le refte de la journée jufqu'au foir pour exécuter les ordres du Capitaine & de fes Officiers. Ils font obéiffans & prevenans dans la crainte d'être congédiés; car fur la moindre plainte, ils font remplacés tout de fuite.

Tout étant ainfi reglé, on arrête un comptoir à Cabende qu'on trouve facilement moyenant une piéce & demi par mois. Le maître du comptoir, fournit un ferviteur pour le garder pendant le jour, aux appointemens d'une piéce & demi auffi par mois, & ce ferviteur n'eft connu que par ferviteur de la caze.

En parlant des coutumes, j'ai fait méntion d'un droit domanial fur la vente des Efclaves. Ce droit confifte en la valeur d'une anabaffe pour chaque Efclave de la part de l'acheteur, & en la valeur d'une demi anabaffe de la part du vendeur. Ce droit ne fçauroit nuire aux acheteurs, parce que cette valeur fe préleve fur le prix convenu. Il eft à obferver que les Efclaves que le Roi, le Mafouque & le Manbouq vendent, font exempts dudit droit; mais cette exemption eft plus préjudiciable qu'avantageufe, puifque lefdits Efclaves, outre le prix réglé, coûtent chacun une piéce en fus.

Il eft rare que le Roi & fes principaux Officiers qui ont reçu des préfens, ne faffent pas préfent au Capitaine, chacun d'un Efclave, pour lui témoigner combien fon arrivée leur eft agréable.

Il eft encore à obferver que le droit domanial d'une anabaffe pour l'achat de chaque Efclave, ne fe paye à plein, qu'autant que ledit Efclave eft piéce d'inde. Pour entendre ceci, il faut fçavoir que les Négres qu'on achetoit pour être tranfportés aux Indes, avant que le Commerce de l'Amérique fût ouvert, étoient choifis bien faits & bien portans, de l'âge depuis feize à trente ans, tous mâles, & c'eft la

raifon qni les a fait appeller piéces d'Inde, comme fi on difoit, Efclaves propres pour le Commerce des Indes. Aujourd'hui qu'on achete
des vieillards, des femmes & des enfans, il ne feroit pas jufte de
les payer tous comme s'ils étoient piéces d'Inde, puifque la valeur n'eft
pas la même. Voici la régle qui s'obferve, tant pour le prix de l'achat
que pour le payement du droit domanial.

Un Noir de 15 à 30 ans, fain, ro-
bufte, bien fait, & qui a toutes fes dents. ⎰ Négre. Piéce d'Inde.

Deux Negrillons ou Negrites de cinq
à dix ans. . . . . ⎰ un Négre. Piéce d'Inde.

Trois Negreffes de 15 à 30 ans, bien
portantes. . . . . ⎰ deux Négres. Piéce d'Inde.

Trois Negrillons ou Negrites de dix
à quinze ans. . . . . ⎰ deux Négres. Piéce d'Inde.

Trois Négres d'environ cinquante
ans. . . . . ⎰ deux Négres. Piéce d'Inde.

A l'égard des Négres d'un âge plus avancé ou valetudinaires, ce
n'eft que par l'examen qu'on en fera, qu'on jugera combien il en
faut pour faire un Négre piéce d'Inde.

Pour la fûreté de ce droit domanial, le Roi établit un Serviteur à
la porte du comptoir, qui tient note des Efclaves achetés, & quoique la Traite ne foit pas finie, fi le Roi veut être payé fur le nombre de ceux qui ont été délivrés, on le fatisfera en marchandifes fuivant
le prix courant.

L'Interprête a le droit d'un pagne fur chaque Négre, piéce d'Inde,
qu'il fait vendre & qu'on lui paye à la fin de la Traite. Ces fortes
de gens n'agiffent qu'en vûe de l'intérêt. Il faut veiller fur leur conduite, & avoir quelque Négre affidé pour découvrir s'il n'a point d'intelligence avec les vendeurs ; car il arrive fort fouvent que l'Interprête
convient d'un prix, & qu'il en fait payer un autre pour s'approprier
cette plus-value ou la partager avec les Vendeurs.

GUINÉE.
Traite des Noirs.

L'essentiel de ce Commerce consiste à faire valoir les marchandises de la cargaison, à se defaire premierement de celles qui sont en plus grande quantité ou d'une moindre valeur, & à mettre un prix moderé sur les premiers Négres, piéce d'Inde, qu'on achete, parce que ce premier prix sert de régle pour toute la Traite du Navire, à moins que quelque incident imprévû ne les fit rehausser, comme seroit l'arrivée de plusieurs Navires dans le tems de ladite Traite; car ce sont les Européens, qui par jalousie les uns contre les autres, se sont nuis mutuellement, & ont appris aux Africains à se prévaloir de la concurrence de plusieurs Nations & même de plusieurs Navires de la même, lorsque les Capitaines n'agissent pas d'accord pour faire la Traite, en leur faisant payer le double de la valeur ordinaire des Négres.

On ne peut donc rien établir de stable, tant sur le prix des marchandises de la cargaison, que sur la valeur d'un Négre, piéce d'Inde, les circonstances pouvant causer une augmentation ou une diminution aux unes & aux autres.

Voici cependant le prix courant d'un Négre, piéce d'Inde, lorsqu'il n'y a aucune concurrence pour l'achat.

Un Négre, piéce d'Inde, acheté du Roi, du Masouque & du Manboucq, ci . . . . 10 piéces.

Une Négre, piéce d'Inde, acheté de tonte autre personne & le droit domanial en sus; ci . . . . . . 9 piéces.

On a vû ci-dessus quelle est la valeur, en piéces du pays, des marchandises d'une cargaison; mais il arrive souvent que cette valeur varie & la Traite ne se fait pas toujours sur un semblable pied. Quand au prix des Négres, il est de la derniere conséquence de ne point prendre le change sur l'état des Esclaves qui sont présentés & de s'assurer de leur âge, de leur température & de leur caractere. Les François sont souvent dupe dans l'examen qu'ils en font. Ils se fient trop facilement au rapport des Interprêtes, & leur inclination naturellement compatissante, s'oppose à des perquisitions qui choquent la bienseance & font souffrir l'humanité. Ils n'ignorent pas la conduite des Portugais, des Anglois & des Hollandois dans l'examen de leurs Esclaves; mais ils manquent de courage (si une pareille conduite peut mériter ce nom) pour en faire autant. (Heureuse timidité que je n'ai garde de blamer, elle fait trop d'honneur à la Nation, dans la cruelle nécessité où elle est de faire un si étrange Commerce).

Les Portugais, les Anglois, les Hollandois, &c. dans la visite qu'ils font de leurs Esclaves, n'oublient aucune partie de leur corps, ni aucune attitude dont ils sont susceptibles; ils les remuent avec violence pour découvrir si l'intérieur repond à ce qui paroit; ils les font courir, sauter, crier, &c. Un seul trait suffira pour prouver combien ils doivent être experts dans le choix des Négres. Ils n'ont pas honte de s'abaisser jusqu'à leur lécher la peau pour découvrir par le goût de la

sueur

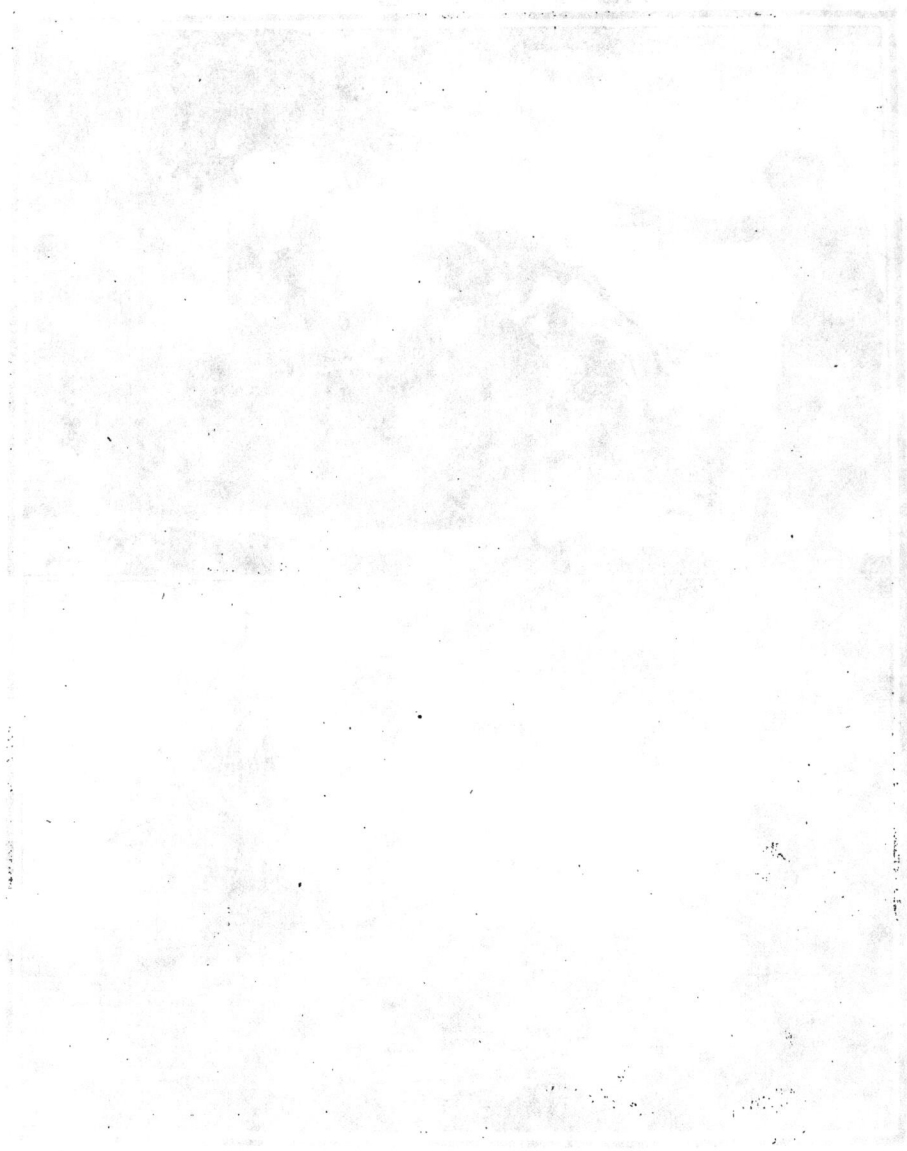

fueur, s'ils n'ont point contracté certaines maladies, & si le poil du menton n'est pas d'une force à indiquer un âge plus avancé que la déclaration qu'on leur en a faite.

La ruse est de tous les pays, & les peuples les plus grossiers n'en manquent jamais dans l'occasion; mais elle semble avoir établi son domicile en Guinée; aussi il n'est point de stratagêmes qui ne soient employés par les Négres, pour faire paroître leurs Esclaves plus jeunes, plus gras & bien portans. Ils les frotent d'huile de palmier, & les font boire & manger tant qu'ils veulent, les jours qui précédent la vente, pour mieux tromper par ce moyen les acheteurs.

Puisque j'ai occasion de parler de la ruse des Négres, je dois informer nos Capitaines de celle qu'employent les habitans de la Guiane dans la vente de leurs Esclaves. Les chefs du Carbet, (village) les cachent soigneusement, & ne les présentent qu'un à un, comme font nos Colporteurs, quand ils ont quelques bijoux à vendre. Ils s'imaginent par-là en retirer une plus grosse somme. Ils demandent quelles sont les marchandises qui doivent servir au payement, & si on a la simplicité de leur déclarer celles de la cargaison, ils s'obstinent à ne point vendre, s'ils n'ont un peu de tout, & quoiqu'un Esclave dans la Guiane, ne vaille qu'aux environs de 40 liv. en marchandises monnoie de France, ils ne seroient pas satisfaits quand même ils auroient reçu pour la valeur de mille livres, s'il leur manquoit quelque marchandise de celles qu'ils auroient vûes. Il ne faut donc leur montrer que ce qu'on veut leur donner, & ne point paroître se soucier de l'Esclave qu'ils présentent, quand même on auroit dessein de l'acheter. C'est le seul moyen de faire une Traite avantageuse. En louant l'humanité des François, je ne prétends pas blamer un examen prudent & sage avant d'acheter les Esclaves. Bien loin de cela, j'exhorte fortement nos Capitaines à ne point se laisser surprendre, en se chargeant d'Esclaves mal sains, sur-tout si les maladies sont de nature à se communiquer. Le sort de la cargaison en dépend. Ils doivent de plus s'informer exactement si les Négres qu'ils achetent, ne sont point de la classe des malfaiteurs. L'expérience de tous les tems & de tous les peuples, a fait assez connoître que les méchans deviennent rarement honnêtes gens, & la plupart des revoltes sur les Navires, ne sont suscitées que par cette espéce d'Esclaves. Pour bien entendre ceci, il est nécessaire de se rappeller ce qui a été dit dans la dissertation sur l'esclavage, je ne me repeterai pas. Je dirai seulement qu'il y a à Angola trois classes d'Esclaves. 1°. Les Malfaiteurs, que la certitude d'en purger le pays avec avantage a enlevés au glaive de la Justice. 2°. Les prisonniers de guerre. 3°. Les Esclaves naturels du pays. Tous les Esclaves ne sont point enchaînés; on se contente de leur passer au bras une espéce de menote, à laquelle une piéce de bois est attachée; c'est la marque de l'esclavage & une précaution suffisante pour empêcher leur fuite ; d'ailleurs ils font toujours gardés. Leur fort eft affez trifte, fans aggraver leur malheureufe condition par l'embarras & le poids d'une chaine. Oublions, s'il eft poffible, la barbarie de ces impitoyables vainqueurs, qui poignardent inhumainement les prifonniers malades, mutilés ou trop vieux, dans la crainte que les frais de conduite n'abforbent le prix de la vente. Ce ne font point des guerriers, ce font des monftres, indignes de jouir des avantages de la fociété.

On eft dans l'erreur, fi on s'imagine que par les loix des Royaumes, qui font vers les côtes de Guinée, tous les Nègres naiffent Efclaves, & que le Souverain a le droit de les vendre quand bon lui femble. Les chofes ne font point ainfi, & quoiqu'il n'arrive que trop fouvent que des gens foient vendus pour l'efclavage par ceux qui ont l'autorité en main, il ne s'enfuit pas que tous ceux qui font ainfi vendus foient réellement Efclaves. C'eft très-fouvent par violence & contre toute juftice, que la liberté leur eft ravie; j'entends cette juftice reconnue même fur les côtes d'Afrique, qui affure à un chacun fon état, & la légitime poffeffion de fes biens. Il y a des Efclaves, mais tous ne le font pas.

Dans le Royaume d'Angola, le Roi eft Monarque d'une autorité prefque abfolue, qui approche du defpotifme, & qui le feroit véritablement, fi elle n'étoit temperée par celle des Seigneurs appellés Sovas & Sangas. Ces Seigneurs font autant de petits Souverains, fous la dépendance de la puiffance Royale, ayant chacun une petite Cour particuliere compofée de la Nobleffe des environs. Le fecond ordre dans l'Etat, eft le corps des Nobles, les Mocatas ou Gentils-hommes, dont l'occupation eft d'être au fervice & comme aux gages du Seigneur dans la Jurifdiction duquel ils fe trouvent, & devant qui ils fe profternent, lorfqu'ils veulent lui parler. Après les Nobles, viennent les Marchands, les Artifans, les Laboureurs & généralement tous ceux qui font libres par le droit de la naiffance.

Il faut ajouter un quatrième ordre, qui eft un état moyen entre le libre & les Efclaves, & qui participe aux avantages de la liberté & à la fujetion de la fervitude. Ceux de ce quatrieme Ordre, font appellés Quifiens. Ce font des Domeftiques à perpétuité, qui partagent le bénéfice de leur travail avec leurs Maîtres, ou qui, moyenant l'entretien, font obligés d'exécuter ce qui leur eft ordonné pour les travaux de la campagne. Leurs enfans fuivent leur condition & appartiennent à celui qui les poffede ; mais ils ne peuvent être vendus pour l'efclavage, tel que nous l'entendons, & qui fait le fujet du Commerce de Guinée. Le Gouvernement de Pologne eft à peu près le même. En voilà affez, je penfe, fur une matiere que j'aurois voulu me difpenfer de traiter, tant elle eft oppofée à ma façon de penfer. La feule néceffité de faire connoître une branche de Commerce inféparable, dans l'état actuel des chofes, du Commerce de nos Colonies, doit me faire mériter l'indulgence du Lecteur fur ce qu'il vient de voir, & fur le peu qu'il me refte à rapporter.

QUESTION

SUR LA

TRAITE DES NOIRS.

ON demande s'il eft plus avantageux d'avoir des établiffemens dans le pays pour faire la Traite, que de parcourir les Côtes. Je rapporterai les raifons pour & contre. Ce fera au Lecteur à décider la queftion.

RAISONS POUR AVOIR DES ETABLISSEMENS.

PREMIEREMENT.

Un établiffement dans le pays, met à même de profiter du moment favorable pour la vente de certaines marchandifes, qui dans d'autres tems n'auroient pas produit le quart de leur valeur.

SECONDEMENT.

N'étant pas preffé pour l'achat des Efclaves, on choifit ceux que l'on reconnoit les meilleurs, on évite de fe charger de ceux de la claffe des malfaiteurs, & on ne les prend qu'autant qu'ils font à un prix médiocre.

TROISIEMEMENT.

On a le tems de les exercer aux travaux auxquels on les deftine; on les apprivoife en quelque maniere à nos ufages, & on prévient par ce moyen le défefpoir qui en fait perir un grand nombre.

E e e ij

QUATRIEMEMENT.

Si quelques Esclaves ont des maladies secrettes, elles ne tarderont pas à se manifester; & si on les juge incurables, on s'en defait à quelque prix que ce soit, plutôt que de les embarquer.

CINQUIEMEMENT.

Les Esclaves arrivant quelquefois de plus de cent lieues de distance, sont si fatigués & si exténués d'une si longue marche, que la plupart périssent s'ils sont embarqués tout de suite; au lieu qu'en les achetant dans cet état, pour les faire retablir par quelques mois de repos, & une bonne nourriture on remédie à cet inconvénient.

RAISONS CONTRE CES ÉTABLISSEMENS.

Voilà bien des avantages que les établissemens dans le pays semblent procurer. D'un autre côté, un Navire qui fait la Traite sans le secours d'aucun établissement,

PREMIEREMENT.

Evite une dépense très-considérable, qui est la suite nécessaire de tout établissement dans une contrée éloignée.

SECONDEMENT.

Les Esclaves achetés à un prix médiocre & qu'il faut nourrir & entretenir jusqu'à l'arrivée de quelque Navire, reviennent plus cher que ceux qu'on traite pour embarquer tout de suite.

TROISIEMEMENT.

Les Naturels du Pays, qui n'ignorent pas que les marchandises qui sont envoyées à un établissement, ne peuvent être consommées que dans le même pays, se prévalent de cette nécessité & n'offrent pas la moitié de leur valeur. Un inconvénient plus à craindre, est la dévastation du pays dans lequel se trouve ledit établissement; malheur qui n'est que trop commun parmi des Nations qui se déclarent la guerre par le seul motif de faire des Esclaves. Dans ces circonstances, que deviendront les marchandises & même les Marchands? Au contraire, un Navire en Rade, s'il ne peut vendre dans un lieu, passe dans un autre, & s'arrête là où il voit jour pour faire une Traite avantageuse.

QUATRIEMEMENT.

Dès qu'un Navire paroît à la Rade, chacun s'empresse d'emmener ses Esclaves dans la crainte de manquer l'occasion de s'en defaire & de se pourvoir des marchandises de la cargaison. Cette crainte favorise la Traite du Capitaine du Navire. Le même empressement ne sçauroit regarder un établissement, parce qu'on pense que la vente des Esclaves, sera toujours à un prix inférieur, & que d'ailleurs on sera toujours maitre de les vendre quand on voudra.

CINQUIEMEMENT.

Les Esclaves ramassés dans un établissement, tel que nous le supposons, peuvent à la vérité se faire à nos manieres, si nous réussissons à les leur montrer aimables; mais l'expérience ne prouve-t-elle pas que le traitement qu'on leur fait, les alienera toujours de nos usages? Il faudroit bien plus de tems pour persuader ces gens, & s'attirer la confiance de ceux qui nous regardent comme les plus cruels des hommes, occupés d'un Commerce que l'humanité condamne. L'idée que ces infortunés ont de nous & les histoires qu'on publie de nos cruautés, font une occasion continuelle de revolte, & il y a tout à craindre que ces Esclaves réunis dans un établissement, ne complotent entr'eux, & ne prennent des mesures si bien concertées, que la vigilance la plus prudente ne puisse remédier à une revolte préméditée & soutenue par le désespoir. Un semblable malheur ne peut arriver que bien rarement, lorsque les Esclaves sont embarqués à mesure qu'on en fait la traite. Ils ne se connoissent souvent pas & même souvent ne s'entendent pas, du moins le plus grand nombre, n'étant pas tous du même pays, & leur liaison dans le bord ne pouvant être secrette, parce qu'ils ont des surveillans qui examinent nuit & jour toutes leurs demarches.

C'est au Lecteur maintenant à prononcer. Je l'ai choisi pour juger la question.

Les serviteurs dont j'ai déja parlé, & qui sont aux ordres du Capitaine & de ses Officiers, sont chargés de conduire les Esclaves dans les chaloupes du Vaisseau. Ils en répondent jusqu'à ce qu'ils les ayent mis dans lesdites chaloupes; mais après la consignation qu'ils en ont faite, c'est au Capitaine de les faire garder.

TROISIEME OBSERVATION.

La police qu'il faut faire obferver dans un Navire chargé d'Efclaves.

Si les Communautés les plus régulieres doivent la jouiſſance de leur tranquillité à l'exacte obfervation des régles qui y font établies, & fi les plus nombreuſes armées nous raviſſent d'admiration par la fubordination & la prompte obéiſſance de tous les membres à la voix du Chef, c'eft l'effet d'une police invariable. Sans police, il n'y auroit que confuſion & défordre. C'eft par elle que les Sociétés fubfiftent, & fe perpétueront pour le bien de l'humanité. Plus donc les hommes font le jouet de leurs paſſions par les mauvais exemples d'une éducation & d'une vie corrompue, plus il eft néceſſaire de les contenir par l'autorité des loix & par une conftante vigilance à les maintenir dans leur vigueur. Si donc quelque Nation a befoin d'un frein pour être contenue, c'eft fans contredit, celle des Négres, dont les vices font fi atroces & fi multipliés, qu'il femble que la providence a voulu nous convaincre par la corruption énorme de tant de peuples, de quoi eft capable le cœur de l'homme, depuis la prémiere prévarication. Je réduis à trois chefs la police à établir dans un Navire negrier. Honnêteté, Sûreté, & Santé.

HONNETETÉ.

Il n'eft point queftion ici de politeſſe & d'égards dont les hommes devroient fe prévenir les uns les autres. Les Négres n'en font guères fufceptibles. Il ne s'agit que des actions qui choquent & font rougir la pudeur la moins timide. Les feux de la concupifcence éclatent avec tant de violence dans cette partie de l'Afrique, que les bêtes les plus féroces manifeftent moins de brutalité. Tout femble contribuer à fomenter chez ces infortunés peuples, les déréglemens les plus groſſiers, la chaleur du Pays, les alimens chauds, la nudité expofée continuellement à leurs regards & une éducation conforme à leurs paſſions. Le prémier foin dont un Capitaine doit s'occuper, eft d'empêcher qu'aucun Efclave paroiſſe devant lui fans être couvert d'un pagne, de chatier ceux qui méprifent cet ordre, & de faire recompenfer par la diftribution de quelques rafraichiſſemens, ceux qui font les plus refervés. Heureux fi par cette conduite il peut réuſſir à infpirer plus de retenue.

Le fecond, (& qui eft d'une grande importance, & qui pour la moindre négligence peut devenir un mal irrémediable) eft lorfqu'on embarque des Efclaves des deux fexes, de féparer les mâles, & de ne permettre jamais qu'ils puiffent communiquer enfemble avec les autres, fous quelque prétexte que ce puiffe être ; ceci n'a pas befoin d'explication.

Enfin, quoique ces infortunés Efclaves n'ayent pour la plûpart aucune idée de la véritable Religion & du culte que le vrai Dieu exige de fes créatures, il ne faut rien négliger pour leur infpirer le refpect dû à l'Etre fuprême. A cet effet on ne manquera point de faire trois prieres publiques chaque jour, l'une le matin, l'autre à midi, & la troifieme le foir. C'eft par l'exemple qu'il faut perfuader. Les fentimens de dévouement, d'humiliation, de confiance & de reconnoiffance, font un langage que les fourds & les muets comprennent, & c'eft le feul qui puiffe faire impreffion fur cette efpéce de gens.

SURETÉ.

Il eft furprenant que dans cette partie de l'Afrique, où l'efclavage eft fi commun, la perte de la liberté y foit regardée comme le plus grand de tous les maux. Mais de tous les efclavages, le plus infupportable aux Négres, eft celui qui fait l'objet de notre commerce. Le tranfport qu'on en fait dans des pays lointains, d'où aucun ne revient, les afflige exceffivement & les défefpére ; auffi un grand nombre préférent-ils de fe donner la mort, plutôt que de furvivre à un malheur fi accablant. Encore fi on pouvoit leur faire entendre raifon, & les guérir de leurs appréhenfions, en converfant avec eux, ce feroit un adouciffement à leur douleur ; mais leur préjugé contre notre tyrannie, & la différence de langage, rendent cette reffource impraticable.

La douceur fait une grande impreffion fur leur ame troublée par des imaginations extravagantes ; on ne fçauroit trop leur témoigner de bonté ; l'humanité l'exige de nous ; c'eft même le feul moyen de calmer leurs agitations. Cependant il ne faut point fe laiffer furprendre par les apparences de leurs foumiffions. Les Négres font les plus rufés de tous les hommes, & la tranquillité eft prefque toujours l'avant-coureur de la révolte. Qu'on fe tienne donc fur fes gardes, & qu'on ne confonde point la douceur avec la foibleffe. Ce commerce demande de la fermeté, & le plus petit relâchement dans la difcipline peut caufer la perte du Navire. On fent de quelle conféquence il eft de ne laiffer ni couteaux, ni armes de quelque efpéce qu'elles foient, aux Efclaves embarqués ; & tant que le Navire fera fur la côte ou vue des terres, on doit les tenir à la chaîne. Sans cette précaution il feroit impoffible d'empêcher que la plûpart ne fe précipitaffent dans la mer pour fe fauver à la nâge. Le danger de périr ne les arrête pas. Il fuffit qu'ils voyent la terre, pour efpérer d'y arriver. Après tout la mort leur caufe moins d'horreur, que l'idée de leur efclavage. Une fois qu'on aura perdu la terre de vue, on peut adoucir leurs chaînes, & peu à peu leur accorder plus de liberté, du moins à un certain nombre.

Le Capitaine doit avoir l'œil ouvert fur tous les mouvemens de fes Efclaves, & étouffer par un coup d'autorité les prémieres étincelles d'un foulévement. La plus petite négligence deviendroit infailliblement la caufe d'un mal irrémédiable, & la moindre complaifance, en fait de revolte, fera toujours funefte. La compaffion feroit déplacée dans ces circonftances, il n'y a qne l'autorité qui puiffe retablir le calme.

SANTE'.

Si l'efprit de fédition qui anime les Efclaves Négres, dans l'efpérance de recouvrer la liberté, qu'ils confidérent dans leurs chaînes comme l'unique bien, peut caufer la perte d'un Navire Negrier, pour peu qu'on néglige de tenir ce corps d'efclaves dans une dépendance abfolue, jufqu'à ce qu'on les aye, pour ainfi dire, apprivoifés & reconnus capables d'agir par fentiment & par reconnoiffance, les maladies épidemiques peuvent auffi caufer un femblable malheur. Trois chofes ferviront à préferver de cette infortune. Le choix des alimens, la neteté, & le renouvellement d'air. Quand aux alimens, j'en parlerai dans la quatrieme obfervation.

NETETE'.

Le corps de l'homme, créé pour l'immortalité, éprouve tant de miferes depuis l'arrêt de mort prononcé contre lui, que toutes les infirmités femblent aboutir à ce centre. Tout contribue à fa corruption par des effets quelquefois horribles; c'eft auffi avec bien de raifon que Job, qui avoit été livré à plufieurs de ces miferes, fe reconnoît le fils de la pourriture. Que l'orgueil de l'homme difparoiffe à la vûe de tant de calamités inféparables de la condition humaine, & que la raifon, qui le diftingue des autres êtres, lui faffe choifir les moyens que la Providence a établis pour s'en préferver. Un de ces moyens que l'expérience n'a jamais dementi, eft la propreté. Sans elle toutes fortes de vermine fort du corps de l'homme comme d'une pepiniere, & s'y multiplie prodigieufement. De là naiffent les maladies cutanées, fi hideufes, les maladies contagieufes & tant d'autres dont l'énumération eft affligeante & prefque accablante. Tous les corps des hommes repandus fur la face de la terre, ne font pas fujets aux mêmes maladies. Le climat, les alimens, les exhalaifons, l'humide ou le fec, caufent des variétés étonnantes; mais de tous les corps celui des Négres eft le plus prompt à manifefter cette corruption. Il faut donc un redouble-
meut

ment de foins ; car la mortalité qui ravageroit les Efclaves de la cargaifon, fe comuniqueroit infailliblement à tout le refte de l'équipage. Le petit efpace qu'occupent les Efclaves, la néceffité de les tenir attachés, contribuent à une fermentation dont on préviendra les funeftes fuites, en faifant paffer ces Efclaves les uns après les autres fur le pont, pour les y faire laver avec l'eau de la mer. A cet effet, il faut entierement debarraffer le pont & l'entrepont, & les laiffer libres pour cette opération. Il feroit même expédient de les faire couvrir de briques, pour éviter la faleté que le goderon, en fe détachant, ne peut manquer de communiquer aux Négres. A mefure que lefdits Efclaves paffent fur le pont, il faut faire nettoyer & laver la place qu'ils viennent de quitter, & fi elle fe trouvoit fale, la faire frotter avec du fort vinaigre, pour enlever la caufe des mauvaifes odeurs. C'eft un travail qu'il faut repeter fans fe laffer ; le falut de l'équipage en dépend.

RENOUVELLEMENT D'AIR.

Il y a des chofes fi claires par elles-mêmes, que les preuves feroient du dernier ridicule. Le foleil échauffe & éclaire. On montreroit au doigt qui s'occuperoit à en donner des démonftrations. Il en eft de même de la néceffité de l'air pour la confervation des animaux, & même des plantes. Elle eft fi évidemment reconnue, que chacun fent mieux cette vérité par fa propre expérience, que par tous les raifonnemens qu'on peut faire à ce fujet. La vie dépend de la refpiration, & la refpiration ne fçauroit fe faire fans air ; par conféquent, l'air eft le prémier aliment de la vie, & la prémiere caufe de tous les mouvemens des êtres animés ; mais l'air n'étant pas le même par-tout, c'eft-à-dire, que quoique toujours le même par fa nature, il varie, relativement aux corps qui l'environnent, ou plutôt qu'il environne lui-même, ainfi l'air qui remplit un vallon coupé de plufieurs canaux, differe de l'air qui fe trouve fur le fommet des montagnes. L'un eft humide & l'autre eft fec ; de forte que fuivant le tempérament d'un chacun, l'air qui convient aux uns, feroit très-nuifible aux autres. Cette humidité dont l'air eft pénétré, prouve combien il peut devenir dangereux dans les lieux qui exhalent des parties arcenicales & vitrioliques, & qui s'infinuant dans les pores invifibles dont il eft parfemé, le rendent mortel. De tous les corps, l'air eft peut-être (je pourrois l'affurer) le plus poreux ; fon élafticité, fa condenfation & fa rarefaction, en font une preuve manifefte. C'eft une vérité univerfellement reconnue par l'expérience de tous les pays, que l'air le plus pur, c'eft-à-dire, le moins chargé de corps étrangers, eft le plus falutaire à la conftitution du corps de l'homme ; quoique dans certains cas particuliers un air humide lui convienne mieux, il eft également reconnu que l'air des lieux élevés, ou agité par le vent, eft le plus pur; d'où il réfulte que l'habitation des montagnes ou des lieux expofés à des vents fréquens, font préferables pour la fanté à tous autres, pourvû que d'autres caufes accidentelles ne détruifent point cette bonté que l'élévation ou l'agitation lui confervent naturellement; car fi le fol des montagnes renferme des mines de cuivre, &c. l'air fera pernicieux; & fi le vent qui régne dans d'autres lieux paffe fur des eaux ftagnantes & corrompues, l'air portera un principe de corruption dans tous les corps placés dans ces lieux élevés. Voyez à ce fujet le Traité que Mr. Duhamel du Monceau a donné au public pour le bien de l'humanité, fous le titre de *Moyens de conferver la fanté aux équipages des Vaiffeaux.*

L'humidité qui pénétre l'air qui n'eft point agité par le vent, caufe une fermentation contagieufe, capable d'infecter fubitement les corps les plus robuftes, ce qu'on n'éprouve malheureufement que trop fouvent à l'ouverture de quelques puits, caves & fouterrains où le même air a féjourné trop long-tems fans mouvement. Il n'y a qu'un nouvel air qui puiffe corriger cette malignité, & purifier ces lieux corrompus par le défaut de circulation de l'air (qui leur eft propre) avec celui des environs.

Un Navire n'eft point un féjour dangereux pour ceux qui y font deffus, tandis qu'ils refpireront un air libre qui fe renouvelle à chaque inftant par le changement de lieu, & par la continuité des vents qui ne ceffent guères de fouffler fur la mer; du moins il eft rare que le calme dure plufieurs jours, & quoique l'air de la mer foit impregné de parties falines qui entrent dans le corps par la refpiration, il n'eft point reconnu malfaifant, parce que ce fel eft en trop petite quantité pour altérer la maffe des fluides d'où dépend la fanté. Je n'ignore pas que d'habiles Phyficiens foutiennent que le fel eft trop pefant pour s'élever avec l'air, & que la pluie qui n'eft autre chofe que l'évaporation de l'eau de la mer, nous paroîtroit falée, fi l'air étoit fufceptible d'être pénétré par les particules de fel. Je conviens que l'eau de la pluye n'eft point falée à rebuter celui qui la boit; mais je nie qu'elle ne foit point falée du tout; elle n'eft même potable, que parce qu'elle renferme une portion de fel, fans lequel elle feroit fi fade, que le cœur en feroit foulevé. Pourquoi le fel ne pourroit-il pas pénétrer l'air, dès que des exhalaifons plus pefantes s'incorporent avec lui? J'ai éprouvé, je ne fçais combien de fois, en me promenant à plus d'un quart de lieue de la mer, lorfque le vent paffoit fur les vagues, que je refpirois un air falé. Les plantes & les fruits qui croiffent à une certaine diftance du rivage, reçoivent une impreffion de falure qui les rend d'un goût particulier. Ces parties de fel fortent donc du fein des ondes, & font portées bien avant dans les terres. Elles ne peuvent être portées que par le véhicule de l'air, foit qu'elles le pénétrent ou qu'elles s'attachent à fa surface. Nous sommes encore si ignorans sur la contexture de l'air, quoique par ses effets nous en connoissions beaucoup de propriétés, qu'il y auroit de la témérité à décider de quelle maniere les parties salines de quelque nature qu'elles soient s'incorporent avec l'air. Quoique nos yeux ne puissent point découvrir comment l'air peut se charger de différentes vapeurs, nous ne pouvons douter, & nous sommes certains que les exhalaisons & les sels voltigent de toutes parts. Ce transport ne se fait que par l'entremise de l'air, & le vent n'est autre chose que l'agitation d'un air condensé ou raréfié. On peut même assurer que sans air, cette transmission n'auroit plus lieu, & que peut-être même il n'y auroit plus de vent. Peu importe donc de sçavoir si les sels sont inhérans ou adhérans à l'air. Il suffit que l'air nous les communique, pour ne plus douter que l'air qui fluctue sur un Navire, renferme plus de parties salées, que celui qui circule sur un terrein éloigné de la mer. Je pense même qu'il doit y avoir une proportion déterminée pour la salure d'un air à un autre air, relativement à son élevation ou à son éloignement de la mer ; car il ne faut pas croire que ces parties grossieres, que nous appellons sel, soient celles qui nous sont chariées par le moyen de l'air. Elles sont bien plus déliées, & le verre le plus parfait ne les fera jamais découvrir. La matiere se divise à l'infini, & notre conception ne trouve que de la difficulté & non de l'impossibilité dans cette proposition ; d'où je conclus que les globules d'eau qui s'élevent dans l'air, laissent tomber les parties les plus pesantes, & qu'à mesure que l'air monte ou parcourt un plus grand espace, il s'échape continuellement de nouvelles parties salées en raison de leur pesanteur & du dévelopement qui s'en fait par le frotement des rameaux de l'air, de sorte que l'air le plus voisin des eaux salées ou des terres minérales, doit être plus chargé de parties salines ou métalliques qu'un air supérieur. La même progression se trouve dans les eaux de la mer, qui sont plus salées dans le fond que sur la surface. Je laisse aux Physiciens à calculer les différences que le plus ou le moins de profondeur dans la mer doivent causer dans la salure de l'eau. Je retourne sur les Navires Négriers.

Je suppose que l'air qui remplit un Navire, se renouvelle continuellement, & ne renferme aucun vice capable de préjudicier à la santé. Cette supposition n'est point idéale, elle est fondée sur l'expérience ; mais l'air renfermé dans un Navire Négrier, se trouvant gené dans sa circulation, à cause du local qu'occupent les corps des Esclaves qui sont rangés les uns auprès des autres, & la transpiration de tant de personnes mêlée aux sueurs & aux exhalaisons inséparables d'une si étroite habitation, communique à cet air un principe de corruption qui le rend meurtrier, & dont il n'est plus possible de se garantir, une fois que la fermentation a été portée trop loin.

Je ne discuterai point ici quelle est la quantité précise de corps

GUINÉE.
Traite des Noirs.

F f f ij

étrangers, qui mêlés avec l'air ou dans l'air, le rendent pernicieux, ni le volume d'air néceffaire à chaque homme pour donner au fang par l'afpiration le mouvement effentiel à la vie. Mr. Hales a déja traité cette matiere avec tant de lumiere, que mes Lecteurs ne fçauroient mieux faire que de confulter un fi habile Maître.

Il nous fuffit de fçavoir préfentement qu'un air pur, fans mélange de corps étrangers, eft le plus falutaire, & que plus l'air fe trouve mêlé avec d'autres corps, plus il eft contraire à la confervation de la vie. Deux expériences feront connoître la quantité de corps étrangers dont l'air fe trouvera chargé.

1°. La difficulté de refpirer ; les poulmons ne recevant plus la même quantité d'air, ou plutôt l'air qui entre dans les poulmons par l'afpiration, ayant perdu partie de fon élafticité par l'admiffion d'autres corps dont fes rameaux font embarraffés, le même volume de matiere peut entrer véritablement dans les poulmons ; mais non pas le même volume d'air, & le peu qui y entre demeure fans force & fans action ; ce qui caufe ces évanouiffemens très-fouvent mortels, fur-tout fi ces corps étrangers fe font corrompus ou font mêlés avec des fels arcenicaux.

2°. En allumant une lampe ou une bougie, plus l'air eft pur ou dégagé de tout autre corps, plus la lumiere eft claire & brillante, & à mefure que l'air fe mêle avec toute autre matiere, la lumiere perd de fa clarté & diminue infenfiblement jufqu'à s'éteindre. L'expérience journaliere fait affez connoître tous ces faits. Une lampe s'éteint fubitement au fonds d'un puits, dans une petite cave bien fermée, aux environs d'une cuve, lorfque le vin bout encore, à l'ouverture d'un tonneau & de tout autre endroit rempli de fumée, de pouffiere ou d'exhalaifons. L'impreffion que cet air, furchargé de matieres étrangeres, fait fur la lampe, agit également fur le corps de l'homme, de forte que fi la lumiere ne fouffre qu'une légere altération, la refpiration n'eft gênée qu'en proportion, & l'extinction de la lampe eft la mefure de l'évanouiffement. Il eft donc de la derniere conféquence, pour la confervation de la vie, de n'habiter que les lieux où l'air circule librement, & où il conferve le volume qui lui eft naturel, & qu'il ne perd qu'en proportion des corps étrangers qui s'infinuent dans les parties rameufes qui le conftituent, ou par la rarefaction ; car il peut fort bien arriver qu'un air plus pur qu'un autre air, foit cependant d'un moindre volume par la rarefaction qu'une violente chaleur caufe néceffairement. Auffi expérimente-t-on très-fouvent, que dans les plus grandes chaleurs de l'Été, on eft prefque fuffoqué par la difficulté qu'on a de refpirer ; c'eft que pour lors le volume d'air rarefié qui entre dans les poulmons par l'afpiration, n'a qu'une plus grande étendue, fans force & fans activité ; fes refforts ne font plus propres à rafraîchir le fang, & c'eft peut-être à cette unique caufe, qu'il faut attribuer la vie languiffante, & pref-

que toujours courte qu'on mene dans les climats trop chauds ; au lieu
que dans les pays temperés, & même froids, les hommes y font vigoureux, bien portans jufqu'à la derniere vieilleffe. Je ne confidére ici
que l'action de l'air fur les corps, parce que mille autres accidens con-
duifent l'homme au terme que la fentence générale a prefcrit à fes
jours. Si donc on veut avoir une connoiffance certaine de l'air le plus
pur de deux lieux différens, il faut avoir deux bougies de même cire
& d'une mêche de groffeur égale, en placer une dans chaque lieu &
les allumer en même tems, celle placée dans le lieu où l'air fera
moins mêlé de corps étrangers, indépendamment d'une plus belle clarté,
durera plus que l'autre, toujours en raifon des matieres étrangeres qui
furchargeront l'air le moins pur. Une plus grande quantité d'air, c'eft-
à-dire, un air plus pur ; car plus l'air eft pur, plus la quantité eft
grande & doit agir plus uniformement fur la mêche enflammée, & divifer plus parfaitement la partie de cire que la chaleur fait monter le
long de la mêche, à caufe de la rarefaction caufée par la flamme ; au
lieu que les corps étrangers dont l'air fe trouve furchargé dans l'autre
lieu, agiffant en même tems que l'air fur la mêche, rendent la clarté
moins brillante, en proportion de leur quantité, & font couler la cire
qu'ils ne peuvent attenuer comme fait l'air pur ; ces corps étrangers
paffant le long de la mêche, forment ces champignons que ni l'air,
ni la cire feuls ne fçauroient former fans le mêlange d'autres corps.
Ces corps étrangers devenus ardens par l'action du feu, font la caufe
d'une plus grande diffipation de cire ; car s'il y avoit moins d'air, parce
qu'il feroit rarefié par la chaleur, la bougie dureroit davantage que fi
l'air étoit en plus grande quantité, à caufe du froid qui l'auroit con-
deufé. Je n'ai pas befoin de faire obferver que l'expérience des deux
bougies fuppofe qu'on les garantira toutes deux du vent. C'eft par la
même raifon que le bois brûle mieux pendant l'Hyver que dans l'Eté,
& que la flamme eft plus vive ; pour lors l'air eft plus condenfé, par
conféquent il y en a une plus grande quantité qui remplit le même
efpace ; d'où j'infere encore que le tems froid eft plus falutaire que
le tems chaud, puifque le premier fournit un air plus abondant pour
alimenter les poulmons. Je m'arrête, car je m'apperçois qu'en paffant
d'un raifonnement à un autre, je m'écarte de mon fujet. Cependant fi
mes écarts peuvent être de quelque utilité, je n'en ai point de regret.
Je ne ferai plus qu'une obfervation fur une queftion importante & qui
me paroit liée avec le renouvellement de l'air.

Quel eft l'air renfermé dans un Navire qui eft le plus nuifible à la
fanté ? Eft-ce celui qui eft le plus bas, le plus haut, ou celui du milieu ?
Il femble d'abord que l'air doit être le même, & qu'il ne devroit
point y avoir de différence dans un fi petit efpace ; cependant d'habiles Phyficiens affurent que fi dans une falle d'Hôpital, remplie de
malades, on monte fur une échelle, on refpirera un air fi infecté,

qu'on fera contraint de defcendre au plutôt pour prévenir la défaillance du cœur, & que dans les falles de Spectacles on refpire un air fi mal fain aux troifièmes loges, qu'on eft furpris, en defcendant au parterre, de refpirer beaucoup plus librement malgré la foule qu'on y trouve; d'où ils concluent que l'air fupérieur, eft plutôt infecté que l'air inférieur, & que les corps étrangers qui corrompent l'air, font à fon égard comme l'huile eft à l'eau, & qu'ils furnagent de la même maniere. Je pourrois convenir avec eux, que l'air d'une chambre peut être moins fain vers la voute que fur le plancher, fans cependant admettre que l'air fupérieur eft chargé d'une plus grande quantité de corps étrangers que l'air inférieur. Ceci a befoin d'explications. J'ai établi que l'air le plus élevé, étoit plus pur que l'air qui remplit un lieu bas, & je ne change point de fentiment, en admettant même que l'air qui fluctue au haut d'une chambre, eft le plus pernicieux à la fanté. La grande fluidité de l'air, le tient dans un mouvement perpétuel, même pendant le calme le plus profond. On peut s'en convaincre, en examinant la prodigieufe quantité de corpufcules qui voltigent. en tout fens à travers ces rayons du foleil qui percent dans un appartement, par quelque trou, ou quelque fente de fenêtre. On verra à la moindre agitation, ces corpufcules diftinctement de différentes groffeurs, les uns monter rapidement, les autres fe précipiter, traverfer & courir vaguement de tous côtés; & fi vous foufflez fur le plancher, ou fi vous agitez l'air en marchant, un nouveau nuage de corpufcules s'élevera avec impétuofité à travers lefdits rayons du foleil, & en vous tenant tranquille dans un coin de la chambre, vous verrez peu de tems après les plus volumineux de tous ces corpufcules s'abattre fans fe relever de nouveau; d'où je conclus que les corps étrangers dont l'air inférieur eft néceffairement chargé, ne s'élevent qu'autant que par une impreffion quelconque ils font forcés par la réflexion de remonter & de s'éloigner du centre de la terre vers lequel tous les corps, même l'air compris dans l'atmofphere terreftre, tendent. L'action du feu, la refpiration, les fermentations, le vent & tous les mouvemens communiqués à la furface de la terre, pouffent en haut une quantité inconcevable de corpufcules, qui s'incorporent, pour ainfi dire, avec l'air, & font tranfportés dans un clin d'œil dans des lieux fi éloignés, que fi l'odorat ne démontroit cette vérité, elle paroîtroit incroyable. Une lampe allumée, chaffe en haut, par l'action de la flamme, les parties que le feu a divifées & fubtilifées, & tant que la lampe brûle, on ne fent aucune odeur, parce que toutes ces parties s'élevent en ligne droite. Eteignez la lampe, le feu n'agiffant plus, le refte de fumée fe fait fentir aux environs. Toutes ces caufes ceffant, les mêmes corpufcules retombent du moins en grande partie; ce qui rend les nuits d'été fi dangereufes, fur tout dans les lieux abondants en mines, fi le tems eft calme. Les exhalaifons élevées pendant le jour, retombent & fe mêlent avec l'air néceffaire à la refpiration. Perfonne n'ignore les fuites funeftes du ferein. Il n'eft donc pas furprenant que dans une falle de Spectacle ou dans une falle d'Hôpital, l'air fupérieur foit le plus nuifible à la fanté. Ces lieux font exactement fermés ; tous les mouvemens qui s'y paffent, agitent l'air de bas en haut, un fouffle continuel le remplit d'exhalaifons. Le feu ou les chandelles multipliées, élevent toutes ces vapeurs ; la chofe ne fçauroit être autrement : auffi on éprouvera que dans une Eglife entierement remplie, fi on eft placé dans une tribune on a de la peine à refpirer, & à mefure que le monde fort, on fent l'air fe rafraîchir, & la refpiration redevenir aifée. La caufe qui pouffoit toutes ces exhalaifons vers la voute ne fubfiftant plus, l'air de la tribune devient plus fain que celui du fol furchargé de corpufcules quelquefois corrompus par la quantité de cadavres, qu'une imprudente politique a permis de dépofer dans les Eglifes, contre le refpect dû à la majefté du lieu & à la fanté publique. Je conviens donc que l'air fupérieur de tout lieu fermé & rempli de monde, fera moins fain que l'inférieur, quoiqu'à dire vrai ni l'un ni l'autre ne vaille rien ; mais je foutiens que l'air d'un lieu élevé, fera toujours moins chargé de corpufcules nuifibles à la fanté, que celui d'un vallon, d'un bois & de tout autre endroit où la circulation de l'air n'eft pas entierement libre. Quand je dis que l'air d'un lieu élevé eft le plus fain, j'entends une élévation telle que celle d'un côteau ou d'une moyenne montagne, & de même quand j'ai avancé que le froid étoit plus falutaire que le chaud, j'entends auffi un froid moderé ; car fi on vouloit en inferer delà que je penfe que les extrémités de la Laponie & le fommet du Pic de Ténériffe font des habitations plus propres à prolonger la vie de l'homme, que la Zone-Torride, je déclare que ce n'eft point mon fentiment. La Laponie n'eft bonne qu'à former des glaces, & le fang a befoin de chaleur pour circuler ; le Pic de Ténériffe eft trop élevé pour fournir un air affez pefant par fa condenfité, & capable par fon reffort d'agir fur les poulmons & rafraîchir le fang. Les hommes ont été placés fur la furface de la terre, pour l'habiter & la cultiver. Les terres glaciales & les extrémités des plus hautes montagnes, ne fçauroient donc devenir fon féjour, puifqu'ils ne trouveroient aucuns moyens de fubfiftance dans de monçeaux de glaces, ni fur ces hauteurs fupérieures aux nuages. Il y auroit mille raifons à rapporter ici, pour développer les différentes propriétés de l'air, relativement à fon influence fur le corps de l'homme. Ce n'eft point ici le lieu de traiter cette matiere, & il me fuffit d'avoir fait connoître que la refpiration, les fueurs, les urines, &c. d'un certain nombre d'hommes, renfermés dans un efpace étroit, peuvent caufer une corruption générale dans l'air, en le rempliffant de vapeurs contagieufes contre lefquelles on ne peut employer de reméde plus efficace, que l'introduction d'un air nouveau. Heureufement la chofe n'eft ni impoffible ni difficile. Je laiffe

GUINÉE.
Traite des Noirs.

à d'autres qui ont plus de loifir que moi, à établir & à prouver par des expériences raifonnées, quel eft le poids de la colonne d'air analogue à la nature des poulmons, quelle eft la denfité ou la raréfaction qu'il doit avoir pour communiquer au fang l'activité néceffaire à fon entretien ; fi le mêlange d'autres corps détruit fon action ; s'il eft plus falutaire fec ou humide, & fi fes refforts font affoiblis ou augmentés par la compreffion ou par la dilatation, &c. L'action de l'air eft fi pénétrante, qu'il paffe à travers les pores de la peau jufqu'à un certain point, & s'infinue jufques dans le fang ; aucune partie du corps n'eft exempte de fon impreffion. Son extrême dilatation attaque les fluides, & énerve les folides ; fa chaleur affecte l'eftomac, & fa trop grande condenfité, caufée par le froid, affoiblit la poitrine ; mais s'il eft chargé de corps étrangers ou s'il eft trop humide, il embarraffe la circulation du fang, & devient la caufe de cette corruption qui eft le germe des maladies, &c. Je n'en dirai plus rien, & quoique le plus fain en général foit le plus pur, chacun doit choifir celui qui s'accorde le mieux à fon tempérament ; car l'air humide convient à l'un, & le fec à l'autre. L'un a befoin d'un air chaud, & le froid eft plus falutaire à plufieurs. Peut-être même que l'air qui eft chargé de corps étrangers, fuivant la nature defdits corps, fera le feul capable de rétablir une fanté délabrée. Il faut s'en tenir à l'expérience. Je retourne fur un Navire Négrier pour travailler au renouvellement de l'air, que les exhalaifons d'un fi grand nombre d'Efclaves, qui fe touchent pour la plûpart, ont putrefié au point de le rendre contagieux. On peut à cet effet employer trois moyens, le lavage, le feu, les foufflets & les pompes.

PREMIEREMENT.

Le Lavage

La mal-propreté eft une fuite inévitable de l'habitation des hommes, principalement s'il y en a des malades, s'il font en trop grand nombre, relativement à l'efpace qu'ils occupent, s'ils font enchaînés, & fi par une groffiereté particuliere à certains peuples, ils ne fe gênent point pour fatisfaire aux befoins naturels. Tous ces inconvéniens fe trouvent réunis fur un Navire Négrier ; ce qui occafionne une prompte corruption. Le prémier foin, doit être l'enlevement de toutes les immondices ; mais le reméde ne fuffit pas : le bois imbibé d'une matiere pourrie exhale une odeur qui fait connoître combien il en fort encore de corpufcules. C'eft un levain capable d'infecter tout ce qui en approche, fi on ne lave exactement tous les endroits où l'ordure a féjourné. Après un prémier lavage avec l'eau de la mer, on les fera frotter avec du fort vinaigre & bien fécher, crainte qu'un refte d'humidité ne devienne le germe d'une nouvelle corruption. L'air par ce moyen circulera

culera plus librement , & c'eſt en quelque maniere l'améliorer , que d'anéantir les cauſes qui ſont le principe & l'aliment de ſon infection. Le lavage n'eſt point proprement un renouvellement d'air , dans le ſens qu'il ne chaſſe pas celui qui eſt vitié , en lui en ſubſtituant un autre ; mais dès qu'il produit le même effet , & que ſans lui , les deux autres moyens ſeroient employés en pure perte ; il faut en faire uſage le plus ſouvent qu'il ſera poſſible.

SECONDEMENT.

Le Feu.

Le feu eſt le ſecond moyen que je propoſe pour renouveller l'air , non pas de la maniere qu'on le pratique ſur terre , le danger ſeroit trop à craindre , & le reméde ſeroit pire que le mal. Tout dans un Navire eſt combuſtible , & la plus legere étincelle pourroit devenir la cauſe de ſa deſtruction. Je ne conſeillerai donc pas les poelles & les fourneaux. Je ne penſe pas même que l'air en devint meilleur , parce que pour quelques parties humides , qui par l'action du feu ſeroient diviſées & abſorbées , la raréfaction diminueroit la maſſe de l'air , & le rendroit plus ſuſceptible d'être impregné de corpuſcules infectés qui fluctuent dans le Navire. Ce nouveau dégré de chaleur , pourroit devenir une nouvelle cauſe de fermentation , ſans produire l'effet déſiré. Il faudroit un feu violent & d'un plus grand volume , impraticable dans un Navire. J'ai vû dans un tems de contagion , les habitans de la campagne allumer de grands feux aux environs de leurs habitations , dans la vue de purifier l'air & de ſe garantir des impreſſions de la maladie. Ces bonnes gens s'imaginoient que les exhalaiſons peſtilentielles , en paſſant par les flammes , perdoient leur vertu communicative. Ils auroient mieux fait de faire ſervir ces feux à brûler tout ce qui avoit été à l'uſage des peſtiférés ; car un air libre n'aura jamais la propriété de tranſmettre le levain de la contagion. Des expériences ſans nombre , doivent nous raſſurer contre une pareille crainte. Ces feux ont cependant leur utilité , puiſque l'imagination eſt ſatisfaite , & que l'humidité eſt diſſipée. D'ailleurs ils ſeront toujours un ſigne de joye & de contentement. On peut mettre à profit le feu du four ou de la cheminée que la néceſſité force d'avoir dans un Navire , voici comment. Il eſt certain que l'air du fond de cale , peut moins ſe renouveller que tout autre , & par conſéquent il eſt plus ſujet à ſe corrompre , & de-là coopérer à l'infection de tout l'air du Navire ; on pourroit donc par le moyen d'un tuyau de tole , qui du fond de cale entreroit dans le four , pomper l'air. La raréfaction cauſée par le feu , fera l'effet de la pompe , & l'air du fond de cale ſortiroit avec la fumée. Il ne paroit guères poſſible qu'une étincelle paſſe par ce tuyau ; cependant pour prévenir jufqu'à l'ombre du rifque, on aura la précaution que l'ouverture dudit tuyau foit placée obliquement dans une jarre ou tel autre vafe de terre qu'on voudra, en obfervant, afin que l'attraction foit plus forte, de faire l'ouverture d'en bas en forme d'entonoir, & celle qui entre dans le four d'une moindre circonférence que le corps du tuyau.

J'ai déjà fait obferver que la difficulté de refpirer étoit la marque caractériftique de la quantité de corps étrangers dont l'air étoit chargé ; fi donc la refpiration eft trop genée ou trop fréquente, l'air n'eft plus libre, & fi la mauvaife odeur eft trop pénétrante, c'eft un nouveau figne que l'air a befoin d'être renouvellé. A cet effet, après avoir fait fortir tous les Efclaves de l'entrepont & avoir ouvert les faborts, il faut faire une traînée de poudre à canon fur le plancher, en divers fens, & y mettre le feu. La fubite dilatation de l'air chaffe celui des environs avec impétuofité, & donne lieu à un nouvel air de le remplacer ; les parties falines & fulphureufes que l'inflammation a fait courir de tous côtés, pénétrent ou abforbent les exhalaifons malignes qui voltigeoient dans l'entrepont & détruifent leur qualité nuifible. La marque à laquelle on reconnoîtra que l'air eft renouvellé, eft lorfque l'odeur de la poudre ne fe fera prefque plus fentir. Cette nouvelle méthode de renouveller l'air par le moyen du feu, eft la feule praticable dans un Navire ; car les fumigations avec des herbes odoriférantes ou des gommes aromatiques, peuvent corriger jufques à un certain point la malignité de l'air, mais elles ne le renouvelleront jamais, qu'imparfaitement.

TROSIEMEMENT.

Soufflets & Pompes.

La grande fluidité de l'air, lui fait recevoir avec une facilité plus aifée à concevoir qu'à décrire, toutes les formes que la plus legere impreffion le force de prendre ; le moindre fouffle l'agite & le fait changer de place ; par conféquent fi on peut introduire dans le Navire une petite portion du vent qui l'environne & le pouffe tantôt d'un côté & tantôt de l'autre, l'air qui y eft renfermé, fe trouvant preffé par l'impulfion de ce nouveau vent, qui n'eft autre chofe qu'un air agité, fuira vers l'endroit où il trouvera une moindre réfiftance. C'eft une fuite néceffaire de la loi invariable du mouvement qui agit fur tous les corps, & qui eft principalement fenfible fur les fluides. Pour donc réuffir à introduire de vent dans un Navire, on a inventé plufieurs machines dont je ne ferai point ici la defcription ; cela me meneroit trop loin. Je ne dirai qu'un mot des ventoufes, de la manche & des foufflets dont on peut voir le détail dans le livre de Mr. Duhamel du Monçeau, que j'ai déjà cité, & qui fait tant d'honneur à l'humanité

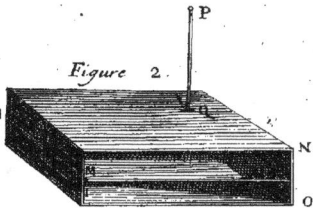

Figure 2

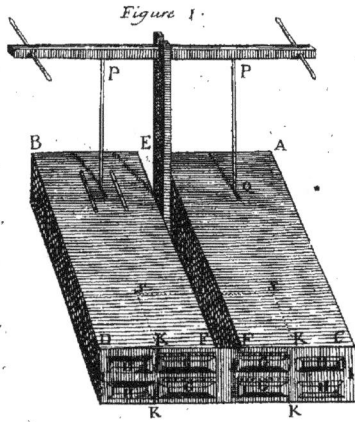

Figure 1

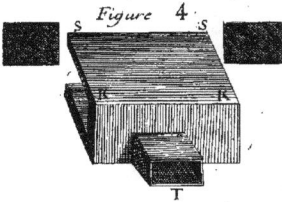

Figure 4

Fig. 3

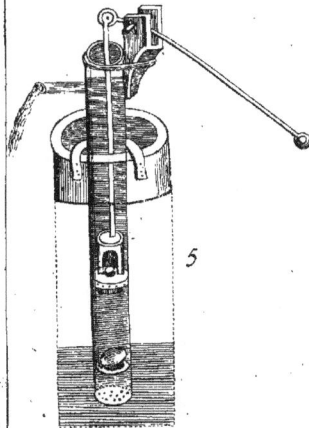

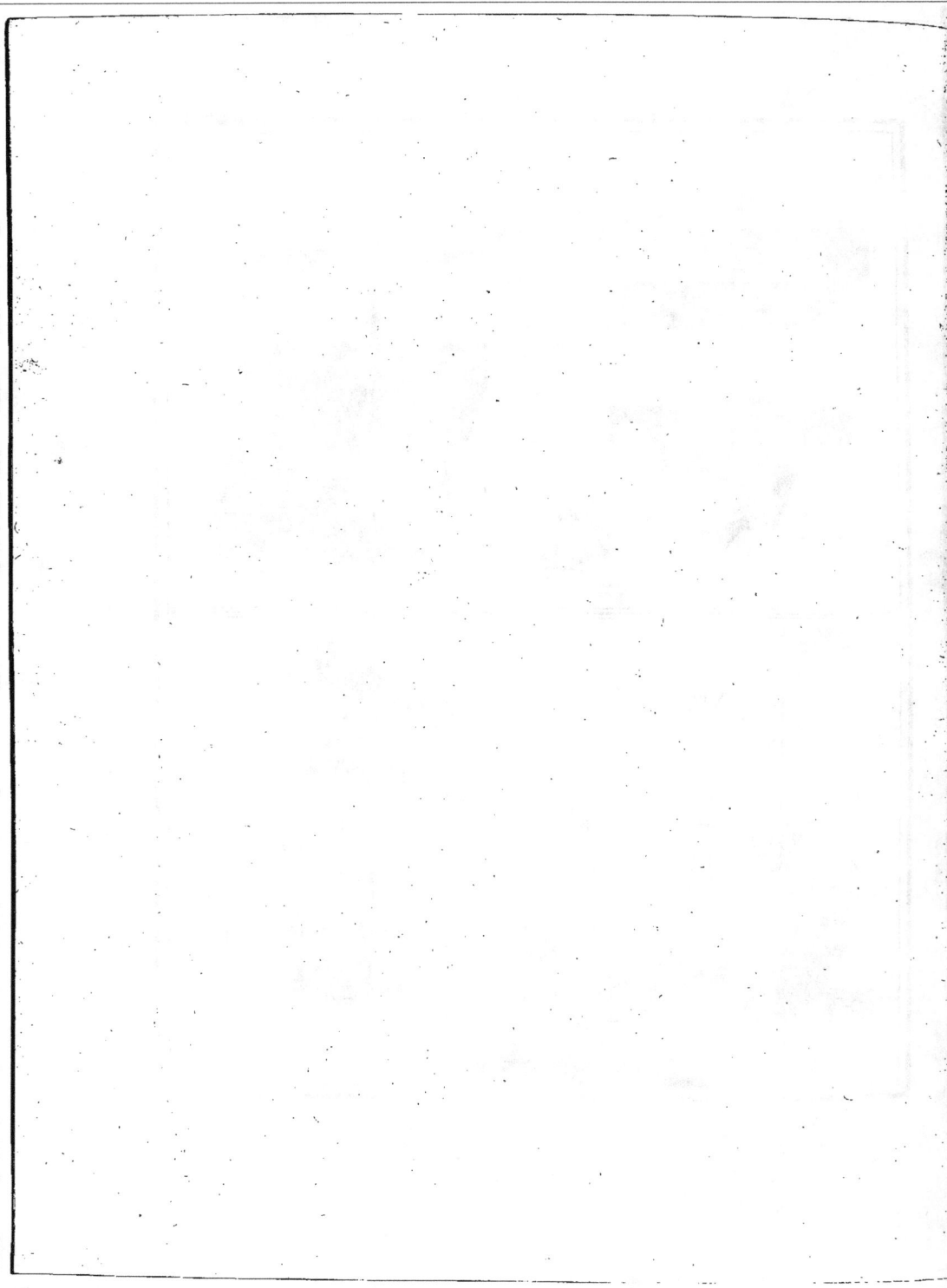

PREMIEREMENT.

Les Ventoufes.

Rien de plus fimple & de plus facile à exécuter pour renouveller l'air de l'entrepont. Il ne s'agit que d'ouvrir les faborts du côté d'où vient le vent & les écoutilles. L'air renfermé étant plus rarefié, que l'air extérieur qui le preffe par fon agitation, s'échappe par les écoutilles qui font le même effet qu'un tuyau de cheminée dans une chambre, & fi on vouloit conduire hors le Navire l'air corrompu, & l'empêcher de fe mêler avec l'air repandu dans les autres parties dudit Navire, il n'y auroit qu'à mettre à l'ouverture des écoutilles une cage garnie de toile, qu'on prolongeroit jufqu'au deffus dudit Navire, en obfervant que l'ouverture placée fur lefdites écoutilles, foit plus grande d'un tiers que l'autre ouverture, qu'on difpofera en oppofition du vent. Il faut auffi que l'ouverture des faborts foit la plus grande qu'il fera poffible; car fi elle étoit trop petite, l'air, quoique le fluide le plus flexible que nous connoiffions, n'entreroit ni en affez grande quantité, ni avec affez de force pour chaffer l'air intérieur. On a d'ailleurs des expérien-ces fans nombre, que l'air pénétre difficilement par des ouvertures trop étroites, à moins qu'une forte impulfion ne le contraigne de paffer, foit parce qu'il fe trouve en équilibre avec l'air intérieur, foit parce qu'il eft adhérent aux ouvertures auxquelles il eft comme colé par l'effet de la pefanteur de toute la maffe d'air fur la furface de la terre. Il feroit donc expédient, pour accelerer l'entrée de l'air extérieur dans le Navire, d'adapter à l'ouverture du fabort un cadre en forme d'entonnoir. Cette précaution contribueroit beaucoup à renforcer l'action du vent. La machine fuivante confirmera cette vérité.

SECONDEMENT.

La Manche.

Les ventoufes ont fait imaginer aux Danois la Manche, qui n'eft autre chofe qu'une ventoufe ingénicufement conçue, pour porter le vent dans toutes les parties d'un Navire, même dans celles qui font plus baffes que le niveau de l'eau, & dans lefquelles l'air extérieur ne fçau-roit entrer par aucune ouverture. La manche eft un tuyau de toile, figuré comme une chauffe à filtrer, ouverte par le bas. Le haut eft attaché à la hune, & eft placé de maniere que le vent entre en droi-ture dans ladite manche. La grande ouverture doit être au moins quatre fois plus grande que celle d'en bas , & toutes deux , ainſi que le reſtant dudit tuyau , doivent avoir des cercles proportionnés à ſa grandeur , pour laiſſer un libre paſſage au vent. On a expérimenté que le vent qui paſſoit par la manche , ne produiſoit point l'effet qu'on en devoit attendre , & qu'au lieu de chaſſer tout l'air renfermé , il paſſoit à travers , comme on voit un torrent en tems d'orage traverſer un étang ſans mêler ſes eaux avec celle des côtes. Je n'examine point ſi ces expériences ſont véritables en tous points , je les admets pour un moment , & je penſe que dès que l'uſage de la manche n'a que cet inconvénient , il eſt aiſé d'y remédier. Il n'y a qu'à parcourir avec le petit bout tout l'eſpace du lieu dont on ſe propoſe de renouveller l'air, il ſera bientôt nettoyé , & ſi on veut s'en convaincre , on ſera ſatisfait de l'épreuve qui ſuit. Faites brûler du foin mouillé au milieu d'une chambre , elle ſera dans peu de tems ſi remplie de fumée qu'elle deviendra inhabitable ; ouvrez une fenêtre , tout de ſuite une portion de la fumée ſortira , & après quelque tems on en ſera très-peu incommodé : mais ſi vous introduiſez une manche & que vous parcouriez la chambre avec le petit bout , vous verrez que dans un inſtant il ne reſtera plus aucune trace de fumée. La même choſe arrivera ſi vous ouvrez une fenêtre en oppoſition d'une autre fenêtre ouverte , un nouvel air chaſſe celui qui étoit renfermé dans la chambre & le remplace. La manche & la nouvelle fenêtre ouverte du côté où le vent ſouffle , produiſent le même effet que de grands ſoufflets ; l'action eſt la même , & plus le vent ſera fort , & plus prompt ſera le renouvellement d'air dans un lieu quelconque.

TROISIEMEMENT.

Soufflets & Pompes.

Les Danois imaginerent la manche pour étendre l'effet des ventouſes & porter un nouvel air juſqu'au fond de cale , & les Suedois ſçurent mettre à profit l'uſage commun des ſoufflets , pour en fabriquer d'aſſez grands , & par le moyen des tuyaux & des ſoupapes , pomper l'air du fond d'un Navire & y en introduire un nouveau. On ne ſçauroit trop louer le zèle de ceux qui ont conſacré leurs talens & leur loiſir à perfectionner ces ſoufflets ſi intéreſſans pour la conſervation des hommes. Il y en a de pluſieurs eſpéces & de pluſieurs grandeurs , & tous ne ſont qu'une répétition du jeu de la pompe aſpirante & foulante , dont on a fait heureuſement l'application à l'air. Quelques grands hommes , (& pourquoi ceux qui ne s'occupent qu'à ſoulager les miſeres attachées à l'humanité , ne meriteroient pas ce titre glorieux , par préference à tant d'autres) ont par un travail affidu & des expériences fans nombre, effayé de fimplifier ces foufflets & d'en augmenter l'action. Mr. Hales a réuffi, & fon nom fe perpétuera autant de tems que durera le mot de ventilateur, c'eft le nom des foufflets qu'il a imaginés, qui répondent à l'idée de perfection qu'on recherchoit. L'embarras des anciens foufflets par leur grandeur, la difficulté de les mettre en mouvement, les réparations continuelles pour les conferver en état, ne fe trouvent plus dans les ventilateurs. Ces derniers font commodes, fimples & d'une petite dépenfe. Les peaux, fi difficiles à conferver & à garantir des rats dans un Navire, n'entrent point dans la mécanique du ventilateur, dont la folidité ne laiffe plus rien à craindre de la maladreffe d'un équipage ordinairement groffier & peu capable de manier avec prudence les machines les plus faciles.

L'emploi que plufieurs Nations font journellement du Ventilateur de Mr. Hales, eft le plus bel éloge qu'on en puiffe faire, par tous les avantages qui en réfultent pour la fanté des équipages. Il eft à défirer pour le bien de la navigation & pour le falut public, que le ventilateur foit regardé à l'avenir comme un meuble effentiel à tout Navire, du moins à ceux armés pour le commerce de Guinée. Mr. Hales en a donné la defcription que Mr. Demarets à traduite en François. Mr. Duhamel dans fon Livre, *Moyens de conferver la fanté des équipages*, en dit affez pour contenter les curieux & mettre les ouvriers en état d'exécuter cette machine.

Mr. Defagulieres a inventé une roue centrifuge, dont les tranfactions philofophiques font mention au n°. 437, par le moyen de laquelle on renouvelle l'air d'une chambre fervant d'infirmerie; mais l'effet n'eft pas affez prompt ni fuffifant pour purger un Navire Négrier de l'infection caufée par la tranfpiration & par les exhalaifons des ordures d'une troupe de 400 Efclaves refferrés dans un efpace trop étroit. Le ventilateur eft néceffaire, non-feulement pour renouveller l'air des lieux que fréquente l'équipage, & qui font fon habitation, mais encore celui du fond de cale qui ne devient que trop fouvent, pour les provifions, les vivres & les denrées, un principe de corruption. Ceci eft d'une plus grande importance qu'on ne penfe, puifque la vie des Matelots eft attachée à la confervation des vivres & à leur bonté, & que la fortune des Armateurs dans les expéditions pour les Ifles Françoifes, dépend d'une vente avantageufe des denrées nationales, en quoi confifte la majeure partie de la cargaifon. On ne fçauroit donc trop prendre de précautions pour purifier l'air du fond de cale, parce qu'il fe repand de-là dans tout le Navire, & que les vivres ne peuvent fe conferver que par ce moyen.

On a fait des expériences pour renouveller l'air de la fentine, en fe fervant du ventilateur, elles ont réuffi. L'odeur infecte qui s'exhale de ce lieu, fait affez connoître la corruption de l'air qui y eft renfermé,

& combien il est dangereux. Le ventilateur peut le renouveller, mais il ne détruira jamais le principe de corruption qui en est inséparable. Voici un moyen plus facile & plus assuré : il faut établir au fond de cale un robinet de bronze, qui porte l'eau de la mer dans la sentine, on en fera entrer une certaine quantité tous les jours qu'on enlevera avec la pompe, & on renouvellera cette opération, jusqu'à ce qu'on ne soit plus incommodé par la mauvaise odeur; on sera pour lors certain qu'il n'y a plus de mauvais air dans la sentine.

QUATRIEME OBSERVATION.

Les vivres nécessaires pour la nourriture des Esclaves Négres embarqués.

Les vivres doivent être en proportion de l'équipage d'un Navire quelconque, relativement à la longueur du voyage. On sçait la quantité qu'il faut de biscuit, de salaisons, de légumes, d'eau, de vin, d'eau-de-vie, &c. Je dis de vin, parce que la bierre, le cidre & autres semblables boissons, sont peu connues à Marseille, où je suppose que les armemens sont faits. Tout Navigant, depuis le Capitaine jusqu'au Matelot, est si bien instruit sur la quantité de vivres nécessaires pour un voyage quelconque, que tout instruction à ce sujet pourroit leur paroître ridicule. L'usage établi sur l'expérience, a été leur maître, & la crainte de se voir exposés au plus grand des malheurs dans une longue traversée, les a empêchés de prendre le change & de se tromper dans le calcul des rations pour un équipage. Je suis persuadé que si jamais il y a erreur sur la quantité, ce sera plutôt en plus qu'en moins. Ils sont trop intéressés à ne pas périr de faim pour se tromper. Je crois donc que tout Navire qui met à la voile, ne manque point de vivres, qu'ils sont même surabondans; mais il ne suffit pas d'avoir fait une ample provision, il faut encore qu'elle soit de bonne qualité, & qu'elle puisse se conserver en bon état. C'est à quoi un habile Capitaine est attentif. L'avarice d'un Armateur, quelquefois la faveur qu'il accorde à quelques Marchands, lui fera préférer des denrées vitiées à d'autres beaucoup meilleures. Si le Capitaine sçait son métier, il ne doit point les recevoir à bord sans les avoir examinées auparavant; son salut & celui de l'équipage dependent très-souvent de cet examen; car si ces denrées commencent à se corrompre, la chaleur du fond de cale & le mauvais air joints ensemble, causeront une nouvelle fermentation, qui changera leur propriété nutritive en destructive. Que de braves gens périssent pour avoir négligé cet examen! La mortalité se repand dans le Navire; on est étonné du ravage subit d'une maladie épidemique; on accuse le changement de climat. Non : vous pourriez prévenir ce malheur, en vous montrant plus rigide dans le choix des alimens. C'est eux qui vous font périr, eux qui étoient destinés à vous conferver la vie. Ils font devenus un principe de mort ; il n'eft plus tems d'y remédier, lorfque vous êtes en pleine mer, & que les aliment fe font corrompus ; car quoique vous reconnoiffiez leur malignité, vous êtes forcés de vous en nourrir & de perpétuer par-là la maladie qu'ils ont caufée. Terrible extrêmité ! On ne fçauroit donc trop donner d'attention pour vérifier les denrées deftinées à la nourriture de l'équi-page, & on ne fçauroit trop prendre de précautions pour les préferver de la corruption. Qu'il me foit permis de reprocher à nos Marins leur négligence fur ce dernier article. Dès que les denrées font embarquées ils croyent n'avoir plus rien à faire, comme fi la confervation de ces mêmes denrées, ne les intéreffoit plus. Je fuis trop ami de l'huma-nité, pour craindre de les offenfer en blâmant leur conduite. Je penfe qu'ils ont peut-être imaginé que cette confervation étoit au-deffus de leurs forces, en quoi ils fe font trompés ; car rien n'eft plus facile. La cor-ruption des alimens provient d'une fermentation qui altere leurs par-ties, & cette fermentation eft occafionnée, ou par l'humidité, ou par la chaleur, ou par l'infection de l'air, & fouvent par ces trois cau-fes réunies. Si donc on peut préferver les denrées qui doivent fervir à la nourriture des équipages, de l'humidité, de la chaleur & de l'in-fection de l'air, on ne rifquera plus de les voir corrompre. Le prin-cipal reméde contre l'humidité, dépend des précautions qu'on doit avoir prifes lors de l'embarquement.

Il n'arrive malheureufement que trop fouvent, que l'appas d'un modique gain, détermine les marchands de légumes à les emmagafi-ner dans des lieux humides ou de les afperfer légèrement d'eau pour en augmenter le poids & le volume, & effacer les rides dont la peau eft couverte, lorfqu'ils n'ont pas été cueillis au véritable point de ma-turité. Cette fraude, trop commune, eft le principe d'une fermentation dont la corruption eft la fuite. Il ne faut pas fe fier aux apparences; & au tact ; on y eft ordinairement trompé. Une fage fûreté exige d'expofer à un foleil ardent, le ris, les légumes & autres femblables, denrées, pour diffiper toute l'humidité qui pourroit y être renfermée. Je ne voudrois pas blâmer la précaution de ceux qui font tremper les légumes dans l'eau bouillante, pour les faire fécher tout de fuite, ou qui les font paffer au four avant de les embarquer. Je n'ignore pas que les légumes perdent par ces opérations une partie du bon goût qu'ils doivent avoir, & qu'ils fe cuifent plus difficilement; mais cette méthode a de grands avantages, elle fait périr les œufs collés fur ces denrées, & qui par la naiffance des infectes, font une feconde caufe de deftruction. Les légumes embarqués, après avoir pris cette précau-tion, n'ont plus befoin que d'être placés à une diftance convenable du fond de cale, & féparés des autres denrées humides par elles-mêmes, comme font les barriques de falaifons. Il y a des Capitaines qui met-tent les légumes dans des jarres, dans l'idée de les conferver plus secs & de les mettre à l'abri de la corruption. Ils font dans l'erreur : les jarres renferment une humidité qui se communique promptement ; la terre est si poreuse, que les vapeurs se filtrent à travers. Cette humidité est suffisante, par le défaut de circulation d'air, pour causer une moisissure qui change la nature des légumes & les pourrit à la fin. On remédiera à la chaleur en faisant usage de la manche, & encore mieux du ventilateur. On corrigera par le même moyen l'infection de l'air, ou plutôt on en empêchera les mauvais effets, en en anéantissant la cause.

Un Navire Négrier doit avoir pris à Marseille les vivres les plus nécessaires pour la nourriture des Esclaves que les Armateurs s'étoient proposés d'acheter ; mais on conçoit bien que la quantité de vivres auroit occupé trop d'espace & auroit été trop dispendieuse, si on n'avoit la ressource d'en acheter en Guinée pour menager cet approvisionnement. Les Esclaves s'en trouveront même mieux, rien n'étant plus dangereux qu'un changement subit de nourriture ; car comme les François sont incommodés en mangeant des fruits de Guinée, de même les Angolois, ou ne prennent qu'avec répugnance quelques uns de nos alimens, ou ils deviennent pour eux une cause de maladie, tant l'habitude a de pouvoir sur le tempérament qu'elle a formé.

Il ne sera donc pas hors de propos de marquer ici l'usage qu'on peut faire des denrées & fruits de Guinée, soit pour la nourriture de l'équipage françois, soit pour maintenir les Esclaves en bonne santé. On a vû qu'un Navire qui va faire la traite, est obligé de demeurer un certain tems en rade pour attendre que la traite soit finie, c'est-à-dire, qu'il y ait assez de marchandises vendues pour avoir le nombre d'Esclaves que le Navire est destiné à embarquer, ou qu'on ait acheté une quantité de poudre d'or équivalente à la valeur de la cargaison, & quoiqu'il soit à désirer qu'on ne fasse passer les Esclaves sur le Navire Négrier que lorsqu'on prévoit qu'il ne tardera pas à mettre à la voile, à cause des inconvéniens qui sont à craindre, il est rare qu'un Capitaine puisse recevoir tous les Esclaves en même tems, & comme il lui en coute moins de les nourrir à bord, que de les faire garder à terre, la raison d'intérêt lui fait préférer de demeurer en rade.

Il y a pour lors deux sortes de provisions à faire dans le pays ; celles dont on use journellement pendant le séjour du Navire, & celles qui doivent servir pendant le voyage.

Le pays abonde en bestiaux, en volailles & en fruits d'un bon goût & d'un prix très-modique. On a déja vû que l'usage d'une monnoie courante en or, argent & autres métaux, y étoit inconnu, & que toutes les marchandises, suivant leur dégré de valeur, étoient estimées par pièces composées de quatre pagnes, & le pagne d'une certaine quantité de coris ou de menue quincaillerie.

Voici

Voici le prix courant des denrées à la côte d'Angola.

Moutons couverts de poil au lieu de laine dont les quatre quartiers pesent environ. . . . . 45 liv.	1 piéce.	
Cabrits les plus gras.	1 idem.	
Cochons pesant environ. . . . 40 liv.	3 pagnes.	
Biches.	3 idem.	
Poules (elles sont petites) les 12. . . .	1 idem.	
Perdrix les 25.	1 idem.	
Grives une corbeille.	1 idem.	

Ces viandes sont une bonne nourriture, & lorsque les moutons, cabrits, &c. se trouvent petits, le prix en est moindre.

La côte est poissonneuse, & les Angolois sont fort habiles à la pêche, de sorte qu'on peut tous les jours faire la provision de poisson frais. Les pêcheurs en portent au Navire la quantité qu'on leur demande, & peu de chose les contente. Quelques couteaux, quelques fils de rassades ou quelques verres d'eau-de-vie, &c. suffisent pour payer 100 liv. pesant de bons poissons. Les canchets sont un manger délicieux à Angola, il est facile d'en regaler les Esclaves, 1200 canchets ne coûtent qu'une piéce, & avec peu de veroterie on en a beaucoup. J'expliquerai ce que c'est que les canchets.

Les herbes y sont à grand marché. Le pourpier, le chou palmiste, les pois verds excellens & autres légumes, se donnent plutôt qu'ils ne se vendent. Une clochete, une cannete de grès, quelques éguilles ou autres bagatelles, sont un équivalent reçu avec reconnoissance par les habitans du pays.

Les fruits ne sont pas plus chers; il ne coûtent presque rien; avec quelques menues quincailles, on se pourvoit abondamment de figues bananes, de goyaves, d'iguames, de patates, d'ananas, de citrons & d'oranges doux & aigres.

Le maïs, le manioc, l'huile de palmier & les œufs sont à vil prix. Il est nécessaire de faire une provision de ces quatre derniers articles, proportionnée au tems qu'on se propose de rester en rade, & au nombre d'Esclaves qui sont embarqués. Les œufs exigent une petite attention de la part de l'Officier préposé aux vivres. Il doit pour les préserver de la corruption ou du dessechement, les faire frotter d'huile, soit d'olive, soit de palmier; c'est une modique dépense. La coque de l'œuf en retenant très-peu, & cependant suffisamment pour boucher les pores, & empêcher le suintement de l'humide ou l'action de l'air extérieur, qui cause, par la fermentation, une corruption dangereuse. On conserve aussi les œufs dans l'eau fraiche; mais cette derniere méthode est impraticable sur un Navire; d'ailleurs elle n'est bonne que

GUINÉE.
Traite des Noirs.

pour deux ou trois jours, & encore altére-t-elle les œufs au point qu'ils n'ont plus le même goût.

Les eaux de la côte d'Angola, font en général jaunatres & mal-faines. Un Capitaine ne doit rien épargner pour s'en procurer de la bonne. La dépenfe ne fera pas perdue, puifqu'il garantira fon équipage de la diarhée que caufent les mauvaifes eaux. Pour la valeur de deux piéces, les Négres Angolois lui porteront à bord vingt barriques d'eau, & pour la même valeur, ils lui fourniront une quantité équivalente de bois.

Je dois faire obferver ici, qu'il feroit dangereux pour l'équipage de l'employer à l'aprovifionnement de l'eau & du bois, & qu'il ne faut jamais laiffer coucher à terre les Matelots, le climat étant pernicieux aux étrangers, principalement depuis le coucher du foleil, jufqu'à fon lever, & depuis neuf heures du matin, jufqu'à trois heures après midi, les exhalaifons qui tombent pendant la nuit, étant mortelles pour les Européens, de même que l'exceffive chaleur du jour. Cette chaleur eft fi violente dans le mois de Décembre, que les poutres fe fendent d'un bout à l'autre, & ne fe réuniffent que le mois fuivant. Une funefte expérience a fait connoître aux François qu'une feule nuit paffée en plein air, laiffe rarement échaper les imprudens qui s'expofent à ce danger. Un Capitaine donc qui veut conferver fon équipage en fanté, n'envoyera fes Matelots à terre que dans un befoin preffant, & il veillera attentivement afin qu'ils foient renfermés de bonne heure & qu'ils ne fortent point pendant la chaleur du jour. Les infectes de plufieurs efpéces, les lezards, les fcorpions, les crocodilles font auffi très-dangereux. Malheur à qui ceffe un inftant de fe tenir fur fes gardes. Les fourmis y font groffes, & en fi grande quantité dans certaines années, qu'elles ravagent toute la campagne, couvrent tout le rivage, & lorfque le vent de terre fouffle avec violence, elles font emportées dans la mer & fe repandent fur la furface de l'eau à plus de fix lieues de la terre.

Les Naturels du pays, foit que leur tempérament différe du nôtre, foit que les alimens ou une longue habitude les ait accoutumés à cet étrange climat, vont de nuit comme de jour fans en reffentir les mêmes effets. Ils craignent cependant d'être mouillés, & l'humidité qui féjourne fur leur corps dans certaines faifons, leur caufe des maladies très-douloureufes & vermiculaires, qui font encore plus cruelles pour les François. C'eft pour toutes ces raifons, qu'il eft de l'intérêt du Capitaine d'employer des Négres pour porter les provifions journalieres & fournir le Navire de l'eau & du bois néceffaires.

PROVISIONS

A faire pour un Navire Négrier en Rade.

Il feroit dangereux, tandis que les Efclaves Négres font encore fur leurs terres, de les fevrer de la nourriture à laquelle ils font accoutumés dès la plus tendre enfance, & qu'ils préférent aux mets les plus délicieux de toute autre pays ; car à l'exception de notre eau-de-vie & de nos liqueurs, pour lefquelles ils ont une paffion démefurée, ils méprifent nos viandes & nos ragouts. Il eft facile de les contenter ; les Armateurs y trouvent auffi un grand avantage par la modicité du prix de toutes fortes de denrées, & qui véritablement font plus faines que nos viandes falées, nos féves ou nos autres légumes. Cette petite confolation calme l'ardeur de leur defefpoir, & les empêche d'être les victimes de cette cruelle mélancolie qui en tue un grand nombre, dès qu'ils perdent l'efpérance de retourner dans leur patrie ; or la vue de leur pays, jointe aux alimens ordinaires dont ils ufoient, leur laiffe encore un refte d'efpoir, qu'un habile Capitaine doit entretenir & augmenter par des manieres douces & compatiffantes. Je penfe que le fon de quelque inftrument feroit un effet admirable pour bannir l'humeur chagrine qui défole cette troupe infortunée. Un air gai infpire la joye & chaffe la trifteffe ; & de tous les inftrumens, nos tambourins me paroiffent les plus propres à divertir un équipage. Nous voyons nos habitans de la campagne tremouffer d'allegreffe au fon de cette mufique champêtre. Pourquoi donc les Négres n'en feroient-ils pas également affectés ? Un fecond avantage eft la facilité de trouver parmi les Matelots Provençaux des gens en état de procurer ce divertiffement, fans que la dépenfe en foit augmentée pour cela. C'eft une attention que doit avoir un Capitaine en faifant fon équipage, de choifir deux ou trois Muficiens de cette efpéce, & d'avoir quelques tambourins & flutets ou galobets de rechange. La chofe eft plus de conféquence qu'elle ne paroît, & la confervation des Efclaves peut dépendre de cette précaution.

On nourrira donc les Efclaves tout le tems que le Navire reftera en rade, avec de la viande, du poiffon, des fruits, des herbes & des légumes frais, & à cet effet, on choifira parmi les Angolois, de bons pourvoyeurs qui porteront les provifions fur le Navire, au moins de deux en deux jours.

PROVISIONS

A faire pour la traverfée de Guinée aux Ifles Françoifes de l'Amérique.

Poivre de Guinée ou maniguete. Les Négres en ufent dans tous leurs ragouts, & l'expérience a fait connoître que cet ufage leur eft falutaire.

Farine de maïs. Cette nourriture eft fort bonne auffi pour l'équipage. Ce légume eft à grand marché; on n'en fera pas furpris, quand on fçaura qu'une terre médiocrement cultivée, produit non-feulement le centuple, mais 300 pour un, de forte que fi les habitans de cette Contrée ne méprifoient l'agriculture comme une occupation baffe & indigne d'un Négre bien élevé, le pays pourroit nourrir dix fois plus d'habitans. La chaffe & la pêche font plus de leur goût. La fainéantife a pour eux des charmes inconcevables.

De fel. On l'a prefque pour rien. Il en faut une bonne provifion; car les Négres en mangent beaucoup, & s'imaginent qu'ils ne font malades, que parce que la nourriture n'a pas été affez falée, le fel étant regardé comme le remede le plus efficace & un préfervatif fouverain contre les maladies.

L'habitude eft une feconde nature; l'ufage immoderé du fel, nous eft pernicieux, & il ne leur fait point de mal. Combien de plantes qui croiffent fur le rivage de la mer, qui périroient ou même ne pourroient point venir dans un terrein qui en feroit éloigné. Les troupeaux de moutons ne fe portent jamais mieux, que dans des pâturages falés, & on eft obligé quelquefois de fupléer au défaut d'herbes falées par des poignées de fel qu'on leur diftribue. Le tempérament des Négres, a fans doute befoin de fel, & nous aurions tort de vouloir que notre regime de vie leur fut plus falutaire. Ceci n'eft point contradictoire avec ce que je prefcris plus bas, qu'il feroit dangereux de trop faler les alimens, lorfqu'on leur fait changer de nourriture, & qu'il eft à propos de modérer l'ufage du fel dans certaines maladies. L'expérience en a fait connoître la néceffité.

De manioc. Les Négres l'aiment, & on auroit tort de les en priver, puifqu'il coûte moins que les vivres de France.

D'huile de palmier. Cette huile entre dans les affaifonnemens, & fert aux Négres pour s'oindre le corps. Cette onction leur eft falutaire, & il feroit dangereux pour leur fanté de les en priver.

Les barrils qui ont fervi à tranfporter l'huile d'olive de Provence font bons à contenir l'huile de palmier, & à défaut, il faut ramaffer les barrils qui contenoient l'eau-de-vie.

Des citrons & oranges. Il faut les choifir verds, afin qu'ils foient de garde ; mais comme les chaleurs font quelquefois fi exceffives qu'ils pourriffent bien-tôt, il faut exprimer le jus laiffer tomber le marc, & en remplir le nombre de barils qui ont fervi pour l'eau-de-vie. La limonade eft une boiffon agréable, & un remede en même-tems pour prefque toutes les maladies qui attaquent un équipage.

Un certain nombre de moutons, de cabrits & de biches, point de cochons & peu de poules. Ces deux derniers caufent trop d'ordures.

Il eft facile de nourrir les moutons ; les cabrits & les biches, & de les entretenir proprement. Il n'en feroit pas de même des cochons & des poules. Le peu que j'ai dit fur la néceffité de refpirer un air fain dans le Navire, doit faire écarter tout ce qui peut en augmenter la corruption.

Il ne me refte plus qu'un mot à dire fur la maniere de nourrir les Efclaves.

Il faut varier la nourriture le plus qu'il fera poffible, & ne jamais donner de fuite deux fois la même foupe. Le changement leur plaît. Un jour de féves, de maïs, de ris, de patates, d'ignames, de gruau, de canchets, &c.

Les canchets font faits avec la farine de manioc pilé dans un mortier de bois avec quelques graines de maniguete qu'on reduit en pâte. On fait enfuite avec ladite pâte de petits pains de la groffeur & de la forme d'un jeu de cartes qu'on enveloppe avec des feuilles de bananier, & qu'on laiffe bouillir trois à quatre bouillons. On peut les manger tout de fuite, & ces pains peuvent fe conferver huit jours, fi on a la précaution de les placer dans un lieu fec & où l'air circule. Six de ces pains fuffifent pour le repas d'un Efclave.

Qu'on n'oublie jamais d'affaifonner les légumes, le ris, &c. avec la maniguete & l'huile de palmier, & quoique le goût des Négres foit décidé pour le fel, il ne faut pas trop faler dans le commencement, parce que la plupart font éprouvés par le cours de ventre que cette nouvelle maniere de vivre & les inquiétudes qui les dévorent nuit & jour occafionnent ordinairement, & qui fe changeroit en diffenterie. Quand une fois les Efclaves font accoutumés à ce régime de vie, il ne faut plus tant menager le fel. On dit qu'on a heureufement expérimenté que l'eau ferrée étoit un bon reméde pour guérir la diffenterie. Le reméde eft fi facile, qu'un Capitaine feroit très-blamable s'il négligeoit d'en faire ufage. La ration d'eau eft d'une pinte par jour pour chaque homme, bien entendu qu'il eft en fanté, car les malades font une exception à la régle.

A fix heures du matin, on fera manger un morceau à tous les Efclaves, & on leur donnera un verre d'eau-de-vie. A la vûe de cette liqueur, la joie paroit dans tous les yeux. Le Chirurgien doit pour lors faire fa vifite, en les faifant tous paffer en revûe devant lui, pour découvrir s'il y en a quelqu'un de malade, ce qu'il ignoreroit autrement, la plupart ne se plaignant jamais, & préferant plutôt de mourir que de faire connoître qu'ils souffrent. Les enfans, s'il y en a parmi les Esclaves, doivent être privés de l'eau-de-vie, elle leur fait mal ; ils ne sont pas assez robustes pour une si violente boisson. Cependant, comme ce chagrin pourroit trop les affecter, on pourroit verser un dixieme d'eau-de-vie dans l'eau qu'on leur destineroit.

A neuf heures on distribuera le premier repas, & à quatre heures du soir le second. La santé de cette troupe infortunée, interesse trop le Capitaine pour la négliger. Il doit employer tous les moyens praticables pour l'entretenir, afin de ne perdre aucun Esclave dans la traversée, & rien ne contribuera mieux à produire cet effet, qu'une bonne nourriture & quelque regal extraordinaire de tems à autre. On pourroit fixer ce regal à deux fois par semaine, aux jours destinés à permettre aux Esclaves de se laver, se rocouer, & s'oindre le corps d'huile de palmier, à nettoyer l'entrepont & en purifier l'air & le renouveller.

L'eau est la provision qui semble exiger le moins de soins, & qui en a le plus besoin. Sans eau, toutes les autres provisions deviennent inutiles, & dans le vrai l'eau est la plus nécessaire pour la conservation de la vie. Il ne seroit pas même possible de vivre long-tems sans le secours de l'eau. C'est une vérité que personne n'ignore : mais peu de personnes sçavent comment s'y prendre pour la conserver. Il ne suffit pas de faire une abondante provision d'eau pour une cargaison, si on néglige de la choisir de bonne qualité ; car toute eau n'est pas potable, & il s'en trouve qui sont mortelles. Quelques observations sur un sujet si important pour la santé des équipages, ne seront pas hors de place. L'eau de la mer est salée & amere ; on a réussi, après avoir fait bien des épreuves, à la dessaler ; mais on n'a pû réussir à lui faire perdre son amertume, qui réside dans le bitume dont elle est impregnée, & dont on n'a pû encore la dépouiller. La chose n'est pas cependant absolument impossible, puisque l'eau de pluye, qui est très-salutaire lorsqu'elle sert de boisson, n'est que l'eau de la mer élevée en vapeurs, qui par leur réunion devenues trop pesantes, se précipitent & tombent en pluye. Si donc l'eau de la mer élevée en vapeurs perd cette amertume en traversant un certain espace d'air, par le mêlange qui doit se faire du bitume repandu dans cet eau avec divers sels & divers souphres qui voltigent dans l'air & qui corrigent le vice de cette amertume insupportable, pourquoi ne pourra-t-on pas, à force de multiplier les expériences, trouver le point nécessaire pour produire le même effet ? Je ne pense pas comme un Philosophe très-estimable, que l'eau de la mer n'est pas potable, peut-être, pour mettre un frein à la fureur & à la cupidité des hommes. Son *peut-être* est ce que je trouve de plus solide dans cette observation ; car je ne vois pas que le secret de dessaler l'eau de la mer rendît les hommes plus méchans qu'ils ne sont, ni qu'ils fissent plus de voyages dans le nouveau monde.

J'eſtime que ce ſeroit un grand bien pour l'humanité. En effet combien de miſerables ont perdu la vie pour avoir manqué d'eau ; ce ne ſera jamais cependant la crainte de mourir de ſoif qui retiendra les Corſaires de Barbarie tranquilles dans leurs ports. Si un ſecret avoit dû être caché aux hommes, c'eſt l'invention de la poudre à canon ; celui de rendre l'eau de la mer potable, ne peut qu'être très-utile, & j'eſpere qu'on le découvrira.

Des Anglois ont crû avoir fait cette heureuſe découverte ; ils méritent notre reconnoiſſance & nos éloges, pour s'être appliqués à procurer un ſi grand bien à l'humanité ; mais les méthodes qu'ils nous ont données ſont preſque impraticables ſur un Navire. Il faut une abondante proviſion de chaux, de craye, de diverſes eſpéces de charbon, de pierres infernales, &c. proportionner les quantités de toutes ces drogues, les broyer fortement dans l'eau qu'il faut diſtiler. On prendroit cette peine, & on ne murmureroit point contre la dépenſe, ſi l'eau en devenoit véritablement potable. Il eſt difficile, comme on voit, d'avoir les matieres néceſſaires pour réuſſir, & la réuſſite même, outre qu'elle eſt diſpendieuſe & embarraſſante, ne pourroit pas fournir la quantité d'eau dont l'équipage a beſoin. Il faut eſperer que les amis de l'humanité, ne ſe rebuteront pas, qu'ils continueront leurs louables travaux, pour réuſſir à calmer l'inquiétude de nos marins. Cet heureux moment puiſſe-t-il arriver bientôt. Le célébre Doĉteur Etienne Halles, mort en 1761, âgé de 83 ans, a crû avoir trouvé ce ſecret admirable, & l'Angleterre pour manifeſter à tout l'Univers ſa reconnoiſſance pour un ſi grand bienfait, lui a erigé à Weſtminſter un ſuperbe moſolée parmi les tombeaux de ſes Rois. Son zèle pour ſoulager les miſeres de l'homme, mérite cette diſtinĉtion honorable. Voici ſa méthode : Prenez une once de poudre à canon pulveriſée, mêlez-la dans quatre pintes d'eau de mer, & diſtilez-la ; les deux premieres pintes de cette eau, ſeront potables. Je ſouhaiterois bien que la choſe fût ainſi ; mais je plaindrois bien un Equipage qui ſeroit réduit à une pareille boiſſon. Cette eau eſt moins mauvaiſe qu'elle n'étoit ; c'eſt toujours beaucoup, juſqu'à ce qu'on en trouve de meilleure ; mais elle n'eſt pas encore potable. Si cependant il falloit ajouter foi à toutes les rélations qu'on ne ceſſe de publier ſur la réuſſite du deſſalement de l'eau de la mer ; ce ſeroit bien mal-à-propos que nos marins ſeroient encore en peine. Je ne ferai que les fonĉtions d'Hiſtorien d'une de ces rélations inſerée dans les Annonces de Marſeille (N°. 9 1764.).

Il y a deux ou trois ans (y eſt-il dit) que le Pere Peʒenas reçut d'Angleterre, la découverte ſi déſirée, de rendre l'eau de la mer potable. Elle fut faite par un Capitaine de Vaiſſeau Marchand. Se trouvant ſur les hauteurs du Nord à une grande diſtance des côtes, ſa proviſion d'eau vint à manquer ; il avoit lû une brochure où l'Auteur ſe flattoit d'avoir le ſecret de rendre l'eau de mer potable, & qu'avec une buche il ſeroit

en état d'abreuver un équipage : il imagine que ce devoit être la cendre
de ce morceau de bois qui opérât cette merveille. Il construisit quelques
alambics de cette maniere : il appliqua deux grands pots de terre l'un
contre l'autre par leur embouchure ; perça le fond du pot supérieur qui
servoit de chapiteau, y adapta un tuyau courbe, dont il joignit l'extrémité inférieure à un autre pot. Il remplit d'eau de mer le pot inférieur,
qui faisoit la fonction de cucurbite, & y versa quelques cueillerées de
cendre de son foyer, il obtint par une douce distilation, une eau dessalée
& sans amertume, dont il abreuva d'abord des poules & d'autres animaux qui étoient sur le bord : en ayant bû ensuite lui-même sans en éprouver aucun fâcheux inconvénient, il se crut autorisé à en faire part à son
équipage, qu'il entretint par ce moyen, sans lezer leur santé, durant une
vingtaine de jours que dura encore leur navigation. Le Pere Pezenas com-
muniqua cette importante découverte à un Citoyen de cette Ville, qui se
hâta d'en faire l'essai dans le laboratoire du sieur Collé, Me. Apoticaire
& très-habile Chimiste. Le succès fut parfait : plusieurs Marins qui bûrent
de cette eau distillée par ce procedé, assurerent qu'ils se croiroient fort
heureux d'en boire d'aussi bonne tout le tems de leur navigation. On fit
plusieurs essais, & on trouva qu'une cueillerée de cendres suffisoit par pot
d'eau de mer. On ne doit en tirer chaque fois que les deux tiers de l'eau
contenue dans la cucurbite. On calcula ensuite qu'avec une provision de
trois à quatre quintaux de charbon de terre, & d'un demi sac de cendres
communes, on pourroit fournir par cette opération, de l'eau à boire à
un équipage, durant la traversée d'ici à l'Amérique. On peut employer
pour cet effet deux ou trois alambics à la fois ; il faudroit les placer vers
la partie inférieure du grand mât, où le roulis du Vaisseau se fait le
moins sentir. A la place des cendres, on pourroit encore employer le sel
des cendres, tiré par la lessive ordinaire ; il suffiroit d'en mettre une petite
cueillerée à caffé, par pot d'eau de mer.

J'ajouterai la théorie de ce procedé pour faire plaisir aux Physiciens.
Le sel des cendres étant de nature alkaline, absorbe l'acide marin, qui
est si volatil par lui-même & s'allie aussi avec la substance bitumineuse
qui rend l'eau de mer si amere : par cette double union il se forme un
sel neutre savoneux, qui étant très-fixe, reste au fond de l'alambic ; pour
le sel marin il est incapable de s'élever.

Il faut espérer que nous ne tarderons pas à jouir du fruit de tant
de recherches qu'on fait aujourd'hui (en 1763) pour découvrir ce secret. On publie même de tous côtés que Mr. Poissonier a enfin réussi
à dessaler l'eau de la mer, & à lui faire perdre son amertume. L'expérience fera connoître si on ne nous a pas flatés d'une fausse joye.
Il faut pour que le dessalement de l'eau de la mer soit utile à notre
navigation, que l'opération soit facile, qu'elle ne soit pas dispendieuse,
& que l'eau de la mer, rendue potable, puisse se conserver bonne à
boire pendant du moins quelque tems. C'est ce que Mr. de Souvigni
assure

affure avoir trouvé, après je ne fçais combien d'épreuves qu'il a faites pour rendre cette découverte certaine. Il a fait annoncer au public que non-feulement il deffaloit l'eau de la mer fans feu, prefque fans frais & fans foins, & lui faifoit perdre fon amertume ; mais encore qu'il avoit un fecret pour conferver l'eau qu'on embarque , & la préferver de toute corruption. Un feul de ces deux bienfaits fuffiroit à nos marins. Pourquoi les priver d'un avantage après lequel nous foupirons depuis un fi long-tems ? Je déclare que fi j'étois affez heureux de poffé-der un fi grand bien, je me croirois coupable envers la fociété, fi je ne le manifeftois tout de fuite. Voici de nouvelles découvertes faites préfentement (en Février 1764.) Peut-être qu'après avoir annoncé tant de fois au public qu'on avoit trouvé le moyen de deffaler l'eau de la mer, & de la rendre potable, l'effet fuivra la promeffe. Il y a trop long-tems qu'on nous promet ce grand bienfait, & nous ne le poffédons encore que par l'efpérance. Les papiers publics font mention des expériences faites par le fieur Deficourt, & font entendre que la réuffite eft certaine. Perfonne ne le fouhaite plus fincérement que moi ; mais qu'il me foit permis de témoigner ma furprife fur tant d'annonces fi fouvent renouvellées, & auffi fouvent oubliées. Quoi ! trouver le fecret de deffaler l'eau de la mer, & en faire un myftère à tant de malheureux qui périffent & périront pour n'avoir pu en profiter. C'eft une cruauté que l'humanité abhorre, & que la plus fordide avarice ne pourra jamais faire excufer. J'ai loué le zele de tous les bons Citoyens qui travaillent au deffalement de l'eau de la mer, ils méritent nos louanges ; mais s'ils gardent le filence, après avoir réuffi, ils font indignes de participer aux avantages de la fociété. De la maniere dont on parle des épreuves faites par ledit fieur Deficourt, il femble que nous ne tarderons pas à jouir du fruit de fes travaux. On dit & on affure même que Mr. le Comte de Rafilly, Commandant de la Marine à Breft, qui a affifté auxdites épreuves, en a fait dreffer un procès verbal, par lequel il confte que le deffalement de l'eau de la mer, eft l'affaire d'un inftant, & que tous ceux qui ont bu de cette eau deffalée, l'ont trouvée douce, claire, fraiche, fans amertume & fans aucun autre mauvais goût. Ce deffalement fe fait fans feu, par l'injection dans l'eau d'une petite quantité d'une drogue d'un petit volume & fi commune que la pinte d'eau deffalée ne reviendra qu'à quatre deniers. L'effet de cette drogue eft de précipiter le fel, d'abforber l'amertume, de clarifier & de rafraichir. Plus on débite de merveilles des opérations du fieur Deficourt, & plus le genre-humain eft intéreffé qu'on ne lui en faffe plus un fecret. On ne difpute pas des faits ; s'il y a un procès verbal en regle de toutes les épreuves faites, de quelque maniere que la drogue mêlée dans l'eau falée opere, dès qu'elle eft potable, il n'y a plus rien à dire, & fi cela eft, nos Navires ne feront plus embarraffés d'un fi grand nombre de barriques. Que de marchandifes vont les remplacer ! cette découverte est trop belle. En en attendant la publication, je dirai ce qu'ils convient que nos Marins sçachent relativement à l'aprovisionnement d'eau d'un Navire.

Il n'y a que l'eau douce qui soit potable ; mais toutes les eaux douces ne sont pas également bonnes, parce que l'eau prend ordinairement le goût, l'odeur & la qualité du sol qu'elle lave, & si ce sol renferme des parties arcenicales, vitrioliques, limoneuses, &c. l'eau acquiert par-là un vice très-pernicieux pour la santé. Je ne sçaurois trop blâmer l'indifférence de nos Marins dans le choix qu'ils font de leur eau. Je me trompe en disant le choix, il n'en font aucun. Dès que l'eau ne leur paroît pas entierement mauvaise, si elle est plus à portée du Navire qu'une autre eau meilleure qui seroit plus éloignée, on fait la provision de la prémiere, sans prévoir les tristes suites de cette boisson. Un peu de reflexion les rendroit plus soigneux de leur santé, qui dépend très-souvent de l'usage d'une eau bonne ou mauvaise.

L'eau la meilleure est celle qui est claire, legere, sans odeur & sans goût. Celles des rivieres est préférable à celle des fontaines, & cette derniere à celle des puits & des étangs, bien entendu que les rivieres rouleront leurs eaux sur un terrein sabloneux, ou qui n'a point de mauvaise qualité.

Nous blâmons avec raison ceux qui négligent de choisir pour leur boisson une eau saine ; mais ce choix est d'une bien plus grande conséquence dans l'aprovisionnement des Navires, parce que le plus leger principe de corruption que renferme l'eau d'un Navire, croîtra excessivement par son long séjour dans les barriques. On ne sçauroit donc prendre trop de précautions pour embarquer une eau pure ; car si la meilleure dans une longue traversée, surtout pendant les chaleurs, fermente & se corrompt à un point d'être entierement remplie de petits vers qui rendent cette boisson si dégoûtante, que l'homme tourmenté de la soif le plus ardente hésite quelquefois s'il ne préférera pas la mort à une boisson si rebutante & si désagréable, à combien plus forte raison une eau limoneuse & mal saine, sera-t-elle sujette à cette fermentation ? Il est à propos cependant de prévenir les Capitaines, que si l'eau qui a été embarquée étoit de bonne qualité, ils ne doivent point craindre qu'elle ne soit plus potable, parce qu'elle aura souffert cette fermentation, je veux les tranquiliser : c'est ordinairement sous la ligne que l'eau la plus pure dont les Navires sont aprovisionnés, éprouve cette singuliere putrefaction. L'eau commence par devenir roussâtre ; deux jours après elle est toute verdâtre ; & peu après, elle paroît rouge, & repand une odeur fœtide & insupportable. On ne tarde pas à distinguer une multitude prodigieuse de petits vers qui périssent dans l'espace de trois jours. Il faut huit jours pour que cette pourriture se précipite au fonds des barriques, après lesquels l'eau redevient dans son prémier état, & ne conserve aucun mauvais goût, ni aucune mauvaife odeur. Si donc toute l'eau d'un Navire avoit fermenté dans le même tems, & qu'il y eut néceffité d'en faire boire à l'équipage, il faut la faire bouillir, & la filtrer quand elle eft froide dans une chauffe d'une toile ferrée, elle ne rebutera pas, & fon goût, quoique mauvais, fera fuportable dans cette extrême néceffité. Mr. Moreau croit avoir trouvé le fecret de conferver l'eau dans les Navires. Il en a informé le public; mais à mon avis le meilleur des fecrets, eft de l'embarquer bonne, d'avoir des futailles propres & bien conditionnées, & d'avoir foin qu'elles foient exactement remplies.

Il y a un moyen fimple de faire périr cette multitude de vers dont l'eau eft remplie, lorfqu'on eft néceffité d'en boire dans le tems de la fermentation, & qu'on manque de feu pour la faire bouillir. Il faut dans cette extrêmité remplir quelques bouteilles de cette eau, & introduire une livre de mercure dans chaque bouteille, les bien remuer en tout fens, & paffer enfuite l'eau dans une chauffe, ou la faire filtrer à travers des éponges, ou fur du fable. Si elle n'eft pas encore bien bonne, elle en fera du moins plus potable. J'ai dit que l'eau de pluye étoit très-falutaire pour fervir de boiffon, j'entends celle qui eft recueillie dans des vafes propres; car pour celle qui tombe des toits, elle doit recevoir une impreffion étrangere par les matieres qu'elle lave, capable d'altérer fa bonne qualité. Je ne fçaurois approuver le raifonnement de Mr. Ballexferd fur l'eau de pluye. Ce digne Citoyen, je ne dis pas de Geneve, mais de toute ville qui chérit l'humanité, avance dans fon éducation phyfique des enfans, » que l'eau de pluye n'eft pas » trop bonne à boire, parce que c'eft une efpéce de leffive des fels » qui voltigent dans l'atmofphere. » C'eft précifement ce qui conftitue fa bonté, & qui la rend falutaire; car l'eau qui manque de ces fels effentiels pour la confervation de l'homme, ne fçauroit être qu'une boiffon nuifible. Il auroit fallu prouver que les fels de l'atmofphere font un principe de mort pour l'homme, pour en conclurre que l'eau qui feroit imprégnée de pareils fels, devint par cela feul dangereufe. Je penfe bien autrement, & je crois que les fels dont il eft ici queftion, & dont ce célébre Auteur veut que la pluye foit la leffive, font les principes de toute végétation, fans en excepter celle des corps humains, & que fi d'autres fels plus groffiers ne caufoient notre deftruction, l'homme ignoreroit jufqu'au nom d'infirmité. L'air par la même raifon devroit être mauvais, cependant il n'eft falutaire & vivifiant, qu'autant que dégagé des fels terreftres, il ne charie dans nos poumons que les feuls fels de l'atmofphere. » Bien loin donc que la pluye paf- » fant par les pores de la terre, s'y filtre & fe débarraffe des corps » héterogenes qu'elle contenoit, & en devienne par là meilleure à boire, » en paroiffant en forme de riviere ou de fontaine, elle ne peut en lavant les terres que perdre de ce qui conftitue fa bonne qualité, & s'impreguer des fels terreftres dont les moins mauvais ne feront jamais bons. Je rapporte ici avec plaifir la méthode que le même Auteur propofe pour reconnoître quelle eft la meilleure de plufieurs eaux. Détrempez de cendre de bois neuf dans un vafe, laiffez tomber le fédiment au fond, après quoi verfez une égale quantité de cette leffive dans plufieurs verres que vous remplirez de différentes eaux que vous voulez éprouver; l'eau qui fera la plus troublée fera la plus mauvaife, & elle fera d'autant meilleure qu'elle reftera plus claire: l'expérience eft facile à faire. Je laiffe aux Phyficiens la gloire d'en donner la raifon.

Je finis par une obfervation fur une fingularité naturelle; mais qui pourroit effrayer ceux qui en ignorent la caufe. Il arrive quelquefois que l'eau dans le fort de fa fermentation devient inflammable, comme l'eau-de-vie. Cette inflammation eft occafionnée par l'huile qui furnage dans l'inftant de la pourriture de tous ces petits vers, & l'inflammation ne peut arriver que fur la furface de l'eau, à caufe du peu d'abondance de cette huile qui ne tarde pas à être diffipée.

Je n'ajoute plus rien. J'ai fait de mon mieux pour être utile à mes Concitoyens. Je m'étois propofé de faire quelques obfervations fur le Commerce de l'Amérique, & je m'apperçois que j'ai fait un Livre. La Traite des Noirs a exigé que je parlaffe de l'efclavage de cette race infortunée, que mon cœur voudroit rendre libre. Si mes Lecteurs font fatisfaits, je le ferai auffi. C'eft leur fatisfaction que j'ai eu en vue, la mienne y eft renfermée.

J'ai parlé à diverfes reprifes des fyftêmes de Mr. de Voltaire, & j'ai promis de refuter celui de la pluralité d'efpéces d'hommes qu'il ne ceffe de publier prefque dans tous fes écrits; je veux tenir parole.

LES HOMMES

DE

M. DE VOLTAIRE,

O U

L'Oracle des nouveaux Philosophes contre l'ancienne croyance de la création de l'homme.

E syftême de Mr. de Voltaire fur l'origine des hommes, n'a d'autre mérite que la célébrité de fon Auteur, & une téméraire fingularité; il renferme tant d'abfurdités contre les véritables notions qu'une faine Phyfique ne laiffe ignorer à aucun de ceux qui examinent attentivement le renouvellement des êtres, chacun fuivant fon efpéce, que l'expofition fimple d'un pareil fyftême, en eft la refutation. En effet, que peut-on repondre à un homme qui croit que les hommes fe trouvent par-tout de la même maniere que les mouches & les autres infectes? Il faudroit faire un éclat de rire pour toute reponfe; mais fi on confulte la religion & le refpect que les divines écritures impriment fur toute ame qui cherche la vérité & qui fçait refléchir, l'étonnement fe change en indignation fur une fi ridicule abfurdité. Mr. de Voltaire ne manquera pas de jetter les hauts cris fur le mot abfurdité, & accufera de fanatifme tous ceux qui oferont parler de lui fi hardiment. Heureufement que les injures qu'il ne veut pas qu'on lui dife, & qu'il repand trop libéralement contre tous ceux qui ne peuvent pas penfer comme lui, font aujourd'hui appreciées à leur jufte valeur. Je déclare ici publiquement que je ne cherche point à le tourner en ridicule, je voudrois au contraire pouvoir fupprimer bien des termes qu'il employe mal-à-propos, & bien volontairement, & dont par cette feule raifon je ferai obligé, malgré l'envie que j'ai de le menager, de faire ufage, quoique je ne

Les Hommes de M. de Voltaire. puiffe pas fuppofer qu'il en ignore toute la force. Ce préambule paroî-troit plus que déplacé, fi je ne prévenois mes Lecteurs que Mr. de Voltaire dit ce qu'il veut ; que les injures qu'il dit font felon lui des vérités importantes, & néceffaires pour l'inftruction du public, & que les vérités qu'on veut lui dire deviennent des calomnies atroces. Il avance des faits, qu'il fait imprimer ; & fi on lui en démontre la fauffeté, il s'imagine s'être juftifié pleinement en donnant pour toute reponfe un démenti formel ; il faut qu'un Philofophe foit plus poli, qu'il reponde aux demandes qu'on lui fait, & ne pas nier le foir, ce qu'il affirme le matin. Je le prie encore une fois de ne point fe fâcher ; car il faut bien que je lui expofe les irrégularités de fa conduite, pour qu'il puiffe fe corriger, ou que je le convainque à la face de l'univers qu'il eft incorrigible, s'il s'obftine à ne pas avouer fes torts. Je le prie de vouloir m'écouter un petit moment, & reponde aux queftions que je me crois obligé de lui faire. C'eft pour la troifieme fois que j'ai l'honneur de m'entretenir avec lui ; il le trouvera peut-être étrange, ayant pu lui dire une fois pour toutes tout ce qui me faifoit quelque peine dans fes écrits, & que je fouhaiterois qu'il en rayât pour fa propre gloire & le bien de la fociété. Cette reflexion feroit en place, fi ces fingularités étoient en petit nombre ; mais il eft peu de points d'hiftoire ou de vérités de la religion, qu'il n'ait ou défigurés ou contredits, & même attaqués ouvertement. Il ne m'étoit donc pas poffible de lui dire en paffant tout ce qui me choque, & qu'il n'a publié qu'après un travail de plufieurs années. Je laiffe à d'autres le foin de venger la religion qu'il a fi maltraitée, & de relever fes autres écarts. Je fuis perfuadé qu'ils s'en acquitteront mieux que mes talens & mon loifir ne me permettent de faire. Il a même déja paru quelques ouvrages qui manifeftent fi évidemment fa mauvaife foi, qu'il auroit dû en confcience & en honneur y reponde mieux qu'il n'a fait ; car quand on lui oppofe des raifons & des faits, il y a plus que de la préfomption de s'imaginer qu'en criant au libelle, à la calomnie, à l'ignorance, tout eft dit. De bonne foi, croit-il pouvoir duper ainfi des hommes qui penfent ? Non, il ne le croit pas. Il n'ignore pas qu'à des raifons, il faut des raifons contraires, & qu'à des faits, il faut auffi d'autres faits contraires. De plus, quand on s'eft trompé en rapportant un fait, ou qu'imprudemment on a avancé une fauffeté, il ne fuffit pas de le nier, il eft plus fage de fe retracter, parce qu'il eft vifible qu'on fera convaincu de nier ce qui eft évident, & pour lors, quelle idée aura-t-on d'un tel Ecrivain, & de quel nom ne doit-il pas craindre qu'on l'appelle ? Je n'examinerai avec Mr. de Voltaire qu'une feule queftion, fi tous les hommes viennent d'un feul, comme nous en fommes perfuadés & convaincus par la religion & par la raifon, ou fi les hommes femblables aux mouches & à la mouffe, fe trouvent naturellement dans différens climats. La queftion eft curieufe & intéreffe effen-

tiellement tout homme de bon sens, qui prise assez la dignité de son LES HOMMES
existance, pour désirer de connoître ses prémiers ancêtres & quel pays *de M. de Voltaire.*
ils ont commencé d'habiter ; quel est leur ancienneté , quels droits
ils lui ont transmis , & quels sont ses devoirs envers tous les autres
hommes.

L'examen de toutes ces questions , quelque nécessaire qu'il me paroisse , me meneroit trop loin. Je ne serai que trop long, en exposant
simplement son sistême , auquel je joindrai quelques observations. C'est
l'unique raison qui me force à l'importuner encore , & à le prier de
m'écouter une demi-heure. Mr. de Voltaire ne sçait pas qui lui demande cette audience ; il y auroit donc de l'impolitesse à la lui refuser ,
d'autant mieux que cet inconnu ne le méprise point , qu'il ne sera jamais son ennemi, & que rempli d'égards pour sa personne, il n'en
veut qu'à ses erreurs. Il ose se flatter qu'il ne sera jamais compris dans
sa plainte contre ceux qui n'approuvent pas sa doctrine, lorsqu'il dit
page 453 : « Ce sont des hommes qu'on ne peut regarder que comme
» les ennemis de la société, ils ont accusé le Peintre de cet immense
» tableau , d'avoir peint les crimes, & sur-tout les crimes de Religion ,
» avec des couleurs trop sombres, d'avoir rendu le fanatisme exécrable
» & la superstition ridicule, &c. » L'accusation qu'on vous fait, (permettez-moi de vous adresser la parole pour être plus court) n'est que
trop fondée, & la crainte que vous supposez dans vos accusateurs, est
sans fondement, & par là ridicule. Vous continuez vos plaintes, & vous re-
doublez vos menaces dans votre Lettre du 4 Février 1762 à Mr. Dalem-
bert contre qui hesite à vous croire sur votre parole.

» Il me semble que si quelques pedans ont attaqué en France la
» philosophie, ils ne s'en sont pas bien trouvés , &c. »

C'est-à-dire, que parce que je juge votre sistême insoutenable & contraire à la vérité, je deviendrai pedant & je m'en trouverai mal. Je
vous déclare que je déteste le pédantisme ; que j'ai une espéce d'aver-
sion pour les pedans ; que je haïs les disputes frivoles , & que je ne
suis partisan que de la vérité ; que mes occupations sont dûes au public,
& que mon unique ambition est de pouvoir lui être utile. Je vous dirai
même en confidence , que je pense que si javois le loisir de démontrer
le faux de cette philosophie telle que vous l'entendez & que vous exal-
tez si fort, je rendrois un grand service à ma patrie. Bien loin donc
de croire que je serois pedant en renversant vos sistêmes , aussi nouveaux que singuliers, je voudrois par-là devenir votre ami. En effet ,
où est le pédantisme , de vous représenter que vous êtes dans l'erreur
& de vous démontrer que vous l'avez enseignée ? Un pédant blâme ou
loue sans discernement, & je ne ferai ni l'un ni l'autre ; je ne crains
donc point ce reproche de votre part. Je ne crains pas non plus les
menaces foudroyantes de votre Apologiste de Mahis. J'ai peine à croire
que vous soyiez satisfait de votre éloge & je soupçonne que vous y trou-

LES HOMMES
de M. de Voltaire.
verez le pédantifme que vous imputez injuftement à tous ceux qui im-
prouvent & blâment votre façon de penfer. Je vous en fais juge.

> *Mais quel fouffle empefté, quel funefte nuage,*
> *S'efforce d'obfcurcir cette brillante image?*
> *Mille obliques ferpens fiflent dans les marais,*
> *L'impure calomnie excite les allarmes,*
> *Le crédule dévot prend auffi-tôt les armes,*
> *Et le Zoïle obfcur éguife tous fes traits;*
> *Rentrez, filles d'enfer, haine, fureur, envie,*
> *Dans les fombres cachots que creuferent vos mains,*
> *Et ceffez de ternir le mérite & la vie*
> *De celui dont la voix enfeigne les humains.*

Tous ces grands mots, montés fur des échalles, ne m'épouvantent pas. Je n'ai point de haine, je ne connois point la fureur, & je détefte l'envie. J'eftime votre mérite, je vous fouhaite une longue & heureufe vie, & avec tout cela, je ne vous crois pas la voix propre pour l'enfeignement des humains. Ma franchife doit vous plaire & devroit me mettre à l'abri de la foudre que votre Apologifte lance de tous côtés. Après tout, je n'ai qu'un mot à dire. Je crains Dieu, cher Voltaire, & n'ai point d'autre crainte.

Vous avez affirmé, dans je ne fçai combien d'endroits de vos ouvrages, qu'il y a des efpéces d'hommes différentes les unes des autres, & cependant vous vous fâchez tout de bon lorfqu'on vous le dit; ce n'eft pas bien. Eft-ce que vous ne voulez pas qu'on croie ce que vous écrivez? Pourquoi donc faites-vous imprimer? Vous vous flattez trop : pour vous convaincre que vous avez tort, je vous mettrai fous les yeux avec une fidélité fcrupuleufe vos propres expreffions, & j'efpére que votre bonne foi vous fera défavouer ce que vous dites dans le huitiéme tome de votre effai fur l'Hiftoire, pag. 396.

DES DIFFERENTES ESPECES D'HOMMES.

Seconde fauffeté du libellifte, & témoignage de fon ignorance.

» Mr. de Voltaire, dit-il, tome 3 de l'Hiftoire Générale page 193, »dit que la nature humaine dont le fond eft par-tout le même, a établi »les mêmes reffemblances entre tous les hommes; & page 6 du même »volume, il dit qu'il y a des peuples, des hommes d'une efpéce par- »ticuliere, qui ne paroiffent rien tenir de leurs voifins. Théologien »obfcur, vous dites des menfonges; Mr. de Voltaire en parlant de
certaines

»certaines différences qui se trouvent entre les peuples du Japon &
»nous, tome 3 de l'Histoire Générale page 193, dit, la nature humaine
»dont le fond est par-tout le même, a établi d'autres ressemblances en-
»tre ces peuples & nous........ Et dans le second endroit pag. 6 du
»même vol., il est probable que les pigmées méridionaux ont peri, &
»que leurs voisins les ont détruits; plusieurs espéces d'hommes ont pû
»ainsi disparoître de la face de la terre, comme plusieurs espéces d'ani-
»maux; les Lapons ne paroissent point tenir leurs voisins &c.

»On voit qu'il n'y a presque pas un mot dans ces deux passages qui
»soit dans ceux cités par le libelliste. Mais quand Mr. de Voltaire au-
»roit avancé que le fonds de la nature humaine est par-tout le même,
»& qu'il y a des espéces différentes, il n'y a qu'un ignorant qui put
»trouver de la contradiction dans cette proposition & qui ne sçache
»pas que le fonds de la nature est le même pour tous les êtres. Si
»l'Auteur doute qu'avec le même fonds il puisse y avoir des espéces
»différentes, on le renvoie à son propre témoignage. Il peut juger s'il
»existe entre Mr. de Voltaire & lui d'autres rapports que ce fonds de
»la nature humaine.

Cette réponse ne fera jamais honneur au grand Voltaire. Que d'injures, où il falloit des raisons! Un cosmopolitain, le partisan universel
de l'humanité, (ou plutôt qui veut le paroître) outrage de gayeté de
cœur un homme son semblable, parce qu'il ne pense pas comme lui;
les termes de fausseté, de libelliste, d'ignorant, de Théologien obscur,
devroient-ils sortir de la bouche de l'oracle des Philosophes? Je ne
sçaurois reconnoître là cette voix qui enseigne les humains; en tout
cas ce seroit par des leçons d'injures sotisieres, justifiées par l'exemple. Je veux pour un moment que cet Auteur vous ait offensé, ignorez-vous que la gloire d'un Philosophe est de souffrir & de pardonner? Vous avez oublié cette belle maxime. Voulez-vous me permettre
de vous en dire la raison, c'est que les nouveaux philosophes l'ont dans
la bouche & les Chrétiens dans le cœur. Que ce langage ne vous
étonne pas; c'est un Chrétien qui vous parle, qui se glorifie de l'être,
& qui malgré tous vos beaux & spécieux raisonnemens, met une différence infinie entre votre philosophie & la sainteté du Christianisme.
Mais encore que vous a fait cet Auteur? Je vous déclare que je n'ai
pas l'honneur de le connoître, & quoique je ne voulusse pas garantir
tout ce qu'il dit pour vous redresser, je ne puis m'empêcher de prendre sa défense pour le justifier de l'outrage que vous lui faites si injustement. Je prendrois aussi facilement votre parti contre lui, si vous
aviez raison & qu'il vous eut méprisé, parce qu'il n'auroit pas sçu vous
repondre. Raisonnons de sang froid; la tranquillité est le lot du sage.
Cet Auteur a intitulé son livre: *Les erreurs de Mr. de Voltaire.* Tout
de suite votre couroux s'est enflammé, & votre amour-propre s'est ef-
farouché fort mal-à-propos; car ou ces erreurs sont réelles ou elles ne

Les Hommes le font pas. Si elles font réelles, vous lui avez obligation de la peine
de M. de Voltaire. qu'il prend de vous montrer la vérité & de vous aider à rectifier vos
idées. Que doit ambitionner un Philofophe, fi ce n'eft la recherche du
vrai? On a tort pour l'ordinaire quand on fe fâche à fi bon marché.
Que voulez-vous qu'on dife de vous en lifant votre reponfe? On n'ignore
pas que vous avez de l'efprit & du génie, & on vous demandera pourquoi vous n'en faites pas ufage. A l'égard des fentimens d'un bon cœur,
on s'obftinera à vous le refufer, je vous en previens. Cette réponfe
vous caractérife mieux que toutes les refutations de vos adverfaires.
Moi-même qui ne vous veux point de mal, & qui voudrois effacer la
honte dont vous vous couvrez par une conduite fi peu philofophe, fi
je ne connoiffois votre averfion pour toute dévotion, j'aurois pû vous
dire, *tant de fiel entre-t'il dans l'ame des dévots?* En effet, votre ancre
n'eft qu'un compofé de bile & de fiel. Je ne prétends pas, en vous
parlant ainfi, invectiver la piété & le culte religieux; nos idées ne
s'accordent point en cela comme fur bien d'autres chofes; mais je vous
parle comme vous penfez. Si donc les erreurs qu'on vous reproche font
réelles, de quoi vous plaignez-vous? On ne vous a pas dit que vous
étiez un méchant, un parjure, un fcelerat, &c. on ne parle pas de
crimes, il n'eft queftion que d'erreurs. Elles font malheureufement,
ainfi que l'ignorance, le trifte appanage de l'homme depuis l'énorme
prévarication de notre premier pere. Je vous dis ce que je penfe, &
je fuis fondé en raifon à vous affurer que mes penfées font plus fages
que les vôtres. Eh bien Mr. de Voltaire fe fera trompé; ce n'eft pas
là de l'extraordinaire; nous n'en avons que trop de preuves. Il n'y a
pas du mal jufques là; du moins il ne fera jamais de la part de celui
qui vous démontre que vous avez pris votre imagination pour la vérité.
Il eft de l'homme de fe tromper, du philofophe de s'inftruire, & quelques fois d'avouer fes fautes; mais il eft prefque divin de fe dédire
franchement & de fe corriger, & les feuls Chrétiens en font gloire. Je
ne vous quitte pas que vous ne conveniez avec moi que fi les erreurs
qu'on vous impute, fe trouvent dans vos écrits, (elles fe trouvent
trop fouvent repetées, pour douter que vous ne vous foyiez pas crû
obligé de les enfeigner aux humains), vous avez plus que tort d'avoir
outragé l'Auteur qui a pris la liberté de vous en avertir. En convenez-
vous? Votre aveu m'eft néceffaire; & fi vous êtes véritablement Philofophe, vous n'aurez pas de peine à le faire. Que fi vous n'en conve-
nez pas, j'en ferai fâché par rapport à vous; votre honte me caufera
cependant quelque joie, fi elle fait efperer que c'eft un premier pas
vers le repentir, mais elle ne fuffit pas; il faudroit condamner publiquement ces erreurs, puifque votre livre eft public. Cette reparation
eft indifpenfablement néceffaire; c'eft un hommage que nous devons
à la vérité, & qui ne pourroit que vous être honorable & avantageux.
Il auroit fallu enfuite convaincre l'Auteur qu'il s'étoit trompé & vous

énoncer bien clairement, afin que tous ceux qui lifent vos ouvrages LesHommes foient perfuadés que vous n'aviez pas l'intention de les égarer. Ils ont *de M. de Voltaire.* le droit de vous fommer de vous expliquer. En attendant que vous leur donniez cette fatisfaction, je ne puis fans trahir la vérité, m'empêchet de vous marquer mon étonnement fur votre filence. Il n'eft plus excufable après l'éclat que vous avez fait fi imprudemment. Vous niez formellement d'avoir enfeigné qu'il y a plufieurs efpéces d'hommes différentes les unes des autres. Si donc je vous prouve que c'eft votre doctrine favorite, qu'allez-vous devenir aux yeux de l'univers? Quel titre vous donnera-t-on? Il ne feroit pas poli de vous le dire ici. Votre penchant pour la fingularité vous a entraîné, & vous manquez de courage pour reculer. Souvenez-vous de cette fentence que vous avez prononcée : « Un efprit jufte en lifant l'hiftoire, n'eft prefque occupé » qu'à la refuter. » L'application regarde votre ouvrage, elle eft de toute juftelle. Je vous avertis que j'ai rapporté votre reponfe & le texte que vous foutenez être faux, tel que vous l'avez fait imprimer en 1761. Ainfi point de chicane à ce fujet, non plus que fur les extraits de votre Effai fur l'Hiftoire, que vous me forcez de mettre fous vos yeux, & que j'ai copié exactement de l'édition de 1761, & des additions imprimées en 1763. Ces extraits feront un peu longs. Je n'ai pas ofé cependant les abreger. Vous allez peut-être vous imaginer que c'eft pure malice de ma part; point du tout, c'eft prudence, je veux vous forcer à avouer ce que vous avez nié fi affirmativement. Cet aveu vous coutera un peu; mais la confufion eft fouvent fi falutaire, que je n'aurai garde de vous en faire un reproche. Votre fiftême fur l'exiftence de plufieurs efpéces d'hommes, fe trouve repeté fi fouvent, que je ne puis le regarder comme une inadvertance. Vous le faites revivre partout où vous pouvez le placer, & vous en parlez avec une fatisfaction qui ne manifefte que trop combien votre cœur s'y intérefle. *Trahit fua quemque voluptas.*

EXTRAITS

DE L'OUVRAGE

DE M. DE VOLTAIRE.

» AU milieu des terres de l'Afrique, est une race peu nombreuse
» de petits hommes blancs comme de la neige, dont le visage a
» la forme de celui des Négres, & dont les yeux ronds ressemblent
» parfaitement à ceux des perdrix. Les Portugais les nommerent Albi-
» nois. Ils sont petits, foibles, louches. La laine qui couvre leur tête
» & qui forme leurs sourcils, est comme un coton blanc & fin. Ils sont
» au-dessous des Négres pour la force du corps & de l'entendement,
» & là nature les a peut-être placés après les Négres & les Hotentots,
» au-dessus des singes, comme un des dégrés qui descendent de l'hom-
» me à l'animal. Peut-être y a-t-il eu des espéces mitoyennes inférieu-
» res, que leur foiblesse a fait périr. J'en ai vû un à Paris, à l'hôtel
» de Bretagne, qu'un marchand de Négres avoit amené. On trouve
» quelques-uns de ces animaux ressemblans à l'homme, dans l'Asie
» Orientale; mais l'espéce est rare, elle demanderoit des soins compa-
» tissans des autres espéces humaines, qui n'en ont point pour tout ce
» qui est inutile. tom. 4. p. 69 & additions p. 211.

» Les naturels du pays (de la Presqu'Isle de l'Inde) sont d'une cou-
» leur de cuivre rouge. Dampierre trouva depuis, dans l'Isle de Timor,
» des hommes dont la couleur est de cuivre jaune, tant la nature se
» varie. La prémiere chose que vit Pelsart en 1630, vers la partie des
» terres australes, séparées de notre hémisphere à laquelle on a donné
» le nom de Nouvelle Hollande, ce fut une troupe de Négres qui ve-
» noient à lui en marchant sur les mains, comme sur les pieds. Il est
» à croire que quand on aura pénétré dans le monde austral, on con-
» noîtra plus encore la variété de la nature. Tout aggrandira la sphere
» de nos idées & diminuera celle de nos préjugés. Additions, pag. 213.

» Les habitans des Isles & de ce Continent (l'Amérique) étoient une
» espéce d'hommes nouvelle; aucun n'avoit la barbe. . . . . . On avoit vû
» qu'il y avoit dans l'Indoustan des races d'hommes jaunes.

» Les Noirs distingués encore en plusieurs espéces, se trouvoient en

»Afrique & en Afie, affez loin de l'équateur, & quand on eut en-
»fuite percé en Amérique jufques fous la ligne, on vit que la race y
»eft affez blanche. Les naturels du pays font de couleur de bronze.
»Les Chinois paroiffent encore une efpéce entierement différente par
»la conformation de leur nés, de leurs yeux & de leurs oreilles, par
»leur couleur, & peut-être encore même par leur génie ; mais ce qui
»eft plus à remarquer, c'eft que dans quelques régions que ces races
»foient tranfplantées, elles ne changent point, quand elles ne fe mê-
»lent point aux naturels du pays. La membrane muqueufe des Négres
»reconnue noire, & qui eft la caufe de leur couleur, eft une preuve
»manifefte qu'il y a dans chaque efpéce d'hommes, comme dans les
»plantes, un principe qui les différencie, tom. 4. p. 90.

»Si ce fut un effort de philofophie qui fit découvrir l'Amérique, ce
»n'en eft pas un de demander tous les jours comment il fe peut que
»l'on ait trouvé des hommes dans ce Continent, & qui les y a menés. Si
»on ne s'étonne pas qu'il y ait des mouches en Amérique, c'eft une ftupi-
»dité de s'étonner qu'il y ait des hommes.

»Le Sauvage qui fe croit une production de fon climat comme fon
»original, & fa racine de manioc, n'eft pas plus ignorant que nous
»en ce point, & raifonne mieux. En effet puifque le Négre d'Afrique
»ne tire point fon origine de nos peuples Blancs, pourquoi les Rou-
»ges, les Olivatres, les Cendrés de l'Amérique viendroient-ils de
»nos Contrées ? Et d'ailleurs quelle feroit la Contrée primitive ?

»La nature qui couvre la terre de fleurs, de fruits, d'arbres, d'a-
»nimaux, n'en a-t-elle d'abord placé que dans un feul terrein, pour
»qu'ils fe repandiffent de-là dans le refte du monde ? Où feroit ce ter-
»rein qui auroit eu d'abord toute l'herbe & toutes les fourmis, & qui
»les auroit envoyées au refte de la terre ? Comment la mouffe & les fapins
»de la Norwege auroient-ils paffé aux terres auftrales ? Quelque ter-
»rein qu'on imagine, il eft prefque tout dégarni de ce que les autres
»produifent. Il faudra fuppofer qu'originairement il avoit tout, & qu'il
»ne lui refte prefque plus rien. Chaque climat à fes productions diffé-
»rentes, & le plus abondant eft très-pauvre en comparaifon de toutes
»les autres enfemble. Le maître de la nature a peuplé & varié tout le
»globe. Les fapins de Norwege ne font point affurement les peres des
»Giroffliers des moluques, & ils ne tirent pas plus leur origine des fa-
»pins d'un autre pays, que l'herbe des champs d'Arcangel, n'eft pro-
»duite par l'herbe des bords du Gange. On ne s'avife point de pen-
»fer que les chenilles & les limaçons d'une partie du monde, foient
»originaires d'une autre partie ; pourquoi s'étonner qu'il y ait en Amé-
»rique quelques efpéces d'animaux, quelques races d'hommes fembla-
»bles aux nôtres ?

»L'Amérique, ainfi que l'Afrique & l'Afie, produit des végétaux,
»des animaux qui reffemblent à ceux d'Europe, & tout de même en-

Les Hommes »core que l'Afrique & l'Afie, elle en produit beaucoup qui n'ont au-
de M. de Voltaire. »cune analogie à ceux de l'ancien monde.

»Les terres du Mexique, du Perou, du Canada, n'avoient jamais
»porté le froment qui fait notre nourriture, ni le raifin qui fait notre boif-
»fon ordinaire, ni les olives dont nous tirons tant de fecours, ni la
»plûpart de nos fruits.

»Toutes nos bêtes de fomme & de charge, chevaux, chameaux,
»ânes, bœufs étoient abfolument inconnus. Il y avoit des efpéces de
»bœufs & de moutons; mais toutes différentes des nôtres.

»Les moutons du Perou, étoient plus grands, plus forts que ceux
»d'Europe & fervoient à porter des fardeaux. Leurs bœufs tenoient à
»la fois de nos buffles & de nos chameaux. On trouva dans le Mexique
»des troupeaux de porcs qui ont fur le dos le nombril, que par-tout
»ailleurs les quadrupedes ont au ventre. Point de chiens, point de
»chats. Le Mexique, le Perou avoient des lions, mais petits & privés
»de criniere, & ce qui eft plus fingulier, le lion de ces climats étoit
»un animal poltron.

»On peut reduire fi l'on veut fous une feule efpéce tous les hom-
»mes, parce qu'ils ont tous les mêmes organes de vie, des fens &
»du mouvement; mais cette efpéce parut évidemment divifée en plu-
»fieurs autres dans le Phyfique & dans le Moral. Quand au Phyfique,
»on crut voir dans les Equimaux qui habitent vers le 60 degré du Nord
»une figure, une taille femblable à celle des Lapons. Des peuples
»voifins avoient la face toute velue; les Iroquois, les Hurons & tous
»les peuples jufqu'à la floride, parurent Olivatres & fans aucun poil
»fur le corps excepté la tête. Le Capitaine Rogers, qui navigua vers
»les Côtes de la Californie, y découvrit de peuplades de Négres
»qu'on ne foupçonnoit pas dans l'Amérique. On vit dans l'Ifthme de
»Panama une race qu'on appelle les Dariens, qui a beaucoup de rap-
»port aux Albinois d'Afrique, & c'eft la feule race de l'Amérique qui
»foit blanche. Leurs yeux rouges font bordés de paupieres façonnées
»en demi cercles. Ils ne voyent & ne fortent de leurs trous que la nuit.
»Ils font parmi les hommes, ce que les hiboux font parmi les oifeaux.
»Les Mexicains, les Peruviens parurent d'une couleur bronzée, les
»Bréfiliens d'un rouge plus foncé, les peuples du Chili, plus cendrés.
»On a exageré la grandeur des Patagons qui habitent vers le Détroit
»de Magellan; mais on croit que c'eft la Nation de la plus haute taille
»qui foit fur la terre. Tom. 4. pag. 98. & Additions, pag. 215. 216.
»& 217.

»Il eft vraifemblable qu'on pourroit encore envahir cette cinquième
»partie du monde (la terre Antarctique découverte par Magellan en
»1720). On trouveroit que la nature n'a point négligé ces climats, &
»on y verroit des marques de fa variété & de fa profufion; mais juf-
»qu'ici que connoiffons-nous de cette immenfe partie de la terre? Quel-

»ques Côtes incultes, où Pelfart & fes Compagnons ont trouvé, en LES HOMMES
»1630, des hommes Noirs qui marchent fur les mains comme fur les *de M. de Voltaire.*
»pieds; une Baye où Tafman en 1642 fut attaqué par des hommes
»jaunes armés de fléches & de maffues; une autre où Dampierre,
»en 1699, a combattu des Négres qui tous avoient la mâchoire dégar-
»nie de dents par devant. On n'a point encore pénétré dans ce fegment
»du globe, & il faut avouer qu'il vaut mieux cultiver fon pays que
»d'aller chercher les glaces & les animaux noirs & bigarrés du pole
»auftral. Tom. 4. pag. 162.

»Quelques-uns ont cru la race des hommes originaire de l'Indouf-
»tan, alléguant que l'animal le plus foible devoit naître dans le cli-
»mat le plus doux, & fur une terre qui produit fans culture les fruits
»les plus nourriffans & les plus falutaires, comme les dattes & les
»cocos, &c.

» Tout cela prouve feulement que les Indiens font indigenes, & ne
»prouve point du tout que les autres efpéces d'hommes viennent de
»ces Contrées. Les Blancs, & les Négres, & les Rouges, & les La-
»pons, & les Samoyedes, & les Albinois, ne viennent pas certaine-
»ment du même fol. La différence entre toutes ces efpéces eft
»auffi marquée qu'entre les chevaux & les chameaux. Il n'y a donc qu'un
»brame, mal inftruit & entêté, qui puiffe prétendre que tous les
»hommes defcendent de l'Indien . . . . . & de fa femme. Additions, pag.
»11. & 12.

»Ce vafte Archipel (les Ifles Mariannes) étoit peuplées d'hommes
»d'efpéces différentes, les uns Blancs, les autres Noirs, les autres
»Olivatres ou Rouges. On a toujours trouvé la nature plus variée, dans
»les climats chauds, que dans ceux du feptentrion. Tom. 4. pag. 227.

»Les peuples qu'on trouva dans le Canada, n'étoient pas de la na-
»ture de ceux du Mexique & du Perou & du Bréfil; ils leurs reffem-
»bloient en ce qu'ils font privés de poil comme eux, & qu'ils n'en
»ont qu'aux fourcils & à la tête; ils étoient différens par la couleur
»qui approche de la nôtre, &c. pag. 235. tom. 4.

»Ce vafte pays (la Laponie) voifin du pole, avoit été défigné fous
»le nom de la contrée des Pigmées feptentrionaux. . . . . . . Il eft poffi-
»ble que les Pigmées méridionaux ont péri, & que leurs voifins les ont
»détruits.

»Plufieurs efpéces d'hommes ont pû auffi difparoître de la face
»de la terre, comme plufieurs efpéces d'animaux. Les Lapons ne
»paroiffent point tenir de leurs voifins.

» Les hommes, par exemple, font grands & bienfaits en Norwege,
»& la Laponie n'eu produit que de trois coudées de haut; leurs yeux
»leurs oreilles, leurs nez, les différencient encore de tous les peu-
»ples qui entourent leurs déferts. Ils paroiffent une efpéce particuliere
»faite pour le climat qu'ils habitent, qu'ils aiment, & qu'eux feuls

LES HOMMES »peuvent aimer. La nature qui n'a mis les rennes que dans ces con-
de M. de Voltaire. »trées, semble y avoit produit les Lapons; & comme leurs rennes ne
»sont point venues d'ailleurs, ce n'est pas non plus d'un autre pays
»que les Lapons y paroissent venus. Il n'est pas vraissemblable que les
»habitans d'une terre moins sauvage, ayent franchi les glaces & les
»déserts, pour se transplanter dans des terres si stériles. Une famille
»peut être jettée par la tempête dans une Isle déserte & la peupler;
»mais on ne quitte point dans le continent des habitations qui produi-
»sent quelque nourriture, pour aller s'établir au loin sur des rochers
»couverts de mousse, où on ne peut se nourrir que de lait de rennes
»& de poissons.

»De plus: si des Norwegiens, des Suedois s'étoient retirés en La-
»ponie, y auroient-ils changé absolument de figure? Pourquoi les Islan-
»dois qui sont aussi septentrionaux que les Laponois, sont-ils d'une
»si haute stature, & les Lapons non-seulement petits, mais d'une figure
»toute différente? C'étoit donc une nouvelle espéce d'hommes qui se
»présentoit à nous, tandis que l'Amérique, l'Asie & l'Afrique nous en
»faisoient voir tant d'autres........ Tom. 3 pag. 226. En voila assez.

Puis-je vous demander si vous êtes véritablement convaincu que l'Auteur qui vous avoit tant fâché, n'étoit ni libelliste, ni faussaire, & qu'il
n'avoit pas tort de blâmer la singularité de votre sistême? De deux
choses l'une, ou vous devez rejetter un sistême si déraisonnable, ou si
vous le croyez véritable, vous devez en prendre la défense & le prouver par des faits qui existent autre part que dans votre vive imagination. Mais dans l'un & l'autre cas, n'oubliez pas, je vous en prie, de
faire reparation à l'Auteur. Je vous préviens que vous y êtes obligé
en conscience. Si vous avez assez de force pour confesser la vérité, en
vous retractant publiquement, vous me causerez une grande joie & je
me retirerai fort content de la bonté que vous aurez eu de m'entendre;
je m'unirai avec grand nombre de gens de bon sens pour publier les
louanges que mérite un aveu si difficile à faire, sur-tout à un Philosophe & à un Sçavant. Que si au contraire par une absurdité qui me
paroit insoutenable, & incroyable, vous vous obstinez à imaginer que
les hommes naissent dans différens climats, comme l'herbe & la mousse,
je ne pourrai m'empêcher de refuter une si grande extravagance, &
de vous faire connoître à tout l'Univers tel que vous êtes. En attendant votre réponse, je joins ici quelques observations, non pas pour
vous uniquement, elles me paroissent également nécessaires à quelques
personnes auxquelles je suis sincerement attaché, & qui malheureusement se sont laissées éblouir par les charmes de votre éloquence, &
l'abondance de vos faux raisonnemens.

PREMIEREMENT.

PREMIEREMENT.

Les Albinois font-ils une efpéce d'hommes différente de notre efpéce ?

SECONDEMENT.

La différente couleur que nous remarquons dans les hommes qui habitent diverfes contrées, conftitue-t-elle des efpéces différentes ?

TROSIEMEMENT.

Une barbe bien garnie, défigne-t-elle une efpéce d'hommes différente des hommes fans barbe ?

QUATRIEMEMENT.

Y a-t-il de ftupidité à croire que les hommes ne viennent pas dans un climat quelconque comme les mouches, l'herbe & la mouffe ?

CINQUIEMEMENT.

Y a t-il des hommes qui marchent fur les mains, & font-ils d'une efpéce différente de la nôtre ?

SIXIEMEMENT.

Doit-on croire que les hommes foient originaires de l'Indouftan, & que ceux qui habitent les environs de Geneve viennent de cette contrée ?

SEPTIEMEMENT.

Les hommes du Nord font-ils d'une efpéce différente de ceux du midy ?

HUITIEMEMENT.

Eft-il poffible que les hommes ayent paffé d'un climat dans un autre ? & n'eft-il pas plus naturel que chaque climat aye produit des hommes particuliers, & qui lui foient propres ?

COMMERCE DE L'AMÉRIQUE

REMARQUES.

PREMIEREMENT.

Le ton ferieux que vous prenez, Mr. de Voltaire, pour nous débiter vos imaginations pour des réalités, afflige plutôt qu'il ne fait rire; le portrait que vous faites des Albinois, fuppofe que vous les connoiffez bien : que leurs yeux de perdrix doivent être jolis ! c'eft dommage qu'ils foient louches ; leur entendement n'a certainement pas fervi de modéle au fameux Locke ; les Négres en ont fi peu, ceux-ci encore moins & peut-être (remarquez bien ce peut-être dans la bouche d'un Philofophe qui enfeigne les humains,) y a-t'il eu des efpéces mitoyennes inférieures que leur foibleffe a fait périr. On accufe Homere d'avoir fommeillé quelquefois ; que penferons-nous de l'Hiftorien de Charles XII ? Quel dommage qu'il n'ait pas continué les Contes des Fées ; d'un coup de baguete il auroit peuplé la Lybie d'efpéces mitoyennes, comme autant de dégrés qui defcendent de l'homme à l'animal, & puis d'un autre coup de baguete, il les auroit fait difparoître ; car dès qu'on ne voit plus ces efpéces mitoyennes, il faut bien fuppofer qu'elles ont péri, & afin qu'on fçache que ces efpéces pouvoient réellement périr, il a fallu leur attribuer, une délicateffe ou une foibleffe qui demanderoient des foins compatiffans, *de la part des autres efpéces humaines*, qui n'en ont point pour tout ce qui eft inutile.

Voilà fans contredit un bel éloge des hommes d'aujourd'hui, bien entendu de votre efpéce, qui n'ont d'autres rapports avec les autres hommes, que ce qu'il en exifte dans le fonds de la nature humaine. On a grand tort d'accufer ce Siécle de frivolité, le voilà juftifié. L'hiftoire des Pantins eft une fable ; on ne cultive plus des plantes infructueufes, on ne nourrit plus des animaux ou inutiles ou nuifibles ; les hommes font tous devenus fages ; il ne leur manque plus, pour devenir parfaits, que la vertu de compaffion, qu'ils regardent fans doute bien inutile, puifqu'ils ne font point compatiffans pour ces efpéces délicates, & qu'ils ne donnent leurs foins qu'à ce qui eft utile.

Je ne releve point le mot de nature ; il auroit cependant befoin d'une claire explication, ce mot fignifiant dans le langage des nouveaux Philofophes, tout ce qu'ils imaginent qu'il convient de lui faire fignifier, & non pas ce qu'il fignifie naturellement & véritablement. Je le prends en bonne part, pour ne point entrer dans une difcuffion qui feroit longue. Mais que fignifient ces dégrés du Négre & de l'Hotentot à l'Albinois, & de l'Albinois au finge, & de l'homme à l'animal ? Sans doute qu'il y aura une femblable gradation de l'Eléphan à l'invifible Ciron. J'avoue que ma philofophie ne comprend rien dans ce raifonꝫement , & qu'avec un peut-être , on fait bien du chemin. Les Albinois que vous voulez que la nature ait placés entre l'Hotentot & le finge , participeront-ils à la nature du prémier ou du fecond ? feront-ils hommes ou animaux ? Ou plutôt croyez-vous , Mr. de Voltaire , que les Hotentots foient des hommes & que les finges ne le foient pas ? Votre phyfique eſt fi peu raifonnable & fi mal raifonnée , que ce feroit perdre du tems que d'en relever les abfurdités. Les Albinois font véritablement des hommes. Ne vous fâchez pas , fi je vous foutiens qu'ils font hommes auſſi bien que vous , & qu'ils font vos freres , n'ayant point des yeux de perdrix , n'étant point louches , quoique leur vue foit très-foible. Ils font Blancs , & ce qui me furprend & devroit avoir excité votre curiofité & vos recherches , c'eſt qu'ils naiſſent & habitent parmi les Négres , & femblent avoir reçu cette couleur blanche , en mêmetems que les Négres ont reçu la couleur noire. Notre ignorance fur l'origine & la caufe de ce changement de couleur , feroit une bien fote raifon pour la nier , & encore plus fote de prétendre que la Sageſſe Divine a créé tout ce qui exifte conformément à nos foles imaginations. J'ai rapporté la conjecture d'un homme d'efprit fur la couleur des Albinois ; je ne l'ai pas donnée cependant pour certaine. Qu'on m'en fourniſſe une plus fatisfaifante , je l'adopterai tout de fuite. Je cherche la vérité ; de quelque main qu'elle me foit préfentée , elle me fera précieufe. Je garderai le filence , lorfque mes recherches ne fuffiront pas pour me dévoiler ce qui demeure caché à la curiofité humaine. Je ne nie pas , Mr. de Voltaire , que vous n'ayez vû un Albinois à Paris dans l'Hôtel de Bretagne ; j'aurois fouhaité que vous l'euſſiez examiné avec des yeux plus philofophes ; vous y étiez obligé , puifque vous vous propofiez de regler la croyance de l'univers fur un fait fi extraordinaire. Ce Marchand d'Efclaves qui voyageoit en France , vous auroit appris quelques particularités qui ne m'auroient pas été indifférentes à moi , qui n'ambitionne pas le titre de Philofophe ; mais qui fuis auſſi curieux qu'un autre de connoître la caufe de cette finguliere blancheur. Je m'arrête : j'ai d'autres reflexions à faire.

SECONDEMENT.

Si les diverfes couleurs que nous remarquons dans les hommes, fuffifoient pour conftituer des efpéces différentes, qui pourroit en fixer le nombre ? Quelle multitude d'efpéces ! & qui feroit certain de la fienne ? Une alliance, un changement de climat , une maladie, voilà l'efpéce remplacée par une autre. Oh ! la jolie invention pour décorer l'hiftoire de barbe bleue. Un même homme fera de plufieurs efpéces, fi par quelque accident il change de couleur. Dites-moi, Mr. de Voltaire, de quelle efpéce eſt un Mulatre ? Belle queſtion : il eſt de l'efpéce Mulatre. Il n'eſt donc pas de l'efpéce de fon pere ; car il étoit Noir ou

Blanc; & le fils de ce Mulatre, de quelle efpéce fera-t-il ? Je vois à votre mine que vous vous fâchez, vous auriez tort. J'ai eu la patience de vous lire, ayez celle de m'entendre. Vous avez furement voulu parler, de quelques couleurs bien apparentes & bien oppofées les unes aux autres, la nature ne fe variant que pour ces couleurs principales ; encore le mot de nature ? N'oubliez pas que je ne veux pas l'examiner ici. Vous voilà donc l'arbitre fouverain de déterminer combien il y a d'efpéces humaines ; vous n'aurez qu'à fixer le nombre de couleurs, & l'affaire fera décidée. N'auroit-il pas fallu commencer par nous apprendre quelles font les couleurs primitives ? Quelle eft leur effence, & fi celles qui en dérivent peuvent faire fouches ? Mais croyez-vous que les habitans de la Prefqu'Ifle de l'Inde, font de couleur de cuivre rouge, & que cette couleur ne foit pas accidentelle ; furement vous ne l'avez pas examiné ; vous n'en avez pas moins prononcé votre jugement. Que penfez-vous de ces hommes que Dampierre trouva dans l'Ifle de Timor, dont la couleur eft de cuivre jaune, & de ceux que vit Pelfart en 1630, vers la partie des Terres auftrales dans la Nouvelle Hollande, cette troupe de Négres qui venoient à lui marchant fur les mains comme fur les pieds. Pour cette efpéce elle eft plus que drôle ; auffi a-t-elle donné lieu à l'admirable réflexion que vous faites fi judicieufement : » Il eft à croire que quand on aura pénétré dans ce monde auftral, on » connoîtra encore plus la variété de la nature, tout aggrandira la fphere » de nos idées, & diminuera celle de nos préjugés. » Que ne faifiez-vous ufage de cette maxime que vous dites autre part : » il faut lire » avec un efprit de doute prefque toutes les relations qui nous vien-» nent de ces pays éloignés. ... . On eft plus occupé à nous envoyer » des marchandifes. ... que des vérités:

Sans ce dernier mot, nous n'aurions prefque pas douté fur votre parole de celles de Dampierre & de Pelfart. C'eft dommage que ce dernier n'aye pas vu des marionetes dans les terres auftralès. Vous n'auriez pas manqué de nous citer cette nouvelle efpéce d'hommes: Scaron marchoit fur fes feffes, autre efpéce d'hommes. Lifez les voyages de Jacques Sadeur. Il dit qu'il a vû ; pourquoi le regarderiez-vous comme un menteur. Vous voulez bien que nous vous croyons ; pourquoi ne mérite-t-il pas la même croyance ? Il raconte comme vous des hiftoires plus que furprenantes, & tout cela pour aggrandir la fphere de nos idées. Vous auriez mieux fait de diminuer celle de vos préjugés. Ce langage vous furprend. Vous attribuer des préjugés, à vous, Mr. de Voltaire, qui les combattez à outrance. Non : je ne me trompe pas, vous avez plus de préjugés que tout autre ; mais ils font à rebours. Vous avez honte de croire ce que vos peres ont cru, par la feule raifon qu'ils l'ont crû, & vous voulez qu'on croye les contes bleus que vous débitez, parce que perfonne ne les croyoit. Nous autres qui nous glorifions de n'être point initiés dans les fublimes fecrets, de la nouvelle philofophie , nous ne rougiffons pas d'avouer que nous ne fommes pas entierement exempts de préjugés. Heureux ceux qui en ont le moins , & plus heureux encore fi ces préjugés n'attaquent point les vérités de notre fainte Religion , & tout ce qui doit la rendre augufte & précieufe. Ignorez-vous que les Caraïbes fe roçouent , les Orenoquois fe noirciffent, les Indiens fe peignent , & que les Anglois en faifoient autant , &c. Si vous ne l'ignorez pas , que devient votre belle reflexion , & toutes vos efpéces d'hommes de différentes couleurs ? Je pourrai revenir fur la même queftion. En voilà affez pour le préfent.

Troisiemement.

La barbe , cette marque caractériftique & diftinctive dans l'efpéce humaine du mâle d'avec la femelle , avoit jufqu'ici occupé les Phyficiens dans la recherche de la caufe efficiente de ce poil fur le vifage de l'homme. Pourquoi les femmes en font privées , & quelques-unes en ont cependant ? Pourquoi tous les mâles ne l'ont qu'à un certain âge , & qu'elle eft fi variée fuivant les climats ? Et pourquoi dans les mêmes familles , les uns l'ont fi différente des autres , foit dans la quantité foit dans la qualité ? Toutes ces queftions font étrangeres à mon fujet, auffi bien que les révolutions que les zélés défenfeurs des barbes ont occafionnées. Je n'ai garde d'ôter le voile qui couvre les fotifes de nos Peres , & de plaifanter fur ce qui me rend encore tout honteux. Je voudrois pouvoir effacer du fiécle de Henri II , les ridicules démêlés que la barbe a occafionnés. Je laiffe à d'autres de rire en voyant de jeunes Officiers & de petits Maîtres courtifans tirer vanité d'une longue barbe , & de graves Magiftrats & de vieux Docteurs s'étudier à reffembler à des enfans ; ce tems n'eft pas bien reculé.

Je n'examinerai pas non plus fi la barbe ayant été donnée à l'homme pour le caractérifer , l'homme peut la retrancher fans contrevenir à l'intention du Créateur. La décifion de cette queftion eft au-deffus de moi. Je la laiffe à qui de droit , comme auffi de décider s'il eft plus permis de retrancher du corps de l'homme pour l'embellir , de ce qui a été créé avec lui pour le conftituer tel qu'il eft , que d'y ajouter quelque chofe d'étranger pour opérer le même effet ; mais il étoit refervé à la nouvelle philofophie de conclurre que les hommes de l'Amérique que quelqu'un aura vû ou fe fera imaginé de voir fans barbe , étoient d'efpéces d'hommes nouvelles. Nous vous avons obligation de cette finguliere découverte ; vous en faites tant , que celle-ci ne paroît plus extraordinaire. J'ai reflechi férieufement fur une fi étrange prétention , & m'ayant paru plus qu'abfurde , je me fuis contenté de la ranger dans la claffe des préjugés de votre philofophie. J'en ai déjà parlé ; je pourrois jetter tant de ridicule fur ce rifible fyftême , que par égard pour

LesHommes vous je n'en dirai rien, quoique pour le rendre croyable, vous rappellez
de M. de Voltaire. tout de fuite les efpéces des hommes Noirs, Blancs, Jaunes, Bronzés,
&c. Il ne manquoit plus pour rendre les différentes efpéces d'hommes
innombrables, que de fuppofer que chaque homme qui naîtra avec quelque irrégularité fur le corps, fera d'une autre efpéce. Vous ne le dites
pas en propres termes; je crois que vous n'avez pas ofé; vous avez
cru mieux réuffir en tranfportant vos Lecteurs dans l'Empire de la
Chine. Là, vous leur faites examiner le nés, les yeux, les oreilles &
la couleur des Chinois pour les forcer à prononcer qu'ils font d'une
autre efpéce. Ce n'eft pas tout : une différence dans le génie, confti-
tuera une efpéce différente. Sur ce pied là, votre efpéce, Mr. de Voltaire, fera une efpéce bien rare, à moins que celle du Citoyen de
Geneve, & de quelques nouveaux Philofophes & de leurs Sectateurs,
ne foit la même. De pareilles prétentions ne demandent aucune reponfe. Ce feroit perdre fon tems, & trop peu eftimer le public que
de m'arrêter d'avantage fur la différence des efpéces plus ou moins bar-
bues. Il eft cependant naturel dans l'ignorance où je fuis de l'exiftance
de toutes ces nouvelles efpéces d'hommes, de demander fi le fon de la
voix ne feroit point un figne fuffifant pour nous affurer de la différence
des efpéces, & fi le goût pour la mufique Italienne ou Chinoife, ne
fait point une efpéce d'hommes différente de ceux qui ont le goût pour
la mufique Françoife ou Efpagnole. Il ne feroit pas plus difficile à la
nouvelle philofophie de dire oui que non, & à des imbécilles de le croire.
L'affirmation de quelque Difciple de l'oracle des Philofophes, équi-
vaudra bien à l'autorité de la révélation & à l'expérience de tous les
fiécles. Eft-il poffible que nous foyons obligés de parler férieufement de
femblables reveries ?
   Je m'attens, Mr. de Voltaire, que vous m'allez placer parmi les
ignorans & les entêtés que le vieux préjugé, qu'il n'y a qu'une efpéce d'hommes, aveugle au point de méprifer les démonftrations ac-
cumulées les unes fur les autres, que vous vous imaginez être concluantes pour prouver le contraire. Oui, direz-vous, la race des Chinois eft fi différente de la race des François, & cette prémiere efpéce
eft fi peu la même que la derniere, qu'on a remarqué, que dans quelques régions que des Chinois foient tranfplantés, leurs enfans auront
toujours le nez, les yeux, les oreilles & la couleur à la Chinoife.
C'eft vous, Mr. de Voltaire, qui le dites, & qui vous imaginez trop
légerement que le fait eft véritable, parce que vous l'avez dit. Vos
profelites n'héfiteront pas à vous croire fur votre parole; vous êtes pour
eux un oracle. Pour moi, qui fuis perfuadé du contraire, je crains
toujours de m'égarer en vous écoutant. Vous avez trop d'efprit pour
n'en pas deviner la raifon. Votre autorité, quelque grande qu'elle foit,
ne fçauroit me décider. Il me faut des preuves, & ici elles font toutes contre vous. Je n'aurois pas relevé la fauffeté de votre fuppofition

fi l'hommage que je dois à la vérité ne m'avoit contraint à vous faire LES HOMMES
cette impoliteffe. Non : ni les Chinois , ni les Cochinchinois , ni les *de M. de Voltaire.*
Japonois, ni les Tartares , ni les Mogols, ni les...... (en voilà affez)
tranfplantés en Europe , ne conferveront pas toujours leur figure nationale ; ils la perdent & prennent celle de la nation qu'ils habitent, quoiqu'ils ne s'allient point avec les indigènes. Ce changement n'eft pas fubit ;
il s'opère infenfiblement & s'effectue à plein à la cinquiéme génération.
J'en ai conjecturé les raifons dans un autre endroit ; je ne les repete
pas ici , non plus que ce que j'ai dit de la couleur des Noirs, qui , fuivant vous , procéde de la membrane muqueufe , qui eft la preuve manifefte qu'il y a dans chaque efpéce d'hommes , comme dans les plantes , un principe qui les différencie. Je n'entens pas ce jargon de la
nouvelle philofophie, un principe qui différencie les efpéces humaines
comme les plantes. Le galimatias des anciens Philofophes, n'étoit pas
plus obfcur ; ils avoient inventé des caufes occultes , ici c'eft un principe ; or principe & caufe font finonimes ; d'où il fuit que nous n'en
fçavons pas plus qu'eux, & que les découvertes que nous avons faites
depuis un fiécle dans la phyfique , ne nous fervent de rien ; mais encore ce principe dans les plantes que peut-il fignifier ? Eft-ce qu'il auroit la vertu de changer une efpéce en une autre efpéce ? Ou eft-ce
fimplement la vertu de reproduction qui n'eft que l'effet de la parole
efficace de l'Etre Suprême ? Non : la nouvelle philofophie s'énonce claire-
rement ; c'eft un principe qui différencie chaque efpéce , c'eft-à-dire , c'eft
ce que nous n'entendons ni l'un ni l'autre , & qui fait que ce qui eft ,
eft , & qu'il eft de telle maniere , parce qu'il eft de telle maniere.
Voilà qui eft très-lumineux ; auffi a-t-il fallu philofopher fuivant les principes de la nouvelle philofophie, & s'être dépouillé de tous les préjugés qui fubjuguent la raifon humaine, pour produire un enfeignement
fi fatisfaifant. Qu'on juge par la manifeftation de cette fublime doctrine ,
combien elle étoit néceffaire pour diffiper les ténébres du genre-
humain.

QUATRIEMEMENT.

J'avoue que je fuis un ftupide, & pis encore, fi parce qu'il y a des
mouches en Amérique, je ne fçais pas tirer la conféquence qu'il doit
y avoir des hommes. Si tout autre que vous, Mr. de Voltaire, tenoit
aux autres hommes, vos femblables, ou qui du moins ont la témérité de s'en flatter, un langage fi nouveau & fi fingulier, ils examine-
roient premierement fi vous ne dormez pas, & s'ils vous trouvoient
éveillé, ils ne pourroient que vous plaindre ; en effet, fi les mouches ,
les chenilles, les limaçons, n'ont aucune liaifon ni aucune connexion
avec l'homme, pourquoi ces infectes ne pourront-ils pas vivre & fe
reproduire dans un pays quelconque ; fans que par une fuite néceffaire ,

LES HOMMES *l'efpéce des hommes fe trouve dans le même lieu ? J'avoue encore ici
de M. de Voltaire.* ma ftupidité, quoique je fois affez fincere pour ne pas me croire plus
ftupide que les autres. La mouche, le limaçon, le fapin, l'herbe.....
exiftent dans un lieu ; donc à peine de ftupidité, je dois croire qu'il
y exifte auffi des hommes ; donc l'exiftence de l'homme eft une conféquence néceffaire de l'exiftence de la mouche. Certainement un Philofophe comme vous a voulu dire autre chofe. Je veux donc examiner ce que vous pouvez avoir voulu nous apprendre de raifonnable.
Vous voyez que je ne cherche pas à vous trouver coupable ; bien loin
de cela, j'aurai un véritable plaifir fi je puis réuffir à vous fauver de
la peine du talion. Suppofons donc que vous ayez voulu dire que la
même puiffance qui a créé des mouches, des limaçons, des fapins, &c.
dans diverfes parties du monde, y a auffi créé des hommes de différentes efpéces, pour orner & embellir l'Univers par cette variété. Cette
fuppofition n'honore pas beaucoup votre Religion ; mais enfin il faut
bien que je fuppofe quelque chofe, & peut-être que ce qui me fait
de la peine, vous eft agréable. Vous ramaffez toutes vos preuves pour
en accabler les mécroyans à votre doctrine. Il faudroit, pour vous fuivre, difcuter tant de faits, répondre à tant de queftions, réfoudre tant
de difficultés, que je pafferois les bornes que je me fuis prefcrites.
Je préfere de joindre quelques courtes réflexions aux extraits de votre
ouvrage que je vous ai remis fidélement fous les yeux dans vos propres termes pour éviter toute chicane.

»Si ce fut un effort de philofophie qui fit découvrir l'Amérique, ce
»n'en eft pas un de demander tous les jours comment il fe peut qu'on
»ait trouvé des hommes dans ce continent & qui les y a menés. Si on
»ne s'étonne pas qu'il y ait des mouches en Amérique, c'eft une ftu-
»pidité de s'étonner qu'il y ait des hommes.

Je vous ai affez fait fentir de quel côté il falloit placer la ftupidité,
& il faut être vous pour ne pas être étonné de ce qui eft véritablement
fi étonnant, & qui étonnera malgré votre furprife les races futures qui
auront la raifon pour guide, & fe glorifieront de la fuivre. Un Philofophe doit avoir de l'indulgence pour les ignorans, il doit les éclairer
& ne jamais les infulter. Je cherche la lumiere dans cet amas de belles
phrafes, & je n'en vois fortir que confufion & ténébres. Il y a des
mouches en Amérique, donc il y a des hommes. Le principe n'eft rien
moins que lumineux, & la conféquence me confole de paffer pour
ignorant.

»Le Sauvage qui fe croit une production de fon climat comme fon
»original, & fa racine de manioc, n'eft pas plus ignorant que nous en
»ce point, & raifonne beaucoup mieux.

Je vous prie, Mr. de Voltaire, de parler à l'avenir en votre feul
nom, quand vous fouhaiterez nous faire part de quelqu'une de vos
étranges fingularités. Je vous déclare une fois pour toutes, que l'ap-

probation

probation que vous donnez au raisonnnement que vous prêtez à votre LES HOMMES Sauvage, & que vous jugez meilleur que le mien, ne sera jamais vo- de M. de Voltaire. lontaire, tant qu'il me restera un brin de sens commun, & que je ne suis nullement de votre avis. Bien loin de-là, je trouve que votre Sauvage raisonne comme une buche, que vous, tout grand Philosophe que vous êtes, vous avez tort d'approuver son raisonnement, & que je serois absurde, si je ne vous condamnois tous les deux. Ce Sauvage se croit une production de son climat, comme son orignal & son manioc. Veut-il me faire entendre que comme la terre produit l'orignal & le manioc, elle l'a aussi produit lui & toute son espéce, & que toutes ces productions sont un effet du climat ? La belle philosophie ! quel dommage que nos Peres ne l'ayent pas connue. Ce Sauvage croit bonnement que ce qu'il voit dans son climat y vient, parce qu'il y vient, & son raisonnement vaut mieux que le mien, qui crois & suis persuadé par la révélation & par l'expérience que le climat ne sert qu'au développement des êtres. Je m'explique, n'étant pas encore assez Philosophe pour exiger qu'on me croye sur ma parole ; je crois donc que le climat, le limon., les souphres & les sels sont les matieres nécessaires à l'accroissement d'un corps quelconque ; mais je crois que c'est raisonner en Sauvage & débiter des absurdités que d'imaginer que tous les sels, tous les souphres de l'univers & tous les climats réunis ensemble, & tous les Philosophes de la terre en sus, puissent former le plus petit insecte & le moindre petit brin d'herbe. Il est d'une absolue nécessité de recourir à la puissance créatrice pour opérer cette merveille ; qui ne cesse de paroître telle aux yeux du sage, quoiqu'elle se renouvelle chaque jour ; car le sage croit que l'Etre Suprême crée journellement les Etres repandus dans l'univers, ou qu'il les a créés dans un tems marqué depuis que le tems est sorti du néant, parce que tout être qui n'est pas Dieu, doit nécessairement avoir un commencement ; il est évident, à qui a des yeux, que Dieu ne crée point journellement ces êtres dans le sens qu'il les tire du néant, & non pas dans celui que la conservation est une création continuée ; d'où il faut conclurre qu'il les a créés dans un certain tems, & non pas qu'ils tirent leur origine du climat ; car si le climat en avoit produit une fois, il en produiroit toujours de semblables, ni ayant aucune raison de douter que la puissance qui auroit fait le climat propre à produire certains animaux & certaines plantes, ne les produisit pas toujours dans la proportion convenable audit climat ; cependant l'expérience démontre le contraire, & si nous détruisons quelques espéces d'animaux ou de plantes dans un climat quelconque, jusqu'à ce que les mêmes animaux, ou les semences des mêmes plantes y soient apportés de quelqu'autre lieu, il n'y en viendra jamais dans cent millions de siécles. Votre raisonnement est fondé sur un faux principe ; il est même ridicule, puisqu'il faut supposer que le climat peut donner l'existence à quelque créature. Supposition absurde, mais né-

ceffaire pour donner du relief à la nouvelle philofophie. Régle certaine : il faut déjà avoir un être, pour continuer à avoir fon femblable
& le multiplier. La terre fufceptible de produire tous les êtres créés,
c'eft-à-dire, de concourir à leur dévelopement, demeurera toujours
ftérile, fi elle eft privée des germes & des femences dans lefquels
ils font renfermés, & qui feuls peuvent opérer leur renouvellement.
Dieu donc qui peut tout ce qu'il veut, n'a pas voulu, puifqu'il ne le
fait pas, que la terre eut une vertu de reproduction, indépendante
de l'òrdre qu'il a voulu établir dans le renouvellement des êtres. Nous
fommes affurés qu'il faut qu'il y ait des êtres déjà exiftans pour fe
perpétuer. Il faut donc, ou qu'ils ayent été créés de toute éternité, ou
dans le tems. L'éternité eft une fuppofition infenfée, il faut donc de
toute néceffité, que la création ait été dans le tems; l'idée même de
création eft contradictoire à celle d'éternité. La queftion ne fera donc plus
que de fixer cette importante époque. Les connoiffances humaines, en
confidérant la progreffion des Arts & des Sciences, les hiftoires de divers peuples, la multiplication des hommes & des animaux, détermi-
nent affez qu'elle eft l'ancienneté du monde. La révelation, qui eft fi
confolante pour les ames timorées, confirme ce prémièr jugement &
acheve de lever tous les doutes. Je fuis fâché de m'arrêter en fi beau
chemin, ayant bien des chofes effentielles à vous dire, & dont la
connoiffance vous eft très-néceffaire, pour vous rendre plus confidéré,
lorfque vous voudrez philofopher fur la religion. Je les renvoye à un
autre entretien. Je vous demande feulement; fi je n'ai pas droit de me
plaindre de votre décifion, & de la préférence que vous donnez à l'im-
bécile raifonnement de vôtre Sauvage fur celui des gens civilifés de tout
le refte de l'univers.

»En effet, puifque le Négre d'Afrique ne tire point fon origine de
»nos peuples Blancs, pourquoi les Rouges, les Olivatres, les Cendrés
»de l'Amérique, viendroient-ils de nos Contrées ? & d'ailleurs, quelle
»feroit la Contrée primitive ?

Mr. de Voltaire, vous ramaffez ici toutes vos preuves, & vous les
étalez avec emphafe, pour juftifier le raifonnement de votre Sauvage.
Si vous les jugez concluantes, vous ne nous donnez pas une idée bien avantageufe de la juftefle de votre jugement. Vous fuppofez ce que vous
devez au moins mettre en queftion, & vous tirez des conféquences
comme d'un principe certain. Les Négres, je l'ai déjà dit, tirent leur
origine des Blancs, & ils ne peuvent en avoir d'autre, & ces hommes
Rouges, Olivatres, Cendrés, &c. font des contes bleus, bons à amufer des enfans. Le doute & l'embarras que vous faites paroître, font
affez finguliers. Je devrois pour toute reponfe vous renvoyer à votre
cathéchifme; mais avec un Philofophe auffi illuftre, il faut en ufer
plus poliment. D'ailleurs il y a gens & gens, & je ne prétens pas obliger un Philofophe à croire comme le peuple fans examen; mais vous

ne pouvez refufer , fi vous voulez mériter le nom dont l'Europe vous Les Hommes
a décoré , de faire cet examen. Les Philofophes modernes font tant de de M. de Voltaire.
recherches inutiles , pour ne rien dire de plus , qu'ils ne doivent point
avoir honte de s'occuper un moment de l'hiftoire de la création de
l'univers. Elle eft fi fimple , fi confolante & fi fatisfaifante , fi authentique & fi digne de croyance , que fi une pareille rélation fe trouvoit
dans quelque vieux manufcrit , & que perfonne n'en eût encore entendu parler , ils nous traiteroient de ftupides , fi nous n'y ajoutions pas
tout de fuite une pleine croyance. Ils nous feroient voir de quelle maniere les hommes & les animaux ont paffé d'un lieu dans un autre ,
& ont rempli la furface de la terre ; ils nous démontreroient , par les
expériences journalieres , la facilité de cette tranfmigration. Elle eft
effectivement fi fimple & fi naturelle , qu'il eft étonnant qu'un Philofophe ofe demander qu'elle feroit la Contrée primitive dans laquelle
Dieu auroit placé l'homme. Ouvrez les yeux , faites ufage de votre
raifon , & fi vous voulez fincérement que la vérité vous éclaire , foyez
moins raifonneurs & plus raifonnables.

»La nature qui couvre la terre de fleurs , d'arbres , d'animaux , n'en
»a-t-elle d'abord placé que dans un feul terrein , pour qu'ils fe re-
»pandiffent de-là dans le refte du monde ? Où feroit ce terrein qui
»auroit eu d'abord toute l'herbe & toutes les fourmis , & qui les au-
»roit envoyées au refte de la terre ? Comment la mouffe & les fapins
»de la Norwege , auroient-ils paffé aux terres auftrales ? Quelque ter-
»rein qu'on imagine , il eft prefque tout dégarni de ce que les autres
»produifent. Il faudra fuppofer qu'originairement il avoit tout , & qu'il
»ne lui refte prefque rien.

Encore le mot de nature , qui aura placé dans un feul terrein tous
les animaux & toutes les plantes. Pourquoi , Mr. de Voltaire , cher-
chez-vous à jetter du ridicule fur la croyance publique ; ce n'eft pas
bien. Où avez-vous trouvé que l'Etre Suprême ait placé toutes les herbes , toutes les plantes , tous les arbres , tous les infectes , &c. dans
un certain terrein , & que ce terrein les ait envoyés dans les autres
parties du monde. Relifez , je vous en fuplie , nos Livres Saints , &
apprenez , s'il eft poffible que vous l'ayez oublié , que par la bénédiction que Dieu donna à la terre & par l'efficace de fa divine parole ,
la terre fut couverte de verdure , la mer & les rivieres abonderent en
poiffons , l'air fut rempli d'oifeaux , & les infectes furent placés dans
les climats convenables à leur tempérament. Voilà bien du chemin que
vous auriez épargné aux fapins de Norwege , pour paffer dans les terres
auftrales. Que de reproches je ferois en droit de vous faire fur votre
téméraire hardieffe (ne vous fâchez pas , je vous fupplie , du terme &
de l'épithete , elle eft en place) de nous fuppofer des abfurdités , pour
nous en accufer fans ménagement. J'en fuis fi confus pour vous , que
je n'ai pas la force de vous en dire d'avantage. Non : Dieu n'a pas

M m m ij

LES HOMMES placé toute l'herbe , toute la mousse , &c. dans le même terrein ; il
de M.de Voltaire. en a couvert la terre , & il a créé en même-tems les semences qu'elles
renferment , & qui se renouvelleront jusqu'à la fin des siécles chacune
selon son espéce ; il a placé dans chaque climat les plantes & les herbes qui
y étoient propres. Ce seroit envain que la vigne , le coton , les cannes
de sucre , &c. auroient été créés dans la region glaciale. Le Créateur
de toutes choses , en connoît les propriétés , & s'il avoit voulu que la
vigne fut cultivée dans la Zone Glaciale , elle y seroit venue , parce
qu'il auroit créé le climat & la plante convenables l'un à l'autre ; mais
c'est une question risible , de demander si un terrein propre à nourrir
certaines plantes , nourrit toutes les autres plantes en même-tems. Le
bon sens suffit pour juger que l'espace qui est occupé par un plante ,
ne peut pas dans le même point en contenir d'autres ; il est évident
que l'intention & la volonté du Créateur , sont effectuées lorsque les
herbes , les plantes , les insectes , &c. convenables à un pays quelconque , se trouvent en différens lieux , & que l'industrie humaine peut ,
suivant son plaisir & ses besoins , s'en procurer la semence pour les cultiver & s'en approprier l'usage. Ne croyez pas que le récit que je vous
fais , soit une imagination de ma part. Je suis incapable de vous en
imposer. Lisez l'histoire de la création ; ce Livre divin est ouvert à
tous les hommes. Vous y lirez que Dieu dit que la terre produise de
l'herbe verte qui porte de la graine & des arbres fruitiers qui renferment leurs semences ; que les eaux produisent des animaux vivans ,
qui nâgent dans l'eau , & des oiseaux qui volent sur la terre sous le
firmament , c'est-à-dire , dans l'air ; que la terre produise des animaux & des reptiles chacun selon son espéce , &c. Concevez-vous
présentement si toutes les herbes , les plantes & les arbres ont été
créés pele-mele dans un certain espace à l'exclusion de tous les autres.
Joignez-vous donc à moi , fermez la bouche à l'imposture , & vengez
la vérité des outrages qu'on lui fait journellement , & auxquels vous
n'avez malheureusement que trop contribué par vos écrits.

»Chaque climat a ses productions différentes , & le plus abondant
»est très-pauvre en comparaison de tous les autres ensemble.

Oui : la chose ne peut être autrement. Je vous ai fait voir l'absurdité du sistême opposé ; combien il étoit déraisonnable & contraire à
la vérité ; vous devez présentement en être convaincu , & combien le
principe sur lequel vous raisonnez est faux.

»Le Maître de la nature a peuplé & varié tout le globe. Les sapins
»de Norwege ne sont point assurement les peres des girofliers des mo-
»luques , & ils ne tirent pas plus leur origine des sapins d'un autre
»pays , que l'herbe des champs d'Arcangel n'est produite par l'herbe
»des bords du Gange. On ne s'avise point de penser que les chenilles
»& les limaçons d'une partie du monde , soient originaires d'une au-
»tre partie ; pourquoi s'étonner qu'il y ait en Amérique quelques espé-

»ces d'animaux & quelques races d'hommes femblables aux notres ? Les Hommes
: Le Maître de la nature ! Cette expreffion eft le langage du Sage. Je *de M. de Voltaire.*
reconnois ce Maître ; je fouhaite de toute mon ame que chacun lui
rende gloire & hommage. Je ne veux pas me repèter, rien n'eft plus
ennuyant. Pourquoi donc me ditez-vous la même chofe de tant de façons?
Eh non, Mr. de Voltaire, perfonne ne vous a dit, ni ne vous dira que
l'herbe d'Arcangel produife celle du Gange ; mais quand quelqu'un vous
le foutiendroit, en vous prouvant que la femence recueillie dans les
champs d'Arcangel, a été portée & femée fur les bords du Gange, y
auroit-il de quoi tant vous étonner ? Vous auriez raifon de l'être & de
le témoigner, fi on vouloit vous perfuader que les fapins de Norwege
font les peres des girofliers des moluques, Permettez-moi de vous repréfenter qu'à moins que vous ne preniez vos Lecteurs pour des fapins,
vous ne pouvez leur prêcher une fi étrange philofophie. C'eft pourtant
en conféquence de pareilles preuves, que vous concluez que les limaçons d'une partie du monde, ne font pas originaires de l'autre partie.
Vous tirez une feconde conféquence, qu'il n'eft donc pas étonnant qu'il
y ait en Amérique des efpéces d'animaux que nous ne connoiffons pas ;
& par une troifiéme conféquence, vous concluez qu'il peut y avoir
quelques races d'hommes femblables aux nôtres. J'admire votre gradation. Vous n'avez étalé toute cette érudition, que pour tirer une conclufion qui n'eft pas dans les régles de la logique. Dieu a voulu que la
terre de l'Amérique produifit de l'herbe verte, &c. donc il a voulu
qu'il y eut des efpéces d'hommes différentes de la nôtre. Je vous avoue
que votre raifonnement n'eft pas jufte, & que je ne l'excufe, que parce
que je l'attribue à votre Sauvage. Il n'y a qu'une feule race d'hommes, qui a peuplé tout l'Univers. La vérité qui nous apprend que
Dieu a couvert la terre d'herbes vertes, nous enfeigne en même tems
qu'il n'a créé qu'un feul homme dont la race s'eft répandue de tous
côtés. Ce contrafte de grandeur & de mifere dans tous les hommes
qui habitent les quatre parties du monde, démontre la même origine
& que tous ont un pere coupable. L'expérience de tous les tems,
confirme cette vérité, & quelques différences qui procédent du climat,
des alimens ou de l'éducation, varient bien un peu l'efpéce, mais ne
fçauroient la changer. Pour détruire cette croyance, fondée fur la revelation & fur la raifon, il faudroit donner des preuves du contraire,
& ces preuves ne doivent point confifter en de vains fophifmes &
de ridicues imaginations ; notre ignorance de la caufe de certains effets, ne devant jamais être mife au rang des démonftrations de ces
mêmes effets. Quelle étrange philofophie !
»L'Amérique ainfi que l'Afrique & l'Afie, produit des végétaux &
»des animaux, qui reffemblent à ceux d'Europe, & tout de même
»encore que l'Afie & l'Afrique, elle en produit beaucoup qui n'ont
»aucune analogie à ceux de l'ancien monde. Les terres du Mexique.»

Les Hommes »du Perou, du Canada, n'avoient jamais porté le froment qui fait
de M. de Voltaire, »notre nourriture, ni le raifin qui fait notre boiffon ordinaire, ni les
»ollives dont nous tirons tant de fecours, ni la plupart de nos fruits.

Que voulez conclure, Mr. de Voltaire, de votre obfervation fur la
reffemblance ou la différence des végetaux de l'Amérique d'avec ceux
de l'ancien continent, & de ce que le bled, la vigne & l'ollivier qui
fervent à la nourriture des Européens, ne paroiffent pas avoir été connus dans le Mexique, le Perou & le Canada? Si vous voulez dire que
toute terre doit tout porter, vous avancez un fiftême infoutenable; je
l'ai affez prouvé. Si vous prétendez au contraire que les herbes, les
plantes & les arbres dont Dieu a orné l'Univers, ont été plantés en
différens endroits relativement aux climats & aux fols qui font analo-
ques à leur végétation, nous fommes d'accord, & vous avez pris bien
de la peine inutilement; votre érudition auroit dû être mieux employée.
Je puis vous apprendre une chofe qu'il eft étonnant que vous ignoriez,
j'ai même quelque honte de vous faire un femblable reproche; j'aime
mieux croire que vous feignez de paroître ignorant pour donner de
la réalité à vos imaginations; car vous devez fçavoir qu'une plante qui
a été commune dans un pays, peut par divers accidens, ou manque
de culture, y périr entierement, & ne laiffer aucun refte de fon ancienne exiftence. Il fe peut donc qu'il y ait eu du bled & des vignes
dans le Canada, & que ces plantes y ayent peri; vous me difpenfe-
rez de vous dire comment. Vous pourriez penfer que je veux me mocquer de vous, & je n'ai nullement cette intention; mais je vous prie
de me faire fçavoir fi vous avez trouvé dans quelque auteur, que l'ollivier vint naturellement & porta du fruit autre part que dans les environs de la mer méditerranée, à la diftance de trente lieues de France
au plus. Cette queftion à laquelle vous ne vous attendiez pas certainement, déconcertera un peu votre philofophie. Il eft vrai que vous pouvez me répliquer qu'il y a quelques olliviers à Paris, preuve donc qu'il
n'eft pas néceffaire d'être fi près de la méditerranée; mais vous êtes
trop éclairé pour ne pas fentir auffi bien que moi toute la foibleffe &
le faux de votre objection. Vous fçavez qu'un arbriffeau & toute autre
plante qu'on cultive & qu'on conferve à force de foins dans un climat
qui leur eft contraire, ne doivent point être regardées comme naturelles au
pays, non plus que les cafeyiers & les poivriers qui font au jardin
royal. Si donc les olliviers ne croiffent qu'aux environs de la méditerranée, pourquoi avancer qu'il n'y en avoit point autre fois dans le
Canada, puifqu'il n'y en a point encore & qu'il n'y en aura jamais?
Je vous fais une feconde queftion: Quelle eft la caufe qui fait croître
les olliviers vers la méditerranée? Et pourquoi ils périffent dans tous
les autres climats, quoiqu'également temperés, s'ils font trop éloignés
de la méditerranée? La pénétration de la nouvelle philofophie, qui
ne connoit que ce terme ambigu de nature, pour expliquer fes opéra-

tions, fera forcée de demeurer interdite & muette. Qu'on choififfe un fol égal, ou plutôt qu'on tranfporte de la même terre dans laquelle croiffoient les olliviers dans un climat femblable, s'il eft éloigné de la méditerranée lefdits olliviers n'y vivront pas. D'où peut provenir cette diftinction conftatée par des expériences réiterées? Ce que les nouveaux Philofophes ignorent, eux qui ont la clef des fciences, tous les autres le fçavent. Ces derniers croient que le monde a été fait pour l'homme, & que tout ce que le monde renferme, eft pour l'ufage des defcendans de ce prémier homme. Ils croient que tous ces defcendans, étant freres par leur origine commune, doivent fe fecourir mutuellement & fe communiquer leurs moyens de fubfiftance. Voilà pourquoi tout pays ne produit pas tout, & que Dieu ne l'a pas créé pour produire tout; c'eft afin que le befoin que les hommes ont les uns des autres, les rende plus compatiffans & plus fociables. J'ai expliqué tout cela autre part, & cette explication feroit ici fuperflue.

»Toutes nos bêtes de fomme & de charge, chevaux, chameaux, »ânes, bœufs, étoient abfolument inconnues. Il y avoit des efpéces de »bœufs & de moutons; mais toutes différentes des nôtres. Les moutons »du Perou étoient plus grands, plus forts que ceux d'Europe, & fer-»voient à porter des fardeaux. Leurs bœufs tenoient à la fois de nos »buffles & de nos chameaux. On trouva dans l'Amérique des troupeaux »de porcs, qui ont fur le dos le nombril que par-tout ailleurs les qua-»drupedes ont au ventre; point de chiens, point de chats. Le Mexi-»que, le Perou, avoient des lions, mais petits & privés de criniere; »& ce qui eft plus fingulier, le lion de ces climats, étoit un animal »poltron.

Je conviendrai avec vous, Mr. de Voltaire, de tout ce que vous rapportez, après que certains faits que vous qui doutez fi facilement & que vous admettez avec trop de facilité, dès-qu'ils font extraordinaires, auront été conftatés. Que peut-il réfulter de ce que les lions de ces climats font poltrons, & ceux d'Afrique courageux? A peu près la même chofe de ce que nous avons dans le même climat des taureaux méchans & furieux, & d'autres doux & dociles au commandement. Relifez mes précédentes remarques, & vous devrez être fatisfait. Que voulez-vous dire avec ces troupeaux de porcs qui ont le nombril fur le dos? Ignorez-vous qu'il y a d'autres animaux qui ont le nombril auffi fur le dos, & croyez-vous que ce foit un effet du hazard? He bien! Dieu les a créés pour être placés ainfi.

»On peut réduire, fi l'on veut, fous une feule efpéce tous les hom-»mes, parce qu'ils ont tous les mêmes organes de la vie, des fens, »& du mouvement; mais cette efpéce paroît évidemment divifée en »plufieurs autres dans le phyfique & dans le moral. Quand au phy-»fique, on crut voir dans les Efquimaux qui habitent vers le foixau-»tieme dégré du nord, une figure, une taille femblable à celle des

LES HOMMES
de M. de Voltaire.
»Lapons. Des peuples voisins avoient la face toute velue ; les Iroquois
»les Hurons, & tous les peuples jusqu'à la Floride, parurent olivâtres
»& sans aucun poil sur le corps, excepté la tête. Le Capitaine Ro-
»gers qui navigua vers les côtes de la Californie, y découvrit des peu-
»plades de Nègres qu'on ne soupçonnoit pas dans l'Amérique. On vit
»dans l'Isthme de Panama une race qu'on appelle les Dariens, qui a
»beaucoup de rapport aux Albinois d'Afrique, & c'est la seule race de
»l'Amérique qui soit blanche ; leurs yeux rouges sont bordés de pau-
»pieres façonnées en demi cercle ; ils ne voyent & ne sortent de
»leurs trous que la nuit ; ils sont parmi les hommes ce que les hibous
»sont parmi les oiseaux. Les Mexicains, les Peruviens, parurent d'une
»couleur bronzée, les Brésiliens d'un rouge plus foncé, les peuples du
»Chili plus cendrés. On a exageré la grandeur des Patagons qui habi-
»tent vers le détroit de Magellan ; mais on croit que c'est la nation
»de la plus haute taille qui soit sur la terre.

Que dites-vous là, Mr. de Voltaire ? Vous êtes en contradiction avec
vous - même. Vous avez déja avancé à plusieurs reprises, que les hommes de l'Amérique ne sont pas de l'espéce de ceux de l'Europe, &
pour le prouver vous soutenez fort sérieusement que les sapins de
Norwege ne sont pas les peres des girofliers des Moluques. Aujourd'hui
vous réduisez tous les hommes sous une même espéce, du moins pour
ceux qui le voudront ainsi, c'est-à-dire, qu'il y aura plusieurs espéces
différentes d'hommes, ou, que tous les hommes feront de la même
espéce à la volonté d'un chacun. Votre philosophie est charmante ; il y
aura du malheur si vous ne faites pas bon nombre de prosélites. J'ai
peine cependant à croire, que ceux qui vous regardoient encore comme
un oracle, puissent souscrire à la réduction de toutes les espéces en
une seule, parce que tous les hommes ont les mêmes organes de la
vie, des sens & du mouvement. Sur ce fondement, l'espéce cochone,
qui suivant les observations anatomiques, a beaucoup de conformité
avec l'espéce humaine (j'entens pour les parties internes du corps) sera
aussi de la même espéce ; car quelques différences extérieures doivent
être comptées pour peu de chose ; elle paroîtra seulement diférenciée de
l'espéce que nous voulons être la nôtre par le physique & le moral ;
c'est beaucoup que cette différence, vous paroisse juste. Le physique que
vous produisez en preuve, n'est qu'une vision de quelques voyageurs.
Que ne citez-vous aussi des voyages de Guliver ; ils grossiroient la liste
des faits merveilleux qui vous plaisent trop. Ignorez-vous que le doute
raisonnable, distingue le Physicien éclairé & modeste, du présomptueux
& hardi dans ses décisions ? Apprenez de Mr. de Buffon que vous pa-
roissez estimer, que l'espéce n'est autre chose qu'une succession constante
d'individus semblables, qui se reproduisent. Les mulets ne sont point
une espéce, ils sont incapables de se reproduire ; mais le cheval &
l'âne sont deux espéces différentes. (quatrième tome de l'Histoire Naturelle.)

relle.) Comprenez maintenant ce que c'eft qu'une efpéce, & s'il eft LES HOMMES poffible que deux efpéces différentes s'allient, & que leurs productions *de M. de Voltaire.* puiffent fe renouveller. Je ne veux pas vous fâcher, vous le fçavez bien, & fi j'ofois, je vous dirois : Humiliez-vous dans ce que vous ne pouvez pas bien connoître, & avouez de bonne foi, que tous les fiftêmes finguliers que vous avez hazardé, feront à jamais des monumens pour fervir à l'hiftoire des égaremens humains & de l'ignorance dans laquelle les plus fçavans feront toute leur vie de certaines caufes que le Créateur n'a pas voulu manifefter, pour faire fentir à l'homme combien les connoiffances qui ne lui font pas néceffaires pour fa confervation & la pratique de la vertu font limitées. Permettez - moi de vous repréfenter que vous pouviez & que vous deviez même faire un meilleur ufage des talens fupérieurs dont Dieu a bien voulu orner votre ame. J'admire la fublimité de votre génie, vos vaftes connoiffances, votre érudition & votre facilité à réuffir dans tous les genres de littérature. Toutes ces belles qualités méritent certainement nos louanges; mais plus votre réputation donne du prix à vos ouvrages, plus vous êtes dangereux, quand vous fubftituez l'erreur à la vérité, & plus je me crois obligé de vous en avertir. C'eft à vous à me redreffer fi je ne prouve pas tout ce que je prends la liberté de vous reprocher. Vous devez m'en fçavoir gré, fi la philofophie fait l'objet de vos recherches, & vous me blâmeriez fi je vous louois aveuglement comme tant d'autres. Il ne fuffit pas d'avoir de l'efprit, comme le citoyen de Geneve, pour mériter l'honorable nom de Philofophe. Les échapés des petites maifons ont quelquefois plus de génie qu'nn honnête homme bon citoyen ; le dernier feul a cependant droit à notre eftime, & les prémiers n'excitent que la rifée ou la compaffion par leur effronterie à débiter des extravagances. Que veut prouver le faifeur d'hiftoires de Julie & d'Emile par tant de fophifmes & de contradictions qu'il entaffe les uns fur les autres ? Qu'il n'y a point de révelation, point de véritable religion, nulle efpérance d'une meilleure vie, plus de récompenfe pour la vertu, plus de punition pour les crimes ? Quelle folie ! La découverte eft auffi tardive que finguliere & infenfée. Quelle fureur de vouloir montrer de l'efprit ! Apologifte de toutes les erreurs anciennes & modernes, fes pernicieux écrits ne font qu'un rechauffé mille fois renverfé de toutes les impiétés & de toutes les abfurdités des fiécles paffés & du fiécle de la nouvelle Philofophie. S'il a réuffi en quelque chofe, je puis affurer que c'eft dans le portrait qu'il a fait de lui-même & de fes femblables. « Où eft le Philo-»fophe, dit-il, qui pour fa gloire ne tromperoit pas volontiers le genre-»humain ? Où eft celui qui dans le fecret de fon cœur, fe propofe un »autre objet que de fe diftinguer ? Pourvû qu'il s'éléve au-deffus du »vulgaire, pourvû qu'il efface l'éclat de fes concurrens, que deman-»de-t-il de plus ? L'effentiel eft de penfer autrement que les autres.

LES HOMMES »Chez les croyans, il feroit athée, & chez les athées il feroit croyant.
de M. de Voltaire. Je ne veux point relever la fin de fon portrait, ni lui faire obferver
qu'il étale fa philofophie à des Chrétiens. Quelle extravagance ! Ofer
blafphêmer contre le Chriftianifme, dans le fanctuaire de cette fainte
Religion : quelle folie, d'imaginer que quelques traits d'éloquence par
lefquels il étale fes fophifmes, doivent fuffire pour établir & juftifier fa
finguliere miffion. Il ne fuffit donc pas d'avoir de l'efprit, il faut encore avoir du difcernement, & connoître les forces & les bornes de
fa raifon ; autrement c'eft un efprit faux qui s'égare dans un dedale
de fophifmes. Le Père Caftel avoit du génie comme vous, & aimoit à
fe fingularifer. Heureufement pour lui & pour nous, que fes fingularités font concentrées dans la phyfique. Vous, vous avez voulu pénétrer dans le Sanctuaire de la Religion, & n'avez pas cherché la porte
par laquelle feule on y peut entrer ; vous vous êtes amufé aux dehors
de la place, vous avez groffi les difficultés d'un chemin oblique, vous
les avez amplifiées & exagerées, pour ne rien dire de plus ; vous mé-
riteriez cependant, foit dit entre nous, que je ne fuffe pas fi refervé,
puifque vous l'êtes fi peu ; mais je dois efpérer que vous le devien-
drez. Le fage doit montrer plus d'équité, & doit pefer les raifons pour
& contre dans les queftions qui lui paroiffent douteufes. Vous au contraire, vous avez employé toute votre érudition & toute votre éloquence, non à juftifier certaines actions qui ne vous ont pas plu, mais à
les faire paroître ou rifibles ou criminelles. Si je ne m'étois borné à
ne parler que de votre fiftême fur les différentes efpéces d'hommes
que vous voulez établir, je pourrois vous redreffer fur bien des faits
qui ont befoin d'une ample reforme ; je ne ferois pas intimidé par les
bruyantes apoftrophes que vos adulateurs, plutôt que vos Lecteurs im-
partiaux, lancent contre qui oferoit vous foupçonner d'erreur. La vérité ne craint pas les ménaces ; elle furmontera les plus grands obftacles, & diffipera les plus épais nuages dont on voudra l'enveloper.
Vous paroiffez dans votre Effai fur l'Hiftoire, la balance à la main,
pour pefer les actions des hommes. Pourquoi donc la faire pancher fi
injuftement, en exaltant outre mefure quelques actes d'humanité &
de grandeur de quelques infidéles, pour déprimer la conduite héroïque
& vertueufe des Chrétiens les plus refpectables ? Je n'ofe croire que
ce foit parce que ces derniers étoient fermement attachés à la révelation, quoique tous vos raifonnemens le difent trop manifeftement, cela
n'eft pas bien. Je ne vous en dis pas davantage pour le préfent. Je reviens à vos adulateurs, & je fuis fâché que les Journaliftes de l'Encyclo-
pedie que j'eftime & que je confidère très-fincérement, déclament comme les autres. Les exceffives louanges ne leur conviennent point, encore
moins les invectives, & je fuis perfuadé qu'ils corrigeront ce qu'ils ont
inferé dans le vol. de Mai pag. 123, en nommant petits finges d'E-
roftrate, ceux qui oferont vous critiquer. Ils leur donnent le nom d'in-

cendiaires du temple des mufes ; l'expreffion eft plus que forte. De quels LES HOMMES
termes fe serviront-ils contre les ennemis de la Divinité ? Vous êtes *de M. de Voltaire.*
célébre, Mr. de Voltaire, mais vous êtes homme comme les autres ,
fujet aux infirmités de l'humanité ; vous avez plus de génie que moi,
j'en conviens ; mais enfin vous n'avez pas plus de droit d'écrire contre
les erreurs d'autrui , que moi d'écrire contre les votres. La liberté eft
égale , & celui qui donnera des raifons plus fatisfaifantes , doit déterminer le fuffrage des Journaliftes. Que n'a-t-on pas écrit contre Mr.
Paliffot ? De combien de calomnies ne l'a-t-on pas noirci ? Eh bien ,
il a tourné les nouveaux Philofophes en ridicule. Qu'ont fait ces prétendus Philofophes ? Ils ont dit des injures , & il falloit donner des
raifons. Le feul moyen de le combattre avantageufement & de tirer
vengeance de fa hardieffe , étoit de le convaincre de fauffeté. La voie
qu'ils ont pris lui donne gain de caufe. De combien de brochures fo-
tifieres le public n'a-t-il pas été inondé ? On vous en attribue quelques-
unes qui font très-indécentes , entr'autre l'Inftruction Paftorale de l'humble Evêque d'Aletopolis , à l'occafion de l'Inftruction Paftorale de Jean
Georges , humble Evêque du Puy. C'eft à vous à vous juftifier d'une
accufation auffi grave , & à condamner publiquement toutes ces infamies.
Si vous n'en êtes pas coupable , vous êtes à plaindre ; car il eft trifte
& affligeant pour vous qu'on vous croie capable d'un fi étrange travers ,
& qu'on vous en accufe. Quelle idée a-t-on de vous ? Ayez plus de
foin de votre réputation , & juftifiez-là auprès des hommes au milieu
defquels vous êtes obligé de vivre. Il y en a qui ont du génie , & quand
même vous ne les croiriez pas de votre efpéce , la prudence exige que
vous ne les choquiez pas fi groffierement.

CINQUIEMEMENT.

Si quelqu'autre que vous , Mr. de Voltaire , vouloit faire accroire au
public qu'il y a une efpéce d'hommes qui marche fur les mains , on
lui riroit au nez. Les hommes extraordinaires ont-ils le privilége de
rendre croyable ce qui feroit abfurde dans tout autre ?
» Il eft vraiffemblable qu'on pourroit encore envahir cette cinquiéme
» partie du monde ; (la terre Antarctique découverte par Magellan en
» 1720) que la nature n'a point négligé ces climats & qu'on y ver-
» roit des marques de fa variété & de fa profufion ; mais jufqu'ici que
» connoiffons-nous de cette immenfe partie de la terre ? Quelques côtes
» incultes où Pelfart & fes Compagnons ont trouvé en 1630 des hom-
» mes noirs qui marchent fur les mains comme fur les pieds ; une Baye
» où Tafman en 1642 fut attaqué par des hommes jaunes armés de
» flêches & de maffues ; un autre où Dampierre en 1699 a combattu
» des Négres qui tous avoient la machoire degarnie de dents par-devant.
» On n'a point encore pénétré dans ce fegment du globe , & il faut

LES HOMMES
de M. de Voltaire. »avouer qu'il vaut mieux cultiver fon pays, que d'aller chercher les
»glaces & les animaux noirs & bigarés du Pole Auftral.

C'eft ici une répétition que vous faires, Mr. de Voltaire, de toutes
les hiftorietes dont quelques Voyageurs ont regalé le public. Je penfe
avoir fuffifamment détruit toutes ces fadaifes. Quel autre nom peut-on
donner à ce combat de Négres qui tous avoient la machoire fupérieure
dégarnie de dents? Il faudroit bien peu de chofe pour conftituer d'autres efpéces d'hommes, fi le manque de quelques dents étoit fuffifant.
Quand le fait feroit vrai, combien de caufes naturelles peuvent opérer cette prétendue merveille? J'ai honte de parler férieufement & fi
long-tems pour refuter une imagination, qui par la fimple expofition,
s'attire tout le mépris qu'elle mérite. Mais quelle eft cette cinquiéme
partie du monde, que la nature a fans doute variée comme les autres? Je ne la connois pas; je m'en tiens à la divifion autorifée. Où
en ferions-nous, fi chaque Ecrivain avoit l'autorité d'inventer & de placer quelque nouvelle partie du monde à fon choix & à fa volonté? Les
Poles Arctique & Antarctique, font des portions de la terre qui n'ont
point été exclues de la bénédiction de celui qui l'a tirée du néant. Il
feroit donc furprenant que ces portions fuffent privées des ornemens
qui leur conviennent, & fi le climat eft trop froid pour les plantes
qui embeliffent nos jardins, il fera propre à quantité d'autres. Je penfe
ainfi que vous, Mr. de Voltaire, qu'il vaut mieux cultiver fon pays,
que d'aller chercher les glaces & les animaux noirs & bigarés. Je vous
demande feulement, pourquoi les animaux y font plutôt noirs que
blancs? L'expérience nous a jufqu'ici démontré le contraire, & on obferve que les animaux qui font noirs dans la Zone temperée, font
prefque tous blancs dans la Zone glaciale, ce que les Phyficiens attribuent à la blancheur de la neige, & à la rigueur du froid. Si vous
avez, Mr. de Voltaire, quelque rélation de ces pays plus récente &
mieux détaillée que les anciennes, vous m'obligerez & le public de
nous la faire connoître, afin que nous puiffions nous corriger & reformer nos jugemens fur bien des chofes que nous croyons véritables,
parce qu'elles nous paroiffent telles, & que l'expérience femble confirmer. Vous ne doutez pas que nous fommes perfuadés & pleinement
perfuadés que tous les hommes ont la même origine, & que toutes
les Nations defcendent de la même tige. La révelation, la raifon &
l'expérience, font d'accord fur cette vérité fi confolante pour tous les
hommes; cependant vous enfeignez le contraire, & vous faites les
plus grands efforts, pour donner de la vraiffemblance à votre fiftême.
Vous combattez l'hiftoire de la création du prémier homme, confignée
dans nos Livres Saints, & vous propofez à cet effet toutes les difficultés
imaginables. Vous adoptez les hiftoires les plus apocriphes; tout vous paroit
bon pour parvenir à votre but. La revelation, fi refpectable & fi digne de
votre vénération, ne fait point impreffion fur votre ame philofophe.

SIXIEMEMENT.

L'hiftoire des hommes Rouges, Cendrés, &c. qui marchent fur les mains, qui ont la mâchoire fupérieure fans dents, &c. vous paroit plus que croyable; vous n'ofez pas cependant attaquer de front la révélation qui vous déplait tant; vous prenez un détour, & vous faites voyager vos Lecteurs dans l'Indouftan pour leur apprendre que »quelques voyageurs ont cru la race des hommes originaires de l'In-»douftan, alléguant que l'animal le plus foible, devoit naître dans le »climat le plus doux. & fur une terre qui produit fans culture les fruits »les plus nourriffans & les plus falutaires, comme les dattes & les »cocos, &c. &c. Tout cela prouve feulement que les Indiens font in-»digénes, & ne prouve point du tout que les autres efpéces d'hom-»mes viennent de ces contrées. Les Blancs & les Négres, & les »Rouges, & les Lapons, & les Samoyedes & les Albinois, ne vien-»nent certainement pas du même fol. La différence entre toutes ces »efpéces eft auffi marquée, qu'entre les chevaux & les chameaux. Il »n'y a donc qu'un brame mal inftruit. & entêté qui puiffe prétendre »que tous les hommes defcendent de l'Indien & de fa femme.

Il vous étoit bien plus aifé, Mr. de Voltaire (permettez-moi de continuer à vous parler avec fincérité) de dire fimplement, mon pere, toute ma parenté, tous ceux que je connois & tous ceux que je ne connois pas, qui ont rendu & rendent au vrai Dieu un célefte reli-gieux, ont crû & croyent qu'Adam, c'eft-à-dire l'homme, eft l'unique & prémier auteur de l'efpéce humaine, que d'aller chercher quelques voyageurs, qui remplis d'admiration pour les productions de l'Indouftan, auront crû (en fuppofant les rélations véritables) que le prémier hom-me aura été placé, après avoir été créé, dans un pays fi fertile & dont le climat eft fi tempéré. Que n'attaquiez-vous en droiture la croyance publique? Je fuis furpris, à caufe de la fingularité du fait, que vous ayez biaifé, quoiqu'après tout vous feriez bien puni, fi vos Lecteurs n'entendoient pas votre allégorie & qu'ils doutaffent un moment que l'Indouftan fignifie le Jardin d'Edem, l'Indien, Adam ou l'homme, & le brame mal inftruit & entête, les Juifs, les Chrétiens & tous les peu-ples qui ont eu le bonheur d'adorer l'Etre Suprême & de reconnoître la néceffité d'un Redempteur promis par la révélation à l'homme dé-chu de fon prémier état. Je voudrois pouvoir vous excufer, Mr. de Voltaire, & ne trouver votre fyftême que fingulier; mais je ne le puis, ni je ne le dois. Vous détruifez la religion, & je ne fçaurois, malgré l'envie que j'ai de vous fauver du ridicule dont vous vous couvrez, jetter un voile fur un fyftême fi déraifonnable, & que vous même fi vous vou-liez confulter votre confcience, ne manquerez pas de déclarer abfurde & impie. Je ne prétends pas vous infulter, j'en fuis bien éloigné; je veux vous convaincre par des raifons. & non pas vous irriter par des inju-

LesHommes res. Il n'y a que certains Philofophes modernes qui puiſſent s'imaginer
de M.de Voltaire. que quelques termes de mépris fuffifent pour détruire une croyance
établie fur les fondemens les plus inconteſtables. Reprenons l'hiſtoire
de l'Indien de l'Indouſtan. Quel eſt le voyageur qui vous a dit que
l'homme eſt l'animal le plus foible, & quel eſt le Phyſicien qui vous a
appris que les dattes & les cocos, font la nourriture la plus analogue
aux animaux les plus foibles? Quel eſt le Médecin qui vous a communiqué cette belle décifion, que de tous les climats celui de l'Indouſtan étoit le plus temperé? Quand on vous auroit fait part de toutes
ces nouveautés, y auriez-vous ajouté foi? Il ne faut jurer de rien,
après tant d'articles de votre croyance que j'ai déjà rapportés; mais
enfin, vous feriez du moins mal inſtruit & entêté, fi vous vous obſ-
tiniez à vouloir nous forcer à croire ce que nous n'avons aucune raifon de croire; car je puis, fans vous fâcher, vous avouer que votre
feule volonté ne fera jamais une démonſtration pour des hommes raifonnables. La conféquence que vous tirez de l'opinion de ces voyageurs,
eſt que les Indiens font indigenes, c'eſt-à-dire, naturels du pays dans
lequel ils vivent, mais que les autres hommes ne viennent pas de
ces Contrées; en effet, comment le même fol produiroit-il des hommes Blancs, Rouges, Noirs, Lapons, Samoyedes & Albinois? Certainement la choſe n'eſt pas poffible. Quand on admettroit pour un moment l'exiſtence de tous ces hommes fi diverſement colorés, feroit-ce
une raiſon pour affirmer qu'ils ne font pas de la même eſpéce?
J'ai déjà démontré le ridicule de cette prétention, & que dans une
même famille, les enfans d'un même pere & d'une même mere, ceſſe-
roient d'être de la même eſpéce, s'ils n'avoient pas tous une couleur
uniforme: mais que voulez-vous dire, Mr. de Voltaire, avec votre
certainement. Ce mot doit fignifier quelque choſe dans la bouche d'un
Philofophe. Certainement tous ces hommes ne viennent pas du même fol.
C'eſt donc le fol qui produit les eſpéces différentes? Je ne puis donner
aucun autre fens à cette phrafe. Il eſt vrai que c'eſt une abſurdité &
une extravagance; mais ce n'eſt pas ma faute. Vous aurez beau crier
que je fuis mal inſtruit, & que je fuis entêté comme un brame; puiſque vous avez décidé que le fol produifoit les eſpéces, & que je dois
vous en croire fur votre parole. Je vous reponds que je m'en garderai
bien. Si vous voulez que je croie un fyſtême fi nouveau & fi fingulier
faites le moi concevoir; expliquez-moi les propriétés du fol, & ce qui
conſtitue une eſpéce; montrez-moi la connexion qu'il doit y avoir
entre ce fol & la plus petite plante, & le plus chetif animal; & quand
le fol auroit cette inconcevable propriété de donner l'exiſtence à une
eſpéce quelconque, pourquoi les différentes eſpéces d'hommes n'en pour-
roient-elles pas venir? Si les hommes font réellement de différentes
eſpéces, il devroit s'enfuivre au contraire qu'elles pourroient toutes venir du même fol, comme différentes plantes croiſſent & multiplient

dans un vafe rempli de la même terre. Je vous prie, Mr. de Voltaire,
fi vous me jugez mal inftruit de ne point me traiter d'entêté. Je cherche la vérité, & malheureufement je ne trouve que ténébres dans la
nouvelle philofophie. Un fol qui produit différentes efpéces, ou plutôt
qui n'en peut produire qu'une à l'exclufion de toutes les autres, eft un
galimathias qui ne fçauroit m'éclairer. Les Indiens font indigenes de
l'Indouftan ; donc les hommes Rouges & Noirs ne fçauroient en être
indigenes aufsi, parce que la différence eft aufsi marquée qu'entre les
chevaux & les chameaux. J'admire le fublime effort de cette imagina-
tive ! un fol produit des chevaux, donc il ne peut produire des chameaux. Mais, Mr. de Voltaire, daignez inftruire un ignorant. Ce fol qui
produit des chevaux (oublions pour un moment les chameaux) n'en pro-
duira-t-il que d'une couleur, & fi malgré votre décifion il s'en trouvoit des
Blancs & des Noirs, feront-ils toujours de la même efpéce ? Votre doctrine
brouille prodigieufement mes idées. Ces chevaux & ces chameaux me
paroiffent fi étrangers à votre queftion, que je ne fçais comment vous dire
que je n'y trouve pas le fens commun. Je ne vous dis pas qu'elle n'a
pas le fens commun, mais que moi, qui ne fuis pas Philofophe comme
vous, je trouve que de l'alliance des chevaux & des chameaux, il n'en
proviendra que des mulets incapables de reproduction ; marque certaine
que les efpéces font différentes, à quoi fervira cette comparaifon ou cet
exemple fi déplacé. Pouvez-vous douter que de l'alliance d'un Noir &
d'un Blanc, d'un Rouge & d'un......... de toute autre couleur qu'il
vous plaira d'inventer, le produit ne fera point mulet, & fe perpétuera
fans aucun obftacle ? Ignorez-vous que la couleur de l'un s'abforbe &
fe perd dans celle de l'autre ? Et que celui qui étoit Blanc devient
Noir, & que celui qui étoit Noir devient Blanc, &c. preuve certaine
que les hommes de différentes couleurs ne font pas de différentes efpéces, chaque efpéce fe renouvellant dans la maniere d'exifter qu'elle
a été créée (je vous repete peut-être trop fouvent les mêmes chofes)
c'eft une néceffité que vous m'impofez en repetant trop fouvent les mêmes difficultés, qui n'en font cependant que pour certains Philofophes
qui quittent le réel pour courir après des phantomes que la reflexion
diffipera toujours.

SEPTIEMEMENT.

Il étoit refervé au fiécle de la nouvelle philofophie, de fe fingularifer au point que le Blanc & le Noir feront la même chofe, quand il
prendra fantaifie à quelqu'un de ces prétendus Philofophes de nous
l'affirmer. On veut aujourd'hui douter de tout, on repand des nuages
fur les vérités les plus claires & les plus inconteftables, & les hommes
qui rougiffent de foumettre leur raifon à ce qui eft démontré par la
faine raifon, la révélation & une fuite continuée de faits de la derniere évidence, nous propofent de croire des contes à dormir debout,

LES HOMMES comme quelque chose de très-important au bien de l'humanité. On
de M. de Voltaire. avoit cru jusqu'ici que la différence qu'il y avoit entre un climat chaud
& un climat froid, c'est que dans le prémier les hommes pouvoient se
passer de vêtemens, & que dans le dernier il falloit se bien couvrir. Ce
n'est plus cela : un climat chaud produira des hommes d'une certaine
espéce, & un climat froid une autre espéce d'hommes. Nous ignorons
encor quel est le dégré de chaud ou de froid pour effectuer une opération si merveilleuse ; vous auriez bien dû, Mr. de Voltaire, décider
cette question ; elle n'est pas plus difficile que les autres.

»Ce vaste Archipel (les Isles Mariannes) étoit peuplé d'hommes d'es-
»péces différentes, les uns Blancs, les autres Noirs, les autres Olivâtres
»ou Rouges ; on a toujours trouvé la nature plus variée dans les cli-
»mats chauds, que dans ceux du septentrion.

Je ne cesse de vous faire mes excuses de vous ennuyer par mes réponses aux mêmes questions ; mais comment voulez-vous que je fasse ?
Vous vous repetez à tout moment, & vous sçavez bien que vous triom-
phez quand vous vous imaginez avoir réduit le fanatisme au silence. Encore de nouvelles espéces d'hommes ! Il semble que quelqu'un vous a
promis une recompense, si vous pouviez parvenir à en grossir le nombre. Cette couleur différente vous inquiète prodigieusement. Si je pouvois vous attirer à ma campagne, & que je pusse avoir l'avantage de vous
y amuser quelques jours, je vous ferois voir quelque chose qui décon-
certeroit votre philosophie ; vous y verriez une garene dont les lapins
mâles & femelles sont gris, & cependant sans qu'aucune autre espéce
de lapins originaires d'un sol éloigné soit venue rendre visite à l'espéce
de mes lapins, vous trouveriez parmi les petits, des lapins noirs, blancs
& tâchetés. Si vous décidez que c'est la même espéce, vous jugerez
en homme de bon sens ; mais que deviendroit votre système ? Les hommes Rouges, les Cendrés, les Blancs, &c. ne seront plus des espéces
différentes, & le brame ne vous paroîtroit plus un ignorant & un entêté ;
& si au contraire vous vous entêtez à soutenir que mes lapins de diverses couleurs sont des espéces différentes, vous passerez vous-même
pour un Philosophe mal instruit ; & si vous le croyez, dispensez-moi
de vous dire le reste. La trouvaille que vous supposez qu'on a faite
dans les climats chauds, n'est ni nouvelle ni singuliere, si vous entendez que les germes ayant besoin de chaleur pour se dévoloper, se manifestent plutôt dans la Zone-Torride, que dans la Glaciale, & qu'ainsi
la nature, c'est-à-dire, l'ordre établi par le maître de la nature dans
le renouvellement des espéces, fera voir plus de variété, tout cela sera
vrai, & vous ne serez plus exposé aux reproches du public. Il est
étonnant qu'un homme de génie tarde tant à s'appercevoir du faux de ses
sophismes. Sur ce pied, il vaut mieux être ignorant que sçavant, si la science contribue si peu à rendre l'homme sage & prudent dans ses jugemens.

»Les peuples qu'on trouva dans le Canada n'étoient pas de la nature
de

»de ceux du Mexique , & du Pérou , & du Bréſil. Ils leur reſſemblent Les Hommes
»en ce qu'ils ſont privés de poil comme eux , & qu'ils n'en ont qu'aux *de M. de Voltaire.*
»ſourcils & à la tête ; ils en différent par la couleur qui approche de
»la nôtre , &c.

Je vous prie , Mr. de Voltaire , de vous ſouvenir de mes lapins , &
de l'explication que je vous ai demandée du mot de nature. Sans doute
que les Canadiens ne ſont d'une eſpéce différente des Mexicains , des
Péruviens & Bréſilliens , que parce que leur couleur n'eſt pas la même ,
quoiqu'ils ſoient privés également de poil , ou parce qu'ils n'auront pas
autant de poil que les Européens , quoique leur couleur ſoit la même ;
les voilà encore d'une nature différente , je ne vous ai déjà que trop
témoigné ma ſurpriſe , ſur toutes les fadaiſes que vous oppoſez aux
ſacrées vérités de la révélation. Je ne puis que vous plaindre & vous
ſolliciter à faire un voyage dans le Royaume des Patagons , pour me-
ſurer la taille giganteſque de ce peuple ; car il m'a paru que vous n'y
ajoutez pas une foi bien volontaire ; vous avez raiſon , & vous en auriez encor plus , ſi vous placiez dans les Provinces des Géans Patagons ,
ces hommes à mâchoire édentée , ces Soldats combattant en tenant
des maſſues par les pieds & en marchant ſur les mains. Je vous ai
promis de vous parler franchement ; vous devez vous appercevoir que
je vous tiens parole. Je vous dirai donc que je ne comprends pas pourquoi votre doctrine , auſſi drole que nouvelle , ne m'amuſe pas. Vos contes ne me rejouiſſent pas tant que ceux de Guliver ; votre philoſophie
eſt trop ſerieuſe & l'autre eſt gaye & badine. Avec vous , on n'a pas
la liberté de penſer & de raiſonner , il faut vous croire & vous admirer ſous peine de paſſer tout de ſuite dans une autre eſpéce d'hommes. Avec Guliver on eſt à ſon aiſe , on ſe moque de lui (en quoi
on a grand tort) on en rit & je ſuis aſſuré qu'il en a de la joie , ſe
ſouciant fort peu d'intimider ſes Lecteurs par de ridicules menaces.
Imitez-le , & croyez que l'entêtement ſera toujours du côté de celui qui
propoſe des ſyſtêmes contraires à la raiſon , & s'obſtine à les enſeigner
ſerieuſement au genre humain qui n'en a pas beſoin , & ne les lui
demande pas.

HUITIEMEMENT.

Je ſuis preſque fatigué de vous mettre devant les yeux ce qui certainement ne doit plus vous paroître mériter d'obſervations de ma part.
Je vous en ai aſſez dit pour vous contenter & vous faire paſſer l'envie d'inſiſter d'avantage à nous prôner votre riſible ſyſtême des différentes eſpéces d'hommes. Je ne fais plus que cette remarque & nous
finirons notre entretien.

- »Ce vaſte pays (la Laponie) voiſine du pole , avoit été déſigné
»ſous le nom de la Contrée des Pigmées ſeptentrionaux. . . . . . . il eſt

LES HOMMES »poffible que les Pigmées méridionaux ont péri, & que leurs voifins
de M. de Voltaire. »les ont détruits.

Vous n'êtes pas bien éveillé, Mr. de Voltaire, en nous débitant de
pareilles fornetes. (Vous m'avez permis de vous dire ma penfée, &
vous m'avez affuré que vous ne vous en fâcheriez pas.) Vous avez oublié l'hiftoire des Patagons; quel contrafte ! un peuple de Pigmées vers
un pole, & un peuple de Géans vers l'autre. Si le froid a fi fort diminué la taille des uns, comment a-t-il pû augmenter fi prodigieufement la taille des autres ? Car felon vous la nature, le climat, le
fol & tout ce que vous voudrez, produit les efpéces, fuivant qu'il eft
chaud ou froid ; par conféquent les climats qui feront également froids,
produiront les mêmes efpéces. Accordez-vous avec vous-même ; il faut
de la vraifemblance, même dans les fables. J'admire votre facilité à
imaginer des poffibilités. Que n'affurera-t-on pas avec une telle reffource ?
Je ne vois aucune impoffibilité que les hommes ayent des aîles & le
corps couvert de plumes ; l'idée d'aîles & de plumes ne repugne pas
avec l'idée du corps de l'homme. Je conçois leur réunion, donc elle
eft poffible. Que penferiez-vous cependant de moi, fi je vous affurois
que les hommes étoient autrefois emplumés ; mais qu'il eft poffible,
(par un accident que je ne vous nommerai pas) que ces plumes font
tombées. Prenez garde de me condamner ; votre jugement vous porteroit coup. Vous fuppofez qu'un peuple de Pigmées a habité les pays
méridionaux & que des hommes d'une autre efpéce les ont détruits, à
peu près comme les chats tuent & mangent les fouris. Souvenez-vous
des Patagons ; il faut qu'ils foient les Pigmophages ; il leur en falloit
tant pour chaque repas, que cette chaffe n'auroit pas duré long-tems.
A propos de chaffe, n'avez-vous pas obfervé que lorfque l'efpéce d'un
animal quelconque eft pourfuivie par une efpéce plus forte, la plus
foible, pour échaper au danger, fe retire dans les lieux les plus reculés, & c'eft fans contredit par cette voye que plufieurs lieux qu'on
croyoit inhabitables ont été peuplés; fi donc vos Géans Patagons avoient
pourfuivi vos trop foibles Pigmées, pourquoi quelqu'un de ces derniers
n'auroit-il pas cherché un azile bien avant vers le pole, ou dans quelque autre lieu défert ? Il auroit par cette rufe confervé le refte d'une
fi jolie efpéce ; car vous ne devez pas juger de ce qu'on a détruit les
loups en Angleterre, (qui y étoient réellement) qu'on a détruit auffi
vers le pole les Pigmées méridionaux (qui n'y étoient pas.) Les premiers habitoient une Ifle & ne pouvoient aller plus avant que le rivage
de la mer ; les derniers au contraire n'avoient qu'à continuer leur route
pour tromper l'ennemi. Vous voyez que j'entre avec vous dans un détail fatisfaifant. Une queftion auffi intéreffante, mériteroit bien cette
confidération. O Guliver, Guliver, on vous copie, & on veut vous enlever l'honneur de l'invention ? Si votre réputation avoit befoin de quelque fuffrage pour revendiquer tant de fyftêmes qu'on dit nouveaux, &

dont vous êtes le légitime pere, je vous offrirois le mien ; mais vous êtes fi connu, & les différens peuples que vous avez découvert dans vos pénibles voyages, tiennent un rang fi diftingué dans l'hiftoire, que votre nom eft au-deffus des apologies.

»Plufieurs efpéces d'hommes, ont pû auffi difparoître de la face de »la terre, comme plufieurs efpéces d'animaux.

Ces poffibilités font admirables ; auffi, Mr. de Voltaire, permettez-moi de vous dire que vous en tirez tout le parti poffible pour détruire l'imbecile croyance de l'ancienne efpéce d'hommes, & donner de l'éclat aux fublimes inftruĉtions que vous avez la générofité de diftribuer à tous ceux qui veulent être initiez dans la nouvelle philofophie. Il n'y a que des gens qui croupiffent encor dans la fange des préjugés, qui s'obftinent à croire que toutes les efpéces que la main libérale du Créateur a placé fur la terre, fe perpétueront jufqu'à la fin des fiécles ; parce que la bénédiĉtion du Tout-Puiffant à une efficacité imperturbable, & qu'elle feroit fans effet, fi quelque efpéce avoit péri. Bien loin donc que plufieurs efpéces d'hommes, qui n'exifteront jamais que dans le pays des chimeres, ayent pû difparoître de la face de la terre, les efpéces d'animaux ne difparoîtront pas non plus auffi totalement. Elles pourront difparoître d'un pays par divers accidens que je ne veux pas détailler ; mais elles fe renouvelleront dans d'autres Contrées. Ces gens à préjugés croyent auffi que le hazard eft un être de raifon, & que tout ce qui exifte ne vit, ne croit & ne fe reproduit que par la volonté de l'Etre Suprême, qui régit & regle tous les évenemens, toutes les aĉtions & tous les mouvemens, non-feulement par une providence générale, mais encore particuliere ; enforte que vous, Mr. de Voltaire, ne jouiffez de la vie que par une faveur de la bonté divine, & que vous n'avez écrit tant de fingularités contre la doĉtrine conftante & raifonnable des adoratéurs du vrai Dieu, que par une permiffion de cette même providence ; pour convaincre l'univers que le Chriftianifme eft plutôt la religion du cœur que de l'efprit, & que l'homme livré à lui-même, lorfqu'il fe croit fort & puiffant par fes propres forces, n'eft que ténébres & le jouet d'une imagination capricieufe. Cette même providence permet auffi que je donne des preuves de mon zéle contre les abfurdités de la nouvelle philofophie, & que ma foibleffe fuffife pour confondre la prétendue force des nouveaux Philofophes. Nos anciens Poëtes avoient imaginé la fable de la chimere, qui eft un compofé de divers animaux. Qui fçait fi ce n'eft pas la repréfentation de quelqu'une de ces efpéces qui a pû difparoître de la face de la terre ? Tout eft poffible aux lumieres & à la pénétration des nouveaux Philofophes ; il n'y a que ce qui eft commun, & que tout le monde s'accorde à voir de la même maniere, qui ne mérite felon eux aucune croyance ; mais découvrir un peuple de Géants, de Mirmidons, d'édentés ou marchant fur les mains, &c. voilà qui

LES HOMMES
de M de Voltaire.

eſt joli, beau & digne de notre admiration & de notre croyance:
»Les Lapons ne paroiſſent point tenir de leurs voiſins; les hommes
»par exemple, ſont grands & bien faits en Norwege, & la Laponie
»n'en produit que de trois coudées de haut; leurs yeux, leurs oreil-
»les, leur nez les différencient encore de tous les peuples qui entou-
»rent leurs déſerts; ils paroiſſent une eſpéce particuliere faite pour le
»climat qu'ils habitent, qu'ils aiment, & qu'eux ſeuls peuvent aimer.
»La nature qui n'a mis les rennes que dans ces contrées, ſemble y
»avoit produit les Lapons; & comme leurs rennes ne ſont point venues
»d'ailleurs, ce n'eſt pas non plus d'un autre pays que les Lapons y
»paroiſſent venus.

Votre reſerve, Mr. de Voltaire, ſur l'eſpéce Lapone me plaît. Vous
n'affirmez plus, vous doutez preſque, vous faites des conjectures. Il
vous paroit, il vous ſemble que les Lapons, à cauſe de leur petite
ſtature, de la figure de leur nez, de leurs oreilles, de leurs yeux, &c.
différent de l'eſpéce des Norwegiens. Ge langage me paroit raiſonnable: car il peut me ſembler à moi le contraire, & je puis prouver
mieux que vous que ce qui me ſemble vrai, eſt certain de toute certitude; parce que l'expérience m'apprend que les animaux d'une même
eſpéce, nourris dans deux pays différens, différent par leur groſſeur,
& par leur embompoint; d'où je conclus, non pas que ces animaux
ſont de deux eſpéces différentes, il me ſembleroit mal; mais que l'air
de ces deux pays, le climat & les alimens, ſont différens & ſont une
cauſe ſuffiſante pour produire cet effet. Je ne doute pas, Mr. de
Voltaire, que vous ne vous plaiſiez au jardinage, & que vous ne vous
amuſiez quelquefois à cultiver des arbres & des plantes. Dans cette
ſuppoſition, vous devez avoir vû des arbres de la même eſpéce, &
des plantes également de la même eſpéce, élevés dans le même terrein, produire des fruits les uns petits, ſans odeur & ſans goût, &
les autres délicats, odoriférens & monſtrueux par leur groſſeur; il ne
doit pas cependant vous paroître que ce ſoit des eſpéces différentes;
ſi vous le diſiez à votre Jardinier, ce dernier auroit-il tort de ſe mocquer de vous, à moins que négligeant ſa profeſſion, il ne ſe fût aviſé
d'étudier la nouvelle philoſophie? Il vous répondroit: A d'autres, Mr.
de Voltaire; vous ne me perſuaderez jamais que ces arbres que j'ai
plantés, & que je connois comme mes enfans, ne ſont pas de la
même eſpéce; les eſpéces ne changent pas ainſi, elles ſont immuables,
& ſi les fruits des uns ſont petits, c'eſt que l'arbre ne ſe porte pas
bien, & ne pompe pas autant de ſuc que celui qui produit ces beaux
fruits. Je raiſonne à peu prés comme votre Jardinier. L'air, le climat,
& la nourriture de la Norwege ſont différens de l'air, du climat &
de la nourriture de la Laponie; par conſéquent les Norwegiens doivent differer des Lapons; & ſi, écoutez bien ceci, des Norwegiens ſe
tranſplantoient dans la Laponie, ou des Lapons dans la Norwege, »

vous verriez dans peu de générations croître les uns , & diminuer les autres ; les espéces n'auroient pas changé. Je vous dirai comme le Jardinier , les espéces demeurent toujours les mêmes dans ce qui les constitue espéces , & elles se perpétueront telles que notre Dieu qui est le Dieu de tout l'Univers , a bien voulu les créer. Je vous dirai encore que quelques petits changemens que vous remarquez dans les mêmes espéces , & que d'autres remarqueront après vous , bien loin de vous autoriser à enseigner que ce ne sont plus les mêmes espéces , doivent vous convaincre que rien n'est capable de les détruire , puisque ces petits changemens , qui sont une suite nécessaire de l'impression de l'air & de la température ou de la rigueur des climats & des sucs nourriciers des fruits naturels à chaque pays, laissent subsister ces espéces dans tout ce qu'elles ont d'essentiel pour être telles. Nous perdrions notre tems tous les deux à discourir , vous à nier , moi à vous assurer que telle chose est essentielle à telle ou telle espéce. Ne raisonnons que de ce que nous sçavons , & procédons du connu à l'inconnu. Vous ne vous êtes égaré que pour avoir voulu , je ne dis pas marcher , mais courir dans une route toute opposée. Vous trouvez que les Lapons aiment leurs déserts & qu'eux seuls peuvent les aimer ; vous vous trompez. Si vous étiez né dans un lieu encore plus désert , il vous paroitroit agréable , il le seroit effectivement pour vous , & vous le chéririez plus que les délices ; c'est une impression nécessaire pour fixer & attacher les hommes dans les lieux où la Providence les place ; sans cela il n'y auroit aucune société stable & tranquille. Tout cela ne dit pas que les rennes ne viennent que dans la Laponie ; nous ne sçavons, ni vous ni moi, si elles y sont depuis longtems ; mais ce que nous ne pouvons ignorer, c'est qu'elles se plaisent dans ce climat qui leur est favorable , & que la Zone-Torride contribueroit moins à leur multiplication ; tout cela est dans l'ordre physique , relativement à leur tempérament ; car enfin , puisqu'il faut vous dire tant de fois la même chose , la terre est pour les animaux , & les animaux & la terre sont pour l'homme , & comme il seroit absurde de penser qu'une petite portion de terre , pût nourrir tous les animaux destinés à l'orner , & tous les hommes , qui suivant le plan du Créateur , doivent la peupler, il a fallu nécessairement que les animaux & les hommes , à mesure qu'ils ont multiplié , se dispersassent & occupassent les endroits vacans. Je conviendrai avec vous , Mr. de Voltaire , que ces transmigrations , même les volontaires , (car elles peuvent avoir été occasionnées par d'autres causes) doivent avoir été affligeantes ; mais une fois faites , les enfans nés & élevés dans ces nouveaux climats, y ont été attachés comme nous le sommes au nôtre.
»Ainsi quoiqu'il ne vous paroisse pas vraissemblable que les habitans
»d'une terre moins sauvage , ayent franchi les glaces & les déserts ,
»pour se transplanter dans des terres si stériles , il me paroit à moi

LesHommes plus que vraiſſemblable que c'eſt préciſement parce que ces terres étoient
de M. de Voltaire, ſtériles & couvertes de glaces, que ces peuples s'y ſont réfugiés, pour
échaper à la pourſuite de leurs ennemis, non pas parce que les glaces
leur plaiſoient, mais parce qu'elles rendoient cet azile aſſuré. Ces raiſons
me paroiſſent plus vraiſſemblables que les vôtres; je veux dire que les
raiſons qui me paroiſſent vraiſſemblables ſont fondées ſur ce que nous
voyons arriver tous les jours, & les vôtres ne ſont que des ſuppoſi-
tions établies ſur des imaginations. Vous voyez qu'il y a des vraiſſemblances & vraiſſemblances, & que les vôtres ne ſont pas heureuſes.

»Une famille peut être jettée par la tempête dans une Iſle déſerte
»& la peupler; mais on ne quitte point dans le continent des habita-
»tions qui produiſent quelque nourriture, pour aller s'établir au loin
»ſur des rochers couverts de mouſſe, où on ne peut ſe nourrir que
»de lait de rennes & de poiſſons.

Si vous aviez eu la complaiſance, Mr. de Voltaire, de m'écouter
attentivement, vous ne perſiſteriez pas d'avantage dans votre ſentiment.
Il auroit dû vous paroître poſſible que la tempête qui jette une famille dans une Iſle déſerte, peut la jetter dans cette terre que vous
jugez inhabitée, car pour inhabitable vous ne pouvez le dire, puiſque
vous parlez de ſes habitans, à moins que la tempête n'ait reçu quelque ordre contraire; & ſi une tempête a jetté une famille, d'autres
tempêtes peuvent en jetter de nouvelles, quoiqu'après tout une ſeule
ſuffiroit pour donner naiſſance à la Nation la plus nombreuſe, ſur-tout
ſi la tempête eſt de vieille date. Je veux oublier pour un inſtant ce
qui ſe paſſe ſur la mer, & puiſque nous ſommes aux délices, n'en
ſortons pas. Je ſuppoſe donc que les barbares font irruption ſur vos
terres, qu'ils cherchent à vous enlever, pour vous livrer aux plus affreux ſupplices, (ce n'eſt qu'une ſuppoſition) je vous demande ſi parce
que vos terres ſont fertiles & que votre campagne eſt verte & riante,
vous préféreriez d'y demeurer plutôt que de fuir vers les glaces & les
rochers eſcarpés pour ſauver votre vie, & ſi vous ne ſéjourneriez pas
ſur ces rochers autant de tems que le danger ſeroit à craindre. Je vous
diſpenſe de me repondre; je ſçais qu'on ne vous trouveroit plus aux
délices. Ce que vous feriez d'autres l'ont fait, & les infortunés Anglois
du Canada imitent votre prudente conduite, en abandonnant leurs plan-
tages pour ſe ſouſtraire à l'inhumaine fureur des Indiens. Vous com-
prendrez peut-être maintenant, que les attraits du lait des rennes &
des poiſſons de la Laponie, ne ſont pas la véritable cauſe de ſa population; quoiqu'après tout, peut-être que cette nourriture plaît d'a-
vantage aux Lapons, que ſi vous vouliez les regaler avec des faiſans,
des perdreaux, &c. Nous avons des exemples de tant de bizarres ra-
goûts, que nous ſommes forcés d'avouer qu'on ne diſpute pas des
goûts; ainſi n'en parlons plus.

»De plus: ſi des Norwegiens, des Suedois s'étoient retirés en La-

»ponie, y auroient-ils changé abfolument de figure ? Pourquoi les Iflan-
»dois qui font auffi feptentrionaux que les Laponois , font-ils d'une
»fi haute ftature , & les Lapons non-feulement petits , mais d'une figure
»toute différente ?

Si je vous dis que c'eft encore un fophifme que vous prenez pour
une démonftration, le terme vous choquera, & quoique je veuille vous
convaincre, je ne voudrois pas vous fâcher. Pardonnez, je vous en prie,
à mon ignorance. Si je fçavois m'énoncer autrement, je n'employe-
rois pas le mot de fophifme, pour manifefter la fauffeté de vos raifonnemens. Vous faites des interrogations & vous y répondez jufques
à vous féduire vous-même. Vous demandez fi des Norwegiens, des
Suedois alloient habiter la Laponie, deviendroient petits & change-
roient abfolument de figure. Je vous ai déja dit oui : non pas tout de
fuite, mais peu-à-peu, & après quelques générations ; je vous en ai
donné la raifon. Bien plus : fi des Lapons paffoient en Norwege & en
Suede, après quelques générations, ils deviendroient également Norwegiens & Suedois. Si je ne craignois de vous offenfer, je vous affu-
rerois que vous-même, fi votre philofophie vous avoit déterminé à
prendre femme, & que vous euffiez voulu goûter du lait des rennes
& des poiffons de la Laponie, que vos arrieres petits enfans feroient
des vrais Lapons. Je fçais que vous les renonceriez pour votre poftérité ; mais eux qui auroient intérêt & qui fe glorifieroient de vous avoir
& de vous reconnoître pour leur archi-tris-ayeul, vous prouveroient
par de bons titres qu'ils font de votre efpéce & de votre race. Vous
raifonnez mal, en établiffant que les Norwegiens & les Suedois qui
vivroient dans la Laponie, ne prendroient point la figure des Lapons.
C'eft une erreur de fait dont vous pourrez facilement vous corriger,
en vous faifant faire le voyage de la Laponie, ou en attirant chez
vous aux délices quelques familles Lapones, & en vous faifant voir
de vos deux yeux le contraire ; cette erreur vous eft étrangere dans
le fens qu'elle n'eft pas de votre invention, & que vous aurez été
trompé par quelques fauffes rélations, puifqu'elle dépend de certains
faits, qui vous étant repréfentés tels qu'ils font, vous forceroient à
avouer que vous n'êtes pas bien informé non-feulement fur ce point,
mais encore fur quantité d'autres dont vous faites la bafe de la doctrine que vous prêchez fi hardiment depuis trop long-tems ; mais la
fauffeté de votre raifonnement eft toute votre, dont je fuis bien fâché ;
fi vous aviez moins d'efprit, je ne le ferois pas tant. Vous concluez
que les Lapons font d'une efpéce différente des Iflandois, parce que
ces derniers font d'une haute ftature, & que l'Iflande eft feptentrionnale comme la Laponie. Il auroit fallu au contraire pofer pour principe, pour raifonner conformément à votre fiftême, que les hommes
qui naiffent dans des climats également diftans du pôle & de l'équateur, doivent être néceffairement de la même ftature, & il auroit fallu

LES HOMMES prouver enfuite la vérité de ce principe. Alors vous auriez pû conclur-
de M.de Voltaire. re, en prouvant encore que l'Iflande & la Laponie font placées au
même point d'éloignement du pole, que fi les Iflandois font des geans
en comparaifon des Lapons, ces deux peuples ne paroiffent pas de la
même efpéce; car qui vous a appris, & où avez-vous lû que le froid
ou le chaud tous feuls font la caufe de la grandeur ou de la petiteffe
des hommes? Si perfoune ne vous l'a dit, vous l'avez donc inventé,
& votre invention n'eft pas des plus heureufes, votre raifonnement
n'eft point dans les régles, il eft fait pour prouver ce qui n'étoit point
mis en queftion; c'eft ce qu'on appelle faire prendre le change; je
fuis faché de vous le dire, c'eft un fophifme. C'eft en vain que vous
tirez des conféquences; il falloit prouver les prémices. Vous ne dites
mot, & vous raifonnez fort mal en difant: C'étoit donc une nouvelle
»efpéce d'hommes qui fe préfentoit à nous, tandis que l'Amérique,
»l'Afie & l'Afrique nous en faifoient voir tant d'autres.

La vifion de toutes ces différentes efpéces d'hommes, n'eft pas fi
claire pour les autres qu'elle vous le paroît. Il eft vrai que fi vous
aviez dit que cette nouvelle efpéce d'hommes fe préfentoit à vous,
il faudroit croire que vous avez crû la voir abfolument différente de
la votre; mais vous dites qu'elle fe préfentoit à nous, vous nous faites parler contre la vérité; cela n'eft pas bien.

Laiffez à chacun fa façon de voir & de penfer. Je vous ai dit que
très-fouvent nous ne penfions pas de même fur des points très-impor-
tans, & je vous déclare de nouveau que je ne fuis pas de votre avis
& que votre vifion me paroît plus que vifionnaire. Quand vous verrez
tout feul des chofes extraordinaires, on pourra vous excufer fur ce que
vos organes ne font pas difpofées pour voir comme tous les autres
hommes voyent, & comme il y a des gens qui voyent des objets ren-
verfés, ou tous d'une même couleur, fans que cela change notre maniere de voir, de même vous auriez pû croire voir le contraire de ce
que nous voyons réellement, fans que nous foyons obligés de voir
comme vous; car nous voyons dans les Lapons des hommes d'une
petite ftature de la même efpéce que nous, nos femblables & nos
freres, & nous voyons dans les Iflandois, ces hommes d'une ftature
fi grande, les freres des Lapons, & par conféquent des hommes de
la même efpéce; nous croyons de plus que l'efpéce des hommes eft
unique fur la terre, & que pour affirmer qu'il y en a plufieurs efpéces, il faudroit le juftifier clairement, au lieu d'alléguer des contes à
dormir debout, ou quelques variétés qui fe trouvent & doivent néceffairement fe trouver parmi les hommes de la même efpéce relativement aux climats, à l'air & à la nourriture particuliere à certaines
contrées. Je vous fupplie, Mr. de Voltaire, de ne point chicaner fur
les expreffions que j'ai été forcé d'employer, parce que vous en aviez
fait ufage le prémier, & qu'il étoit jufte que vous fentiffiez que certains

taîns termes qui vous auroient fans doute choqué, doivent avoir fait la même impreffion fur ceux que vous vouliez corriger de leurs préjugés pour les rendre habiles à être initiés aux myfteres de la nouvelle philofophie. Je prévois encore, & la mine que vous faites depuis que j'ai l'honneur de vous parler, me fait comprendre que la raillerie n'eft pas de votre goût, que je devois jetter moins de ridicule fur votre fiftême de la pluralité des efpéces d'hommes, & qu'un homme de votre efpéce & de votre mérite exigeoit beaucoup plus de ménagement & même du refpect. Je vous prie de confidérer que fi j'avois voulu me mocquer de vous, & vous rendre ridicule aux yeux de tout l'Univers, j'aurois relevé bien des faits fur lefquels je garde un fage filence. Je n'ai rapporté que ce que vous aviez publié pour prouver qu'il y avoit plufieurs autres efpéces d'hommes, différentes de la nôtre. Il a bien fallu vous citer pour vous convaincre que vous vous égariez Si vous trouvez que ces citations entrainent avec elles un ridicule qui vous fait tort, ce n'eft pas ma faute; il étoit néceffaire que je vous fiffe fentir, & que je vous prouvaffe que la doctrine que vous enfeignez, eft non-feulement fauffe & infoutenable par la frivolité des raifons fur lefquelles elle eft étayée, mais qu'elle attaque & combat directement & de front, les vérités de notre fainte Religion; qu'elle anéantit tout culte religieux, détruit la révelation & laiffe l'homme dans un abîme de miferes & de ténébres, fans efpérance d'un meilleur fort. Si vous concevez, & je ne doute nullement que je ne vous aye convaincu, combien le fiftême que vous avez inventé, intéreffe tout homme qui eft fermement perfuadé de la divinité de notre Religion, & combien il doit être effrayé de votre hardieffe à attaquer ainfi fa croyance, qui n'admirera la modération avec laquelle j'ai refuté une doctrine contradictoire à la révelation & à l'expérience de tous les pays & de tous les fiécles? Si vous avez lû la onzième des petites lettres, & je ne doute pas que vous ne l'ayez lûe & relue, pourquoi ignoreriez-vous ce que tout homme d'efprit connoît; vous y aurez vû qu'il y a des impiétés & des abfurdités qui n'ont befoin pour être confondues & demafquées, que d'être expofées avec le ridicule qui en eft inféparable. Le férieux feroit déplacé & fembleroit leur donner quelque poids. Si j'ofois, je vous confeillerois de relire cette lettre admirable. Vous avez plus befoin que vous ne croyez d'être inftruit des fages régles qu'elle contient fur la critique d'ouvrages pareils à votre Effai. Je n'ai point eu intention de vous choquer, ni de vous aigrir, non pas que j'appréhende votre reffentiment. S'il vous prenoit fantaifie de me dire des injures, je vous répondrois que vous perdez votre tems. Je vous demande des raifons, effayez de m'en donner. Ma docilité à vous écouter vous convaincra que la vérité m'eft plus chere que les préjugés les plus refpectés. Mettez-vous à ma place, & jugez qui de nous deux a tort. Vous gardez le filence? Prononcez. Si j'avois

eu la hardieſſe de publier un fait faux , & que par des hiſtoriettes inventées à plaiſir & des ſophiſmes multipliés , je vouluſſe maſquer la
fauſſeté de ce fait & le faire paſſer pour véritable , je vous demande
comment vous en uſeriez avec moi , ſur-tout ſi le même fait attaquoit
votre croyance , (car je dois vous en ſuppoſer une.) & la droiture de
votre jugement ? Il me ſemble vous entendre pouſſer les hauts cris &
faire retentir d'un pole à l'autre , les effets de votre zèle ; car vous
n'êtes guères endurant , du moins vous ne paſſez pas pour l'être parmi
les gens à qui vous permettez de ſe croire de votre eſpèce. Avouez
que jamais perſonne ne vous a parlé ſi amicalement ; car quoique vous
proniez ſans ceſſe la vertu de l'humanité , vous laiſſez volontiers aux
autres le ſoin de la pratiquer. Entre nous , nous ne devons pas nous
diſſimuler nos défauts. Le ſage cherche à devenir meilleur ; je ne dois
pas vous être ſuſpect ; je vous ai déclaré à pluſieurs repriſes , que
j'eſtimois votre vaſte érudition & le beau génie que vous avez reçu
du ciel ? Plût-à-Dieu que vous en euſſiez fait un meilleur uſage , &
que vous ne vous fuſſiez pas imaginé que le titre de Philoſophe vous
donnoit le droit de penſer autrement que tous les autres hommes ,
& qu'il y avoit de la honte à profeſſer la même Religion que le peuple , comme ſi le peuple l'avoit inventée & qu'une vérité que le peuple croit , ne fut plus une vérité pour les Philoſophes. Le ſouhait que
je fais n'a rien d'offenſant pour vous ; il eſt tout à votre avantage :
auſſi je m'intéreſſe vivement à votre bonheur , & c'eſt dans cette vûe
que je voudrois vous faire connoître que la ſingularité de vos ſiſtêmes
peut véritablement faire briller votre eſprit & vous attirer quelques
applaudiſſemens humains ; mais que cette gloire ſera de courte durée
& ſe diſſipera comme un phantôme qni ne fait illuſion que pendant
peu de tems ! L'eſprit ſans le cœur , ne ſçauroit faire le grand homme.
Le prémier éblouit & amuſe ; il n'y a que le dernier qui touche ,
perſuade & s'attire une gloire immortelle. C'eſt cette immortalité que
je ſouhaiterois que vous euſſiez ambitionné dans tous les écrits qui ſont
ſortis de votre plume , auſſi élegante qu'éloquente. Que vous ſeriez
heureux & que d'obligations vous auroit l'humanité , ſi marchant ſur
les traces de l'illuſtre & pieux Paſcal , vous euſſiez employé vos eſti-
mables talens à déveloper la Morale Chrétienne , & à manifeſter les
œuvres du Tres-Haut dans l'établiſſement & le maintien de la ſainte
Religion qu'il a voulu donner à ſon peuple. Nós louanges ne tariroient
pas , & elles ne ſeroient qu'une ombre , en comparaiſon de la recompenſe qui eſt la couronne d'un travail ſi utile & ſi conſolant pour celui qui l'entreprend , & pour ceux pour qui il eſt entrepris. Malheureuſement , Mr. de Voltaire , vous avez ſuivi une route toute oppoſée ;
vous avez pris votre foibleſſe pour la force même ; vous avez feint d'oublier l'énorme chute de notre premier pere , & vous imaginant jouir
de la plus parfaite ſanté , vous avez rejetté les remédes abſolument

néceſſaires pour operer votre guériſon. Vous avez même regardé tous ceux qui vous ont parlé de vos infirmités , comme des gens extraordinaires , la plupart fanatiques , & tous dupes d'anciens préjugés : ces
mots , *fanatique* & *fanatiſme* , ſont ſi ſouvent repetés dans les écrits
de nos Philoſophes modernes , eux qui ſont plus qu'indifférens pour
tout ce qui appartient au culte de la Religion Chrétienne , qu'il faut
qu'ils leur faſſent ſignifier toute autre choſe que ce que nous ſommes convenus de leur faire exprimer ; ſans quoi nous ſerions du même ſentiment ;
ce qui n'eſt pas. Il me paroît donc néceſſaire de définir & d'expliquer
ce mot *fanatiſme*. Je ſçais , Mr. de Voltaire , que vous n'avez pas beſoin que je vous inſtruiſe ; je ne pourrois vous rien dire de nouveau là-
deſſus. Je veux ſeulement vous faire connoitre ce que j'en penſe ; ainſi
je vous en ſupplie , ne vous impatientez pas. Nous autres Chrétiens ,
qui ne ſommes pas initiés dans la nouvelle philoſophie , nous croyons
que l'unique & véritable ſcience conſiſte à connoître Jeſus-Chriſt & à
pratiquer ſa ſainte Loi. Nous définiſſons le fanatiſme un zèle faux &
aveugle , que la ſuperſtition & des opinions ridicules font naître , que
l'ignorance nourrit , & que la paſſion fomente ; zèle capable de tout
faire entreprendre , & de faire commettre ſans honte & ſans remords
les actions les plus criminelles. Je vous déclare que nous condamnons
hautement l'aveuglement de ces pauvres malheureux qui ſont attaqués
de cette eſpéce de folie ſi nuiſible à la piété & à toute ſociété , &
que nous donnons de ſinceres louanges à tous ceux qui ſe joignent à
nous pour déplorer le malheur de ces inſenſés qui s'imaginent rendre
ſervice à Dieu par une conduite ſi criminelle ; mais ſi quelqu'un étoit
aſſez témeraire d'appeller fanatiſme le culte extérieur de la Religion ,
& les cérémonies qui en ſont inſéparables , nous condamnerions cette
entrepriſe comme un nouveau fanatiſme que la ſévérité des loix ne
ſçauroit aſſez reprimer. Je ne vous dis pas que vous preniez ce mot
de fanatiſme dans ce dernier ſens ; il me ſuffit pour le préſent , de
vous avoir fait connoître ce que nous entendons par ce mot. Si donc
quelque Philoſophe moderne déclamoit contre le fanatiſme , je voudrois
ſçavoir avant de lui donner raiſon , ſi le culte extérieur de la Religion
n'a pas échauffé ſa bile , & ſi la croyance de la révelation ne lui paroit pas une fable inventée pour intimider & ſubjuguer les audacieux.
Vous n'ignorez pas combien je ſuis fondé à vous parler ainſi , & combien de prétendus beaux eſprits n'ont d'autres titres pour ſe faire une
réputation qu'une ſote incrédulité. Je ne vous citerai que Milord Sha-
ftsburi , ce nouveau Philoſophe , ſi loué aujourd'hui , & ſi digne de
blâme. Vous devez avoir lû ſes caractériſtiques. Voyez avec quelle audace il oſe appeller (dans le tome prémier) fanatiſme , le recit des
merveilles que le Tout-Puiſſant a operé pour manifeſter la gloire de
ſon ſaint nom , & confirmer le peuple qu'il s'étoit choiſi dans le culte
qu'il avoit établi. Je ne range pas tous les Philoſophes modernes dans

LES HOMMES la même claffe de l'Anglois ; il y en a plufieurs qui penfent que cer-
de M. de Voltaire. tains cultes religieux font, quelquefois la caufe de la vertu, & fe font
admirer même du fingulier citoyen de Geneve. Ils ne les croyent donc
pas un fanatifme dangereux ; mais des préjugés que la bonne philofophie doit fecouer. Ce dernier fentiment vous plait beaucoup : vous en
parlez avec tant de complaifance qu'on voit bien que vous y êtes fortement attaché. Je vous ai dit ma penfée, je fouhaite que les votres
y foient conformes.

Avec de pareilles idées, & une prévention fi déraifonnable, il ne
doit plus paroitre furprenant que vous ayiez appefanti votre critique fur
tous ces hommes refpectables qui fe font confacrés à la défenfe du
Chriftianifme. Le vertueux Pafcal n'a pas été excepté : qui ne voudroit
point reffembler à ce grand homme, malgré le portrait outrageant que
vous en faites dans le tome 8 page 117 ? « Pafcal (Blaife) génie préma-
»turé ; il voulut fe fervir de la fupériorité de ce génie, comme les
»Rois de leur puiffance ; il crut tout foumettre & tout abaiffer par
»la force. Ce qui a le plus revolté certains Lecteurs dans fes penfées,
»c'eft l'air defpotique & méprifant dont il débute ; il ne falloit com-
»mencer que par avoir raifon.

Qui reconnoîtra l'humble Pafcal, au portrait que vous venez d'en
faire ? Pour votre honneur, j'aime mieux croire que vous ne le connoiffez pas encore ; car il n'eft pas poffible que le connoiffant, vous
l'euffiez peint avec des couleurs fi contradictoires à fon caractere. Je
prens l'Univers à témoin, & je le fupplie de déclarer hautement, fi
quelque Lecteur autre que vous, ou quelque nouveau Philofophe a
remarqué dans les admirables penfées de Pafcal, qui feront regretter à jamais le grand ouvrage dont elles ne font que les débris des
précieux matériaux qui devoient entrer dans fa conftruction, cet air
defpotique & méprifant qui veut tout foumettre & tout abaiffer. Je
fuis perfuadé que fi Mr. Pafcal avoit facrifié à la gloire du Théâtre
fes incomparables talens qu'il a employé fi utilement à la défenfe de
la Religion, il paroitroit vraiment grand à vos yeux. C'eft votre
grand préjugé d'aprécier le mérite des hommes fur leurs progrès
dans le chemin du Parnaffe. Votre temple du goût eft une preuve fans
replique de la fingularité de votre jugement. Je vous dis ce que je
penfe ; ufez-en de même avec moi. Tous ces grands hommes, ces
faints perfonnages de l'ancienne & de la nouvelle Loi, dont vous
cherchez à diminuer & à ternir les actions éclatantes, (& auxquels
vous feriez bienheureux de reffembler) feroient à la tête de ceux
dont vous ne ceffez de faire le panegyrique, s'ils s'étoient occupés
à faire quelques tragedies, ou qu'ils euffent fait connoitre qu'ils
avoient du penchant pour ces fortes d'ouvrages ; c'eft votre préjugé,
& vous vous imaginez cependant n'en plus avoir. Efope a bien raifon dans fa fable des deux befaces. Oui, fi un Prophéte, un Apô-

tre , un Martyr , &c. ſi peu connus & ſi peu eſtimés dans vos écrits , LES HOMMES avoient pû contribuer à l'ornement de la ſcene , leurs noms ſe- *de M.de Voltaire.* roient prononcés avec exclamation à chaque page de vos écrits. Je reviens à Mr. Paſcal, dont Baile, tout Baile qu'il étoit , a été forcé de faire l'éloge , de peur de s'attirer le mépris & l'indignation du public, s'il avoit porté un jugement comme celui que vous oſez en porter. Il avoue hautement qu'aucun philoſophe ne doit plus rougir de vivre pieuſement , en voyant un génie tel que celui de l'unique & incomparable Paſcal , ce profond Géometre & ce ſublime Ecrivain , mettre toute ſa gloire à pratiquer l'humilité Chrétienne , & par ſa piété exemplaire confondre l'orgueil & les ſophiſmes de l'impiété. Je les ai lûes & relûes ces admirables penſées , pour y découvrir quelques traits d'une ſi noire accuſation , & je proteſte que tout m'a édifié. J'y ai vû la Religion dans toute ſa majeſté , l'homme dans un abîme de miſeres , incompréhenſible à lui-même , s'il ne connoît la ſource de ſa corruption. J'y ai vû la promeſſe de la réparation de la perte de ſa grandeur , & le remède à tous ſes maux; j'y ai vû un Ecrivain rempli de la Religion qu'il profeſſe , en parler avec reſpect , dignité & humilité. Je ne ceſſe de vous ſupplier de relire ſans prévention ces ſimples & ſublimes penſées , puiſque vous les avez déja lûes , & notez & relevez rigoureuſement tous les endroits qui annoncent cet air deſpotique & mépriſant, je vous ſomme de vous juſtifier , ou de réparer ſa réputation , en avouant que témérairement vous avez inſulté un Ecrivain auſſi pieux que ſçavant , digne de votre admiration & de tous vos reſpects. Je ſoupçonne que c'eſt principalement parce que Mr. Paſcal a raiſon , que vous avez tort. Ce célébre Ecrivain vous a confondu d'avance. Je ne ſuis donc plus ſurpris de l'injuſtice de vos déclamations. J'avois projetté de vous mettre ſous les yeux les principes de notre ſainte Religion & les démonſtrations de ſa divinité , pour vous convaincre que vous avez tort, je ne ſuis pas aſſez heureux pour vous perſuader ; mais faiſant réflexion que je ne parle de votre ſiſtême de la pluralité des eſpéces différentes d'hommes , que relativement à ce que j'ai voulu prouver dans l'Hiſtoire du Commerce de l'Amérique , que les Noirs ne ſont pas une eſpéce différente des Blancs , je ſortirois de mon plan ſi j'entreprenois ces nouvelles obſervations. Il y a des choſes très-utiles qui ſeroient déplacées étant dites à contre tems. Je penſe même que ce n'eſt point par ignorance , mais par défaut de réflexion , que vous êtes égaré dans le labirinthe de vos ſinguliers ſiſtêmes. J'ai démontré la fauſſeté de celui de la quantité innombrable d'eſpéces d'hommes, qu'il faudroit admettre , ſi les preuves que vous alléguez pour l'établir , avoient quelque fondement. Liſez les excellens écrits dont la Providence a em

LES HOMMES richi fon Eglife dans ces derniers tems. Vous avez lû les écrits de M. de Voltaire. du Citoyen de Geneve ; lifez auffi la réfutation qu'on en a fait dans un ouvrage intitulé , *La divinité de la Religion Chrétienne, vengée des fophifmes de Jean Jacques Rouffeau en trois parties.* Imprimé à Paris chez Deffaint & Saillant en 1763 ; mais n'oubliez pas ceux du célébre Pafcal.

J'efpére que fi vous continuez à écrire, nous ferons autant édifiés que nous avons été fcandalifés. Je vous laiffe feul pour ne pas être un obftacle aux réflexions qu'exige un fujet fi important, & qui peut faire votre bonheur ou votre malheur.

ADDITION

A la page 88 & ſuivantes.

DE L'EXPORTATION

A l'étranger des bleds originaires du Royaume.

L A fertilité des terres de la Louiſiane , & l'abondance qui en eſt une ſuite néceſſaire , m'ont fourni l'occaſion de dire un mot ſur la queſtion , s'il eſt avantageux à la France de faire venir de bled pour rendre cette denrée ſi commune , que les plus pauvres puiſſent vivre à grand marché. L'importation de ce bled dans le Royaume m'a paru ruineuſe pour notre agricultuture , & qu'ainſi il ne falloit le recevoir que pour être exporté à l'étranger , à moins que le manque de nos récoltes , ne nous obligeât de recourir à nos voiſins pour nous fournir ce moyen de ſubſiſtance. Les raiſons que j'ai données me paroiſſent bonnes , & les objections qu'on m'a fait , fondées ſur d'anciens préjugés & ſur une crainte puérile de manquer de pain , ſont trop foibles pour me faire changer de ſentiment. Je penſe comme j'ai penſé , que la libre exportation à l'étranger des bleds originaires du Royaume , & une impoſition ſur tout le bled étranger qui y ſeroit importé , ſont les ſeuls moyens qui puiſſent être efficaces pour effectuer le rétabliſſement de notre agriculture , & lui rendre ſon prémier luſtre. Tous les autres moyens , tous très-louables , très-bons & très-utiles me paroiſſent impuiſſans , pour opérer par eux-mêmes un ſi grand bien. C'eſt envain qu'on établira des Bureaux & des Sociétés pour encourager les Cultivateurs , & reformer les abus que l'ignorance a introduit parmi les Laboureurs ; c'eſt envain qu'on cherchera s'il ne ſeroit pas plus avantageux d'enfemencer les terres autrement que ne faifoient nos peres , & qu'on inventera de nouvelles charrues pour rendre à notre fol , que nous nous imaginons ufé ou du moins fatigué de produire , cette fertilité dont toutes nos hiftoires font mention ; c'eft envain qu'on multipliera les écrits , pour infinuer à nos Payfans que la méthode qu'ils pratiquent eft vicieufe , & qu'en quittant l'ancienne routine , leurs récoltes feront plus abondantes. Foibles moyens pour reparer le mal , puifque nos devanciers , avant toutes ces inventions , ne fe plaignoient point , comme nous ne ceffons de faire , que la terre fut devenue ingrate , & que la France fourniffoit le bled néceffaire pour alimenter non-feulement fes habitans ; mais encore l'Angleterre (devenue aujourd'hui notre mere nourrice) & les autres Nations qui laboureut préfentement pour nous. Tous ces moyens bons par eux-mêmes , & utiles jufqu'à un certain point , ne feront véritablement profitables pour améliorer notre agriculture , qu'autant que nous fçaurons donner une nouvelle valeur à nos récoltes , & que par l'exportation de notre bled à l'étranger , nous ferons affurés de l'emploi de l'excédent defdites récoltes , c'eft-à-dire , qu'après que le Royaume fera pourvu de tout le bled néceffaire pour la fubfiftance de fes habitans , le reftant fera exporté librement à l'étranger. En effet , de quoi ferviront tous les encouragemens qu'on donne aujourd'hui aux Cultivateurs de la terre , & de quelle utilité feront les nouvelles méthodes propofées , fi les récoltes les plus abondantes deviennent pour les Laboureurs un fujet d'affliction , par la diminution du prix du bled & le défaut de confommation ? Il eft évident que tous les écrits dont la France eft innondée aujourd'hui , pour prouver que le bonheur du peuple dépend de l'abondance de nos récoltes , ne convaincront jamais nos Payfans qu'ils ne font pas ruinés , dès qu'ils ne vendront pas leurs denrées dans la proportion de la valeur des autres marchandifes du Royaume ; ceci a befoin d'explication. Un Empire , un Royaume , une République , &c. font de grandes fociétés , dont tous les membres , chacun fuivant fes talens , fon inclination & le pofte dans lequel la Providence l'a placé , doivent concourir au bonheur général de tous , & fe fournir mutuellement les fecours néceffaires à l'entretien de la vie & au foulagement des miferes qui en font l'appanage depuis la prévarication de notre prémier pere. Je ne repete point ce que j'ai déjà dit des avantages que l'homme trouve dans la fociété (voyez les réflexions , pag. 64 ;) mais quand je ne le dirois pas , chacun doit fentir que fa confervation dépend des fecours que lui fourniffent les Laboureurs , puifque la terre fans culture ne fçauroit produire la millieme partie des fruits abfolument néceffaires pour la fubfiftance de fes habitans. Il faut donc , fi on ne veut point abandonner les loix de la juftice , que ceux qui ne travaillent que pour la fociété , & dont les travaux font non-feulement utiles , mais encore d'une abfolue néceffité , foient confidérés relativement au fervice qu'ils rendent , & que leur

fueur

fueur foit récompenfée par quelques petits avantages. Cependant comment en ufons-nous avec les gens de la campagne? Il nous femble que c'eft une autre efpéce d'hommes, par le mépris dont nous les accablons; nous paliffons au feul mot de difette ou de famine, & celui d'abondance porte la joie dans nos cœurs. Pourquoi donc rougiffons-nous de careffer les mains qui affurent notre tranquillité? Avouons-le, nous fommes bien injuftes & bien inconféquents, & fuivant les apparences nous ne nous corrigerons pas de long-tems, tant la dépravation du luxe nous a pervertis. Il y a de l'injuftice & de l'ingratitude dans le jugement que nous portons des Cultivateurs de la terre; il y a bien plus : nous les opprimons volontairement & de propos délibéré, & notre humanité ne s'afflige point de l'efpéce de cruauté, que nous exerçons à leur égard; ces termes paroîtront forts & hazardés; oui : ils font forts; mais non pas déplacés, & je fouhaiterois bien volontiers que la vérité me permit de les fupprimer. Je foutiens que l'oppreffion eft manifefte, dès que nous exigeons des Cultivateurs de la terre un travail pénible & continuel, & que nous faifons les plus grands efforts pour les priver de la fubfiftance la plus commune pour l'entretien de leur vie; en effet que faifons-nous? Nous voulons que le Laboureur partage avec nous la recompenfe de fa fueur & de fa vigilance; nous nous imaginons même que nous avons droit à le forcer de nous céder le fruit de fes récoltes à un vil prix, tandis que nous voulons qu'il achete cherement jufqu'aux inftrumens dont l'agriculture ne peut pas fe paffer; nous ne difons pas, nous voulons que les gens de la campagne meurent de faim; non, nous ne le difons pas; mais nous les contraignons à mener une vie languiffante, & à périr de mifere, & nous nous applaudiffons de les avoir réduits dans un fi pitoyable état. Il ne faut pas de longs raifonnemens pour mettre cette vérité dans tout fon jour. N'eft-il pas vrai que tout travail mérite un falaire? N'eft-il pas vrai que le moindre des falaires, eft la fubfiftance de celui qui travaille? Or fi le Laboureur, en travaillant, ne peut fe procurer la fubfiftance abfolument néceffaire, il fera plus malheureux que les Efclaves, qui trouvent dans la protection des Loix, l'obligation impofée aux maîtres de les nourrir & de les entretenir. Si donc le Laboureur manque d'alimens & de vêtemens les plus communs, il menera certainement une vie miférable, c'eft un fait. Il ne faut qu'avoir des yeux pour voir que le Laboureur eft dans l'impoffibilité de fe procurer les chofes même les plus communes pour l'entretien de la vie, tant que le bled & les autres denrées qu'il recueille ne feront pas dans la valeur proportionnée aux autres marchandifes dont il a befoin. La raifon en eft évidente; il donne plus, pour avoir moins; il fe ruine, & l'agriculture perira avec lui. Par Laboureur, je n'entends pas le mercenaire feulement, j'y comprends le propriétaire de terres; car le prémier eft moins à plaindre que le dernier. Le prémier n'a droit de jouir que de fon travail, &

COMMERCE *des grains.* s'il n'eft pas content dans un lieu, il peut paffer dans un autre; au lieu que le dernier eft attaché où fe trouve fon héritage; il le cultive; mais en le cultivant, il doit en retirer un fruit proportionné à fon étendue & à fa valeur. La fociété eft même intéreffée que tout poffédant biens, jouiffe paifiblement, non-feulement de la portion de terre que les loix lui affurent, mais encore qu'il y trouve les moyens de fa fubfiftance proportionnée à fon état, relativement à la valeur des autres biens de la fociété. Les biens fonds font la véritable richeffe de toute fociété, c'eft la feule réelle, & qui ne lui manquera jamais; les autres richeffes font fictives, & ne produifent qu'en vertu de certaines conventions, au lieu que les terres donnent par elles-mêmes toutes les années des récoltes qui fervent à la nourriture, au vêtement & à l'ornement de l'habitation de l'homme; d'où il fuit qu'elles font la feule richeffe néceffaire à l'homme. L'homme a donc grand tort de préférer des biens imaginaires à celui de l'agriculture, puifque fans elle tous les autres biens ne feroient d'aucune valeur. Ce principe pofé, je demande pourquoi on a augmenté fi confidérablement depuis environ deux cens ans la valeur de toutes les chofes dont le Laboureur a befoin pour les néceffités & pour les commodités de la vie, & que le produit de fes récoltes n'a pas augmenté dans la même proportion? Il y a deux fiécles qu'une paire de fouliers coûtoit cinq fols, la mefure de bled valoit deux liv. Cette même mefure de bled de la même qualité ne vaut aujourd'hui qu'environ douze liv., & la paire de fouliers coûte au moins quatre liv. C'eft cette différence qui ruine le Cultivateur des terres, fait languir notre agriculture, & fera un obftacle invincible à fon rétabliffement: il eft facile de s'en convaincre, en calculant quelle eft la recette & la dépenfe dudit Cultivateur.

Je fuppofe que les terres qu'il poffède, produifent cinquante mefures de bled, & je raifonne ainfi: il y a deux cens ans, que ces cinquante mefures de bled valoient cent liv. ci. . . . . 100 liv.

Impofitions à payer, dixmes, &c. 20

refte. . . . . 80 liv.

Je fuppofe auffi qu'il eft marié, (un Payfan doit l'être) & que toute fa famille confifte dans un feul enfant (je ne puis lui en donner moins.) Les voilà donc trois. Il leur faut pour le pain d'une année neuf mefures de bled à deux liv. 18

pour le vêtement. . . . . 20 } 68 liv.

pour les autres alimens & provifions du ménage. . . 20

pour outils & reparations. 10

refte . . . . 12 liv.

Il lui reſtera la ſomme de douze liv. de bénéfice qui lui ſervira à COMMERCE faire un petit tréſor pour le tems de maladie, ou pour le mariage de *des grains.* ſon fils, ou peut-être même à augmenter ſon bien par quelque nouvelle acquiſition. Ce Laboureur vivoit content, & il avoit lieu de l'être. Pour bien juger de ſon état actuel, il ne faut pas oublier quelle eſt la proportion qu'il y avoit dans ce tems-là entre le bled & tout le reſte. Je fais le même calcul ſans entrer dans aucun détail; même Laboureur, ſa femme & un enfant, & même héritage, qui malgré la prétendue ſtérilité de la terre produira aujourd'hui comme alors cinquante meſures de bled qui à 12 liv. la meſure prix actuel ci. . . . . . 600 liv.
impoſitions à payer, dixmes, &c. 120

reſte. . . . . 480 liv.

neuf meſures de bled pour le pain d'une année ci. 108 liv.
pour le vêtement ci. 320
pour les autres alimens & proviſions du ménage. . 320
pour outils & réparations. 160

la dépenſe excede la recette de. . . . . . 908 } 480 liv.
                                          428 }

Le calcul eſt juſte. La paire de ſouliers ne coutoit que 5 ſ. & elle vaut au moins 4 liv., & la meſure de bled qui devroit ſe vendre trente-deux livres n'en vaut que douze. Il faut donc que ce miſérable Laboureur travaille ſans relâche toute ſa vie ſans eſpérance d'adoucir la rigueur de ſon ſort. Chaque année aggrave ſon malheur, & l'augmentation de ſa dette le met dans l'impoſſibilité de la ſolder. De-là le découragement & quelquefois le déſeſpoir ou l'expatriation de cet infortuné Laboureur. Dans l'eſpérance de trouver dans la culture de ſon héritage la ſubſiſtance qu'il a droit d'attendre, il ne perdra aucune récolte par ſa négligence, il mettra tout à profit, il ſe privera de la nourriture du bled qu'il recueille, pour en acheter une plus vile, & il renoncera à toutes les commodités de la vie; mais dès qu'il verra que malgré toutes ces précautions, ſes travaux & ſon économie ſont en pure perte & incapables de ſoulager ſa miſere, il changera de méthode; il ne ſera plus occupé qu'à tromper la vigilance de ſes créanciers. Plus de payement d'impoſitions, plus de factures faites à propos, aucune amélioration du fonds, il deviendra la proye d'un uſurier, & le voilà perdu pour la ſociété, & ſon héritage qui eſt une portion de la plus précieuſe richeſſe de l'Etat, reſtera en friche, & ne ſera plus d'aucune valeur. Je demande préſentement ſi la néceſſité impoſée aux Cultiva-

Q q q ij

COMMERCE
des grains.
teurs de vendre le fruit de leurs recoltes à un prix ſi diſproportionné
à la valeur des autres choſes , n'eſt pas une véritable oppreſſion , &
ſi lorſque nous voulons manger le pain bon marché , & vendre tout
le reſte cherement , nous n'opprimons pas les gens de la campagne ;
puiſqu'ils ne peuvent plus ſe procurer , par leurs pénibles travaux , les
moyens de la ſubſiſtance la plus commune. J'ai ajouté que nous étions
cruels à leur égard , & malheureuſement je ſuis forcé d'en convenir.
Je n'examinerai pas ce qui ſe pratique dans les autres Provinces , ni
dans les autres villes ; je ſuis à Marſeille , je me fais gloire d'être
du nombre de ſes habitans , & je ſuis inſtruit de leurs uſages. Je
puis donc en parler avec connoiſſance de cauſe , ſans craindre la replique. Je rends avec joie juſtice à mes Concitoyens ſur leur inclination bienfaiſante ; je les connois compatiſſans & charitables , & j'admire leur patience & leur zéle dans l'adminiſtration de nos Hôpitaux
dont la direction leur eſt confiée. Je ſuis étonné en même-tems qu'avec
des ſentimens ſi dignes de l'humanité & ſi favorables aux miſérables ,
ils montrent tant de dureté pour les habitans de la campagne , par la
ſeule raiſon qu'ils ſont les Cultivateurs de nos terres , c'eſt-à-dire pour
ne point déguiſer la vérité , parce qu'ils nous ſont plus néceſſaires que
les autres hommes , qu'ils ſont valoir nos héritages , & qu'ils nous fourniſſent les vivres néceſſaires au ſoutien & aux commodités de la vie.
Ils travaillent plus que les autres membres de notre ſociété ; ils méri-
teroient donc une attention ſpéciale , lorſqu'uſés par les fatigues d'un
rude travail , ils ſuccombent ſous le poids des infirmités , ou qu'ils lan-
guiſſent dans une exceſſive miſere , dans laquelle un grand nombre d'enfans les a plongés. Si nous faiſions reflexion que les villes ne ſont que
de puiſſantes familles , dont les Magiſtrats ſont les peres & les Citoyens les
enfans, regarderions-nous avec indifférence cette portion de la famille qui eſt
chargée des travaux de la terre ? Avouons qu'un préjugé auſſi injuſte
qu'il eſt ancien , nous aveugle. Que penſerions-nous d'un pere qui mal-
traiteroit ceux de ſes enfans , qui par leur travail & leur induſtrie ,
nourriroient toute ſa famille ; nous ſerions indignés d'une pareille conduite , & nous la blâmerions hautement. Nous faiſons cependant ce que
nous venons de condamner ; nous refuſons toute ſorte de ſecours aux
Cultivateurs de nos terres ; l'entrée de nos Hôpitaux leur eſt interdite ,
& la miſéricorde (Hôpital général à Marſeille) ne veut pas les connoître. Les remédes qu'on diſtribue ſi généreuſement dans tous les quartiers de la ville, leur ſont refuſés , s'ils ne trahiſſent la vérité , en pro-
teſtant qu'ils ne vivent , ni ne travaillent point à la campagne. C'eſt donc
un crime que de s'occuper aux travaux de la terre , ou j'ai raiſon de
dire que nous ſommes cruels envers les Cultivateurs de nos héritages ?
L'éloge de l'agriculture qui retentit aujourd'hui de tous côtés , n'eſt donc
que chimérique , & ſeulement pour amuſer les beaux eſprits ? Non : cet
éloge n'eſt pas imaginaire , ni une imitation de la vaine peinture des

plaifirs champêtres que nos Poëtes font goûter aux bergeres de leurs
paftorales ; c'eft l'expreffion de la vérité fur le fujet le plus intéreffant
pour le bonheur des hommes ; c'eft le cri de l'humanité, affligée de l'a-
bandon que nous faifons de cette précieufe portion des travailleurs qui
implorent la plus legere affiftance de ceux qu'ils nourriffent. S'ils étoient
leurs Efclaves, ils y auroient un droit inconteftable ; ils font leurs freres, ils font libres, & ils meurent de mifere ; la liberté leur devient
un titre onéreux. Cet éloge eft une confolation néceffaire pour moi,
& pour tous ceux qui gémiffent du ridicule dont un vieux préjugé nous
couvre, & que nous n'avons pas le courage de fecouer. Il y a quelques mois, que voyant un Vigneron pâle, défait & accablé de trifteffe, je lui demandai ce qu'il avoit. Hélas, me dit-il, j'ai neuf enfans
à nourrir, & j'ai une incommodité qui m'empêche de travailler ; j'ai
befoin de quelques remedes que l'Hôpital de la miféricorde diftribue
aux malades de la ville ; mais on me les refufe, parce que je loge dans
le terroir. Mes entrailles furent émues ; il vaut mieux que je garde le
filence. Un Payfan du terroir de Marfeille, pere de neuf enfans, fou-
pire après un leger foulagement, pour pouvoir, à la fueur de fon front,
donner un pain à fa famille, & il eft par fa condition de travailleur
à la terre dans la lifte des profcrits. Je me tais. Allez, demain, je lui
repondis, travailler à mon bien, vous ferez ce que vous pourrez, vos
journées vous feront payées, & je parlerai aux Directeurs de la Miféricorde. Le lendemain, je vis un de ces Meffieurs, je lui expofai la
trifte fituation de cet infortuné, il en fut touché, & me dit, fi cet
homme étoit de la ville, il feroit fecouru fur le champ ; mais il n'eft
pas de l'œuvre, nos Réglemens l'en excluent. Vos Réglemens, vous défendent de faire du bien, je ne le puis croire. Ce Vigneron étant du
territoire, doit participer aux avantages de la ville, puifqu'il en fup-
porte les charges & les impofitions. Nous n'avons pas fait ces Réglemens, me repondit-il, & nous ne pouvons nous en écarter, qu'il dife
qu'il loge dans la ville, fa demande lui fera accordée, quoi ! qu'il
mente, pour pouvoir être fecouru ; funeftes réglemens, cruelle néceffité pour la vertu affligée ! je demande qui a fait ces Réglemens. Ce
n'eft pas le Roi, non : LOUIS le bien-aimé, le plus compatiffant &
le plus miféricordieux des hommes, ne confentira jamais que les pauvres Cultivateurs foient opprimés par les réglemens qui ne doivent
être faits que pour découvrir leurs plus fecrettes miferes & leur procurer de falutaires remedes ; la bonté & la juftice marchent devant lui,
& le fiécle de fon regne, eft au-deffus de celui de l'Empereur Tite,
qui vouloit qu'on comptât fes jours par fes bienfaits ; le bonheur de
fes Sujets fait fon propre bonheur, & fon affection paternelle s'intéreffe autant, pour ne pas dire plus, au fort des pauvres que des
riches. L'état des Cultivateurs de la terre, fi injuftement avili & fi
digne d'être honoré, a touché fon cœur ; les effets prouvent auffi-tôt

combien l'agriculture fera protegée ; par fes ordres, des Academies &
des Sociétés font établies pour encourager & inftruire les Cultivateurs,
& les recompenfer de leurs travaux. Ces établiffemens immortalife-
ront ce fiécle ; mais ils ne fuffifent pas pour reparer tout le mal
qu'un ancien préjugé, enfanté par une terreur panique, a caufé à la
production de nos terres. Il falloit encore la libre circulation des
grains dans tout le Royaume, & leur exportation à l'étranger, ordonnée avec fageffe. Le prémier a heureufement lieu depuis le 25
Mai 1763 (voyez la Déclaration du Roi pag. 91.) Le fecond aura
auffi fon exécution. Les Miniftres qui gouvernent font fi éclairés, &
travaillent avec tant de zéle au bonheur de la Nation, que les avantages de l'exportation des bleds n'échaperont pas à leurs lumieres. Je
reviens aux Réglemens de nos Hôpitaux. Ils font contraires à la volonté
& aux fentimens de notre bon Roi ; il ne les a donc pas faits, & fi
quelques-uns de fes prédéceffeurs les avoient approuvés, ce feroit une
furprife faite à leur religion ; LOUIS le Bien-aimé les reformeroit. Si ces
Réglemens font faits par d'anciens Directeurs, de nouveaux Directeurs
mieux inftruits, doivent leur en fubftituer de meilleurs ; ils y font
obligés. L'ancienneté des erreurs ne fera jamais un titre légitime de
les perpétuer ; la vérité & la juftice, font feules à l'abri de la reforme.
Or n'eft-ce pas une erreur évidente, quelque ancienne qu'elle puiffe
être, d'exclure du fecours de l'aumône publique, ceux qui par l'utilité
de leurs travaux ont le droit d'y prétendre les prémiers ? Il faut donc
détruire cette erreur, que l'efprit du Chriftianifme & la bonne politique
condamnent également, & par un nouveau Réglement, établir que les
pauvres de notre territoire, (qui fait partie de la ville) participeront
aux fecours qu'on diftribue fi généreufement à tous les Citoyens. Qu'on
les laiffe, fi on veut, dans leurs maifons d'habitation ; un changement
d'air pourroit nuire à des gens nourris à la campagne ; mais qu'on ne
leur refufe plus quélque adouciffement à leurs miferes, & quelques
remedes à leurs maux. Nous n'avons point encore à Marfeille une fociété
d'agriculture ; fuppleons à ce manque d'encouragement par la compaffion particuliere que nous aurons pour ces hommes fi néceffaires &
fi utiles, & fi nous n'ofons les diftinguer par quelques faveurs, traitons-
les du moins comme tous les autres Citoyens ; nous y fommes obligés.
Cette digreffion fur notre conduite envers les Cultivateurs de nos
héritages, n'eft point étrangere à mon fujet.

PREMIEREMENT.

J'avois à prouver que les habitans de la campagne ne trouvoient
plus dans le produit des terres les moyens d'une fubfiftance proportionnée à leur état, & que ce malheur, qui exige un prompt reméde, avoit fa caufe dans l'augmentation de la valeur de tout ce qui

est nécessaire à la vie , disproportionnée à l'augmentation de la valeur des grains , & que le moyen le seul efficace de relever notre agriculture & de la tirer de l'avilissement dans lequel elle languit, seroit la libre exportation à l'étranger des bleds originaires du Royaume. Je me propose d'examiner cette question avec une certaine étendue ; elle est de la derniere importance , & a besoin de quelques explications.

SECONDEMENT.

Que les cultivateurs de la terre , quoique les hommes les plus nécessaires pour la conservation de la société dont ils sont une portion essentielle, sont injustement méprisés par ceux qu'ils nourrissent, & dont ils sont valoir les héritages, & que par les suites d'un préjugé aussi dangereux qu'inhumain, ils languissent dans la plus affreuse misere, lorsque chargés d'une nombreuse famille, & accablés d'infirmités, ils sont dans l'impossibilité de lui fournir le pain le plus grossier pour l'alimenter. Cette dureté dont la sagesse de nos loix a affranchi l'esclavage me touche sensiblement ; je l'appelle cruauté, & je pense que ce nom est celui que mérite une si étrange conduite. J'avoue que c'est à dessein que j'ai choisi les vignerons de notre territoire pour donner un exemple de la maniere incroyable dont les cultivateurs sont traités, dans l'espérance que mes concitoyens, honteux d'un semblable procedé, seront les prémiers à le condamner. Heureux , si j'étois l'occasion d'un si louable changement ; car quoique je cherche à être utile à tous les hommes , j'ai en vûe spécialement les Marseillois , & c'est particulierement pour leur gloire & leur avantage que je travaille. Je rappelle ici ce que j'ai avancé des avantages de l'exportation de nos grains à l'étranger ; j'ai dit (pag. 89) que notre agriculture ne pouvoit être véritablement encouragée, que par la préference que nous donnerons à la consommation de nos denrées sur les étrangeres. J'ai établi pour prouver ma proposition, que si nos recoltes sont abondantes, & que l'exportation à l'étranger n'en soit pas permise, le cultivateur se voyant surchargé d'une denrée si peu profitable, négligera la préparation des terres pour ne pas ajouter une dépense certaine à celle qu'il a déja fait, dans l'espérance douteuse d'un bénéfice futur ; de sorte que les recoltes abondantes sont l'annonce de la disette. Il n'y a que l'exportation du superflu de nos bleds, qui puisse prévenir ce malheur, par l'assurance que le cultivateur trouve d'un prompt débit de ses denrées, & par l'encouragement qu'une nouvelle recolte ne pourra lui être à charge, & ne diminuera point la valeur desdites denrées. Par ce moyen la valeur du bled se soutiendra, & ne sera plus si inférieure au prix de toutes les autres marchandises qu'il est obligé d'acheter ; les frais de magasin seront épargnés, & les

COMMERCE *des grains.* terres feront améliorées ; le gain vivifie toutes les profeffions, & la perte anéantit l'induftrie. Que fi par un dérangement des faifons, nos recoltes font mauvaifes & infuffifantes pour alimenter les habitans du Royaume, il eft naturel que le bled augmente de valeur en proportion de la petite quantité qui aura été recueillie, fuppofé que la mauvaife recolte foit générale ; car fi elle n'étoit que locale, le mal feroit facilement gueri par la libre circulation des grains dans toutes les provinces du Royaume ; l'Etat pour lors ne perd rien, ce qui manque dans une Province, fe trouve dans l'autre ; mais fi dans un tems de difette, on a recours à l'étranger pour y acheter le bled qui nous manque, & que ce bled étranger entre dans le Royaume fans payer aucun droit, de peur que le prix du pain ne foit trop cher, notre agriculture feroit ruinée, & fans aucune reffource. Il eft évident que le cultivateur qui n'aura recueilli que demi recolte, a befoin pour être dédommagé des frais de culture ; & trouver dans fon travail une fubfiftance commune, de vendre fon bled le double, fans quoi il eft perdu. Si donc le bled étranger eft importé dans le Royaume fans payer un droit d'entrée, le laboureur fera le feul lezé, & il eft néceffaire, fi on veut qu'il foit en état de payer les impofitions & de préparer fes terres pour la recolte de l'année prochaine, qu'il vende fon bled plus cher que fi la recolte avoit été abondante. Ce raifonnement me paroît jufte, & fi je me trompe, j'efpére qu'on me pardonnera mon erreur en faveur de la droiture de mes intentions. Je penfe donc que nous devons en agir pour le bled, comme nous agiffons pour toutes les manufactures du Royaume. Que faifons-nous depuis 1743 ? Nous facilitons l'exportation de nos étoffes à l'étranger, par l'exemption totale des droits de paffage & de fortie, & nous impofons les étoffes étrangeres à des droits d'entrée confidérables, ou nous les prohibons. Nous nous trouvons fi bien de cette méthode ; que ne l'appliquons-nous à notre agriculture ? Elle eft la grande fabrique du Royaume, elle eft la plus intéreffante pour toute la nation, elle occupe prefque la moitié des Sujets. L'autre moitié qui mérite la même protection, ou poffède de biens fonds, ou ne travailleroit que pour réuffir à en poffeder, fi leur produit répondoit à leur véritable valeur. Les étoffes de nos fabriques font exportées librement à l'étranger & en franchife de tous droits ; laiffons donc fortir notre bled, fi nos recoltes en fourniffent plus que pour nous. Les étoffes étrangeres font impofées à un droit confidérable à toutes les entrées du Royaume ; impofons donc un droit fur le bled étranger, afin que le notre conferve la valeur qu'il doit avoir en raifon de fa quantité. Cette augmentation de valeur ne fçauroit nous apauvrir ni nous nuire ; c'eft nous mêmes qui payons à nous mêmes ; ainfi ce n'eft pas le haut prix du pain qui affoiblit l'Etat, c'eft l'achat de bled que nous faifons à l'étranger qui nous ruine, parçe que nous ne pouvons acheter ce bled

qu'en

qu'en nous dépouillant d'une partie de nos richeffes, & que la maffe de ces richeffes conftitue notre force & notre puiffance. Par la raifon contraire, en exportant à l'étranger le bled originaire du Royaume, nous mettons à contribution tous ceux qui reçoivent de nous ce moyen de fubfiftance. Il eft donc de la derniere importance de favorifer & d'encourager ladite exportation. Elle feule peut retablir notre agriculture opprimée depuis nombre de fiécles, elle feule peut enrichir la Nation, & entretenir l'abondance ; ce n'eft point un paradoxe que l'abondance en foit la fuite ; on en conviendra fi on veut faire attention que le laboureur ne cultive la terre que dans l'efpérance de recevoir la récompenfe de fes travaux ; or cette récompenfe ne peut refulter que de la vente avantageufe du produit de fes recoltes, elles font fa richeffe, il n'en a point d'autre. Il faut donc pour faciliter la vente de fes denrées, & leur donner la valeur qu'elles doivent avoir, relativement aux frais de culture, n'en point gener la circulation, & ne pas défendre de les vendre à celui qui en offre le plus. Si donc l'étranger fe préfente pour acheter notre bled, (toujours dans la fuppofition que nous en avons plus que pour notre fubfiftance) & que nous rejettions fa demande dans la crainte de faire rencherir cette denrée, nous nuifons beaucoup moins à l'étranger qu'à notre agriculture ; nous anéantiffons la recompenfe qui feule peut vivifier l'induftrie de nos laboureurs ; la culture languira fi elle n'eft pas entierement négligée ou abandonnée ; nous banniffons donc l'abondance du Royaume, en nous imaginant l'affurer par cette fauffe politique. J'ai fuppofé que nous avions plus de bled que pour notre fubfiftance ; il faut donc pour en être affuré, faire un recenfement général du produit de nos recoltes. Pour cet effet, je penfe que la police des grains doit être une des principales occupations du Miniftere, parce que la moindre négligence fur cette branche de Commerce, peut caufer notre ruine totale. Un peuple nombreux exige une grande quantité de bled, puifqu'il fait la bafe de notre nourriture, & que nous ne fçaurions nous en paffer ; le falut de l'Etat en dépend. Je penfe auffi, en voyant la multitude de loix & de réglemens que cette police a occafionné, que la frayeur a fait plus d'impreffion fur nous que l'encouragement de notre agriculture. Nous avons fait le mal dans l'intention de le prévenir ; puifque nous le connoiffons, tachons de le reparer. Nous devions nous régler fur notre propre expérience & examiner par nous-mêmes s'il nous étoit avantageux ou non de favorifer ou de prohiber le commerce des grains ; mais vivement touchés des horreurs de la famine, nous n'avons pu nous perfuader que la liberté de la circulation du bled pût devenir la caufe de l'abondance. La rigueur des Loix Romaines nous a épouvantés ; nous les avons adoptées, fans faire réflexion que les Empereurs Romains avoient des raifons perfonnelles pour établir cette finguliere jurifprudence. Ils n'avoient en vûe, en fai-

Tom. II. R r r

COMMERCE *des grains.* fant de largeffes de bled , que le contentement du foldat & d'une populace défœuvrée ; mais dans le fond & dans le vrai ; ils étouffoient l'induftrie , & laiffoient les terres en friche. Nos peres , moins éclairés que nous , ont été féduits & entrainés par l'autorité de ces Loix Romaines , & l'autorité & la conduite de nos peres , nous ont décidé & fervi de régle ; de-forte que ce n'eft que par préjugé & non pas par conviction , que nous avons fait exécuter jufqu'aujourd'hui dans le Royaume la police des grains , telle qu'elle étoit en ufage dans l'Empire Romain. Quoique je penfe , que l'exportation à l'étranger des bleds originaires du Royaume , foit le feul moyen efficace de rétablir notre agriculture & de procurer l'abondance dans toutes les Provinces , que trop de précautions & d'entraves en ont banni , je ne confeillerois jamais de permettre l'exportation des bleds par toute forte de lieux & fans limitation ; elle doit être la fuite de l'examen de notre fituation , & feulement pour les quantités qui feront déterminées proportionnellement à notre fuperflu ; mais comme la faveur de cette exportation doit regarder principalement les Cultivateurs , c'eft-à-dire , que les avantages doivent être en leur faveur , en furhauffant le prix de leurs denrées , il feroit bien important qu'ils en fuffent avertis à l'avance , afin qu'ils ne deviennent point la proye des ufuriers & des monopoleurs ; car quoique le monopole foit très-rare , & n'exifte fouvent que dans l'imagination du peuple , il a exifté , & il eft poffible. L'avidité du gain eft la même aujourd'hui qu'autrefois , fi elle n'eft pas plus forte depuis que le luxe nous domine. Le monopole eft donc à craindre , & la publication de l'exportation le préviendra. Cette exportation des bleds limitée & par certains lieux , exige de ma part quelques remarques. J'ai pour cet effet de bons Mémoires , & une quantité prodigieufe de Réglemens devant les yeux ; il y en a même trop , les nouveaux n'étant qu'une répétition des anciens , & fouvent occafionnés par les mêmes circonftances. De tant de Mémoires , je ne ferai ufage que de celui qui m'a paru le plus vrai & le mieux raifonné ; c'eft un excellent écrit fur la police générale des grains. L'Auteur eft fi judicieux , fes vues font fi droites , qu'il eft à défirer qu'il devienne le manuel de tous ceux qui ont quelque part à l'adminiftration du commerce des grains. Tout eft penfé & réfléchi dans cet écrit ; l'efprit eft convaincu , & le cœur eft perfuadé des avantages qui doivent réfulter pour toute la Nation de la libre circulation defdits grains dans le Royaume. Je ne fçaurois donc mieux faire que de le rapporter. J'y joindrai quelques obfervations qui renfermeront ce qui me refte à dire fur ce fujet.

ESSAI

SUR LA POLICE GÉNÉRALE

DES GRAINS.

> .... *Segetes, alimentaque debita dives*
> *Poscebatur humus* .... Ovid. Met. L. I.

LEs fruits de la terre font les richeſſes les plus réelles des Nations. Tout ce que l'art ſçait ajouter à la nature, ne produit que des richeſſes de convention, ſujettes à la viciſſitude des tems, & aux caprices des uſages. L'agriculture ſeule ne peut éprouver ces révolutions; c'eſt toujours de la culture des terres, c'eſt de cette ſource féconde que coulent tous les biens dont nous jouiſſons, & elle ne peut s'altérer ſans cauſer des dérangemens dans toutes les parties du Gouvernement.

Depuis que les arts & les ſciences ont élevé la France au dégré de ſplendeur où elle eſt parvenue, depuis qu'un Commerce plus étendu a répandu chez nous une aiſance que nous ne connoiſſions point, il paroît que nous nous ſommes plus appliqués aux productions de l'art, qu'à celles de la nature: cette richeſſe primitive abandonnée aux mains les plus viles, ſemble n'intéreſſer l'Etat que dans les tems difficiles. L'abondance ramene bientôt la ſécurité: nous remédions aux beſoins preſſans; nous ſongeons rarement à les prévenir.

Si la France eſt auſſi abondante qu'il y a lieu de le croire, ſi ſes terres fécondes produiſent plus de fruits que n'en demande la ſubſiſtance de ſes habitans, pourquoi ſommes-nous quelquefois dans la néceſſité d'aller chercher chez nos voiſins cette denrée ſi précieuſe & ſi néceſſaire? N'y a-t-il pas lieu d'être ſurpris que les Etats qui produiſent le moins de grains, ſoient ceux qui nous en fourniſſent le plus? Dans les tems de diſette, la Hollande peu fertile ſert de grenier à la France ſeptentrionale; la Barbarie, cet Etat ſi mal policé, vient au ſecours de nos contrées méridionales: cependant dans ce pays il n'y a point de Loïx particulieres pour la police des grains; & la France en a de permanentes & de momentanées, ſuivant les occurrences. Cette réflexion ſeule peut faire penſer qu'il y a quelques vices dans les Réglemens ſur leſquels nous fondons l'adminiſtration & le Commerce de nos grains.

En vain nos loix ſeront-elles dictées par la prudence, & conſacrées par l'uſage; ſi nous ſommes plus expoſés aux inconvéniens de la diſette que les Etats moins fertiles, on ne ſçauroit s'empêcher de croire que ces Loïx ſi ſages en apparence, ſont cependant défectueuſes, & qu'elles ne favoriſent point aſſez, ou la culture des terres, ou le Commerce des grains. Avant d'en examiner les diſpoſitions, il eſt à propos de remonter à leur origine.

PREMIERE OBSERVATION.

Les prémieres & véritables richeffes d'un Etat font les terres ou plutôt les fruits qu'elles produifent. Toutes les autres richeffes font fictives, & ne tirent leur valeur que de l'ufage qu'on en fait, ou de notre imagination. Quelques-unes n'ont d'autre prix que celui que le caprice leur donne, & les autres ne confiftent que dans la préparation des productions de la terre & des animaux qu'elle nourrit, relativement aux alimens & aux vêtemens de l'homme; ces fecondes richeffes dependent des prémieres, & ne font que le fruit de l'induftrie de l'homme. Que deviendroient nos Manufactures & nos fabriques, fi la culture de la terre étoit négligée ? Nos Manufactures Royales de drap, ne font établies que pour donner une certaine préparation à nos laines ; il faut donc avoir des troupeaux pour ne pas manquer de matieres prémieres, fans lefquelles lefdites Manufactures rentreroient dans le néant. Les laines font donc les richeffes foncieres & principales, & les Manufactures ne font que des richeffes fecondaires & dépendantes de nos troupeaux ; mais ces troupeaux d'où viennent-ils ? N'eft-ce pas la terre qui les nourrit ? Si donc la terre nourrit les troupeaux, elle eft la caufe de la laine, & elle mérite véritablement le nom de richeffe, d'où toutes les autres dérivent; la plûpart ne font que de convenance, & leur valeur n'eft, pour ainfi dire, que momentée. Les richeffes de la terre font de néceffité, & d'une abfolue néceffité; ce font les alimens néceffaires à l'homme, & ces alimens fe renouvellent chaque année par la vertu de fécondité que la bénédiction de Dieu a communiqué à la terre. Mon verger me donne des fruits pour me nourrir & me défaltérer, & par la culture & quelques petits foins, la récolte en fera abondante ; ma vue eft contentée, & mes befoins font fatisfaits. Mon verger eft donc une véritable richeffe, puifque par lui-même, & indépendamment d'aucune convention, il fournit à fon poffeffeur, quel qu'il foit, les fruits que chaque arbre doit porter fuivant fon efpéce. Il n'en eft pas de même des autres richeffes fecondaires; elles diminuent plutôt qu'elles n'augmentent en valeur. La bague que je porte au doigt, ne me procure point d'autre avantage que le plaifir que je trouve à la porter ; elle ne peut fatisfaire à aucun de mes befoins, & fi je fuis preffé de la faim, & que je n'aye que cette richeffe pour acheter les vivres qui me font néceffaires, fi ceux à qui je la propofe ne l'eftiment pas autant que je fais, ou ils n'en voudront pas, ou ils ne m'en donneront que le quart de la valeur que je lui fuppofois ; ce n'eft donc pas une richeffe qui puiffe être comparée à celle de mon verger ; il n'eft donc pas raifonnable de préférer l'art de faire des bagues à l'art de cultiver la terre, puifque la culture de la terre donne des richeffes bien plus utiles que n'eft la bague. Il eft facile de faire l'application de cette comparaifon

à toutes les autres profeſſions : cependant comme c'eſt le génie & les COMMERCE
talens qui captivent notre admiration , nous aurions tort de ne pas eſ- *des grains.*
timer un ouvrier , qui par la hardieſſe de ſon pinçeau & la délicateſſe
de ſon ciſeau , ſemble animer la toile & le marbre & créer des
êtres nouveaux ; il mérite certainement notre conſidération ; mais le
Laboureur ne doit pas pour cela être mépriſé ; ſa profeſſion eſt moins
brillante & moins louée , mais elle eſt d'une utilité qui doit la rendre
eſtimable. Nous diſtinguons encore les richeſſes en bien meubles & immeubles, & nous comprenons parmi ces derniers , les maiſons. Les maiſons
cependant ne ſont pas des richeſſes foncières , comme les héritages en fonds
de terre , elles diminuent de valeur en vieilliſſant , & par elle-mêmes
elles ne donnent aucun bénéfice. Elles nous ſont néceſſaires pour nous loger;
mais ſi les locataires ſont en moindre nombre que les maiſons , elles
ceſſent d'être richeſſes ; leur produit n'eſt donc que précaire , & la
poſſeſſion des terres mérite la préférence ; c'eſt ce que je voulois
établir.

Le Commerce ſi mépriſé autrefois , eſt reconnu aujourd'hui ſi néceſſaire au bonheur de toute ſociété , que les Souverains font leur principale occupation de le favoriſer , & de l'augmenter chacun dans ſes
Etats. Ce n'eſt pas ici le lieu de parler de celui de la France , & de
ſes progrès ; je m'arrête à la branche de l'exportation de nos bleds à
l'étranger , ou à l'importation des bleds étrangers en France. L'exportation nous effraye , & l'importation nous réjouit. Nous ſommes encore
bien peuple ſur cet article , & le préjugé nous empêche de faire uſage
de notre raiſon. Nous conſidérons notre Commerce en Afrique, comme très-
avantageux à la Nation, parce qu'il nous fournit de bled. J'avoue que
ſi nous étions ménacés d'une famine, nos Ecrivains publics pouſſeroient
des cris de joie bien louables à l'arrivée de quelque Navire chargé de
cette denrée ; mais que faiſons-nous en important en France le bled
de Barbarie ? nous nous dépouillons de nos richeſſes numéraires , pour
ſoudoyer les Laboureurs Africains & les encourager à continuer à nous
rendre leurs tributaires ; la maſſe de nos richeſſes diminue en proportion de l'argent que nous exportons ; l'argent de France reſte en Afrique , & leur bled nous laiſſe toujours plus pauvres. Je n'examine point
ici , ſi la Barbarie abonde en bled , parce qu'aucune loi n'y gene le Commerce des grains , ou ſi la terre y eſt plus fertile que la nôtre; il me
ſuffit de ſçavoir que la France nourriſſoit autrefois nos voiſins. Les terres & le climat ſont les mêmes. Je n'examine point encore ici avec
Mr. de Vauban & quelques autres Calculateurs , combien la France peut
nourrir d'hommes , ni quelle eſt la meſure de nos récoltes. Un Auteur
affure qu'une mauvaiſe récolte en France ſuffit pour nourrir ſes habitans, une médiocre, pour en nourrir le double , & une bonne pour en
nourrir trois fois plus. Tous ces calculs me ſont inutiles. Mon raiſonnement eſt tout ſimple : nos peres avoient plus de bled qu'il ne leur

COMMERCE *des grains.* en falloit pour leur fubfiftance, & nous en faifons venir de l'étranger. Ce n'eft donc que le mépris de l'agriculture qui caufe ce funefte changement ; c'eft le luxe qui nous dévore, qui achevera de nous ruiner. Changeons de méthode, & nous ferons étonnés de l'abondance de nos récoltes. Soyons toujours créanciers de l'étranger, & nous ne pouvons le devenir qu'autant que nos exportations feront plus confidérables que nos importations. Si nos terres qui ne produifoient en récoltes que pour la valeur de cent millions, en produifent deux cens, nous fommes certains d'avoir gagné cent millions, la maffe de nos richeffes aura augmenté de cette fomme ; mais n'oublions pas qu'afin que cette augmentation foit réelle & non pas imaginaire, il faut que l'étranger nous la paye ; nous fommes convaincus de cette vérité, & en conféquence nous favorifons l'exportation de nos étoffes & de nos merceries. Ne nous arrêtons pas au plus beau du chemin, penfons que la grande Manufacture de la France, eft l'exploitation de nos terres. Exportons notre bled, l'étranger s'en nourrira ; tant mieux, c'eft ce que nous devons défirer. Il nous en payera la valeur, en argent ou en matieres prémieres, néceffaires pour alimenter nos Fabriques. Cette prémiere richeffe deviendra une fource intariffable d'autres richeffes ; notre agriculture vivifiée par l'emploi utile de nos récoltes, prendra de nouvelles forces, & calmera nos vaines craintes & nos fauffes allarmes. L'abondance naît de l'abondance, & la mifere annonce une plus grande mifere.

On trouve peu de Réglemens en France fur la police des grains avant le feizieme fiécle ; il y avoit eu des difettes, & le Gouvernement ne s'étoit point encore empreffé d'y remédier. Peut-être que le tumulte des armes n'avoit pas permis au miniftere de porter fes vûes fur cet objet : peut-être avoit-on penfé que le libre commerce des grains fuffit pour entretenir l'abondance. Une difette furvenue en 1565, & qui dura quelques années, reveilla l'attention du Confeil. Le Chancelier de l'Hopital, qui en étoit le chef, fit faire un Réglement général le 4 Février 1567.

Il y a apparence que le zèle des Magiftrats, guidé par les feules lumieres de la Jurifprudence, alla chercher dans le droit Romain ce qui s'étoit pratiqué pour prévenir les inconvéniens de la difette : on trouva dans le Digefte les précautions que la République & les Empereurs prenoient pour l'approvifionnement des greniers publics, les régles établies pour le tranfport des grains, les défenfes d'en faire des amas, les peines infligées aux monopoleurs, & enfin toutes les entraves que l'on donnoit au commerce des particuliers. De-là l'efprit des Loix Romaines paffa dans l'Ordonnance de Charles IX, & s'eft perpétué dans tous les Réglemens qui l'ont fuivi.

Mais ces Loix fi néceffaires chez les Romains, font-elles applicables à notre pofition actuelle ? A Rome tout fe décidoit par les largeffes de bled & de pain que l'on faifoit au peuple. L'élection d'un Magiftrat, l'élévation à l'Empire, dépendoient de ces libéralités mal entendues, fources de troubles & de divifions. Pour fe concilier la bienveillance des Citoyens, pour contenir un peuple oifif & tumultueux, il importoit à l'Etat que tout le Commerce des grains fût entre les mains de la République, ou des Empereurs. De-là vinrent ces précautions fi multipliées pour en affurer la manutention à ceux à qui l'on confioit le foin de l'approvisionnement des greniers publics, c'est à ces circonstances que l'on doit imputer la sévérité des Loix Romaines contre ceux qui vouloient se mêler de ce négoce, & toutes les bornes étroites dans lesquelles on le renfermoit. En France, au contraire, où l'on n'a point de greniers publics, où ce trafic se fait par les seuls particuliers; les Loix loin de les gêner, doivent leur accorder toute sorte de protection.

Il est rare que l'on songe à se précautionner contre les besoins, quand on se trouve dans l'abondance; & en effet toutes nos Ordonnances concernant les grains, n'ont été rendues que dans des tems de calamité. Il n'est point étonnant que dans des circonstances critiques la nécessité ne permette pas d'examiner les moyens les plus efficaces pour se délivrer de la misere, ou pour la prévenir; & l'on se persuade aisément que les précautions les plus sages, sont celles que présentent l'Histoire & la Jurisprudence. Les murmures des peuples prévalent alors sur les réflexions les plus censées; la pitié se prête à leurs discours; elle a même de tout tems adopté leurs préjugés. On en trouve une preuve authentique dans un Capitulaire de Charlemagne.

Il survint une disette subite en 795, après deux années d'une récolte abondante. On ne put imaginer ce qu'étoient devenus les grains; l'on se persuada que les esprits malins les avoient dévorés, & que l'on avoit entendu dans les airs les voix affreuses de leurs menaces. Charlemagne consulta sur ce triste événement, les Prélats assemblés à Francfort; & pour appaiser la colere du Ciel, il fut ordonné que les dixmes seroient payées exactement. Les termes de ce Capitulaire sont trop singuliers pour n'être point rapportés. *Et omnis Homo ex sua proprietate legitimam decimam ad Ecclesiam conferat. Experimento enim didicimus, in anno quo illa valida fames inrepsit, ebullire vacuas annonas à dæmonibus devoratas, & voces exprobrationis auditas.* Depuis que l'idée des démons s'est évanouie, on a cru trouver des causes de disette plus vraissemblables dans les manœuvres des Usuriers & des Monopoleurs; autre espéce de monstres plus redoutables, mais dont nous n'aurons rien à craindre, si nous sçavons mettre à profit leur vigilance & leur cupidité.

L'on a de tout tems invectivé contre ceux qui font des amas de bleds, nos Réglemens même leur imputent la cherté des grains, plutôt qu'à l'intempérie des saisons. C'est le préambule des trois Ordonnances générales faites en France, pour la police des grains. La prémiere dont nous avons déja parlé, du 4 Février 1567, sous Charles IX, l'autre sous le régne de Henri III, du 27 Novembre 1577, & la Déclaration de Louis XIV, du 31 Août 1699. Ecoutons cette derniere, elle n'est que la répétition des deux précédentes. « Les soins que nous avons pris pour » faire fournir les bleds à nos peuples dans quelques Provinces où ils en man-» quoient, nous ont fait connoître que ce qui avoit le plus contribué à augmen-» ter leurs besoins, n'avoit pas tant été la disette des recoltes, que l'avidité de » certains particuliers, qui bien qu'ils ne fussent pas marchands de bled par leur » profession, se sont néanmoins ingerés à en faire le Commerce. L'unique, but de » ces sortes de gens étant de profiter de la nécessité publique, ils ont tous con-» couru par un intérêt commun à faire des amas cachés, qui en produisant la » rareté & la cherté des grains, leur ont donné lieu de les revendre à beaucoup » plus haut prix qu'ils ne les avoient achetés. Et après avoir fait examiner dans » notre Conseil les moyens les plus propres à faire cesser ce désordre, nous avons » cru qu'il n'y en avoit point de meilleur que de suivre la voie que nos Prédéces-» seurs nous ont tracée par leurs Ordonnances, &c.

Comme cette Déclaration n'est qu'un abregé des anciennes Ordonnances, & que les motifs & les dispositions sont les mêmes, à la reserve cependant du commerce intérieur recommandé par les anciennes Ordonnances, & interdit par celle-ci; il suffira de l'extraire pour faire connoître sur quels principes la police des grains se trouve actuellement établie dans le Royaume. Cette Déclaration contient onze articles.

COMMERCE
des grains.

Le prémier, le fecond & le troifième font défenfes à toutes perfonnes d'entreprendre le trafic & marchandife des grains, qu'après en avoir demandé & obtenu la permiffion des Officiers des Juftices Royales, dans l'étendu defquelles ils réfident, avoir prêté ferment devant eux, & en avoir fait enregiftrer les actes aux Greffes defdites Juftices, avec leurs noms, furnoms & demeures; comme auffi aux Greffes des Jurifdictions de Police des lieux de leur réfidence, à peine de confifcation & amende.

Le quatrième article veut, que les trois prémiers foient exécutés, fans préjudice des déclarations que les Marchands de grains de Paris font obligés de faire à l'Hôtel de Ville, ni aux Réglemens particuliers des autres Villes du Royaume.

Par le cinquième, il eft défendu à tous les Laboureurs, Gentilshommes, Officiers de Juftice & de Villes, à tous Receveurs, Fermiers, Commis, Caiffiers, & autres Intéreffés dans le maniment des Finances de Sa Majefté, ou chargés du recouvrement de fes deniers, de s'immifcer directement ni indirectement à faire le trafic de marchandife de bled, fous prétexte de fociété ou autrement, à peine d'amende & même de punition corporelle.

Le fixième régle les droits des Juges & Greffiers pour la preftation de ferment, à 30 fols pour les Juges, & à 20 fols pour les Greffiers.

Le feptième exempte de Permiffions & enregiftremens, ceux qui voudront faire venir des grains des pays étrangers, & ceux qui voudroient en faire fortir en tems d'abondance, *en vertu des Permiffions générales & particulieres qui feront accordées.*

Le huitième défend toute fociété entre Marchands de grains; elles font permifes néanmoins par le neuvième article, à la charge d'en paffer les actes par écrit & de les faire enregiftrer aux Greffes.

Le dixième défend aux Marchands & autres d'enarher, ni acheter des bleds en verd, fur pied, & avant la recolte, à peine de 3000 liv. d'amende & même de punition corporelle.

Le onzième enfin, déclare nuls, tous marchés & enarrhemens de grains précédemment faits.

La Déclaration du 9 Avril 1723 ajoute de nouvelles précautions à la précédente, & annonce les mêmes défiances contre la conduite des Marchands. « Le Roi étant » informé, dit-elle, que la plûpart des grains, au lieu d'être portés aux halles » & marchés, étoient vendus dans les greniers & magafins des particuliers, ce qui » donnant occafion aux monopoles, caufoit fouvent la difette de cette marchan- » dife, au milieu même des recoltes les plus abondantes: Sa Majefté, pour remé- » dier à cet abus, a ordonné que les bleds, farines & grains ne pourroient être » vendus, achetés ni mefurés ailleurs que dans les halles & marchés, ou fur les » ports, &c. » Cette défenfe que l'on n'avoit point jugé à propos d'inférer dans la Déclaration de Louis XIV, eft prife de l'Ordonnance de Henri III, du 27 Novembre 1577.

On ne peut plus douter après la lecture de ces Réglemens, qu'il ne régne en France une prévention générale contre ceux qui fe mêlent de la marchandife de grains. La voix des Loix s'éléve contr'eux avec celle du Peuple; on eft fermement perfuadé qu'on ne peut prendre contr'eux trop de précautions, & la crainte du monopole a enfanté ces Ordonnances rigoureufes qui n'annoncent que des formalités, des reftrictions & des peines. Cette crainte eft-elle fondée? Et n'eft-ce pas plutôt de la contrainte & des entraves que nous donnons à ce commerce, que naiffent les défordres qui nous allarment avec raifon?

SECONDE

SECONDE OBSERVATION.

Les Loix Romaines fur la police des grains, étoient obfervées en France avant le regne de Charles IX dans le feizieme fiecle ; mais on ne faifoit obferver lefdites Loix dans toute leur vigueur qu'autant que les mauvaifes récoltes faifoient craindre que le bled qui auroit été recueilli en France, ne feroit pas fuffifant pour nourir tous les habitans du Royaume. Ce fut une pareille crainte qui détermina Louis XII en 1482 a ordonner que » dorénavant nuls Marchands, ni autres quelconques, »ne foient fi ofez, ni fi hardis de acheter bleds en verd fur le plat pays, »n'en faire provifion ou amas (fi non pour la provifion de fon hôtel) »fi ce n'étoit en plein marché, & ce fur peine de confifcation des »deniers, d'amende arbitraire, & d'être punis à l'Ordonnance de Juf- »tice. Fait à Clery au mois de Juillet, l'an de grace mil quatre cens »Octante deux. Ainfi figné I. CHAMBON.

Bien loin que cette Ordonnance prohibe tout Commerce des grains, elle ne fait qu'y mettre une reftriction en faveur du peuple ; elle fup- pofe qu'il étoit entierement libre, & qu'on pouvoit en faire des amas en tout tems & de la maniere qu'on le jugeoit à propos. Ce n'eft que l'abus qui pouvoit réfulter de cette liberté que ladite Ordonnance re- prime, voulant que les bleds foient portés au marché public, & qu'ils ne puiffent être achetés autre part, fous peine de punition : par cette précaution le peuple ne pouvoit rifquer d'en manquer, ni de l'acheter trop cherement ; parce que la vente en étant publique, & fous les yeux de la police, on fçavoit les noms des acheteurs, & les quan- tités qu'ils avoient achetées. Ce fut par le même motif de favorifer le peuple & d'empêcher les Monopoleurs de faire des amas de bled pour en augmenter le prix, que François I fit fon Ordonnance du 28 Oc- tobre 1531. Il eft bon de lire cette Ordonnance, elle eft la prémiere d'une certaine étendue fur la police des grains.

ORDONNANCE

DE FRANÇOIS I.

PORTANT

De ne vendre, ni acheter blé, sinon aux marchez publiques & que le populaire soit préferé aux Marchands.

FRançois, &c. Comme nous ayons esté aduertis & informez, que plusieurs personnages par auarice & cupidité, non ayant Dieu, charité, ne le salut de leurs ames deuant les yeux, ont acheté grande quantité de tous blez, les vns deuant la cueillette, & estant encores en verdure sur les champs : & les autres du populaire hors le marché, & en leurs maisons, pour mettre en greniers, pour iceux vendre à leur plaisir & volonté, alors qu'ils verront le peuple estre en nécessité : à cause dequoy, ainsi que notoirement se peut voir & cognoistre, le blé s'est enchery grandement, & le peuple en a eu grand faute, à nostre grand regret & desplaisir, lequel de tout nostre cœur & desir voulons soulager, supporter & faire viure en paix & repos, & le garder & preseruer que par tels moyens iniques & peruers ne soit trauaillé, & mis en nécessité.

ARTICLE PRÉMIER.

Sçavoir faisons que nous pour les causes que dessus, voulans obuier ausdites fraudes, par l'aduis & deliberation des Princes de nostre sang & autres gens de notre Conseil estans lez nous, auons ordonné que les blez, qui s'exposeront par cy apres en vente, soyent portez & vendus aux marchez publiques, & non ailleurs. Et auons defendu & défendons que nul de quelque estat, qualité ou condition qu'il soit, ne puisse, ne luy loise vendre blez, ny aussi les acheter ailleurs, ny autre part qu'esdits marchez.

II.

Lesquels blez estant esdits marchez voulons estre vendus en la manière qui s'ensuit : c'est à sçavoir, premierement & auant toute œuure, au populaire, qui l'achete pour viure au iour la journée : & nul ne sera à eux preferé : & apres ceux qui en veulent faire prouision à temps, soit pour la necessité de leurs maisons, ou pour vendre, & ce deux heures apres que ledit blé aura demeuré audit marché, & non parauant.

III.

Lefquelles chofes voulons eftre gardees & obferuees, fur peine de confifcation d'iceux blez, dont le vandeur portera la moitié, & l'acheteur l'autre, & d'amende arbitraire, tant contre l'vn que l'autre, & fi enioignons aux Officiers des lieux où il y a marchez, fe prendre garde & auoir l'œil fur lefdits vendeurs & acheteurs, à ce que que noftredite Ordonnance foit gardee & obfervee, & les infracteurs d'icelle punis comme deffus.

IV.

Et à fin que lefdits marchans qui ont acheté les blez en verd, & pareillement ceux qui les ont achetez du populaire pour en faire greniers (au moyen dequoy les blez en font grandement encheris, dont le populaire a eu, & a neceffité) ne demeurent impunis, nous vous mandons, enioignons & commettons à tous nos Iufticiers & Officiers, chacun en fon deftroit & iurifdiction, eux informer de ce que deffus : & contre les coupables procedent ainfi que de droit & raifon fe deura faire, en forte que ce foit correction à eux, & exemple aux autres.

Si donnons en mandement par ces prefentes à tous noz Lieutenans, Gouuerneurs, Baillifs, Senefchaux, &c. Donné à Compiegne le 28 iour d'Octobre, l'an de grace mil cinq cens trente vn, & de noftre régne le dix-feptiefme, ainfi figné fur le reply, Par le Roy en fon Confeil, DORNE. Et fcellé de cire iaune. Et fur le reply eftoit écrit.

Luës & publiées en l'auditoire ciuil du Chaftelet de Paris, en la prefence des gens du Roy, le Lundy fixiefme iour de Novembre, l'an mil cinq cens trente vn.

Quatre ans après, la récolte étant très-abondante & la gêne de porter le bled au marché public devenant un obftacle à la vente des grains, fans parler des frais que le tranfport occafionnoit néceffairement, François I par une nouvelle Ordonnance du 3 Mars 1535, permit le Commerce intérieur des grains, & le rétablit dans fa prémiere liberté, fans avoir égard à l'Ordonnance du 28 Octobre 1531 ; il n'y eut que la défenfe d'acheter les bleds en verd qui fubfifta, & qui fut renouvellée par l'article III de l'Ordonnance du 20 Juin 1539. Cette liberté de Commerce ne dura que jufqu'en 1544, que la mauvaife récolte de cette année, ayant fait hauffer confidérablement le prix du bled, l'Ordonnance du 28 Octobre 1531 fut renouvellée, & les peines contre les contrevenans furent augmentées par celle du 7 Novembre 1544. La frayeur de manquer de pain, s'étoit tellement emparée de tous les efprits, que la difette ne ceffoit de réguer au milieu de l'abondance par les entraves qu'on mettoit au Commerce des grains. L'année 1557, fut fi abondante en toutes fortes de récoltes, que les denrées étoient à charge. Ce fut pour que le Cultivateur ne les vit pas périr fans en retirer aucune utilité, qu'Henri II en permit l'exportation à l'étranger, même chez les ennemis ; mais le bled fut excepté, &

cette denrée dont le prix auroit relevé la fortune des Laboureurs ¦, demeura fans valeur ; cette Ordonnance eft du 14 Février 1557. La mifere des gens de la campagne devint fi grande par le bas prix du bled & la défenfe d'exporter à l'étranger ce que nous en avions de fuperflu, qu'ils furent dans l'impoffibilité de payer les taxes que la guerre avoit fáit impofer. Cette confidération détermina Henri II de fufpendre pour fix mois la défenfe d'exporter le bled à l'étranger. En conféquence, par Ordonnance du 29 Août 1558, l'exportation des bleds du Royaume fut permife. François II étant monté fur le trône, eftima que la défenfe d'exporter les bleds à l'étranger étoit ruineufe pour l'agriculture, & que l'exportation illimitée étoit dangereufe ; qu'il étoit de fa fageffe de remédier à ces deux maux. A cet effet, par un Mandement publié le 10 Décembre 1559, il eft défendu d'exporter à l'étranger les bleds du Royaume, fans avoir obtenu des lettres en forme, qui feront délivrées dans un Bureau établi à ce fujet, & que par provifion pendant l'année 1560, il fera permis d'exporter à l'étranger la quantité de cinquante mille tonneaux de bled, fe refervant Sa Majefté, fuivant l'abondance ou la difette, par les informations qui feront prifes de la quantité de bled qui fera dans les Provinces de fon Royaume, d'augmenter ou de reftraindre ladite exportation. Ce Réglement me plaît ; je le trouve d'une fageffe confommée ; il renferme l'encouragement de l'agriculture & la tranquillité publique. Nous avons l'abondance, exportation proportionnée à notre fuperflu. Nous n'avons que le bled néceffaire pour notre fubfiftance, défenfe de l'exporter. Nous ne pouvons défirer que l'exécution d'un femblable Réglement pour le bonheur des Cultivateurs, la tranquillité publique & l'accroiffement des richeffes du Royaume. Ce Mandement fut confirmé dix jours après par une Ordonnance (avec Lettres - Patentes) en cinq articles du 20 Décembre, portant éreftion d'un Bureau des Traites des bleds, par laquelle tout ce qui concerne l'établiffement dudit Bureau, & la forme de délivrer des congés pour l'exportation du bled eft réglé, avec défenfes à qui que foit de figner de femblables congés, qui pour être valides, doivent être expédiés audit Bureau dans la forme prefcrite. L'abondance des récoltes depuis 1560 jufqu'en 1565, repara les pertes que les Laboureurs avoient fait par la défenfe d'exporter le fuperflu de leur bled à l'étranger. Chacun jouiffoit du fruit de l'Ordonnance de 1560, & nos craintes fembloient bannies, lorfqu'elles recommencerent plus vivement que jamais à la vue de la récolte de 1565, dont les apparences étoient très-mauvaifes : On perdit courage, & l'image de la famine épouventa fi fort, qu'on fit revivre la rigueur des Ordonnances contre la liberté du Commerce des grains ; en conféquence Charles IX défendit, le 8 Juin 1565, le tranfport du bled hors du Royaume, & fix ans après, fit le fameux Réglement fur la police des grains, qui a fervi de bafe & de modéle à tous les Réglemens poftérieurs. Le même Roi donna un Edit le 20

Octobre 1573 pour réitérer les défenses de toutes traites & transport des grains, &c. Henri III confirma cette défense par son Ordonnance du 25 Septembre 1574 ; de tous ces Réglemens, le plus important & qui mérite d'être connu particulierement, est celui du mois de Juin 1571. Je le rapporte ici tel qu'il est sans faire aucune observation ; il est assez long.

REGLEMENT

DE CHARLES IX.

Sur les Traites & transports de blez dedans & dehors le Royaume.

Du mois de Juin 1571.

CHARLES, &c. Comme cestui nostre Royaume soit autant qu'autre de la Chrestienté fertil & abondant en blez & grains, de sorte qu'estans iceux bien gardez & administrez, nous & noz subiets chacun respectivement en receurions grandes commoditez, profits & aduantages. Pour ceste cause nos predecesseurs Roys & nous consecutivement auons cy deuant fait plusieurs Edicts & Ordonnances, mesmes en l'an 1565. vn bon reglement, l'obseruation duquel estoit grandement requise & necessaire pour le bien de nostre seruice & vtilité de noz subiets. Mais au lieu d'y obuier & satisfaire, il s'est trouué que plusieurs y ont contreuenu : tellement que nostre intention en cest endroit est touiours demeuree iusques icy inexecutee, à nostre tresgrand regret & desplaisir. A quoy desirans pouruoir, & aux excessifs & desmesurez transports qui se font iournellement desdits blez hors nostredit Royaume, dont en prouient bien souvent grande faute & necessité à iceux noz subiets, estans par vne si desbordee licence & insupportable auarice la graisse, & fertilité de noz Prouinces communes en vne frequente necessité & cherté iusqu'à estre quelquefois noz subiets contraints faire venir des blez des pays estrangers auec infinis frais & despenses, chose où nous voulons donner ordre de ne retomber s'il est possible, pour le trop grand interest & preiudice que cela apporte à nous & à nosdits subiets. Sçauoir faisons, que nous, apres auoir fait mettre ceste matiere en deliberation en nostre Conseil, où estoient la Royne nostre treshonoree Dame & mere, noz treschers & tresamez freres les Ducs d'Anjou & d'Alençon, & autres Princes de nostre sang, Seigneurs de nostre Conseil, nous auons par l'aduis d'iceluy conclu & arresté le reglement qui s'ensuit : par le moyen duquel demeurera chacun an dedans nostredit Royaume la prouision necessaire de tous blez & grains, & ce qui sera de plus se pourra par nostre permission enleuer & transporter ès pays étrangers, sans perte & interuersion de noz droits domaniaux, & au bien & commodité de noz subiets, & entretenement du commerce & trafic auec noz voisins & estrangers.

ARTICLE PREMIER.

Nous auons declaré & declarons par ces prefentes, que voulons eftre publiees par tout où il appartiendra, Que la faculté, puiffance & authorité d'octroyer permiffions & congez de traites & tranfports quelconques hors noftre Royaume, eft droict Royal & domanial de noftre couronne, lequel nous n'entendons communiquer auec perfonne, & qu'autre que nous puiffe confentir & accorder telles chofes directement ou indirectement, fur peine aux contreuenans d'eftre enuers nous declarez criminels de lefe maiefté.

II.

Defendons trefexpreffément à toutes perfonnes, quels qu'ils foient, de nous demander en don lefdites traites & tranfports, & facultez d'iceux, ou don fur les deniers qui en prouiendront. Et aux gens de noz comptes, & autres noz Iuges de les paffer & verifier à peine de repeter lefdits deniers fur eux, en leur propre & priué nom. Et du femblable contre les donataires. Par ce que nous auons deftiné & affecté lefdits deniers, pour & auec le taillon en faire le payement de noftre gendarmerie, fans qu'ils entrent en noftre efpargne.

III.

Pareillement nous defendons qu'aucuns blez ou autres grains foient deformais enleuez hors noftre Royaume, pays, terres & feigneuries de noftre obeiffance fans noftre congé & permiffion expreffe, par ouuerture de traite telle qu'il nous plaira accorder, & ce fur peine de confifcation defdits blez & autres grains, & des nauires, vaiffeaux, chariots & charettes où ils feront trouuez, & cheuaux qui les conduiront, & autres peines à arbitrer par noz Iuges : de laquelle confifcation & amende la moitié nous appartiendra, vn quart au denonciateur, & l'autre quart fera appliqué & prins pour les frais de la pourfuite.

IV.

Nous n'entendons toutesfois empefcher les tranfports de blez & grains qui fe font dedans noftre Royaume de prouince en autre : ains voulons que l'ordre qui fera ci-deffus declaré foit gardé : enfemble la forme accouftumee en telles chofes pour la commodité de nos fubiets, fuyuant nos ordonnances.

V.

Pour le repos des tranfports & traites qui fe feront hors noftre Royaume, y fera tenu l'ordre qui s'enfuit. Tous noz Baillifs, Senefchaux, ou leurs Lieutenans enuoyeront par chacun an au mois d'Aouft leurs commiffions à noz Iuges fubalternes de leur reffort, tant Royaux que des Seigneurs hauts iufticiers, lefquels en vertu d'icelles manderont aux Maires, Efcheuins, Confuls ou autres adminiftrateurs d'affaires publiques de noz villes, bourgs & villages, appelez auec eux aucuns des principaux & plus notables perfonnages bourgeois, qu'ils s'informent de l'abondance & fertilité, ou fterilité & difette de blez & autres grains de la cueillette de l'année, & leur enuoyent leur rapport & advis figné de leurs mains, ou de Greffier & Notaire. Lefquels rapports & aduis, enfemble celuy defdits Iuges appellé noftre Procureur ou defdits Seigneurs, feront enuoyez à nofdits Baillifs, Senefchaux, ou leurs Lieutenans qui fur iceux incontinent nous aduertiront & donneront aduis pour quelle quantité de grains il fera expedient ouurir la traite de l'automne enfuyuant, fans defgarnir la prouince de fa prouifion neceffaire pour toute l'annee, dont ils nous enuoyeront par mefme moyen vn bien ample eftat, fuiuant ce qui leur aura efté enuoyé par lefdits Iuges fubalternes.

COMMERCE
des grains.

V I.

Et au cas que lefdits Iuges fubalternes fuffent delayans ou refufans de fatisfaire au contenu cy deffus, nofdits Baillifs & Senefchaux ou leurs Lieutenans les y contraindront par peines & amendes, telles que fera aduifé, comme auffi eux-mefmes n'y faudront de leur cofté : & feront telle diligence que leurs eftats & aduis foient apportez par deuers nous dedans la fin dudit mois d'Aouft pour le plus tard, en quelque lieu & endroiĉt de noftredit Royaume que pour lors nous nous retrouuions : à peines s'ils y faillent, ou fi leurfdits rapports ou aduis ne fe trouuent tres-veritables, de nous en prendre à eux en leurs propres & priuez noms, comme l'importance du faiĉt le requiert.

V I I.

Noz Threforiers de France en chacune de noz generalitez s'informeront auffi chacun feparement & à part du contenu cy deffus, & nous donneront fur ce leur aduis. Ce qui leur fera facile par le moyen des cheuauchees qu'ils font tenus faire felon le deu de leurs charges.

V I I I.

Sur ces aduis nous ferons departir par noz prouinces & par noz generalitez la quantité des grains que cognoiftrons pouuoir eftre tirez hors noftre Royaume, eu efgard à la fertilité & abondance grande ou petite de chacune de nofdites generalitez : & par noz Lettres-Patentes qu'enuoyrons à nofdits Baillifs & Senefchaux, ou leurs Lieutenans prefcrirons à chacun d'eux le nombre des charges, feptiers ou tonneaux dont ils auront à faire publier & proclamer ladite traite de l'automne.

I X.

Nofdits Baillifs & Senefchaux ou leurs Lieutenans, fuyuant ce que deffus, feront fignifier par leurs deftroits & refforts les iours, lieu & heure que chacun fe pourra prefenter pour prendre ladite traite entiere, ou portion d'icelle, grande ou petite, & depuis vn tonneau ou vne charge, iufqu'à la totale quantité qui fera par nous permife. Et lors mettront lefdites traites à certain prix moderé, outre & par deffus tous noz droiĉts anciens, fur lequel chacun de ceux qui voudront tirer pourra encherir, foit pour tout ou partie, comme dit eft, & les derniers encheriffeurs auront feuls faculté de faire traite de la qualité des grains dont leur fera fait adiudication : & pour ce leur feront expediees lettres & mandemens par nofdits Baillifs & Senefchaux, contenans les permiffions fufdites qui auront lieu, force & authorité, fans qu'il foit befoing recourir à aucun de noz Gouuerneurs, Lieutenans generaux de prouinces, Admiraux, vis-Admiraux, Gouuerneurs & Capitaines des villes ou autres noz Officiers & perfonnes quelconques, foit pour auoir lettre d'attache, ou autrement, à quelque occafion que ce puiffe eftre.

X.

La somme à quoy sera taxé le tonneau de blé froment, & sur laquelle seront mises encheres outre nosdits droicts anciens, comme dit est, sera de trois liures dix sols tournois pour chacun tonneau, & dix sols pour chacune charge, qui sera à raison de sept charges pour tonneau : & seront les autres espéces de grains appreciez par nosdits Baillifs & Senefchaux au pro rata de la valeur dudit blé froment, & sauf à croistre ou diminuer ledit prix de blé, & autres grains par nostre ordonnance selon l'abondance de chacune année.

XI.

Et à fin que la diuersité des mesures n'apporte quelque notable inegalité aux prix & taxes de nosdites traites, le tonneau sera de deux mille liures poisant ou enuiron, à raison de seize onces la liure, & sera chacun tonneau estimé à la valeur de neuf septiers mesure de Paris. Et és pays où on tient la mesure à la charge, ledit tonneau sera éualué à sept charges, & la charge à trois quintaux, à raison de quatorze à quinze onces pour liure, ou enuiron.

XII.

Et pour obuier aux faux poids & fausses mesures, nous mandons à tous nosdits Baillifs & Senefchaux, faire faire les poids & mesures estallonnez & marquez à nostre marque, ausquels feront poisez & mesurez lesdites charges, septiers ou tonneaux, ainsi qu'il sera commode à ceux qui feront lesdits transports, & plus expedient pour empescher les fautes ou abus qui s'y pourroient commettre.

XIII.

Sera gardee aux encheres & adiudications desdites traites la mesme forme qui est accoustumee aux baux de noz fermes.

XIV.

Quant aux termes des payemens & cautions que bailleront les adiudicataires de nosdites traites, nous mandons aussi à nosdits Baillifs & Senefchaux nous en donner leur aduis lorsqu'ils nous aduertiront de l'abondance ou sterilité de nosdits pays, & sur leur aduis nous leurs enuoyerons vn reglement.

XV.

Et pour ce qu'il est cy deuant aduenu qu'on a enleué grande quantité de blez sans nostre congé & permission, & sans payer noz droits, les ayans chargez dedans des traites, esquels n'y a aucuns de noz Officiers, & bien souuent par ports, haures & passages esgarez, obliques & defendus, nous auons declaré, statué & ordonné, declarons, statuons & ordonnons par ces presentes, que les chargemens & traites faites dans & dehors nostre Royaume, ne se pourront desormais faire que par certains ports, haures & passages cy dessous specifiez esquels nous establissons vn Controlleur & ses commis pour la seureté de noz deniers, & pour empescher tous abus & larrecins : & seront & demeureront tous autres ports & passages

sages

sages interdits & defendus, & lesquels nous interdisons & defendons, comme faux passages sous les mesmes peines de confiscation, & autres cy dessus declarees.

XVI.

Lesdits ports, haures & passages pour enlever & transporter grains auec nostre congé seront : En Picardie, és ports & passages de S. Valeri, Amiens, Boullongne & Calais. En Normandie és ports, haures & passages de Rouen, Dieppe, Caen, le Haure de grace, Honnefleur, sainct Sauueur, Cherbourg & Grauille. En Bretagne les ports & passages de Nantes, la Roche, Bernard, Reddon, Rieux, Vannes, Auray, Honnebond, Quimperlay, Conkarneau, Quimpercorentin, Brest, S. Paul le Leon, Morlais, Lantriguier, Plimpol, S. Brieu, S. Malo, Dinan, & Dol. En Poictou les ports & passages de Lusson, S. Benoist ou Curzon, Taillemond sur Iard, les sables d'Ollonne, S. Gilles sur Vie, & Beauuoir sur mer. Au Gouuernement de la Rochelle & Xanctonge, les ports & haures dudit lieu de la Rochelle, Marans, Tonnay, Charente, sainct Sauenian, Taillebourg, Soubise, Taillemont sur Gironde. En Guyenne, les ports & passages de Bourdeaux, Lyborne, Bayonne, & sainct Iean de Luz. En Languedoc, Narbonne, Agde, Beaucaire, Vendres, Serignan, Maugue, Aigues-mortes. En Prouence, Arles, Marseilles, Tollon, Yeres, Antibe, la Tour de bouc, & l'emboucheure du Rhosne, autrement dite, l'Isle de Martegue. En Lyonnois, Beauiolois, Forest, & Dombes, la ville de Lyon.

XVII.

Et si aucuns sont trouuez chargeans ou qui ont chargé en autres ports, haures & passages, qu'és dessus nommés, nous voulons & ordonnons que les grains & vaisseaux, charettes & chariots nous soyent acquis & confisquez, & ceux qui ainsi furtivement les auront chargez, condamnez en amendes arbitraires, comme dit est.

XVIII.

Et à fin que l'ordre cy dessus declaré soit gardé & obserué, & par ce moyen empescher les fautes, larrecins & abus qui s'y commettent, nous auons ordonné, commis & deputé, ordonnons, commettons & deputons par ces presentes nostre cher & bien aimé maistre François de Troyes Contrerolleur general desdites traites par tout nostre Royaume, pour garder & faire garder par le moyen de ses commis qu'il tiendra és lieux susdits, le reglement que luy auons ordonné dès le seiziesme Feurier, mil cinq cens soixante cinq, mesmes en ce qui sera cy apres declaré.

XIX.

Ledit de Troyes & ses commis tiendront compte, & feront le controlle de tous les blez, & grains qui passeront par les ports, haures, lieux & passages dessusdits, où ils seront establis, bailleront les congez, & certifications aux marchans & autres de la quantité des blez que chacun d'eux enleuera & transportera par les blancs signez dudit de Troyes, & non autrement : lesquels congez & certifications contiendront le nombre & quantité de blez, le nom des marchans, le iour & le lieu où le blé sera chargé. Et feront lesdits congez & certifications

Tom. II.   Ttt

COMMERCE des grains.

fignees par les receueurs ordinaires des lieux, ou par les recéueurs particuliers: lefquels receuront les deniers de noz droiĉts accouftumez, & qui nous feront deuz, dont ils & chacun d'eux nous feront comptables par eftats feparez, & fans qu'ils puiffent confondre les deniers de nofdits droiĉts auec ceux de leurs charges ordinaires, mais feront employez au payement de noftre gendarmerie feulement, ainfi que dit eft.

X X.

Chacun defdits commis & receueurs tiendront vn regiftre de tous lefdits congez & certifications des noms des marchans, des nauires ou vaiffeaux, des patrons & maiftres d'iceux, & le iour de leur partement.

X X I.

Lefdits marchans ne pourront charger lefdits blez, fi au preallable ils n'ont les congez & certifications expediez en la forme deffufdite dans les nauires ou vaiffeaux. Le tout à peine de confifcation defdits blez, nauires ou vaiffeaux, & d'amende arbitraire.

X X I I.

Les marchans & autres qui enleueront blez & grains pour les mener & conduire dedans le Royaume, prendront les congez & certifications en la forme fufdite, dans lefquels ils feront tenus faire fpecifier les ports, haures & paffages où ils les voudront faire defcendre, & s'obligeront & bailleront caution de rapporter certification des commis dudit de Troyes, par fes blancs, qui feront auffi fignez de nofdits receueurs des lieux où ils auront fait defcendre & mettre en terre lefdits blez, & ce dedans le tems qui leur fera prefix & ordonné. Le tout à peine de confifcation, dont leurs cautions refpondront, & d'autres peines & amendes arbitraires.

X X I I I.

Les Notaires qui receuront les chartres parties feront tenus d'en faire regiftre, & d'icelles bailler vne copie aufdits commis & receueur, qui en tiendront pareillement regiftre, & feront tenus lefdits marchans porter lefdites chartres parties auec lefdits congez & certifications dans lefdits nauires & vaiffeaux, aufquels congez elles feront inferees, à peine de nullité d'iceux.

X X I V.

Lefdits commis feront tenus enuoyer audit de Troyes par chacun quartier de l'an, l'eftat de tous les congez & certifications qui auront efté par eux expediees, enfemble defdites chartres parties & ledit de Troyes enuoyer l'eftat de fix en fix mois par deuant les intendans au fait de noz finances. Et neantmoins lefdits Receueurs, Notaires, Tabellions ou Greffiers feront tenus monftrer & communiquer leurs regiftres, notes & minutes audit de Troyes & fes commis, toutes fois & quantes que bon femblera à iceluy de Troyes & fefdits commis. Et pour obuier à ce que les marchans n'abufent defdits congez & certifications, ils feront tenus à leur retour le rapporter aufdits commis qui leur en bailleront defcharge.

XXV.

Quant au departement defdits commis, ledit de Troyes en mettra quatre au pays de Bretagne pour bailler lefdits congez & certifications : à fçauoir l'vn à Vannes, l'vn à Quimpercorentin, pour le cofté d'Efpagne & de Portugal, vn à Morlais, & l'autre à S. Brieu. Pour le cofté d'Angleterre feront auffi commis cinq gardes au circuit dudit Bretagne, à fçanoir du cofté d'Efpagne deux, l'vn à Quimperlay, & l'autre à Breft : & trois du cofté d'Angleterre, l'vn à fainct Paul de Leon, l'autre à Lantriguier, & le troifieme à fainct Malo : lefquels prendront garde tant aux vaiffeaux chargez de blé, qui arriueront des autres prouinces que ceux qui chargeront és ports & haures de leurs charges, pour en aduertir les commis dudit de Troyes : Et neantmoins pourront faire arrefter ceux qui fe trouveront chargez fans congé, & en pourfuyure les confifcations par deuant le plus prochain luge des lieux, comme dit eft. Et eftant le haure de Breft de grande eftendue, où arriue grand nombre de nauires, nous mandons au Gouuerneur & Capitaine dudit Breft tenir la main à ce qu'il n'y foit fait ou commis aucun abus.

XXVI.

Ledit de Troyes aura vn commis pour le pays de Xainctonge, ville & Gouuernement de la Rochelle.

XXVII.

Vn pour le pays de Poictou, l'autre du cofté de Liborne, & du cofté de Medoc, lefquels auront femblable pouvoir & charge que ceux dudit pays de Bretagne.

XXVIII.

Plus vn autre commis en la ville de Bourdeaux en mefme pouuoir & charge que deffvs : & vn pour la ville de Bayonne, Sainct Iean de Luz, & lieux circonuoifins.

XXIX.

Es pays de Normandie & Picardie aura auffi deux autres commis.

XXX.

En la ville de Lyon vn commis.

XXXI.

Auffi deux commis en Languedoc & Prouence, lefquels auront mefme pouuoir & charge que deffus.

Tttij

XXXII.

Nous auons ordonné & ordonnons audit de Troyes, fuiuant le reglement cy deuant fait la fomme de quinze cens liures tournois pour fes gages par chacun an, aux quatre commis dudit Bretagne : fçauoir eft de Vannes, Quimpercorentin, Morlais, & Sainct Brieu, à chacun quatre cens liures de gages par an. Au commis du Gouuernement de la Rochelle & Xainctonge, celuy du bas Poiêtou, celuy de Liborne, & celuy de Bayonne & Sainct Iean de Luz, à chacun pareille fomme de quatre cens liures. Aux commis de Bourdeaux, ceux de Normandie & Picardie, à chacun quatre cens liures par an. Aux commis de Lyon, celuy de la Prouence, & celuy de Languedoc, à chacun auffi quatre cens liures de gages par an. Et à chacun de cinq gardes pour la Bretagne foixante liures de gages par an, Tous lefquels gages feront refpeêtiuement payez des deniers qui proviendront du reuenu & profit defdites traites, & non d'ailleurs, par les receueurs ordinaires des lieux : & ne pourront lefdits commis & gardes prendre ou exiger aucune chofe des marchans & autres pour l'expedition des congez & certificats. Et au cas qu'iceux commis, par intelligence ou autrement, laiffent & permettent fortir lefdits blez, fans auoir payé noz droiêts accouftumez, nous voulons qu'ils foyent condamnez en deux mille liures parifis d'amende enuers nous pour chacune faute, de laquelle enfemble des confifcations & amendes de tous lefdits blez, qui nous feront adiugez, nous donnons le quart au denonciateur, & vn autre quart pour les frais de la pourfuite comme dit eft. Et fi pour raifon de toutes les chofes deffufdites contenues en ce prefent ediêt & reglement, il interuenoit oppofition, appellation, ou autre empefchement, pour lefquels ne voulons l'execution & effeêt de ces prefentes eftre aucunement differé, nous en auons dés à prefent comme pour lors, retenue & referuee, retenons & referuons en noftre confeil priué la iurifdiêtion & cognoiffance : & icelle interdite & defendue, interdifons & defendons à toutes noz cours de Parlemens, & autres noz Iuges quelconques par cefdites prefentes.

Si donnons en mandement à noz trefchers & amez coufins les Gouuerneurs & noz Lieutenans generaux en chacun de noz pays & prouinces, ou noz Lieutenans generaux efdits gouuernemens, gens de noz comptes & cours de noz aides, Admiraux, vif-Admiraux, Threforiers de France, & Generaux de noz Finances, Baillifs, Senefchaux, Preuofts, Capitaines, Chefs & conduêteurs de gens de guerre, tant par mer que par terre, Maires, Confuls, Echeuins, Capitaines & Lieutenans de noz villes, citez, chafteaux, forterefles, Maiftres des ports, ponts, peages, paffages, iurifdiêtions & deftroits, & à tous noz autres Iufticiers, Officiers ou leurs Lieutenans, & à chacun d'eux fi comme à lui appartiendra : Que noz prefens ediêt, ordonnance & reglement ils facent lire, publier & enregiftrer en leurs fieges, & par tout ailleurs où il appartiendra, mefmement aux ports, haures, & paffages, par lefquels l'on tire, ou enleue, ou peut tirer & enleuer aucuns blez ou grains, faifant mettre & afficher aux pofteaux & places publiques defdits lieux les permiffions & defenfes cy deffus refpeêtiuement contenues, à fin qu'aucun ne les puiffe obfcurer, & facent garder, obferuer & entretenir nofdites ordonnances & reiglement. Et à cefte fin fur les fimples requeftes & inftances qui en feront faites par lefdits Contrerolleur general, fes commis ou aucuns d'eux, aufdits Gouuerneurs & tous autres noz Officiers deffufdits, enfemble à chacun de noz autres fubiets, d'affifter & prefter main forte fi befoin eft, à l'execution de noz prefens vouloir & intention, & aider en ceft endroit des confeil & faueur, dont, comme dit eft, ils feront requis : tellement que nous foyons feruis & obeis en ce que deffus, & qui en depend, procedant au furplus & faifant proceder contre ceux qui les enfraindront & y contreuiendront par les peines contenuës cy deffus, & autres portees par noz Ediêts & Ordonnances, faifant iouyr nos fubiets, & chacun d'eux de l'effect & contenu cy deſſus, ſans leur faire, mettre ou donner, ne ſouffrir eſtre fait, mis, ou donné aucun empeſchement. Mandons auſdits Threſoriers de France & Generaux de noz finances, qu'ils facent par noz receueurs des lieux cy deſſus mentionnez payer, bailler·& deliurer audit de Troyes & ſes commis, gardes, & tous autres cy deſſus ſpecifiez, les gages à eux ordonnez par noſtre preſente ordonnance, & par les quatre quartiers de l'année, & egalles portions : le tout des deniers que chacun deſdits receueurs auront ou deuront auoir en leurs mains prouenans deſdits droicts de traites, amendes & confiſcations, à nous adiugees pour raiſon des choſes ſuſdites & non d'autres, ſuiuant ce que deſſus eſt dit : & qu'ils facent auſſi payer, bailler & deliurer par leſdits receueurs des lieux auſdits denonciateurs la quarte partie des confiſcations & amendes, enſemble une autre quarte partie pour la pourſuite, ſuyuant ce que nous en auons ordonné cy deſſus. Voulans qu'à ce faire ils ſoient contraincts par toutes les voyes de iuſtice deuës & raiſonnables. Et rapportant le vidimus de ces preſentes ſignees de noſtre main, fait ſouz ſeel Royal, ou collationné par l'vn de noz amez & feaux Notaires & Secretaires, auec les quittances des deſſuſdits ſur ce ſuffiſantes, nous voulons leſdits gages & tout ce qui aura eſté par leſdits receueurs fourny & payé, eſtre paſſé & alloüé és comptes & rabbatu des receptes deſdits receueurs par les gens de noſdits comptes. Leur mandans ainſi le faire ſans difficulté : car tel eſt noſtre plaiſir, nonobſtant quelconques ordonnances faites ſur le fait deſdites traites & tranſports de blez dedans & dehors noſtredit Royaume, tant par noz predeceſſeurs que par nous, & quelconques autres ordonnances, reſtrictions, mandemens, defenſes & lettres à ce contraires. Et pour ce que de ceſdites preſentes l'on pourra auoir affaire en diuers lieux & endroicts de noſtredit Royaume, nous voulons que aux vidimus qui en ſeront faits ſouz ſeel Royal, ou collationnez par l'vn de noz amez & feaux Notaires & Secretaires, foi ſoit aiouſtée comme au preſent original : auquel à fin que ce ſoit choſe ferme & ſtable à touſiours, nous auons fait mettre noſtre ſeel, ſauf en autres choſes noſtre droict, l'autruy en toutes.

Donné à Gaillon au mois de Iuin, l'an de grace mil cinq cens ſoixante onze, & de noſtre regne l'onzieſme. Signé, CHARLES. Et plus bas, par le Roy en ſon Conſeil. FIZES. Et au deſſouz. Contentor, Gratis pro Rege. DE LA NYONERE. Et à coſté, Viſa. Et au dos. Regiſtrata. Et ſeellé en laqs de ſoye de cire verde auec le contreſeel. Et plus bas eſt eſcrit.

Leu, publié & enrégiſtré en la Chambre des Comptes, ouy & ce requerant le Procureur general du Roy, ainſi qu'il eſt contenu au regiſtre, ſur ce fait le dixneufieſme iour de Decembre, l'an mille cinq cens ſoixante-onze.
Signé, DANES. *Et à coſté eſt encores eſcrit.*

Leu, publié & enrégiſtré en la Cour des Aydes à Paris, ouy ſur ce & ce requerant le Procureur general du Roy, aux charges & modifications contenues en l'Arreſt d'icelle, donné ceiourd'huy vingt-troiſieſme iour de Ianvier, l'an mille cinq cens ſoixante-douze.

Signé, LE SUEUR.

Je ne rappelle point ici a deſſein l'Ordonnance de Louis XIII de 1629, ni la Déclaration de Louis XIV du 31 Août 1699, ni pluſieurs Arrêts du Parlement ſur le Commerce des grains, ce qu'en dit l'Auteur de l'Eſſai de la police générale des grains me paroiſſant plus que ſuffiſant. J'obſerve ſeulement, que tant de Réglemens ou renouvellés ou interprétés par d'autres Réglemens, n'ont été occaſionnés que par les ſuites de quel-

COMMERCE *des grains.* que calamité publique, ou pour la prévenir. Une urgente nécessité leur a donné le jour, & ils ne sont bons que pour un tems de misere; ce seroit une erreur grossiere de les prendre pour la régle de notre conduite dans un tems ordinaire, ils seroient pour lors la cause de bien des désordres; & c'est peut-être pour les avoir mis en exécution par une fausse crainte de disette, que les malheurs que nous voulions écarter sont tombés sur nous. Le Commerce des grains est très-souvent ingrat & ruineux pour ceux qui l'entreprennent; il est par conséquent dangereux de décrier & d'apésantir la main mal à propos sur les Marchands de bled; on doit les faire surveiller, & mettre un frein à leur avidité de gagner; c'est le seul moyen de les rendre utiles à l'Etat, qui ne peut se passer de cette espéce de Marchands, & qui peuvent lui être d'une absolue nécessité. Tout Commerce de grains n'est ni usure ni monopole. Si la fraude est découverte dans quelques particuliers, qu'on la reprime & la punisse, & n'envelopons point dans une accusation vague & infamante, les innocens avec les coupables. Quelle est la branche de Commerce qui soit exempte d'abus? Les Loix ne sont faites que pour y maintenir l'ordre; mais il semble que celles qui sont particulieres au Commerce des grains, sont trop dures & que la peur, plutôt que la justice les a dictées. Je suis persuadé qu'il y a des Monopoleurs dans l'achat des bleds, comme dans l'achat de toutes sortes de marchandises, parce qu'il y aura toujours des hommes que l'intérêt dominera, & que la seule cupidité des richesses déterminera à tout entreprendre. Je ne nie pas qu'il ne puisse y avoir des Monopoleurs; mais je suis persuadé qu'ils ne sont pas en si grand nombre qu'on le publie.

Il n'y a qu'un moyen de se préserver de la disette, c'est de conserver dans le Royaume assez de grains, pour n'en point manquer dans la stérilité. C'est sur ce fondement que l'on a proposé plusieurs fois d'avoir des magasins publics. Mais l'immensité de la dépense pour la construction des bâtimens, l'achat des grains, & leur entretien, ont de quoi rebuter le Ministre le mieux intentionné. Plus il sera éclairé, plus il envisagera de difficultés dans l'exécution, & de risques dans la manutention. Il n'y a que ceux qui ont un intérêt personnel à la conservation des grains, qui puissent les bien gouverner. Il faut donc les encourager, loin de leur inspirer de la crainte; il faut les protéger; il faut peut-être les recompenser. La garde des grains est difficile & dispendieuse, & il en coûteroit plus à l'Etat d'avoir des magasins publics, que d'accorder quelques priviléges à ceux qui voudroient en établir.

Mais si la liberté seule du commerce suffit à nos voisins pour les préserver des inconvéniens de la disette, pourquoi n'auroit-elle pas les mêmes effets en France? Sommes-nous plus avares, plus usuriers qu'eux? Non, nous avons un préjugé de plus, une Police différente, & des Réglemens que nous aurions honte d'adopter pour tout autre commerce, que pour celui des grains.

Tout le monde est convaincu que la liberté est l'ame & le soutien du commerce; & que la concurrence est le seul moyen d'établir le prix de la marchandise au taux le plus avantageux pour le public. En conséquence de ces principes, si les Réglemens exigent quelques formalités des Marchands de toute efpéce , c'eft moins pour l'utilité du commerce , que pour fatisfaire aux charges des Communautés. Mais l'Etat n'entreprend point de régler le trafic particulier ; il ne donne d'exclufion à perfonne ; il ne défend point à un Négociant ce qu'il permet à un autre ; il ne limite point le tems des achats ni des ventes ; il n'empêche pas le tranfport des marchandifes de Ville à Ville , ni de Province à Province ; il ne le permet pas exclufivement à quelques particuliers. C'eft cette liberté qui apporte l'abondance ; & c'eft l'émulation & la concurrence qui maintiennent le prix de toutes chofes dans un jufte équilibre.

Perfonne ne taxe les Marchands d'avarice , d'ufure & de gains illicites. On fçait qu'ils doivent gagner , & qu'ils ne peuvent fe conduire que par des motifs d'intérêt. Pourquoi penfons-nous différemment du commerce des grains ? Pourquoi fuivons - nous d'autres principes ? Toutes nos précautions nous font tomber dans deux écueils également dangereux , l'aviliffement du prix des grains , & leur trop grande cherté.

Si le commerce des bleds étoit toujours libre : s'il étoit permis à tout le monde d'en acheter fans aucune formalité : s'il ne falloit pas de permiffion particuliere pour les faire paffer d'une Province à l'autre : fi l'on pouvoit même les exporter dans les tems d'une abondance fuperflue , fans attendre l'autorité du Miniftère : s'il n'y avoit jamais de défenfes que d'en faire fortir lorfqu'ils monteroient à un certain prix ; il n'eft pas douteux qu'il fe formeroit dans le Royaume des magafins qui ne coûteroient rien à l'Etat. On s'adonneroit à ce négoce fans crainte & fans méfiance , parce que la Loi le protégeroit. Ces Marchands veilleroient exactement à la confervation des grains , qui font fouvent gâtés ou diffipés chez le Cultivateur. Ils fuivroient la pratique ordinaire du commerce , d'acheter quand la marchandife eft à bas prix ; & de vendre quand elle leur préfente des profits. Plus ces Marchands fe multiplieroient , plus le Laboureur trouveroit de reffources dans l'abondance , & le peuple dans la difette. Ils feroient des avances à ceux qui ne feroient point en état de fournir aux frais de la culture : ils profiteroient de la richeffe de nos moiffons , en les faifant paffer à propos chez l'étranger ; & ils fçauroient dans les tems de calamité faire entrer des bleds dans le Royaume au prix le moins onéreux , parce qu'ils feroient au fait de ce commerce. La rigueur de la Loi nous prive de tous ces avantages : nous n'avons ni Marchands ni magafins. Ce font les étrangers qui achetent nos grains quand ils font à vil prix ; ce font les étrangers qui nous les revendent quand ils font chers. D'où provient ce défordre fi préjudiciable à l'Etat ? De la crainte du monopole , & fur-tout des permiffions générales ou particulieres accordées pour la fortie hors du Royaume , ou pour le tranfport d'une Province à l'autre.

Nous craignons que nos Sujets ne s'enrichiffent par le commerce des grains ; nous regardons ces profits comme illicites , & nous n'appréhendons pas de payer à l'étranger les frais de garde , de tranfport , & l'intérêt ufuraire de fes avances. C'eft ce qui nous eft arrivé dans tous les tems de difette : c'eft ce que nous éviterions , fi loin de reftraindre le commerce des grains à telles ou telles perfonnes , nous le permettions à tout le monde indiftinctement , Laboureurs , Gentilshommes , Financiers ou autres. Il importe au bien public d'avoir des Marchands riches en état de faire des magafins , de répandre l'argent chez les Cultivateurs , & de foutenir les frais de garde.

La liberté générale fera naître des Marchands de toute efpéce , excitera l'émulation & la concurrence , ranimera l'efpérance du Laboureur qui fera toujours certain de trouver un débouché dans les tems où fa richeffe même lui devient à charge. On ne peut trop infifter fur ce point ; la trop grande abondance eft nuifible , elle eft le précurfeur ordinaire de la difette.

Quand même l'Hiftoire ne nous apprendroit point que les plus grandes chertés ne font venues qu'après les années les plus abondantes , (& nous en avons des preuves toutes récentes) la réflexion feule nous en feroit fentir la raifon. Nous n'avons guères de magafins , & peu de Marchands de grains en France. Le Culti-vateur eft prefque le feul qui les conferve : peu d'entre eux font en état de les gar-der long-teins.

Si le Laboureur ne peut les vendre à un prix qui le dédommage des frais de la culture , il les prodigue aux engrais : il les laiffe gâter , parce qu'il ne peut faire la dépenfe de leur entretien ; il fe dégoûte d'un travail pénible qui le ruine ; il ceffe de cultiver , ou il cultive mal ; il ne donne fes foins qu'aux meilleures terres , & laiffe les autres en friche. Ce font les fuites ordinaires du bas prix des grains & de l'abondance. Nous n'éprouverions point ces inconvéniens , fi le com-merce des grains étoit animé , foutenu , protégé par la Loi , comme il l'eft chez nos voifins , & fi nous favorifions l'établiffement des magafins.

C'eft un préjugé de la Nation , on ne peut trop le répéter ; c'eft une terreur panique que le monopole. Où font ceux qui achetent des grains pour les cacher ? Cela eft-il praticable ? Peut-on faire un magafin , ou fi l'on veut un amas de bleds , fans que tout le canton en foit informé ? Le peuple n'a-t-il pas intérêt de les découvrir & de les indiquer ? Ne fçait-on pas en tout tems dans quelle grange , dans quel grenier on peut trouver des grains ? Et fi la Loi n'intimidoit pas le pro-priétaire , fi le commerce en étoit libre & regardé comme licite , quelle raifon auroit-on de les cacher ?

Mais une preuve qu'il y a peu de prévaricateurs , c'eft que la Marre , cet exaêt Compilateur de la Police , ce ridige Obfervateur des Réglemens , qui ne ceffe de déclamer contre les Ufuriers , & de louer la févérité des Ordonnances ne rapporte cependant que très-peu de condamnations contre les contrevenans dans les difettes de 1661 , 1693 & 1699 ; cependant il détaille toutes les perquifitions de grains faites dans ces années malheureufes.

Il fut commis lui-même en 1699 , pour vifiter les cantons qui pouvoient four-nir à la Ville Capitale , & il ne trouva que trois prétendus Ufuriers , fuivant les procès-verbaux qu'il rapporte. Malgré fon zéle & fon exaêtitude , il ne fit pas fai-fir cinquante muids de bled. Cette quantité pouvoit-elle caufer la cherté ou la di-fette ? La Loi eft donc vicieufe ou inutile , fi toutes les précautions que l'on prend pour fon exécution , ne procurent pas les fecours qu'elle fait efpérer ; ou fi la malignité des hommes trouve le moyen de l'éluder. On ofe même avancer qu'elle eft nuifible , & que le feptieme article de la Déclaration de 1699 , qui a introduit l'ufage des permiffions , pour l'intérieur du Royaume , eft une fource d'abus & de défordres.

TROISIEME OBSERVATION.

Je ne fuis pas furpris d'entendre le peuple crier aujourd'hui pour la liberté du commerce des grains & demain pour la prohibition ; il eft peuple , & fes décifions ne doivent pas compter ; mais je fuis étonné de voir des gens de bon fens penfer comme le peuple fur ce point. Ils foupirent après cette liberté ; je fuis bien éloigné de les blâmer , je penfe comme eux ; je fuis pour la liberté de la circulation des grains ; mais je ne fuis plus de leur avis , dès qu'ils veulent qu'elle foit entiere & fans aucune gêne pour l'exportation ; ils n'ont pas bien refléchi fur les fuites funeftes de leur demande. La liberté d'exporter nos grains à l'étranger , eft certainement profitable à l'Etat , & le feul moyen efficace pour vivi-fier & rétablir notre agriculture , dans la fuppofition que nos terres produifent plus de bled qu'il n'en faut pour alimenter le Royaume ;

car

car si nos récoltes peuvent à peine nous suffire, cette liberté, j'entends celle pour l'exportation à l'étranger, sera pernicieuse. Nous serons obligés de faire revenir de l'étranger le bled que nous lui avions envoyé, & de payer cherement ce que nous avions vendu à grand marché. Cette liberté, pour ne rien dire de plus, sera une imprudence inexcusable. Il faut connoître notre situation, calculer si nos récoltes sont suffisantes pour notre subsistance. Si nous avons eu le malheur de ne recueillir que le bled qui nous est absolument nécessaire, point de liberté pour la sortie du bled; ce seroit un vol fait à la Nation; & quelque bénéfice que l'exportation à l'étranger puisse donner, elle ne peut être permise; notre salut est attaché à la vigilance qui doit l'empêcher; mais, malgré la mauvaise récolte, liberté entiere dans l'intérieur du Royaume. Toutes les Provinces appartiennent à l'Etat, & doivent se secourir mutuellement; de tous les secours, les alimens sont les plus nécessaires; elles y ont droit, & les entraves qu'on mettroit à la circulation d'une Province dans une autre, annonceroient le mal plus grand qu'il n'est, feroient resserrer le bled, & ruineroient ceux qui en ont trop, en laissant périr de faim ceux qui en manquent; que si au contraire nos récoltes sont abondantes, après nous être assurés de la quantité de notre superflu, donnons la liberté de l'exporter à l'étranger; mais assurons-nous qu'il n'en sortira point du Royaume une plus grande quantité que celle qui est permise. La chose n'est pas si difficile qu'on veut le faire entendre; il n'y a qu'à fixer deux Ports dans le Royaume pour la sortie des grains, l'un sur l'Océan & l'autre sur la Méditerranée. Les frais de transport ne doivent pas nous rebuter; c'est nous qui les payons à nous-mêmes, & l'étranger nous les remboursera. Cette liberté pour l'exportation à l'étranger, dépend donc, comme on doit le sentir, de notre situation, & ceux qui blâment le gouvernement de la gêner, ne sçavent ce qu'ils disent. Chacun veut aujourd'hui régler l'Etat, & suivant ses imaginations ou ses intérêts, propose de nouveaux systêmes. On demande une liberté entiere pour l'exportation de nos grains à l'étranger; mais les avons-nous ces grains? Si nous en manquons, convient-il de nous en dépouiller? L'étranger (publient ces Ecrivains) nous les paye cherement; oui sans doute, & nous les payerons bien plus cherement pour les faire revenir. On voudroit que la liberté qui est accordée aux diverses branches de notre commerce fut la même pour le commerce des grains. Les raisons qu'on en donne ne me touchent pas. Je conviens que cette liberté sera avantageuse pour la circulation intérieure du bled; mais j'estime qu'elle ne doit être accordée qu'avec connoissance de cause pour l'exportation à l'étranger. Toutes les autres branches de commerce ont pour objet des marchandises qui ne sont pas d'une absolue nécessité; un Marchand de toile, &c. peut en hausser le prix relativement à la rareté, ou s'il est le seul qui en aye dans son magasin, on ne lui fera pas un procès à cause

COMMERCE des grains. du gain qu'il veut faire , parce que nous ne fommes pas contraints d'a-cheter ladite toile ; nous fçavons nous en paffer , ou en faire venir d'ailleurs , fi le prix ne nous convient pas. Il n'en eft pas de même du bled , il en faut de toute néceffité. C'eft précifement parce qu'il y a néceffité, qu'il y a tout à craindre. Que penferoient ces Ecrivains, de la conduite d'un homme riche , qui ramafferoit tout le bled d'une ville, s'il avoit la liberté de le vendre autant qu'il voudroit ? Son avidité n'auroit plus de bornes , & nous le payerions au prix de l'or, nous y ferions néceffités. Avouons de bonne foi que nous avons raifonné fans reflechir en demandant que la liberté du commerce des grains , fut auffi en-tiere que dans les autres branches de commerce. Elle doit être limi-tée & foumife aux Loix , toujours en raifon de l'abondance ou de la difette de nos récoltes. Ceffons donc , fi nous fommes fages , de paroî-tre étonnés & de nous plaindre du nombre prodigieux de Déclarations , Arrêts & Réglemens que la police des grains a occafionnés ; ils ont été néceffaires, & il fera néceffaire d'en faire de nouveaux , lorfque les circonftances l'exigeront. Il eft avantageux à la Nation d'exporter fes grains à l'étranger , je l'ai déja dit (Voyez page 89) & il eft à défirer , pour l'accroiffement de notre agriculture , que cette exportation foit continuée, & qu'aucun obftacle n'oblige de la fufpendre. Elle eft la reffource de nos Cultivateurs ; mais c'eft au Roi à l'ordonner , & au Miniftere à fe faire informer exactement & au vrai du produit de nos récoltes , & à agir en conféquence. Repofons-nous fur la fageffe de ceux qui nous gouvernent ; ils en fçavent plus que nous ; ils connoiffent les anciens Ré-glemens , & une heureufe expérience leur a appris que l'agriculture étoit la principale richeffe de l'Etat , qu'elle avoit befoin de protection & d'encouragement, & que fi une crainte exceffive & déplacée a fait mettre des entraves à la vente de nos bleds & a caufé de grands maux , la liberté de la circulation des grains dans toutes les Provinces du Royaume, repareroit nos malheurs paffés, & ranimeroit l'efpérance des Laboureurs. Quand à l'exportation à l'étranger , ils l'ordonneront , s'ils la jugent utile , ils en connoiffent toute l'importance. Il fe préfente ici trois queftions à examiner.

PREMIEREMENT.

Eft-il néceffaire d'avoir dans chaque ville principale des magafins d'a-bondance , pour fecourir le peuple dans un tems de difette ?

SECONDEMENT.

Les Marchands de bled font-ils néceffaires ou nuifibles à l'Etat , & peut-on les accufer juftement de monopole & d'ufure ?

TROISIEMEMENT.

L'exportation à l'étranger des grains originaires du Royaume, doit-elle être générale ou accordée à quelques particuliers ?

Ces trois queftions exigent un certain détail dans lequel je n'entrerai point préfentement. Je les renvoye à ma fixième obfervation.

Que la fortie des grains hors le Royaume foit défendue dans des tems difficiles, c'eft une fage précaution qui tend à la confervation des Sujets : mais que leur tranfport de Province à Province ne foit pas toujours libre, qu'il foit fufpendu pendant quelques années ; qu'il ne foit quelquefois accordé qu'à certains particuliers & interdit à tous autres, c'eft ce qui augmente les frayeurs & les murmures du peuple ; c'eft ce qui contribue au renchériffement, c'eft ce qui occafionne fouvent les monopoles.

Pour éviter ces inconvéniens, Charles IX & Henri III avoient ordonné par leurs Réglemens de 1571 & 1577, « que le commerce des grains & tranfport » d'iceux, de Province à Province feroit libre *à un chacun*, fans que l'on y pût » donner aucun empêchement, & fans qu'il fût befoin de prendre congé des Of-» ficiers, Gouverneuts ou Capitaines ; lefquels auffi ne pourroient empêcher ladite » liberté, par quelque forme ou façon que ce fût. »

Cette liberté, qui avoit fubfifté en France depuis le commencement de la Monarchie, recommandée fi expreffement par les Ordonnances de Charles IX & de Henri III, qui appréhendoient avec raifon qu'elle ne fût troublée par quelques obftacles : cette liberté, dis-je, fut gênée pour la premiere fois en 1699. La Déclaration de Louis XIV prefque copiée fur l'Ordonnance de 1577, affeta de ne point s'expliquer clairement à ce fujet.

L'article VII fit femblant de la conferver, mais il l'anéantit effectivement par les modifications. On voulut, fans doute par la crainte du monopole, fe referver une part dans l'adminiftration des grains, & l'on en reftreignit la traite à des permiffions générales ou particulieres ; mais dix années après, l'on fut obligé de penfer bien différemment.

En 1709, tems d'une affreufe calamité, le Roi ordonna par deux Arrêts confécutifs des 25 Août & 21 Septembre de cette malheureufe année : « que tout » commerce & tranfport de grains feroit libre & permis à tout le monde, même » des farines & légumes, tant de Ville à Ville & de marché en marché, que d'une » Province à l'autre, dans toute l'étendue du Royaume, *fans qu'il fût néceffaire* » *d'en donner avis, ni d'obferver aucune des formalités ordinairement prefcrites.* » Ces termes font remarquables & doivent faire impreffion. L'on voit que l'intérêt général l'emporta alors fur toutes les confidérations particulieres. L'on fentit vivement la néceffité urgente des communications ; l'on étoit accablé par une guerre ruineufe, preffé par la famine, & l'on crut ne pouvoir apporter un remede plus efficace à ces maux, que de permettre à tous les Citoyens de partager leurs denrées, & de fe prêter le fecours mutuel dont ils avoient befoin.

Cela s'étoit pratiqué de même fous Louis XIII ; on preffentit une difette, & fur les avis que l'on eut, que la recolte n'étoit point auffi abondante qu'il auroit été à défirer, difent les Lettres-Patentes du 30 Septembre 1631, il fut défendu, fous peine de punition corporelle, de faire fortir aucuns grains du Royaume. *Permis néanmoins pour le bien des Sujets de les tranfporter de Province à Province, pour s'en fecourir & affifter.*

Loin de fuivre ces exemples, c'eft au contraire dans les tems critiques, que l'on redouble d'attention pour empêcher ou pour fufpendre l'exportation intérieure : elle n'eft jamais permife dans les Provinces, que lorfqu'on ne doute plus d'une abon-

COMMERCE
des grains.

dance superflue ; elle est défendue si-tôt que l'apparence de cherté se fait sentir. C'est cette retenue qui produit l'avilissement préjudiciable à une Province , & la cherté nuisible à l'autre.

Le Royaume est composé de différentes Provinces, qui ne sont point toutes également fécondes. Il n'y a point d'année qu'elles n'ayent besoin de la communication réciproque de leurs productions : celle du bled est toujours la plus nécessaire , & doit toujours être la plus prompte ; & par une pratique fatale , c'est celle qui se fait le plus difficilement, le plus lentement & avec plus de précaution. Si une Province se trouve affligée par quelque fleau particulier, on ne peut pas sentir tout d'un coup le poids de sa misere ; elle languit quelque tems, les voisins ne peuvent lui faire part de leurs richesses, sans un ordre exprès. On délibere dans la Province voisine, on examine si l'on a du superflu ; enfin l'on permet la sortie des grains, après bien des sollicitations , des dépenses & des peines. Le mal a déja fait des progrès dans celle qui souffre de ces retards : il faut lui porter du secours à quelque prix que ce soit ; le transport s'en fait d'une façon précipitée , & toujours plus couteuse que dans tout autre tems ; de sorte que par tous ces frais extraordinaires , le rencherissement devient nécessairement plus fort dans cette Province malheureuse , qu'il ne l'auroit été si les grains eussent pû y aborder librement, sans retards & sans formalités.

Si c'est pour le bien des Sujets , ainsi que le disent les Ordonnances qu'on vient de rapporter , que toute communication de Province à Province a été rendue libre dans des tems de disette , peut-on prétendre qu'elle ne leur seroit pas également avantageuse dans toute autre circonstance ? C'est le seul moyen de prévenir la trop grande cherté ruineuse dans la Province stérile , & l'avilissement du prix qui accable le Laboureur dans la Province abondante. L'activité d'un Commerce toujours permis & autorisé , portera les grains dans les endroits où ils seront les plus chers, ainsi qu'elle y porte tous les autres denrées ; les correspondances intéressées des Négocians préviendront les besoins , & y remédieront toujours à propos, lorsqu'ils pourront le faire avec sûreté & sans contrainte.

Le bled est la base de tout commerce ; c'est la marchandise que personne ne peut se dispenser d'acheter ; & si la France en produit assez pour sa subsistance , ne craignons point d'en manquer dans quelques cantons : plus il y aura de vendeurs , plus l'avidité & l'émulation du commerçant le fera passer où il sera nécessaire , lorsque l'on cessera de le regarder comme marchandise de contrebande , que l'on ne peut transmettre sans permissions , & lorsqu'il ne sera plus retenu dans quelques Provinces par des précautions qui n'ont en vûe qu'une portion des Sujets, mais toujours nuisibles au bien général. N'attendons plus ce tems de calamité, comme en 1709 , pour ouvrir les yeux sur l'intérêt général du Royaume. Chaque Province n'est point un Etat separé , à qui il faille conserver sa subsistance à part ; elles sont toutes les membres d'un même corps , les enfans d'une même famille. L'Etat ne peut être envisagé que sous cet aspect : pourquoi cette division d'intérêt, cette préférence momentanée entre les mêmes Sujets ? N'est-ce pas agir contre les principes de la Société, que de ne pas souffrir que la denrée la plus nécessaire à la vie se communique avec le plus de facilité & le moins de frais qu'il est possible ? Tous les pays de l'Univers favorisent cette liberté ; nous sommes les seuls qui y apportons des obstacles.

On ne sçauroit donner trop de louange à l'attention & à la bonté du Gouvernement : il veille sur tous les Sujets ; on le voit sur les premieres apparences de cherté, prendre toutes sortes de précautions pour assurer la subsistance des Provinces qui manquent , & sur tout de la Capitale. Il fait souvent venir du dehors à grands frais ce que la moisson semble nous avoir refusé dans de certaines années : c'est effectivement le seul remède à une véritable disette ; mais ces soins empressés du ministere , font souvent penser que le mal est plus grand qu'il ne l'est en effet, la méfiance l'augmente , & ces attentions n'ont pas toujours le succès que l'on auroit lieu d'en espérer.

En général toute opération publique fur les bleds, eſt délicate, diſpendieuſe, ſouvent même dangereuſe. Le peuple confirmé dans ſes préjugés par les motifs & les formalités des Ordonnances, ne voit point tranquillement un tranſport de grains fait avec appareil : il eſt vrai que dans le tems de guerre, les convois l'étonnent moins ; mais en tems de paix, ils l'effrayent toujours. Il ſe plaint, ou que l'on épuiſe la Province par de mauvaiſes manœuvres, ou que les bleds étrangers ſont trop chers & de mauvaiſe qualité.

Il n'eſt pas poſſible, en effet, qu'il ne ſe rencontre bien des inconvéniens dans les achats pour le compte de l'Etat. Quand même ils ſeroient faits avec toute la fidélité imaginable, on ne peut y apporter la même œconomie & le même ſoin, que des Négocians qui chercheroient leur intérêt perſonnel ; d'où il s'enſuit un ſurtaux indiſpenſable qui eſt payé par le Prince, ou par le peuple : d'ailleurs lorſque le bruit ſe répand que l'Etat achete des grains, aucun Commerçant ne ſe hazarde d'en faire venir, il craint avec raiſon de n'y pas trouver ſon compte, il tourne ailleurs ſes fonds, & le public eſt privé du bénéfice de la concurrence, qui ſeule pourroit établir un prix convenable. Dans ces occurrences, où tout ſe paſſe avec précipitation & même avec crainte, l'Etat ne peut ſçavoir quelles doivent être les bornes de ſes achats. S'il en fait trop peu, ſon objet n'eſt point rempli ; & dans l'intervalle d'un achat à l'autre, on court riſque de ſentir toute l'horreur de la diſette : s'il en fait trop, les bleds ſe gâtent, excitent des murmures, ou tombent en pure perte pour l'Etat.

Si le miniſtere, dans ces occaſions, laiſſoit agir le Commerce, & que l'on fût aſſuré que l'on peut s'y livrer ſans riſques & ſans formalités, les importations de bleds ſe ſuccéderoient à proportion des beſoins ; la cupidité ſçaura les prévoir & les ſoulager. Cherté foiſonne, dit le proverbe ; & c'eſt douter de l'avidité des hommes pour le gain, que de craindre qu'ils ne portent pas la denrée par-tout où ils la vendront avantageuſement. La concurrence, ce principe le plus actif & le plus étendu du Commerce, empêchera toujours que ce profit ne ſoit exorbitant, & le bled ne ceſſera d'aborder dans un canton, que quand il n'offrira plus de bénéfice au Commerçant, & ce tems ſera le terme de l'abondance, plus ſûrement & plus promptement ramené par l'appas du gain, que par les opérations forcées du Gouvernement.

Il n'y a donc rien de plus important que de faire naître une idée de liberté, de protection & de concurrence ſur ce Commerce, tant pour l'extérieur que pour l'intérieur. Les grains ſortiront & entreront à propos ſuivant leur prix, c'eſt la règle la plus certaine ; mais il eſt ſur tout d'une néceſſité indiſpenſable de ne jamais arrêter la circulation intérieure, pour éviter tout appareil public, tout ſujet de murmures, d'allarmes & de déſordres. Si elle étoit une fois bien établie, les bleds reflueroient de proche en proche, ſans que l'on s'en apperçut ; & ces biens, trop long-tems retenus dans quelques Provinces par une crainte & une vigilance mal entendues, ſe répandroient d'eux-mêmes ſur tous les Sujets également : on ne verroit point la Provence acheter des bleds de Barbarie, tandis qu'ils ſont dans le Languedoc à un prix onéreux au propriétaire. Le Cultivateur recueilleroit toujours à propos le fruit de ſes travaux, ſi ſes ventes n'étoient pas limitées & ſi ſouvent ſuſpendues. Il ſemble que la France ſoit toujours en guerre avec elle-même par rapport aux bleds : faiſons-là ceſſer, en leur donnant la circulation intérieure, que demande l'utilité publique, & que cette circulation ne ſoit jamais interrompue, ſous quelque prétexte que ce ſoit.

QUATRIEME OBSERVATION.

Il faut convenir que malgré nos bonnes intentions pour affurer la fubfiftance dont nous avons befoin, nous n'avons pas effectué notre deffein.
L'expérience auroit dû nous convaincre depuis long-tems, que tant de
précautions que nous prenions pour éloigner la difette, la caufoient très-
fouvent. Que de Réglemens pour le tranfport des grains d'une Province
à l'autre ! ici, augmentation des droits; ici, diminution; là exemption,
& puis prohibition, tantôt pour fix mois, tantôt pour un an, &c. J'ai
fous les yeux un tas de Déclarations & d'Arrêts pour permettre ou défendre la circulation des bleds dans quelques Provinces du Royaume.
Cette incertitude tenoit tout en fufpens. Le Cultivateur ne pouvoit plus
vendre, & le marchand n'ofoit plus acheter. Une Province manquoit de
bled, & la Province voifine laiffoit périr dans fes greniers un fuperflû
abfolument néceffaire à d'autres. On voyoit le mal, & on l'aggravoit
dans l'efpérance de le guérir. On croyoit que permettre la libre circulation des grains dans le Royaume, c'étoit encourager les ufuriers à
ruiner le peuple. Ce principe pofé, on n'étoit occupé qu'à faire des
perquifitions odieufes; l'allarme fe repandoit de tous côtés, & la crainte
d'une famine prochaine, faifoit refferrer les grains dont le prix devoit
fervir à la préparation des terres. Un malheur en annonçoit toujours
un plus grand. On follicitoit le fecours de l'étranger, & à force d'argent, nous favorifions l'importation en France du rebut de leurs bleds,
nous les exemptions de tous droits, & par cette conduite, nous ache-
vions de ruiner notre agriculture languiffante.

Il eft certain que notre police fur le commerce intérieur des grains,
étoit incapable de prévenir & de reparer une difette; elle ne pouvoit
que l'augmenter par la gêne où les Cultivateurs étoient réduits, & par
là terreur qu'elle répandoit dans le public. Je n'ofe cependant blâmer
ceux qui étoient à la tête du Gouvernement. Les tems font bien changés : nous fommes plus éclairés qu'ils ne l'étoient, & ce font
leurs fautes qui nous ont inftruit. Nous blâmons, fans faire reflexion
que nous aurions fait pis fi nous avions été à leur place. Confidérons
quels étoient nos ufages du tems même de Louis XIII. Les débris de
tous ces petits châteaux fur la cime des montagnes, font encore un
refte de l'indépendance qui regnoit de tous côtés. Le plus pauvre Gentilhomme, s'imaginoit être Roi dans fon hameau; fon voifin en faifoit
autant. A la moindre difpute, la guerre étoit déclarée, les communications étoient interrompues; les Provinces fe regardoient comme
autant d'Etats diftingués & féparés les uns des autres par des Loix,
des Ufages & des Prérogatives particulieres. Celle qui abondoit en bled,
faifoit payer cherement à celles qui en manquoient les fecours qu'elle

n'auroit jamais dû leur refuser. De là l'origine de certains péages, droit de passages, pontenages, coutumes, &c. d'un autre côté le Ministere étoit fatigué des plaintes & des mémoires sans nombre. Chaque Ville & chaque Communauté craignant d'être dépouillées d'un moyen de subsistance qu'on recherchoit avec tant d'empressement, faisoient naître mille difficultés pour empêcher l'exportation de leur bled ; mais ce qui devenoit le plus dangereux, c'étoit les permissions particulieres que quelques Courtisans obtenoient sur de faux exposés ; ils n'envisageoient que leur propre intérêt, & sous prétexte de procurer l'abondance, ils affamoient un pays pour être les seuls distributeurs d'une denrée dont on ne pouvoit plus se passer, (le désir des richesses sera toujours le même, & il y aura toujours des Courtisans.) Si les hommes étoient moins méchans, & que l'avidité du gain ne leur fit pas oublier que les autres hommes sont leurs freres, cette multiplicité de Loix auroit été inutile ; l'humanité seule auroit fait voiturer les grains où la misere se faisoit sentir plus vivement. Je demande si le Gouvernement pouvoit se reposer sur le désintéressement des hommes de ce tems-là ? Non, sans doute. Il falloit donc publier des Ordonnances, & faire le mal pour en éviter un plus grand. Je demande encore ce qu'auroient fait nos Réformateurs dans une si difficile position ? Pourquoi donc blâment-ils si injustement la conduite de nos peres ? Ils ne pouvoient faire mieux. Heureusement les tems sont changés ; toutes les Provinces du Royaume, ne se regardent plus comme autant de familles séparées, toutes tendent au même but, & n'agissent plus que par le même motif ; la gloire de la Nation les anime toutes, & le bonheur public fait toute leur occupation. Les obstacles qui s'opposoient à la libre circulation des grains dans le Royaume, se sont dissipés insensiblement, & on aura dû s'appercevoir aussi, en lisant les Reglemens que la police des grains a occasionnés depuis 1710, que tous (si on en excepte quelques-uns rendus dans des années fâcheuses) conduisent au terme d'une liberté pleine & entiere pour le commerce intérieur. Ce fortuné moment est arrivé : LOUIS le bien-aimé, par sa Déclaration du 25 Mai 1763, a brisé les entraves qui faisoient languir notre agriculture ; l'abondance & la tranquillité publique, regnent déjà de tous côtés, & le Cultivateur voit renaître ses espérances ; (voyez cette précieuse Déclaration rapportée à la page 91, sur laquelle je ne fais qu'une courte observation.) Par l'article III Sa Majesté défend d'exiger sur les grains aucuns droits de péage, passage, pontenage ou travers, sur les grains, farines & légumes qui circuleront dans le Royaume. L'exemption des octrois des villes, fut ajoutée à toutes ces franchises, par la Déclaration du 11 Février 1764 ; mais ces octrois, faisant partie du revenu desdites villes pour fournir aux dépenses nécessaires ; sur les représentations qui ont été faites au Roi, ils ont été rétablis par Lettres-Patentes du 5 Mars 1764, jusqu'à ce que Sa Majesté puisse aviser aux moyens de concilier les droits des Etats,

COMMERCE
des grains.

Villes & Communautés, avec la plus grande liberté du commerce des grains.

L'on a déja dit que le bas prix des grains étoit auffi nuifible que leur extrême cherté : ne perdons point cet objet de vûe ; leur aviliffement a des fuites trop dangereufes , pour ne pas repeter que dans les années où le Cultivateur ne trouve pas par la vente de fes grains de quoi fe remplir de fes avances, payer fes engagemens , & fatisfaire aux charges de l'Etat , il eft impoffible qu'il continue fes travaux; il n'enfemence que peu ou point de terres , & diffipe un bien qui ne répond plus à fes efpérances. De-là viennent fouvent la rareté des grains , la difette & les non-valeurs dans les revenus publics & particuliers ; car c'eft toujours fur la culture des terres qu'eft fondée notre premiere richeffe, c'eft elle qui vivifie toutes les parties de l'Etat.

Il n'y a d'autre moyen de prévenir ces défordres , que de laiffer paffer notre fuperflu au dehors ; c'eft ce que l'on a fenti de tout tems. Charles IX , par l'Edit du mois de Juin 1571 , avoit ftatué , article V , que tous les ans il feroit dreffé un état de la quantité de grains dont la fortie hors du Royaume feroit permife ; & il avoit établi une commiffion particuliere à cet effet. Henri III , dit dans le Réglement général de 1577, « Que c'eft un des principaux moyens de faire venir » argent des Etrangers dans la bourfe de fes Sujets. »

La Déclaration du 31 Août 1699, eft fi ambigue à ce fujet , que l'on ne fçait s'il faut être Marchand ou non , avoir des permiffions ou n'en point avoir , pour faire trafic des grains : voici le texte de l'article VII. « N'entendons néanmoins af- » fujettir aux permiffions , ni enregiftremens portés par ces préfentes , les Négocians » de notre Royaume , & autres qui voudront y faire venir des grains étrangers , » ni ceux qui voudroient en tems d'abondance en faire fortir , en vertu des per- » miffions générales & particulieres que nous en aurons données. » Ces paroles renferment bien des chofes qui ne font point aifées à concilier ; il femble d'abord que les Négocians & autres ne foient affujettis à aucune permiffion , & qu'ils foient quittes de toutes formalités pour faire entrer ou fortir des grains ; cependant la fin de ce même article laiffe entendre qu'il faut des permiffions générales ou particulieres , & c'eft ce qui fe pratique ordinairement.

CINQUIEME OBSERVATION.

Il eft certain que toute exportation à l'étranger , eft le feul gain que fait la Nation ; je l'ai établi & prouvé en plufieurs endroits de cet ouvrage. Le commerce intérieur n'eft que la circulation de nos richeffes , & le commerce extérieur en fait l'accroiffement , fi nous devenons Créanciers ; or l'exportation à l'étranger de nos denrées eft néceffairement une addition à la maffe de nos richeffes ; elles fe multiplient , c'eft une efpéce de création. Dans tout autre commerce nous ne faifons qu'échanger , nous donnons pour recevoir , & toute l'habileté du Négociant , confifte à donner moins pour recevoir plus ; il calcule mal quelquefois , & fes efpérances font trompées. Le Négociant étranger agit par le même motif ; il ne doit donc pas paroître furprenant que le commerce extérieur ne foit pas toujours avantageux. Il n'y a que le feul bénéfice que nous faifons avec l'étranger , qui foit réel , & qui
doive

doivent compter. Celui que nous faifons fur les fujets de l'Etat, ne mérite qu'une bien petite confidération ; c'eft dépouiller fon ami, pour fe couvrir. Le commerce intérieur a cependant plufieurs avantages ; il eft non-feulement utile à ceux qui le font, mais il eft encore néceffaire pour procurer les commodités de la vie. Le commerce extérieur, mérite donc plus de protection & de faveur, & c'eft auffi celui que le Gouvernement favorife le plus. C'eft dans cette vue que nos Manufactures font privilégiées, & que nos étoffes peuvent fortir du Royaume en exemption de tous droits. Notre induftrie donne une nouvelle valeur aux étoffes fabriquées, & c'eft cette nouvelle valeur qu'il importe à l'Etat de faire payer à l'étranger ; c'eft en quoi confifte véritablement le bénéfice que fait la Nation. Ce principe pofé, & il eft inconteftable, il eft évident que fi nous exportons à l'étranger nos denrées, tout le bénéfice eft pour la Nation. Nous ne donnons rien pour recevoir beaucoup ; ce n'eft point ici un fophifme. Oui, nous ne donnons rien dans le fens que c'eft notre fuperflu ; car fi ces denrées nous font néceffaires, nous devons les garder, & fermer l'oreille aux cris des Apologiftes outrés de l'exportation ; leurs cris ne font pas ceux de la fageffe ; il n'y a plus lieu à l'exportation qui ne peut être admife que pour le fuperflu ; elle eft toujours utile & néceffaire en même-tems. Si elle ceffe d'être néceffaire un inftant, elle eft ruineufe & peut bouleverfer l'Etat le plus folidement établi. Pour donc prévenir un fi grand malheur, il faut s'affurer fi nous avons du fuperflu, & cette affurance exige plufieurs opérations préliminaires. Une fois le fuperflu de nos denrées conftaté, leur exportation à l'étranger devient néceffaire, fans quoi il eft perdu pour la Nation ; elle n'en a pas befoin ; il n'y a que l'étranger qui puiffe nous en payer la valeur. Il eft donc vrai dans ce fens que nous ne donnons rien, puifque ce que nous exportons à l'étranger, ne nous feroit d'aucune utilité, & que la terre renfermeroit encore dans fon fein ces denrées fuperflues, fi une culture redoublée ne les en avoit tirées, ou qu'elles périroient fans être confommées, fi l'étranger refufoit de les acheter & de nous en payer la valeur. Ce bénéfice donc que nous donne ce fuperflu, eft un accroiffement de la maffe de nos richeffes, & en même-tems la recompenfe que méritent l'induftrie & la vigilance laborieufe de nos Cultivateurs. Cette queftion de l'exportation de nos grains à l'étranger me paroît fi importante, que j'y reviendrai dans l'obfervation fuivante ; je l'ai promis.

Si l'on pouvoit fçavoir exactement ce que produit chaque recolte, & ce qui eft néceffaire à la confommation annuelle, il feroit aifé de prefcrire avec certitude dans quel tems on doit refufer ces permiffions, & dans quel tems & pour quelles quantités on doit les accorder : toutes les fpéculations que l'on a hazardées à ce fujet, n'ont donné que des calculs incertains, aufquels on ne peut fe rapporter. Le miniftere ne peut donc fe déterminer à permettre des forties générales, qu'après s'être bien affuré par les avis des Provinces, qu'il y a une abondance fuperflue ; cette abondance même n'eft jamais bien conftatée, que lorfque le vil prix des grains ne laiffe plus lieu d'en douter : le mal eft fait alors, & c'eft trop tard qu'on lui applique le remède convenable. Une partie des Laboureurs a négligé la culture, il n'eft plus tems d'y revenir ; il y aura moins de terres enfemencées dans une année où le bled eft à bon marché, que lorfque le Laboureur efpère de le vendre cher : c'eft le prix qui l'encourage, & non la quantité. C'eft ce qui a obligé fi fouvent le propriétaire à dénaturer fes terres, & à en convertir la culture en denrées, dont la vente eft plus affurée, plus libre & plus avantageufe que celle des bleds.

Il s'enfuit de-là qu'il eft très-important de maintenir les bleds à un prix raifonnable : c'eft pour les rehauffer, c'eft pour favorifer le Laboureur qu'on les laiffe paffer au dehors ; cependant il arrive rarement qu'il puiffe profiter des permiffions : elles font fouvent un mauvais effet. Si elles font accordées à des particuliers elles excitent toujours des murmures, & elles tombent fouvent dans le cas du monopole ; fi elles font publiques & affichées, elles annoncent certainement le bas prix. C'eft un prétexte de plus aux acheteurs pour méfoffrir, & la plûpart des vendeurs qui ont langui dans l'attente, ne croient pouvoir affez tôt fe débarraffer d'une marchandife qu'ils gardoient avec peine.

Ces confidérations feroient penfer qu'il feroit avantageux de changer la difpofition de la Loi. Elle tient toujours dans l'incertitude de la vente du fuperflu ; & l'on craindra toujours d'en avoir quand le débit n'en fera pas conftamment facilité & qu'il ne fera, pour ainfi dire, ranimé que par des fecouffes tardives.

Quel inconvénient y auroit-il d'accorder par un Réglement fixe la liberté de fortir les grains hors du Royaume, en tout tems, excepté dans le tems où le tranfport en feroit défendu : il ne feroit plus queftion de permiffions générales ou particulieres, qui occafionnent des ventes & des achats précipités. Le terme des défenfes expiré, le commerce extérieur reprendroit de lui-même fon cours ordinaire, fans qu'il fût befoin d'Arrêt ou d'Ordonnance. La Légiflation fimplifiée ne laifferoit plus de doute fur le tems des exportations. Le vendeur de grains ne feroit plus dans l'incertitude de fon fort ; il ne languiroit pas en attendant la permiffion ; & le public familiarifé avec un commerce plus reglé, ne feroit plus frappé de terreurs paniques à la vûe des enlevemens de bleds.

Le Confeil s'eft fouvent fervi d'un expédient plus fûr & plus utile que les permiffions, pour faciliter ou pour empêcher la fortie des grains hors le Royaume. Le muid de bled paye fuivant le Tarif, 22 livres de droits à la fortie, & les autres grains à proportion. Lorfque l'on a eu intérêt de les vendre au dehors, on a moderé ces droits, on les a même quelquefois fupprimés. Lorfque le bled a rencheri, & qu'il y a eu néceffité d'en empêcher la fortie, ces droits ont été augmentés, même triplés comme en 1720. Cette méthode n'eft fujette à aucuns inconvéniens, elle a au contraire de très-bons effets ; car c'eft le prix feul qui régle le fort du bled, & qui le fait mouvoir. S'il eft à plus bas prix chez nous que chez nos voifins, il fortira, parce que le Marchand y trouve du bénéfice. Si le bled eft plus cher en France que chez l'Etranger, il reftera en France, fans qu'il foit befoin d'aucune défenfe, parce qu'il y aura de la perte à l'exporter. C'eft une balance continuelle que le prix feul gouverne, pour la fixer d'un côté ou d'un autre. Appefantir ce prix par le furhauffement des droits de fortie, c'eft la faire pencher de notre côté ; l'alléger par la diminution ou la fuppreffion de ces mêmes droits, c'eft la faire tourner de l'autre.

Les Permiffions, Paffeports & Défenfes, n'ont point ces avantages. Les défenfes ne font néceffaires que lorfque le bled eft très-haut chez nous, & qu'il l'eft encore plus chez nos voifins. Alors il n'eft pas douteux qu'il fortiroit ; mais ce cas arrive rarement, & l'on y peut obvier aifément, en portant les droits de fortie à un fi haut prix, que l'extraction en devienne à charge au Négociant, & en y ajoutant les peines ordinaires de confifcation & d'amende. Ce moyen feul arrêtera les bleds plus fûrement que les défenfes les plus formidables, qui annoncent le mal & portent l'allarme parmi le Peuple.

Les permiffions générales qui ne s'accordent que très-rarement, & lorfque le bled eft à vil prix, indiquent que nous l'avons gardé trop long-tems, & que nous n'avons pas fçu profiter à propos de la richeffe de nos moiffons. Dès l'inftant on accourt de toutes parts, on faifit le moment de la fufpenfion ou diminution des droits, & de l'accablement du propriétaire. Nos bleds s'enlevent promptement, pour ne revenir fouvent qu'au double ou au triple du même prix. Nous ne ferions point dans ce cas, fi une contrainte & une précaution perpétuelle n'empêchoient pas nos bleds de circuler librement. Ils auroient été exportés à propos, fi on avoit pu le faire fans permiffion; & nous en aurions toujours eu fuffifance, fi une trop grande abondance ne forçoit pas fouvent le Cultivateur à épargner fes dépenfes & fes peines.

Les Paffeports ou Permiffions particulieres, quand même elles ne feroient jamais accordées qu'en connoiffance de caufe, font toujours nuifibles au bien général. Elles ne tournent qu'au profit de ceux qui les obtiennent ou qui les facilitent. C'eft un furtaux monopolaire que l'on met à la denrée. Le bénéfice ne retombe point fur le Cultivateur ou le propriétaire; il eft la proie du plus adroit. Si donc les défenfes font peu néceffaires, les permiffions de tout genre font préjudiciables, & l'augmentation ou diminution des droits à la fortie fuffira pour pouffer les grains au dehors, ou pour les arrêter. Il femble que nous ayons toujours craint la difette, & que nous n'ayons jamais redouté l'abondance. Le Tarif en eft une nouvelle preuve. Il n'y a de droits que pour la fortie, il n'y en a point pour l'entrée des grains. L'effet de notre Tarif eft de faciliter l'entrée, & d'en retenir la fortie. Ainfi donc de tout tems, ou l'on s'eft méfié de la fécondité de nos terres, ou l'on a voulu entretenir le pain à très-bon marché. L'opinion générale eft cependant que la France produit plus qu'elle ne confomme. Mais fuppofé que cela ne fût pas, on pourroit imputer ce défaut au peu de valeur des grains, & au peu d'avantages qu'il y a dans leur culture. Ces caufes influent autant fur le manque de productions, que l'inconftance des faifons. Ne voyons-nous pas la plûpart des Colons convertir leurs terres labourables en vignobles, parce que la culture leur en eft plus profitable? Il ne faut pas leur défendre de planter de nouvelles vignes, il ne faut que leur procurer les moyens de vendre leurs grains, auffi bien que leurs vins. La France s'enrichit tous les ans par la vente de fes vins, malgré les droits dont ils font chargés; elle s'enrichira de même par la vente de fes grains, quand elle ne fera plus gênée ou interdite; & nous ne craindrons plus d'en manquer quand le Cultivateur n'en craindra plus l'abondance. Le bled eft marchandife de premiere néceffité, fon commerce prendra le deffus, quand on aura rompu toutes les digues qui s'y oppofent.

SIXIEME OBSERVATION.

Tous les bons François penfent que l'exportation des grains à l'étranger doit être permife, après qu'on fe fera affuré que nos récoltes en produifent plus que la France n'en a befoin pour fa fubfiftance. La difficulté eft d'avoir cette affurance; la moindre méprife cauferoit un mal irréparable. Les bruits publics, les informations vagues, le produit de la dixme ne fuffifent pas pour avoir un Etat certain, & il faut de la certitude. C'eft le prix du bled qui en doit faire connoître l'abondance ou la difette. On peut encore être trompé, plufieurs raifons pouvant concourir pour faire hauffer & baiffer le prix. Comment donc s'y prendre pour acquérir cette certitude? Faut-il établir dans

COMMERCE *des grains.* chaque ville principale des magafins d'abondance, pour fecourir le peu-ple dans un tems de difette? Les frais font immenfes, & l'expérience a malheureufement fait connoître, que lorfque les villes, dans l'apré-henfion d'une difette, ont voulu s'approvifionner d'une certaine quan-tité de bled, il y a toujours eu des abus dans ces entreprifes; le bled s'eft trouvé d'une mauvaife qualité, a été acheté trop cher, & ne s'eft point confervé; d'ailleurs où trouver la quantité de bled néceffaire? Faudra-t-il forcer les Marchands de ceder celui qu'ils ont en magafin, ou enlever ce qui eft porté au marché? On trouve de grands inconvé-niens à l'un & à l'autre, & la feule bâtiffe de tant de magafins fera toujours un obftacle invincible. Ce n'eft point à moi à repondre à cette objection; je me repofe fur la fageffe de ceux gouvernent, & je fuis tranquille. Si cependant j'étois interrogé, je repondrois qu'on a groffi la difficulté, & qu'il eft beaucoup plus facile qu'on ne prétend, de s'affurer de la quantité du produit de nos récoltes. Chaque Commu-nauté fçait ce que rendent les terres de fon cadaftre; il ne s'agira donc que de faire conftater fi la récolte eft bonne, médiocre ou mauvaife; la conféquence décide la queftion; car de vouloir fe perdre dans le calcul du nombre de fujets que la France renferme, & du nombre de feptiers de bled recueilli, & combien il en faut pour chaque perfonne, l'opé-ration feroit auffi fauffe que longue. Il eft bien plus fimple de dire cette Communauté avec une récolte ordinaire a plus de bled qu'il ne lui en faut pour fa fubfiftance; telle autre en manque ou en a le double, & le mot de récolte ordinaire n'eft pas équivoque, il eft relatif à la bonté ou à la ftérilité du fol. Chaque généralité doit former un Etat général à deux colonnes, en plus ou en moins. Le réfultat eft évident, & quinze jours fuffifent pour ramaffer tous les Etats particuliers. Les Etats de toutes les Généralités du Royaume, ferviront à en former un général, par lequel le Miniftre verra d'un coup d'œil quelle eft no-tre fituation, fi nous avons du fuperflu, & quelle eft la quantité qui doit être exportée à l'étranger; mais objectera-t-on, s'il n'y a qu'une certaine quantité de bled à exporter, quel fera l'heureux qui en obtien-dra la permiffion? Je pourrois répondre que ce n'eft pas mon affaire; mais puifqu'on m'a permis de dire mon fentiment, je trouve la re-ponfe dans la difficulté propofée fur l'établiffement des magafins d'a-bondance dans chaque ville. Je penfe donc qu'il eft du droit naturel que chacun veille à fa confervation, & que la prudence exige qu'il y ait une certaine provifion de bled dans chaque ville; je la fixe pour trois mois. Il ne faut donc des magafins que pour cette quantité, & il n'eft point queftion d'en bâtir, fi on n'en a pas déja. Les magafins à bled ne font pas rares; tout fert dans le befoin; d'ailleurs ces maga-fins d'abondance ne regarderont pas les villes; elles ne doivent ache-ter du bled que dans les plus urgentes néceffités. Ces achats font toujours ruineux, & nuiroient à la liberté dont doit jouir le commerce des

grains. Les villes ne doivent avoir que l'infpeétion & la police. Ces
magafins d'abondance doivent appartenir aux Marchands de bled ; c'eft
leur commerce , qu'il faut leur laiffer faire , & même favorifer. La
feconde queftion , fi ces Marchands font néceffaires ou nuifibles à l'E-
tat , fe trouve par là décidée. Je dirai dans la fuite un mot du monopole & de l'ufure dont on les accufe. Quoique le commerce des grains
foit libre , cette liberté n'eft point incompatible avec les Déclarations
que la police doit fe faire remettre des quantités qui y arrivent & qu'on
met en magafins. Ces Déclarations font abfolument néceffaires ; elles
doivent être affermentées & enregiftrées , fous peine de confifcation.
Les villes ont le droit (qui leur feroit confirmé par une Déclaration
du Roi) d'obliger les Marchands de bled de garder en magafins ,
pendant trois mois , celui qu'ils reçoivent jufqu'à la concurrence du
quart de la confommation eftimée néceffaire pour une année , & à mefure qu'il arriveroit d'autre bled , le prémier entrepofé feroit remplacé
par le dernier. Cette regle établie , l'immenfité de frais pour bâtir des
magafins s'évanouit. Il ne s'agit de faire enmagafiner le bled
que les Cultivateurs envoyent au marché pour y être diftribué aux particuliers ; ce n'eft qu'autant que les Marchands de bled l'achèteroient.
La police fuppléera aux petits inconvéniens inféparables des entreprifes les plus fimples & le mieux ordonnées. Je ne prévois pas que les
Marchands de bled puiffent fe plaindre de cette condition , dès qu'elle
fera générale pour tout le Royaume , & que le petit dommage qu'ils
en fouffriront , fera amplement recompenfé par les faveurs accordées
au bled ainfi entrepofé.

P R E M I E R E M E N T.

Dans le cas de la permiffion de l'exportation d'une certaine quantité de bled à l'étranger , le feul bled entrepofé , jouira de cette faveur en exemption de tous droits , & fi la permiffion eft plus confidérable que le bled qui fe trouvera en magafins , les Marchands qui
en auront entrepofé les prémiers , feront recompenfés de cette faveur.

S E C O N D E M E N T.

Si l'exportation n'a pas lieu par le manque de nos récoltes , & que
le bled entrepofé féjourne plus de trois mois en magafin , il fera payé
aux Marchands propriétaires vingt fols pour chaque cent pefant de bled
poids de marc , & dix fols pour chaque mois fuivant , outre & par
deffus le prix de la vente , fi ledit bled eft diftribué au public. Cette
retribution fera payée par les villes , & il leur en fera tenu compte
par le Bureau d'agriculture qui fera établi fous les yeux du Miniftere.
Je parlerai de ce Bureau & des moyens de l'établir folidement. En

COMMERCE *des grains.* voilà aſſez pour le préſent. J'ai promis de faire quelques reflexions ſur la troiſième queſtion, ſi l'exportation à l'étranger des grains originaires du Royaume doit être générale ou ſi elle ne doit être accordée qu'à quelques particuliers ? J'en ai déja aſſez dit pour faire connoître le danger d'une exportation générale, à moins que nos récoltes ne fuſſent ſi abondantes, qu'on ne ſçut comment les ſerrer où les garder un certain tems. L'Etat général ſera la bouſſole pour la détermination à prendre. Dans cette heureuſe poſition, l'exportation doit être non-ſeulement générale, mais même recompenſée ; dans tout autre cas elle doit être limitée, toujours proportionnée à notre ſuperflu, & les ſeuls Marchands de bled qui ont rempli les magaſins d'abondance doivent êrre les favoriſés ; j'en ai donné la raiſon. L'exportation pour être utile, doit être néceſſaire, je l'ai déja dit & je ne ſçaurois trop le repeter ; le ſalut de l'Etat en dépend, & le mal ſeroit irréparable ſi elle étoit hazardée & ordonnée mal à propos. Je conviens que l'exportation ſera ſurhauſſer le prix de nos grains, & que le Cultivateur en retirera une double valeur ; ce bénéfice ne me rejouit point. Je ſouhaite que le Cultivateur ſoit recompenſé ; mais jamais par la ruine des autres conditions de la ſociété, qui méritent également la protection du Gouvernement, en raiſon de leur utilité. Pourquoi pouſſer des cris de joye ſur le gros profit de la prémière vente de nos grains à l'étranger ? Enviſageons le terme, il nous fera peut-être verſer de larmes. Le Cultivateur lui-même, après avoir commencé par vendre ſon bled le double de ſa valeur, ſera contraint d'en acheter & d'en faire venir de l'étranger à un bien plus haut prix. Heureux, s'il n'en manque pas en ſe ruinant. Reflechiſſons un moment ſur les prétendus avantages de l'exportation, lorſque nous n'avons aucun ſuperflu ; l'étranger nous paye cherement nos bleds, preuve certaine qu'il eſt dans la diſette de cette denrée. Quelle eſpérance nous reſte-t-il donc de nous en procurer dans les jours de calamité, puiſque dans le tems que nous n'en manquions pas, il nous la payé cherement ? Comment pourra-t-il nous le renvoyer au même prix, s'il lui eſt néceſſaire ? On ne peut juſtifier cette exportation, qu'en ſuppoſant que les Payſans, trouvant un grand avantage à vendre leur bled, feront du pain avec les autres grains inférieurs. L'appas du gain operera ce changement de nourriture, je le veux, & le mal ne ſera pas grand, ſi nous avons ſuffiſamment de ces autres grains inférieurs ; mais s'ils ont été exportés à l'étranger, que deviendrons-nous ? Cet étranger qui étoit dans la diſette, achete non-ſeulement le bled, mais encore tout ce qui peut y ſupléer, parce qu'il y a des pauvres comme des riches dans ce pays étranger affligé de la diſette ; que plus le bled eſt cher, plus on cherche a économiſer. Si l'exportation de nos grains à l'étranger, pouvoit hâter nos récoltes, il n'y auroit plus d'imprudence ; mais nous avons établi que nous n'avions que le bled néceſſaire ; c'eſt donc une folie de nous en dépouiller ſi mal à propos.

C'eft envain qu'on objecte que l'exportation du vin & de nos étoffes à l'étranger, en favorife le commerce. Le vin & nos étoffes ne font point d'une néceffité abfolue ; nous ne pouvons vivre fans pain, nous n'avons ni ris, ni caffave pour le remplacer, & quand nous en aurions, il feroit difficile & dangereux de changer de nourriture. Le vin eft trop abondant dans le Royaume. Quand la récolte d'une année manqueroit, le reftant des anciennes récoltes, feroit plus que fuffifant. A l'égard des étoffes, au défaut des unes, on fe fert des autres. J'obferve feulement fur l'exportation du vin, que fi nous avions moins planté de vignes, elle feroit prohibée conformément à nos anciennes Ordonnances. Nous n'avons pas affez de terres pour les grains, & nous avons trop de vignes ; ces dernieres augmentent tous les jours malgré les défenfes, parce qu'elles donnent plus de profit au Cultivateur. Ce profit tourne au bien de l'Etat, dès que le vin eft exporté à l'étranger ; en effet, qu'importe que le produit d'une terre foit en bled ou en vin ? dès que l'étranger en paye la valeur, notre objet eft rempli. On demande avec empreffement l'exportation de nos grains à l'étranger ; cette demande eft imprudente. Soyons prémierement certains de la quantité que nous en avons, & travaillons à améliorer nos terres, à favorifer le Cultivateur, afin qu'il n'en laiffe aucunes en friche, & l'exportation fera la fuite néceffaire de l'abondance de nos récoltes.

Le public eft inondé de fiftêmes fur l'agriculture ; chacun s'imagine avoir droit à la légiflation du Commerce des grains, & on feint de ne pas s'appercevoir que notre police actuelle eft la fageffe même. La Déclaration du 25 Mai 1763, établit la libre circulation des grains dans toutes les Provinces du Royaume ; l'exportation à l'étranger de nos farines eft permife par Arrêt du Confeil du 27 May 1763, en payant 1 f. par quintal poids de marc ; l'importation de celles de l'Etranger eft également permife ; mais le droit d'entrée dans le Royaume eft cinq fois plus fort. N'eft-on pas maître de l'augmenter encore de quinze fols, fi nous reconnoiffons que ladite importation nuife à la vente de nos farines, & qu'elle en faffe trop baiffer le prix, & même de la prohiber ? Cette exportation de nos farines n'équivaut-elle pas à une exportation de bled ? Nous y gagnons de plus les frais de mouture. Que ceux donc qui veulent, contre toute raifon, exporter leur bled à l'Etranger le faffent convertir en farine, la permiffion leur eft accordée, & rien ne les gêne.

ARREST

DU CONSEIL D'ETAT DU ROI,

Qui ordonne qu'à l'avenir les Farines de minot venant de l'Etranger, payeront à toutes les entrées du Royaume, six sols par quintal, & désigne les Ports pour leur entrepôt & pour la sortie à l'Etranger desdites Farines de minot & de celles fabriquées dans le Royaume, en payant le droit y énoncé.

Du 27 Mars 1763.

Extrait des Registres du Conseil d'État.

LE ROI voulant favoriser le Commerce des Farines de minot, donner à celles originaires une préférence sur les étrangeres, & rendre la liberté à l'exportation desdites farines originaires : Voulant en même tems attirer l'abondance de celles étrangeres dans différens Ports du Royaume, pour y exciter le Commerce que ses Sujets pourroient en faire à l'Etranger. Vû l'avis des Députés au Bureau du Commerce. Oui le rapport du sieur Bertin, Conseiller ordinaire au Conseil Royal, Contrôleur général des Finances. LE ROI étant en son Conseil, a ordonné & ordonne qu'à l'avenir les farines de minot venant de l'Etranger, payeront à toutes les entrées du Royaume, six sols par quintal : Veut néanmoins Sa Majesté, que celles venant dans les Ports de Calais, Saint-Valery, Dunkerque, Dieppe, le Havre, Rouen, Honfleur, Cherbourg, Caen, Grandville, Morlaix, Saint-Malo, Brest, Nantes, Vannes, la Rochelle, Bordeaux, Libourne, Bayonne, Cette, Marseille & Toulon, jouissent dans ces Ports d'un entrepôt de six mois, pendant lequel tems, si elles sont renvoyées à l'Etranger, elles ne seront sujettes à aucuns droits; mais passé ce terme, elles payeront ledit droit de six sols par quintal. Permet Sa Majesté, la sortie à l'Etranger desdites Farines de minot & de celles fabriquées dans le Royaume par les Ports ci-dessus désignés seulement, en payant pour tous droits, un sol par quintal; à l'effet de quoi lesdites Farines de minot pourront être librement transportées, tant par terre que par mer, des lieux de leur enlevement jusqu'au Port de leur embarquement, sans être sujettes à aucuns autres droits sur la route. Et sera le présent Arrêt, lû, publié & affiché par-tout où besoin sera, pour avoir son exécution, à compter du jour de sa publication, & jusqu'à ce qu'il en soit par Sa Majesté autrement ordonné. Fait au Conseil d'Etat du Roi, Sa Majesté y étant, tenu à Versailles le 27 Mars 1763. *Signé,* PHELYPEAUX.

Autre permission d'exporter librement à l'étranger les avoines, les orges, les sarazins, le maïs, les féves, les légumes & autres menus grains, graines & grenailles.

ARREST

ARREST

DU CONSEIL D'ETAT DU ROI,

Qui permet la sortie à l'Etranger, des menus grains, graines & grenailles, des féves & autres légumes, par tous les Ports indistinctement du Royaume.

Du 2 Janvier 1764.

Extrait des Régistres du Conseil d'Etat.

SUR ce qui a été représenté au Roi étant en son Conseil, que l'abondance des recoltes de toutes espéces depuis plusieurs années, rendoit difficile dans l'intérieur du Royaume, la consommation des menus grains & légumes; qu'une partie de ces denrées conservées depuis long-tems dans des greniers, étoit exposée à un déperissement prochain, si on ne leur procuroit un prompt débouché : Et Sa Majesté voulant favoriser en général le Commerce des grains & autres denrées, exciter les Cultivateurs & leur procurer, autant que les circonstances le permettront, tous les moyens de jouir des fruits de leurs travaux. Vû les avis des sieurs Intendans & Commissaires départis dans les Provinces du Royaume. Vû aussi l'avis des Députés du Commerce : Oui le rapport du sieur de l'Averdy, Conseiller ordinaire au Conseil Royal, Contrôleur général des Finances : LE ROI étant en son Conseil a ordonné & ordonne qu'à l'avenir les menus grains, graines & grenailles, les féves & autres légumes venant de l'Etranger, payeront à toutes les entrées du Royaume ; sçavoir, les avoines, trois sols par quintal, les orges, sarrasins, maïs & autres menus grains & grenailles, deux sols six deniers par quintal, & les féves & autres légumes & graines, trois sols sept deniers par quintal. Permet Sa Majesté la sortie à l'Etranger par tous les Ports du Royaume indistinctement, desdits menus grains, graines & grenailles, des féves & autres légumes, à l'exception des blés, fromens, seigles & meteils, en payant pour tous droits; sçavoir, pour les avoines, six deniers par quintal; les orges, sarrasins, maïs & autres menus grains, cinq deniers par quintal ; & pour les féves & autres légumes & graines, sept deniers par quintal; à l'effet de quoi lesdits menus grains, graines & grenailles, féves & autres légumes, pourront être librement transportés tant par terre que par mer. Et sera le présent Arrêt, lû, publié & affiché par-tout où besoin sera, pour avoir son exécution, à compter du jour de sa publication. Fait au Conseil d'Etat du Roi, Sa Majesté y étant, tenu à Versailles le 2 Janvier 1764.

Signé, PHELYPEAUX.

Il n'y a que le bled, le seigle & le meteil d'exceptés. Cette exception est bien juste, jusqu'à ce que par un recensement du bled qui est dans le Royaume, nous connoissions si nous en avons de superflu.

COMMERCE *des grains.* Le même motif qui a fait permettre d'exporter à l'Étranger les Farines, les légumes, les menus grains, graines & grenailles, fera permettre auſſi l'exportation du bled qui ne nous fera pas néceſſaire, par mer & par terre par le nombre de Ports & de Bureaux qui feront défignés relativement à la quantité de bled à exporter. Qu'on ceſſe donc de murmurer & de fatiguer le Miniſtere ; qu'on fe taife, ou qu'on produife de meilleures raifons. Je renvoye à la feptième obfervation ce que je me propofe de dire fur les droits d'entrée & de fortie fur les grains.

Examinons la Police des grains dans les autres États.

Dantzick en fait un Commerce fi confidérable, que l'on compte que cette Ville en fournit aux autres Nations huit cens mille tonneaux par année. La liberté & la fûreté de fon Commerce y fait aborder cette prodigieufe quantité de grains. Ils ne font rien pour les attirer, ni pour les faire fortir. Ils ont des magafins immenfes dans une Ifle deſtinée à cet effet ; & les plus riches habitans fe font dévoués à ce Commerce, parce qu'il eſt favorifé par le Magiſtrat. Les droits d'entrée & de fortie font très-médiocres, & ils font toujours les mêmes.

La Hollande produit peu de grains, & cependant elle n'en manque jamais, ni pour elle ni pour fes voifins. L'attention de fes Négocians à profiter des circonſtances, la protection ouverte accordée au Commerce les met à l'abri des miferes de la difette. Ils étudient le befoin des Nations, & le malheur des autres fouvent les enrichit. Il n'y a des droits que fur l'entrée des grains, il n'y en a point pour la fortie. Ils n'excitent pas l'une & favorifent l'autre ; ils n'appréhendent donc pas la rareté.

L'Angleterre fondée fur les mêmes principes, femble ne point craindre d'être épuifée, & n'être en garde au contraire que contre la fuperfluité. Elle a depuis foixante ans adopté une méthode qui paroît étrange au prémier coup d'œil, & qui cependant l'a préfervée depuis ce tems des fuites fâcheufes de la difette. Il n'y a des droits que fur l'entrée, il n'y en a point à la fortie ; au contraire ils l'encouragent & la récompenfent. Voici la régle qu'ils fuivent, leur mefure reduite au feptier de Paris, & le prix en monnoie de France. Que cette évaluation ne nous étonne pas, la différence des monnoies nous fait paroître cher ce qui ne l'eſt point en Angleterre.

Lorfque le feptier de froment que l'on fuppofe ici pefer 240 liv. n'eſt qu'à 27 liv. & au-deſſous, l'État paye au Marchand qui l'exporte 54 fols de gratification pour chaque mefure. Lorfqu'il paſſe ce prix, la récompenfe n'eſt plus accordée, mais la liberté du tranfport reſte. Elle n'eſt interdite que lorfque le feptier monte à 45 liv. : on ne fupprime jamais totalement le droit d'entrée ; on fe contente de le diminuer à proportion du renchériſſement des grains, & de l'augmenter à mefure qu'ils baiſſent. On a fupputé que cette gratification montoit à deux millions vingt-cinq mille liv. par an, en formant une année commune fur vingt. Quand on ne compteroit l'exportation, que fur le pied de la gratification, il en refulteroit qu'il fort chaque année d'Angleterre plus d'un million de feptiers de grains. Mais comme il en fort beaucoup fur lefquels on n'accorde pas de gratification, on fera bien plus étonné d'apprendre que l'état des exportations préfenté à la Chambre des Communes en 1751, prouve qu'il eſt forti d'Angleterre depuis 1746 jufqu'à la fin de 1750, 5, 290, 000, quarters de grains de toute efpéce, qui font 10, 580, 000, feptiers de Paris ; que ces grains ont été vendus 7, 405, 900 liv. fterl., faifant 170, 335, 000 liv. tournois, & par année 34, 067, 000 livres de France, dont l'Angleterre s'eſt enrichie tous les ans aux dépens des autres Nations. Que l'on calcule enfuite le nombre d'hommes que la culture de ces grains entretient en Angleterre, le nombre de Matelots que cette exportation fait subsister, & l'on verra tous les avantages que ce Royaume tire de son agriculture, tant pour la population que pour les consommations qui augmentent les revenus de l'Etat. L'emploi & la subsistance de ces hommes en Angleterre, sont autant de richesses & d'hommes enlevés aux Etats qui ont eu besoin de ces grains. Quelle ample matiere à réflexions ! Est-il une mine plus abondante ? C'est leur intelligence qui la leur a fait découvrir & mettre en valeur.

Si notre culture étoit bien animée & bien soutenue, nous ferions infailliblement tomber tout le Commerce de grains des Anglois, pouvant presque en tout tems les donner à un tiers meilleur marché qu'eux. Cette premiere branche de Commerce est la plus sûre & la plus intéressante.

Ces exemples prouvent évidemment que les Nations qui sçavent le mieux calculer leurs intérêts, ont une pratique toute différente de la nôtre. Amsterdam & Dantzick qui ne produisent point de grains, ne cherchent cependant qu'à en vendre, & ne font rien pour les attirer; l'activité & la liberté du Commerce les leur amene sans effort. L'Angleterre qui en produit, & qui doit être prise en comparaison avec la France, empeche l'entrée des grains étrangers, & récompense la sortie de ses productions, par une somme qui paroît exorbitante, mais qui fait entrer dans ce Royaume plus de trente-quatre millions par année.

Il n'est peut-être pas nécessaire en France de rien sacrifier à l'exportation; contentons-nous de changer de méthode, & de réformer nos Réglemens. Qu'ils n'entretiennent plus un préjugé défavorable ; qu'ils encouragent les marchands de grains & les magasins; qu'ils ne s'opposent jamais à la circulation des grains dans l'intérieur, qu'ils en facilitent les débouchés, à l'exemple des autres Nations, & nous jouirons de tous les avantages que peuvent nous donner nos terres & nos moissons.

SEPTIEME OBSERVATION.

Examinons sans prévention la police des autres Etats sur les grains, & profitons de ce qui nous paroîtra avantageux ; mais ne cherchons pas à bouleverser nos usages dans la culture des terres, & nos Loix sur le commerce des grains. Que Dantzick, la Barbarie, la Hollande & l'Angleterre pratiquent ce qu'ils jugeront à propos : Si nous faisions un examen de leurs méthodes, nous les trouverions sujettes aux plus grands inconvéniens, & plus défectueuses que la nôtre. C'est la fertilité des terres & une bonne culture, qui sont la cause des récoltes abondantes. Améliorons donc nos terres, & favorisons & encourageons l'agriculture ; c'est tout ce que nous avons à faire. Si nous découvrons des abus, reformons-les, & tenons nous en là. La Barbarie laisse exporter ses bleds ; oui, malheureusement pour nous qui les leur payons plus cherement qu'ils ne valent. Qu'on ne s'imagine pas que les Africains calculent comme font tous nos Ecrivains, combien la Nation profite par cette exportation ? S'ils vouloient calculer ainsi, ils inonderoient l'Europe de leurs bleds, tant leurs terres sont fertiles, & par conséquent les récoltes abondantes. Les bleds que nous achetons en Barbarie, autres que ceux de notre Compagnie d'Afrique, sont presque tous chargés en contrebande sur des côtes désertes & à force d'argent. Dantzick & la Hollande, ne sont pas des exemples à proposer ; l'abondance

qu'on leur attribue n'est pas toujours réelle, & la disette s'y fait sentir plus souvent que chez nous ; leur sort dépend de celui qu'éprouvent
les propriétaires des bleds des autres Nations , ils n'achetent que leur
superflu , ils le voiturent , en font des amas pour le revendre avec bénéfice ; leur fortune ne nous touche pas , elle est trop incertaine , & leur
position trop allarmante ; s'ils ne trouvent point de bled à acheter ,
ils sont perdus. L'Angleterre a inventé un système tout-à-fait singulier
pour favoriser son agriculture. Elle a prohibé l'importation des bleds
étrangers , & elle a donné une liberté entiere à l'exportation des originaires. Elle a plus fait : elle a fixé le prix du bled , & lorsque ce
prix diminue , l'Etat accorde une recompense pour chaque mesure de
bled exporté. Dans le vrai , l'Etat perd pour enrichir les particuliers.
Il y gagne dans le sens que les richesses des particuliers font la richesse
de l'Etat. Cette méthode paroît admirable à un grand nombre de nos
Réformateurs de notre police sur les grains ; ils voudroient qu'on l'a-
doptat tout de suite , comme l'unique moyen de retablir notre agriculture ; ils grossissent la somme du gain qu'ils ont fait , & qu'ils peuvent faire , & soutiennent que depuis cette heureuse invention , l'Angleterre
n'a jamais manqué de bled. Cette méthode n'est ni bonne , ni praticable en France , quelque avantageuse qu'elle puisse être pour l'Angleterre. Nos positions sont différentes , par conséquent notre conduite
ne doit pas être la même. Je ne veux pas examiner si l'Angleterre ,
depuis ce tems , n'a jamais manqué de grains. L'importation du bled
étranger qu'elle a permise à tout venant , lorsque les mauvaises récoltes l'ont effrayée , l'excessive cherté du pain , & la triste nécessité
où les habitans sont quelquefois réduits de se nourrir de pommes de
terre , serviroient de preuves contraires. Je ne fais que l'examen de la
prohibition des grains étrangers , & de la libre exportation des originaires
avec une recompense déterminée. L'Angleterre fonde toutes ses espérances sur la récolte de ses grains ; ses terres ne produisent autre chose,
avec des pommes de terre & des raves. Elle n'a ni vignes , ni oliviers ,
ni amandiers , &c. Si donc elle paye à l'étranger le prix du vin , de
l'huile , &c. dont elle a besoin , & qu'elle consomme le produit de ses récoltes en grains , elle sera bientôt ruinée ; elle payera toujours , & ne
recevra jamais rien. C'est pour pouvoir compenser , qu'elle a été nécessitée de favoriser & de recompenser l'exportation de ses grains ,
même au risque d'en manquer & de se nourrir de pommes de terre.
Autre considération : l'Angleterre est éloignée de la Méditeranée ; le
trajet est long est dispendieux ; ce n'est cependant que vers ces Contrées où elle peut vendre son bled , parce que les terres d'Espagne ,
de France & de l'Italie vers la Méditeranée , sont plantées de vignes ,
de muriers , d'oliviers , &c. & que par cette raison le bled n'y est pas si
abondant. Il a été donc nécessaire de recompenser les exportateurs du
bled , afin qu'ils trouvassent quelque bénéfice dans ce commerce. Tou-

tes ces raiſons ſont particulieres à l'Angleterre , & ne peuvent regarder la France , qui , outre ſes récoltes de grains , exporte à l'étranger ſes vins , ſes huiles , ſes amandes , &c. Il eſt évident que ſi toutes ces terres étoient en grains , comme en Angleterre , la portion de vignes , &c. produiroit un ſuperflu de bled qui periroit , ſi l'exportation n'étoit pas permiſe. Je concluds de ce raiſonnement , que l'exportation Angloiſe n'eſt praticable qu'en Angleterre , & que la France doit ſe conduire comme elle a toujours fait , ſans s'embarraſſer de ce que font les autres , elle n'a pas les mêmes motifs ; elle doit travailler à reformer les abus & prendre toujours l'expérience pour guide. La prohibition de l'exportation de nos grains à l'étranger , peut nous être avantageuſe , & la permiſſion peut auſſi nous être utile. C'eſt notre ſituation qui doit décider pour ou contre. Si nous manquons de bled , l'exportation eſt une folie ; ſi nous avons du ſuperflu , elle eſt une néceſſité ; point de milieu.

L'Ordonnance de 1687 , titre 8 , art. 6 , prohibe la ſortie des grains. Un grand nombre d'Arrêts confirme cette prohibition , & une autre grand nombre d'Arrêts permet la ſortie. Ce ſont les circonſtances qui ont occaſionné ces divers Réglemens. Il n'y a rien là de ſurprenant. Il ſera néceſſaire à l'avenir de tenir la même conduite ; le ſalut de l'Etat y eſt attaché , & la prudence l'exige.

DROITS D'ENTRÉE.

Par le Tarif de 1664 , les grains ſont impoſés à l'entrée du Royaume.

SÇAVOIR:

Le bled. . . . . 2 liv. 10 ſols	le muid.
Le ſeigle. . . . . 2 liv.	*idem.*
L'avoine. . . . . . 10 ſols	*idem.*

La modicité du droit , fait aſſez connoître combien nos peres étoient allarmés des mots de diſette & de famine , & combien ils déſiroient que le bled fut à grand marché & abondant. Ces droits , quelques modiques qu'ils ſoient , ont paru encore quelquefois trop forts , & ont été ou diminués ou ſupprimés par un grand nombre d'Arrêts que je ne citerai pas ; il y en a trop. Nos beſoins , nous ſervoient de régle ; plus nous étions épouvantés , & plus nous favoriſions l'importation dans le Royaume du bled étranger. La Déclaration du 26 Octobre 1740 peint vivement la grandeur de nos craintes ; il faut la lire.

DÉCLARATION

DU ROI,

Qui exempte de tous droits les bleds, grains & légumes qui entreront dans le Royaume; ordonne la fixation des cens, rentes, redevances, minages & fermages qui se payent en grains, & décharge des droits de contrôle, sceau, droits réservés ou rétablis, & de tous autres droits les actes & procédures qui feront faits, & les Ordonnances & Jugemens qui feront rendus au fujet des évaluations portées par la préfente Déclaration, lefquels pourront être expédiés en papier commun & non marqué.

Donné à Fontainebleau le 26 Octobre 1740.

LOUIS par la grace de Dieu, Roi de France & de Navarre : A nos amés & féaux Confeillers les Gens tenant notre Cour de Parlement à Paris, SALUT. Le défir que nous avons de procurer à nos Peuples tous les fecours qui peuvent faciliter la diminution du prix des bleds & autres grains, dont les mauvaifes recoltes depuis plufieurs années ont occafionné la cherté, Nous a déterminé, en fuivant l'exemple que le feu Roi notre très-honoré Seigneur & Bifayeul, Nous a donné dans le cours des années de 1709 & 1710 à exempter de tous droits, les bleds, grains, & autres légumes qui entreront dans notre Royaume, tant par terre que par mer; comme auffi à pourvoir, tant à la fixation des cens & rentes, qui fe payent en grains, qu'au foulagement de ceux qui font chargés de payer des redevances en bleds. A CES CAUSES, & autres à ce Nous mouvant, de l'avis de notre Confeil, & de notre certaine fcience, pleine puiffance & autorité Royale, Nous avons dit, déclaré & ordonné, & par ces préfentes fignées de notre main, difons, déclarons & ordonnons, voulons & Nous plaît.

ARTICLE PRÉMIER.

Déchargeons les bleds, foit fromens, meteils ou feigles, orges, avoines, & autres grains, enfemble la farine & le pain, même les ris, pois, féves & autres légumes, qui entreront & feront apportés dans notre Royaume, tant par terre que par mer, ou qui feront tranfportés d'une Province ou d'un lieu dans un autre, jufqu'au dernier Décembre de l'année prochaine, de tous droits d'entrée, octrois, péages, & autres droits qui fe levent fur lefdits grains, pains & légumes, dépendant de nos Fermes; comme auffi des droits d'entrée, octrois & péages, qui fe levent fur lefdits grains, pains & légumes, par les Villes, Communautés, Pays d'Etat, Seigneurs particuliers, Laïques & Eccléfiaftiques, Propriétaires ou Ufufruitiers defdits droits; le tout tant par eau que par terre, & fous quelque dénomination que lefdits droits fe levent, & pour quelque caufe & occafion qu'ils foient établis & accordés. Défendons à nos Fermiers, & pareillement aux Communautés ou Particuliers, & à leur Fermiers, de les exiger ni recevoir pendant ledit tems, quand bien même ils feroient volontairement offerts : même à nos Fermiers des droits de barrage, de lever aucuns droits de barrage, ni autres, fur les charrettes, chevaux, mulets & autres voitures qui fe trouveront chargées defdits grains, farines, pain, ris & légumes, à peine contre ceux qui y contreviendront, d'être contraints à la reftitution du quadruple de ce qu'ils auront reçu.

II.

Ordonnons que les droits de minage, levage, ftrage, mefurage, leide, placage, eftallage, ftellage, tonlieu, & autres de pareille qualité, qui fe perçoivent en efpéce, foit par nos Fermiers & Receveurs, & par les Engagiftes de nos domaines, foit par les Villes ou Communautés, Seigneurs particuliers, Eccléfiaftiques ou Laïques, & autres Propriétaires, foient convertis en argent, fuivant l'évaluation qui en fera faite fommairement & fans frais, dans huitaine, à compter du jour de la publication de notre préfente Déclaration dans chaque Bailliage ou Sénéchauffée, pardevant les Lieutenans Généraux defdits Siéges, à la Requête de nos Procureurs; ce qui aura lieu, même à l'égard des droits de cette qualité qui fe perçoivent dans les terres tenues de Nous en Pairie, lefquels feront pareillement évalués par les Lieutenans Généraux des Siéges aufquels la connoiffance des cas Royaux appartient dans lefdites terres.

III.

Ladite évaluation fera faite par provifion, & pour le tems & efpace d'une année feulement, à compter du jour & date des préfentes, fur le pied du prix le plus haut que les grains, les farines & légumes fur lefquels lefdits droits fe perçoivent, auront été vendus dans chaque lieu le prémier jour de marché de la préfente année 1740, fur lequel pied lefdits Lieutenans Généraux régleront ce qui fera payé en argent; au lieu de ce qui fe payoit ci-devant en efpéces dans les marchés des lieux où ladite évaluation fera faite; & le Tarif defdits droits ainfi évalués, fera dépofé au Greffe de la Juftice de chaque lieu de marché, & tranfcrit dans un tableau qui fera expofé dans un lieu le plus apparent du marché, même envoyé par nos Procureurs defdits Bailliages & Sénéchauffées, dans toutes les Juftices, foit de Nous ou des Seigneurs Hauts-Jufticiers de leur reffort, pour y être lû & publié à l'Audience, & enregiftré au Greffe defdites Juftices. Voulons que tous ceux qui jufqu'à préfent ont été en poffeffion de ne point payer lefdits droits, ou de n'en payer que partie, continuent d'en jouir ainfi que par le paffé.

IV.

N'entendons rien innover, au furplus, à l'égard des lieux où ces droits ont été perçus jufqu'à préfent en argent, ni préjudicier en aucune maniere à ceux des mefureurs créés en titre d'Office par Nous & par les Rois nos prédéceffeurs, tant dans notre bonne Ville de Paris, que dans les autres Villes & lieux de notre Royaume.

V.

Les arrérages des cens, rentes foncieres, & autres redevances payables en grains, qui font échus ou écherront jufqu'au prémier Janvier 1741, ne pourront être exigés qu'en argent, & feront payés, fçavoir; ceux échus ou à écheoir pendant le cours de la préfente année fur le pied de ce que les grains auront valu au premier jour de marché du mois de Janvier dernier, dans le marché le plus prochain, à la feule exception de celles affignées fur des moulins, où le droit de mouture fe paye en efpéces, à l'égard defquelles ne fera rien innové. Et à l'égard des arrerages defdits cens, rentes foncieres, ou autres redevances, échus les années précédentes, ils feront payés en argent fur le pied de ce que les grains de l'efpéce dans laquelle ils font payables, auront valu dans le tems de leur écheance, ce qui aura lieu non-obftant tous Arrêts, Jugemens, Actes ou Tranfactions, fuivant lefquels lefdits arrerages feroient payables en grains. Et à l'égard des Actes ou Jugemens qui auroient acquis l'autorité de chofe jugée, & fuivant lefquels lefdits arrerages feroient payables en argent à une autre évaluation que celle portée par la préfente Déclaration, ils feront exécutés fans préjudice des voies de droit, fi aucunes y a; & fera l'évaluation ci-deffus ordonnée, faite par le Juge ordinaire des lieux, fur l'extrait des regiftres de la vente des grains du marché le plus prochain.

VI.

Toutes les charges réelles affignées uniquement fur des cens, rentes & redevances foncieres payables en grains, ne pourront être exigées par ceux auxquels elles font dûes, que dans les mêmes efpéces & de la même maniere que lefdits cens, rentes & rédevances foncieres fur lefquels elles doivent être prifes, feront exigibles fuivant la préfente Déclaration.

VII.

Et comme la diverfité des accidens que les grains ont fouffert cette année, ne nous permet pas de pourvoir par un Réglement général & uniforme dans tout notre Royaume, à ce qui concerne le payement des fermages payables fuivant les baux, en une certaine quantité fixe de grain; Nous ordonnons que nos Cours de Parlement, y pourvoyent pendant le cours de la préfente année feulement, chacune dans fon reffort, par des Réglemens convenables à la qualité de la recolte, fur les avis des Officiers des lieux, ou autrement; & cependant nous ordonnons qu'il foit furfis au payement defdits fermages, fi ce n'eft que les propriétaires offrent de recevoir en argent, ce qui eft payable en grains, qui feront évalués fur le pied de ce que les grains auront valu au premier jour de marché du mois de Janvier dernier, dans le marché le plus prochain.

VIII.

Tous les exploits & procédures, enfemble toutes les Ordonnances & Jugemens qui feront faits ou rendus, pour parvenir aux évaluations ci-deffus ordonnées feront exempts de la formalité du Contrôle, du Sceau, droits refervés ou rétablis, & de tous autres droits, & pourront être faits & expédiés en papier commun &

nou

tion marqué : ordonnons en outre que pendant le cours d'une année, à compter du jour de notre préfente Déclaration, toutes les procédures qui feront faites, tant en matiere civile que criminelle, à la Requête de nos Procureurs Generaux en nos Cours de Parlement, de nos Procureurs dans nos Bailliages ou Senéchauffées, Prévôtés, & autres juftices Royales à Nous appartenant, & dans les Maréchauffées, & pareillement celles faites à la Requête des Procureurs Fifcaux dans les Juftices des Sieurs Hauts-Jufticiers, concernant la police des bleds & autres grains, feront pareillement exemptes du papier timbré, ainfi qu'elles le font de la formalité du Contrôle, & autres droits : Et que pareillement toutes les Ordonnances, Sentences, Jugemens & Arrêts qui interviendront à la Requête des Officiers ci-deffus nommés, fur ladite matiere, feront exempts de la formalité des petits Sceaux, droits réfervés ou rétablis, & de toutes autres, & pourront être faits & expédiés en papier & en parchemin communs & non marqués.

IX.

Ne pourront les Parties fe pourvoir, pour tout ce qui regarde l'exécution de la préfente Déclaration & généralement pour tout ce qui peut concerner la police fur les grains, qu'en nos Cours de Parlement, nos Bailliages, Sénéchauffées, Prévôtés & autres nos Juftices ordinaires des lieux, ou dans celles des Sieurs Hauts-Jufticiers, chacune en ce qui eft de leur compétence, ou par-devant les Juges qui feroient commis par nos Cours, &. ce nonobftant tous Committimus, Gardes-gardiennes, priviléges & évocations générales ou particulieres, auxquels Nous avons dérogé & dérogeons pour ce regard ; permettons efdits cas à nos Cours de Parlement & autres Juges ci-deffus, de paffer outre aux procédures, inftruction & Jugement des Procès, fans s'arrêter auxdits Committimus, Gardes-gardiennes, & évocations fignifiées

X.

Voulons que dans tous lefdits cas & conteftations particulieres qui pourroient naître en exécution de la préfente Déclaration, & police fur lefdits grains, il ne puiffe être prononcé aucun appointement, fauf au cas que les conteftations ne puiffent pas être jugées fur le champ, être ordonné par les Juges, que les pieces foient mifes fur le Bureau, pour y être déliberé, & le déliberé jugé dans trois jours, & prononcé au premier jour d'Audience.

Si vous mandons que ces préfentes vous ayez à faire lire, publier & regiftrer, même en tems de Vacations, & le contenu en icelles garder & obferver felon leur forme & teneur, nonobftant toutes chofes à ce contraires, auxquels nous avons dérogé & dérogeons par ces préfentes : Car tel eft notre plaifir. En témoin de quoi Nous avons fait mettre notre fcel à cefdites préfentes. Donné à Fontainebleau le vingt-fixième jour d'Octobre, l'an de grace mil fept cens quarante, & de notre régne le vingt-fixième. *Signé*, LOUIS. *Et plus bas*, Par le Roi, PHELYPEAUX, Vû au Confeil, ORRY. Et fcellé du grand Sceau de cire jaune.

Regiftrée à Paris, en Parlement en Vacation, le 27 *Octobre mil fept cens quarante.*

Signé, YSABEAU

Tous les Réglemens pour la diminution ou la fuppreffion des droits d'entrée dans le Royaume fur les bleds étrangers, ou de paffage d'une.

COMMERCE
des grains.

Province dans une autre, n'étoient que pour un tems limité ; de nou-velles circonstances occasionnoient de nouveaux Réglemens. Ce ne fut qu'en 1742, que le Conseil, par décision du 15 Octobre, supprima lesdits droits d'entrée, jusqu'à ce qu'il en fut autrement ordonné ; ce qui a eu son exécution jusqu'aujourd'hui. Le motif de cette décision, fut que lorsque nous aurions une récolte abondante, il ne viendroit jamais du bled de l'étranger. Quel intérêt auroient les Marchands d'en faire venir ? Ce ne pouvoit être que dans un tems de soupçon de di-sette ou d'un véritable besoin, & pour lors on ne peut trop en favo-riser l'importation en France. Ce raisonnement est tout pour l'avantage des pauvres ; reste à sçavoir s'il est également favorable à notre agri-culture ; car enfin il peut fort bien arriver, que malgré l'abondance de nos récoltes, & quoique nous ayons plus de bled qu'il ne nous en faut, l'étranger nous en envoye encore, non pas parce que nous en manquons, mais parce qu'il est trop abondant chez lui, & qu'il pré-fere de le vendre à un bas prix, plutôt que de n'en faire aucun usage. Il ne paroît pas par le tarif de la douane de Lyon, qui est le droit d'entrée en Provence, que le bled ait été imposé à l'entrée. Il ne payoit que le droit de la table de mer, qui fut fixé à un sol la charge, par Arrêt du 21 Mars 1705. En voilà assez sur les droits d'entrée du bled ; puisqu'ils sont exempts présentement de tous droits de circulation par la Déclaration du 25 Mai 1763, & d'entrée par la décision du 15 Octobre 1742.

DROITS DE SORTIE.

Dans la persuasion où nos peres étoient que la plus grande abondance étoit le plus grand bien de l'Etat, sans considérer si l'avilissement de nos denrées ne ruinoit pas notre agriculture, ils avoient favorisé par toute sorte de moyens l'importation en France des bleds étrangers. On a vu la modicité du droit d'entrée, & ensuite l'exemption entiere. Ce principe posé, ils regardoient la sortie de nos grains comme perni-cieuse ; on en a vu la prohibition par l'Ordonnance de 1687, & quand l'abondance de nos récoltes nous avoit obligés d'en laisser sortir pour l'étranger, les droits de sortie étoient proportionnés au regret que nous en avions.

Par le Tarif de 1664, les grains sont imposés à la sortie du Royaume.

SçAVOIR:

Le bled. . .	22 liv.	.	le muid y compris 20 liv. de domaniale.
Le seigle. . .	16	10 .	*idem.* y compris 15 . *idem.*
L'avoine. . .	13	6 .	*idem.* y compris 12 . *idem.*

Ces droits joints à ceux de péages, paſſages, &c. devenoient très-
conſidérables. Ce Tarif n'eſt pas exécuté dans les Provinces Méridionales : voici les droits de ſortie de la Provence.

Le bled. . 1 l. 2 ſ. 8 d. la charge, du poids de 250 l. poids de marc.

SÇAVOIR :

Foraine. . . . . 6 ſ. 8 d. ⎫
Domaniale. . . . 15   ⎬ 1 liv. 2 ſ. d.
Table de mer. . . 1   ⎭

Le ſeigle & le meteil. . 1 liv. 1 ſ. la charge.

SÇAVOIR :

Foraine. . . . . 10 ſols. ⎫
Domaniale. . . . 10   ⎬ 1 liv. 1 ſ.
Table de mer. . . 1   ⎭

Il eſt bon de faire connoître ce que c'eſt que foraine & domaniale ;
cette connoiſſance eſt néceſſaire aux habitans de la Provence. Les troubles qui agiterent la France du tems de la ligue , forcerent le Roi
Henri IV de mettre quelques impôts pour payer les frais de la guerre.
Il impoſa un droit ſur les bleds , vins , beſtiaux & chataignes , (appellé
patente en Languedoc , & foraine en Provence) qui ſeroient tranſportés tant hors du Royaume , que dans les Provinces où les Aydes
n'ont pas cours, de 15 ſols par charge de bled , de 30 ſols par muid
de vin , de 30 ſols par bœuf , vache , mulet , cheval & jument , de 15
ſols par mouton & pourçeau , & de 10 ſols par charge de chataignes.
Les habitans de ces Provinces firent des repréſentations qui furent favorablement écoutées , & en conſéquence par une Déclaration du 21 Décembre 1605 , il fut ordonné que conformément à l'Edit de 1577 ,
pour la traite domaniale , ce droit ne ſeroit dû qu'autant que leſdites
marchandiſes ſortiroient du Royaume pour l'étranger. Il fut en même-
tems reglé par ladite Déclaration , que ledit droit ſeroit perçu , réduction faite des meſures mentionnées dans l'Edit de 1577 , à celles
du Languedoc ; conjointement avec les droits forains dans tous les
Bureaux & paſſages , (quoiqu'il n'y eut que certains Ports & Havres
dénommés dans le même Edit pour en faire la levée) ſçavoir 15 ſols
pour chacune charge de bled , 10 ſols par charge de meteil ou ſeigle ,
& 7 ſols 6 d. par chacune charge d'orge , avoine , ou légumes , &c.
Il n'eſt plus queſtion aujourd'hui de tous ces anciens droits impoſés
à la ſortie , qui étoient quelquefois augmentés & triplés , ſuivant qu'il

COMMERCE étoit jugé néceſſaire. Par nouveau Réglement du 16 Novembre 1734,
des grains. le droit de ſortie a été conſidérablement diminué & rendu uniforme
pour tout le Royaume ; toutes ſortes de grains ne payent plus que 23
ſols par muid ou 17 ſols 6 d. par tonneau, ce qui revient à 10 den.
& demi par quintal poids de marc. Je joins ici cet Arrêt, il m'a paru
trop important pour ne pas le rapporter.

ARREST

DU CONSEIL D'ETAT DU ROI,

*Qui fixe les droits de ſortie, qui ſeront payés dans les Bureaux des
Fermes du Roi, ſur les grains dont on permettra le tranſport hors
du Royaume.*

Du 16 Novembre 1734.

Extrait des Régiſtres du Conſeil d'Etat.

LE ROI ayant par différens Arrêts de ſon Conſeil, & notamment par ceux
des 22 Avril, 6 Mai & 28 Octobre 1732, permis la ſortie des grains pour
l'Etranger, par différens Ports de Bretagne, en payant, ſuivant l'Arrêt du 28 Octobre 1723, dix ſols par tonneau de froment ou méteil, & huit ſols par tonneau
de ſeigle, orge, baillarge & autres menus grains : & Sa Majeſté étant informée
qu'il y a actuellement dans pluſieurs autres Provinces du Royaume, des quantités
conſidérables de grains, dont les Habitans, Fermiers & Propriétaires ne peuvent
trouver le débit dans l'intérieur du Royaume, quoique le tranſport en ait été
permis par les Arrêts du Conſeil du 17 Août dernier ; & Sa Majeſté voulant,
lorſqu'elle trouvera à propos d'accorder des permiſſions de faire ſortir des grains
deſdites Provinces hors de ſon Royaume, faciliter la ſortie deſdits grains : Oui le
rapport du ſieur Orry, Conſeiller d'Etat & ordinaire au Conſeil Royal, Contrôleur
Général des Finances. Sa Majeſté étant en ſon Conſeil, a ordonné & ordonne qu'à
compter du jour de la datte du préſent Arrêt, les Marchands, Négocians ou autres qui feront ſortir du Royaume des grains, ſoit ſur les permiſſions générales,
ſoit ſur les paſſe-ports & permiſſions particulieres que Sa Majeſté jugera à propos
d'accorder, ou de leur faire donner par les Sieurs Intendans & Commiſſaires départis, ne ſeront tenus de payer que 23 ſols par muid, meſure de Paris, ou 17
ſols ſix deniers par tonneau du poids de deux milliers : Et au cas deſdites permiſſions, veut Sa Majeſté qu'il ſoit fait dans le Bureau de ſortie, des déclarations de
la quantité & qualité des grains, avant les chargemens, pour être leſdits droits
payés ; le tout à peine de confiſcation & de mille livres d'amende. N'entend Sa Majeſté, déroger par le préſent Arrêt, aux diſpoſitions des Arrêts des 22 Avril, 6
Mai & 28 Octobre 1732, rendus au ſujet des droits qui ſe doivent payer ſur les

grains fortant de la Province de Bretagne, lefquels feront exécutés felon leur forme
& teneur. Enjoint Sa Majefté aux Sieurs Intendans & Commiffaires départis dans
les Provinces & Généralités du Royaume, de tenir la main à l'exécution du préfent Arrêt, qui fera lû, publié & affiché par-tout où befoin fera, à ce que perfonne n'en ignore. Fait au Confeil d'Etat du Roi, Sa Majefté y étant, tenu à
Fontainebleau le feizième jour de Novembre mil fept cens trente-quatre.

Signé, PHELYPEAUX.

OBSERVATIONS

Sur les droits d'entrée & de fortie des grains.

Les droits d'entrée & de fortie, impofés fur quelques denrées &
quelques marchandifes, n'ont pas toujours pour objet l'augmentation des
revenus de l'Etat; d'autres confidérations également intéreffantes en dé-
terminent la quotité ou l'exemption, relativement à l'encouragement
dont nos Manufactures ont befoin, ou à la néceffité d'en faire venir de
l'étranger. Je le repete, l'agriculture eft la grande Fabrique du Royaume;
les denrées que nous recueillons font les marchandifes qui en proviennent. Il faut donc examiner l'intérêt que nous avons dans l'importation
des grains étrangers dans le Royaume, ou dans l'exportation des
grains originaires à l'étranger, & fi les droits impofés à l'entrée ou à la fortie defdites denrées, nous feront nuifibles ou profitables. Pour en juger
fainement, il ne faut point perdre de vue le principe établi, que fi
l'exportation eft utile, elle eft néceffaire, & que l'importation eft toujours néceffaire, dès qu'elle peut être utile. Nous ne devons donc exporter qu'autant que nous avons de fuperflu, & nous ne devons importer qu'autant que nous fommes dans la difette; or fi nous manquons de bled, & que nous en tirions de l'étranger, nous diminuons
par cette importation la valeur de la petite quantité de bled, qui nous
refte, & nous achevons de ruiner les Cultivateurs. Comment trouve-
ront-ils les frais néceffaires pour la préparation des terres de la prochaine récolte, fi n'ayant recueilli qu'un quart du produit ordinaire,
le furhauffement du prix de ce quart ne les dédommage pas jufqu'à un
certain point? Ils font perdus fans reffource. Il paroît donc qu'il faut
pour empêcher l'aviliffement de nos grains, lorfque la rareté doit leur
donner du prix, mettre une impofition à l'entrée du Royaume, proportionnée à la valeur actuelle des bleds originaires, & à celle de l'a-
chat des bleds étrangers. Ce font les circonftances qui doivent fervir
de régle; car fi le bled originaire montoit à un trop haut prix, bien
loin de mettre un droit d'entrée fur le bled étranger, il feroit avantageux d'accorder une gratification pour le bled importé. La hardieffe
de tant d'Ecrivains, à décider ce qu'il convient de faire tant pour l'ex-

portation que pour l'importation des grains , eſt choquante ; il ſemble donc que je deviendrai auſſi blamable qu'eux , de propoſer un nouveau ſyſtême. Oui, je le ſerois , je l'avoue , ſi je prétendois que mon ſentiment dut ſervir de regle ; mais reconnoiſſant le Miniſtere plus éclairé & plus ſage que moi , je le ſupplie de le regarder comme une imagination de ma part , qui prouve ſeulement mon zéle pour le bien public. Je dis donc que dans tout autre cas , le droit d'entrée dans le Royaume ſur le bled doit être de 40 ſols le cent peſant poids de marc, le ſeigle & meteil de 20 ſols , & les autres grains & grenailles de 10 ſols. Voilà pour l'importation. En ſuppoſant que nous avons de ſuperflu , nous ſçaurons par l'Etat général dont j'ai déja parlé , le montant dudit ſuperflu , & ſi l'exportation eſt néceſſaire. Les Marchands de grains qui ont entrepoſé de bled pour l'approviſionnement des villes , doivent jouir de la faveur de ladite exportation en franchiſe du droit de ſortie , relativement à la quantité entrepoſée , & s'il y a une plus grande quantité de bled à exporter , ceux qui en obtiendront la permiſſion , doivent payer à la ſortie du Royaume , le même droit impoſé à l'entrée ; ſçavoir , le bled 40 ſols le cent peſant, le ſeigle & le meteil 20 ſols , & les autres · grains & grenailles 10 ſols , à moins que par une trop grande abondance , notre bled ne fut au-deſſus de ſa valeur ordinaire ; car pour lors l'impoſition à la ſortie ſeroit déplacée , & il faudroit encourager l'exportation par des recompenſes. Il eſt facile d'établir une regle certaine à ce ſujet ; c'eſt le prix du pain qui décidera la queſtion. Si la livre de pain vaut plus de 2 ſols , l'impoſition eſt néceſſaire, & ſi elle ne vaut pas 2 ſols la franchiſe doit être accordée.. Je dis que l'impoſition eſt néceſſaire ; parce que les exportateurs de bled ne l'envoyeroient pas à l'étranger , s'ils n'étoient pas certains de le vendre plus cher qu'en France ; par conſéquent , il ſeroit à craindre , ſi les grains valoient plus à l'étranger qu'en France , & que l'exemption des droits de ſortie fut accordée , que l'avidité du gain , ne favoriſat l'enlevement de ce qui nous eſt néceſſaire. Le moindre mal qui put en arriver , ſeroit le ſurhauſſement du pain ſans que le Cultivateur retirât aucun bénéfice de cette plus value , parce qu'il n'auroit plus de grains à vendre. Nous en avons eu la preuve , il n'y a que quelques mois à Marſeille. Le pain ne valoit que 2 ſols la livre , lorſque les nouvelles d'une eſpéce de famine dans le Royaume de Naples , s'étant repandues de tous côtés , chacun devint Marchand de bled. Il y avoit gros à gagner , & le gain eſt l'ame du commerce. La ſortie n'étoit pas permiſe ; n'importe , le prix du bled augmentoit chaque jour , & le pain valut bientôt 3 ſols la livre , & il en auroit valu ſix , ſi l'autorité n'avoit reprimé l'avidité des acheteurs. Je m'arrête : je ne ſçaurois défendre la cauſe des pauvres ſans trouver des coupables , & je ſouhaite qu'il n'y en ait point parmi mes Concitoyens. Je tire la conſéquence , que ſi le Gouvernement ne limitoit pas l'exportation des grains à l'étranger ,

& que ceux qui font ce commerce euffent avis qu'en l'exportant il en réfulteroit pour eux un bénéfice affuré, ils enleveroient tout le bled de la Province, & reduiroient le peuple à la plus affreufe des miferes. Le Marchand n'eft que Marchand, dont le but eft d'acheter pour vendre avec profit; c'eft aux Loix à les empêcher de nuire, & c'eft à la police à faire exécuter ces Loix. Je ne conçois pas, comment on ofe encore plaider pour l'exportation libre, générale & illimitée de nos grains à l'étranger, fans un examen préalable fi nous en avons de refte. La récolte à venir, ne fçauroit remédier à une famine préfente. Tous les raifonnemens de ces Ecrivains, ne font que fpécieux & leur zéle eft très-imprudent, pour ne rien dire de plus. Bien loin donc de penfer qu'une exportation libre & générale foit avantageufe, je fouhaiterois qu'on détermina les Ports & les Bureaux, à l'exclufion de tous autres, par lefquels on pourroit exporter nos grains à l'étranger, pour les quantités qui feroient permifes; autrement la rufe & la fraude rendront la loi inutile. Pareils abus font trop dangereux pour les négliger; la défolation d'un Etat en feroit la fuite.

Il feroit à défirer qu'il y eut un Bureau d'abondance établi fous les yeux du Miniftere, pour faire exécuter la police des grains dans tout le Royaume, & que ce Bureau eut les fonds néceffaires pour diftribuer les gratifications dont j'ai parlé, tant à l'importation, qu'à l'exportation, & pour les bleds entrepofés qui auront féjourné plus de trois mois en magafins. Les fonds font trouvés, fi on veut faire porter à la caiffe dudit Bureau d'abondance, le produit de la recette des bleds importés en France ou exportés à l'étranger. Pourquoi ne le voudroit-on pas? ce font les bleds qui doivent fournir aux bleds, & jamais recette n'auroit été mieux employée.

Je finis cette longue obfervation par la juftification du crime de monopole qu'on impute trop legerement à nos marchands de grains. Que font-ils? Ils achetent les grains qui font en vente, & les renferment dans des magafins, pour les envoyer dans les lieux où ils efpérent les revendre avec avantage. Quel mal y a-t-il? Peuvent-ils faire autrement? Que deviendroit notre agriculture fans les Marchands de grains? Les Cultivateurs feroient embarraffés de leurs denrées, & nos villes manqueroient fouvent du bled néceffaire pour la fubfiftance de leurs habitans. Il y a néceffité, ou que l'Etat fe charge de ce commerce, ou qu'il foit confié à d'autres. L'Etat ne peut point s'en charger, il faut donc qu'il y aye des Marchands de grains, & ils doivent être protégés & encouragés, puifqu'ils font non-feulement utiles, mais encore néceffaires au bonheur de la fociété. L'avidité de quelques-uns ne doit point faire fufpecter la probité des autres; les fautes font perfonnelles dans ce négoce, comme dans toutes les autres branches de notre commerce. Il y aura toujours des abus, même dans les établiffemens qui femblent les exclure. Les Loix font pour les prévenir & les détruire, & la polire pour maintenir le bon ordre ; il n'y a donc ni monopole ni usure dans l'achat & la vente des grains, ou du moins ils sont rares & faciles a détruire ; la haine publique les découvrira bientôt. C'est donc une prévention injuste d'en accuser les Marchands de grains, parce qu'ils font un commerce qu'il importe à la société qu'ils fassent.

L'usure ne fait ses ravages qu'à la campagne ; c'est là où la police doit veiller, & avoir toujours les yeux ouverts pour anéantir une manœuvre qui dévore les Cultivateurs. Un pauvre Laboureur manque de grains pour ensemencer ses terres ; il a recours aux Usuriers ; ils lui en fournissent autant qu'il en demande, avec une espèce d'empressement ; mais à quel prix & à quelles conditions ? Ceux qui habitent la campagne le sçavent ; les récoltes sont promises en verd, & souvent si l'année n'est pas heureuse, elles suffisent à peine pour libérer cet infortuné. Voilà les Usuriers ; eux seuls méritent l'indignation publique, & les châtimens de la justice. Il y auroit un reméde à ce malheur, qui devient la source de tant d'autres : le voici. Chaque Communauté devroit avoir un magasin pour fournir la semence nécessaire aux pauvres Laboureurs ; cette dépense n'est pas considérable, & n'exige point de frais d'entretien, parce que la quantité de semence délivrée aux Cultivateurs, seroit retirée à la récolte avec le dixième en sus ; ce dixième est suffisant pour fournir aux frais. Un pareil établissement me paroît bien salutaire ; puisse-t-il avoir son exécution.

Nous avons surpassé nos voisins par les Arts & les manufactures que nous avons perfectionnés ; ils cherchent à faire fleurir chez eux ces mêmes arts dans lesquels nous avons excellé ; ne devons-nous pas craindre qu'ils ne parviennent enfin à se passer de notre industrie & de nos modes qui nous ont comblé de richesses ? Toute l'Europe est à présent gouvernée par l'esprit de Commerce, & malgré notre attention, le notre peut s'affoiblir & perdre plusieurs de ses branches. Quelque révolution qui puisse arriver, celui des grains sera toujours le plus important, & doit commander aux autres.

Rappellons-nous que ce n'est pas toujours la fertilité du terrein qui donne l'abondance, mais les soins que prend le Gouvernement d'en favoriser la culture. Tant que les grains seront à un prix avantageux, nous ne verrons point de terres incultes, & nous serons assurés de la population, de la force, de la richesse, & des ressources de l'Etat.

Pour profiter de tous nos avantages, reveiller l'Agriculture, & peut-être en prévenir le dépérissement, il seroit de l'intérêt public de former dans la Capitale un Bureau qui ne fût occupé que de ce soin. Cet établissement plus utile que brillant, auroit sous l'autorité du Ministre, une correspondance suivie avec toutes les Provinces. Il chercheroit les moyens de s'assurer chaque année de la quantité & de la qualité des récoltes & de leurs consommations. Il ne négligeroit rien pour découvrir les causes de leurs affoiblissemens ou de leurs succès. Il examineroit jusqu'à quel point l'agriculture doit être subordonnée à la Finance, & ce qui peut animer ou dégoûter le Cultivateur. Il encourageroit les expériences sur les différentes productions de la terre, & approfondiroit les nouvelles découvertes sur une culture plus parfaite, sur la conservation des grains, & sur leur administration. Et loin de témoigner de l'indifférence à ceux qui s'occupent de ces recherches, on jugeroit du mérite de leurs travaux, & on les recompenferoit. Cette Compagnie rendroit plus de fervices à l'Etat, que toutes les Sociétés Littéraires. Si tous ces objets étoient remplis avec attention, nous ne ferions plus dans l'incertitude fur la fécondité du Royaume, fur nos befoins, & fur les moyens d'y pourvoir.

Nous fommes inondés de Livres fur toutes fortes de matieres, nous n'en avons qu'un feul fur l'agriculture-pratique, imité de l'Anglois de Jethro-Thul, par un de nos Académiciens, affez bon Citoyen pour s'adonner à cette étude & en faire des épreuves. Puiffe fon exemple infpirer le goût des connoiffances utiles, & encourager des expériences qui ne peuvent manquer d'avoir un bon effet : lorfque les travaux de la campagne feroient fecondés par des gens éclairés, l'agriculture feroit en honneur comme les autres arts, & notre terre améliorée ne nous refuferoit pas fes productions. Toutes ces opérations dépendent de calculs méchaniques & raifonnés dont le miniftre ne peut s'occuper; il eft néceffaire qu'il ait fous fes yeux des Subalternes qui s'y appliquent, & qui puiffent fournir des éclairciffemens de détail qui font fouvent la bafe des plus grandes opérations.

Ce fiécle a vu naître de toutes parts des Académies pour le progrès des Sciences & des Lettres. La Tofcane vient de s'occuper d'un foin plus intéreffant. Un Abbé de Chanoines Réguliers a depuis peu inftitué à Florence une Société de quarante perfonnes, qui font dans le deffein de confacrer leurs travaux à la perfection de l'agriculture.

Mais ce n'eft pas feulement de l'examen de la culture la plus parfaite, que dépend la plus grande fécondité : en vain trouvera-t-on les moyens de fertilifer les terres ; fi le Cultivateur n'y eft point animé par fon intérêt perfonnel, il n'en fera point ufage, & s'oppofera fouvent à l'exécution : il feroit néceffaire que fon impofition fût fixe, & qu'il ne courût pas rifque de payer la taxe de fon induftrie & d'un travail plus pénible ; c'eft ce qui le décourage & fait dépeupler les campagnes. Les Anglois ne font parvenus à prendre fur nous la fupériorité, qu'en laiffant le Cultivateur jouir du bénéfice que lui procure l'amélioration de fa culture. Nous leur vendions des grains autrefois, à préfent ils en répandent dans toute l'Europe : notre peuple diminue, le leur augmente avec leurs richeffes. L'Angleterre, de moitié plus petite que la France, eft à proportion beaucoup plus peuplée, & fes Habitans jouiffent d'une plus grande aifance, quoiqu'ils payent plus d'impofitions que nous : ces réflexions peuvent fervir d'ample matiere à un fecond Mémoire. On ne peut voir avec indifférence, l'Angleterre notre fuperbe rivale, s'enrichir fi prodigieufement par les fruits de fon induftrie, & tirer plus d'avantages que nous d'un terrein beaucoup moins étendu.

En attendant que l'on puiffe donner à la meilleure culture, toute l'attention qu'elle mérite, il paroît néceffaire de réformer les réglemens, & de donner au Commerce des grains toute la liberté dont il a befoin, pour prévenir les inconvéniens aufquels nous fommes fouvent expofés : cela ne dépend que d'une Ordonnance générale dont il feroit aifé de donner le plan, d'après ce qui vient d'être expofé. Le Miniftre qui nous gouverne, auffi éclairé que zélé pour le bien public, eft feul capable de réformer des abus préjudiciables, & de donner à nos productions une nouvelle vigueur qui augmentera la force & la richeffe la plus réelle de l'Etat.

HUITIEME OBSERVATION.

On auroit bien tort de fe plaindre aujourd'hui que nous manquons de Livres d'agriculture. On ne parle plus, on n'écrit plus qu'agronomie ; c'eft l'affaire du jour. Toutes nos Provinces ont prefque déjà des fociétés d'agriculture, & chacun exerce fes talens pour relever le courage des Cultivateurs. Je n'en fuis pas furpris : LOUIS le bien-aimé

Tome II. Aaaa

COMMERCE *les* protége & les récompenfe. Nous avons traduit les Livres Anglois
des grains. qui traitent de cette importante matiere , & nous leur fourniffons abondamment de quoi traduire à leur tour , s'ils ont autant de zéle que
nous en avons préfentement. C'eft la derniere obfervation que je fais
fur la police des grains ; il me paroît jufte , après avoir parlé de ce
commerce en général , de faire quelques remarques fur celui qui eft
particulier à la ville de Marfeille ; ce dernier nous touche plus particulierement.

COMMERCE DES GRAINS A MARSEILLE.

Marfeille n'a pas un territoire proportionné au grand nombre de fes
habitans ; on compte qu'il faut pour leur fubfiftance & celle des Payfans ,
environ cent cinquante mille charges de bled ; il faudroit donc que notre récolte nous fournit année commune cette quantité de grains pour
nous tranquilifer. Cela n'eft pas poffible ; nos baftides , quoique cultivées
comme des jardins , font employées principalement en agrémens , & le
reftant en plantations de vignes ; de forte que le bled fait la moindre
de nos récoltes. Rien n'eft négligé cependant , tout eft mis en valeur ;
nous recueillons des fruits , des légumes & beaucoup de vin. Le bled
feroit une récolte ruineufe pour le propriétaire , relativement au prix
de nos campagnes. Notre intérêt s'oppofe donc à ce que nous recueillions
le bled qui nous eft néceffaire ; auffi nos meilleures récoltes nous four-
niffent-elles à peine la fubfiftance pour trois mois , c'eft-à-dire , environ quarante mille charges de bled. Dans cette pofition, nous fommes forcés
de faire venir de bled du Royaume ou de l'étranger. Si les récoltes
du Royaume font abondantes , nous n'avons rien à craindre , Arles &
le Languedoc nous en fourniffent fuffifamment , & aujourd'hui que la
circulation eft libre , & que les entraves qui faifoient périr dans les
Provinces de grandes quantités de bled ont été brifées , nous fommes
affurés d'avoir autant de grains que nous en défirerons ; mais à la prémiere difette , nous ferions expofés à une affreufe calamité , fi l'étranger n'avoit pas labouré pour nous , & ne venoit à notre fecours. Les
terres de la Provence ne font pas bonnes pour la culture du bled ; elles
font employées plus utilement en vignes , oliviers , amandiers , muriers ,
&c. Nous ne pouvons pas nous fier fur ces récoltes ; nous fommes
même obligés, dans de pareilles circonftances de contribuer à fa fubfiftance & de partager avec elle le bled que nous faifons venir de l'é-
tranger ; mais c'eft prefque toujours trop tard qu'on cherche à remédier aux malheurs d'une difette ; d'ailleurs pourquoi les Marchands de
grains , fans une néceffité urgente , auroient-ils fait venir de bled étranger , qu'ils ne pouvoient plus faire fortir du Royaume , quoiqu'ils n'en
trouvaffent pas le prix qu'il vaudroit encore à l'étranger en l'y ren-
voyant ? Cette gêne étoit caufe qu'on manquoit fouvent de bled à Mar-

feille, qui, quoique Port franc, ne permettoit point la fortie du bled même étranger, conformement aux anciens ftatuts & coutumes de la ville. Ce défaut de liberté nuifoit à ce commerce, & en arrêtoit l'activité ; en effet, fi le bled étranger étoit néceffaire, on pouvoit le garder, c'eft le droit naturel ; & s'il n'étoit pas néceffaire, c'étoit un bien de le laiffer fortir librement ; s'il étoit néceffaire, la juftice exigeoit qu'on le payât ce qu'il avoit coûté, & s'il n'étoit pas néceffaire, c'étoit contre la juftice de le retenir pour être vendu à un prix inférieur à celui d'achat. Ces confidérations déterminerent Meffieurs les Echevins à préfenter requête au Confeil d'Etat du Roi, pour demander la liberté du commerce des grains étrangers à Marfeille. Leurs raifons parurent fi folides, & les avantages qui réfultent de cette liberté, font fi fenfibles, que le Roi leur accorda leur demande, & par Arrêt du 8 Décembre 1723, établit un Bureau d'abondance à Marfeille, & regla ce qui devoit être obfervé, afin que la ville eût un approvifionnement proportionné au nombre de fes habitans. Je ne ferai qu'une remarque fur l'article X dudit Arrêt. La permiffion accordée à toute perfonne de quelque état & condition qu'elle foit, de faire entrer à Marfeille & fortir librement de fon Port toute forte de grains, pour les tranfporter aux endroits où l'on voudra les envoyer, ne regarde que le bled étranger ; le Bureau d'abondance n'ayant été établi que pour le commerce dudit bled. Les grains originaires du Royaume, demeurent fujets à tous les Réglemens qui s'obfervent dans le Royaume, deforte que fi la fortie en eft défendue, elle eft également prohibée par Marfeille, & fi le Roi juge à propos de la permettre, en payant un droit de fortie, ce droit doit également être payé à Marfeille. La raifon en eft évidente : fi les grains originaires du Royaume pouvoient être exportés librement à l'étranger par Marfeille, l'exportation feroit prohibée & permife en même-tems, ce qui eft contradictoire ; elle feroit défendue dans le Royaume, & au moyen de la libre circulation des grains, les Marchands de bled le feroient venir à Marfeille, d'où ils l'exporteroient à l'étranger fans même payer aucun droit de fortie ; tant de précautions qu'on prend pour empêcher la fortie des grains, n'aboutiroient qu'à obliger les Marchands de bled de paffer une foumiffion pour affurer, fous peine de confifcation & de 500 liv. d'amende, que ledit bled dont la fortie du Royaume eft prohibée, prendra la route de Marfeille, où une fois arrivé, il feroit libre de le faire fortir pour l'étranger ; deforte que ces acquits à caution deviendroient entierement inutiles. D'un autre côté fi les bleds autres que les étrangers pouvoient, fur les permiffions de Meffieurs les Echevins, fortir librement pour l'étranger, la crainte que les grains du Royaume, lorfqu'ils nous font néceffaires, ne fortiffent par cette voye, feroit que Marfeille feroit exclue de la faveur accordée à tout le Royaume pour la libre circulation des grains, & cette exclufion lui deviendroit beaucoup plus nuifible, que l'exportation dudit bled à l'étranger ne pourroit lui être profitable. Je prie mes Lecteurs de lire attentivement ledit Arrêt de 1723 ; tout ce qui concerne le Bureau d'abondance y est réglé bien clairement.

EXTRAIT

DES REGISTRES

DU CONSEIL D'ETAT.

Du 8 Décembre 1723.

VU au Conseil d'Etat du Roi la Requête présentée par les Echevins de la Ville de Marseille, par laquelle ils représentent que le terroir de cette Ville ne fournissant pas le quart des grains nécessaires à la subsistance des Habitans, ils se trouvent souvent en peine au sujet du bled, d'autant mieux que par les anciens statuts & coutumes de ladite Ville n'étant pas permis de faire sortir les bleds qui y sont entrés, ceux qui font le Commerce des grains & qui en envoyent chercher dans les Pays étrangers, craignant de ne pouvoir pas le vendre aussi avantageusement qu'ils feroient, s'ils l'envoyoient en d'autres places de la méditerranée, donnent ordre aux Capitaines & Patrons de leurs Bâtimens de n'y point aller faire leur déchargement, mais d'attendre leurs ordres en d'autres Ports qu'ils leur indiquent, & d'où les Bâtimens ont la liberté de sortir ; & comme ces Négocians sont informés par leurs Correspondans du prix des grains dans tous les Ports de la méditerranée, ils ne les font aller à Marseille que lorsque le bled s'y vend plus avantageusement qu'ailleurs ; ce qui n'arriveroit pas si la sortie du bled par mer étoit permise dans Marseille ; parce qu'alors lesdits Négocians ordonneroient aux Capitaines & Patrons de leurs Navires d'y aller faire leur débarquement, dans l'assurance qu'ils auroient la liberté de les envoyer de Marseille aux autres lieux, où ils sçauroient qu'ils pourroient en avoir un plus haut prix : Lesdits Echevins représentant encore que par cette sortie libre, ils attireroient un grand Commerce de grains dans la ville de Marseille, qui par sa situation avantageuse & par le prompt débit qui s'y fait de toute sorte de marchandises & denrées, y attire les Etrangers ; qu'ils procureroient de l'occupation à une grande quantité de gens de travail dont cette ville est peuplée ; que par-là il y auroit une abondance continuelle de grains ; qu'ils en pourroient faire tous les ans une provision par précaution, & la feroient ensuite prendre par les Boulangers à la fin de chaque année, en la faisant renouveller tous les ans par des bleds nouveaux ; qu'ils pourroient même en cas d'apparence de disette, retenir les bleds qui leur seroient nécessaires pour la subsistance des Habitans, au prix dont ils conviendroient de gré à gré avec les Propriétaires des grains que l'on voudroit envoyer ailleurs, aucun Bâtiment ne pouvant sortir du Port sans leur permission ; au moyen de quoi, lesdits Echevins pourroient, avec des frais très-médiocres, avoir toujours suffisamment des grains.

dans ladite Ville , pour ne fe trouver jamais en peine au fujet de la difette , furtout fi cette adminiftration étoit bien réglée & conduite avec économie , ainfi qu'il arriva en l'année 1709 par l'attention du Bureau d'Abondance que le défunt Roi avoit établi ; mais que la plupart de ceux qui formoient ce Bureau étant morts , lefdits Echevins requeroient qu'il plût à Sa Majefté de renouveller ce Bureau de l'abondance , & de former un Reglement pour , avec le confeil du Bureau , pouvoir prendre les expédiens néceffaires , afin de parvenir à avoir toujours une quantité de grains fuffifante , pour ne pas craindre la difette : A quoi Sa Majefté voulant pourvoir ; Vû l'avis du Sieur Lebret premier Préfident & Intendant en Provence ; Oui le rapport du fieur Dodun Confeiller ordinaire au Confeil Royal , Contrôleur Général des Finances , Sa Majefté étant en fon Confeil , a ordonné & ordonne :

ARTICLE PRÉMIER.

Que le Bureau d'abondance de la ville de Marfeille fera rétabli & compofé de douze perfonnes , fçavoir : des quatre Echevins qui fe trouveront en place , des Sieurs de Jarente la Bruyere , de Candole , Pierre Remuzat , Jean-Baptifte Saint Michel , Nicolas Compian , Guillaume Aillaud , Jean Cordier & Balthezard Paul , & en cas de mort ou d'empêchement de quelqu'un d'eux , il fera remplacé par le fieur Contrôleur Général des Finances.

II.

Que ces douze Membres ou Confeillers du Bureau d'Abondance s'affembleront en la maifon commune de ladite Ville une fois chaque femaine , ou plus fouvent en cas de befoin , au jour qui fera indiqué par les Echevins , fans qu'aucun d'eux puiffe s'en difpenfer ; & ils feront chargés de veiller à tout ce qui regardera l'abondance & aux moyens de la procurer.

III.

Il fera tenu par l'Archivaire de la Communauté un Regiftre exaƈt des Délibérations , qui feront prifes dans ledit Bureau , lefquelles feront fignées en même tems par celui qui y préfidera , & contrefignées par l'Archivaire ; voulant Sa Majefté qu'elles foient exécutées felon leur forme & teneur.

IV.

Le Bureau d'Abondance déliberera fur le tems auquel on devra faire des achats de bled , des ventes & remplacemens d'icelui. Voulant Sa Majefté qu'il y aye toujours à Marfeille , un grenier de douze à quinze mille charges de bled , afin que cette Ville ne foit jamais en état d'en manquer pour la fubfiftance de fes Habitans.

V.

Et afin que ce grenier ne foit pas à charge à ladite Ville , Sa Majefté a ordonné & ordonne que la Communauté de la même ville fera conftruire des greniers ou magafins , dans le terrein qu'elle poffede au-delà du Port , au quartier de

Saint Victor ; lesquels greniers feront conftruits en la forme & en la maniere qui fera réglée par ledit Bureau d'Abondance : Permet Sa Majefté aux Echevins de ladite Ville, d'emprunter des fommes qui font néceffaires pour conftruire lefdits greniers, & pour acheter lefdits bleds ; voulant, Sa Majefté que l'intérêt de ces emprunts foit fupporté par le Bureau d'Abondance, & pris fur les bleds qui feront dépofés dans lefdits greniers, auffi-bien que les frais qui fe feront à l'occafion defdits grains.

VI.

Et afin que l'adminiftration defdits greniers fe faffe avec toute l'exactitude & fidélité poffible, veut & entend Sa Majefté que par un homme fidéle, qui fera choifi par le Bureau d'Abondance, il foit tenu un contrôle, non-feulement de tous les bleds que l'on mettra dans les greniers, mais encore de tous les autres qui entreront dans ledit Port, & qui en fortiront ; & ce Contrôleur fera tenu de fe trouver à toutes les affemblées dudit Bureau, pour lui rendre compte de la quantité de bled qui fe trouvera dans la Ville.

VII.

Ordonne Sa Majefté qu'il fera tenu un Livre-à-Parties doubles de toute la recette & dépenfe qui fe fera à l'occafion defdits grains, lequel livre fera cotté & paraphé par le Préfident dudit Bureau.

VIII.

Il fera auffi établi un Tréforier par ledit Bureau, dont les Régiftres feront pareillement cottés & paraphés comme ci-deffus.

IX.

Veut Sa Majefté qu'à la fin de chaque année, il foit dreffé un compte général du Bureau de l'Abondance, lequel fera examiné par les Confeillers dudit Bureau, & rendu pardevant l'Intendant de la Province, qui l'arrêtera, la perte ou le profit devant être imputés par fes ordres fur la Communauté ou à fon profit.

X.

Au moyen de cette précaution Sa Majefté a ordonné & ordonne qu'à l'avenir, & à compter du jour de la publication du préfent Arrêt, il fera permis à toute perfonne de quelque état & condition qu'elle foit, de faire entrer & fortir librement du Port de Marfeille, toute forte de grains pour les tranfporter aux endroits où l'on voudra les envoyer, à l'exception des lieux prohibés, après avoir préalablement pris les paffe-ports requis & néceffaires des Echevins de ladite Ville, aufquels Sa Majefté a permis & permet de retenir pour les befoins d'icelle la quantité de grains que bon leur femblera, en payant le prix au Propriétaire de gré à gré, ou à dire d'experts ; & en conféquence permet Sa Majefté à tous Négocians de faire mettre les grains qu'ils feront venir de l'étranger, dans tels magafins de ladite

Ville qu'ils trouveront bon, après en avoir donné connoiffance auxdits Echevins, & avoir fait leur foumiffion de leur déclarer les ventes qu'ils feront defdits grains; afin qu'en tous tems lefdits Echevins puiffent fçavoir la quantité de bled, qui fe trouvera dans ladite Ville. Fait au Confeil d'Etat du Roi, Sa Majefté y étant, tenu à Verfailles le huitième jour de Décembre mil fept cens vingt-trois.

Signé, PHELYPEAUX.

Il paroît un écrit fur la police des grains en France & en Angleterre, dans lequel la queftion de l'exportation des grains à l'étranger eft examinée avec une certaine étendue. Les raifons que je donne me paroiffent bonnes, & jufqu'à ce que j'en trouve de meilleures, je ne fçaurois changer de fentiment.

Fin du fecond & dernier Tome.

A V I S

AUX RELIEURS.

Il faut placer la Carte feptentrionale après l'A-
vertiffement.

*Les Cartes n'ont befoin d'aucune explication , voyez le
Tome I. page 572.*

EXPLICATION

EXPLICATION DES PLANCHES.

PLANCHE VIII.   page 6.

1 . . Arbre ou arbriſſeau qui produit le coton, (cotonier.)
2 . . Négre qui cueille les gouſſes de coton, lorſqu'elles ſont par-
venues au point de leur mâturité.
3 . . Négre qui épluche le coton, c'eſt-à-dire, qui ſepare le duvet
renfermé dans les gouſſes.
4 . . Négreſſe qui mouline le coton pour ſéparer les graines que
le duvet envelope.
5 . . Négre qui emballe le coton après que les graines en ont été
ſéparées ; il entre dans la ſache ſuſpendue par des cordes
à une poutre, le foule avec les pieds, & le range avec
une pince de fer.
6 . . Autre Négre qui aſperſe de l'eau ſur la ſache pour que l'humidité retienne le duvet de coton, & l'empéche de remonter vers le haut à meſure qu'on le foule.
7 . . Balles de coton remplies, & en état d'être embarquées ou
vendues.
8 . . Plantation de cotoniers (cotoniere.)
9 . . Engard deſtiné à remiſer le coton, & où les Négres & les Né-
greſſes le travaillent & l'emballent.
10 . . Arbre de coton de nos Iſles Antilles (cotonier.)
11 . . Branche de coton peinte au naturel, ſur une branche des cotoniers que l'Auteur cultive à Marſeille.
12 . . Gouſſe de coton dans ſa mâturité.
13 . . Gouſſe de coton ouverte, pour avoir négligé de la cueillir dans
le tems de ſa mâturité.
14 . . Duvet de coton, ſéparé de ſa gouſſe.

PLANCHE IX.   pag. 10.

1 . . Manière de peigner le coton en le partageant ſur deux cardes.
2 . . Autre maniere de peigner le coton avec deux cardes de différentes grandeurs, en faiſant paſſer ledit coton de la grande carde ſur la petite.
3 . . Flocons de coton faits avec la main, après en avoir fait

Tom. II.   B b b b

P L A N C H E X. page 166.

o P L A N C H E X I. page 400.

PLANCHE XII.   page 418.

Figure 1 Ventilateur ou soufflets de Mr. Halés A E F G, E B F D, les deux corps des soufflets sous la forme exérieure de deux cofres, C F, D F, I I, K K, assemblage de menuiserie pour les soupapes, G G, H H, quatre soupapes. L'intérieur dudit ventilateur sera mieux expliqué par les figures 2, 3 & 4.

Figure 2 La caisse du Ventilateur dont l'intérieur paroît à découvert par le côté d'où la planche a été ôtée, L M le diaphrame attaché à la traverse I I, la partie M dudit diaphrame demeure ferme en I I, & la partie L se peut mouvoir de O vers N, & de N vers O quand la tringle P Q, attachée au diaphrame, hausse ou baisse.

Figure 3 La tringle A attachée au diaphrame, vue séparément.

Figure 4 S S, K K, assemblage de planches pour recevoir l'air des quatre soupapes, & le porter par l'ouverture T dans les tuyaux qu'on a placé dans les endroits du Navire dont on veut renouveller l'air; X X, deux chassis garnis d'un treillis de fil de cuivre pour couvrir les soupapes, & empêcher les rats & les souris de s'y introduire.

Extrait du Livre, *Moyen de conserver la santé aux équipages des Vaisseaux, par Mr. Duhamel du Monçeau.*

Figure 5 Pompe aspirante, nécessaire dans un Navire, pour enlever l'eau de la sentine qui est une des causes de la corruption de l'air. Je ne donne point le détail des parties de ladite pompe, n'y ayant presque personne qui ne les connoisse : celle-ci est très-commode & très-facile à faire jouer ; un enfant suffit.

Figure 6 Vaisseau Négrier allant de Guinée aux Isles Françoises de l'Amérique.

Figure 7 Une manche attachée à une vergue pour introduire un nouvel air dans le Navire.

Figure 8 Autre manche attachée à une autre vergue.

Figure 9 Courant d'air nouveau, introduit dans le Navire par le bout des manches ; on peut porter le bout desdites manches dans tous les endroits du Navire dont on veut renouveller l'air, & afin de mieux faire l'introduction du nouvel air, on a ôté les planches du côté dudit Navire.

Bbbb ij

T A B L E

C H R O N O L O G I Q U E

Des Edits, Lettres - Patentes, Déclarations, Arrêts, &c. rapportés dans le Tome prémier.

Cette Table ne peut être que d'une grande utilité.

---

fil , 15 liv. fur les mafcavades du même pays , 7 liv. 10 fols fur les barboudes , panelles , & fucre de St. Thomé 6 liv. du cent pefant , du 25 Avril 1690. *pag.* 214

1692.

EDIT du Roi , portant établiſſement du privilége exclufif de la vente du caffé , thé , chocolat & autres , du mois de Janvier 1692. 190

ARREST du Conſeil d'Etat du Roi , qui ordonne l'exécution de l'Edit , Arrêt & Réglement pour la vente & diſtribution du caffé , thé & chocolat , du 6 Mai 1692. 195

ARREST du Conſeil d'Etat du Roi , qui fixe le prix du caffé à 50 fols la livre , du 19 Août 1692. 196

1693.

ARREST du Conſeil d'Etat du Roi , qui convertit le privilége du caffé , thé , chocolat , &c. en un droit payable aux entrées , du 12 Mai 1693. 197

ARREST du Conſeil d'Etat du Roi , qui exempte de tous droits de fortie , l'indigo provenant des Iſles Françoiſes de l'Amérique , qui ſera porté hors du Royaume tant par mer que par terre , du prémier Septembre 1693. 239

1698.

REGLEMENT du Roi , pour le commerce des Iſles & Colonies Françoiſes de l'Amérique , du 20 Août 1698. 113

ARREST du Conſeil d'Etat du Roi , qui ordonne que les fucres bruts de l'Amérique payeront à leur entrée dans le Royaume 3 liv. feulement du cent pefant , les fucres terrés 15 liv. & les fucres en pain raffinés auxdites Iſles 22 liv. 10 fols comme les fucres étrangers , du 20 Juin 1698. 215

1699.

ORDONNANCE du Roi , portant défenſe dans l'Amérique des eſpéces d'or & d'argent , du 4 Mars 1699. 150

ARREST du Conſeil d'Etat du Roi , portant Réglement entre les Fermiers des cinq groſſes Fermes , & le Fermier du Domaine d'Occident , au fujet des droits qui leur reviennent fur les fucres , du prémier Septembre 1699. 271

1700.

ARREST du Conſeil d'Etat du Roi , qui permet au Sieur Maurellet de faire entrer dans le Royaume 100 milliers de fucre raffiné par année en payant pour tous droits 3 liv. à l'Adjudicataire des cinq groſſes Fermes , & 4 liv. à l'Adjudicataire de la Ferme du Domaine d'Occident , du 28 Septembre 1700. 53

ARREST du Conſeil d'Etat du Roi , qui prefcrit les formalités à obferver pour que les fucres bruts provenant de l'Iſle de Cayenne jouiſſent de la modération des droits qui leur eſt accordée , du 12 Octobre 1700. 207

1704.

ARREST du Conſeil d'Etat du Roi , qui ordonne que le droit de trois pour cent de la valeur des marchandifes appartenant à la Ferme du Domaine d'Occident fera payé pour les fucres & autres marchandifes venant des Iſles Françoiſes de l'Amérique fur des Vaiſſeaux François , ayant été pris par des Vaiſſeaux ennemis , & repris fur eux feront amenés dans les Ports du Royaume , quoique lefdits Vaiſſeaux foient déclarés de bonne prife , du 28 Octobre 1704. 157

cultiver aucuns tabacs dans leurs terres, jardins & autres lieux fous quelque prétexte ou dénomination que ce puiffe être, à peine de dix mille livres d'amende, du 19 Décembre 1719. *pag.* 494

1720.

LETTRES-PATENTES en forme d'Edit, portant revocation de la Compagnie de St. Domingue, du mois d'Avril 1720. 27

DECLARATION du Roi, concernant la Ferme du tabac, donnée à Paris le 17 Octobre 1720. 497

1721.

DECLARATION du Roi, portant réglement pour la Ferme du tabac, donnée à Paris, le premier Août 1721. 504

LETTRES - PATENTES du Roi, qui accordent à la ville de Dunkerque la liberté de faire le Commerce aux Ifles Françoifes de l'Amérique, données à Paris au mois d'Octobre 1721. 30

1722.

ARREST du Confeil d'Etat du Roi, qui décharge de tous les droits des Fermes & de ceux des Seigneurs particuliers, Villes, Communautés, péages, octrois & autres généralement quelconques, tant les tabacs fabriqués que les matieres & uftenciles fervant à leur fabrication; & défend d'en percevoir aucuns à peine de mille livres d'amende, du 20 Février 1722. 517

DECLARATION du Roi concernant les marchandifes des Colonies Françoifes, du 14 Mars 1722. 127

ARREST du Confeil d'Etat du Roi, qui ordonne que conformément aux Lettres-Patentes du mois d'Avril 1717, toutes les marchandifes du crû des Ifles & Colonies Françoifes, même celles provenant de la traite des Noirs, payeront le droit de trois pour cent dû à la Ferme du Domaine d'Occident, du 26 Mars 1722. 179

ARREST du Confeil d'Etat du Roi, portant que l'Ordonnance de 1687 fervant de réglement pour les Groffes Fermes, fera exécutée dans les Ifles Françoifes de l'Amérique, & en Canada pour la régie du Domaine d'Occident, du 9 Juin 1722. 113

ARREST du Confeil d'Etat du Roi, portant réglement pour la perception du droit de poids ou d'un pour cent fur les marchandifes du crû des Ifles Françoifes de l'Amérique, &c. du 4 Juillet 1722. 186

1723.

DECLARATION du Roi, qui fixe à un an le tems de l'entrepôt des marchandifes deftinées pour les Ifles de l'Amérique, donnée à Verfailles le 19 Janvier 1723. 97

ARREST du Confeil d'Etat du Roi qui interprète la Déclaration du 19 Janvier & fixe le tems de l'entrepôt tant des marchandifes qui viennent des Colonies Françoifes que de celles qui font deftinées pour y être tranfportées, du 3 Mai 1723. 100

LETTRES-PATENTES fur ledit Arrêt. 103

Cccc ij

la Déclaration du 10 Novembre 1717, être levé fur les marchandifes venant des Ifles Françoifes de l'Amérique, & cependant furfoit à la perception de ce droit fur les chargemens des Navires arrivés ou qui arriveront defdites Ifles depuis le prémier Octobre dernier jufques au prémier Mars prochain, du 13 Novembre 1748.

page 184

1749.

ARREST du Confeil d'Etat du Roi, qui en révoquant l'Arrêt du Confeil du 4 Mai 1745, ordonne que conformement à celui du 3 Mai 1723, les marchandifes deftinées pour les Ifles Françoifes de l'Amérique ne jouiront plus à l'avenir que d'une année d'entrepôt, du 16 Mars 1749.   105

ARREST du Confeil d'Etat du Roi, qui en révoquant les Arrêts du Confeil des 10 Avril 1744, & 19 Juin 1745, ordonne que l'exécution de l'article 2 des Lettres-Patentes de 1717 pour le retour des Navires deftinés pour les Ifles & Colonies Françoifes de l'Amérique dans le port d'où ils feront partis, du 16 Mars 1749.   63

DECLARATION du Roi, qui ordonne la perception d'un droit de 30 fols par chacune livre de 16 onces fur tous les tabacs étrangers qui entreront dans le Royaume pour autre deftination que pour celle de la Ferme Générale, du 4 Mai 1749.   567

ARREST du Confeil d'Etat du Roi, qui commet Mr. l'Intendant de la Province du Hainault pour juger les contraventions à la Déclaration du Roi, du 4 Mai 1749, portant établiffement d'un droit de 30 fols par livre pefant des tabacs étrangers qui entreront dans ladite Province, du 17 Juin 1749.   569

1750.

ARREST du Confeil d'Etat du Roi, qui fixe le prix des tabacs du crû de la Louifiane à 30 liv. le quintal, dont 27 liv. 10 fols feront payées par le Fermier & 2 liv. 10 fols par le Roi, défigne les Ports pour l'entrée defdits tabacs, & établit des précautions pour empêcher l'abus & la fraude, tant au droit de 30 fols par livre pefant de tabac, qu'à la ferme du tabac, du 13 Octobre 1750.   561

1751.

ARREST du Confeil d'Etat du Roi, qui condamne le Sr. Anaftaze Guezil Négociant de la Ville de Nantes, à payer conformément à l'Arrêt du 12 Mai 1693, le droit d'entrée du chocolat qu'il a fait venir des Ifles, & qu'il a déclaré comme cacao broyé & en pâte, du 15 Juin 1751.   364

1755.

DECLARATION du Roi, qui permet le commerce & la fonte des matieres d'or & d'argent & des efpéces étrangeres, du 7 Octobre 1755.

1756.

ARREST du Confeil d'état du Roi, qui permet aux Négocians & Habitans de la Ville de Cherbourg de faire directement par le Port de ladite Ville, le com-

des Ifles Françoifes, feront exempts pendant la durée de la guerre, des droits portés par les Lettres-Patentes de 1717, & des droits locaux dûs en Bretagne & modere à 2 livres 10 fols pendant le même tems les droits fur le même fuçre venant de l'étranger, ou provenant des prifes, du 4 Juillet 1762. 419

Fin de la Table des Edits, Arrêts, &c. du prémier Tome.

TABLE

CHRONOLOGIQUE

Des Edits, Lettres - Patentes, Déclarations, Arrêts, &c. rapportés dans le Tome second.

1729.

ARREST du Conseil d'Etat du Roi , portant Réglement pour le commerce des cotons qui s'envoyent des Isles Françoises de l'Amérique dans les Ports de France , du 10 Décembre 1729.   *pag.* 23

1731.

ARREST du Conseil d'Etat du Roi , concernant la rétrocession faite à Sa Majesté par la Compagnie des Indes de la concession de la Louisiane & du pays des Illinois , du 23 Janvier 1731.   130

1732.

ARREST du Conseil d'Etat du Roi , portant exemption des droits d'entrée & de sortie sur les denrées & marchandises que les Négocians François feront transporter dans les Colonies de la Louisiane , & exemption pendant dix ans de tous droits d'entrée sur les marchandises & denrées du crû & du commerce de ladite Colonie , du 10 Septembre 1732.   131

1733.

ARREST du Conseil d'Etat du Roi , portant réglement pour les cotons filés qui viennent des Echelles du Levant à Marseille , du 26 Septembre 1733.   18

1734.

ARREST du Conseil d'Etat du Roi , concernant les priviléges de la Compagnie des Indes , du 19 Mai 1734.   370

ORDONNANCE du Roi , qui regle la forme des certificats de la traite des Négres aux Isles Françoises de l'Amérique , du 6 Juillet 1734.   351

ARREST du Conseil d'Etat du Roi , qui fixe les droits de sortie qui seront payés dans les Bureaux des Fermes du Roi sur les grains dont on permettra le transport hors du Royaume , du 16 Novembre 1734.   348

1736.

ORDONNANCE du Roi concernant les affranchissemens & les baptêmes des Esclaves Négres , du 15 Juin 1736.   234

1738.

DECLARATION du Roi , concernant les Esclaves Négres des Colonies , qui interprète l'Edit du mois d'Octobre 1716 , donnée à Versailles le 15 Décembre 1738.   235

ARREST du Conseil d'Etat du Roi , qui renouvelle les dispositions de l'Arrêt du Conseil du 10 Décembre 1729 , portant réglement pour le coton qui s'envoye des Isles Françoises de l'Amérique dans les Ports de France , & qui ordonne que les balles desdits cotons seront visitées à leur arrivée dans lesdits Ports par les Commis des Fermes , du 16 Décembre 1738.   16

1740.

DECLARATION du Roi , qui exempte de tous droits les bleds , grains & légumes qui entreront dans le Royaume , ordonne la fixation des cens , rentes , redevances , minages & fermages qui se payent en grains , & décharge des droits de contrôle , sceau , droits réservés ou rétablis , & de tous autres droits , les actes & procédures qui seront faits , & les Ordonnances & Jugemens qui seront rendus au sujet des évaluations portées par la présente Déclaration , lesquels pourront être expédiées en papier commun & non marqué , du 26 Octobre 1740.   542

des cinq groffes Fermes, fur les laines non filées, les cotons en laine, les chanvres & lins en maffe & non aprêtés, les poils de chameau & chevreau, & les poils de chevres filés & non filés venant de l'étranger dans le Royaume, ou qui pafferont d'une Province dans une autre, à commencer du prémier Janvier 1750, du 12 Novembre & 9 Décembre 1749. *pag.* 31

1750.

ARREST du Confeil d'Etat du Roi, qui continue la perception du droit de vingt pour cent à toutes les entrées du Royaume fur les marchandifes du Levant, même fur celles dénommées dans l'Article prémier de l'Arrêt du 12 Novembre 1740, & ce fur le pied de l'évaluation portée par les Etats joints au préfent Arrêt.

Exempte du droit de trois pour cent du Domaine d'Occident les cotons venant des Colonies Françoifes de l'Amérique, pour la confommation du Royaume, & les affujettit aux mêmes droits de fortie qu'ils payoient avant l'Arrêt du 12 Novembre 1749.

Ordonne que le droit de trois pour cent du Domaine d'Occident continuera d'être perçu fur le coton des Colonies Françoifes qui paffera à l'étranger, & que le droit de demi pour cent, établi par la Déclaration du 10 Novembre 1727, continuera auffi d'être perçu fur le coton defdites Colonies, de la même manière qu'il fe perçoit fur les autres marchandifes qui en viennent, du 22 Décembre 1750. 37.

1751.

ARREST du Confeil d'Etat du Roi, qui ordonne que, dans les cas où les cotons du Levant teints en rouge, feront fujets au droits de vingt pour cent, ce droit fera perçu à toutes les entrées du Royaume, autres que par le Pont-de-Beauvoifin, fur l'évaluation de fix francs la livre, poids de marc brut, & fur l'évaluation de cent fols la livre, poids de table net, lorfqu'ils entreront par Marfeille ou par le Pont-de-Beauvoifin, du 13 Mars 1751. 48

ARREST du Confeil d'Etat du Roi, qui fixe à huit livres du cent pefant les droits de fortie du Royaume, fur les cotons en laine venant des Ifles, & à dix livres auffi du cent pefant fur le coton filé, tant pour les droits des cinq groffes Fermes, que pour ceux du Domaine d'Occident, & ordonne que le droit de demi pour cent d'augmentation du Domaine d'Occident, continuera d'être perçu aux entrées du Royaume, fur les cotons venant des Ifles, du 17 Août 1751. 42

ARREST du Confeil d'Etat du Roi, qui proroge pour dix ans l'exemption des droits d'entrée & de fortie fur les denrées & marchandifes que les Négocians François feront tranfporter dans les Colonies de la Louifiane, & l'exemption, pendant le même tems, de tous droits d'entrée fur les marchandifes & denrées du crû & commerce de ladite Colonie, du 30 Novembre 1751. 136

1757.

ARREST du Confeil d'Etat du Roi, qui exempte de tous droits les cotons filés qui circuleront dans le Royaume, du 17 Mai 1757. 46

ARREST du Confeil d'Etat du Roi, qui proroge l'exemption des droits établis

Fin de la Table des Arrêts, &c. du second & dernier Tome.

TABLE

DES MATIERES.

J'ai retranché les trois quarts de la Table de ce second Tome ; elle auroit trop groffi le Volume, qui eft lui-même une efpéce de table. Je n'ai indiqué que les endroits qui m'ont paru mériter une attention particuliere.

A

B.

D.

D.

Tom. II.   F f f f

E.

F.

Chambre

H.

N.

O.

O.

P.

Q.

S.

T.

V.

X.

Y.

Fin de la Table des Matieres du second & dernier Tome.

ERRATA.

Page. Ligne.

11.	22.	ne m'empêchent pas.	Lisez.	m'empêchent.
66.	41.	Christophle	Lisez.	Christophe.
67.	5.	leur récolte.	Lisez.	leurs récoltes.
74.	29.	Christophle	Lisez.	Christophe.
140.	32.	ne justifient	Lisez.	ne justifient pas.
298.	37.	divisent les sucs qui.	Lisez.	sont divisés en.
393.	18.	aux vendeurs	Lisez.	aux vendeurs desd. denrées.
423.	3.	les aliment	Lisez.	les aliments.
430.	35.	cet eau.	Lisez.	cette eau.
469.	11.	céleste Religieux.	Lisez.	culte Religieux.
485.	32.	je ne suis pas	Lisez.	si je ne suis pas.

Je réitére la priere que j'ai faite à mes Lecteurs dans le prémier Tome , de corriger & d'excuser les autres petites fautes, principalement dans la ponctuation , qu'on ne marque pas ici.

Lisez Tome prémier, pag. 5 ligne 42 marines , au lieu de maritimes.

www.ingramcontent.com/pod-product-compliance
Lightning Source LLC
Chambersburg PA
CBHW061939220326
41599CB00016BA/2208